Osing

Handbuch Umweltrecht in der kommunalen Praxis

Handbuch Umweltrecht in der kommunalen Praxis

Fachwissen für den Einstieg

von

Johannes Osing

KSV Medien

Klimaschutz-Beitrag
First Climate.com
2024
CO2-Zertifikate

MIX
Papier | Fördert gute Waldnutzung
FSC
www.fsc.org
FSC® C083411

Die Herstellung bei KSV Medien erfolgt weitgehend digital und in dem Bewusstsein, eine möglichst ressourcenschonende Produktion zu gewährleisten.

Bibliografische Information der Deutschen Nationalbibliothek
Die Deutsche Nationalbibliothek verzeichnet diese Publikation in der Deutschen Nationalbibliografie; detaillierte bibliografische Daten sind im Internet über http://dnb.dnb.de abrufbar.

Satz: Kumpernatz + Bromann · Schenefeld b. Hamburg
Druck: CPI books

ISBN 978-3-8293-1897-6

Inhaltsverzeichnis

Vorwort

Welche Bedeutung der Schutz von Umwelt und Klima hat, ist in den letzten Jahren immer deutlicher geworden. Die Folgen des Klimawandels machen sich durch trockenere und heißere Sommer immer stärker bemerkbar. Die Vielfalt der Tier- und Pflanzenarten geht zunehmend verloren. Große, umweltrelevante Vorhaben werden von der Öffentlichkeit immer stärker hinterfragt. Die Verantwortung für den Erhalt der natürlichen Lebensgrundlagen obliegt dabei nicht nur, aber zu einem großen Teil dem Staat und damit auch den Umweltschutzbehörden vor Ort. Städten, Gemeinden und Landkreisen kommen wichtige Aufgaben beim Schutz der lokalen Umwelt und damit der „Rettung des Planeten" insgesamt zu.

Wer den Weg in die Umweltverwaltung gefunden hat, findet mehr denn je eine höchst interessante (und hoffentlich auch erfüllende) Aufgabe vor. Sie ist aber auch sehr anspruchsvoll. Dies beginnt teilweise bereits mit der Abgrenzung des eigenen Aufgabenbereichs. Nicht selten sind mehrere Gebiete des Umweltrechts zugleich betroffen, was eine gute Zusammenarbeit der Umweltbehörden untereinander erfordert. Grundlagenwissen ist in allen Bereichen mehr als nützlich, wenn nicht ohnehin zwingend notwendig.

Dieses Buch ist in mehrjähriger Beobachtung der Schwerpunkte und Problemfelder in der kommunalen Umweltverwaltung entstanden. Es soll gezielt die vielen guten, bestehenden Lehr- und Lernbücher des Umweltrechts ergänzen, indem es z. B. stärker auf die Abgrenzungen und Bezüge zwischen den Rechtsgebieten eingeht und den Kräften der Umweltverwaltung weiteres Basiswissen an die Hand gibt, das in der umweltrechtlichen Ausbildung oft zu kurz kommt, insbes. aus dem Bauplanungsrecht. Den einen soll es den Einstieg in die Umweltverwaltung erleichtern, den anderen Hinweise zu den vielen gesetzlichen Neuerungen liefern, die zuletzt immer zahlreicher wurden.

Die Unterstützung aus der Praxis war hierbei außerordentlich hilfreich. Ich danke dabei besonders Mandy Pelka, Carina Dutkewitz, Markus Geisbauer und Matthias Hattwig für ihr wertvolles Feedback während der Manuskripterstellung. Mein größter Dank gilt meiner Frau Anika, die mir die nötige Zeit zum Schreiben eingeräumt hat.

Bergstadt Lüdenscheid, den 10.9.2023 *Johannes Osing*

Zum Autor

Johannes Osing wurde 1985 in Bielefeld geboren, studierte hier Rechtswissenschaften und promovierte 2017 zum Dr. jur. Von 2015 bis 2019 arbeitete er beim Städte- und Gemeindebund NRW als Referent für Bau- und Vergaberecht. Nach seinem Wechsel zur Verwaltung des Märkischen Kreises in Lüdenscheid leitet er hier seit 2020 den Fachdienst Umwelt, zu dem die Untere Abfallwirtschafts-, Bodenschutz-, Naturschutz- und Wasserbehörde gehören. Er ist darüber hinaus für die Koordination des gesamten Umwelt- und Baubereichs beim Märkischen Kreis verantwortlich.

Seit 2021 ist er außerdem Lehrbeauftragter an der Hochschule für Polizei und öffentliche Verwaltung NRW für das Fach Umweltrecht. Er ist daneben als Autor von Fachaufsätzen und Mitautor in diversen Kommentaren tätig.

Hinweis: Aus Gründen der besseren Lesbarkeit und des Umfangs wegen werden durchgehend männliche Personen- und Funktionsbezeichnungen verwendet. Mit diesen sind alle Geschlechter gleichermaßen gemeint.

Abkürzungsverzeichnis

a. A.	anderer Ansicht
a. a. O.	am angegebenen Ort
AAV	Verband für Flächenrecycling und Altlastensanierung Nordrhein-Westfalen
AAVG NRW	Altlastensanierungs- und Altlastenaufbereitungsverbandsgesetz NRW
AbfAEV	Anzeige- und Erlaubnisverordnung
ABl.	Amtsblatt
ABl. EG	Amtsblatt der EG
ABl. EU	Amtsblatt der EU
abw.	abweichend
AbwAG	Abwasserabgabengesetz
AbwV	Abwasserverordnung
a. E.	am Ende
AEG	Allgemeines Eisenbahngesetz
AEUV	Vertrag über die Arbeitsweise der Europäischen Union
a. F.	alte Fassung
Alt.	Alternative
AltfahrzeugV	Altfahrzeug-Verordnung
amtl.	amtlich
Amtsbl.	Amtsblatt
ÄndG	Änderungsgesetz
Anl.	Anlage
Anm.	Anmerkung(en)
AO	Abgabenordnung
Art.	Artikel
ASP	Artenschutzprüfung
Aufl.	Auflage
AVV	Abfallverzeichnis-Verordnung
AwSV	Verordnung über Anlagen zum Umgang mit wassergefährdenden Stoffen
Az.	Aktenzeichen
BArtSchV	Bundesartenschutzverordnung
BattG	Batteriegesetz
BauGB	Baugesetzbuch
BauNVO	Baunutzungsverordnung
BauO NRW	Landesbauordnung – Nordrhein-Westfalen
BauR	Baurecht (Zeitschrift)
BayAbfG	Bayerisches Abfallwirtschaftsgesetz

BayBO	Bayerische Bauordnung
BayBodSchG	Bayrisches Bodenschutzgesetz
BayFiG	Bayerisches Fischereigesetz
BayGVBl.	Bayerisches Gesetz- und Verordnungsblatt
BayLplG	Bayerisches Landesplanungsgesetz
BayNatSchG	Bayerisches Naturschutzgesetz
BayUIG	Bayerisches Umweltinformationsgesetz
BayWaldG	Bayerisches Waldgesetz
BayWEE	Windenergie-Erlass Bayern
BayWG	Bayerisches Wassergesetz
BBodSchG	Bundes-Bodenschutzgesetz
BBodSchV	Bundes-Bodenschutz- und Altlastenverordnung
Bd.	Band
Bearb.	Bearbeitende Person
BeckOK	Beck'scher Online-Kommentar
Begr.	Begründung
Beschl.	Beschluss
BfN	Bundesamt für Naturschutz
BGB	Bürgerliches Gesetzbuch
BGBl.	Bundesgesetzblatt
BGH	Bundesgerichtshof
BImSchG	Bundes-Immissionsschutzgesetz
BImSchV	Verordnung zur Durchführung des Bundes-Immissionsschutzgesetzes
BioAbfV	Bioabfallverordnung
BJagdG	Bundesjagdgesetz
BNatSchG	Bundesnaturschutzgesetz
B-Plan	Bebauungsplan
BR-Drs.	Bundesratsdrucksache
Bsp.	Beispiel
bspw.	beispielsweise
BT-Drs.	Bundestagsdrucksache
BUND	Bund für Umwelt und Naturschutz Deutschland
BVerfG	Bundesverfassungsgericht
BVerfGE	Amtliche Sammlung der Entscheidungen des Bundesverfassungsgerichts
BVerwG	Bundesverwaltungsgericht
BVerwGE	Amtliche Sammlung der Entscheidungen des Bundesverwaltungsgerichts
BVT	Beste verfügbare Techniken
BWaldG	Bundeswaldgesetz
BWildSchV	Bundeswildschutzverordnung
bzw.	beziehungsweise
CITES	Convention on Trade in Endangered Species
CO_2	Kohlendioxid

dB(A)	Dezibel (mit der Frequenzbewertungskurve A)
DepV	Deponieverordnung
d. h.	das heißt
DIN	Deutsches Institut für Normung
DVO	Durchführungsverordnung
DWA	Deutsche Vereinigung für Wasserwirtschaft, Abwasser und Abfall e.V.
EED	Energieeffizienzrichtlinie
EEG	Erneuerbare-Energien-Gesetz
EG	Europäische Gemeinschaft
Einf.	Einführung
Einl.	Einleitung
EL	Ergänzungslieferung
ElektroG	Elektro- und Elektronikgerätegesetz
EMAS	Eco-Management and Audit Scheme
EnEV	Energieeinsparverordnung
engl.	englisch
EnWG	Energiewirtschaftsgesetz
Erl.	Erläuterung(en); Erlass
ErsatzbaustoffV	Ersatzbaustoffverordnung
etc.	et cetera
EU	Europäische Union
EuGH	Gerichtshof der Europäischen Gemeinschaften
EUV	Vertrag über die Europäische Union
EuZW	Europäische Zeitschrift für Wirtschaftsrecht
e. V.	eingetragener Verein
f.	folgende (eine Rn./S.)
ff.	folgende (mehrere Rn./S.)
FFH	Fauna-Flora-Habitat
Fn.	Fußnote
FNP	Flächennutzungsplan
FStrG	Bundesfernstraßengesetz
G.	Gesetz
GAB	Gesellschaft zur Altlastensanierung in Bayern mbH
GgP	Gemeinsame Agrarpolitik
GewAbfV	Gewerbeabfallverordnung
geänd.	geändert
gem.	gemäß
GewO	Gewerbeordnung
ggf.	gegebenenfalls
GmbH	Gesellschaft mit beschränkter Haftung
GVBl.	Gesetz- und Verordnungsblatt

GV. NW	Gesetz- und Verordnungsblatt für das Land Nordrhein-Westfalen
ha	Hektar
Halbs.	Halbsatz
h. M.	herrschende Meinung
Hrsg.	Herausgebende Person
Hs.	Halbsatz
HWRM-RL	Hochwasserrisikomanagementrichtlinie
i. d. F.	in der Fassung
i. d. R.	in der Regel
i. d. S.	in diesem Sinne
i. E.	im Einzelnen
IED-RL	Richtlinie über Industrieemissionen
i. e. S.	im engeren Sinne
IFG	Informationsfreiheitsgesetz
insbes.	Insbesondere
i. S. d.	im Sinne der/des
i. S. v.	im Sinne von
i. Ü.	im Übrigen
Jg.	Jahrgang
JuS	Juristische Schulung (Zeitschrift)
Kfz	Kraftfahrzeug
KlimR	Klima und Recht (Zeitschrift)
km	Kilometer
KommJur	Kommunaljurist (Zeitschrift)
krit.	kritisch
KrWG	Kreislaufwirtschaftsgesetz
KSG	Klimaschutzgesetz
LABO	Bund/Länder-Arbeitsgemeinschaft Bodenschutz
LAGA	Landesarbeitsgemeinschaft Abfall
LAI	Länderausschuss für Immissionsschutz
LANUV	Landesamt für Natur, Umwelt und Verbraucherschutz NRW
LBodSchG	Landesbodenschutzgesetz
LFischG NRW	Landesfischereigesetz NRW
LFoG	Landesforstgesetz
LG	Landgericht
lit.	litera
LKrWG	Landeskreislaufwirtschaftsgesetz
LKT	Landkreistag
Lkw	Lastkraftwagen

LNatSchG	Landesnaturschutzgesetz
LSG	Landschaftsschutzgebiet
LWG	Landeswassergesetz
MBl.	Ministerialblatt
MüG	Marktüberwachungsgesetz
m. w. N.	mit weiteren Nachweisen
m. W. v.	mit Wirkung von
NABU	Naturschutzbund Deutschland
Nachw.	Nachweis(e)
NachwV	Nachweisverordnung
n. F.	neue Fassung
NJW	Neue Juristische Wochenschrift (Zeitschrift)
Nr.	Nummer
NRW	Nordrhein-Westfalen
NSG	Naturschutzgebiet
NVwZ	Neue Zeitschrift für Verwaltungsrecht
NVwZ-RR	Neue Zeitschrift für Verwaltungsrecht, Rechtsprechungs-Report
o.	oben
OBG NRW	Ordnungsbehördengesetz Nordrhein-Westfalen
o. g.	oben genannt(e)
OLG	Oberlandesgericht
OVG	Oberverwaltungsgericht
OWiG	Ordnungswidrigkeitengesetz
PAK	Polycyclische aromatische Kohlenwasserstoffe
Pkw	Personenkraftwagen
ProdSG	Produktsicherheitsgesetz
REACH	Registration, Evaluation and Authorization of Chemicals
RL	Richtlinie
Rn.	Randnummer(n)
ROG	Raumordnungsgesetz
RoHS	Restriction of Hazardous Substances
Rs.	Rechtssache
Rspr.	Rechtsprechung
s.	siehe
S.	Seite
s. a.	siehe auch
s. o.	siehe oben
sog.	so genannte
StGB	Strafgesetzbuch

str.	streitig
st. Rspr.	ständige Rechtsprechung
s. u.	siehe unten
SUP	Strategische Umweltprüfung
t	Tonne(n)
TA	Technische Anleitung
TA Lärm	Technische Anleitung zum Schutz gegen Lärm
TA Luft	Technische Anleitung zur Reinhaltung der Luft
TEHG	Treibhausgas-Emissionshandelsgesetz
TrinkwV	Trinkwasserverordnung
u. a.	unter anderem
UAbs.	Unterabsatz
UBA	Umweltbundesamt
UIG	Umweltinformationsgesetz
umstr.	umstritten
UmwRG	Umwelt-Rechtsbehelfsgesetz
UN	United Nations (Vereinte Nationen)
Urt.	Urteil
USA	United States of America (Vereinigte Staaten von Amerika)
USchadG	Umweltschadensgesetz
usw.	und so weiter
u. U.	unter Umständen
UVP	Umweltverträglichkeitsprüfung
UVPG	Gesetz über die Umweltverträglichkeitsprüfung
UVP-RL	EG-Richtlinie über die Umweltverträglichkeitsprüfung
v.	von; vor
v. a.	vor allem
VA	Verwaltungsakt
VerpackG	Verpackungsgesetz
VG	Verwaltungsgericht
VGH	Verwaltungsgerichtshof
vgl.	vergleiche
VO	Verordnung
vs.	versus
VwGO	Verwaltungsgerichtsordnung
VwVfG	Verwaltungsverfahrensgesetz
WA	Washingtoner Artenschutzabkommen
WG BW	Wassergesetz Baden-Württemberg
WGK	Wassergefährdungsklasse
WHG	Wasserhaushaltsgesetz

WindBG	Windenergieflächenbedarfsgesetz
WPG	Wärmeplanungsgesetz
WRRL	Wasserrahmenrichtlinie
z. B.	zum Beispiel
ZfPC	Zeitschrift für Product Compliance
Ziff.	Ziffer
z. T.	zum Teil
zul.	zuletzt
ZUR	Zeitschrift für Umweltrecht
zutr.	zutreffend
z. Zt.	zur Zeit

Abbildungsverzeichnis

Literaturverzeichnis

Agatz, Monika, Windenergie-Handbuch, 19. Ausg., März 2023, online abrufbar unter https://windenergie-handbuch.de/windenergie-handbuch/ (zuletzt abgerufen am 10.9.2023).

Albert, Christian/Galler, Carolin/von Haaren, Christina (Hrsg.), Landschaftsplanung, 2. Aufl., Eugen Ulmer Verlag, Stuttgart 2022.

Albrecht, Juliane, Die Stadt im Klimawandel: Handlungsfelder, Rechtsinstrumente und Perspektiven der Anpassung (climate resilient cities), in: ZUR 2020 S. 12.

Albrecht, Juliane, Klimaanpassung im Städtebaurecht, in: ZUR 2023 S. 273.

Attendorn, Thorsten, Umweltrechtliche Ausnahmeabwägungen über die Zulassung von Wasser- und Windkraftanlagen nach dem „Osterpaket", in: NVwZ 2022 S. 1586.

Bach, Inga/Große, Andreas, Die Sonne nutzen (auch) im Außenbereich – zur „mitgezogenen" Privilegierung von Solaranlagen, in: EnWZ 2023 S. 209.

Bader, Johann/Ronellenfitsch, Michael (Hrsg.), BeckOK VwVfG, 59. Edition, Stand: 1.4.2023.

Battis, Ulrich/Krautzberger, Michael/Löhr, Rolf-Peter (Hrsg.), Baugesetzbuch – Kommentar, 15. Aufl. 2022.

Beckmann, Martin, Umweltverträglichkeitsprüfung in der praktischen Anwendung, in: ZUR 2014 S. 541.

Beckmann, Martin/Durner, Wolfgang/Mann, Thomas/Röckinghausen, Marc (Hrsg.), Landmann/Rohmer Umweltrecht – Kommentar, 100. EL, München 2023, zitiert: Landmann/Rohmer, UmweltR.

Beckmann, Martin/Hagmann, Joachim, Stilllegung, Rekultivierung und Nachsorge von Deponien, in: ZUR 2005 S. 9.

Bick, Ulrike/Wulfert, Katrin, Der Artenschutz in der Vorhabenzulassung aus rechtlicher und naturschutzfachlicher Sicht, in: NVwZ 2017 S. 346.

BMUV/UBA (Hrsg.), Die Wasserrahmenrichtlinie – Gewässer in Deutschland 2021, Fortschritte und Herausforderungen, Bonn/Dessau 2022.

Böhme, Martin/Dieter, Daniela, AwSV – Verordnung über Anlagen zum Umgang mit wassergefährdenden Stoffen – Kommentar, Berlin 2019.

Breuer, Rüdiger/Gärditz, Klaus-Ferdinand, Öffentliches und privates Wasserrecht, 4. Aufl. 2017.

Buhk, Henner/Loschwitz, Jens, Vollzug der Gewerbeabfallverordnung durch Kontrolle bei Müllverbrennungsanlagen?, in: AbfallR 2021 S. 72.

Busse, Jürgen/Kraus, Stefan, Bayerische Bauordnung – Kommentar, 150. EL, München 2023.

Calliess, Christian, Umweltpolitik im Grundgesetz: Staatsziel des Art. 20a GG und Grundrechte nach dem Klimabeschluss des BVerfG, in: JuS 2023 S. 1.

Delcuvé, Janine/Naujoks, Pauline, Die Bedeutung des Art. 20a GG nach dem Klima-Beschluss des Bundesverfassungsgerichts, in: VR 2023 S. 231.

Engel, Albert, Unermessliches Ermessen? Überblick, Abgrenzungen, Praxis, Fehler und Co., in: VerwR 2023 S. 1.

Ernst, Werner/Zinkahn, Willy/Bielenberg, Walter/Krautzberger, Michael (Hrsg.), Baugesetzbuch – Kommentar, Loseblattsammlung, 149. EL 2023.

Eschenhagen, Philipp/Schäfer, Judith, „Grüne" Bauleitplanung, in: KlimR 2022 S. 300.

Eyermann, Erich/Fröhler, Ludwig (Begr.), Verwaltungsgerichtsordnung – Kommentar, 16. Aufl. 2022, zitiert: Eyermann.

Fischerauer, Sven, Umweltrecht in der Praxis – Planung und Zulassung umweltrelevanter Vorhaben, Berlin 2022.

Franzius, Claudio, „Die Mutter aller Wasserrechtsfälle" – Das Urteil des EuGH zur Weservertiefung und die Folgen, in: ZUR 2015 S. 643.

Frenz, Walter, Energieversorgungssicherheit vs. Artenschutz, in: EnWZ 2022 S. 452.

Geiß, Joachim/Felz, Sebastian, Das neue Recht der Marktüberwachung im digitalen Zeitalter, in: NJW 2019 S. 2961.

Giesberts, Ludger/Reinhardt, Michael (Hrsg.), Beck'scher Online-Kommentar Umweltrecht, 67. Edition, München 2023, zitiert: BeckOK UmweltR.

Grziwotz, Herbert/Lüke, Wolfgang/Saller, Roland Rudolf, Praxishandbuch Nachbarrecht, 3. Aufl., München 2020.

Groß, Thomas, Zwei Jahre Klimabeschluss des Bundesverfassungsgerichts: Eine Zwischenbilanz der weitgehenden Rezeptionsverweigerung, VerfBlog 2023/3/18, https://verfassungsblog.de/zwei-jahre-klimabeschluss-des-bundesverfassungsgerichts/, DOI: 10.17176/20230318-185144-0.

Grothmann, Torsten, Umgang mit kontaminiertem Baugrund im Vorfeld der Ersatzbaustoffverordnung, in: NZBau 2010 S. 343.

Hendrischke, Oliver, Bewältigung naturschutzrechtlicher Konflikte beim Ausbau erneuerbarer Energien, in: NVwZ 2023 S. 965.

Hey, Christian, 50 Jahre Umweltpolitik – ein Erfolg?, in: ZUR 2022 S. 408.

Hyckel, Jonas, Die materiell-rechtliche Transformation des Umweltschutzes in der Bauleitplanung, in: ZfBR 2016 S. 335.

Jaenicke, Mathias, Aktuelle Rechtsfragen der bauplanungsrechtlichen Zulässigkeit von Windenergieanlagen an Land, in: ZUR 2023 S. 291.

Jarass, Hans, Grundstrukturen des Immissionsschutzrechts, in: JuS 2009 S. 608.

Jarass, Hans, Bundes-Immissionsschutzgesetz – Kommentar, 14. Aufl., München 2022.

Jarass, Hans/Petersen, Frank, Kreislaufwirtschaftsgesetz – Kommentar, 2. Aufl., München 2022.

Johns, Louis, Eigenrechte der Natur im internationalen Kontext, in: KlimR 2023 S. 98.

Kahl, Wolfgang/Gärditz, Klaus Ferdinand, Umweltrecht, 13. Aufl., München 2023.

Kloepfer, Michael, Umweltrecht, 4. Aufl., München 2016.

Kloepfer, Michael/Durner, Wolfgang, Umweltschutzrecht, 3. Aufl., München 2020.

Kluth, Winfried/Smeddinck, Ulrich (Hrsg.), Umweltrecht, 2. Aufl., Berlin 2020.

Kment, Martin, Klimaschutzziele und Jahresemissionsmengen – Kernelemente des neuen Bundes-Klimaschutzgesetzes, in: NVwZ 2020 S. 1537.

Kment, Martin, Eine neue Ära beim Ausbau von Windenergieanlagen – Das aktuelle Wind-an-Land-Gesetzespaket in der Analyse, in: NVwZ 2022 S. 1153.

Knauff, Matthias, Stand und Perspektiven des Landesklimaschutzrechts, in: KlimR 2022 S. 47.

Koch, Hans-Joachim, Klimaschutzrecht – Ziele, Instrumente und Strukturen eines neuen Rechtsgebiets, in: NVwZ 2011 S. 641.

Koch, Hans-Joachim/Hofmann, Ekkehard/Reese, Moritz (Hrsg.), Handbuch Umweltrecht, 5. Aufl., München 2018.

Kohls, Malte, Das Verschlechterungsverbot und die Geister, die das BVerwG rief, in: ZUR 2017 S. 385.

Kranz, Yuri, Landesforstgesetz Nordrhein-Westfalen – Kommentar, PRAXIS-Beitrag D 5 NW, Praxis der Kommunalverwaltung, Stand 2. Nachlieferung, Wiesbaden 2023.

Kremer, Peter, Erhöhte Anforderungen an die FFH-Verträglichkeitsprüfung und nachfolgende Abweichungsentscheidungen – das Urteil des BVerwG zur A 143, in: ZUR 2007 S. 299.

Kümper, Boas, Wohnraumvorsorge und Freiraumschutz – nachhaltige Flächennutzung durch Baurecht, in: ZfBR 2021 S. 902.

Lamy, Christoph/Ludwig, Julia, Die Werbung mit Klimaneutralität, in: KlimR 2022 S. 142.

Lütkes, Stefan/Ewer, Wolfgang, Bundesnaturschutzgesetz – Kommentar, 2. Aufl., München 2018.

Maaß, Christian, Wärmeplanung: Grundlagen einer neuen Fachplanung, in: ZUR 2020 S. 22.

Mann, Thomas/Sennekamp, Christoph/Uechtritz, Michael, Verwaltungsverfahrensgesetz – Großkommentar, 2. Aufl., Baden-Baden 2019.

Martin, Jörg: Vorsorgender Bodenschutz? Gefahrenabwehr!, in: ZUR 2021 S. 677.

Maslaton, Martin: Die Auflösung des Spannungsverhältnisses zwischen Klimaschutz und Artenschutz durch eine TA Artenschutz/Wind?, in: NVwZ 2019 S. 1081.

Mitschang, Stephan, Klimaschutz und Klimaanpassung im Besonderen Städtebaurecht, in: ZfBR 2020 S. 613.

Morlock, Lauritz/Khan, Salman/Lohmann, Niklas, Beschleunigung des Fernstraßenausbaus – Stillstand und Rückschritt, in: KlimR 2023 S. 39.

Mührel, Jasper, Welche Natur? Zur Spezifizierung des Trägers der Rechte der Natur im Globalen Norden, in: ZUR 2022 S. 464.

Muffler, Lukas, Klimaschutz in der Abwägung von Verwaltungsentscheidungen, in: KlimR 2023 S. 240.

Öttinger, Michael, Aktuelle Entwicklungen im produktbezogenen Umweltrecht, in: ZfPC 2022 S. 2.

Ottl, Michael, Die Vollziehbarkeit fachbehördlicher Auflagen in Baugenehmigungsbescheiden – Eine komplementäre Betrachtung aus der Perspektive von Rechtsprechung und Verwaltung, in: NVwZ 2020 S. 1392.

Petersen, Frank, Die Produktverantwortung im Kreislaufwirtschaftsrecht, in: NVwZ 2022 S. 921.

Petersen, Frank/Doumet, Jean/Stöhr, Günter, Das neue Kreislaufwirtschaftsgesetz, in: NVwZ 2012 S. 521.

Petersen, Frank/Friedrich, Barbara, Die Novellierung des Kreislaufwirtschaftsgesetzes 2020, in: NVwZ 2021 S. 1.

Philipp-Gerlach, Ursula/Lukas, Andreas, Die UVP-Vorprüfung in der Rechtsprechung und Praxis, in: ZUR 2014 S. 548.

Radkau, Joachim, Die Ära der Ökologie – Eine Weltgeschichte, München 2011.

Reese, Moritz, Die Wasserrahmenrichtlinie in der Umsetzungskrise – Fortbestehende Umsetzungsdefizite und rechtlicher Handlungsbedarf zur ökologischen Gewässerentwicklung, in: NVwZ 2018 S. 1592.

Reese, Moritz, Nachhaltiges urbanes Niederschlagsmanagement – Herausforderungen und Rechtsinstrumente, in: ZUR 2020 S. 40.

Reinhardt, Michael, Anmerkung zu EuGH, Urt. vom 01.07.2015 – C-461/13 –, in: NVwZ 2015 S. 1041.

Reinhardt, Michael, Anmerkung zu BVerwG, Urt. vom 08.07.2020 – 7 C 19/18 –, in: NVwZ 2020 S. 1833.

Renz, Alexandra/Roderburg, Dominik, Lenkung des Windenergieausbaus in der Übergangszeit – Neues Ziel im Landesentwicklungsplan, in: LKT-Eildienst 2023 S. 292.

Rieger, Wolfgang, § 6 WindBG – die nächste Runde im Konflikt zwischen dem Ausbau der Windenergie und dem Artenschutz, in: NVwZ 2023 S. 1042.

Röckinghausen, Marc, Das Zaunprinzip nach § 2 ZustVU, in: KommJur 2012 S. 209.

Sachs, Michael/Schmitz, Heribert/Stelkens, Ulrich, Stelkens/Bonk/Sachs, Verwaltungsverfahrensgesetz – Kommentar, 10. Aufl., München 2023, zitiert: Stelkens/Bonk/Sachs.

Sauthoff, Michael, Durchsetzung des Klimaschutzes im Städtebau – Überlegungen zu Änderungen des Baugesetzbuchs, in: KlimR 2022 S. 11.

Schink, Alexander/Reidt, Olaf/Mitschang, Stephan, Umweltverträglichkeitsprüfungsgesetz/Umwelt-Rechtsbehelfsgesetz – Kommentar, 2. Aufl., München 2023, zitiert: Schink/Reidt/Mitschang, UVPG bzw. UmwRG.

Schlacke, Sabine, Aktuelles zum Umwelt-Rechtsbehelfsgesetz – Kompensationen des Wegfalls der materiellen Präklusion, Anwendungsbereich, Rügebefugnis und Kontrollmaßstab im Spiegel der Rechtsprechung, in: NVwZ 2019 S. 1392.

Schlacke, Sabine, Dem Trilemma der Landnutzung mit einem integrativen Ansatz begegnen!, in: ZUR 2021 S. 65.

Schlacke, Sabine, Umweltrecht, 9. Aufl., Baden-Baden 2023.

Schlacke, Sabine/Wentzien, Helen/Römling, Dominik, Beschleunigung der Energiewende: Ein gesetzgeberischer Paradigmenwechsel durch das Osterpaket?, in: NVwZ 2022 S. 1577.

Schlemminger, Horst/Böhn, Markus, Betragsmäßige Höchstbegrenzung der Sanierungsverpflichtung in Sanierungsverträgen, in: NVwZ 2010 S. 354.

Schoch, Friedrich/Schneider, Jens-Peter (Hrsg.), Verwaltungsrecht, Werkstand: 3. EL August 2022.

Schönenbroicher, Klaus/Kamp, Manuel/Henkel, Jörg, Bauordnung Nordrhein-Westfalen – Kommentar, 2. Aufl., München 2022.

Seelig, Robert/Gündling, Benjamin, Die Verbandsklage im Umweltrecht, in: NVwZ 2002 S. 1033.

Seibert, Max-Jürgen, Die gerichtliche Kontrolle von Verfahrensvorschriften nach § 4 UmwRG, in: NVwZ 2019 S. 337.

Siebel, Erika, Gewässerschutz: Warum wir mehr Eigenverantwortung brauchen, in: LKT-Eildienst 2023 S. 99.

Spannowsky, Willy/Runkel, Peter/Goppel, Konrad, Raumordnungsgesetz (ROG) – Kommentar, 2. Aufl., München 2018.

Spannowsky, Willy/Saurenhaus, Jens (Hrsg.), Beck'scher Online-Kommentar, Bauordnungsrecht NRW, 14. Ed. 2023, zitiert: BeckOK BauO NRW.

Storm, Peter-Christoph, Umweltrecht – Einführung, 2. Aufl., Berlin 2019.

Streinz, Rudolf (Hrsg.), EUV / AEUV – Kommentar, 3. Aufl., München 2018.

Thärichen, Holger, Grundzüge des Abfallrechts, Berlin 2022.

Thomas, Christian, Klimaschutz auf Landesebene – Eine Betrachtung des nordrhein-westfälischen Klimaschutzgesetzes, in: NVwZ 2013 S. 679.

Verheyen, Roda/Heß, Franziska/Peters, John/Schöneberger, Philipp, Das Gebot der Berücksichtigung des Klimaschutzes auf Vorhabenebene – de lege lata und de lege ferenda, in: NVwZ 2023 S. 113.

Vierhaus, Hans-Peter, Das Bundes-Bodenschutzgesetz, in: NJW 1998 S. 1262.

Wellmann, Susanne Rachel/Queitsch, Peter/Fröhlich, Klaus-D., Gesetz zur Ordnung des Wasserhaushalts (Wasserhaushaltsgesetz – WHG) – Kommentar, 2. Aufl., Wiesbaden 2019.

Wieland, Joachim, Verfassungsrang für Nachhaltigkeit, in: ZUR 2016 S. 473.

Willand, Achim/Hoesch, Sarah, Mantelverordnung: Auswirkungen auf die Entsorgung mineralischer Abfälle und auf den Bodenschutz, in: ZUR 2023 S. 84.

Wolf, Rainer, Völkerrechtliche Grundlagen des deutschen Naturschutzrechts, in: ZUR 2017 S. 3.

Wolf, Rainer, Von der Müllabfuhr zum Ressourcenschutz – Entwicklungslinien des Abfallrechts, in: ZUR 2017 S. 579.

Wübbenhorst, Hendrik, Der Ausgangsbescheid, in: JA 2022 S. 156.

Wysk, Peter (Hrsg.), Verwaltungsgerichtsordnung: VwGO, 3. Aufl., München 2020.

1. Grundlagen der Umweltverwaltung

Das Spannungsfeld, in dem sich die Umweltverwaltung befindet, könnte heute größer kaum sein. Die Welt wird durch menschliche Verursachung gleich mit mehreren großen Krisen auf einmal konfrontiert[1]:

- Die Klimakrise: durch Treibhausgasemissionen erwärmt sich die Erdatmosphäre so rasant, dass Eismassen schmelzen, sich der Meeresspiegel erhöht und der bewohnbare Teil der Erdoberfläche abnimmt. Wo ein Leben noch möglich ist, hat es mit viel stärkeren Wetterextremen (Hitzeperioden, Überflutungen) zu kämpfen.
- Die Ernährungskrise: Während in ärmeren Teilen der Welt ein regelmäßiger Zugang zu Nahrungsmitteln nicht gesichert ist, sorgt die Nachfrage in reicheren Teilen der Welt für massive Umweltprobleme durch Überdüngung, Pestizide oder Brandrodungen – und dies ganz überwiegend in den ärmeren Teilen der Welt.
- Die Biodiversitätskrise: Die Umwandlung von intakten Ökosystemen in Ackerflächen oder Flächen für Siedlung und Infrastruktur verringert die Vielfalt von Genen, Arten und Ökosystemen; die Folge ist ein laufendes Massenaussterben von Arten.

Der Teilaspekt des Umweltrechts, die natürlichen Lebensgrundlagen vor ihrem Untergang zu bewahren, wird damit zu einer herausragenden, wenn nicht seiner allerwichtigsten Aufgabe. Das nötige Bewusstsein dafür entwickelte sich im Laufe der letzten zwei Jahrzehnte aber eher zögerlich. Nach der Föderalismusreform 2006 und der dadurch bewirkten Neuordnung des deutschen Umweltrechts[2] war bis Ende 2020 eine gewisse Entpolitisierung der Umweltgesetzgebung wahrzunehmen.[3] Als Zäsur in der Umweltrechtsprechung und in der Folge auch in der Umweltgesetzgebung kann insofern der „Klimabeschluss" des Bundesverfassungsrechts vom 24.3.2021[4] gesehen werden (zu Einzelheiten s. Kap. 2.1.3.1). Indem das BVerfG aus den Grundrechten die Verpflichtung für den Staat ableitete, die völkerrechtlich eingegangenen Verpflichtungen zur Erreichung von Klimaneutralität tatsächlich – und vor allem mit einem konsequenten Pfad – umzusetzen, entstand ein noch nie dagewesener Druck für die Legislative, mit entsprechenden Rechtsänderungen die nötigen Weichenstellungen zu treffen. Exemplarisch seien aus den letzten Jahren folgende Gesetze genannt:

---

1 *Schlacke*, ZUR 2021 S. 65; vgl. auch *Hey*, ZUR 2022 S. 408 (410).
2 *Storm*, Umweltrecht, Rn. 77.
3 *Kloepfer/Durner*, Umweltschutzrecht, § 1 Rn. 21.
4 BVerfGE 157, 30 = NJW 2021 S. 1723.

- Erstes Gesetz zur Änderung des Bundes-Klimaschutzgesetzes (BGBl. I Nr. 59 vom 30.8.2021)
- Gesetz zur Beschleunigung des Einsatzes verflüssigten Erdgases (LNGG) (BGBl. I Nr. 18 vom 31.5.2022)
- Gesetz zur Erhöhung und Beschleunigung des Ausbaus von Windenergieanlagen an Land und Viertes Gesetz zur Änderung des Bundesnaturschutzgesetzes (BGBl. I Nr. 28 vom 20.7.2022)
- Gesetz zur Einführung einer Strompreisbremse und zur Änderung weiterer energierechtlicher Bestimmungen (BGBl. I Nr. 54 vom 20.12.2022)
- Gesetz zur sofortigen Verbesserung der Rahmenbedingungen für die erneuerbaren Energien im Städtebaurecht (BGBl. I Nr. 6 vom 11.1.2023)
- Gesetz zur Änderung des Raumordnungsgesetzes und anderer Vorschriften (BGBl. I Nr. 88 vom 28.3.2023)

Die dadurch eingesetzte Dynamik macht es selbst für Fachleute immer schwerer, im Bereich neuer Gesetze und Verordnungen noch den Überblick zu behalten, und weckt zum Teil auch Zweifel hinsichtlich der inhaltlichen Ausgewogenheit. Beispielhaft genannt seien die neuen, der Verfahrensbeschleunigung dienenden Erleichterungen im Bereich der Windenergieanlagen, die Fragestellungen hinsichtlich des Artenschutzniveaus nach sich ziehen.[5] Teilweise wird aber auch Verständnis für das Vorgehen des Gesetzgebers gezeigt, weil ein Abwarten keine Lösung sei:[6] Ziel des § 1 Abs. 1 EEG 2023 ist es, insbes. im Interesse des Klima- und Umweltschutzes die Transformation zu einer nachhaltigen und treibhausgasneutralen Stromversorgung, die vollständig auf erneuerbaren Energien beruht, zu erreichen.

Dabei trifft gerade auch die kommunale Ebene der Umweltverwaltung die Verantwortung, die Klimakatastrophe zu begrenzen und so zu einem größtmöglichen Erhalt unserer Lebensgrundlagen beizutragen. So richtet sich das im Bundes-Klimaschutzgesetz (KSG) in § 13 Abs. 1 Satz 1 zu findende Gebot an Träger öffentlicher Aufgaben, den Zweck des KSG und die zu seiner Erfüllung festgelegten Ziele zu berücksichtigen, grundsätzlich auch an die kommunale Ebene.[7] Deshalb werden in den Kapiteln zu den Umweltrechtsgebieten (3 bis 7) jeweils auch deren Potentiale für den Klimaschutz (und die Klimaanpassung) skizziert.

Jenseits des umweltbehördlichen Instrumentariums zeichnet sich zudem ab, dass die Kommunen weitere Aufgaben in den Bereichen Klimaschutz- und Klimaanpassung erhalten sollen (konkret: kommunale Wärmeplanung als verpflichtende Fachplanung[8] und verpflichtende Klimaanpassungsstrate-

---

5 Vgl. etwa *Hendrischke*, NVwZ 2023 S. 965 (972); *Rieger*, NVwZ 2023 S. 1042 (1046); *Schlacke/Wentzien/Römling*, NVwZ 2022 S. 1577 (1581).

6 *Jaenicke*, ZUR 2023 S. 291 (295).

7 *Attendorn*, NVwZ 2022 S. 1586 (1587); *Sauthoff*, KlimR 2022 S. 11 (14); *Verheyen/Heß/Peters/ Schöneberger*, NVwZ 2023 S. 113 (114).

8 Wärmeplanungsgesetz vom 20.12.2023 (BGBl. 2023 I Nr. 394), landesrechtlich zuvor bereits eingeführt in Hessen. Landesrechtlich bereits eingeführt in Hessen (§ 13 HEG), Baden-Württemberg (§ 27 KlimaG BW) und Niedersachsen ab 1.1.2024 (§ 20 NKlimaG).

gien[9]). Zwar haben längst die meisten Städte, Gemeinden und Landkreise freiwillig eigene Klimaschutzkonzepte und Klimaanpassungsstrategien erstellt. In Form einer Pflichtaufgabe handelt es sich aber noch um eine neue Entwicklung.

Im Umweltrecht gelten neben dem Recht der Europäischen Union und Bundesgesetzen und -verordnungen (dazu im Einzelnen Kap. 2.1) auch jeweils in allen Bundesländern eigenständige Regelungen. Stets sämtliche Normen zu zitieren würde die Darstellung schnell unübersichtlich machen. Exemplarisch wird im Folgenden jeweils auf die Vorschriften aus Bayern und Nordrhein-Westfalen eingegangen.

Weil dieses Buch Fachwissen für den Einstieg vermitteln soll, findet sich in Kap. 1.6 eine Liste mit Themen, die in allen Umweltbehörden als Grundlagenwissen hilfreich sind. Kapitel 9 rundet das allgemeine und besondere Umweltrecht mit praktischem Know-how aus dem Verwaltungsalltag ab. Theorie und Praxis sind bekanntlich nicht immer dasselbe, und eine kritische Öffentlichkeit begleitet die Umweltverwaltung in zweierlei Richtungen: Manche sehen den von den Behörden durchgesetzten Umweltschutz als zu streng an, während manche ihn noch lange nicht für weitreichend genug halten. Nicht ohne Grund macht die Beteiligung der Öffentlichkeit in diesem Handbuch auch einen Schwerpunkt in Kap. 2.5 aus. Durchsetzungsvermögen und das nötige Bewusstsein für die planetare Verantwortung müssen im Berufsalltag erarbeitet werden. Den Mitarbeiterinnen und Mitarbeitern in der Umweltverwaltung macht dazu der Historiker *Radkau* in seiner Darstellung zur Geschichte der globalen Umweltbewegung Mut:

> *„Alles in allem hängen die Chancen des Umweltschutzes in aller Welt ganz entscheidend am Vorhandensein einer einigermaßen kompetenten und energischen Beamtenschaft mit einem Minimum an Berufsethos und Integrität, die durch eine kritische Öffentlichkeit kontrolliert wird."*[10]

1.1 Der Umweltbegriff – was ist eigentlich „die Umwelt"?

Umweltrecht und Umweltverwaltung dienen – vom Völkerrecht über nationale Gesetze bis hin zu technischen Normen – im Wesentlichen dem Schutz der Umwelt. Dies führt zu den Fragen: Was für ein Verständnis von Umwelt liegt unseren Rechtsnormen eigentlich zugrunde? Wie weit steht der Mensch der Umwelt gegenüber in der Verantwortung? Und wer legt das fest?

Gegenstand des „Umweltrechts" und der „Umweltverwaltung" ist – das legen die Begriffe unmissverständlich nahe – in irgendeiner Form die „Umwelt". Mit diesem Begriff können sehr verschiedene Vorstellungen verbunden sein:

---

9 Das neue Bundes-Klimaanpassungsgesetz (BGBl. 2023 I Nr. 393) tritt im Wesentlichen am 1.7.2024 in Kraft.

10 *Radkau*, Die Ära der Ökologie, S. 354.

- Umwelt als neutrale Bezeichnung für die (gesamte) „Umgebung" des Menschen (und anderer Lebewesen) und damit alle Lebensbedingungen,[11]
- Umwelt als soziale Kategorie (zwischenmenschliche Beziehungen, gesellschaftliche, kulturelle und wirtschaftliche Einrichtungen, staatliche Institutionen),
- Umwelt als Beschreibung von „Natur" (in Abgrenzung der durch den Menschen geformten Dinge),[12]
- Umwelt als wertende Definition eines erhaltenswerten, ggf. aber auch vom Menschen geschaffenen Zustands (z. B. Erhalt eines Ökosystems, von Kulturlandschaften, von Denkmälern),[13]
- Umwelt als Modell, das sämtliche Wechselbeziehungen zwischen allen Individuen beschreibt (die Zusammenhänge des Lebens im Universum).

Umwelt ist also erst einmal keineswegs ein Synonym für eine natürliche Umgebung, sondern kann auch ein völlig wertfreier Begriff sein, der lediglich einen bestimmten Zustand beschreibt. Hohe Standards etwa für den Schutz von bedrohten Ökosystemen, aber auch für den Schutz des Menschen vor Umweltgefahren waren über Jahrhunderte deshalb keine Selbstverständlichkeit, sondern mussten Schritt für Schritt entwickelt werden. Dies hängt damit zusammen, dass die Bewertung, welchen (Stellen-)Wert die Umwelt für den Menschen hat bzw. welche Teile er für schützenswert hält, eine wertende bzw. moralische Frage ist. Zwar existiert die Natur aus sich heraus und benötigt eine solche Betrachtung an sich nicht. Dem Menschen in seiner heutigen Existenz bleibt jedoch nichts anderes übrig, als seinen eigenen Stellenwert darin zu definieren. Hierfür hat sich die sog. „Umweltethik" entwickelt als Teildisziplin der Ethik, die sich mit dem moralisch verantwortbaren und damit richtigen (gebotenen) Umgang des Menschen mit der äußeren, nichtmenschlichen Natur beschäftigt. Die verschiedenen Positionen der Umweltethik wirken letztlich auch auf das Schutzniveau durch die Umweltgesetzgebung ein.

1.2 Umweltethik

Ausgangspunkt der verschiedenen Positionen innerhalb der Umweltethik ist die jeweilige Vorstellung darüber, welchen Lebewesen ein Eigenwert zugeschrieben werden soll, so dass sie allein um ihrer selbst willen zu beachten bzw. zu schützen sind – unabhängig von anderen Motiven des Menschen, etwa strategischen oder ästhetischen Erwägungen.

In der strengsten Form wird ausschließlich dem Menschen ein solcher Eigenwert zugesprochen; diese Sichtweise wird als „Anthropozentrismus"

---

11 *Kluth/Smeddinck*, Umweltrecht, § 1 Rn. 1; vgl. auch *Kloepfer*, Umweltrecht, § 1 Rn. 54.
12 *Ramsauer* in Koch/Hofmann/Reese, Umweltrecht, § 3 Rn. 1.
13 Zur Definition von Natur nach der h. M. s. Landmann/Rohmer UmweltR/Heß/Wulff BNatSchG § 1 Rn. 13.

(griech. *anthropos* für „Mensch") bezeichnet.[14] Alles nichtmenschliche Leben hat demnach keinen Eigenwert, wenn der Mensch einen solchen nicht aufgrund eigenen Willens beimisst. Natur- und Umweltschutz sind aus anthropozentrischer Sicht daher nur dann sinnvoll, wenn der Mensch hiervon einen Nutzen hat. Pflichten gegenüber der Natur hat der Mensch demnach nicht, und die moralisch vertretbare Handlung hängt im Grunde nur davon ab, wie sie sich auf den Menschen auswirkt, wobei dies auch der Mensch (in) der Zukunft sein kann.

Etwas weiter gehen der Sentientismus bzw. der Pathozentrismus (griech. *pathos* für „Leid"), die allen leidensfähigen Lebewesen, was außer dem Menschen auch empfindungsfähige Tiere sind, einen Eigenwert zusprechen.[15] Maßstab für die Bewertung von Handlungen ist hier, Leid für die entsprechenden Lebewesen zu vermeiden. Ableiten lässt sich daraus etwa die Verpflichtung zum Tierschutz.

Der Biozentrismus (griech. *bios* für „Leben") erklärt alle Lebewesen zum Träger eines Eigenwertes, d. h. neben Menschen und Tieren auch alle Pflanzen, Pilze oder Bakterien.[16] Haben alle Lebewesen den gleichen Eigenwert, wird von einem „egalitären" oder „radikalen" Biozentrismus gesprochen, während der hierarchische Biozentrismus von einer Hierarchie oder Stufenleiter der Lebensformen ausgeht, die etwa Bakterien eine geringere Bedeutung beimisst als Pflanzen, Pflanzen als Tieren und Tieren als Menschen. Gegenstand der moralischen Betrachtung ist über die Vermeidung von Leid hinaus die Wertschätzung des Lebens an sich.

Über die belebte Natur hinaus geht schließlich der Ökozentrismus (griech. *oikos* für „Haus", „Haushalt"), der sämtlichen Naturbestandteilen einen Eigenwert beimisst, damit etwa auch Flüssen oder Bergen.[17] Der Gedanke, dass bereits jedes Lebewesen einen Eigenwert hat, wird hier weitergedacht: Das ganze Ökosystem muss einen Eigenwert haben, da die Lebewesen hierauf angewiesen sind. Ökosysteme wiederum können nur erhalten bleiben, wenn all ihre Bestandteile, die hierzu zu ihrem Funktionieren beitragen, erhalten bleiben. Strömungen wie der Ökozentrismus und Biozentrismus, die dem Menschen nicht automatisch eine Sonderrolle zusprechen und somit als Gegenvorstellung zum Anthropozentrismus fungieren, werden als „Physiozentrismus" bezeichnet.[18]

Im Sinne einer situationsgerechten Umweltgesetzgebung müsste eigentlich ein ökozentrischer Ansatz maßstabgebend sein. Der Pathozentrismus kann der Biodiversitätskrise wenig entgegensetzen, da er sich auf bestimmte Tierarten fokussiert.[19] Aus dem Biozentrismus kann sich zwar die Verpflichtung ableiten, den Schadstoffausstoß von Kraftfahrzeugen zu reduzieren, da dieser besonders früher den Lebewesen unmittelbar geschadet hat (vor der

14 *Albert/Galler/von Haaren*, Landschaftsplanung, S. 47.
15 *Kloepfer*, Umweltrecht, § 1 Rn. 61; *Mührel*, ZUR 2022 S. 464.
16 *Mührel*, ZUR 2022 S. 464 (468 f.).
17 *Mührel*, ZUR 2022 S. 464 (469 ff.).
18 *Albert/Galler/von Haaren*, Landschaftsplanung, S. 47.
19 Vgl. *Mührel*, ZUR 2022 S. 464 (464 f.).

Einführung von Katalysatoren ab Mitte der 1980er in Deutschland enthielten Autoabgase z. B. giftiges Kohlenstoffmonoxid). Der Biozentrismus gebietet aber noch nicht notwendigerweise die Senkung von Treibhausgasemissionen, die sich auf Lebewesen nur mittelbar auswirken, indem sie das Klima erwärmen und dadurch Lebensräume verändern werden. Auch ein nachhaltiger Umgang mit Ressourcen ist eher auf eine ökozentrische Politik angewiesen.[20]

Bei all dem bleibt allerdings zu bedenken, dass der Mensch sich nicht als Faktor der Umwelt entziehen und in praktischer Hinsicht die Natur nicht allein um ihrer selbst willen schützen kann, was bei vielen Gesetzen bis heute im Kern ein anthropozentrisches Verständnis zur Folge hat.[21] Dass der Wert der Natur heutzutage jedoch wesentlich höher geschätzt werden muss, ist im Kern unstreitig und führt zum Teil bereits zu der Diskussion, auch der Natur eigene Rechte zu verleihen.[22]

- Vgl. § 1 Abs. 1 BNatSchG: „Natur und Landschaft sind auf Grund ihres eigenen Wertes und als Grundlage für Leben und Gesundheit des Menschen auch in Verantwortung für die künftigen Generationen im besiedelten und unbesiedelten Bereich nach Maßgabe der nachfolgenden Absätze [...] zu schützen".

1.3 Entwicklung der Umweltgesetzgebung

Die Struktur des für die Umweltverwaltung maßgeblichen Umweltrechts ist in allererster Linie Folge des Umweltprogramms der Bundesrepublik von 1971.[23] Aus dem Umweltprogramm[24] entstanden das Immissionsschutzgesetz, das Bundeswaldgesetz und das Bundesnaturschutzgesetz. Den Anfang machte jedoch 1972 das Abfallbeseitigungsgesetz, das eine Reaktion darauf war, dass bis dahin „wilde Müllkippen" (auch „Bürgermeisterdeponien" genannt) verbreitet waren.[25] Abgesehen vom unschönen Anblick des Mülls in der Landschaft gingen von den Abfällen unkontrolliert Gase und Sickerwässer aus, die mit moderneren Deponien aufgefangen werden sollten.[26] Mit dem Umweltprogramm gelangten der Gedanke einer vorbeugenden Umweltpolitik und erste biozentrische Ansätze in die Gesetzgebung.[27] Das erste deutsche Naturschutzgesetz gab es 1973 in Bayern.

20 Vgl. *Ramsauer* in Koch/Hofmann/Reese, Umweltrecht, § 3 Rn. 6.

21 *Albert/Galler/von Haaren*, Landschaftsplanung, S. 49.

22 Siehe im Einzelnen *Johns*, KlimR 2023 S. 98.

23 Zu Vorläuferentwicklungen und detaillierter Darstellung der Entwicklungen vgl. *Kahl/Gärditz*, Umweltrecht, Einführung Rn. 1; *Storm*, Umweltrecht, Rn. 67 ff.

24 https://www.bundesregierung.de/breg-de/themen/klimaschutz/50jahre-umweltprogramm-1934052 (zuletzt abgerufen am 10.9.2023).

25 *Jarass* in Jarass/Petersen, KrWG, Einführung I Rn. 18.

26 *Wolf*, ZUR 2017 S. 579 (580).

27 Was aber z. B. nicht bedeutet, Tiere und Menschen völlig gleichzustellen, vgl. etwa VG Hamburg, NVwZ 1988 S. 1058 zur Beteiligtenfähigkeit von Seehunden.

Anzumerken ist jedoch, dass der Treiber für eine stärkere Umweltpolitik ab den 1960er Jahren die USA waren, in denen sich Umweltgesetzgebung und Umweltstandards etwa ein Jahrzehnt eher ausmachen lassen.[28] Auf Ebene der Europäischen Union wurden die Kompetenzen für eine mitgliedstaatenübergreifende Umweltgesetzgebung dagegen erst 1986 verankert.[29] Allerdings ist gerade die EU-Ebene ein maßgeblicher Motor für die hiesigen Umweltstandards geworden. Die heutige Umweltpolitik berücksichtigt außerdem immer stärker ökozentrische Erwägungen, was sich neben den Entwicklungen im Bereich der Klimaschutzpolitik in den letzten Jahren (die heute wiederum den USA voraus ist[30]) etwa auch in Bestrebungen der Europäischen Union zeigt, mindestens 30 % der europäischen Land- und Meeresgebiete unter Naturschutz zu stellen (EU-Biodiversitätsstrategie 2030)[31].

Insgesamt lässt sich feststellen, dass der Eigenwert allen Lebens und die nötige Einbeziehung auch der nicht-belebten Umwelt in der heutigen Politik allgemein anerkannt ist, auch wenn die Politik sich nach wie vor ganz wesentlich dem Menschen selbst verpflichtet sieht und politische Zielsetzungen oft nur bis zum Ende der Legislaturperiode gedacht werden.

Um auf die oben gestellte Frage, welches Verständnis der Umwelt dem heutigen Umweltrecht zugrunde liegt, zurückzukommen, lohnt sich ein Blick auf die Definition aus der UVP-Richtlinie, in Deutschland im UVPG umgesetzt:

- § 2 Abs. 1 UVPG: „Schutzgüter im Sinne dieses Gesetzes sind 1. Menschen, insbes. die menschliche Gesundheit, 2. Tiere, Pflanzen und die biologische Vielfalt, 3. Fläche, Boden, Wasser, Luft, Klima und Landschaft, 4. kulturelles Erbe und sonstige Sachgüter sowie 5. die Wechselwirkung zwischen den vorgenannten Schutzgütern".

1.4 Gliederung des Umweltrechts

Wie in Kap. 1.3 dargestellt, markiert das Umweltprogramm aus dem Jahr 1971 den Startschuss für die Entwicklung der meisten Umweltrechtsgebiete (Abfallgesetz 1972, Bundes-Immissionsschutzgesetz 1974, Bundesnaturschutzgesetz 1976). Das Wasserhaushaltsgesetz datiert zwar schon aus dem Jahr 1957, erhielt aber ebenfalls erst durch das Umweltprogramm in Form des Abwasserabgabengesetzes 1976 eine zentrale umweltschützende Verstärkung.[32] Versuche in den 2000er Jahren, das Umweltrecht in einem einzi-

---

28 *Kloepfer*, Umweltrecht, § 2 Rn. 111.

29 *Kloepfer/Durner*, Umweltschutzrecht, § 7 Rn. 6.

30 *Radkau*, Die Ära der Ökologie, S. 188.

31 Politisch wurde für das geplante „EU Nature Restoration Law" der Wert von 30 jedoch auf 20 % herabgesenkt, https://www.consilium.europa.eu/de/policies/nature-restoration/ (zuletzt abgerufen am 24.2.2024).

32 *Kloepfer*, Umweltrecht, § 2 Rn. 124.

gen Umweltgesetzbuch zu harmonisieren und damit die historisch gewachsenen Unterschiede in den einzelnen Gesetzen zu überwinden, scheiterten.[33]

Entsprechend untergliedert sich das Umweltverwaltungsrecht – nicht überschneidungsfrei – bis heute in folgende Rechtsgebiete:

- Immissionsschutzrecht,
- Naturschutzrecht,
- Gewässerschutzrecht,
- Kreislaufwirtschaftsrecht,
- Bodenschutzrecht,
- Klimaschutzrecht,
- Gentechnikrecht,
- Atomrecht,
- Meeresumweltrecht.

Die drei letztgenannten sind auf kommunaler Ebene allerdings – jedenfalls im Vollzug – nicht von Bedeutung. Das Klimaschutzrecht ist stark mit dem Energierecht verbunden (TEHG, BEHG, EEG und EnWG) und stellt kein Umweltrecht im engeren Sinne dar.[34] Es sieht insbes. keine entsprechende ordnungsbehördliche Komponente für die Umweltverwaltung vor. Ob Kommunen besondere Verpflichtungen zum Klimaschutz und zur Klimaanpassung treffen, ist Ländersache. In Bayern wie in Nordrhein-Westfalen sind Klimaschutz und Klimaanpassung den Kommunen bislang nur eigenverantwortlich überlassen (Art. 5 Abs. 2 BayKlimaG; § 5 Abs. 2 Satz 1 Klimaschutzgesetz NRW, § 5 Abs. 3 Klimaanpassungsgesetz NRW). Es fehlt damit an der Verbindlichkeit für zu konkretisierende Maßnahmen.[35] Zwar sind Klimaschutz- und Klimaanpassungskonzepte in den Kommunen schon seit längerem verbreitet. Pflichtaufgaben sind in diesem Bereich jedoch erst im Entstehen begriffen (vgl. Kap. 8).

Nachbarrechtsgebiete zum Umweltrecht sind insbes. das Tierschutzrecht, das Bergrecht, das Forst- und Jagdrecht sowie das Gefahrstoffrecht (Chemikalienrecht).[36]

Deutlich relevanter auf kommunaler Ebene, aber ebenfalls nicht dem Umweltrecht zuzuordnen, sind das Raumordnungs- und das Baurecht (Bauleitplanungs- und Bauordnungsrecht), obgleich die Nutzungsplanung der Landflächen und die Zulassung einzelner Bauvorhaben ohne Zweifel relevante Auswirkungen auf die Umwelt haben. Im Unterschied zu den o. g. Rechtsgebieten dienen diese Rechtsgebiete jedoch nicht primär dem Umweltschutz, sondern sollen in erster Linie Konflikte zwischen einzelnen Nutzungen vorbeugen, die nicht umweltrechtlicher Natur sein müssen.[37]

---

33 *Schlacke*, Umweltrecht, § 2 Rn. 11 ff.

34 Vgl. auch die Systematisierung bei *Kluth/Smeddinck*, Umweltrecht, § 1 Rn. 11; a. A. wohl *Ramsauer* in Koch/Hofmann/Reese, Umweltrecht, § 3 Rn. 9.

35 *Thomas*, NVwZ 2013 S. 679.

36 *Kloepfer/Durner*, Umweltschutzrecht, § 1 Rn. 37.

37 *Kloepfer/Durner*, Umweltschutzrecht, § 1 Rn. 34.

1.5 Behördenaufbau und -zuständigkeiten

1.5.1 Umweltverwaltung als staatliche Aufgabe

Grundsätzlich stellt der Vollzug der Umweltgesetze eine Aufgabe staatlicher Verwaltung dar.[38] Staatliche Verwaltung grenzt sich von der (originär) kommunalen Verwaltung ab, die ihrerseits eigene Angelegenheiten regelt. Die Zuordnung zur staatlichen Verwaltung lässt dabei die Möglichkeit der kommunalen Ebene unberührt, im Rahmen der freiwilligen oder pflichtigen Selbstverwaltung dem Umwelt- und Klimaschutz Rechnung zu tragen.[39]

Die Bundesländer sehen unterschiedliche Lösungen dafür vor, ob die staatlichen Aufgaben zum Teil oder überwiegend von Landesmittelbehörden wie Bezirksregierungen, besonderen staatlichen Behörden oder durch die Kommunen wahrgenommen werden. Das umweltrechtliche Aufgabenfeld der Kreise, kreisfreien Städte sowie ggf. kreisangehörigen Städten und Gemeinden lässt sich daher nicht bundesweit einheitlich beschreiben. Dass aber ganz überwiegend auch die Kreise und kreisfreien Städte als Umweltbehörden fungieren, hängt nicht zuletzt mit der Neuordnung des Umweltrechts durch die Föderalismusreform 2006 zusammen.[40]

Während in Nordrhein-Westfalen eine Grundzuständigkeit der Unteren Umweltschutzbehörden gilt (s. dazu Kap. 1.5.2), ist es in den Bundesländern sonst eher üblich, der Kommunalebene Aufgaben dezidiert zu übertragen. In Bayern regelt etwa die Abfallzuständigkeitsverordnung (AbfZustV) die Aufteilung der abfallbehördlichen Aufgaben und benennt die kommunalen Zuständigkeiten; im Gewässerschutz ist die Aufgabenabgrenzung von den Wasserwirtschaftsämtern als Teil des Freistaats in Art. 63 BayWG geregelt. Die Kreisverwaltungsbehörden sind ansonsten auch Immissionsschutzbehörden (Art. 1 Abs. 1 Satz 1 Nr. 3 BayImSchG), untere Naturschutzbehörden (Art. 43 Abs. 2 Nr. 3, Art. 44 Abs. 2 Satz 1 BayNatSchG) und Bodenschutzbehörden (Art. 10 Abs. 2 Satz 1 BayBodSchG).

1.5.2 Beispiel der ZustVU in NRW

In Nordrhein-Westfalen wurden im Jahr 2007 die früheren staatlichen Umweltämter aufgelöst. Seitdem gibt es untere und obere Umweltschutzbehörden, letztere bei den Bezirksregierungen als Abteilungen 5 mit den Dezernaten 51 bis 54 (Natur- und Landschaftsschutz (51), Abfallwirtschaft (52), Immissionsschutz (53) und Wasserwirtschaft (54), jeweils einschließlich anla-

---

38 *Kloepfer/Durner*, Umweltschutzrecht, § 2 Rn. 48.

39 § 5 Abs. 4 Klimaanpassungsgesetz NRW sieht vor, dass die Notwendigkeiten der Klimaanpassung auch im Rahmen der kommunalen Daseinsvorsorge Berücksichtigung finden „sollen", wobei den Kommunen selbst die Anpassung nach § 5 Abs. 3 (bislang) lediglich empfohlen wird.

40 Vgl. im Einzelnen *Storm*, Umweltrecht, Rn. 77.

genbezogenem Umweltschutz). Untere Umweltschutzbehörden sind die Kreise und kreisfreien Städte.[41]

Im Naturschutz weist § 2 LNatSchG NRW den Kreisen und kreisfreien Städten die Einhaltung der naturschutzrechtlichen Vorschriften als Pflichtaufgabe zur Erfüllung nach Weisung zu (untere Naturschutzbehörden, § 2 Abs. 1 Nr. 3 LNatSchG NRW). Die Aufgabenzuweisung der Kommunen im Abfall-, Bodenschutz-, Wasser und Immissionsschutzrecht ist (neben fachgesetzlichen Regelungen, die aber z. T. aufgehoben wurden) in der Zuständigkeitsverordnung Umweltschutz NRW (ZustVU NRW) geregelt. Gemäß § 1 Abs. 2 Nr. 3 ZustVU sind Kreise und kreisfreie Städte in Nordrhein-Westfalen untere Umweltschutzbehörden. Diese sind nach § 1 Abs. 3 ZustVU auch immer dann für die Aufgabenerledigung sachlich zuständig, wenn es keine anderweitige Regelung gibt (so auch § 2 Abs. 4 LNatSchG NRW für die unteren Naturschutzbehörden). Dies ist eine umweltrechtliche Besonderheit, da das Grundprinzip des § 8 Abs. 3 LOG NRW umgekehrt wird, wonach Aufgaben der Landesverwaltung ausdrücklich auf die kommunale Ebene übertragen werden müssen. Die ZustVU enthält hingegen ein Verzeichnis der Vorschriften zum Umweltrecht, das insbes. auch die oben erwähnten Vorschriften des Umweltverwaltungsrechts umfasst. Für den Vollzug der in Teil A des Verzeichnisses aufgelisteten Gesetze sind die unteren Umweltschutzbehörden stets zuständig, auch wenn die Gesetze ergänzt oder geändert werden.[42]

Die kommunalen Umweltschutzbehörden sind daher nur dann nicht zuständig, wenn eine anderweitige Regelung besteht. Solche ergeben sich insbes. aus der Anlage zur ZustVU, Anhang II.

Beispiel:
Für den Fünften Teil des BImSchG (Überwachung und Verbesserung der Luftqualität, Luftreinhalteplanung) sind im Regelfall die Bezirksregierungen zuständig, ebenso für den Gewässerausbau bei Gewässern erster und zweiter Ordnung oder für Sammler, Beförderer, Händler und Makler, die keinen Sitz in der Bundesrepublik Deutschland haben.

Gegenüber den Kreisen und kreisfreien Städten ist hingegen generell die Bezirksregierung zuständig (§ 3 ZustVU), wobei es auch hierfür in Anhang II Ausnahmen gibt.

Beispiel:
Die sehr relevante Ausnahme der Ziffer 2, wonach für den Vollzug wasserrechtlicher Vorschriften § 3 gar keine Anwendung findet, somit sind die kreisfreien Städte im Rahmen ihrer Gewässerunterhaltung nach § 39 WHG, §§ 61, 62 Abs. 1 Nr. 2 LWG NRW zugleich als untere Wasserbehörde (§ 114 Abs. 3 LWG NRW) zuständig. Eine Parallelvorschrift findet sich im Bodenschutzrecht (Ziffer 6). Die oberen Bodenschutzbehörden

41 Das für Umwelt zuständige Landesministerium ist die oberste Umweltschutzbehörde.
42 *Röckinghausen*, KommJur 2012 S. 209 (210).

sind zudem nicht zuständig für Flächen, die bis zum 31.12.2009 im Altlastenkataster erfasst wurden. Im Bereich der Deponien gilt § 3 für Deponieklasse (DK) 0 nicht; für DK I ist die Bezirksregierung nicht zuständig, wenn die Stilllegung bis zum 1.1.2008 angezeigt worden ist.

Eine weitere wichtige Durchbrechung der grundsätzlichen Zuständigkeit der unteren Umweltschutzbehörden ist die Zuweisung bestimmter Anlagen an die oberen Umweltschutzbehörden und die damit einhergehende Übernahme weiterer Zuständigkeiten nach dem sog. „Zaunprinzip". § 2 Abs. 1 Satz 1 ZustVU NRW regelt, dass für Anforderungen an die Errichtung und den Betrieb von Anlagen nach Anhang I sowie für Anforderungen des Abfall-, Bodenschutz- und Wasserrechts gegenüber den Betreibern dieser Anlagen die obere Umweltschutzbehörde zuständig ist, soweit in Anhang II nichts anderes bestimmt ist. Während es in der ersten Variante auf den Bezug zu einer bestimmten Anlage ankommt, richtet sich die zweite Variante allein nach der ordnungspflichtigen Person.[43]

Beispiel:
Der Betreiber einer Chemiefabrik i. S. d. Ziffer 4 des Anhangs I zur 4. BImSchV möchte ein Gewässer benutzen (§ 8 WHG), für das ansonsten die untere Wasserbehörde zuständig wäre.

Der Kreis der betroffenen Anlagen ergibt sich aus Anhang I.

Beispiel:
Im Bereich des Immissionsschutzes u. a. alle Anlagen innerhalb eines Betriebsbereichs nach § 1 der Störfall-Verordnung, der größte Teil der Anlagen nach der 4. BImSchV aus der metallverarbeitenden Industrie, der gesamte Bereich der chemischen Industrie sowie (mit wenigen Ausnahmen) IE-Anlagen; im Abfallrecht Deponien ab DK I; im Wasserrecht Anlagen in und an Gewässern erster und zweiter Ordnung; öffentliche Abwasserbehandlungsanlagen für Schmutz- und Mischabwasser von mehr als 2000 Einwohnern.

Ferner erstreckt sich die Zuständigkeit der oberen Umweltschutzbehörde auch auf Anlagen, die zwar nicht in Anhang I enthalten sind, aber einen räumlichen (§ 2 Abs. 2 ZustVU) oder betriebstechnischen und organisatorischen Zusammenhang (§ 2 Abs. 3 ZustVU) zu einer Anhang I-Anlage aufweisen. Die Abgrenzung dieses „Anlagenzauns" ist in der Praxis nicht immer einfach.

Werden Anhang I-Anlagen ohne die erforderliche Genehmigung betrieben, kommt es zudem zu der Besonderheit, dass die Zuständigkeit für die Stilllegung oder Beseitigung (§ 20 BImSchG) dennoch bei der unteren Umweltschutzbehörde liegt, was daraus abgeleitet wird, dass § 2 Abs. 1 ZustVU

43 *Röckinghausen*, KommJur 2012 S. 209 (210).

nur von Anforderungen an die *„Errichtung und den Betrieb einer Anlage"* spricht.[44] Für die Überwachung eines genehmigten Anlagenbetriebs ist die obere Umweltschutzbehörde jedoch zuständig.

Eine weitere praxisrelevante Regelung ist § 2 Abs. 4 ZustVU, der den Übergang der Zuständigkeit im Falle der Stilllegung von Anlagen nach den Absätzen 1 bis 3 regelt. Bei einer ordnungsgemäßen Stilllegung von Anlagen geht danach die Zuständigkeit ein Jahr nach vollständiger Einstellung des Betriebs aller Anlagen nach Anhang I auf die untere Umweltschutzbehörde über. Die Jahresfrist der ordnungsgemäßen Stilllegung orientiert sich an § 17 Abs. 4a BImSchG. Da die Nachsorge nach Einstellung eines gesamten Betriebs nur noch während eines Zeitraums von einem Jahr über das Immissionsschutzrecht durchgesetzt werden kann, macht dies grundsätzlich Sinn. Für eine „ordnungsgemäße Stilllegung" ist jedoch nicht der Tag der Betriebseinstellung ausschlaggebend bzw. setzt dieser nicht bereits die Jahresfrist in Gang. Zu einer ordnungsgemäßen Stilllegung gehört nach § 15 Abs. 3 Satz 2 BImSchG eine vollständige Anzeige, aus der sich insbes. alle Angaben zum Umgang mit den Nachsorgepflichten aus § 5 Abs. 3 BImSchG ergeben. Erst ab einer solchen vollständigen Anzeige beginnt deshalb nach h. M. auch die Jahresfrist des § 17 Abs. 4a BImSchG zu laufen.[45]

Liegt kein Fall ordnungsgemäßer Stilllegung vor, endet die Zuständigkeit der oberen Umweltschutzbehörde erst, wenn von der Anlage und dem Anlagengrundstück keine schädlichen Umwelteinwirkungen oder sonstigen Gefahren mehr hervorgerufen werden und die Rückführung des Anlagengrundstücks in den Ausgangszustand nach § 5 Abs. 4 BImSchG abgeschlossen bzw. diese Pflicht erloschen ist.

1.6 Grundwissenspaket für alle Umweltbehörden

Viele Fallgestaltungen im Umweltrecht sind vernetzt. Gerade bei größeren Vorhaben oder Vorhaben im Außenbereich lassen sich Fälle selten nur von einem einzigen Rechtsgebiet behandeln.

> ***Beispiel:***
> *Ein immissionsschutzrechtliches Genehmigungsverfahren, das Fragen auch im Naturschutz-, Wasser- und Bodenschutzrecht aufwirft.*

Über das eigene Fachgebiet hinaus ist es daher sehr hilfreich, auch Grundzüge der jeweils anderen Rechtsgebiete vor Augen zu haben. Folgende Themen werden – neben Kap. 9 – als Grundwissen in allen Umweltbehörden empfohlen:

---

44 *Röckinghausen*, KommJur 2012 S. 209 (211).
45 *Jarass*, BImSchG, § 15 Rn. 58.

- Planungsrechtliche Zulässigkeit von Vorhaben (Kap. 2.2.1.1)
- Eingriffsregelung (Kap. 3.5.1)
- Zugriffsverbote im Artenschutz (Kap. 3.5.4.2.1)
- Abwasser, Einleitungen und Gewässerbegriff (Kap. 4.4.1 bis 4.4.3)
- Anforderungen an Gewässerbenutzungen (Kap. 4.5.1.3.1)
- Anlagen-, Emissions- und Immissionsbegriff (Kap. 5.4.1 bis 5.4.3)
- Konzentrationswirkung im immissionsschutzrechtlichen Genehmigungsverfahren (Kap. 5.5.1)
- Abfalleigenschaft (Kap. 6.4.1.1)
- Altlasten/altlastverdächtige Flächen (Kap. 7.4.1)
- Schädliche Bodenveränderungen/Verdachtsflächen (Kap. 7.4.2)

Der jeweilige Abschnitt 6 in den Kap. 3 bis 8 gibt zudem Hinweise darauf, wo sich Berührungspunkte mit den anderen Rechtsgebieten ergeben und wie sich die Zuständigkeiten generell voneinander abgrenzen.

Für die zahlreichen relevanten Änderungen bei der Zulassung von Windenergieanlagen sind zudem wichtige Themenschwerpunkte in folgenden Abschnitten enthalten:

- Planungsrechtliche Zulässigkeit (Kap. 2.2.1.1.4)
- Artenschutz (Kap. 3.5.4.2.6)
- Materiell-rechtliche Anforderungen für die Genehmigung (Kap. 5.5.1.2)

2. Allgemeines Umweltrecht

Im folgenden Teil geht es um Grundlagenwissen, das in allen Bereichen der Umweltverwaltung von Bedeutung ist. Dazu zählen gemeinsame Prinzipien und Handlungsinstrumente, mit denen alle Fachbehörden in ähnlicher Weise zu tun haben. Ebenfalls in diesem Teil dargestellt werden die gebietsübergreifenden Regelungen zur Umweltinformation, zur Umweltverträglichkeitsprüfung, zum Umweltschadensrecht sowie zum Rechtsschutz.

2.1 Rechtsquellen

Umweltprobleme stellen sich auf lokaler Ebene ebenso wie im nationalen oder globalen Kontext. Daher verwundert es nicht, dass es umweltspezifische Regelungen sowohl auf Bundes- und Landesebene, auf der EU-Ebene (Unionsrecht) und zwischen Staaten verschiedener Kontinente (Umweltvölkerrecht) gibt. Dieses Mehrebenensystem erschwert zwar die Übersicht, macht das Umweltrecht aber auch resistenter gegen Versuche der Abschwächung.[46] Die nachfolgenden Ausführungen sind bewusst nicht umfassend, sondern konzentrieren sich auf diejenigen Elemente, die besonders auch auf der kommunalen Ebene Wirkung entfalten.

2.1.1 Umweltvölkerrecht

Als „Völkerrecht" wird die Gesamtheit aller zwischen den Völkerrechtsubjekten geltenden Rechtsnormen bezeichnet, z. B. völkerrechtliche Verträge oder Beschlüsse internationaler Organisationen. Völkerrechtssubjekte sind in erster Linie Staaten, aber auch UN-Organisationen oder die Europäische Union.[47]

Insbesondere für Umweltprobleme, die planetare Dimensionen erreichen – wie der Klimawandel, das Artensterben oder der weltweite Verlust von Biodiversität – ist eine weltweite Verständigung dringend erforderlich. Der über Jahrzehnte zwischen den Völkerrechtssubjekten gewachsene Normbestand ist auf den ersten Blick auch beeindruckend groß.[48] Zu den Errungenschaften gehören neben themenspezifischen Verträgen auch Leitprinzipien wie das Vorsorge- und Verursacherprinzip.[49] Die Effektivität der zahlreichen Über-

---

46 *Hey*, ZUR 2022 S. 408 (410).

47 *Kloepfer*, Umweltrecht, § 10 Rn. 24.

48 Vgl. nur die Auflistung in *Schlacke*, Umweltrecht, § 8 Rn. 7.

49 Zu Einzelheiten s. *Kloepfer/Durner*, Umweltschutzrecht, § 6 Rn. 18 ff.

einkünfte im völkerrechtlichen Kontext fällt jedoch eher bescheiden aus,[50] was wesensbedingt ist: Auf Ebene des Völkerrechts kann nicht ein Völkerrechtssubjekt über das andere bestimmen;[51] eine Vereinbarung insbes. zwischen mehreren Staaten kann als Ergebnis somit nur beinhalten, wozu die Staaten freiwillig bereit sind. Auch kann die Einhaltung eines abgeschlossenen Abkommens in einem bestimmten Staat nicht ohne Weiteres eingefordert werden. Abgesehen von den im Völkerrecht bekannten Umsetzungs-, Kontroll- und Sanktionsproblemen kommt oftmals noch eine geringere Effektivität gegenüber der Rechtsetzung auf EU- oder nationalstaatlicher Ebene hinzu: Weil insbes. bei Zielvorgaben hinsichtlich des Umweltschutzes längst nicht immer Einigkeit zwischen allen Staaten erzielt werden kann, werden im Bereich des Umweltvölkerrechts häufig sog. „Rahmenabkommen" geschlossen. Hier werden weiter gefasste oder unverbindlichere Ziele festgelegt, deren Konkretisierung den Staaten selbst oder weiteren völkerrechtlichen Abkommen vorbehalten bleibt.[52]

Wie unerlässlich eine globale Zusammenarbeit auf der einen Seite ist und wie begrenzt auf der anderen Seite zugleich die Möglichkeiten der völkerrechtlichen Ebene sind, zeigt sich besonders deutlich im Bereich des Klimaschutzes.[53] Es gibt keine ernstzunehmenden Zweifel daran, dass die Begrenzung des Klimawandels auf der ganzen Welt angegangen werden muss. Diese Erkenntnis ist aus heutiger Sicht verblüffend alt: Die Klimarahmenkonvention ist eines der Ergebnisse der UN-Konferenz für Umwelt und Entwicklung (englisch: „United Nations Conference on Environment and Development" – UNCED, auch als „Earth Summit", „Erdgipfel" und „Rio-Konferenz" bekannt).[54] 1997 folgten mit dem Kyoto-Protokoll erste Minderungsverpflichtungen für Treibhausgase in den Industrieländern.[55] Es dauerte aber bis zum Paris-Gipfel 2015, ehe erstmals nationale Klimaschutzbeiträge („Nationally Determined Contribution" – NDC) vorgelegt wurden und eine Verständigung erreicht werden konnte, dass die 1,5 °C-Obergrenze eingehalten werden „soll".[56] Dabei gilt die Verpflichtung zur Emissionsminderung „im Lichte nationaler Umstände" und verdeutlicht das grundlegende Problem, dass die jeweilige Haltung der unterzeichnenden Staaten darüber entscheidet, wie ernst die Einhaltung der völkerrechtlichen Verpflichtungen genommen wird. So haben die EU und ihre Mitgliedstaaten für sich verbindliche

50 *Schlacke*, Umweltrecht, § 8 Rn. 8.
51 Die UN-Charta geht gem. Art. 2 Ziff. 1 von der souveränen Gleichheit aller Mitglieder der UN aus.
52 Bsp. Klimarahmenkonvention 1992, die den Rahmen für konkretere Vereinbarungen zum Klimaschutz zwischen den UN-Mitgliedern gelegt hat, etwa das Pariser Abkommen von 2015.
53 *Kloepfer*, Umweltrecht, § 17 Rn. 41.
54 *Kment*, NVwZ 2020 S. 1537 (1538).
55 *Durner* in Landmann/Rohmer, Umweltrecht, Umweltvölkerrecht Rn. 98.
56 *Kment*, NVwZ 2020 S. 1537 (1538).

Minderungsziele festgesetzt.[57] Die USA als einer der größten THG-Verursacher kündigten dagegen 2019 das Pariser Abkommen von 2015 und entzogen sich damit vorübergehend der übernommenen Minderungsverpflichtungen, wobei sie nach einem Regierungswechsel weniger als zwei Jahre später dem Abkommen wieder beitraten und im Jahr 2022 mit dem „Inflation Reduction Act" einen substantiellen Beitrag lieferten.[58]

Als weiteres Problem im weltweiten Kontext kommt der unterschiedliche wirtschaftliche Entwicklungsstand von Industrie-, Schwellen- und Entwicklungsländern hinzu.[59] Die G7-Staaten einigten sich Ende 2022 immerhin auf eine gemeinsame Zusammenarbeit im Klimaschutz in Form eines „Klimaclubs", der über die Organisation für Wirtschaftliche Zusammenarbeit und Entwicklung (OECD) und die Internationale Energieagentur (IEA) eingerichtet werden soll. Es sollen sich über die G7 hinaus möglichst viele Staaten beteiligen, die Märkte für CO_2-freie Produkte schaffen, CO_2 bepreisen und die Abwanderung von Industrie durch CO_2-Kosten („Carbon Leakage") aufhalten wollen. Klimaschutzbemühungen sollen so die Bemühungen auf UN-Ebene ergänzen, vornehmlich zunächst im Bereich der industriellen Dekarbonisierung.[60]

Deutlich länger und gefestigter ist hingegen der internationale Konsens im Bereich des Arten- und Landschaftsschutzes.[61] Jüngst gelang auf der Biodiversitätskonferenz COP15 in Montreal ein Abkommen zur Unterschutzstellung von 30 % der globalen Land- und Meeresfläche bis 2030, um dem weltweiten Artensterben Einhalt zu gebieten.[62] Ein weiteres positives Beispiel ist die sog. „Aarhus-Konvention" von 1998. Die Konvention regelt im Umweltbereich den Informationszugang der Öffentlichkeit, die Öffentlichkeitsbeteiligung an umweltrelevanten Entscheidungsverfahren und den Zugang zu Gerichten in Umweltangelegenheiten. Die Konvention wurde in mehreren Richtlinien der (an der Konvention als Völkerrechtsubjekt beteiligten) Europäischen Union und diese Richtlinien wiederum in Gesetzen der Mitgliedstaaten umgesetzt. Ihre Bedeutung für die kommunale Umweltverwaltung ist so hoch, dass weitere Einzelheiten in Kap. 2.5 dargestellt werden.

Im Übrigen hat die staatenübergreifende Umweltpolitik eine wichtige Funktion für das Agenda-Setting. Selbst wenn weltweite Übereinkünfte nur

---

57 EU-Verordnung zur Schaffung des Rahmens für die Verwirklichung der Klimaneutralität (noch nicht verabschiedet), Bundes-Klimaschutzgesetz vom 12.12.2019 (BGBl. I S. 2513).

58 https://www.energate-messenger.ch/news/228742/habeck-will-eu-antwort-auf-inflation-reduction-act (zuletzt abgerufen am 10.9.2023).

59 *Kloepfer/Durner*, Umweltschutzrecht, § 6 Rn. 51.

60 https://www.bundesregierung.de/breg-de/suche/gemeinsame-pressemitteilung-von-bundeskanzleramt-und-bundesministerium-fuer-wirtschaft-und-klimaschutz-g7-gruendet-klimaclub-2153296 (zuletzt abgerufen am 10.9.2023).

61 Bsp.: Washingtoner Übereinkommen über den internationalen Handel mit gefährdeten Arten vom 3.3.1973 (CITES-Abkommen); UNESCO-Übereinkommen zum Schutz des Kultur- und Naturerbes der Welt vom 16.11.1972.

62 https://www.zeit.de/wissen/umwelt/2022-12/un-weltnaturgipfel-einigt-sich-auf-abkommen-zur-rettung-der-natur (zuletzt abgerufen am 10.9.2023).

schwache Ergebnisse und mangelnde Kontrollierbarkeit aufweisen, schafft das internationale Streben danach zumindest in vielen Ländern mehr Bewusstsein für die Notwendigkeit, die umweltrechtlichen Regelungen weiterzuentwickeln.

2.1.2 Unionsrecht

Die Behandlung von Umweltfragen auf der supranationalen Ebene der Europäischen Union ist ohne Zweifel folgerichtig, da Umweltbeeinträchtigungen nicht an Staatsgrenzen halt machen.

> ***Beispiele:***
> *Grenzüberschreitende Luftverschmutzung, Belastungen von Meeren und Binnengewässern.*

Ganz abgesehen davon, dass der Erhalt einer möglichst intakten Umwelt und der Schutz der natürlichen Lebensgrundlagen ohnehin im Interesse aller Mitgliedstaaten liegen muss, wären zu große Unterschiede im jeweiligen nationalen Umweltschutzniveau geeignet, Wettbewerbsverzerrungen in der Wirtschaft hervorzurufen.[63]

Das Recht der Europäischen Union (EU) zeichnet sich vor allem durch einen Anwendungsvorrang gegenüber dem nationalen Recht aus. Anders als bei rein völkerrechtlicher Zusammenarbeit zwischen den Mitgliedstaaten kann durch die EU eine Rechtsetzung erfolgen, die die Mitgliedstaaten, zum Teil aber auch die Bürger direkt verpflichtet. Unterschieden wird zwischen dem Primärrecht, das vor allem den rechtlichen Rahmen für die Befugnisse der EU bildet, von den Mitgliedstaaten verabschiedet wurde und damit quasi die Verfassung der EU darstellt, während das Sekundärrecht die Rechtsakte bezeichnet, die die EU im Rahmen ihrer Befugnisse selbst erlassen hat.

Nach dem Primärrecht (heute dem EUV und dem AEUV) verfügt die EU über umfangreiche Zuständigkeiten auf dem Gebiet des Umweltschutzes, von denen sie auf sekundärrechtlicher Ebene auch umfassend Gebrauch gemacht hat. Entsprechend ist der umweltrechtliche Normbestand in der EU sehr hoch, und der Großteil der nationalen Vorgaben geht mittlerweile auf Unionsrecht zurück.[64]

2.1.2.1 Primärrecht

Während der Europäischen Union bzw. ihren Vorstufen bis 1986 Kompetenzen im Bereich des Umweltschutzes noch gänzlich fehlten, ist spätestens in den seit dem Vertrag von Lissabon maßgeblichen Gründungsverträgen der EU (der Vertrag über die Europäische Union/EUV und der Vertrag über die

63 *Kloepfer/Durner*, Umweltschutzrecht, § 7 Rn. 1.

64 Gesprochen wird von bis zu 80 % (*Kloepfer/Durner*, Umweltschutzrecht, § 7 Rn. 2).

Arbeitsweise der Europäischen Union/AEUV) die Verankerung von Aufgaben auf dem Gebiet der Umweltgesetzgebung derart stark geworden, dass hierin mittlerweile eine originäre Aufgabe der EU gesehen werden kann,[65] auch wenn es sich weiterhin um mit den Mitgliedstaaten geteilte Zuständigkeiten handelt (Art. 4 Abs. 2 lit. e AEUV).

Nach Art. 3 Abs. 3 UAbs. 1 EUV wirkt die Union auf ein hohes Maß an Umweltschutz und Verbesserung der Umweltqualität hin. Art. 11 AEUV ergänzt dies um das sog. „Umweltintegrationsprinzip" (Querschnittsklausel). Sie verpflichtet die EU-Organe (v. a. Rat, Kommission und Parlament), die Erfordernisse des Umweltschutzes grundsätzlich in die Unionspolitik miteinzubeziehen. Quasi als Gegenstück zu der Vorgabe, bei der sonstigen Politik die Umwelt mitzubedenken, regelt Art. 191 Abs. 3 AEUV u. a., dass die Umweltpolitik ihrerseits die wirtschaftliche und soziale Entwicklung der Union insgesamt sowie die ausgewogene Entwicklung ihrer Regionen zu berücksichtigen hat.

Die eigentlichen umweltpolitischen Ziele der Union finden sich in Art. 191 Abs. 1 AEUV. Diese sind:

- Erhaltung und Schutz der Umwelt sowie Verbesserung ihrer Qualität,
- Schutz der menschlichen Gesundheit,
- umsichtige und rationelle Verwendung der natürlichen Ressourcen,
- Förderung von Maßnahmen auf internationaler Ebene zur Bewältigung regionaler oder globaler Umweltprobleme und insbes. zur Bekämpfung des Klimawandels.

In Abs. 2 UAbs. 1 Satz 1 wird dabei wie im EUV ein hohes Schutzniveau zum Ziel gesetzt. Art. 191 Abs. 2 UAbs. 1 Satz 2 AEUV greift mit dem Verursacherprinzip, den Grundsätzen der Vorsorge und Vorbeugung sowie dem Grundsatz, Umweltbeeinträchtigungen mit Vorrang an ihrem Ursprung zu bekämpfen, völkerrechtliche Prinzipien des Umweltrechts auf.

Art. 192 AEUV konkretisiert die diesbezügliche Gesetzgebungskompetenz der Union. Art. 193 AEUV stellt klar, dass Mitgliedstaaten nicht darin gehindert sind, stärkere Schutzmaßnahmen beizubehalten oder zu ergreifen, wenn sie mit den EU-Verträgen vereinbar sind. Den Mitgliedstaaten ist es daher erlaubt, EU-Umweltrechtsakte zu verstärken. Dies gilt auch im Falle einer sog. „Doppelabstützung".[66] In diesen Fällen beruht der EU-Rechtsakt nicht nur auf Art. 192 AEUV, sondern auch auf einer anderen Ermächtigungsgrundlage, z. B. für den Binnenmarkt (Art. 114 AEUV).[67] Letztere spielt insbes. für produktbezogene Vorschriften und damit zum Teil auch im Kreislaufwirtschaftsrecht eine Rolle.[68]

---

65 *Kloepfer/Durner*, Umweltschutzrecht, § 7 Rn. 1.

66 Kahl in *Streinz*, AEUV, Art. 193 Rn. 13.

67 Hierauf beruht u. a. die REACH-VO (VO [EG] Nr. 1907/2006).

68 Kahl in *Streinz*, AEUV, Art. 192 Rn. 26.

2.1.2.2 Sekundärrecht

Ausgehend von den mit der Zeit auf die Unionsebene verlagerten Kompetenzen, sind durch diese eine Vielzahl von Rechtsakten im Umweltbereich durch die EU erlassen worden (Sekundärrecht). Hauptsächliches Instrument für umweltrechtliche Vorgaben durch die EU sind Verordnungen und Richtlinien (Art. 288 Abs. 2, 3 AEUV). Während Verordnungen der EU in allen Teilen verbindlich wie ein nationales Gesetz sind und dort auch unmittelbar gelten (auch gegenüber den einzelnen Unionsbürgern), gelten Richtlinien zunächst nur gegenüber den Mitgliedstaaten und verpflichten diese, die Ziele der Richtlinie (nur insoweit ist die Richtlinie verbindlich) innerhalb einer bestimmten Frist in den Mitgliedstaaten umzusetzen, wobei ihnen die Wahl zwischen Form und Mitteln zum Erreichen der Ziele verbleibt. Typischerweise erfolgt in Deutschland die Umsetzung durch Einbindung der Richtlinieninhalte in die jeweiligen Gesetze, seien es bestehende (Bsp. Wasserhaushaltsgesetz) oder Gesetze, die erst anlässlich der Richtlinie eingeführt werden (Bsp. Umweltverträglichkeitsprüfungsgesetz).

Die Zahl an EU-Verordnungen und Richtlinien ist so groß, dass eine vollständige Wiedergabe kaum möglich ist. Wichtige Beispiele für das EU-Recht auf sekundärrechtlicher Ebene nach Bereichen sind:

- Immissionsschutz: Luftqualitätsrahmen-RL 2008/50/EG, Industrieemissions-RL 2010/75/EU
- Wasser: Wasserrahmen-RL 2000/60/EG
- Naturschutz: Vogelschutz-RL 2009/147/EG, Fauna-Flora-Habitat-RL 1992/43/EG (FFH-RL)
- Abfall: Abfallverbringungs-VO (EG) 1013/2006, Abfallrahmen-RL 2008/98/ EG (Änd.: RL [EU] 2018/851)
- Chemikalien: REACH-VO (EG) 1907/2006
- Ressortübergreifend: Umweltaudit-Verordnung (EG) Nr. 1221/2009, Umwelthaftungs-RL 2004/35/EG, UVP-RL 2011/92/EU

Grundsätzlich wurde und wird der Großteil der umweltrechtlichen EU-Standards durch Richtlinien vorgegeben. Die Reichweite ihrer Regelungen ist dennoch nicht zu unterschätzen, da sie sich längst nicht in punktuellen Ergänzungen erschöpfen, sondern teilweise einen höchst umfangreichen Regulierungsrahmen bilden, der den nationalen weitgehend überlagert. Dies gilt namentlich für die Wasserrahmenrichtlinie, die diverse Regelungen aus älteren Richtlinien harmonisiert und damit eine grundlegende und umfassende Neuordnung des europäischen Gewässerschutzes bewirkt hat. Ähnlich verhält es sich mit der europäischen Ordnung der Abfallvermeidung und -entsorgung über die Abfallrahmenrichtlinie.

2.1.3 Bundes- und Landesrecht

In Deutschland ist die Regelung des Umweltschutzes sowohl Bundes- als auch Ländersache. Zu unterscheiden sind hier Umweltverfassungs- und Umweltverwaltungsrecht.

2.1.3.1 Umweltverfassungsrecht

Die Verfassungen von Bund und Ländern enthalten sowohl Staatsziel- als auch (Gesetzgebungs-) Kompetenzbestimmungen. Das Staatsziel Umweltschutz findet sich etwa in Art. 20a GG und Art. 29a VerfNRW.

Gemäß Art. 74 Abs. 1 Nr. 1, 11, 12, 17–24, 26, 28–32 GG besteht eine sog. „konkurrierende Gesetzgebungskompetenz" für einzelne umweltbezogene Teilbereiche. Im Bereich der konkurrierenden Gesetzgebung haben die Länder die Gesetzgebungsbefugnis, solange und soweit der Bund von seiner Gesetzgebungszuständigkeit nicht durch Gesetz Gebrauch gemacht hat. Deshalb flankieren viele Umweltgesetze des Bundes entsprechende Landesgesetze (s. Kap. 2.1.3.2.1). Eine ausschließliche Gesetzgebungskompetenz des Bundes besteht nur für das hier nicht näher zu behandelnde Atomrecht (Art. 73 Abs. 1 Nr. 14 GG).

Im Umweltverfassungsrecht früher weniger bedeutend, in letzter Zeit jedoch stark im Fokus der Öffentlichkeit und der Rechtswissenschaft ist die grundrechtliche Dimension des Umweltschutzes. Da Grundrechte dem Prinzip nach Abwehrrechte gegen staatliches Handeln sind, kamen sie jedenfalls schon immer als potentielles Abwehrrecht gegen staatliche Umweltschutzmaßnahmen in Betracht (z. B. über Art. 12 Abs. 1, Art. 14 Abs. 1 GG). Vor dem Hintergrund der wachsenden Umweltprobleme interessanter ist jedoch die Frage, ob aus den Grundrechten auch ein potentieller Anspruch auf Ergreifen staatlicher Umweltschutzmaßnahmen hergeleitet werden kann (z. B. über Art. 2 Abs. 2 Satz 1 GG). Da das Verabschieden von Gesetzen der Legislative vorbehalten ist, folgt nach herrschender Ansicht aus den Grundrechten lediglich ein bloßes Untermaßverbot mit Einschätzungsprärogative. Konkrete staatliche Maßnahmen können deshalb gestützt auf die eigenen Grundrechte erst verlangt werden, wenn der Staat ausnahmsweise verfassungsrechtlich gebotene Schutzziele völlig vernachlässigt. Dies sah das BVerfG auch in seinem epochalen Klimabeschluss vom 24.3.2021[69] noch nicht als gegeben an, obwohl die Bundesrepublik im Ergebnis verpflichtet wurde, für die zuvor noch nicht konkreter festgelegten CO_2-Minderungsziele ab 2030 zu sorgen. Die Bedeutung der Staatszielbestimmung des Art. 20a GG (Schutz der natürlichen Lebensgrundlagen und der Tiere auch in Verantwortung für die künftigen Generationen) wurde in diesem Zusammenhang auch ausdrücklich zu

69 BVerfGE 157, 30 = NVwZ 2021 S. 951.

einem Klimaschutzgebot erweitert,[70] jedoch weiterhin nicht mit der Möglichkeit, hieraus direkte Handlungspflichten des Staates einklagen zu können.[71]

Stattdessen erkannte das BVerfG jedoch in den bis dahin geltenden Regelungen eine eingriffsähnliche Vorwirkung für die allgemeine Handlungsfreiheit aus Art. 2 Abs. 2 Satz 1 GG, weil in dem verabschiedeten Gesetz eine grundrechtsrelevante Benachteiligung in der Zukunft lag: Das BVerfG nahm den Gesetzgeber in die Pflicht, die jährlichen Einsparungen gerecht zu verteilen, bis zum Erreichen der Klimaneutralität ab 2050[72]. Das Offenlassen ab 2030 hätte bedeuten können, dass ab diesem Zeitpunkt deutlich schärfere Einsparziele nötig werden könnten, weil weniger Zeit für das unbedingt erforderliche Erreichen der Klimaneutralität verbleiben würde. Für die Bürger in der Zukunft hätte dies eine deutlich eingeschränktere Freiheitsausübung bedeutet als für die heute lebenden, weshalb die Grundrechtsverletzung schon heute eingeklagt werden kann (sog. „intertemporale Freiheitssicherung").[73]

Diskutiert, aber in der Entscheidung offengelassen wurde, ob es ein Grundrecht auf ein ökologisches Existenzminimum oder ein Recht auf eine menschenwürdige Zukunft gibt.[74]

2.1.3.2 Umweltverwaltungsrecht

Umweltschutzvorschriften, die unterhalb der Verfassung angesiedelt und dem öffentlichen Recht zugeordnet sind, stellen das Umweltverwaltungsrecht dar.[75] Es lässt sich in diverse weitere Gebiete des Sonderordnungsrechts unterteilen.

Entsprechend der Normhierarchie wird nachfolgend auf die wichtigsten Rechtsquellen im Umweltverwaltungsrecht eingegangen.

2.1.3.2.1 Gesetze

Aufgrund der erwähnten konkurrierenden Gesetzgebung sind in den o. g. Umweltrechtsgebieten sowohl Bundes- als auch Landesgesetze zu finden. Welcher Spielraum den Ländern allerdings aufgrund der Bundesregelung wirklich verbleibt, ist sehr unterschiedlich: Der Schutz der Luft etwa ist durch das BImSchG praktisch abschließend geregelt. Den Landes-Immissionsschutzgesetzen verbleibt im Wesentlichen die Regulierung des verhaltensbezogenen Immissionsschutzes. Anders verhält es sich hingegen im Bereich des Naturschutzes, bei dem die Länderregelungen zwar an die jeweiligen

70 BVerfG, NVwZ 2021 S. 951 Rn. 117.

71 So etwa auch eine Entscheidung zur Klage auf ein Tempolimit (BVerfG, Beschl. vom 15.12.2022 – 1 BvR 2146/22 –).

72 Das BVerfG bezieht sich nicht auf die Zielvorgabe des § 3 Abs. 2 Satz 1 KSG (2045), sondern das Pariser Übereinkommen.

73 BVerfG, NVwZ 2021 S. 951 Rn. 182 ff.

74 BVerfG, NVwZ 2021 S. 951 Rn. 113 ff.

75 Daneben gibt es auch ein Umweltstrafrecht und ein Umweltprivatrecht.

Bundesvorschriften anknüpfen, oft aber Abweichendes oder Konkretisierungen regeln. Hintergrund ist, dass es eine bundesrechtliche Vollregelung erst seit 2010 gibt. Auch im Wasserrecht sind Länderregelungen teilweise älter und weitergehender geregelt (Bsp. Gewässerunterhaltung, in § 39 WHG „Unterhaltungslast" genannt).

Jedes Umweltrechtsgebiet untergliedert sich in diverse Einzelgesetze, wobei es bestimmte „Leitgesetze" gibt (vgl. die Detailauflistungen in Kap. 3.2.2, 4.2.2, 5.2.2, 6.2.2, 7.2.2 und 8.2.2), exemplarisch hier für die jeweiligen Bundesgesetze das jeweilige Leitgesetz in Bayern und NRW:

> ***Beispiele:***
> *Abfall: KrWG / BayAbfG / LKrWG NRW*
> *Immissionsschutz: BImSchG / BayImSchG / LImSchG NRW*
> *Naturschutz: BNatSchG / BayNatSchG / LNatSchG NRW*
> *Bodenschutz: BBodSchG / BayBodSchG / LBodSchG NRW*
> *Wasser: WHG / BayWG / LWG NRW*

2.1.3.2.2 Verordnungen

Unterhalb der Normebene von Gesetzen, aber für die Verwaltung letztlich ebenso verbindlich sind Verordnungen des Bundes und der Länder.

> ***Beispiele aus den Umweltrechtsgebieten:***
> *Abfall: AltfahrzeugV*
> *Immissionsschutz: diverse BImSchV*
> *Naturschutz: BArtSchV*
> *Bodenschutz: BBodSchV*
> *Wasser: AbwV*

Bemerkenswert ist dabei nicht nur die Zahl, sondern auch die Regelungstiefe der Verordnungen zur Durchführung des BImSchG (BImSchV). So enthält etwa die 4. BImSchV den für die Anlagenbetrieb zentralen Katalog der genehmigungsbedürftigen Anlagen, während in der 9. BImSchV viele Vorschriften zum Genehmigungsverfahren enthalten sind, die in anderen Rechtsgebieten Teil der Gesetzesebene sind. Viele Verordnungen dienen der Vorgabe von Emissionsbegrenzungen (z. B. 1., 2., 15., 22. oder 39. BImSchV). Die Zahl der BImSchV wächst kontinuierlich; zuletzt trat 2019 die 44. BImSchV über mittelgroße Feuerungs-, Gasturbinen- und Verbrennungsmotoranlagen in Kraft.

2.1.3.2.3 Satzungen

Im Range nach den Gesetzen und Verordnungen folgen Satzungen, die von juristischen Personen des öffentlichen Rechts zur Regelung eigener Angelegenheiten erlassen werden. Hierzu gehören Bebauungspläne ebenso wie kommunale Abwasserbeseitigungs- und Abfallwirtschaftssatzungen. Es handelt sich somit um Kommunalrecht.

2.1.3.2.4 *Verwaltungsvorschriften*

Auf der untersten Ebene der Normhierarchie befinden sich Verwaltungsvorschriften, die als sog. „Innenrecht" bezeichnet werden, da sie normalerweise keine Außenwirkung haben, sondern der internen Steuerung dienen (meist von einer übergeordneten Behörde gegenüber einer untergeordneten).[76] Verwaltungsvorschriften tauchen mit unterschiedlichen Überschriften auf, z. B. als „Erlass", „Richtlinie", „Rundverfügung" oder „Dienstanweisung". Im Normalfall sind sie „norminterpretierend", d. h. sie geben der anwendenden Behörde Hinweise zur Anwendung von höherrangigem Recht, können dieses aber nicht ändern oder erweitern.

> ***Beispiele:***
> *Bayerischer Windenergie-Erlass (BayWEE), Windenergie-Erlass des Landes NRW, VV Artenschutz.*

„Normergänzend" wirken Verwaltungsvorschriften, wenn sie zwar ebenfalls den rechtlichen Rahmen nicht erweitern, aber Anordnungen für einen Teilbereich treffen, in dem das Gesetz von vornherein Spielräume für den Vollzug geschaffen hat (z. B. Entscheidungen nach pflichtgemäßem Ermessen). In Betracht kommen dabei insbes. Ermessensleitlinien.

> ***Beispiel:***
> *Wegen einer Knappheit von Betriebsmitteln zur Abgasreinigung weist das Landesumweltministerium die Immissionsschutzbehörden im Land an, von gesetzlichen Ausnahmevorschriften Gebrauch zu machen; die Umweltalarm-Richtlinie des Landes NRW[77] trifft fachliche Regelungen zur Entgegennahme und Weiterleitung von Meldungen über Schadens- oder Gefahrenfälle im Bereich des Umweltschutzes sowie zur Einsatzbereitschaft von Umweltschutzbehörden in Schadens- oder Gefahrenfällen.*

Solchen Verwaltungsvorschriften kommt Außenwirkung dadurch zu, dass über den Gleichbehandlungsgrundsatz des Art. 3 GG alle Betroffenen einen Anspruch auf dieselbe Ermessensausübung haben.

Unmittelbare Rechtswirkung nach außen besteht im Sonderfall der „normkonkretisierenden" Verwaltungsvorschriften, bei denen es der Gesetzgeber bewusst vorgesehen hat, dass die eigentliche Regelung weder durch Gesetz noch durch Verordnung, sondern im Wege der Verwaltungsvorschrift erlassen wird.

---

76 *Kluth/Smeddinck*, Umweltrecht, § 1 Rn. 47.
77 MBl. NRW. 2008 S. 521.

Beispiel:
§ 48 BImSchG und die darauf basierende TA Luft und TA Lärm.

Anders als andere Verwaltungsvorschriften binden diese auch die Gerichte.[78]

2.1.4 Technische Normen

Grundsätzlich dienen die vorgenannten Rechtsquellen dazu, das jeweils zu erreichende Umweltschutzniveau zu definieren. Dies kann Vorgaben an Prozesse und Anlagen ebenso beinhalten wie bestimmte Grenzwerte.

Beispiele:
Einstufung von Stoffen und Gemischen als nicht wassergefährdend nach der AwSV, Vorsorge-, Prüf- und Maßnahmenwerte im Bodenschutzrecht, Grenzwerte nach den BImSchV'en.

Teilweise – wie im Bereich der Bund/Länder-Arbeitsgemeinschaft für Immissionsschutz – erstellen Arbeitsgruppen aus Bund und Ländern konkretisierende Leitlinien für die technische Umsetzung der gesetzlich geforderten Umweltschutzanforderungen.

Dennoch werden nicht alle technischen Vorgaben durch den Staat selbst vorgegeben. Diverse Umweltgesetze verweisen für den Bau und Betrieb von technischen Anlagen darauf, dass diese dem „Stand der Technik" bzw. dem „Stand der Wissenschaft" entsprechen müssen oder dass keine „Gefahren" oder „Nachteile" von ihnen ausgehen. Dadurch wird eine dynamische Einbeziehung von neuen Entwicklungen erreicht, ohne die Gesetze ständig neu fassen zu müssen.

Beispiele:
§ 5 Abs. 1 Nr. 2 BImSchG (Vorsorge durch den Stand der Technik bei genehmigungsbedürftigen Anlagen), § 22 Abs. 1 Nr. 1 BImSchG (Stand der Technik bei nicht genehmigungsbedürftigen Anlagen), § 52 Abs. 1 Satz 4 Nr. 2 BImSchG (Anpassung von Anlagen an einen neuen Stand der Technik), § 50 Abs. 4 WHG (Errichtung und Betrieb von Wassergewinnungsanlagen nach den allgemein anerkannten Regeln der Technik), § 57 Abs. 1 Nr. 1 WHG (Direkteinleitung von Abwasser nur nach dem Stand der Technik), § 62 Abs. 2 WHG (allgemein anerkannte Regeln der Technik als Mindestanforderungsniveau an die Beschaffenheit sowie die Errichtung, Unterhaltung, den Betrieb und die Stilllegung von Anlagen zum Umgang mit wassergefährdenden Stoffen).

78 *Kluth/Smeddinck*, Umweltrecht, § 1 Rn. 47.

Während mit dem Stand von Wissenschaft und Technik diejenige Vorsorge gegen Schäden getroffen werden muss, die nach den neuesten wissenschaftlichen Erkenntnissen für erforderlich gehalten wird – mit deren Entwicklung also Schritt zu halten ist[79] –, beschränken sich die „allgemein anerkannten Regeln der Technik" auf diejenigen Prinzipien und Lösungen, die in der Praxis erprobt und bewährt sind und sich bei der Mehrheit der Praktiker durchgesetzt haben.[80]

Beispiel:
§ 60 Abs. 1 Satz 2 WHG regelt, dass Abwasseranlagen grundsätzlich nur nach den allgemein anerkannten Regeln der Technik errichtet, betrieben und unterhalten werden müssen, bestimmte Abwasseranlagen (z. B. bei Herkunft des Abwassers aus einer AwSV-Anlage) aber nach dem (höheren) Stand der Technik.

Der Stand der Technik entwickelt sich laufend weiter. Damit dieser so schnell wie möglich und einheitlich in der Praxis zur Anwendung gelangen kann, definieren diverse private Fachgesellschaften und -gremien diese Standards.

Beispiele:
Deutsches Institut für Normung (DIN), Verband Deutscher Ingenieure (VDI), Deutsche Vereinigung für Wasserwirtschaft, Abwasser und Abfall (DWA).

Diese Gesellschaften bestehen aus Experten in ihrem jeweiligen technischen Bereich und können die entsprechenden Regelwerke ohne Gesetzgebungsverfahren weiterentwickeln. Neben diesen – im Regelfall – verschriftlichten Normen können zum Stand der Technik auch ungeschriebene Regeln zählen.

Beispiel Kontaktkorrosion:
Werden bei Rohrleitungen zwei verschiedene Metalle miteinander verbunden, kann bei Kontakt mit Feuchtigkeit zwischen diesen ein Stromfluss entstehen, bei dem sich Metallteilchen von dem unedleren Metall ablösen und dieses zerstört wird („Lochfraß"); ungeschriebene Regel der Technik ist es daher, zwischen solchen Metallen keine unmittelbare Verbindung herzustellen.

Um den Überblick über die technischen Regeln zu behalten, gibt es die durch die Bundesländer mittels öffentlicher Bekanntmachung eingeführten technischen Vorschriften und Baubestimmungen.[81] Über die Bezugnahme in den einzelnen Fachgesetzen erlangen auch technische Normen in der Praxis eine

---

79 BVerfG, NJW 1979 S. 359 (362).
80 VGH BW, NVwZ-RR 1999 S. 431 (433).
81 Bsp.: Verwaltungsvorschrift Technische Baubestimmungen NRW (VV TB NRW) vom 15.6.2021 (MBl. NRW. S. 444).

Art Gesetzescharakter. Ist die Anwendung den Behörden nicht per Gesetz oder Erlass vorgegeben, ist es in der Regel Aufgabe der Behörde, den im Einzelfall maßgeblichen Stand der Technik festzulegen. Weist etwa ein Anlagenbetreiber in seinen Antragsunterlagen nicht die Einhaltung der jeweils maßgeblichen Standards nach, müssen diese über Nebenbestimmungen zu einer Genehmigung festgesetzt werden.

Beispiel:
Abwasseranlagen nach § 60 Abs. 3 Satz 1 Nr. 2 u. 3 WHG sind nach dem Stand der Technik zu unterhalten. Der Stand der Technik ist nach § 3 Nr. 11 WHG i. V. m. der Anlage 1 zum WHG zu ermitteln und durch behördliche Vorgabe festzusetzen. Nach dem WHG hat dies unter Berücksichtigung von Aufwand und Nutzen möglicher Maßnahmen zu erfolgen, womit allerdings nicht die Verhältnismäßigkeit im Einzelfall gemeint ist. Gefordert ist vielmehr eine generalisierende Sichtweise, so dass der Grundsatz der Verhältnismäßigkeit in der Regel nur dann verletzt ist, wenn die Einführung einer den Gewässerschutz nicht nur unerheblich fördernden Maßnahme für ganze Branchen ruinös wäre.[82]

Für Gerichte haben solche Normen jedoch nur den Rang eines vorweggenommenen Sachverständigengutachtens.[83] Sie scheiden insbes. auch aus, um EU-Richtlinien umzusetzen.[84] Allerdings gibt es auch auf der EU-Ebene mittlerweile technische Regelwerke, insbes. die BVT-Merkblätter. Hierbei handelt es sich um die „besten verfügbaren Techniken" zur Emissionsminderung von Anlagen nach der Industrieemissionsrichtlinie.[85]

2.2 Bezüge zu anderen Rechtsgebieten

Das Umweltrecht hat im Kern die Aufgabe, eine möglichst intakte Umwelt zu gewährleisten, d. h. sie zu schützen und ihre Funktionsfähigkeit zu bewahren. Allerdings fällt dem Umweltrecht nicht die alleinige Kompetenz zu, den Umgang des Menschen mit der Umwelt und ihren Ressourcen zu regeln. Einen der umweltrelevantesten Bereiche macht etwa die Planung und Zulassung von Bauvorhaben aus. Bauliche Nutzungen unterliegen aber der Planungshoheit der Städte und Gemeinden, während die Genehmigung durch die Bauaufsichtsbehörden erfolgt. In der freien Natur treten forst- und jagdrechtliche Vorschriften neben die Normen des Umweltrechts bzw. weichen von diesen ab. Deshalb ist es wichtig zu wissen, wo hier Bezugspunkte zu den Aufgaben der Umweltschutzbehörden bestehen.

---

82 *Faßbender* in Landmann/Rohmer, UmweltR, WHG § 3 Rn. 90.
83 *Kluth/Smeddinck*, Umweltrecht, § 1 Rn. 50.
84 EuGH, Urt. vom 30.5.1991 – C-59/89 –.
85 Richtlinie 2010/75/EU.

2.2.1 Verhältnis zur Bauleitplanung

Die den Städten und Gemeinden zugewiesene Aufgabe der Bauleitplanung dient dazu, bauliche und sonstige Nutzungen von Grundstücken (die „städtebauliche Entwicklung") vorzubereiten und zu leiten (§ 1 Abs. 1 BauGB). Die planungsrechtliche Zulässigkeit auf einer bestimmten Fläche ist grundsätzlich in allen Genehmigungsverfahren zu prüfen, in denen eine bauliche Anlage zugelassen werden soll (§ 29 BauGB). Außer in bauordnungsrechtlichen Verfahren ist die Prüfung der planungsrechtlichen Zulässigkeit im Immissionsschutz von Bedeutung, soweit die immissionsschutzrechtliche Genehmigung eine Baugenehmigung konzentriert.[86] Zwar gehört das Bauplanungsrecht nicht zum Umweltrecht, hat aber unweigerlich zahlreiche Auswirkungen auf umweltrechtliche Belange.

Bauliche Anlagen i. S. d. § 29 Abs. 1 BauGB sind Anlagen, die in einer auf Dauer gedachten Weise künstlich mit dem Erdboden verbunden werden.[87] Nicht jede bauliche Anlage unterfällt jedoch § 29 BauGB. Es kommt nach der Rspr. darauf an, ob das Vorhaben bodenrechtlich relevant ist, d. h. die in § 1 Abs. 5 BauGB genannten Belange in einer Weise berührt oder berühren kann, die geeignet ist, das Bedürfnis nach einer ihre Zulässigkeit regelnden, verbindlichen Bauleitplanung hervorzurufen.[88] Es besteht daher kein Gleichlauf mit der Definition baulicher Anlagen nach den Landesbauordnungen, die nicht erst bei einem städtebaulichen Bezug, sondern generell auf mit dem Erdboden verbundene, aus Bauprodukten hergestellte Anlagen Anwendung finden (vgl. nur Art. 2 Abs. 1 Satz 1 BayBO oder § 2 Abs. 1 Satz 1 BauO NRW). Umgekehrt können aber auch Anlagen unter § 29 Abs. 1 BauGB fallen, denen in der Regel das Merkmal der künstlichen geschaffenen Verbindung zum Erdboden fehlt, nämlich die explizit genannten Aufschüttungen und Abgrabungen größeren Umfangs sowie Ausschachtungen, Ablagerungen einschließlich Lagerstätten. Mit „Lagerstätten" sind unbefestigte Flächen gemeint, wobei sie auf eine dauerhafte Nutzung angelegt sein müssen.[89] „Größeren Umfangs" sind Aufschüttungen jedenfalls dann, wenn sie bodenrechtlich relevant sind.[90] Es gilt daher auch hier keine starre Grenze, wobei eine Aufschüttung mit 30 m^2 Fläche, einer Höhe von 2 m bzw. eine Tiefe von 1 m in der Regel städtebauliche Belange berühren soll.[91] In der Praxis kann daher – auch wenn dies für die Auslegung von Bundesrecht nicht verbindlich ist – eine Orientierung an den landesrechtlichen Schwellenwerten für den Beginn der Baugenehmigungspflicht hilfreich sein.

86 *Reidt* in Battis/Krautzberger/Löhr, BauGB, § 29 Rn. 4.
87 BVerwG, Urt. vom 31.8.1973 – IV C 33/71 –.
88 BVerwG, NVwZ 2001 S. 1046 (1047).
89 *Reidt* in Battis/Krautzberger/Löhr, BauGB, § 29 Rn. 23.
90 *Krautzberger* in Ernst/Zinkahn/Bielenberg/Krautzberger, BauGB, § 29 Rn. 60.
91 OVG NRW, Beschl. vom 18.12.2017 – 2 B 1369/17 –.

Beispiele:
Art. 57 Abs. 1 Nr. 9 BayBO (Höhe bis zu 2 m und einer Fläche bis zu 500 m²) oder § 62 Abs. 1 Nr. 9 BauO NRW (Höhe oder Tiefe bis zu 2 m und einer Grundfläche bis zu 30 m², im Außenbereich bis zu 400 m²).

2.2.1.1 Allgemeines zur planungsrechtlichen Zulässigkeit

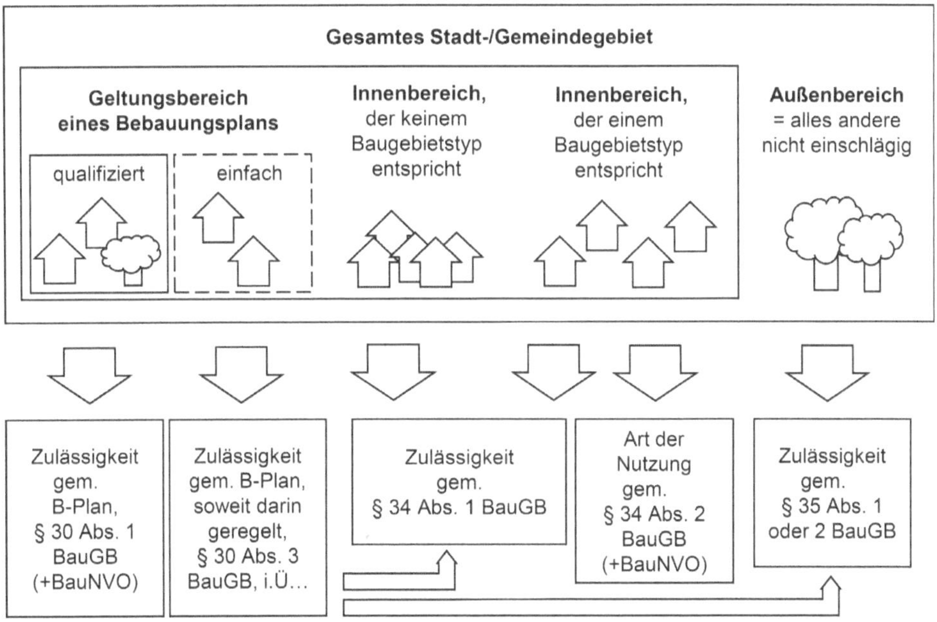

Abb. 1: Planungsrechtliche Zulässigkeit von Vorhaben

Ob ein Vorhaben zulässig ist, richtet sich nach der Lage der Fläche im Innen- (§ 34 BauGB) oder Außenbereich (§ 35 BauGB). Dabei gilt: Liegt kein qualifizierter Bebauungsplan vor (s. Kap. 2.2.1.1.3) und handelt es sich nicht um einen Innenbereich, befindet sich das fragliche Grundstück im Außenbereich.[92] Ein Flächennutzungsplan, der z. B. Wohnflächen vorsieht, ändert die Zugehörigkeit zum Innen- oder Außenbereich nicht, da er nach § 1 Abs. 2 BauGB ein vorbereitender, aber kein verbindlicher Bauleitplan ist (letzterer ist der Bebauungsplan).[93] Etwas anderes gilt nur für sog. „Konzentrationszonen": Ist nach § 35 Abs. 3 Satz 3 BauGB an anderer Stelle im Flächennutzungsplan eine Darstellung für die Vorhabenart nach § 35 Abs. 1 Nr. 2 bis 4, 6 BauGB erfolgt, hat der Flächennutzungsplan aufgrund seiner Standortsteuerung nach der Rspr. insoweit eine dem Bebauungsplan vergleichbare Wirkung.[94] Die durch die Konzentrationszonen erreichbare Ausschlusswirkung

92 BVerwG, Urt. vom 17.2.1984 – 4 C 56/79 –.
93 Battis in *Battis/Krautzberger/Löhr*, BauGB, § 1 Rn. 24.
94 BVerwG, Urt. vom 26.4.2007 – 4 CN 3/0 –.

privilegierter Vorhaben im Außenbereich war über viele Jahre von großer Bedeutung, um in den Städten und Gemeinden den Bau von Windenergieanlagen lenken zu können. In der Praxis waren diese Verfahren jedoch praktisch immer fehleranfällig und schufen damit für Vorhabenträger wie Kommunen keine Rechtssicherheit.[95] Um eine verlässlichere Planung zu ermöglichen und den Ausbau zu beschleunigen, schließt mittlerweile § 249 Abs. 1 BauGB die Anwendbarkeit des § 35 Abs. 3 Satz 3 BauGB bei Windenergieanlagen aus; s. im Detail Kap. 2.2.1.1.4.

Bei normalen Bauvorhaben ist in Gebieten ohne Bebauungsplan die Abgrenzung des Innen- vom Außenbereich entscheidend. Nach § 34 Abs. 1 Satz 1 BauGB handelt es sich beim Innenbereich um einen im Zusammenhang bebauten Ortsteil. Unabhängig von ausdrücklichen Bezeichnungen liegt ein Ortsteil vor, wenn in tatsächlicher Hinsicht ein Bebauungskomplex vorliegt, der nach der Zahl der vorhandenen und genutzten[96] Bauten (Haupt-, nicht Nebenanlagen[97]) ein gewisses Gewicht besitzt und Ausdruck einer organischen Siedlungsstruktur ist.[98] Ein Bebauungskomplex setzt stets eine Mehrzahl von Gebäuden voraus, wobei das „gewisse Gewicht" nach der Rspr. bei vier oder weniger Gebäuden regelmäßig noch nicht gegeben sein soll.[99] Gleichwohl weist sie darauf hin, dass sich die Betrachtung nach den siedlungsstrukturellen Gegebenheiten der Gemeinde richtet.[100] Eine organische Siedlungsstruktur ist – in Abgrenzung zur städtebaulich unerwünschten Splittersiedlung – dann anzunehmen, wenn diese bei wertender Betrachtung einer gewissen Ordnung entspricht,[101] d. h. selbst bei fehlender Einheitlichkeit von Art und Nutzung zumindest einen gewachsenen Eindruck erweckt.[102] Eine mögliche Kontrollfrage kann dabei sein, ob die Siedlungsstruktur auch Ergebnis eines Bebauungsplans hätte sein können.[103] Letztlich ist aber auch in dieser Frage keine schematische Betrachtung möglich. So kann eine – an sich unerwünschte – bandartige Bebauung im Einzelfall als organische Struktur zu werten sein, wenn diese Form der Bebauung aufgrund der natürlichen Gegebenheiten (wie an einem Seeufer) gerechtfertigt ist.[104]

---

95 *Kment*, NVwZ 2022 S. 1153.

96 Ungenutzte Bauten können in die Betrachtung eingestellt werden, wenn mit der Aufnahme einer gleichartigen Nutzung wieder zu rechnen ist (*Mitschang/Reidt* in Battis/Krautzberger/Löhr, BauGB, § 34 Rn. 14).

97 *Mitschang/Reidt* in Battis/Krautzberger/Löhr, BauGB, § 34 Rn. 4.

98 St. Rspr.; vgl. nur BVerwGE 31, 22 (26 f.).

99 BVerwG, Beschl. vom 19.4.1994 – 4 B 77.94 –.

100 BVerwG, Urt. vom 17.2.1984 – 4 C 56/79 –.

101 *Söfker* in Ernst/Zinkahn/Bielenberg/Krautzberger, BauGB, § 34 Rn. 15.

102 *Mitschang/Reidt* in Battis/Krautzberger/Löhr, BauGB, § 34 Rn. 15.

103 BVerwG, Urt. vom 17.2.1984 – 4 C 55/81 –.

104 *Mitschang/Reidt* in Battis/Krautzberger/Löhr, BauGB, § 34 Rn. 15.

2.2.1.1.1 Vorhaben im Innenbereich

Im Innenbereich muss sich ein Vorhaben in die nähere Umgebung vor Ort „einfügen" (§ 34 Abs. 1 BauGB), wozu es nach Art und Maß der Nutzung in den durch das Gebiet vorgegebenen Rahmen passen muss,[105] wenn nicht die Eigenart der näheren Umgebung einem der Gebietstypen entspricht, die in der BauNVO festgelegt sind. In letzteren Fällen gilt gem. § 34 Abs. 2 BauGB, dass sich die Zulässigkeit des Vorhabens nach seiner Art allein danach richtet, ob es in dem BauNVO-Baugebiet allgemein zulässig wäre.

> ***Beispiel:***
> *Besteht ein unbeplanter Siedlungszusammenhang ausschließlich aus Wohnhäusern, handelt es sich nach § 3 BauNVO i. V. m. § 34 Abs. 2 Satz 1 BauGB um ein faktisches reines Wohngebiet. Betriebe des Beherbergungsgewerbes sind hier grundsätzlich unzulässig.*

Auf die in diesen Gebieten ausnahmsweise zulässigen Vorhaben ist § 31 Abs. 1 BauGB entsprechend anzuwenden.

> ***Beispiel:***
> *In einem faktischen reinen Wohngebiet sind kleine Betriebe des Beherbergungsgewerbes ausnahmsweise zulässig (§ 3 Abs. 3 Nr. 1 BauNVO); sie können über §§ 31 Abs. 1, 34 Abs. 2 Halbs. 2 BauGB zugelassen werden.*

Einfache Bebauungspläne (solche, die nicht vorhabenbezogen nach § 30 Abs. 2 BauGB und kein qualifizierter Bebauungsplan nach § 30 Abs. 1 BauGB sind) können mit ihren Festsetzungen hinzutreten, lassen aber die Zuordnung zum Innenbereich ansonsten unberührt (§ 30 Abs. 3 BauGB). Gleiches gilt für Satzungen nach § 34 Abs. 4 BauGB, die folgende Funktionen erfüllen:

- 1. die Grenzen für im Zusammenhang bebaute Ortsteile festzulegen – sog. „Klarstellungssatzungen", die an die tatsächlich vorhandene Bebauung gebunden sind, daher keine Änderung der Zuordnung vom Außen- zum Innenbereich herbeiführen können[106] und in erster Linie die Bauaufsichtsbehörde binden sollen,[107]
- 2. bebaute Bereiche im Außenbereich als im Zusammenhang bebaute Ortsteile festzulegen, wenn die Flächen im Flächennutzungsplan als Baufläche dargestellt sind – sog. „Entwicklungssatzungen", die es auch erlauben, die Zuordnung eines Grundstücks vom Innen- in den Außenbereich zu verändern,[108]

---

105 Zu Einzelheiten s. *Mitschang/Reidt* in Battis/Krautzberger/Löhr, BauGB, § 34 Rn. 25 ff.
106 *Söfker* in Ernst/Zinkahn/Bielenberg/Krautzberger, BauGB, § 34 Rn. 97.
107 *Mitschang/Reidt* in Battis/Krautzberger/Löhr, BauGB, § 34 Rn. 83.
108 *Söfker* in Ernst/Zinkahn/Bielenberg/Krautzberger, BauGB, § 34 Rn. 100.

- 3. einzelne Außenbereichsflächen in die im Zusammenhang bebauten Ortsteile einzubeziehen, wenn die einbezogenen Flächen durch die bauliche Nutzung des angrenzenden Bereichs entsprechend geprägt sind – sog. „Ergänzungs-" oder „Einbeziehungssatzungen", mit denen ebenfalls Außenbereichsgrundstücke zum Innenbereich zugeordnet werden können, wenn die vorhandene bauliche Prägung es zulässt, aus den Innenbereichsgrundstücken Art und das Maß der baulichen Nutzung, die Bauweise und die überbaubare Grundstücksfläche für die Außenbereichsgrundstücke abzuleiten.[109]

2.2.1.1.2 Vorhaben im Außenbereich

Vereinfacht lässt sich sagen: Bauliche Entwicklungen sollen hauptsächlich im Innenbereich, also innerhalb von Siedlungen stattfinden, während der Außenbereich von der Bebauung möglichst freigehalten werden soll. Gleichwohl kann der Außenbereich – angesichts der o. g. negativen Abgrenzung vom Innenbereich – nicht als Synonym für Natur und Landschaft verstanden werden.[110] Als Außenbereich können z. B. auch größere Baulücken innerhalb einer Ortslage oder zwischen Ortslagen zählen. Eine ringsum von Bebauung umgebene Freifläche, die so groß ist, dass sich ihre Bebauung nicht als zwanglose Fortsetzung der vorhandenen Bebauung aufdrängt und die deshalb nicht als Baulücke erscheint, liegt nicht innerhalb eines Bebauungszusammenhangs nach § 34 Abs. 1 Satz 1 BauGB.[111]

Die städtebauliche Begründung, den Außenbereich grundsätzlich nur in relativ engen Grenzen des § 35 Abs. 1, 2 und 4 BauGB baulich nutzen zu können, ist zunächst weniger im Erhalt der unberührten Natur, sondern in der Leitidee des BauGB zu entdecken, die Siedlungsentwicklung planerisch zu steuern, was den Städten und Gemeinden bei einer ungeregelten Bebaubarkeit außerhalb vorhandener Siedlungen kaum möglich wäre.[112] Dies zeigt sich auch an dem öffentlichen Belang, Splittersiedlungen entgegenzuwirken (§ 35 Abs. 3 Satz 1 Nr. 7 BauGB). Gleichwohl ist nicht außer Acht zu lassen, dass der Schutz des Freiraums und damit die Vorbeugung ungezügelter Flächenversiegelung einen wichtigen Beitrag zum Klimaschutz darstellt.[113] Der Schutz der Umwelt ist daher auch ein zentraler Aspekt, den Außenbereich grundsätzlich nicht als Bauland zu betrachten.[114] § 35 Abs. 5 BauGB verstärkt diesen Schutz, indem für viele privilegierte Außenbereichsvorhaben (z. B. Windenergie- oder Biomasseanlagen) bei dauerhafter Aufgabe der Nutzung ein Rückbau vorgesehen ist (§ 35 Abs. 5 Satz 2 BauGB). Generell sind Außenbereichsvorhaben in einer flächensparenden, die Bodenversiegelung auf

---

109 *Mitschang/Reidt* in Battis/Krautzberger/Löhr, BauGB, § 34 Rn. 89.
110 *Mitschang/Reidt* in Battis/Krautzberger/Löhr, BauGB, § 35 Rn. 2.
111 BVerwG, Urt. vom 17.2.1984 – 4 C 55/81 –.
112 *Mitschang/Reidt* in Battis/Krautzberger/Löhr, BauGB, § 35 Rn. 1.
113 *Kümper*, ZfBR 2021 S. 902.
114 *Söfker* in Ernst/Zinkahn/Bielenberg/Krautzberger, BauGB, § 35 Rn. 13.

das notwendige Maß begrenzenden und den Außenbereich schonenden Weise auszuführen (§ 35 Abs. 5 Satz 1 BauGB). Dabei handelt es sich allerdings um keine direkte, die Zulässigkeit im Außenbereich regelnde Vorgabe, sondern um eine Anforderung an die Bauausführung, was dazu führen kann, dass ein Vorhaben im Einzelfall ggf. nur mit Nebenbestimmungen zugelassen werden kann.[115]

Die Zulässigkeit von Vorhaben im Außenbereich setzt generell voraus, dass öffentliche Belange (§ 35 Abs. 3 BauGB) nicht entgegenstehen (bei privilegierten Vorhaben nach § 35 Abs. 1 BauGB) oder beeinträchtigt werden (bei Vorhaben i. S. d. § 35 Abs. 2 BauGB). Als entgegenstehender Belang kann insbes. in Betracht kommen, dass das Vorhaben nach § 35 Abs. 3 Satz 1 Nr. 1 BauGB den Darstellungen des Flächennutzungsplans widerspricht, weshalb im Außenbereich – anders als im Innenbereich – die Steuerung zulässiger Vorhaben faktisch bereits über den Flächennutzungsplan möglich ist.[116]

Aus Umweltschutzsicht sind außerdem folgende Belange nach Absatz 3 zu berücksichtigen:

- Darstellungen eines Landschaftsplans oder sonstigen Plans, insbes. des Wasser-, Abfall- oder Immissionsschutzrechts (Nr. 2) – zur Landschaftsplanung s. Kap. 3.5.2.1, mit den „sonstigen Plänen" des Umweltrechts sind solche gemeint, die nicht den Charakter einer Planfeststellung haben (s. dazu Kap. 2.2.1.2), so etwa Abfallwirtschaftspläne (§ 30 KrWG), Luftreinhaltepläne (§ 47 BImSchG), Lärmaktionspläne (§§ 47a ff. BImSchG) sowie im Hochwasserschutz Gefahren- und Risikokarten (§ 74 WHG) oder Risikomanagementpläne (§ 75 WHG),
- schädliche Umwelteinwirkungen, die das Vorhaben hervorruft oder denen es ausgesetzt wird (Nr. 3) – s. zur Definition § 3 Abs. 1 BImSchG, insbes. relevant bei Geruchsimmissionen von landwirtschaftlichen Betrieben oder Lärm durch Windenergieanlagen,[117]
- Belange des Naturschutzes und der Landschaftspflege (Nr. 5), die insbes. die Prüfung der naturschutzrechtlichen Zulässigkeit, der Eingriffsregelung und der artenschutzrechtlichen Verbote erfordern,[118]
- Belange des Bodenschutzes (Nr. 5) – gemeint ist vor allem der Schutz der Bodenfunktionen (§ 2 Abs. 2 BBodSchG) vor schädlichen Bodenveränderungen (§ 2 Abs. 3 BauGB), wobei eine unnötige Bodenversiegelung auch über die Bauausführung (§ 35 Abs. 5 Satz 1 BauGB) vermieden werden kann[119],
- Beeinträchtigung der natürlichen Eigenart der Landschaft und ihres Erholungswerts (Nr. 5), was über die Belange von Naturschutz und Landschaftspflege hinaus den Schutz von Bereichen betrifft, in denen andere

---

115 *Söfker* in Ernst/Zinkahn/Bielenberg/Krautzberger, BauGB, § 35 Rn. 165.

116 *Battis* in Battis/Krautzberger/Löhr, BauGB, § 1 Rn. 24.

117 *Söfker* in Ernst/Zinkahn/Bielenberg/Krautzberger, BauGB, § 35 Rn. 88.

118 BVerwG, Urt. vom 27.6.2013 – 4 C 1.12 –.

119 *Söfker* in Ernst/Zinkahn/Bielenberg/Krautzberger, BauGB, § 35 Rn. 94.

als land- oder forstwirtschaftliche Nutzungen noch nicht anzutreffen sind,[120] umgekehrt aber keinen Belang darstellt, wenn bereits wesensfremde Nutzungen die Land- oder Forstwirtschaft größtenteils verdrängt haben,[121]

- Verunstaltung des Orts- und Landschaftsbilds (Nr. 5), was bei einer objektiv als erheblich belastend empfundenen, ästhetischen Störung anzunehmen ist,[122] die im Wesentlichen durch die Standortwahl und die dadurch ausgelöste Wirkung ggü. dem Orts- oder Landschaftsbild begründet werden kann (bei Windenergieanlagen ist dieser Belang mittlerweile kaum noch anzunehmen),[123]
- Gefährdung der Wasserwirtschaft und des Hochwasserschutzes (Nr. 6), wobei es sich um eine Auffangnorm für die grundlegende Sicherstellung des Gewässerschutzes, insbes. des Trinkwasserschutzes handelt, soweit dieser nicht ohnehin über die nach § 29 Abs. 2 BauGB zu beachtenden wasserrechtlichen Vorschriften abgedeckt ist[124] – so etwa, wenn tatsächliche Boden- und Grundwasserverhältnisse geschützt werden sollen, weil die Ausweisung eines Wasserschutzgebiets konkret geplant ist.[125]

Bei einem sonstigen Vorhaben im Außenbereich genügt es für die Unzulässigkeit, wenn öffentliche Belange beeinträchtigt werden, was der Fall ist, wenn mindestens einer[126] der in § 35 Abs. 3 BauGB genannten Belange berührt und *„dabei im Sinne einer Belastung oder Einwirkung beeinträchtigt"*[127] wird. Im Unterschied dazu müssen bei sog. „privilegierten Vorhaben" nach § 35 Abs. 1 BauGB –

Beispiele:
Vorhaben, die einem land- oder forstwirtschaftlichen Betrieb dienen (§ 35 Abs. 1 Nr. 1 BauGB), ortsgebundene Anlagen wie Leitungsmasten, Strom-, Gas-, Wärme- oder Wasserleitungen, Talsperren, Umspannwerke, Kläranlagen oder Klärteiche (§ 35 Abs. 1 Nr. 3 BauGB), Vorhaben, die nur im Außenbereich verwirklicht werden können oder sollen, wie etwa Aussichtstürme oder gewerbliche Tierhaltungsanlagen (§ 35 Abs. 1 Nr. 4 BauGB), Windenergieanlagen (§ 35 Abs. 1 Nr. 5 BauGB), Biomasseanlagen (§ 35 Abs. 1 Nr. 6 BauGB).

---

120 *Söfker* in Ernst/Zinkahn/Bielenberg/Krautzberger, BauGB, § 35 Rn. 96.
121 BVerwG, Urt. vom 25.1.1985 – 4 C 29/81 –.
122 *Mitschang/Reidt* in Battis/Krautzberger/Löhr, BauGB, § 35 Rn. 88; *Söfker* in Ernst/Zinkahn/Bielenberg/Krautzberger, BauGB, § 35 Rn. 99.
123 *Söfker* in Ernst/Zinkahn/Bielenberg/Krautzberger, BauGB, § 35 Rn. 99.
124 *Söfker* in Ernst/Zinkahn/Bielenberg/Krautzberger, BauGB, § 35 Rn. 102.
125 BVerwG, Urt. vom 12.4.2001 – 4 C 5/00 –.
126 BVerwG, Beschl. vom 8.11.1999 – 4 B 85.99 –.
127 *Söfker* in Ernst/Zinkahn/Bielenberg/Krautzberger, BauGB, § 35 Rn. 76.

– öffentliche Belange „entgegenstehen". Hier muss das Gewicht der Belange so hoch sein, dass sie auch in Ansehung der Tatsache, dass der Gesetzgeber für diese Vorhaben die grundsätzliche Entscheidung für die Zulassung im Außenbereich getroffen hat, überwiegen.

> ***Beispiel:***
> *Ein entgegenstehender Flächennutzungsplan kann sich als Belang gegenüber einem land- oder forstwirtschaftlichen Betrieb (§ 35 Abs. 1 Nr. 1 BauGB) regelmäßig nicht durchsetzen, während er bei sonstigen Vorhaben die generelle Unzulässigkeit im Außenbereich bestätigt.*[128]

Ein Entgegenstehen ist deshalb erst nach einer Abwägung des privaten Interesses an der Vorhabenverwirklichung mit dem öffentlichen Belang festzustellen und den Gründen für die Privilegierung besonderes Gewicht beizumessen. So kann sich etwa ein ortsgebundener Betrieb (§ 35 Abs. 1 Nr. 3 BauGB) mangels Standortalternativen im Zweifel leichter durchsetzen als ein sonstiges Vorhaben nach § 35 Abs. 2 BauGB.[129]

Bei den begünstigten Vorhaben in § 35 Abs. 4 BauGB –

> ***Beispiele:***
> *Umnutzung von landwirtschaftlichen Gebäuden zu Wohnzwecken unter den Voraussetzungen des § 35 Abs. 4 Satz 1 Nr. 1 BauGB, Neuerrichtung gleichartiger Gebäude bei Eigenbedarfsnutzung (§ 35 Abs. 4 Satz 1 Nr. 2 BauGB), angemessene Erweiterung zulässigerweise errichteten Gewerbebetrieben nach § 35 Abs. 4 Satz 1 Nr. 6 BauGB.*

– handelt es sich um sonstige Vorhaben nach § 35 Abs. 2 BauGB, denen aber die Belange „widersprechender Flächennutzungsplan" (§ 35 Abs. 3 Satz 1 Nr. 1 BauGB) bzw. „Landschaftsplan" (§ 35 Abs. 3 Satz 1 Nr. 2 BauGB), „Beeinträchtigung der natürlichen Eigenart der Landschaft" (§ 35 Abs. 3 Satz 1 Nr. 5 BauGB) sowie „Entstehung, Verfestigung oder Erweiterung einer Splittersiedlung" (§ 35 Abs. 3 Satz 1 Nr. 7 BauGB) nicht entgegengehalten werden können. Insofern sind sie sogar bessergestellt als privilegierte Vorhaben, da die genannten Belange bei den begünstigten Vorhaben schlichtweg unbeachtlich sind;[130] für die übrigen Belange – insbes. des Natur- und Landschaftsschutzes[131] – bleibt es aber wie bei allen sonstigen Vorhaben nach § 35 Abs. 2 BauGB dabei, dass sie nicht berührt werden dürfen.

---

128 BVerwG, NJW 1968 S. 1105 (1106).

129 *Söfker* in Ernst/Zinkahn/Bielenberg/Krautzberger, BauGB, § 35 Rn. 60.

130 BVerwG, Urt. vom 17.2.2011 – 4 C 9/10 –.

131 BVerwG, Beschl. vom 21.2.1994 – 4 B 33/94 –.

2.2.1.1.3 Qualifizierte Bebauungspläne

Wollen Städte und Gemeinden die Zulässigkeit von Vorhaben selbst regeln, steht ihnen als Instrument hierfür in erster Linie der Bebauungsplan zur Verfügung (§ 30 Abs. 1 BauGB). Ein solcher Plan wird u. a. unter Abwägung öffentlicher und privater Belange (§ 1 Abs. 7 BauGB) sowie den im BauGB vorgesehenen Leitlinien für die städtebauliche Entwicklung aufgestellt. Weil mit ihr eine immense und langfristig wirkende Umgestaltung der Umwelt verbunden sein kann – gerade bei baulichen Vorhaben (Stichwort: „Versiegelung") –, erfordert Bauleitplanung einen entsprechend sorgsamen Umgang mit der endlichen Ressource „Fläche". So erklärt § 1 Abs. 5 BauGB eine *„nachhaltige städtebauliche Entwicklung, die die sozialen, wirtschaftlichen und umweltschützenden Anforderungen auch in Verantwortung gegenüber künftigen Generationen miteinander in Einklang bringt"*, als Ziel. Die Bauleitplanung soll auch *„dazu beitragen, eine menschenwürdige Umwelt zu sichern, die natürlichen Lebensgrundlagen zu schützen und zu entwickeln sowie den Klimaschutz und die Klimaanpassung, insbesondere auch in der Stadtentwicklung, zu fördern, sowie die städtebauliche Gestalt und das Orts- und Landschaftsbild baukulturell zu erhalten und zu entwickeln".*

Obwohl dies den Themen Umwelt, Klima und Nachhaltigkeit auf den ersten Blick einen relativ hohen Stellenwert in der Bauleitplanung einräumt, ändert dies jedoch nichts daran, dass Bauleitpläne Resultat einer Abwägung sind, bei der die Belange des Umweltschutzes (exemplarisch aufgelistet in § 1 Abs. 6 Nr. 7 BauGB) zunächst gleichrangig neben vielen anderen stehen, z. B. Wohnbedürfnissen der Bevölkerung, Mobilitätsbedarfen oder der Wettbewerbsfähigkeit von Unternehmen. Inwieweit die Kommunen bei ihrer städtebaulichen Entwicklung auch der Umwelt tragen müssen, hängt deshalb auch entscheidend von diesbezüglichen Zielen der Raumordnung ab, an die die Städte und Gemeinden gebunden sind (§ 1 Abs. 4 BauGB).

Der Grundsatz, sparsam mit Grund und Boden umzugehen, Bodenversiegelungen auf das notwendige Maß zu begrenzen und der Innenentwicklung den Vorrang einzuräumen (§ 1a Abs. 2 Satz 1 BauGB), äußert sich vor allem in der Pflicht der Stadt oder Gemeinde, sich in der Begründung zum Bebauungsplan hiermit auseinanderzusetzen.[132]

Wie Umweltbehörden im Bauleitplanverfahren mitwirken und dabei Umweltbelange in die Abwägung einbringen, wird in Kap. 9.2.2 erläutert.

---

132 *Krautzberger* in Ernst/Zinkahn/Bielenberg/Krautzberger, BauGB, § 6 Rn. 40.

2.2.1.1.4 Besonderheiten bei Windenergieanlagen

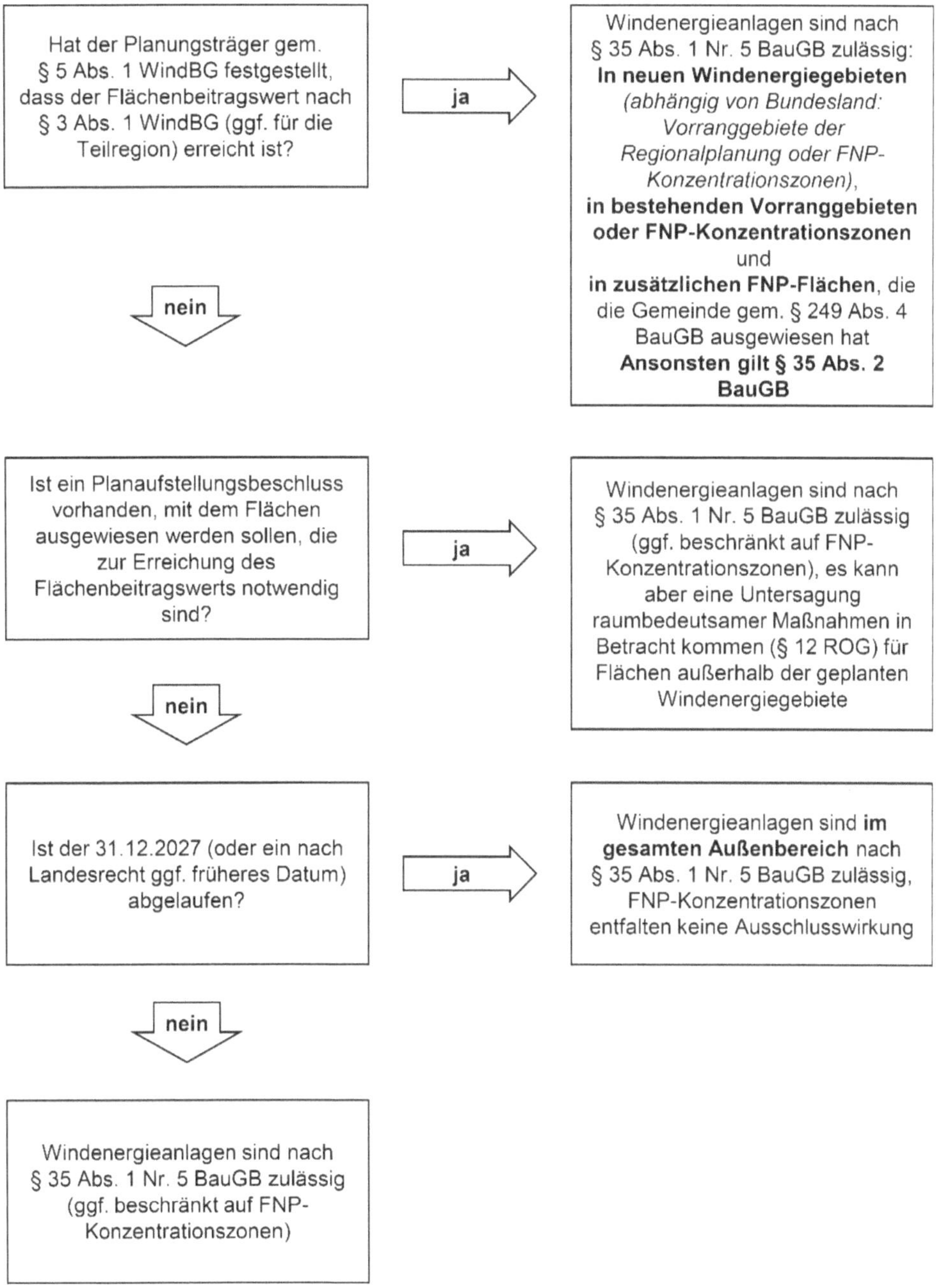

Abb. 2: Planungsrechtliche Zulässigkeit von Windenergieanlagen im Außenbereich

§ 3 Abs. 1 Satz 1 WindBG verpflichtet die Bundesländer, einen prozentualen Anteil der Landesfläche für die Windenergie an Land auszuweisen (Flächenbeitragswert, in Bayern und Nordrhein-Westfalen jeweils 1,1 % bis Ende 2027 und 1,8 % bis Ende 2032). Hierfür können Darstellungen in den Regionalplänen, aber auch – wie bisher überwiegend – in Flächennutzungsplänen der Städte und Gemeinden in Frage kommen (§ 4 Abs. 1 Satz 1 i. V. m. § 2 Nr. 1 WindBG).

Genügen die Windenergiegebiete nach Feststellung der jeweiligen Planungsträger für das Erreichen des Flächenbeitragswerts (§ 5 Abs. 1 WindBG), entfällt außerhalb der Windenergiegebiete die Privilegierung von Anlagen nach § 35 Abs. 1 Nr. 5 BauGB; diese sind als sonstige Vorhaben nach § 35 Abs. 2 BauGB zu behandeln (§ 249 Abs. 2 Satz 1 BauGB; zu den Unterschieden s. Kap. 2.2.1.1.2). Bei regionalen oder kommunalen Teilflächenzielen ist das Erreichen des dortigen Flächenbeitragswerts für den Wechsel maßgeblich (§ 249 Abs. 2 Satz 2 BauGB). Werden die vorgegebenen Fristen für das Erreichen des Flächenbeitrags (Zwischenziel 2027 oder Endziel 2032) nicht eingehalten, führt dies zur vollständigen Außenbereichsprivilegierung, bei der neben entgegenstehenden Flächennutzungsplänen insbes. auch entgegenstehende Ziele der Raumordnung unbeachtlich werden (§ 249 Abs. 7 BauGB).

Den Bundesländern bleibt somit die Wahl, eine Steuerung der bebaubaren Flächen vorzunehmen, indem Windenergiegebiete geschaffen werden (und dadurch außerhalb dieser die Entprivilegierung von Windenergieanlagen eintritt), oder den Außenbereich faktisch unbegrenzt zu öffnen. In Windenergiegebieten dürfen zudem keine Mindestabstände für Windenergieanlagen zur Wohnbebauung vorgegeben werden (§ 249 Abs. 9 Satz 5 BauGB). Dies hat Auswirkungen auf die bayerische 10H-Regelung (Art. 82 BayBO), die in solchen Gebieten nicht gilt (Art. 82b BayBO).[133]

Sowohl Bayern als auch Nordrhein-Westfalen haben sich dafür entschieden, den Flächenbeitragswert über Vorranggebiete in der Regionalplanung sicherzustellen.[134] Liegen entsprechende Aufstellungsbeschlüsse vor, handelt es sich um Ziele der Raumordnung (§ 3 Abs. 1 Nr. 2 ROG) in Aufstellung. Zwar gelten alle Windenergieanlagen ab 100 m Höhe als raumbedeutsam[135] – und damit praktisch alle aus Sicht der heutigen Energiewirtschaft relevanten Anlagentypen. Jedoch werden immissionsschutzrechtliche Genehmigungsverfahren privater Vorhabenträger nicht von § 4 Abs. 1 ROG erfasst. Ent-

---

133 Eine mit 1000 Metern Abstand weniger restriktive Abstandsregelung galt bis zum Sommer 2023 auch in Nordrhein-Westfalen, wurde dann aber vollständig abgeschafft.

134 Siehe für Bayern das Windenergiesteuerungskonzept: https://www.stmwi.bayern.de/fileadmin/user_upload/stmwi/publikationen/pdf/2023-01-25_Themenblatt_Windenergiesteuerungskonzept_im_Regionalplan.pdf (zuletzt abgerufen am 10.9.2023), für Nordrhein-Westfalen die Änderung des Landesentwicklungsplans: https://www.wirtschaft.nrw/landesregierung-beschliesst-entwurf-der-aenderung-des-landesentwicklungsplans-nordrhein-westfalen (zuletzt abgerufen am 10.9.2023).

135 *Schoen* in Landmann/Rohmer, UmweltR, BImSchG § 50 Rn. 76.

sprechend wird die Vereinbarkeit mit den Vorgaben der Raumordnung hier nicht geprüft.[136] Planungsrechtlich gilt während der Regionalplanaufstellung damit grundsätzlich weiterhin § 35 Abs. 1 Nr. 5 BauGB.

Dies führt zu der Frage, wie die Bundesländer bis zum Inkrafttreten ihrer (geänderten) Regionalpläne den Zubau auf diejenigen Flächen lenken können, die langfristig als Windenergiegebiete ausgewiesen sein sollen. Eine Vielzahl von Einzelanlagen außerhalb dieser Gebiete, die bis dahin genehmigt werden könnten, würde die steuernde Wirkung der Regionalplanung unterlaufen. In Schleswig-Holstein wurde in der Vergangenheit ein vollständiges Ausbaumoratorium für zulässig gehalten.[137] Es liege demnach in landesrechtlicher Kompetenz, Windenergieanlagen vorübergehend für unzulässig zu erklären, um damit die eigenen Planungsergebnisse zu sichern. Nordrhein-Westfalen hat sich daher dazu entschieden, über das Ziel 10.2-13 im geänderten Landesentwicklungsplan den Zubau außerhalb geplanter Windenergiegebiete (bzw. dort, wo die Regionalplanung noch nicht hinreichend konkretisiert ist, in sog. „Kernpotentialräumen") unter den Vorbehalt einer landesplanerischen Untersagung zu stellen. Durch einen Erlass an die Genehmigungsbehörden soll verfahrensmäßig sichergestellt werden, dass die Regionalplanungsbehörden von entsprechenden Verfahren Kenntnis erhalten, um dann ggf. die Maßnahme untersagen zu können (§ 12 Abs. 2 Satz 1 ROG i. V. m. Art. 28 BayLplG bzw. § 36 LPlG NRW).[138] In Nordrhein-Westfalen soll dies jedoch nur geprüft werden, wenn die Gemeinde ihr Einvernehmen verweigert[139].

Mit Erreichen des Flächenbeitragswerts ist die Wirkung von § 35 Abs. 1 Nr. 5 BauGB auf die in den Regionalplänen oder Regionalplanänderungen vorgesehenen Vorranggebiete beschränkt. Soweit diese nicht deckungsgleich mit früheren Konzentrationszonen sind, gelten letztere gem. § 249 Abs. 1 BauGB als Positivflächen weiter, jedoch ohne die Ausschlusswirkung des § 35 Abs. 3 Satz 3 BauGB. Ebenso bleibt es der Stadt oder Gemeinde unbenommen, über ihre Bauleitplanung weitere Positivflächen auszuweisen (§ 249 Abs. 4 BauGB).

---

136 *Dietlein* in Landmann/Rohmer, UmweltR, BImSchG § 6 Rn. 49.

137 OVG SH, Urt. vom 26.2.2020 – 5 LB 6/19 –.

138 *Renz/Roderburg*, LKT-Eildienst 2023 S. 292 (294).

139 Erlass zur Lenkung des Windenergieausbaus in der Übergangszeit bis zum Erreichen der Flächenbeitragswerte durch die Regionalplanung vom 21.9.2023, MBl. NRW. 2023 S. 1200.

2.2.1.1.5 Besonderheiten bei Freiflächen-Photovoltaikanlagen

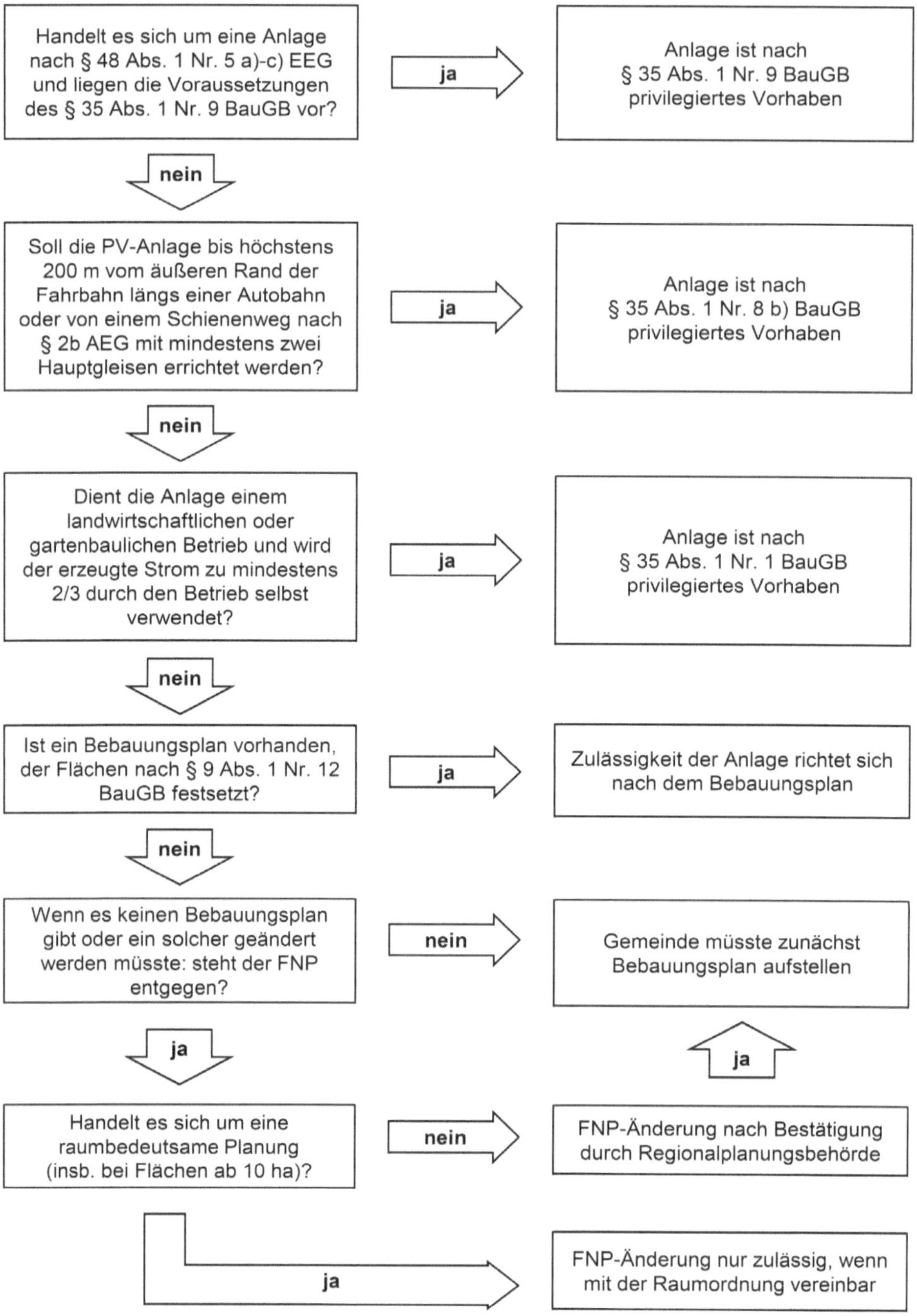

Abb. 3: Schema Planungsrechtliche Zulässigkeit von Freiflächen-Photovoltaikanlagen im Freiraum

Im Unterschied zu Windenergieanlagen sind Freiflächen-Photovoltaikanlagen nicht generell im Außenbereich privilegiert. In der bis Ende 2022 geltenden Fassung von § 35 Abs. 1 Nr. 8 BauGB galt dies lediglich für die Nutzung solarer Strahlungsenergie in, an und auf Dach- und Außenwandflächen von zulässigerweise genutzten Gebäuden, wenn die Anlage dem Gebäude baulich untergeordnet ist. Seit dem 1.1.2023 ist dies in § 35 Abs. 1 Nr. 8 lit. a BauGB geregelt, während der neue § 35 Abs. 1 Nr. 8 lit. b BauGB erstmals auch bestimmte freistehende Solaranlagen privilegiert. Dies gilt für Flächen an Autobahnen in einer Entfernung von bis zu 200 m, gemessen vom äußeren Rand der Fahrbahn (§ 35 Abs. 1 Nr. 8 lit. b Doppelbuchst. aa BauGB). Gleiches gilt für Schienenwege mit mindestens zwei Hauptgleisen, die zum sog. „übergeordneten Netz" i. S. d. § 2b AEG gehören. Dabei handelt es sich im Wesentlichen um das regelspurige Eisenbahnnetz der Deutschen Bahn, das für den Regional-, Fern- und Güterverkehr genutzt wird. Eine genaue Liste des übergeordneten Netzes, allerdings ohne die Zahl der Hauptgleise, hält das Eisenbahn-Bundesamt bereit.[140] Mit dem seit 7.7.2023 geltenden § 35 Abs. 1 Nr. 9 BauGB werden sog. Agri-PV-Anlagen, die gleichzeitig noch eine land- oder forstwirtschaftliche Nutzung zulassen, privilegiert.

Eine Privilegierung von Freiflächen-Photovoltaik kann außerdem in Betracht kommen, wenn sie einem Vorhaben nach § 35 Abs. 1 Nr. 1, 2, 3 oder 5 BauGB dient, was insbes. voraussetzt, dass sie einem der Vorhaben räumlich und funktional untergeordnet ist. In diesen Fällen handelt es sich um eine „mitgezogene" Privilegierung, bei der das eigentlich privilegierte Hauptvorhaben auch der Solarenergie zur Zulässigkeit im Außenbereich verhilft.[141] Allerdings kann von einem „Dienen" der Photovoltaik für die Hauptnutzung – beispielhaft: einen landwirtschaftlichen Betrieb – nur ausgegangen werden, wenn die erzeugte Energie zum deutlich überwiegenden Teil vom Betrieb selbst genutzt wird, was mindestens einen Anteil von zwei Dritteln erfordern dürfte.[142] Nicht zu verlangen sein dürfte jedoch, dass die Energie den gesamten Bedarf des Betriebs decken muss, solange die Energie im erheblichen Umfang vom Betrieb tatsächlich verwendet wird.[143]

Scheidet eine Privilegierung aus, kann eine Freiraumfläche nur mit entsprechenden Anlagen bebaut werden, wenn dies von einem Bebauungsplan zugelassen wird. Dies setzt voraus, dass dieser aus dem Flächennutzungsplan entwickelt ist (§ 8 Abs. 2 Satz 1 BauGB), der – wenn er noch entgegenstehen sollte – zuvor oder nötigenfalls im Parallelverfahren (§ 8 Abs. 3 Satz 1 BauGB) angepasst werden muss.

In diesem Fall kommen besonders die Ziele und Grundsätze der Raumordnung zum Tragen, die der Steuerung der Freiflächen-Photovoltaik dienen.

---

140 https://www.eba.bund.de/DE/Themen/Infrastruktur/Uebergeordnetes_Netz/uebergeordnetes_netz_node.html (zuletzt abgerufen am 10.9.2023).

141 *Bach/Große*, EnWZ 2023 S. 209 (210).

142 So BVerwG, Beschl. vom 4.11.2008 – 4 B 44.08 – für Windenergieanlagen im Rahmen von § 35 Abs. 1 Nr. 1 BauGB.

143 *Söfker* in Ernst/Zinkahn/Bielenberg/Krautzberger, BauGB, § 35 Rn. 34c.

2.2.1.2 Verhältnis zur (umweltspezifischen) Fachplanung

Wie auch die Raumordnung gehört die Bauleitplanung zur sog. „räumlichen Gesamtplanung". Nicht nur, aber gerade auch im Umweltrecht gibt es eine Reihe sog. „Fachplanungen" (Kap. 2.4.3.1), deren Planung auf die Umsetzung konkreter Vorhaben gerichtet ist (und damit dem Wesen nach eher einer Genehmigung nahestehen).

> ***Beispiele:***
> *Deponien (§ 35 KrWG), Gewässerausbau (§ 68 WHG).*

Hier gilt die Einschränkung des § 38 BauGB. Nach diesem sog. „Fachplanungsvorbehalt" gelten §§ 29 bis 37 BauGB bei Planfeststellungsverfahren und sonstigen Verfahren mit den Rechtswirkungen der Planfeststellung für Vorhaben von überörtlicher Bedeutung sowie in den BImSchG-Genehmigungsverfahren für die Errichtung und den Betrieb öffentlich zugänglicher Abfallbeseitigungsanlagen nicht. Dies führt etwa dazu, dass die Planfeststellung für einen Gewässerbau an einen entgegenstehenden Bebauungsplan in der Regel nicht gebunden ist.[144] Dies gilt jedoch gem. § 38 Satz 2 BauGB nicht für den Flächennutzungsplan der Stadt oder Gemeinde, wenn die Voraussetzungen des § 7 BauGB vorliegen. Im Übrigen überlagert die Fachplanung einen vorhandenen Bebauungsplan, solange er in Kraft ist.[145]

2.2.1.3 Verhältnis zur Eingriffsregelung und zum Artenschutz

Bauleitpläne bereiten häufig eine spätere bauliche Nutzung auf einer Freifläche vor, was einen Eingriff in Natur und Landschaft sowie geschützte Arten bedeuten kann. Diesen Konflikt zwischen Bauleitplanung und Naturschutzrecht löst § 18 Abs. 1 BNatSchG dahingehend, dass über die Vermeidung, den Ausgleich und den Ersatz nach den Vorschriften des Baugesetzbuchs zu entscheiden ist. Aus diesem Grund enthält § 1a Abs. 3 BauGB eine Regelung, die der Funktion nach mit § 15 BNatSchG vergleichbar ist (ausführlich zur Eingriffsregelung Kap. 3.5.1). Die Eingriffsregelung ist somit in die Bauleitplanung integriert und die Eingriffsbewältigung im BauGB abschließend geregelt, wobei es für die Bestimmung, ob überhaupt ein Eingriff vorliegt, weiter auf das BNatSchG ankommt.[146] Prägend für die Eingriffsregelung in der Bauleitplanung ist, dass wegen der gemeindlichen Planungshoheit Ausgleich und Ersatz durch planerische Mittel (d. h. durch entsprechende Darstellungen von Flächen in der Bauleitplanung) erfolgen können, was sich auch darin äußert, dass im Unterschied zur naturschutzrechtlichen Eingriffsregelung ein räumlicher Zusammenhang zwischen Eingriff und

---

144 *Breuer/Gärditz*, Öffentliches und privates Wasserrecht, Rn. 1210.

145 *Reidt* in Battis/Krautzberger/Löhr, BauGB, § 38 Rn. 7.

146 *Wagner* in Ernst/Zinkahn/Bielenberg/Krautzberger, BauGB, § 1a Rn. 71.

Ausgleich nicht vorausgesetzt wird (§ 200a Satz 2 BauGB). Die Kompensation des mit der Bauleitplanung verbundenen Eingriffs erfolgt somit als Teil der jeweiligen oder einer anderen Planung.

Eine wichtige materiell-rechtliche Schranke bleibt § 44 BNatSchG, der auch im Bereich der Bauleitplanung anwendbar bleibt.

2.2.1.4 Verhältnis zur Landschaftsplanung

Ein spezifisches Verhältnis besteht zwischen der Bauleit- und der Landschaftsplanung. In den meisten Bundesländern sind diese miteinander verzahnt; s. hierzu im Einzelnen Kap. 3.5.2.

2.2.2 Verhältnis zur Raumordnung

Wie die Bauleitplanung ist die Raumordnung eine Form der räumlichen Gesamtplanung. Erstere erfolgt auf kommunaler, letztere auf Bundes- und Landesebene (§ 1 Abs. 1 Satz 1 ROG). Hierbei wird (vor allem im Unterschied zur Fachplanung) ein sektorübergreifender Ansatz verfolgt, der gem. § 1 Abs. 2 ROG eine nachhaltige Raumentwicklung zum Ziel hat und die sozialen und wirtschaftlichen Ansprüche an den Raum mit seinen ökologischen Funktionen in Einklang bringen soll.

Für die Landschaftsplanung entspricht die Ebene der Raumordnung den Landschaftsrahmenplänen nach § 10 BNatSchG[147] und damit etwa in Nordrhein-Westfalen deckungsgleich. Ziele und Grundsätze von Raumordnungsplänen sind bei der Aufstellung oder Änderung von Landschaftsplänen stets einzuhalten (Ziele) bzw. in der Abwägung zu berücksichtigen (Grundsätze), § 11 Abs. 1 Satz 2 BNatSchG. Für umweltspezifische Planfeststellungen und -genehmigungen gilt gem. § 4 Abs. 1 Satz 1 Nr. 3 ROG Entsprechendes, wenn es sich um raumbedeutsame Vorhaben handelt.

Die Raumordnung wirkt auf nachgelagerte Planungen und Maßnahmen vor allem durch Ziele und Grundsätze ein. Ziele sind verbindliche Vorgaben in Form von räumlich und sachlich bestimmten oder bestimmbaren, vom Träger der Raumordnung abschließend abgewogenen textlichen oder zeichnerischen Festlegungen in Raumordnungsplänen zur Entwicklung, Ordnung und Sicherung des Raums (§ 3 Abs. 1 Nr. 2 ROG). Grundsätze sind Aussagen zur Entwicklung, Ordnung und Sicherung des Raums als Vorgaben für nachfolgende Abwägungs- oder Ermessensentscheidungen (§ 3 Abs. 1 Nr. 3 ROG); sie sind damit noch nicht „endabgewogen", sondern abwägungsrelevante Belange für die nachgeordnete Planungen.[148]

147 *Gellermann* in Landmann/Rohmer, UmweltR, BNatSchG § 10 Rn. 4.

148 *Runkel* in Spannowsky/Runkel/Goppel, ROG, § 3 Rn. 67.

Beispiele:
Landesentwicklungspläne können regeln, dass der Freiraum geschützt werden soll und Siedlungsentwicklungen nur in bestimmtem Umfang erfolgen sollen; in Regionalplänen werden zeichnerisch allgemeine Siedlungsbereiche festgelegt, textlich erfolgen Detailregelungen.

Sowohl Ziele als auch Grundsätze der Raumordnung sind aber nur im Rahmen von § 4 ROG zu beachten. Adressiert werden:

- raumbedeutsame Planungen und Maßnahmen öffentlicher Stellen (Bsp.: Bauleit- oder Landschaftsplanung),
- Entscheidungen öffentlicher Stellen über die Zulässigkeit raumbedeutsamer Planungen und Maßnahmen anderer öffentlicher Stellen (Bsp.: Straßenbauvorhaben),
- Entscheidungen öffentlicher Stellen über die Zulässigkeit raumbedeutsamer Planungen und Maßnahmen von Personen des Privatrechts, die der Planfeststellung oder der Genehmigung mit der Rechtswirkung der Planfeststellung bedürfen (Bsp.: Gewässerausbau, Deponien),
- Genehmigungen über die Errichtung und den Betrieb von öffentlich zugänglichen Abfallbeseitigungsanlagen von Personen des Privatrechts nach BImSchG (Bsp.: Müllverbrennungsanlagen).

Bei sonstigen Entscheidungen öffentlicher Stellen über die Zulässigkeit raumbedeutsamer Planungen und Maßnahmen von Personen des Privatrechts sind die Erfordernisse der Raumordnung nach den für diese Entscheidungen geltenden Vorschriften zu berücksichtigen (§ 4 Abs. 2 ROG). Dies setzt in dem entsprechenden Verfahren ein (planerisches) Ermessen voraus.

Beispiel:
In immissionsschutzrechtlichen Genehmigungsverfahren kann die Vereinbarkeit mit den Vorgaben der Raumordnung nicht geprüft werden.[149]

2.2.3 Verhältnis zum Bauordnungsrecht

Die Genehmigung von baulichen Anlagen erfolgt durch das Bauordnungsrecht. Aufgrund der Konzentrationswirkung findet neben dem Baugenehmigungsverfahren für bauliche Anlagen kein weiteres Zulassungsverfahren statt. Umweltrelevante Belange sind wegen Art. 60 Satz 1 Nr. 3 BayBO bzw. § 74 Abs. 1 BauO NRW im Rahmen der Baugenehmigung zu prüfen, wozu die Umweltbehörden entsprechende Hinweise liefern; ggf. muss das Vorhaben mit entsprechenden Nebenbestimmungen zugelassen werden (s. hierzu im Einzelnen Kap. 9.2.1).

149 *Dietlein* in Landmann/Rohmer, UmweltR, BImSchG § 6 Rn. 49.

In einigen umweltrechtlichen Bereichen tritt jedoch das Baugenehmigungsverfahren hinter dem jeweiligen Fachverfahren zurück:

- Art. 56 Satz 1 Nr. 1 BayBO bzw. § 61 Abs. 1 Nr. 1 BauO NRW für Anlagen in, an, über und unter oberirdischen Gewässern und Anlagen, die dem Ausbau, der Unterhaltung oder der Nutzung eines Gewässers dienen oder als solche gelten (in Bayern alle Gebäude ausgenommen, in NRW Sonderbauten),
- Art. 56 Satz 1 Nr. 6 BayBO bzw. § 61 Abs. 1 Nr. 3 BauO NRW für plangenehmigungsbedürftige Deponien (§ 35 Abs. 3 KrWG),
- Art. 56 Satz 2 BayBO bzw. § 61 Abs. 1 Nr. 7 BauO NRW für immissionsschutzrechtlich genehmigungsbedürftige Anlagen,
- Art. 56 Satz 2 BayBO bzw. § 61 Abs. 1 Nr. 8 BauO NRW für Anlagen, die von der Verbindlichkeitserklärung eines Sanierungsplans nach § 13 Abs. 6 BBodSchG umfasst sind.

Für die Eingriffsregelung nach dem Naturschutzrecht gilt Folgendes: Die Genehmigung von baulichen Anlagen stellt gem. § 18 Abs. 2 BNatSchG keinen Eingriff dar, wenn diese im Gebiet eines Bebauungsplans oder im Innenbereich (§ 34 BauGB) liegen. Bei Außenbereichsvorhaben bleibt die Eingriffsregelung anwendbar. Im Übrigen ergehen Entscheidungen über Vorhaben nach § 35 Abs. 1 und 4 BauGB und über die Errichtung von baulichen Anlagen nach § 34 BauGB im Benehmen mit den Naturschutzbehörden (§ 18 Abs. 3 BNatSchG).

Die Beseitigung von baulichen Anlagen ist sowohl nach Art. 57 Abs. 5 BayBO als auch nach § 62 Abs. 3 BauO NRW nicht (mehr) genehmigungspflichtig; sie unterliegt etwa bei freistehenden Gebäuden der Gebäudeklassen 1 und 3 auch keiner Anzeigepflicht (Art. 57 Abs. 5 Satz 1 Nr. 2 BayBO bzw. § 62 Abs. 3 BauO NRW). Gleichwohl gelten bei der Beseitigung alle umweltrechtlichen Vorschriften, und die Bauherrschaft kann verpflichtet sein, anderweitig erforderliche Genehmigungen einzuholen.[150] In Betracht kommt dabei neben abfallrechtlichen Bestimmungen insbes. auch der Artenschutz. In Nordrhein-Westfalen ist deshalb in anzeigepflichtigen Fällen eine Unterrichtung der unteren Umweltschutzbehörden vorgesehen.[151] Die Überwachung der Einhaltung der öffentlich-rechtlichen Vorschriften obliegt gleichwohl den Bauaufsichtsbehörden.[152]

150 *Taft* in Busse/Kraus, BayBO, Art. 57 Rn. 426; *Smith* in Schönenbroicher/Kamp/Henkel, BauO NRW, § 62 Rn. 101.

151 *Smith* in Schönenbroicher/Kamp/Henkel, BauO NRW, § 62 Rn. 101.

152 *Taft* in Busse/Kraus, BayBO, Art. 57 Rn. 436; *Seeger* in BeckOK BauordnungsR NRW, BauO NRW 2018, § 62 Rn. 88.

2.2.4 Verhältnis zum Forstrecht

Wälder sind ein wesentlicher Teil der natürlichen Lebensgrundlagen und von Bedeutung für den Schutz von Klima, Wasser, Luft und Boden, Tieren und Pflanzen, für die Landschaft und den Naturhaushalt. Dies heben § 1 BWaldG und Art. 1 BayWaldG hervor. Gleichwohl wird aus dem Bundes- und dem Landesforstrecht auch deutlich, dass Wälder eine Bewirtschaftungsfunktion haben, insbes. auch, um den nachwachsenden Rohstoff Holz nutzen zu können.[153] Hinter einer rechtmäßigen Nutzung muss der Schutz jedoch zwangsläufig zurücktreten. Dem Umweltschutz dient das Forstrecht daher nur teilweise.[154]

Damit Wertungswidersprüche nicht entstehen, regeln die Bundes- und Landeswaldgesetze die Rechtsverhältnisse im Wald umfassend, jedoch ohne die naturschutzrechtlichen Aspekte, für die die Naturschutzgesetze maßgeblich sind.[155] Da jedoch die wesentlichen Fragen rund um die Betreuung und Nutzung von Waldflächen im Forstrecht selbst geregelt sind –

Beispiele:
Erhaltung (§ 9 BWaldG, Art. 9 BayWaldG, §§ 39 ff. LFoG NRW), Bewirtschaftung (§ 11 BWaldG, Art. 14 BayWaldG, § 10 LFoG NRW), Wegebau (§ 6b LFoG NRW), Abfallbeseitigung (§ 6b LFoG NRW)

–, sind für den Vollzug der jeweiligen Aufgaben, auch wenn sie umweltrechtliche Fragen berühren, insoweit die Forstbehörden zuständig (in Bayern: Forstbehörden nach Art. 27 BayWaldG; in Nordrhein-Westfalen sind nach § 55 Abs. 1 LFoG NRW dem Landesbetrieb Wald und Holz die Aufgaben der Unteren Forstbehörden übertragen).[156] So hat etwa auch die Forstbehörde eine artenschutzrechtliche Vorprüfung vorzunehmen, wenn sie eine Veranstaltung im Wald genehmigen soll.[157] Hinsichtlich Eingriffen in Natur und Landschaft und des Artenschutzes sind ansonsten §§ 14 Abs. 2 und 44 Abs. 4 Satz 1 BNatSchG zu beachten, die die ordnungsgemäße Forstwirtschaft unter den genannten Voraussetzungen von der Eingriffsregelung bzw. den Zugriffsverboten befreien (s. dazu Kap. 3.5.1.3 und 3.4.6.2.2).

Aus Umweltschutzsicht bedeutsam ist die Waldumwandlungsgenehmigung (§ 9 BWaldG i. V. m. Art. 9 Abs. 2 BayWaldG bzw. § 39 Abs. 1 LFoG NRW), wenn eine Waldfläche für eine andere Nutzungsart in Anspruch genommen werden soll. Die Genehmigung erfolgt durch die Forstbehörden, es sei denn, diese wird von einer anderen Zulassungsentscheidung konzentriert (etwa im Planfeststellungs- und immissionsschutzrechtlichen Genehmigungsverfahren, s. Kap. 2.4.3.3 und 5.5.1).

---

153 *Thomas*, PRAXIS-Beitrag D 5, § 1 Nr. 4.1.
154 *Kloepfer/Durner*, Umweltschutzrecht, § 12 Rn. 85.
155 *Kranz*, PRAXIS-Beitrag D 5 NW, Einführung Nr. 4.
156 *Kranz*, PRAXIS-Beitrag D 5 NW, § 61 Nr. 1.
157 *Kranz*, PRAXIS-Beitrag D 5 NW, § 2 Nr. 8.2.2.

Nicht durch forstrechtliche Vorschriften überlagert wird das Gewässerschutzrecht. Es gelten auch im Wald alle entsprechenden Erfordernisse des WHG bzw. der Landeswassergesetze.

2.2.5 Verhältnis zum Jagd- und Fischereirecht

Ähnlich wie das Forstrecht steht auch das Jagdrecht von Bund und Ländern in gewissen Beziehungen zum Umweltschutz. Das subjektive Jagdrecht – das nicht mit dem Jagdausübungsrecht gleichzusetzen ist – umfasst nach § 1 Abs. 1 Satz 1 BJagdG das Recht, die Jagd auf Wild (wildlebende Tiere, die dem Jagdrecht unterliegen) auszuüben und sich Wild anzueignen. Mit dem Jagdrecht geht nach § 1 Abs. 1 Satz 2 BJagdG die Pflicht zur Hege einher. Die Hege ist nach § 1 Abs. 2 Satz 1 BJagdG darauf ausgerichtet, einen den landschaftlichen und landeskulturellen Verhältnissen angepassten, artenreichen und gesunden Wildbestand sowie die Pflege und Sicherung seiner Lebensgrundlagen zu erreichen. Ähnlich konstruiert ist das Fischereirecht (Art. 1 Abs. 1, 2 BayFiG bzw. § 3 Abs. 1, 2 LFischG NRW). Sowohl das Jagd- als auch das Fischereirecht wirkt in Teilen in den Regelungsbereichen des Naturschutz- und Wasserrechts:

- Jagdzeiten für Wild bzw. Schonbezirke für Fische (Art. 59 BayFiG, § 44 LFischG NRW) wirken zum Schutz der Arten.
- Art. 55 bis 58 BayFiG bzw. §§ 39 bis 41, 45, 46 LFischG NRW treffen auch Regelungen, die sich auf die Gewässerbeschaffenheit und Anlagen an Gewässern auswirken.

Wie aus der – insoweit nicht aus sich heraus verständlichen – Vorschrift des § 37 Abs. 2 Satz 1 BNatSchG hervorgeht, wird das Naturschutzrecht durch die Jagd- und Fischereigesetze nicht verdrängt, sondern bleibt neben diesen anwendbar.[158] Für den Artenschutz wird dies in § 37 Abs. 2 Satz 2 BNatSchG explizit klargestellt. Maßgeblich ist daher letztlich, welches Recht bezogen auf den Artenschutz die speziellere Regelung trifft.[159]

- Für Wild, das dem allgemeinen Artenschutz unterfällt (§ 39 BNatSchG, s. Kap. 3.5.4.1), stellt die ordnungsgemäße Jagd einen „vernünftigen Grund" für die Tötung dar.[160]
- Die Naturentnahme der in Anhang V FFH-RL bezeichneten Arten (darunter z. B. der Lachs) ist im Rahmen jagd- und fischereirechtlicher Vorschriften zulässig, daneben auch bei durch die Länder zugelassenen Ausnahmen (§ 39 Abs. 2 BNatSchG).
- Im besonderen Artenschutz greift grundsätzlich der Vorrang des § 44 Abs. 1, 2 BNatSchG. Für tot aufgefundene Tiere im besonderen Arten-

158 *Gellermann* in Landmann/Rohmer, UmweltR, BNatSchG § 37 Rn. 12.
159 *Gellermann* in Landmann/Rohmer, UmweltR, BNatSchG § 37 Rn. 17.
160 *Heugel* in Lütkes/Ewer, BNatSchG, § 39 Rn. 3.

schutz gilt § 45 Abs. 4 BNatSchG. Die Besitz- und Vermarktungsverbote sind im Jagdrecht teilweise in § 2 i. V. m. Anl. 1 BWildSchV spezieller geregelt.
- Soweit Maßnahmen zur Verhinderung oder Minimierung der Ausbreitung invasiver Arten ergriffen werden müssen, muss die Naturschutzbehörde bei den Jagd- bzw. Fischereirecht unterliegenden Arten im Einvernehmen mit den Jagd- bzw. Fischereibehörden entscheiden (§ 40a Abs. 1 Satz 2, 4 BNatSchG).[161]

Das Fischereirecht ist zudem neben dem Wasserrecht anwendbar, vgl. nur § 1 Abs. 1 LFischG NRW.[162] Die Ausübung der Fischerei ist insoweit als eigenständige Gemeingebrauchsnutzung neben dem Wasserrecht geregelt.[163] Soweit die Landesfischereigesetze daneben auch Regelungen für die Durchgängigkeit von Gewässern für Fische vorsehen (Art. 55 BayFiG, §§ 45 ff. LFischG NRW), ist allerdings zu bedenken, dass diese schon allein wegen der Normhierarchie (Bundes- vor Landesrecht) keine Sperrwirkung zugunsten § 34 WHG entfalten.

2.3 Prinzipien im Umweltrecht

Übergreifend zwischen allen in Kap. 2.1 genannten Rechtsquellen ist festzustellen, dass es im Bereich der Umweltgesetzgebung gewisse Prinzipien gibt, die diese Gesetzgebung kennzeichnen. Welche dies sind und wie sie genannt werden, ist im Einzelnen durchaus umstritten.[164]

Weitgehend anerkannt ist jedoch, dass das Umweltrecht durch das Verursacher-, Vorsorge- und Kooperationsprinzip geprägt wird (vgl. auch Art. 192 Abs. 2 AEUV).[165] Diese sind nach zunehmender Auffassung nicht bloß rechtspolitische Handlungsmaximen, sondern echte Rechtsprinzipien und weisen daher – auch wenn sie den eigentlichen Gesetzen vorgelagert sind und erst durch diese verbindlich werden[166] – eine Leitfunktion auch für das Behördenhandeln auf. Während das Verursacherprinzip letztlich nicht weit dem von dem abweicht, was auch sonst im Verwaltungsrecht gilt, sind besonders die letzten beiden typisch für die Umweltverwaltung.

161 *Gläß* in BeckOK UmweltR, BNatSchG § 40a Rn. 9.
162 *Riedel* in BeckOK UmweltR, WHG § 34 Rn. 7.
163 *Koll-Sarfeld*, PRAXIS-Beitrag L 11 NW, § 19 LWG NRW Rn. 6.
164 Vgl. nur die unterschiedlichen Darstellungen in *Kluth/Smeddinck*, Umweltrecht, § 1 Rn. 123 ff., *Ramsauer* in Koch/Hofmann/Reese, Umweltrecht, § 3 Rn. 26ff., *Schlacke*, Umweltrecht, § 3, und *Kloepfer/Durner*, Umweltschutzrecht, § 3.
165 *Storm*, Umweltrecht, Rn. 19 ff.
166 *Kluth/Smeddinck*, Umweltrecht, § 1 Rn. 124.

2.3.1 Verursacherprinzip

Nach dem Verursacherprinzip ist diejenige Person für die Vermeidung, die Beseitigung, die Verminderung oder den Ausgleich von Umweltbeeinträchtigungen heranzuziehen, der diese Beeinträchtigung zugerechnet werden kann.[167] Wie der erstgenannte Aspekt zeigt, beginnt die Verantwortlichkeit im Umweltrecht nicht erst dann, wenn etwas passiert ist, sondern verlangt von der betroffenen Person mitunter, dass sie bestimmte Umweltbelastungen gar nicht erst eintreten lassen darf. Deutlich wird dies insbes. in § 13 Satz 1 BNatSchG (naturschutzrechtliche Eingriffsregelung). Wer als pflichtige Person anzusehen ist, wird in den Umweltgesetzen jedoch meist nicht konkret geregelt, z. B. fehlt auch im Naturschutzrecht eine Begriffsbestimmung für „Verursacher". Es gilt daher im Ergebnis auch im Umweltverwaltungsrecht der sonst im Polizei- und Ordnungsrecht geltende Grundsatz, dass eine hoheitliche Maßnahme grundsätzlich gegen diejenige Person zu richten ist, die als sog. „Störer" eine Gefahr oder einen Schaden herbeigerufen hat.[168] In der Praxis darf das Verursacherprinzip daher nicht überbewertet werden, zumal in der Umwelt verschiedene Schädigungsfaktoren und Verursachungsbeiträge zusammenwirken können, was die Einschränkung auf eine einzige verursachende Person längst nicht immer zulässt.[169]

2.3.2 Vorsorgeprinzip

Das wichtigste Prinzip des Umweltrechts ist das Vorsorgeprinzip, nicht zuletzt, weil es zu den tragenden Grundsätzen des europäischen Umweltschutzes gehört.[170] Es soll dazu beitragen, Umweltgefahren und Umweltschäden so weit wie möglich vorzubeugen, damit diese im Idealfall gar nicht erst entstehen.[171] Lässt sich die Entstehung nicht vermeiden, sollen die Folgen so weit wie möglich gemindert werden. Exemplarisch hierfür ist das Immissionsschutzrecht (s. etwa § 5 Abs. 1 Nr. 2 BImSchG). Es regelt, wann Emissionen (z. B. Geräusche von Maschinen) überhaupt zulässig und wie diese bereits am Entstehungsort so weit wie möglich zu reduzieren sind. Im Naturschutzrecht regelt § 13 Satz 1 BNatSchG, dass erhebliche Beeinträchtigungen von Natur und Landschaft vorrangig zu vermeiden sind. Erst wenn sie nicht vermeidbar sind, greift auf der nächsten Stufe die Pflicht zum Ausgleich oder Ersatz, wodurch die negativen Folgen für den bestehenden ökologischen Zustand möglichst wieder aufgefangen werden sollen.

Obwohl der Vorsorgegedanke auch in anderen Rechtsgebieten zur Anwendung kommt, findet sich hierin bis heute ein zentraler Unterschied zwi-

---

167 *Schlacke*, Umweltrecht, § 3 Rn. 11.
168 *Kloepfer/Durner*, Umweltschutzrecht, § 3 Rn. 20.
169 *Kahl/Gärditz*, Umweltrecht, § 4 Rn. 29 ff.
170 *Kahl* in Streinz, AEUV, Art. 191 Rn. 77.
171 *Schlacke*, Umweltrecht, § 3 Rn. 3.

schen dem Umwelt- und dem allgemeinen Gefahrenabwehrrecht. Denn während beim Polizei- und Ordnungsrecht von behördlicher Seite in der Regel erst dann eingegriffen werden darf, wenn der Gefahreneintritt von einer gewissen Wahrscheinlichkeit ist, kann der Zugriff auf Verantwortliche im Umweltrecht aufgrund des Vorsorgeprinzips schon weit im Vorfeld erfolgen, wenn eine Gefahr (Umweltbelastung) noch überhaupt nicht abzusehen ist.[172] Die Behörde muss also nicht immer abwarten, bis sie eine Gefährdungslage absehen kann, sondern kann teilweise bereits aufgrund der abstrakten Möglichkeit einer Gefährdung tätig werden.[173]

> ***Beispiel:***
> *Nach § 20 Abs. 2 Satz 1 BImSchG „soll", d. h. muss im Regelfall eine nichtgenehmigte Anlage stillgelegt werden. Es spielt damit zunächst keine Rolle, ob tatsächlich alle Voraussetzungen für eine Genehmigung vorliegen. Entscheidend ist, dass dies von der Behörde vor Aufnahme des Betriebs überprüft werden soll.*

Mit dem Vorsorgeprinzip wird der Tatsache Rechnung getragen, dass die Wirkung von umweltrelevanten Handlungen aufgrund der komplexen (und für den Menschen längst nicht immer beherrschbaren) naturwissenschaftlichen Zusammenhänge nie mit letzter Sicherheit vorhergesagt werden kann (sog. „Ignoranztheorie"[174]). Deshalb ist es besser, so vorsichtig wie möglich zu handeln.

> ***Beispiel:***
> *§ 5 Abs. 1 Nr. 2 BImSchG verlangt von Anlagenbetreibern, Vorsorgemaßnahmen gegen schädliche Umwelteinwirkungen nach dem Stand der Technik zu treffen.*

Das Vorsorgeprinzip ist zugleich Ausdruck eines nachhaltigen Umgangs mit den begrenzten natürlichen Ressourcen (sog. „Freiraumtheorie"[175]). Dieser Gesichtspunkt wird weiter an Bedeutung zunehmen, da mit dem bereits stattfindenden Klimawandel etwa die Ressource Wasser knapper werden kann.

Zum Vorsorgeprinzip gehört es damit auch, dass Behörden nicht bloß einer weiteren Verschlechterung der Umwelt Einhalt gebieten, sondern teilweise auch aktiv auf ihre Verbesserung hinwirken müssen. Ein Beispiel hierfür ist die Wasserrahmenrichtlinie mit ihrem Ziel, einen guten Zustand der Gewässer zu erreichen (s. Kap. 4.4.7).

Weil durch das Vorsorgeprinzip der Konflikt zwischen – durchaus legitimen – Bedürfnissen zur Beanspruchung der Umwelt (wie Wohnen, Gewerbe

---

172 *Storm*, Umweltrecht, § 3 Rn. 21.
173 Dies gilt allerdings nicht zum Schutz von Dritten (*Kahl/Gärditz*, Umweltrecht, § 4 Rn. 23).
174 *Schlacke*, Umweltrecht, § 3 Rn. 4.
175 *Kahl/Gärditz*, Umweltrecht, § 4 Rn. 23.

oder Landwirtschaft) einerseits und dem Schutz der Umwelt andererseits auf eine sehr abstrakte Ebene vorverlagert wird, kommt im Umweltrecht dem Instrument der Planung eine besondere Bedeutung zu.[176] Es dient auf der einen Seite dazu, diesen Konflikt zu moderieren und einer allgemein akzeptierten Lösung zuzuführen, schafft aber zugleich auch den Rahmen, innerhalb dessen die Behörde später die Einhaltung genauer überwachen kann.

Beispiel:
In Landschaftsplänen werden ortsspezifische Schutzziele für Natur und Landschaft festgesetzt, die konkreter als das Gesetz die Bewertung zulassen, ob z. B. eine Beweidung von Wiesen im Einzelfall mit dem Naturschutz vereinbar ist oder nicht.

2.3.3 Kooperationsprinzip

Mit dem Kooperationsprinzip soll zum Ausdruck gebracht werden, dass der Umweltschutz nicht allein Aufgabe des Staates, sondern aller gesellschaftlichen Kräfte ist.[177] Der Staat bzw. die Kommunen sind nicht die einzige Stelle, die über die Einhaltung des Umweltschutzes wacht. In einigen Umweltrechtsbereichen sind stattdessen Eigenkontrollen (in Ergänzung zur behördlichen Überwachung) vorgesehen.

Beispiel:
Selbstkontrolle von Abwassereinleitungen (§ 61 WHG), Eigenkontrolle im Deponiebetrieb (§§ 12 f. DepV).

Flankiert wird dies z. B. dadurch, dass bestimmte Betriebe eigene Umweltschutzbeauftragte vorhalten müssen.

Beispiele:
Gewässerschutzbeauftragte (§§ 64 ff. WHG), Betriebsbeauftragte für Abfall (§§ 59 f. KrWG), Immissionsschutzbeauftragte (§§ 58a bis 58d BImSchG, 5. BImSchV).

Weiter sehen Gesetze zum Teil die Möglichkeit der freiwilligenden Ergänzung staatlich bestehender Strukturen im Umweltschutz durch Private vor.

Beispiele:
Möglichkeit der freiwilligen Rücknahme von Produkten nach § 26 KrWG[178]*, Mitwirkung von Unternehmen im „AAV – Verband für Flächenrecycling und Altlastensanierung" in Nordrhein-Westfalen.*

---

176 *Kloepfer/Durner*, Umweltschutzrecht, § 3 Rn. 6.
177 *Schlacke*, Umweltrecht, § 3 Rn. 17.
178 *Tünnesen-Harmes* in Jarass/Petersen, KrWG, § 26 Rn. 1.

Eine wichtige Rolle spielt etwa auch die Einbindung von Vereinen und Verbänden aus dem Bereich des Umweltschutzes (wie BUND, NABU) in naturschutzbehördliche Verfahren (Naturschutzbeiräte, s. Kap. 3.4.3). Es entspricht darüber hinaus aber auch dem Kooperationsprinzip, die Öffentlichkeit in Planungs- und Zulassungsentscheidungen nach Möglichkeit einzubinden (dazu Kap. 2.5).[179]

Eine weitere Ausprägung des Kooperationsprinzips ist es, anstelle des klassischen Verwaltungshandelns (etwa in Form einer Anordnung) eine einvernehmliche Lösung mit einer Privatperson zu finden. Die Behörde handelt deshalb nicht ausschließlich durch hoheitliches Handeln („Befehl und Zwang"), sondern auch über verschiedene kooperative Formen, die letztlich auch der Akzeptanz umweltschützender Maßnahmen förderlich sein können.[180]

Beispiele:
Kulturlandschaftsprogramme im Naturschutz (s. Kap. 3.5.5), Sanierungsverträge im Bodenschutz (s. Kap. 7.5.3.2).

2.3.4 Nachhaltigkeitsprinzip

Seit längerem wird diskutiert, ob auch ein „Nachhaltigkeitsprinzip" als Teil eines modernen Umweltrechts anzuerkennen ist.[181] Zumindest im Wasserrecht („nachhaltige Gewässerbewirtschaftung", § 1 WHG) sowie im Natur- und Bodenschutzrecht („Verantwortung für die künftigen Generationen", § 1 Abs. 1 BNatSchG und § 1 Abs. 1 BBodSchG) finden sich gesetzliche Erwähnungen, die für grundlegende Umweltbestandteile wie Gewässer und Boden deren generationenübergreifenden und damit existentiellen Schutz hervorheben. Das moderne Kreislaufwirtschaftsrecht ist in besonderem Maße auf Ressourcenschonung ausgelegt.[182] Nachhaltigkeit ist allerdings kein rein ökologischer Begriff, sondern abstrakt auf die heutige Nutzung von Ressourcen bezogen, ohne dadurch die gleiche Verfügbarkeit für künftige Generationen zu gefährden.[183] Kontextabhängig kann es sich daher auch um soziale oder ökonomische Nachhaltigkeit handeln.[184] Dies muss der Anerkennung eines umweltrechtlichen Nachhaltigkeitsprinzips nicht entgegenstehen, jedoch stellt sich die Frage, ob es tatsächlich prägend auf die gesamte Umweltgesetzgebung und -rechtsprechung wirkt.

---

179 *Storm*, Umweltrecht, § 3 Rn. 31.

180 *Kahl/Gärditz*, Umweltrecht, § 4 Rn. 33.

181 Noch ablehnend *Wieland*, ZUR 2016 S. 473 (473 f.); befürwortend *Kahl/Gärditz*, Umweltrecht, § 4 Rn. 36 ff.; eher als Unterfall anderer Prinzipien einstufend *Kluth/Smeddinck*, Umweltrecht, § 1 Rn. 125; *Schlacke*, Umweltrecht, § 3 Rn. 2. Im Unionsrecht ist das Nachhaltigkeitsprinzip in Art. 11 AEUV verankert und insofern bewusst nicht Teil des Vorsorgeprinzips (*Kahl* in Streinz, AEUV, Art. 191 Rn. 83).

182 EuGH, Urt. vom 17.11.2022 – C-238/21 –.

183 *Wieland*, ZUR 2016 S. 473.

184 *Kahl/Gärditz*, Umweltrecht, § 4 Rn. 37.

Einen neuen Impuls für den Nachhaltigkeitsgedanken als umweltpolitische Leitlinie brachte im Jahr 2021 die Klimaschutz-Entscheidung des Bundesverfassungsgerichts.[185] Hier wurde ausdrücklich betont, der Gesetzgeber müsse mit Blick auf das Zieldatum für die Klimaneutralität bereits frühzeitig konkrete Maßnahmen zur Reduzierung von Treibhausgasemissionen und den Minderungspfad im Einzelnen über mehrere Jahrzehnte gerecht verteilen, damit nicht künftigen Generationen keine andere Wahl bleibe als sich kurzfristig und radikal in ihrer Freiheit einzuschränken.[186] Die große Errungenschaft der Entscheidung dürfte darin liegen – dem Gedanken der Nachhaltigkeit entsprechend –, als Leitplanke für eine verfassungskonforme Klimaschutzgesetzgebung zu dienen. Denn festzuhalten bleibt zwar, dass das BVerfG für den entscheidenden Impuls sorgte, bei der anschließenden Klimaschutzgesetzgebung zunächst die nötigen Nachbesserungen zu schaffen. Allerdings ist die Rezeption der BVerfG-Entscheidung in der übrigen Rechtsprechung und Gesetzgebung eher ernüchternd.[187] Offen ist auch, ob sich die Aussage des BVerfG im Klimaschutz-Beschluss, wonach es sich beim KSG um die verfassungsrechtlich maßgebliche Konkretisierung von Art. 20a GG handelt, auch auf den Biodiversitätsschutz übertragen lässt.[188] Der grundsätzliche Konflikt zwischen dem beschleunigten Bau von erneuerbaren Energien für den Klimaschutz und dem Schutz der Artenvielfalt für das Abwenden der Biodiversitätskrise wurde insbes. im 2023 neu gefassten § 6 WindBG deutlich zugunsten ersterem gelöst. Von einem Nachhaltigkeitsprinzip im gesamtem Umweltrecht sprechen zu können, erscheint vor diesem Hintergrund wohl verfrüht.

2.4 Instrumente des Umweltrechts

Im folgenden Teil geht es um die Handlungsmöglichkeiten des Staates, um den Umweltschutz praktisch durchsetzen zu können. Als umweltrechtliche Handlungsformen werden typischerweise die vier Elemente Selbstvornahme, indirekte Verhaltenssteuerung, direkte Verhaltenssteuerung und Planung betrachtet.[189] Die beiden erstgenannten spielen in der kommunalen Umweltverwaltung jedoch nur eine sehr untergeordnete Rolle, weshalb auf sie nur kurz eingegangen wird und im Schwerpunkt das behördliche Handeln bei der Durchsetzung von Ge- und Verboten bzw. im Bereich der Planung dargestellt wird. Das Themenfeld „Beteiligung der Öffentlichkeit" wird

---

185 BVerfG, Beschl. vom 24.3.2021 – 1 BvR 2656/18 –, – 1 BvR 96/20 –, – 1 BvR 78/20 –, – 1 BvR 288/20 –.

186 BVerfG, a. a. O., Rn. 252 ff.

187 *Groß*, VerfBlog, 2023/3/18, https://verfassungsblog.de/zwei-jahre-klimabeschluss-des-bundesverfassungsgerichts/ (zuletzt abgerufen am 10.9.2023).

188 *Delcuvé/Naujoks*, VR 2023 S. 231 (237); vgl. aber BVerwG, Urt. vom 24.5.2023 – 9 CN 1.22 –, wonach sich das aus Art. 20a GG abzuleitende Verfassungsgebot der Ressourcenschonung auch an die Kommunen richtet; s. im Einzelnen Kap. 6.4.2.

189 *Schlacke*, Umweltrecht, § 5 Rn. 2.

in anderen Darstellungen teilweise dem Bereich der indirekten Verhaltenssteuerung zugeordnet,[190] soll aber hier wegen der Praxisrelevanz in Kap. 2.5 eine hervorgehobene Stellung erhalten.

2.4.1 Selbstvornahme und indirekte Verhaltenssteuerung

Eine naheliegende Möglichkeit für die öffentliche Hand, für Umweltschutz zu sorgen, ist die sog. „Selbst-" oder „Eigenvornahme", bei der sie selbst unmittelbar und freiwillig entsprechende Aktivitäten entfaltet.

> ***Beispiele:***
> *Umweltbewusste und nachhaltige öffentliche Auftragsvergabe, naturnahe Gestaltung eigener Grünanlagen.*

Nach hier vertretener Auffassung sind die in der Literatur als Beispiel anzutreffenden Monopole der öffentlichen Hand im Bereich der Abfall- und Abwasserentsorgung[191] nicht als Eigenvornahme einzustufen, da die entsprechenden Tätigkeiten der Umweltrechtsbindung von Hoheitsträgern unterliegen und der staatlichen Planung bzw. direkten Verhaltenssteuerung (s. Kap. 2.4.2 und 2.4.3) zugeordnet werden können (zumal sie gerade im Abfallbereich immer weniger in ausschließlich hoheitlicher Regie erfolgen). Die zum Teil als Beispiel ins Feld geführte vollstreckungsrechtliche Ersatzvornahme[192] ist nach hier vertretener Auffassung ein unechter Fall der Selbstvornahme, da die Verwaltungsvollstreckung letztlich der Durchsetzung von Ge- und Verboten gegenüber Privaten dient und aus staatlicher Sicht „unfreiwillig" erfolgt.

Mit einer indirekten Verhaltenssteuerung wird der Einzelne zwar nicht zu einem bestimmten, umweltfreundlichen Handeln verpflichtet, soll jedoch durch Anreize dazu gebracht werden, dies freiwillig zu tun.

2.4.1.1 Ökonomische Anreize

Vor allem finanzielle Abgaben können als Druck empfunden werden, Geld zu sparen, und sollen so mittelbar die Pflichtigen dazu bewegen, das eigene Verhalten umwelt- und ressourcenschonend auszuüben.

> ***Beispiele:***
> *Abwasserabgabe nach AbwAG, kommunale Verpackungssteuer (s. Kap. 6.4.2).*

---

190 *Kluth/Smeddinck*, Umweltrecht, § 1 Rn. 172 ff.

191 *Kloepfer/Durner*, Umweltschutzrecht, § 4 Rn. 121.

192 *Kloepfer/Durner*, Umweltschutzrecht, § 4 Rn. 122; *Schlacke*, Umweltrecht, § 5 Rn. 131.

Ein anderes wichtiges Beispiel ist eine Mengensteuerung, die zur Sparsamkeit anhalten kann.

Beispiel:
Emissionszertifikate für Treibhausgasemissionen.

Umgekehrt wirken Subventionen, Steuervergünstigungen oder andere geldwerte Vorteile, die nachgelagert als „Belohnung" für eine bestimmte umweltfreundliche Handlung dienen. Sie widersprechen zwar oft dem umweltrechtlichen Verursacherprinzip, dienen aber in der Regel gesamtgesellschaftlicher Umweltziele, die dadurch befördert werden sollen.[193]

Beispiel:
Steuer- oder Parkgebührenbefreiungen für Elektrofahrzeuge.

2.4.1.2 Öffentlichkeitsarbeit

Umweltschädliches Verhalten hat nicht selten seine Ursache in der hinreichenden Kenntnis der nachteiligen Folgen. In der Aufklärung und Beratung der Öffentlichkeit in Umweltfragen kann daher eine wichtige Funktion der Umweltverwaltung liegen.[194] Beratungs- und Informationsleistungen des Staates oder die Installation von Produktsiegeln (Label) können das Umweltbewusstsein der Allgemeinheit erhöhen und so indirekt auf die Änderung ihres Verhaltens einwirken.

Beispiele:
Energieberatung, Aktionswochen zur Mülltrennung, Tierwohllabel.

Als gesetzliche Pflichtaufgabe besteht die Beratung der Öffentlichkeit im Bereich des Kreislaufwirtschaftsrechts (s. Kap. 6.5.1.2). In Bayern ist bei den unteren Naturschutzbehörden eine Biodiversitätsberatung vorgesehen (Art. 5d BayNatSchG).

2.4.1.3 Selbstregulierung und -überwachung

Wie in Kap. 2.3 dargestellt, ist die praktische Erreichung eines hohen Umweltschutzniveaus eine gesamtgesellschaftliche Aufgabe. Analog zur staatlichen Eigenvornahme (s. o. Kap. 2.4.1) kommt es deshalb auch in Betracht, dass Private sich freiwillig zu umweltfreundlichem Verhalten verpflichten und sich freiwillig einer Überwachung unterwerfen.

---

193 *Storm*, Umweltrecht – Einführung, Rn. 330.
194 *Kloepfer*, Umweltrecht, § 5 Rn. 1355.

Beispiel:
Umweltaudit EMAS.

Im Fall des Umweltaudits EMAS bildet neben der Festlegung einer unternehmenseigenen Umweltpolitik, einem eigenen Umweltprogramm und einem eigenen Umweltmanagementsystem eine spätestens nach drei Jahren zu wiederholende Umweltbetriebsprüfung (intern oder extern) das Herzstück des Audits. Für diese Form der Selbstüberwachung wird wiederum in den Umweltgesetzen ein Anreiz gesetzt, indem bestimmte Verfahrenserleichterungen geschaffen werden.

Beispiel:
Vereinfachungen für Antragsunterlagen in wasserrechtlichen Verfahren, § 24 Abs. 1 WHG.

2.4.2 Direkte Verhaltenssteuerung

Informelle Handlungsweisen (wie in Kap. 2.4.1.2 dargestellt) dürfen nicht dazu führen, dass der Staat sich seinen verfassungsrechtlichen Bindungen und seiner Verantwortung für die Umwelt entzieht. Den Kern des staatlichen Handelns bildet deshalb neben der Planung die direkte Verhaltenssteuerung, bei der die umweltrechtlichen Ge- und Verbote überwacht und durchgesetzt werden.

Direkte Verhaltenssteuerung liegt vor, wenn ein bestimmtes Handeln (oder Unterlassen) von Gesetzes wegen oder aufgrund administrativer Vorgabe zwingend eingehalten werden muss.[195] Typische Sanktionen bei Zuwiderhandlungen sind z. B. Bußgelder. Verbote dienen so der Verhinderung umweltschädlichen Verhaltens, wirken aber auch als Steuerungsinstrument, wenn gleichzeitig ein entsprechendes Genehmigungsverfahren angeboten wird, um das jeweilige Verhalten ausüben zu dürfen. Bekannt ist dies etwa von der Fahrerlaubnis: ohne ist das Autofahren verboten (bzw. sogar strafbar). Diese sog. „Freigabewirkung" ist das Ziel entsprechender Genehmigungsverfahren. Speziell im Umweltrecht ist die Unterscheidung zwischen präventiven Verboten (mit Erlaubnisvorbehalt) und repressiven Verboten (mit Befreiungsvorbehalt) von Bedeutung, da diese Verbotsformen unterschiedlich auf den Umweltschutz wirken.

2.4.2.1 Präventive Verbote

Präventive Verbote dienen in erster Linie der Eröffnungskontrolle von umweltrechtlich relevantem Verhalten. An dessen Ermöglichung besteht häufig ein grundsätzliches (wirtschaftliches) Interesse, das sich nicht zuletzt aus der Ermöglichung grundrechtlich geschützter Freiheitsausübung (Art. 12, 14

195 *Schlacke*, Umweltrecht, § 5 Rn. 20.

GG) ergibt. In der Regel sind die (zunächst) nicht erlaubten Verhaltensweisen aus umweltrechtlicher Perspektive (im Regelfall) aufgrund von eindeutigen Standards oder Erfahrungswerten beherrschbar. Das jeweilige Vorhaben soll aber nicht ohne vorherige Überprüfung, ob die rechtlichen Voraussetzungen bestehen, aufgenommen werden dürfen.

> ***Beispiele:***
> *Immissionsschutzrechtliche Genehmigung (§ 4 BImSchG), Baugenehmigungsverfahren, Genehmigung zum Sammeln gefährlicher Abfälle (§ 54 Abs. 1 KrWG), Genehmigung gewerbsmäßigen Entnehmens wild lebender Pflanzen (§ 39 Abs. 4 Satz 1, 2 BNatSchG).*

Die Erlaubnisse zeichnen sich dadurch aus, dass die Voraussetzungen für die Erteilung in den jeweiligen Rechtsgrundlagen abschließend definiert sind. Erfüllt der Antragsteller diese, gibt es in der Folge kein Ermessen auf der Behördenseite, sondern die Genehmigung ist zu erteilen. Folge dieser gebundenen Entscheidungen ist, dass es keine Möglichkeit gibt, im Sinne des Vorsorgeprinzips über das Niveau hinaus zu gehen, das in den einschlägigen Normen angelegt ist.

Eine teilweise ähnliche, aber deutlich komplexere Struktur weisen die Verbotstatbestände des Artenschutzrechts auf.[196]

2.4.2.2 Repressive Verbote

Im Unterschied zu präventiven Verboten bestehen die repressiven Verbote um ihrer selbst willen. Hier geht es nicht allein darum, den Beginn eines Vorhabens zu überwachen, sondern meist auch um den Schutz bestimmter Umweltbestandteile, die grundsätzlich in ihrer Qualität bewahrt werden sollen.

> ***Beispiele:***
> *Wasserrechtliche Erlaubnis (§ 8 WHG), Befreiung von Verboten in Wasserschutzgebieten (§ 52 Abs. 1 Satz 2 WHG), Ausnahmegenehmigung von den Verboten des Artenschutzes (§ 45 Abs. 7 BNatSchG), Befreiung von Verboten des Natur- und Landschaftsschutzes (§ 67 BNatSchG).*

In solchen Verfahren genügt es für die Zulassung eines Vorhabens noch nicht, die jeweiligen rechtlichen Voraussetzungen zu erfüllen, sondern die zuständige Behörde muss zusätzlich nach dem ihr eingeräumten Ermessen zu dem Ergebnis gelangen, dass die Genehmigung erteilt werden kann. Die Folge kann aber auch sein, dass Umweltbelange überwiegen und das Verbot bestehen bleibt. Dies rechtfertigt sich daraus, dass bei präventiven Verboten Verhaltensweisen erlaubt werden, die dem grundrechtlich geschützten Bereich (z. B. Art. 12, 14 GG) zuzurechnen sind – mithin keine zusätzlichen

196 Vgl. *Gellermann* in Landmann/Rohmer, UmweltR, BNatSchG § 44 Rn. 2.

Rechte eingeräumt werden –, während Befreiungen eine weitergehende Rechtsposition verschaffen, da sie ein Verhalten über die Norm hinaus gestatten.[197] Bei der Ermessensausübung ist besonders bei Anträgen nach § 52 Abs. 1 Satz 2 WHG, §§ 45 Abs. 7 und 67 BNatSchG dem Ausnahmecharakter der jeweiligen Befreiungstatbestände Rechnung zu tragen. Es muss demnach eine Auseinandersetzung auch mit der Schutzwürdigkeit der Interessen auf Antragstellerseite erfolgen.

Beispiel:
Die Befreiung vom Verbot, Dauergrünland in eine Weihnachtsbaumkultur umwandeln zu dürfen, ist für den Antragsteller weniger erforderlich, wenn dieser auch über andere, ökologisch weniger wertvolle Flächen verfügt.

Die dogmatische Trennung zwischen präventiven und repressiven Verboten ist allerdings nicht ganz so trennscharf, wie sie gerade dargestellt wurde. Insbesondere lässt sie sich aus Umweltsicht auch nicht immer schlüssig erklären. Es liegt etwa nicht unbedingt auf der Hand, sämtliche genehmigungsbedürftigen BImSchG-Anlagen ohne Ermessen zulassen zu müssen, während umgekehrt im Wasserrecht die Zuordnung zu einem repressiven Verbot historisch eher mit der Zuteilung von Benutzungsrechten statt mit dem umweltgefährdenden Potential begründet wurde.[198]

2.4.2.3 Anzeigepflichten

Einen weiteren Unterfall der direkten Verhaltenssteuerung bilden Anzeigepflichten. Dabei ist zwischen der genehmigungsersetzenden und der genehmigungsergänzenden Funktion von Anzeigepflichten zu differenzieren.[199]

Genehmigungsersetzende Anzeigen sollen eine Verfahrenserleichterung für die Betroffenen darstellen und die Verwaltung entlasten, indem das beabsichtigte Verhalten grundsätzlich nicht unter einem Erlaubnisvorbehalt steht. Die Anzeige dient hier jedenfalls dazu, der Behörde die nötigen Informationen zu geben – auch, um nicht ein vermeintlich illegales Verhalten zu untersagen.

Beispiele:
§ 8 Abs. 3 Satz 2 WHG, § 49 Abs. 2 WHG.

In bestimmten Fällen ist gleichwohl nach der Anzeige seitens der Behörde eine Überprüfung des Verhaltens auf seine Rechtskonformität hin vorgesehen. Eine positive Prüfung bedeutet dabei, dass das Handeln ohne weiteres Genehmigungsverfahren aufgenommen werden kann. Davon darf der Be-

---

197 *Schlacke*, Umweltrecht, § 5 Rn. 32 f.
198 *Hasche* in BeckOK UmweltR, WHG § 8 Rn. 1.
199 *Kloepfer*, Umweltrecht, § 5 Rn. 179 ff.

troffene typischerweise ausgehen, wenn sich die Behörde nicht innerhalb einer gesetzlich vorgesehenen Frist geäußert hat.

> ***Beispiel:***
> *Anzeige des Sammelns, Beförderns etc. von Abfällen nach § 53 Abs. 1 KrWG.*

Stellt die Behörde fest, dass das Verhalten nicht rechtskonform ist, kann es sein, dass dafür bestimme Auflagen vorgesehen werden können oder es zu untersagen ist.

> ***Beispiel:***
> *Sammeln, Befördern etc. von Abfällen in § 53 Abs. 3 KrWG.*

Genehmigungsersetzende Anzeigen dienen teilweise auch dem Umgang mit Altanlagen und -rechten, die vor den heute gültigen Rechtsvorschriften bestanden haben.

> ***Beispiel:***
> *§ 40 Abs. 1 KrWG, § 21 Abs. 1 WHG, § 67 Abs. 2 BImSchG.*

Bei genehmigungsergänzenden Anzeigen dient die Anzeigepflicht entweder einer die Genehmigung ergänzenden Dauer- bzw. Selbstüberwachung oder dazu, das Verhalten (auch wenn es die Genehmigungsvoraussetzungen bereits erfüllt) daraufhin zu prüfen, ob ein Genehmigungsverfahren noch durchzuführen ist.

> ***Beispiel:***
> *Änderungsanzeige nach § 15 Abs. 1 BImSchG, die nach § 16 Abs. 1 Satz 1 BImSchG zur Genehmigungspflicht führen kann, wenn nach der Anzeige festgestellt wird, dass es sich um eine wesentliche Änderung handelt.*

2.4.2.4 Ordnungswidrigkeiten

Neben den generellen verwaltungsrechtlichen Instrumenten zur Durchsetzung von Umweltrecht (z. B. Widerruf einer Genehmigung, Untersagungsanordnungen, Verwaltungszwang) müssen Verstöße gegen umweltrechtliche Normen auch im Einzelfall aufgrund ihres ethischen Unwerts sanktioniert werden können. Neben dem Strafrecht sind hierfür in allen Umweltrechtsgebieten Tatbestände für Ordnungswidrigkeiten vorgesehen. Die Möglichkeit, ein Bußgeld zu verhängen, steht im Gegensatz zur strafrechtlichen Verfolgung auch gegenüber juristischen Personen (§§ 9, 30 OWiG) zur Verfügung.

Die Zuständigkeit für die Verfolgung von Ordnungswidrigkeiten liegt regelmäßig bei den für den Vollzug des jeweiligen Gesetzes zuständigen Verwaltungsbehörden (§ 35 OWiG), wobei das sog. „Opportunitätsprinzip" gilt (§ 47 Abs. 1 Satz 1 OWiG). Danach entscheiden die Behörden nach pflichtgemäßem Ermessen über die Verfolgung. Anstelle des Bußgeldverfahrens können sie bei geringfügigen Verstößen auch ein Verwarnungsgeld zwischen 5 und 55 Euro erheben (§ 56 Abs. 1 OWiG).

2.4.2.4.1 Tatbestände

Als Instrument der Rechtmäßigkeitskontrolle haben Verbote – wie in Kap. 2.4.2.2 und 2.4.2.3 dargestellt – eine zentrale Funktion im Umweltverwaltungsrecht. Deshalb stellen nach praktisch allen Fachgesetzen ungenehmigte, aber genehmigungsbedürftige Handlungen zumeist auch Ordnungswidrigkeiten dar, ohne dass es dabei auf die Genehmigungsfähigkeit oder durch den Verstoß eingetretene Umweltgefahren[200] ankommt.

> ***Beispiele:***
> *§ 69 Abs. 3 Nr. 1 BNatSchG, § 103 Abs. 1 Nr. 1, 9, 10, 15 WHG, § 62 Abs. 1 Nr. 1 BImSchG, § 69 Abs. 1 Nr. 3, 7 KrWG.*

Zu berücksichtigen ist jedoch, wo mit Blick auf den Vorrang des Strafrechts der ungenehmigte Tatbestand zugleich einer Strafvorschrift unterfällt. So gilt etwa § 62 Abs. 1 Nr. 1 BImSchG schon dann, wenn mit der Errichtung einer Anlage begonnen wird, da bereits die Errichtung genehmigungspflichtig ist, der Betrieb ist aber zusätzlich nach § 327 Abs. 2 Satz 1 Nr. 1 StGB strafbar. Gleiches gilt für Abwasseranlagen nach § 60 Abs. 3 WHG. Teilweise ist auch der Zeitpunkt entscheidend: Zwar bedarf es eigentlich einer Genehmigung, wenn jemand alle Voraussetzungen für die Indirekteinleitung von Abwasser geschaffen hat, ordnungswidrig wird der ungenehmigte Zustand jedoch erst – wie sich aus § 103 Abs. 1 Nr. 9 WHG ergibt – mit der tatsächlichen Einleitung von Abwasser.

Neben den genehmigungsbezogenen Ordnungswidrigkeiten kommt auch die Sanktionierung von Verstößen gegen gesetzliche Verbote, die um ihrer selbst willen bestehen, in Betracht.

> ***Beispiel:***
> *§ 69 Abs. 3 Nr. 13 BNatSchG – das Abschneiden, auf den Stock setzen oder Beseitigen eines Baums, einer Hecke, eines lebenden Zauns, eines Gebüschs oder eines anderen Gehölzes außerhalb der freigegeben Zeiträume nach § 39 Abs. 5 Satz 1 Nr. 2 BNatSchG.*

Als Ordnungswidrigkeit ist in den Gesetzen teilweise auch die Nichtbestellung des jeweils erforderlichen Umweltschutzbeauftragten definiert.

200 *Weschpfennig* in Landmann/Rohmer, UmweltR, WHG § 103 Rn. 17.

Beispiele:
§ 103 Abs. 1 Nr. 13 WHG, § 69 Abs. 2 Nr. 14 KrWG.

2.4.2.4.2 *Verantwortliche Person*

Die Tathandlung kann begehen, wer nach den jeweiligen Tatbeständen als verpflichtete Person benannt wird, im Immissionsschutzrecht etwa zumeist der Betreiber einer Anlage.[201] Handelt es sich dabei um eine juristische Person oder Personenvereinigung, kann die Verantwortlichkeit gem. § 9 Abs. 1 OWiG dem vertretungsberechtigten Organ (z. B. GmbH-Geschäftsführung, Vorstand einer AG) zugeordnet werden.

Die strafrechtliche Unterscheidung zwischen Täterschaft, Anstiftung und Beihilfe kennt § 14 Abs. 1 Satz 1 OWiG nicht. Als Ordnungswidrigkeit kann nur vorsätzliches Handeln geahndet werden, außer wenn das Gesetz fahrlässiges Handeln ausdrücklich mit Geldbuße bedroht (§ 10 OWiG). Bei den umweltrechtlichen Ordnungswidrigkeiten werden regelmäßig auch fahrlässige Handlungen erfasst. Es gibt aber auch Ausnahmen:

Beispiel:
§ 69 Abs. 2 BNatSchG erfordert vorsätzliche Verstöße gegen die Zugriffsverbote des § 44 Abs. 1 BNatSchG, so dass etwa das fahrlässige Töten einer besonders geschützten Art kein Bußgeld von 50000 Euro nach sich ziehen kann, sondern über § 69 Abs. 3 Nr. 7 BNatSchG nur mit bis zu 10000 Euro geahndet werden kann. Zu beachten ist, dass in den Fällen des § 71a Abs. 1 Nr. 1 BNatSchG zugleich eine Straftat vorliegt.

2.4.2.4.3 *Bußgeldbemessung*

Der Behörde obliegt die Festlegung der Bußgeldhöhe. Die meisten Umweltgesetze – so etwa § 69 Abs. 7 BNatSchG, § 103 Abs. 2 WHG, § 62 Abs. 4 BImSchG oder § 26 Abs. 2 BBodSchG – differenzieren zwischen Tatbeständen mit einer Höchstgrenze von 10000 oder 50000 Euro. Im Kreislaufwirtschaftsrecht können Ordnungswidrigkeiten nach § 69 Abs. 1 KrWG sogar Bußgelder bis 100000 Euro nach sich ziehen (§ 69 Abs. 3 KrWG).

Für die Bemessung im Einzelfall legt § 17 Abs. 3 OWiG fest, dass die Bedeutung der Ordnungswidrigkeit, der Vorwurf, der den Täter trifft, sowie ggf. die wirtschaftlichen Verhältnisse des Täters zu berücksichtigen sind. Die Geldbuße soll nach § 17 Abs. 4 Satz 1 OWiG den wirtschaftlichen Vorteil, den der Täter aus der Ordnungswidrigkeit gezogen hat, übersteigen.

Gerade im Umweltbereich schaffen sich Täter durch ordnungswidriges Handeln relevante wirtschaftliche Vorteile – über die Ersparnis von Verwaltungsgebühren für Genehmigungen hinaus. Gleichwohl ist festzustellen,

---

201 *Büge* in BeckOK UmweltR, BImSchG § 62 Rn. 11.

dass die Bußgeldrahmen bis 5000 Euro selten voll ausgeschöpft werden,[202] obwohl sie außerhalb des Kreislaufwirtschaftsrechts eher für zu niedrig gehalten werden.[203]

2.4.2.4.4 *Verjährung*

Für die Verfolgungsverjährung bestehen in den Umweltgesetzen keine Spezialregelungen, so dass die Verfolgungsfristen wegen der anzutreffenden Höchstgrenzen von 10000 Euro und 50000 Euro zwei (§ 31 Abs. 2 Nr. 2 OWiG) bzw. drei Jahre (§ 31 Abs. 2 Nr. 1 OWiG) nach Ende der Tathandlung enden.

2.4.3 Planung

Beeinträchtigungen der Umwelt resultieren letztlich aus einer Vielzahl von Einzelaktivitäten. Werden diese im Vorfeld aufeinander abgestimmt oder wird ihnen ein bestimmter Bereich zugewiesen, lassen sich die Folgen für die Umwelt besser steuern. Für die Umweltbelange bedeutet Planung einen wichtigen Ausfluss des Vorsorgeprinzips.[204]

2.4.3.1 Arten von Planung

Erfolgt die Planung aus Gründen des Umweltschutzes nach einem der Umweltgesetze, handelt es sich um eine sog. „umweltspezifische Fachplanung".

> ***Beispiele:***
> *Landschaftsplanung (§§ 8 ff. BNatSchG), wasserwirtschaftliche Maßnahmenprogramme, Bewirtschaftungspläne und Planfeststellungen für Gewässerausbauten (§§ 82, 83, 68 WHG), Festsetzung von Wasserschutzgebieten (§ 51 WHG), Hochwasserrisikomanagementplanung (§§ 73 bis 75 WHG), Festsetzung von Überschwemmungsgebieten (§ 76 WHG), Luftreinhaltepläne, Aktionspläne und Lärmaktionspläne (§§ 47, 47d BImSchG), Festsetzung von Schutz- und Belastungsgebieten (§ 49 BImSchG), Abfallwirtschaftspläne (§ 30 KrWG).*

Handelt es sich um eine Fachplanung, die zwar Auswirkungen auf die Umwelt, aber keine spezifisch umweltschützende Zielrichtung hat, liegt eine umweltrelevante Fachplanung vor.

---

202 *Flatter* in Landmann/Rohmer, UmweltR, BNatSchG § 69 Rn. 56.
203 *Weschpfennig* in Landmann/Rohmer, UmweltR, WHG § 103 Rn. 57.
204 *Kloepfer/Durner*, Umweltschutzrecht, § 4 Rn. 4.

Beispiele:
Eisenbahnbetriebsanlagen (§ 18 AEG), Betriebsanlagen für Straßenbahnen (§ 28 PBefG), Hochspannungsfreileitungen, Gasversorgungsleitungen (§ 43 EnWG), Bundesfernstraßen (§ 17 FStrG), Neubau von Bundeswasserstraßen (§ 14 Abs. 1 WaStrG).

Von besonderer Bedeutung für die Umwelt sind außerdem die Raumordnung und die Bauleitplanung (s. dazu speziell Kap. 2.2.1 und 2.2.2 sowie Kap. 9.2.2).

Landläufig werden der Planung im Umweltbereich auch umweltpolitische Programme der Bundes- und Landesregierungen zugerechnet,[205] die jedoch im Unterschied zu den vorgenannten Planungen nicht unmittelbar rechtsverbindlich sind. Ihre Funktion besteht oftmals darin, die weiteren Gesetzgebungsprozesse in Grundzügen vorzubereiten.

Beispiele:
Aktionsprogramm „Rettet den Wald" 1983, Nationale Strategie zur biologischen Vielfalt von 2007, Klimaschutzpläne der Bundesländer.

2.4.3.2 Merkmale von Planung

Die hier näher zu betrachtenden hoheitlichen, nach außen verbindlichen (Fach-)Planungen zeichnen sich hingegen dadurch aus, dass ihre Entstehung vergleichbaren Prinzipien folgt. Besonders die Fachplanungen greifen vielfach auf die §§ 73 bis 78 VwVfG und damit dieselben verfahrensrechtlichen Grundnormen zurück (teilweise ergänzt durch das jeweilige Fachrecht, z. B. § 70 WHG). Rechtlich hat ein solcher Plan die Qualität eines Verwaltungsakts. Pläne können aber je nach Fachrecht oder Handlungsebene auch als Satzungen oder Rechtsverordnungen erlassen werden.

Beispiele:
Bebauungsplan gem. § 10 Abs. 1 BauGB als Satzung, Landesentwicklungsplan als Rechtsverordnung.

Neben der mit der Planung typischerweise verbundenen Öffentlichkeitsbeteiligung, die den Genehmigungsverfahren eher fremd ist, zeichnen sich so gut wie alle Planverfahren durch die Grenzen der Planrechtfertigung und das Merkmal der Prognoseentscheidung aus. Kernstück auf dem Weg zu den endgültigen Festlegungen des Plans bildet schließlich die Abwägung.

---

205 *Schlacke*, Umweltrecht, § 5 Rn. 15; *Storm*, Umweltrecht, Rn. 317.

2.4.3.2.1 Planrechtfertigung

Anders als ein Genehmigungsverfahren, das auf einem konkreten Anlass bzw. Antrag beruht, kann eine Planung theoretisch jederzeit durchgeführt werden. Da sie Regelungen für die Zukunft trifft, betrifft sie in der Regel aber auch die Rechte Dritter. Damit keine „unnötigen" Pläne aufgestellt werden, ist die sog. „Planrechtfertigung" ein ungeschriebenes Erfordernis jeder Fachplanung. Es ist erfüllt, wenn für das beabsichtigte Vorhaben gemäß den Zielsetzungen des jeweiligen Fachplanungsgesetzes ein Bedarf besteht, die geplante Maßnahme unter diesem Blickwinkel also erforderlich ist. Das ist nicht erst bei Unausweichlichkeit des Vorhabens der Fall, sondern schon dann, wenn es vernünftigerweise geboten ist.[206]

Für die Bauleitplanung ist die Planrechtfertigung in § 1 Abs. 3 BauGB gesondert verankert. Für Planfeststellungen nach dem VwVfG zeigt sich das Erfordernis, dass der Plan tatsächlich erforderlich sein muss, auch in der Regelung des § 75 Abs. 4 VwVfG, wonach mit der Durchführung des Plans innerhalb von fünf Jahren nach Eintritt der Unanfechtbarkeit begonnen werden muss.

2.4.3.2.2 Prognoseentscheidung

Einer der wesentlichen Unterschiede zwischen einer „Planung" im Vergleich zur „Genehmigung" liegt darin, dass sie nicht einzelfallbezogen einen konkreten Sachverhalt regelt –

> ***Beispiel:***
> *Baugenehmigung für einen Kindergarten.*

–, sondern einen Rahmen setzt für eine Entwicklung, die nicht bis ins letzte Detail vorhergesehen werden kann.

> ***Beispiel:***
> *Ob in einem Baugebiet tatsächlich jemals alle Baugrundstücke genutzt werden, ist für das Wirksamwerden des Plans unerheblich.*

Der Planung immanent ist deshalb, dass sie wenigstens zum Teil mit Prognosen arbeiten muss.[207] Diese können nur dann einigermaßen verlässlich sein, wenn zuvor das umweltrelevante Datenmaterial in ausreichender Form gesichtet und für das Verfahren ausgewertet wurde. Quellen hierfür können z. B. die regelmäßigen Gutachten des Sachverständigenrats für Umweltfragen (SRU) sein. Das Umweltbundesamt unterhält ein Informations- und Do-

---

206 St. Rspr., vgl. nur BVerwG, Beschl. vom 12.7.2017 – 9 B 49.16 –.
207 *Schlacke*, Umweltrecht, § 5 Rn. 7.

kumentationssystem (UMPLIS), das die Recherche zur Umweltfachliteratur erleichtert.[208]

2.4.3.2.3 Abwägung

Ein weiterer zentraler Unterschied besteht darin, dass die Planaufstellung gegenüber den normalen verwaltungsrechtlichen Spielräumen eine hohe Gestaltungsfreiheit aufweist. Diese ist – abgesehen von bestimmten, zwingenden Rechtsvorgaben – nur daran gebunden, dass ein ordnungsgemäßer Abwägungsvorgang stattfindet. Diesen Prozess beschreibt das Gesetz im Bereich der Bauleitplanung kurz und knapp: *„Bei der Aufstellung der Bauleitpläne sind die öffentlichen und privaten Belange gegeneinander und untereinander gerecht abzuwägen"* (§ 1 Abs. 7 BauGB).

Der dahinterstehende Vorgang ist jedoch sehr komplex. Nach der Rechtsprechung zu Planfeststellungsbeschlüssen „verlangt das Abwägungsgebot, dass – erstens – eine Abwägung überhaupt stattfindet, dass – zweitens – in die Abwägung an Belangen eingestellt wird, was nach Lage der Dinge in sie eingestellt werden muss, und dass – drittens – weder die Bedeutung der betroffenen öffentlichen und privaten Belange verkannt noch der Ausgleich zwischen ihnen in einer Weise vorgenommen wird, die zur objektiven Gewichtigkeit einzelner Belange außer Verhältnis steht. Innerhalb des so gezogenen Rahmens wird das Abwägungsgebot jedoch nicht verletzt, wenn sich die zur Planung ermächtigte Stelle in der Kollision zwischen verschiedenen Belangen für die Bevorzugung des einen und damit notwendig für die Zurückstellung eines anderen entscheidet. Die darin liegende Gewichtung der von der Planung berührten öffentlichen und privaten Belange ist vielmehr im Gegenteil ein wesentliches Element der planerischen Gestaltungsfreiheit und als solches der verwaltungsgerichtlichen Kontrolle entzogen. Diese beschränkt sich im Rahmen des Abwägungsgebots daher auf die Frage, ob die Planfeststellungsbehörde die abwägungserheblichen Gesichtspunkte rechtlich und tatsächlich zutreffend bestimmt hat und ob sie – auf der Grundlage des derart zutreffend ermittelten Abwägungsmaterials – die aufgezeigten Grenzen der ihr obliegenden Gewichtung eingehalten hat."[209]

Ein ordnungsgemäßer Abwägungsprozess beginnt daher mit der Analyse des Ist-Zustands, mithin der Sammlung aller Daten, die vor Beginn der Planung bekannt sein müssen.

> ***Beispiel:***
> *Die Gemeinde möchte neue Gewerbeflächen ausweisen. Sie ermittelt für ein in Frage kommendes Gebiet, wie die benachbarte Bebauung aussieht, wie die verkehrliche Situation ist, welche Merkmale die Natur in dem Gebiet aufweist etc.*

---

208 http://doku.uba.de/ (zuletzt abgerufen am 10.9.2023).
209 BVerwG, NJW 1975 S. 1373 (1375 f.).

Mit diesem Abwägungsmaterial kann die Stadt oder Gemeinde im Rahmen ihrer Planungshoheit einen Bauleitplan aufstellen, muss dabei aber die abwägungserheblichen Belange korrekt gewichten. Hier greift die sog. „Abwägungsfehlerlehre", die Parallelen zur aus dem normalen Verwaltungsverfahren bekannten Ermessensfehlerlehre aufweist.[210]

- **Abwägungsausfall:** Eine Abwägung hat gar nicht erst stattgefunden. Belange sind nicht berücksichtigt worden, obwohl eine Berücksichtigung hätte stattfinden müssen.
- **Abwägungsdefizit:** Eine Abwägung hat stattgefunden, aber es wurden nicht alle abwägungserheblichen Aspekte ermittelt. Bsp.: Im Fall des neuen Gewerbegebiets wurde nicht ermittelt, dass die Flächen bislang als Viehweide und damit landwirtschaftlich genutzt werden (§ 1 Abs. 6 Nr. 8b BauGB).
- **Abwägungsüberschreitung:** Die Abwägung verfolgt planfremde Ziele (Bsp.: das Gewerbegebiet soll ausdrücklich nur eine Vorratsplanung sein, weil die Gemeinde ansonsten den Bau einer Windkraftanlage befürchtet).
- **Abwägungsfehleinschätzung:** Der ermittelte Belang wurde korrekt ermittelt und abgewogen, es wurde ihm aber von vornherein ein falsches Gewicht beigemessen. Bsp.: Die Gemeinde hat die Nutzung als Viehweide erkannt, ihr aber von vornherein eine untergeordnete Bedeutung beigemessen, weil sie (unzutreffenderweise) davon ausgeht, dass es noch viele andere Viehweiden in der Gemeinde gibt.
- **Abwägungsdisproportionalität:** Alle abwägungserheblichen Belange wurden zwar für sich genommen richtig gewichtet. Im Verhältnis zueinander jedoch kam es bei der Gewichtung zu einem Fehler. Bsp.: Ausschlaggebender Grund für die Ausweisung der Gewerbeflächen ist im Ergebnis die allgemeine Arbeitsmarktsituation.

Aus den genannten Beispielen wird deutlich, wie fehleranfällig ein Abwägungsvorgang sein kann, denn die zu berücksichtigen Belange sind äußerst zahlreich. Deshalb waren in der Vergangenheit Bebauungspläne zu häufig unwirksam. Als Reaktion wurde der § 214 BauGB eingeführt, der Bauleitpläne trotz bestimmter Fehler weiter für rechtswirksam erklärt („Planerhaltung"). Fehler im Abwägungsvorgang sind nach § 214 Abs. 1 Satz 1 Nr. 1 BauGB nur beachtlich, wenn die von der Planung berührten Belange, die der Gemeinde bekannt waren oder hätten bekannt sein müssen, in wesentlichen Punkten nicht zutreffend ermittelt oder bewertet worden sind und wenn der Mangel offensichtlich und auf das Ergebnis des Verfahrens von Einfluss gewesen ist.

Eine ähnliche Regelung findet sich in § 75 Abs. 1a VwVfG.

---

210 Vergleichbar der Ermessensfehlerlehre gehen die Begrifflichkeiten im Detail auch bei der Abwägungsfehlerlehre auseinander. Die nachfolgende Einteilung orientiert sich an *Kupfer* in Schoch/Schneider, VwVfG, Vorbem. § 72 Rn. 22 ff.

2.4.3.3 Planfeststellung

Zentrales Instrument der umweltrelevanten, aber teilweise auch der umweltspezifischen Fachplanung sind Planfeststellungsverfahren, deren Verfahrensvorschriften in den §§ 72 bis 78 VwVfG normiert sind. Üblicherweise beschränkt sich das Fachrecht im Umweltbereich – wie auch in anderen Rechtsgebieten[211] – auf den Verweis auf das VwVfG (so etwa § 38 Abs. 1 Satz 1 KrWG, § 70 Abs. 1 Satz 1 Halbs. 2 WHG)[212], teilweise unter Modifikation der dortigen Vorschriften (§ 35 Abs. 3 Satz 1 KrWG) oder Ergänzung fachrechtlicher Details (§ 70 Abs. 1 Satz 1 Halbs. 1 WHG).

Der am Ende des Verfahrens stehende Planfeststellungsbeschluss stellt die öffentlich-rechtliche Zulässigkeit eines Vorhabens fest und regelt dessen Ausführung.[213] Insoweit entspricht die rechtliche Funktion des Planfeststellungsbeschlusses im Ergebnis der einer Genehmigung (s. Kap. 2.4.2.2). Die Rechtsprechung bezeichnet ihn als „rechtsgestaltenden Verwaltungsakt".[214] Kennzeichnend sind für das Planfeststellungsverfahren im Unterschied zu „gewöhnlichen" Genehmigungsverfahren vor allem diese drei Merkmale:[215]

- **Raumwirkung:** Das Vorhaben ist entweder raumbedeutsam oder hat zumindest gesteigerte Auswirkungen auf seine Umgebung, weshalb der Beschluss auch die Wirkung hat, die Nutzung des Raums ähnlich wie die Bauleitplanung längerfristig zu gestalten.[216]
- **Konzentrationswirkung:** Neben der Planfeststellung sind andere behördliche Entscheidungen, insbes. öffentlich-rechtliche Genehmigungen, Verleihungen, Erlaubnisse, Bewilligungen, Zustimmungen und Planfeststellungen (überwiegend[217]) nicht erforderlich (§ 75 Abs. 1 Satz 1 Halbs. 2 VwVfG).
- **Gestaltungswirkung:** Durch die Planfeststellung werden alle öffentlich-rechtlichen Beziehungen zwischen dem Träger des Vorhabens und den durch den Plan Betroffenen rechtsgestaltend geregelt (§ 75 Abs. 1 Satz 2 VwVfG);[218] dies gilt auch für zivilrechtliche Ansprüche, § 75 Abs. 2 Satz 1 VwVfG.[219]

---

211 Bsp. § 43 Abs. 4 EnWG für Hochspannungsfreileitungen, § 18 Abs. 1 Satz 3 AEG für Eisenbahntrassen, § 17 Abs. 1 Satz 5 FStrG für Bundesfernstraßen (z. B. Autobahnen).

212 Was wegen der ohnehin subsidiären Geltung des VwVfG streng genommen allerdings nicht erforderlich wäre (*Kloepfer*, Umweltrecht, § 5 Rn. 329).

213 *Spieth* in BeckOK UmweltR, WHG § 68 Rn. 7.

214 BVerwG, Urt. Vom 23.10.1968 – IV C 84/67 –.

215 *Lieber* in NK-VwVfG, VwVfG § 72 Rn. 47.

216 Folge ist u. a. das Fachplanungsprivileg in § 38 BauGB. Nach *Kloepfer* (Umweltrecht, § 5 Rn. 325) befindet sich das Planfeststellungsverfahren zwischen Planungs- und Zulassungsrecht.

217 Aus § 19 Abs. 1 WHG ergibt sich, dass wasserrechtliche Erlaubnisse und Bewilligungen in diesen Verfahren von der Planfeststellungsbehörde miterteilt werden (im Einvernehmen mit der zuständigen Wasserbehörde, bei Planfeststellungen durch Bundesbehörden im Benehmen, § 19 Abs. 3 WHG).

218 Was etwa dazu führt, dass bei der Planfeststellung eines Gewässerausbaus entgegenstehende Erlaubnisse und Bewilligungen mit Wirksamwerden des Plans ohne weiteren Widerruf erlöschen (*Breuer/Gärditz*, Öffentliches und privates Wasserrecht, Rn. 1214).

219 Deliktische und nachbarrechtliche Ansprüche (§§ 823, 1004 BGB) werden hierdurch ausgeschlossen.

Zudem unterliegen Planfeststellungsbeschlüsse dem Gebot der gerechten Abwägung (s. Kap. 2.4.3.2.3).

Wie dieser Aufzählung zu entnehmen ist, enthält der Planfeststellungsbeschluss eine Reihe von Elementen, die zwar auch in anderen Planungs- und Genehmigungsverfahren auftauchen.[220] Hierzu zählt etwa auch die im Bauplanungsrecht (§§ 85 ff. BauGB) bekannte Enteignungsvorwirkung oder die im förmlichen immissionsschutzrechtlichen Genehmigungsverfahren in § 14 BImSchG vorgesehene privatrechtsgestaltende Wirkung. Die geballte Kombination all dieser Rechtsinstrumente sorgt aber für die außergewöhnlich starke Rechtsposition, die durch den Planfeststellungsbeschluss erlangt wird. Diese wird durch den Grundsatz der Planerhaltung in § 75 Abs. 1a VwVfG verstärkt, wonach unerhebliche Abwägungs- oder Verfahrensmängel nicht ohne Weiteres zur Planaufhebung führen.[221] Kehrseite der Medaille ist der hohe Aufwand, der mit dem Planfeststellungsverfahren einhergeht und der immer wieder zu gesetzlichen Novellierungen führt, welche zum Ziel haben, das Verfahren zu vereinfachen und zu beschleunigen.[222]

2.4.3.3.1 Überblick über das Planfeststellungsverfahren

Nach der Konzeption des VwVfG untergliedert sich das Planfeststellungsverfahren in ein Anhörungs- und ein Beschlussverfahren.[223] Entsprechend unterscheiden § 73 und § 74 VwVfG zwischen einer Anhörungs- und einer Planfeststellungsbehörde. Ist landesrechtlich nicht geregelt, welche Behörde als Anhörungsbehörde fungiert, nimmt die Planfeststellungsbehörde die Aufgabe als unselbstständigen Teil des Planfeststellungsverfahrens mit wahr. Dies ist etwa in Ermangelung anderer Vorschriften die Regel in Nordrhein-Westfalen,[224] während z. B. in Bayern bei deponierechtlichen Planfeststellungen die Kreisverwaltungsbehörden jeweils Anhörungsbehörden für DK 0-Deponien sind (Nr. 8.6 der Anlage zur AbfZustV), Planfeststellungsbehörden die Bezirksregierungen.

2.4.3.3.1.1 Vorantragsphase

Gerade wegen des Aufwands und der Bedeutung von Planfeststellungsverfahren kommt der Vorantragsphase eine wichtige Rolle zu. Hier sollte der Vorhabenträger von der Planfeststellungsbehörde dazu beraten werden, wie der Ablauf des Verfahrens ausgestaltet wird und welche Unterlagen vom Vorhabenträger beizubringen sind (vgl. § 25 Abs. 1 und 2 VwVfG). Es empfiehlt

---

220 Zur Konzentrationswirkung vgl. etwa § 13 BImSchG, § 13 Abs. 6 Satz 2 BBodSchG.

221 *Kupfer* in Schoch/Schneider, VwVfG, § 75 Rn. 83.

222 Vgl. etwa das Gesetz zur Beschleunigung von Planungs- und Genehmigungsverfahren im Verkehrsbereich vom 29.11.2018 (BGBl. I S. 2237).

223 *Breuer/Gärditz*, Öffentliches und privates Wasserrecht, Rn. 1221.

224 OVG NRW, Beschl. vom 2.10.2012 – 20 B 1097/12.AK –.

sich dabei, die Details des Verfahrens „mit" dem Vorhabenträger zu beraten, da auch die Behörde auf diese Weise frühzeitig Besonderheiten des Verfahrens erkennen und rechtzeitig Vorbereitungen für bestimmte Verfahrenshandlungen (Kommunikation mit Gemeinden, Vorbereitung der Erörterung etc.) treffen kann. Aus Sicht des Vorhabenträgers lassen sich durch eine gute Beratung Fehler im Umfang des eigenen Untersuchungsaufwands (zu viel oder zu wenig) vermeiden.[225] Wie sich aus § 25 Abs. 3 VwVfG ergibt, soll bei Vorhaben, die nicht nur unwesentliche Auswirkungen auf die Belange einer größeren Zahl von Dritten haben können, die betroffene Öffentlichkeit frühzeitig informiert werden. Dies übernehmen Vorhabenträger, deren Vorhaben sich auf eine größere Zahl von Dritten auswirken, häufig ohnehin freiwillig und in Eigenregie. Im Falle der UVP-Pflicht kann auch das Scoping-Verfahren und die danach mögliche Erörterung eine Gelegenheit bieten, ggf. Dritte mit ins Boot zu holen (für Einzelheiten s. Kap. 2.5.2.3.1).

2.4.3.3.1.2 Anhörungsverfahren

Das Verfahren beginnt damit, dass der Vorhabenträger die Durchführung beantragt und hierzu den Plan bei der Anhörungsbehörde einreicht. Der Plan besteht gem. § 73 Abs. 1 Satz 2 VwVfG aus den Zeichnungen und Erläuterungen, die das Vorhaben, seinen Anlass und die von dem Vorhaben betroffenen Grundstücke und Anlagen erkennen lassen. Der genaue Inhalt ist letztlich jedoch stark vom jeweiligen Planfeststellungsverfahren abhängig und bei einer deponierechtlichen Planfeststellung naheliegenderweise anders als bei einem Gewässerausbau. Bestandteil des Plans ist gem. § 17 Abs. 4 Satz 5 BNatSchG dabei auch der landschaftspflegerische Begleitplan (§ 17 Abs. 4 Satz 3 BNatSchG), nicht jedoch der UVP-Bericht oder die FFH-Verträglichkeitsprüfung.[226] Dies ist wichtig, da § 73 Abs. 2 VwVfG impliziert, dass die Anhörungsbehörde eine Vollständigkeitsprüfung durchzuführen hat, weil andernfalls die genannten Fristen nicht zu laufen beginnen könnten. Allerdings ist diese Vollständigkeitsprüfung (etwa im Unterschied zu § 7 der 9. BImSchV) im Kontext der Aufgaben der Anhörungsbehörde und der Funktion des Anhörungsverfahrens zu sehen, weshalb es unerheblich ist, wenn die Planfeststellungsbehörde möglicherweise noch ergänzende Unterlagen benötigt, solange die Anstoßfunktion der Anhörung gewahrt ist.[227] Ob Gutachten, die den Plan ergänzen, mit ausgelegt werden müssen, richtet sich danach, ob sich erst aus ihnen abwägungserhebliche Auswirkungen auf die Belange potentiell Betroffener oder anerkannter Vereinigungen ergeben, diese also nur bei Kenntnis des Gutachtens hinlänglich über das Vorhaben und dessen Auswirkungen auf ihre Rechte und Interessen unterrichtet sind

225 *Fischerauer*, Umweltrecht in der Praxis, Rn. 349.
226 *Lieber* in NK-VwVfG, VwVfG § 73 Rn. 43 f.
227 *Lieber* in NK-VwVfG, VwVfG § 73 Rn. 47.

und sachkundige Einwendungen erheben oder eine Stellungnahme abgeben können.[228]

Einen Monat nach Zugang des in diesem Sinne vollständigen Plans fordert die Anhörungsbehörde diejenigen Behörden, deren Aufgabenbereich durch das Vorhaben berührt wird, zur Stellungnahme auf und veranlasst, dass der Plan in den Gemeinden, in denen sich das Vorhaben voraussichtlich auswirken wird, ausgelegt wird (§ 73 Abs. 2 VwVfG). Letzteres hat dort innerhalb von drei Wochen nach Zugang für die Dauer eines Monats zu geschehen (§ 73 Abs. 3 Satz 1 VwVfG) und ist nach § 73 Abs. 5 Satz 1 VwVfG ortsüblich bekanntzumachen.

Da umweltrelevante wie umweltspezifische Planfeststellungsverfahren in der Regel zugleich der UVP-Pflicht unterliegen, ist an die ergänzenden Anforderungen des UVPG zu denken (welche teilweise ihrerseits auf die Vorschriften des Planfeststellungsverfahrens verweisen). Danach trifft insbes. auch die Zulassungsbehörde, d. h. die Planfeststellungsbehörde, eine Bekanntmachungspflicht (§ 19 UVPG). Außerdem muss der UVP-Bericht, der der Anhörungsbehörde nicht schon mit dem Plan vorgelegt werden muss, jedenfalls bei Beginn der Auslegung eingereicht sein (§ 19 Abs. 2 Satz 1 UVPG).

Mit dem Ende der Auslegungsfrist besteht noch zwei Wochen (in UVP-Fällen gem. § 21 Abs. 2 UVPG einen Monat) lang die Möglichkeit, schriftlich oder zur Niederschrift bei der Anhörungsbehörde oder bei der Gemeinde Einwendungen gegen den Plan zu erheben. Die Schriftform, d. h. ein eigenhändig unterzeichnetes Dokument, kann insbes. nicht durch eine einfache E-Mail ersetzt werden, wie es bis 31.12.2023 zumindest nach § 4 PlanSiG möglich gewesen ist.[229] Mit Ablauf der Einwendungsfrist sind alle Einwendungen ausgeschlossen, die nicht auf besonderen privatrechtlichen Titeln beruhen.[230] Hierauf ist in der Bekanntmachung der Auslegung oder bei der Bekanntgabe der Einwendungsfrist hinzuweisen (§ 73 Abs. 4 Satz 3 und 4 VwVfG). Einwendungen dürfen nur diejenigen Personen erheben, deren Belange durch das Vorhaben berührt werden können (§ 73 Abs. 4 Satz 1 VwVfG). Dies deckt sich mit der betroffenen Öffentlichkeit i. S. d. § 18 Abs. 1 Satz 2 UVPG. Eine Bedeutung hat die Einwendungsbefugnis im Wesentlichen nur für die Frage, ob die Einwendungen inhaltlich zu erörtern (§ 73 Abs. 6 Satz 1 VwVfG) und nach § 74 Abs. 4 Satz 1 VwVfG formal zu bescheiden sind. Dabei ist auch zu bedenken, dass vor Beginn der Auslegung eingegangene Einwendungen unwirksam sind.[231] Eine Sonderregelung enthält § 73 Abs. 4 Satz 5 VwVfG NRW, wonach auch anerkannte Natur- und Umweltschutzvereinigungen Stellungnahmen abgeben können.

---

228 BVerwG, NVwZ-RR 2019 S. 944, Rn. 26.

229 *Neumann/Külpmann* in Stelkens/Bonk/Sachs, VwVfG, § 73 Rn. 76.

230 Diese sog. „materielle Präklusion" gilt in UVP-pflichtigen Fällen gem. § 7 Abs. 4 UmwRG im gerichtlichen Verfahren nicht.

231 *Neumann/Külpmann* in Stelkens/Bonk/Sachs, VwVfG, § 73 Rn. 78.

Ihre Stellungnahmen, die der Behörden und die erhobenen Einwendungen werden nach Ablauf der Einwendungsfrist durch die Anhörungsbehörde mit dem Vorhabenträger erörtert (§ 73 Abs. 6 Satz 1 VwVfG). Die Beteiligten sind hierzu zu laden und der Termin mindestens eine Woche vorher öffentlich bekanntzumachen (§ 73 Abs. 6 Satz 3 VwVfG). Ein Erörterungstermin ist in einigen Fachgesetzen fakultativ ausgestaltet, so etwa in § 17a Nr. 1 Satz 1 FStrG und § 18a Nr. 1 Satz 1 AEG. Außer in den genannten Fällen ist in UVP-pflichtigen Fällen aus § 18 Abs. 2 Satz 1 UVPG im Umkehrschluss zu folgern, dass ein Erörterungstermin zwingend ist.[232] Eckpunkte für die Verhandlungsleitung und die Niederschrift ergeben sich aus § 68 VwVfG i. V. m. § 73 Abs. 6 Satz 6 VwVfG. Wenn es sich nicht vermeiden lässt, kann sich die Erörterung auch über mehrere Sitzungstermine erstrecken. § 73 Abs. 6 Satz 7 VwVfG verlangt jedoch, sie bis drei Monate nach Ablauf der Einwendungsfrist abzuschließen.

Das Ziel der Erörterung ergibt sich im Umkehrschluss aus § 74 Abs. 2 Satz 1 VwVfG: Da über Einwendungen, für die bei der Erörterung keine Einigung erzielt worden ist, die Planfeststellungsbehörde entscheidet, versucht die Anhörungsbehörde, die Entscheidung insoweit vorwegzunehmen, als sie für widerstreitende Interessen nach Möglichkeit einen Ausgleich vermittelt.[233] Die Erörterungspflicht erstreckt sich zwar nur auf fristgerecht erhobene Einwendungen, teilnahmeberechtigt am Termin sind aber auch Einwendende, mit denen dann jedenfalls die Frage der Verspätung zu erörtern ist.[234] Nicht zuletzt deshalb und weil im Umweltbereich planfeststellungsbedürftige Vorhaben meist auf ein reges öffentliches Interesse stoßen, ist es regelmäßig angebracht, in Abstimmung mit allen formell Teilnahmeberechtigten den nach § 73 Abs. 6 Satz 6 i. V. m. § 68 Abs. 1 Satz 1 VwVfG eigentlich nicht öffentlichen Termin für die Öffentlichkeit freizugeben.[235] Ob wegen der Pressefreiheit nach Art. 5 Abs. 1 GG für anwesende Medienschaffende ansonsten auch bei Nicht-Öffentlichkeit eine Teilnahme zu ermöglichen ist, hängt von der Abwägung ab, inwieweit das Informationsinteresse der Allgemeinheit überwiegt.[236] Am Termin in jedem Falle teilnehmen sollte – wenn sie nicht ohnehin mit der Anhörungsbehörde identisch ist – die Planfeststellungsbehörde.[237] Letztere erhält innerhalb eines Monats nach Abschluss der Erörterung von der Anhörungsbehörde eine Stellungnahme zum Ergebnis des Anhörungsverfahrens, zusammen mit dem Plan, den Stellungnahmen der Behörden (und der anerkannten Naturschutz- und Umweltvereinigungen) sowie den nicht erledigten Einwendungen (§ 73 Abs. 9 VwVfG).

232 *Lieber* in NK-VwVfG, VwVfG § 73 Rn. 282.
233 *Neumann/Külpmann* in Stelkens/Bonk/Sachs, VwVfG, § 73 Rn. 128.
234 *Neumann/Külpmann* in Stelkens/Bonk/Sachs, VwVfG, § 73 Rn. 123.
235 *Lieber* in NK-VwVfG, VwVfG § 73 Rn. 302.
236 *Henkel/Enders* in NK-VwVfG, VwVfG § 68 Rn. 19.
237 *Neumann/Külpmann* in Stelkens/Bonk/Sachs, VwVfG, § 73 Rn. 127.

2.4.3.3.1.3 Beschlussverfahren

Mit Übergabe dieser Unterlagen erhält die Planfeststellungsbehörde die formelle Entscheidungsgrundlage, um den Plan festzustellen (§ 74 Abs. 1 Satz 1 VwVfG). An das Ergebnis des Anhörungsverfahrens ist die Planfeststellungsbehörde jedoch nicht gebunden, zumal es ihre Aufgabe ist, das Abwägungsgebot einzuhalten und damit Abwägungsfehler zu vermeiden. Deshalb hat sie die Möglichkeit, fehlende oder von ihr zu bestimmende Unterlagen nachzufordern, § 74 Abs. 3 VwVfG. Außerdem hat sie über Einwendungen zu entscheiden, über die im Anhörungsverfahren keine Einigkeit erzielt werden konnte (§ 74 Abs. 2 Satz 1 VwVfG). Eine Lösung kann auch darin bestehen, dem Vorhabenträger Vorkehrungen oder die Errichtung und Unterhaltung von Anlagen aufzuerlegen, die zum Wohl der Allgemeinheit oder zur Vermeidung nachteiliger Wirkungen auf Rechte Anderer erforderlich sind, wie etwa zum Lärmschutz.[238] Es handelt sich hierbei um eine spezialrechtliche Form von Nebenbestimmungen.[239] Sind solche Vorkehrungen oder Anlagen untunlich oder mit dem Vorhaben unvereinbar, so haben Betroffene Anspruch auf angemessene Entschädigung in Geld (§ 74 Abs. 2 Satz 2 und 3 VwVfG).

Kommt es zu einer Ablehnung (z. B. wegen fehlender Unterlagen oder nicht überwindbarer Hindernisse des zwingenden Rechts), hat diese keine Qualität als Planfeststellungsbeschluss und in § 74 VwVfG keine eigenständige Regelung. Zu beachten ist in diesen Fällen gleichwohl, dass § 27 UVPG die Bekanntmachung dieser Entscheidung vorsieht.

2.4.3.3.1.4 Planfeststellungsbeschluss

Ist der Weg hingegen für den Planfeststellungsbeschluss frei, besteht der gem. §§ 74 Abs. 1 Satz 2, 69 Abs. 2 VwVfG schriftlich abzufassende Beschluss aus

- einem verfügenden Teil, der den Feststellungstenor, die Gebührenentscheidung, erforderliche Nebenbestimmungen sowie ggf. wasserrechtliche Erlaubnisse oder Bewilligungen[240] enthält,
- einem begründenden Teil, der alle wesentlichen tatsächlichen und rechtlichen Gründe, insbes. auch die Abwägung und verworfene Planungsalternativen enthält, die zur Zulassung des Vorhabens in seiner konkreten Gestalt und Dimensionierung geführt haben;[241] hierbei erfolgt eine Bezug-

---

238 *Neumann/Külpmann* in Stelkens/Bonk/Sachs, VwVfG, § 74 Rn. 169.

239 *Schlacke*, Umweltrecht, § 5 Rn. 47.

240 Aus § 19 Abs. 1 WHG ergibt sich, dass wasserrechtliche Erlaubnisse und Bewilligungen in diesen Verfahren von der Planfeststellungsbehörde miterteilt werden (im Einvernehmen mit der zuständigen Wasserbehörde, bei Planfeststellungen durch Bundesbehörden im Benehmen, § 19 Abs. 3 WHG).

241 *Neumann/Külpmann* in Stelkens/Bonk/Sachs, VwVfG, § 74 Rn. 158.

nahme auf die Stellungnahmen/Einwendungen sowie darauf, zu welchem Ergebnis diese geführt haben (entweder bereits durch die Anhörung oder die spätere Entscheidung der Planfeststellungsbehörde),
- einer Rechtsbehelfsbelehrung[242].

Der verfügende Teil unterliegt dem Bestimmtheitsgebot, d. h. es muss erkennbar sein, welche Zeichnungen und Erläuterungen tatsächlich planfestgestellt wurden.[243] Die Begründung enthält in UVP-pflichtigen Fällen insbes. auch die zusammenfassende Darstellung (§ 24 UVPG) und die Bewertung der Umweltauswirkungen (§ 25 UVPG).

Über die genannten Vorschriften für den Planfeststellungsbeschluss hinaus ordnet § 74 Abs. 4 Satz 1 VwVfG an, dass dieser außer dem Vorhabenträger auch denjenigen zuzustellen ist, über deren Einwendungen entschieden worden ist, und den Vereinigungen, über deren Stellungnahmen entschieden worden ist. Eine Ausfertigung des Beschlusses und eine Ausfertigung des festgestellten Plans ist in den betroffenen Gemeinden zwei Wochen zur Einsicht auszulegen; Ort und die Zeit der Auslegung sind ortsüblich bekanntzumachen. Mit dem Ende der Auslegungsfrist gilt der Beschluss gegenüber den übrigen Betroffenen als zugestellt; darauf ist in der Bekanntmachung hinzuweisen (§ 74 Abs. 4 Satz 2 und 3 VwVfG). Sofern § 74 Abs. 5 VwVfG, der eine öffentliche Bekanntmachung erlaubt, wenn mehr als 50 Zustellungen erforderlich wären, nicht ohnehin anwendbar ist, ist in UVP-pflichtigen Fällen zusätzlich gem. § 27 Abs. 1 UVPG eine solche Bekanntmachung vorzunehmen. Da die Bekanntmachung nur Anstoßfunktion haben soll, muss der verfügende Teil jedenfalls nach § 74 Abs. 5 VwVfG nicht im vollständigen Wortlaut des eigentlichen Beschlusses veröffentlicht werden (was gerade bei einer Vielzahl von Nebenbestimmungen zu einem langen, teilweise wenig verständlichen Text führen kann), sondern lediglich so, dass möglicherweise von dem Beschluss Betroffene ihre Betroffenheit erahnen können.[244] Da aber bei UVP-pflichtigen Fällen im Internet der vollständige Bescheid zu veröffentlichen ist,[245] spielt dieser Unterschied in diesen Konstellationen keine große Rolle.

2.4.3.3.1.5 Planverwirklichung

Innerhalb von fünf Jahren nach Unanfechtbarkeit muss mit der Durchführung des Plans begonnen werden, andernfalls tritt dieser außer Kraft (§ 75 Abs. 4 Satz 1 VwVfG). Als Beginn der Durchführung des Plans gilt jede erstmals nach außen erkennbare Tätigkeit von mehr als nur geringfügiger Bedeutung zur plangemäßen Verwirklichung des Vorhabens; eine spätere Unterbrechung der Verwirklichung des Vorhabens berührt den Beginn der

242 Einzig zulässiger Rechtsbehelf ist wegen § 70 VwVfG die verwaltungsgerichtliche Klage.
243 *Lieber* in NK-VwVfG, VwVfG § 74 Rn. 80.
244 *Neumann/Külpmann* in Stelkens/Bonk/Sachs, VwVfG, § 74 Rn. 217.
245 *Kümper* in Schink/Reidt/Mitschang, UVPG, § 27 Rn. 5.

Durchführung nicht (§ 75 Abs. 4 Satz 2 VwVfG). Lediglich in der bayerischen Fassung (Art. 75 Abs. 4 BayVwVfG) ist eine Verlängerungsmöglichkeit um höchstens weitere fünf Jahre vorgesehen; entsprechend steht der Vorhabenträger ansonsten in der Pflicht, seinen Plan relativ zeitnah, zumindest durch ernstgemeinte Vorbereitungshandlungen[246] umzusetzen.

2.4.3.3.1.6 Ergänzungen und Änderungen

Geändert werden kann ein festgestellter Plan vor Fertigstellung des Vorhabens grundsätzlich nur durch ein erneutes Planfeststellungsverfahren (§ 76 Abs. 1 VwVfG). Abweichend davon kann die Planfeststellungsbehörde bei Planänderungen von unwesentlicher Bedeutung von einem neuen Planfeststellungsverfahren absehen, wenn die Belange anderer nicht berührt werden oder wenn die Betroffenen der Änderung zugestimmt haben (§ 76 Abs. 2 VwVfG). Es handelt sich hierbei um keinen Änderungsbeschluss, sondern lediglich um die Feststellung der Planfeststellungsbehörde, dass kein Planfeststellungsverfahren erforderlich ist.[247] Gleichzeitig begründet diese Feststellung die öffentlich-rechtliche Zulassung der Änderung.[248] Alternativ kann die Planfeststellungsbehörde (neben dem normalen) auch von einem vereinfachten Planfeststellungsverfahren Gebrauch machen, bei dem auf das Anhörungsverfahren und die öffentliche Bekanntgabe des Planfeststellungsbeschlusses verzichtet werden kann (§ 76 Abs. 3 VwVfG).

Änderungen am Planfeststellungsbeschluss können im Übrigen auch erforderlich werden, um einen dem ursprünglichen Planfeststellungsbeschluss zugrunde liegenden Abwägungs- oder Verfahrens- bzw. Formfehler zu beheben. Erhebliche Mängel bei der Abwägung oder eine Verletzung von Verfahrens- oder Formvorschriften führen nur dann zur Aufhebung des Planfeststellungsbeschlusses oder der Plangenehmigung, wenn sie nicht durch Planergänzung oder durch ein ergänzendes Verfahren behoben werden können (§ 75 Abs. 1a Satz 2 VwVfG). Bei der Planergänzung handelt es sich um einen die ursprüngliche Planfeststellung erweiternden Beschluss, der dem Ursprungsbescheid z. B. bislang fehlende Schutzanordnungen hinzufügt.[249] Für das Verfahren ist § 76 VwVfG entsprechend anwendbar.[250] Das ergänzende Verfahren ist hingegen dazu gedacht, das Verfahren ab dem fehlerhaften Schritt wiederaufgreifen zu können, wobei es auch insoweit an einer unmittelbaren Regelung im VwVfG fehlt, wie dieses Verfahren durchzuführen ist. Wenn insoweit nicht ohnehin § 76 VwVfG für anwendbar erklärt wird (wie etwa in § 17d FStrG oder § 43d EnWG), kann eine Orientierung an § 76 VwVfG erfolgen, weshalb z. B. eine Anhörung nicht erneut durchgeführt

246 *Neumann/Külpmann* in Stelkens/Bonk/Sachs, VwVfG, § 75 Rn. 95.
247 *Neumann/Külpmann* in Stelkens/Bonk/Sachs, VwVfG, § 76 Rn. 23.
248 *Neumann/Külpmann* in Stelkens/Bonk/Sachs, VwVfG, § 76 Rn. 24.
249 *Kupfer* in Schoch/Schneider, VwVfG, § 75 Rn. 65.
250 BVerwG, NVwZ 2007 S. 445 (451).

werden muss, wenn der erhebliche Verfahrensfehler zeitlich noch davor liegt.[251]

2.4.3.3.2 Vereinfachungen im Plangenehmigungsverfahren

In geeigneten Fällen kann die Plangenehmigung an die Stelle der Planfeststellung treten. Die Rechtswirkung der Plangenehmigung entspricht gem. § 74 Abs. 6 Satz 2 VwVfG der Planfeststellung. Gemein ist beiden Verfahren auch die planerische Gestaltungsfreiheit.[252] Im Vergleich zur Planfeststellung ist das Verfahren für die Plangenehmigung jedoch weitgehend entformalisiert. Das Planfeststellungsverfahren findet hier nämlich bis auf die Geltung von § 74 Abs. 4 Satz 1 und Abs. 5 VwVfG keine Anwendung. Dadurch entfällt (abgesehen von der auch bei der Plangenehmigung vorzunehmenden Behördenbeteiligung) insbes. das Anhörungsverfahren nach § 73 VwVfG.

Nach dem Ermessen der zuständigen Behörde kann von der Plangenehmigung Gebrauch gemacht werden,

- wenn Rechte Anderer nicht oder nur unwesentlich beeinträchtigt werden oder die Betroffenen sich mit der Inanspruchnahme ihres Eigentums oder eines anderen Rechts schriftlich einverstanden erklärt haben (§ 74 Abs. 6 Satz 1 Nr. 1 VwVfG),
- mit den Trägern öffentlicher Belange, deren Aufgabenbereich berührt wird, das Benehmen hergestellt worden ist (§ 74 Abs. 6 Satz 1 Nr. 2 VwVfG) und
- nicht andere Rechtsvorschriften eine Öffentlichkeitsbeteiligung vorschreiben, die den Anforderungen des § 73 Abs. 3 Satz 1, Abs. 4 bis 7 VwVfG entsprechen muss (§ 74 Abs. 6 Satz 1 Nr. 3 VwVfG).

Daneben können fachrechtliche Voraussetzungen hinzutreten.

> ***Beispiel:***
> *Nach § 68 Abs. 2 Satz 1 WHG ist eine Plangenehmigung an die Stelle der Planfeststellung möglich, wenn keine UVP-Pflicht besteht.*

Die Voraussetzung des § 74 Abs. 6 Satz 1 Nr. 1 VwVfG führt dazu, dass bei fehlenden oder nur unwesentlichen Rechtsbeeinträchtigungen die Plangenehmigung zulässig wird; bei wesentlichen Beeinträchtigungen ist ansonsten das schriftliche Einverständnis (zur Beeinträchtigung der Rechtsposition, nicht lediglich zum Plangenehmigungsverfahren[253]) erforderlich. Mit „Rechten Anderer" sind neben privatrechtlichen Rechtspositionen – wie etwa dem Eigentum – auch solche aus öffentlichem Recht gemeint, etwa die gemeindliche Planungshoheit.[254]

---

251 *Weiß* in Schoch/Schneider, VwVfG, § 76 Rn. 28.
252 *Breuer/Gärditz*, Öffentliches und privates Wasserrecht, Rn. 1284.
253 *Lieber* in NK-VwVfG, VwVfG § 74 Rn. 416.
254 *Kupfer* in Schoch/Schneider, VwVfG, § 74 Rn. 151.

Die Benehmensherstellung nach § 74 Abs. 6 Satz 1 Nr. 2 VwVfG tritt funktional an die Stelle von § 73 Abs. 2 VwVfG.[255] Wie in anderen Genehmigungsverfahren auch, bedeutet dies die Möglichkeit zur Stellungnahme[256] und Berücksichtigung dieser in der Abwägung der Plangenehmigungsbehörde[257], aber nicht das Erfordernis des Einvernehmens, was ein Einverständnis der anderen Behörde bedeuten würde. Anerkannte Natur- und Umweltschutzvereinigungen zählen nach der Systematik der §§ 73, 74 VwVfG nicht zu den Trägern öffentlicher Belange.[258] Abhängig vom Landesrecht ist jedoch auch mit ihnen das Benehmen herzustellen, so in Nordrhein-Westfalen gem. § 74 Abs. 6 Nr. 2b VwVfG NRW mit anerkannten Naturschutzvereinigungen nach 66 Abs. 1 LNatSchG NRW. Eine Fristvorgabe, wie in § 73 Abs. 2 VwVfG, besteht für die Benehmensherstellung nicht, Fristen sollten aber angemessen gewählt werden.

Die dritte Voraussetzung (fehlende Öffentlichkeitsbeteiligung nach Fachrecht) spielt auf kommunaler Ebene keine besondere Rolle, da etwa für den Gewässerausbau nach § 68 Abs. 2 WHG in Fällen der Plangenehmigung keine Öffentlichkeitsbeteiligung vorgesehen ist. Allerdings ist für § 17b Abs. 1 Nr. 1 FstrG, § 18b AEG und § 14b Abs. 2 Satz 1 WaStrG über das Gesetz zur Beschleunigung von Planungs- und Genehmigungsverfahren im Verkehrsbereich[259] die Möglichkeit geschaffen worden, in UVP-pflichtigen Fällen von der Plangenehmigung Gebrauch zu machen, wodurch sich aber aus dem UVPG (insofern widersinnig) die Pflicht zur Öffentlichkeitsbeteiligung ergibt.

2.4.3.3.3 Fälle unwesentlicher Bedeutung

Als noch weitergehende Erleichterung gegenüber der Plangenehmigung anstelle der Planfeststellung kennt § 74 Abs. 7 VwVfG den Entfall von beidem in Fällen unwesentlicher Bedeutung. „Unwesentlich" bezieht sich dabei jedoch nicht, wie es der Begriff nahelegen könnte, auf die Dimensionen des Vorhabens, sondern auf die Betroffenheit öffentlicher und privater Belange.[260]

Der Anwendungsbereich der Vorschrift konzentriert sich hauptsächlich auf Bereiche, in denen die Planfeststellung seit jeher als mehr oder weniger einzige Möglichkeit der Zulassung vorgesehen ist. Historisch hat sie ihre Wurzeln daher im Fernstraßenrecht[261] und spielt etwa bei der Sanierung von

255 *Lieber* in NK-VwVfG, VwVfG § 74 Rn. 424.
256 *Neumann/Külpmann* in Stelkens/Bonk/Sachs, VwVfG, § 74 Rn. 242.
257 *Kupfer* in Schoch/Schneider, VwVfG, § 74 Rn. 161.
258 *Neumann/Külpmann* in Stelkens/Bonk/Sachs, VwVfG, § 74 Rn. 241.
259 Gesetz zur Beschleunigung von Planungs- und Genehmigungsverfahren im Verkehrsbereich vom 29.11.2018 (BGBl. I S. 2237).
260 *Lieber* in NK-VwVfG, VwVfG § 74 Rn. 487.
261 *Lieber* in NK-VwVfG, VwVfG § 74 Rn. 477 ff.

Autobahnbrücken eine wichtige, verfahrensbeschleunigende Rolle.[262] Hingegen hat etwa § 35 Abs. 4 KrWG eine abweichende Regelung zur Anzeigepflicht entsprechend § 15 BImSchG, während im Wasserrecht unwesentliche Fälle gar nicht erst §§ 67 ff. WHG unterfallen.

Fälle unwesentlicher Bedeutung liegen nach § 74 Abs. 7 Satz 2 VwVfG vor, wenn

- andere öffentliche Belange nicht berührt sind oder die erforderlichen behördlichen Entscheidungen vorliegen und sie dem Plan nicht entgegenstehen,
- Rechte Anderer nicht beeinflusst werden oder mit den vom Plan Betroffenen entsprechende Vereinbarungen getroffen worden sind und
- nicht andere Rechtsvorschriften eine Öffentlichkeitsbeteiligung vorschreiben, die den Anforderungen des § 73 Abs. 3 Satz 1, Abs. 4 bis 7 VwVfG entsprechen muss.

Während die letztgenannte Voraussetzung mit § 74 Abs. 6 Satz 1 Nr. 3 VwVfG identisch ist, ähnelt die zweite § 74 Abs. 6 Satz 1 Nr. 1 VwVfG, jedoch mit dem wichtigen Unterschied, dass Rechte Anderer bereits schon nicht beeinflusst werden dürfen. Diese Regelung muss vor dem Hintergrund gesehen werden, dass im Anwendungsbereich von § 74 Abs. 7 VwVfG jegliche Abwägungsentscheidung durch die Planfeststellungsbehörde unterbleibt. Eine Beeinflussung scheidet deshalb nur dann aus, wenn ein rechtskonformer Zustand ohne eine solche planerische Abwägung geschaffen werden kann.[263] Die Zweifel, inwieweit dies möglich ist, kann der Vorhabenträger durch eine Vereinbarung mit den von dem Plan Betroffenen ausräumen.

Dass dies Sache des Vorhabenträgers ist, liegt auch daran, dass § 74 Abs. 7 VwVfG das Risiko einer Rechtswidrigkeit des Plans beim Vorhabenträger belässt.[264] Die kraft Gesetzes wirkende Regelung des Entfalls kann zwar durch einen klarstellenden Entfallens- oder Unterbleibensbescheid der ansonsten für die Planfeststellung zuständigen Behörde bestätigt werden, der Bescheid als solcher entfaltet aber keine Legalisierungswirkung.[265]

Für einen rechtskonformen Zustand muss die Vorhabenträgerin im Übrigen dadurch sorgen, dass sie alle erforderlichen Genehmigungserfordernisse einhält, die mangels Konzentrationswirkung der Planfeststellung oder -genehmigung bestehen. Dies kann z. B. bedeuten, für das Vorhaben Genehmigungen oder Befreiungen nach Bau-, Naturschutz- oder Wasserrecht einholen zu müssen.[266]

---

262 Vgl. *Morlock/Khan/Lohmann*, KlimR 2023 S. 39 (41).
263 *Kupfer* in Schoch/Schneider, VwVfG, § 74 Rn. 190.
264 *Neumann/Külpmann* in Stelkens/Bonk/Sachs, VwVfG, § 74 Rn. 256.
265 *Neumann/Külpmann* in Stelkens/Bonk/Sachs, VwVfG, § 74 Rn. 258.
266 *Lieber* in NK-VwVfG, VwVfG § 74 Rn. 491.

2.5 Beteiligung der Öffentlichkeit

Die Umwelt, ihr Zustand und ihre weitere Entwicklung betrifft alle Menschen. Insofern kann eine informierte und sensibilisierte Öffentlichkeit dazu beitragen, geltendes Umweltrecht so gut wie möglich umzusetzen. Dazu müssen Hürden für Nachfragen bei der Verwaltung abgebaut werden, das Einbringen in Planungsprozesse und Genehmigungsverfahren ermöglicht und eine spätere Kontrollmöglichkeit getroffener Entscheidungen sichergestellt werden. Dies ist Gegenstand der Aarhus-Konvention.[267] Die Konvention geht in Art. 1 davon aus, dass sowohl gegenwärtigen als auch künftigen Generationen ein Recht auf ein Leben in einer ihrer Gesundheit und ihrem Wohlbefinden zuträglichen Umwelt zukommt. Um zum Schutz dieses Rechts beizutragen, sieht die Konvention im Kern drei Säulen vor, deren nationale Umsetzung im UIG, UVPG und UmwRG in den folgenden Abschnitten behandelt wird:

- Zugang zu Umweltinformationen für alle (Kap. 2.5.1),
- Beteiligung der Öffentlichkeit in Planungs- und Zulassungsverfahren (Kap. 2.5.2),
- Gerichtliche Überprüfbarkeit von Verfahren in Umweltangelegenheiten (Kap. 2.5.3).

2.5.1 Umweltinformationen

Ausgehend von den Verpflichtungen der Aarhus-Konvention und der Umweltinformationsrichtlinie der EU[268] wurden für den Zugang zu Umweltinformationen in Deutschland die Umweltinformationsgesetze des Bundes und der Länder erlassen. Die Anwendbarkeit für die kommunale Ebene richtet sich dabei zunächst nach Landesrecht.

- Bayern hat mit dem Bayerischen Umweltinformationsgesetz (BayUIG) eine eigenständige Vollregelung. Informationspflichtige Stellen sind auch kommunale Behörden, nicht nur die Umweltbehörden i. e. S. (Art. 2 Abs. 1 Nr. 1 BayUIG i. V. m. Art. 1 BayVwVfG) – d. h., sie müssen allen Personen freien Zugang zu Umweltinformationen ermöglichen, über die sie verfügen. Sind Inhalt und Bezifferung deckungsgleich, ist nachfolgend mit „UIG" der gleichlautende Artikel des BayUIG mitgemeint.
- In Nordrhein-Westfalen sind kommunale Behörden informationspflichtige Stellen gem. § 1 Abs. 2 Umweltinformationsgesetz Nordrhein-Westfalen

267 Übereinkommen über den Zugang zu Informationen, die Öffentlichkeitsbeteiligung an Entscheidungsverfahren und den Zugang zu Gerichten in Umweltangelegenheiten vom 25.6.1998 (ABl. EU 2005 Nr. L 124 S. 4).

268 Richtlinie 2003/4/EG des Europäischen Parlaments und des Rates vom 28.1.2003 über den Zugang der Öffentlichkeit zu Umweltinformationen und zur Aufhebung der Richtlinie 90/313/EWG des Rates (ABl. EU Nr. L 41 S. 26).

(UIG NRW). Anstelle einer umfassenden landesrechtlichen Regelung enthält das UIG NRW in § 2 Satz 3 einen Verweis auf das Bundes-UIG, bei dem lediglich bestimmte Regelungen nicht für anwendbar erklärt werden bzw. im Landesrecht Abweichendes geregelt ist, wie etwa der Rechtsschutz.

Bei Eingang einer entsprechenden Anfrage einer nicht verfahrensbeteiligten Person ist zunächst zu prüfen, ob der Informationszugang nach dem jeweiligen UIG oder (wenn der Anwendungsbereich des UIG nicht betroffen ist) nach sonstigem Zugangsrecht (in Bayern Art. 39 BayDSG, in Nordrhein-Westfalen das Informationsfreiheitsgesetz – IfG NRW) in Frage kommen kann. Besteht kein Rechtsanspruch, kann die Beantwortung im Übrigen natürlich noch unter dem Gesichtspunkt der Bürgerfreundlichkeit in Betracht kommen.

Die maßgebliche Definition der „Umweltinformationen", auf die der Antrag gerichtet sein muss, findet sich in § 2 Abs. 3 UIG bzw. Art. 2 Abs. 2 BayUIG. Umweltinformationen sind danach unabhängig von der Art ihrer Speicherung alle Daten über

- Umweltbestandteile und ihren Zustand (z. B. Luft und Atmosphäre, Wasser, Boden, Landschaft und natürliche Lebensräume, Artenvielfalt sowie die Wechselwirkungen zwischen diesen Bestandteilen), Nr. 1;
- Faktoren wie Stoffe, Energie, Lärm und Strahlung, Abfälle aller Art sowie Emissionen, Ableitungen und sonstige Freisetzungen von Stoffen, die sich auf Umweltbestandteile auswirken oder wahrscheinlich auswirken, Nr. 2;
- Maßnahmen oder Tätigkeiten, die sich auf die vorgenannten Umweltbestandteile oder Faktoren auswirken oder wahrscheinlich auswirken, Nr. 3a);
- Maßnahmen, die den Schutz von Umweltbestandteilen bezwecken; wozu explizit auch politische Konzepte, Rechts- und Verwaltungsvorschriften, Abkommen, Umweltvereinbarungen, Pläne und Programme gehören, Nr. 3b).

Wie aus den weiteren Nummern 4 bis 6 hervorgeht, zählen auch nicht direkt die Umweltbestandteile und Faktoren betreffenden Daten als Umweltinformationen, darunter Berichte über die Umsetzung des Umweltrechts, Kosten-Nutzen-Analysen zur Vorbereitung oder Durchführung von Maßnahmen oder Tätigkeiten im Sinne der Nr. 3 sowie schließlich auch Daten über den Zustand der menschlichen Gesundheit und Sicherheit, die Lebensbedingungen des Menschen sowie Kulturstätten und Bauwerke, soweit sie vom Zustand der Umweltbestandteile oder von entsprechenden Faktoren, Maßnahmen oder Tätigkeiten betroffen sind oder sein können.

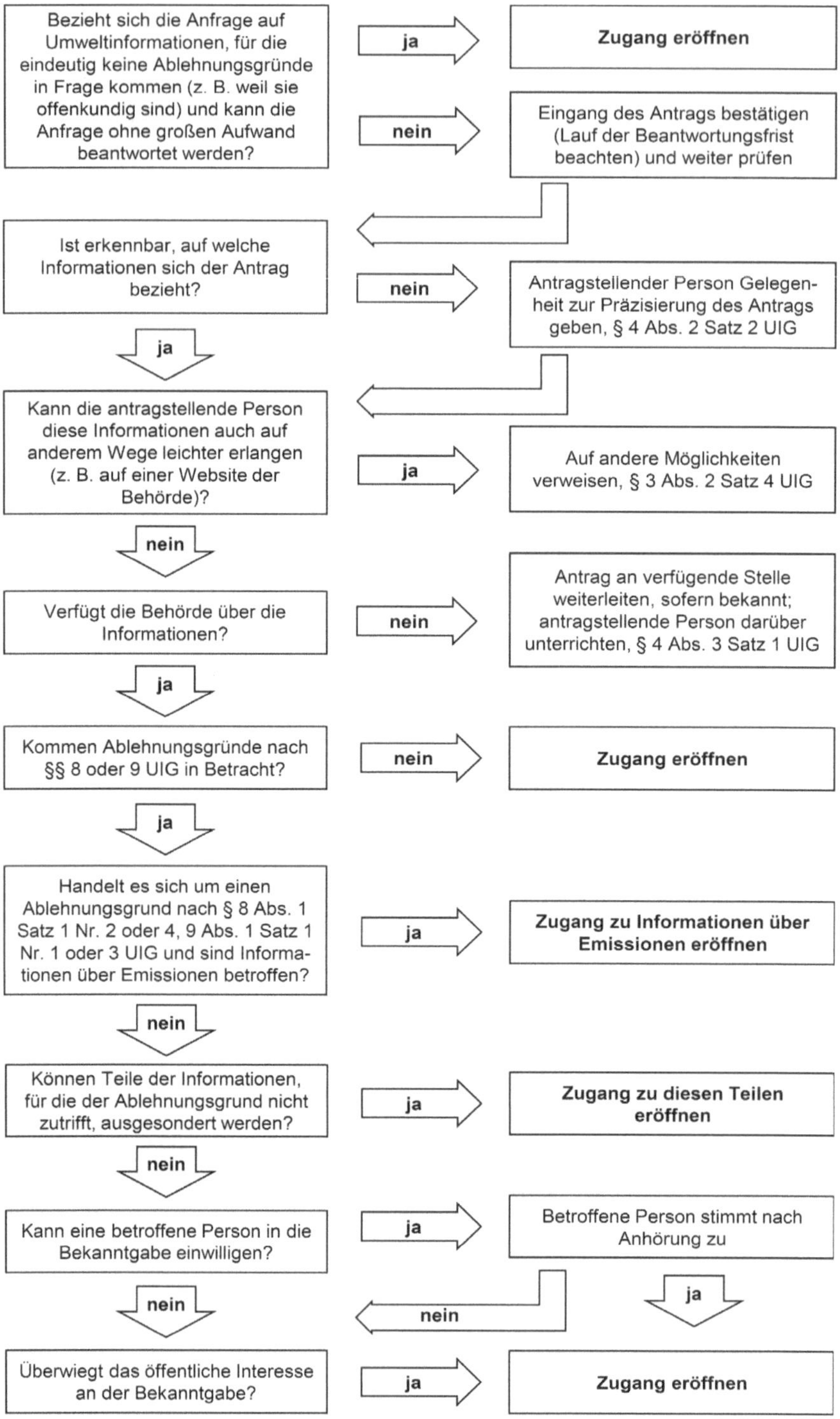

Abb. 4: Schema Prüfung UIG-Anträge

Gerade im Arbeitsbereich der Umweltbehörden ist der größte Teil der vorhandenen Daten einer der Nummern des § 2 Abs. 3 UIG bzw. Art. 2 Abs. 2 BayUIG zuzuordnen, so dass der Anwendungsbereich des UIG in der Regel eröffnet sein wird. Dies liegt insbes. an den Nummern 3 und 6: Maßnahmen oder Tätigkeiten mit Umweltbezug sind praktisch alle menschlichen Aktivitäten, die sich auf die Umwelt auswirken (können), sowie alle diesbezüglichen behördlichen Entscheidungen (wie immissionsschutzrechtliche Genehmigungen, wasserrechtliche Erlaubnisse) einschließlich Ordnungswidrigkeiten und Verwaltungszwang.[269]

2.5.1.1 Antragseingang

Umweltinformationen werden auf Antrag zugänglich gemacht (§ 4 Abs. 1 UIG). Eine bestimmte Form für den Antrag gibt es nicht. Auch verlangt das UIG nicht, dass sich die antragstellende Person identifiziert, was etwa bei E-Mails mit nicht-namensgebundener Adresse der Fall sein kann. Eindeutige und einfache Anfragen zu Informationen, die ohne größeren Aufwand zugänglich gemacht werden können, lassen sich dabei bereits durch unmittelbare Beantwortung erledigen.

> ***Beispiel:***
> *Eine Schülerin fragt für ein Schulprojekt, wie viele Naturschutzgebiete es im Gebiet der kreisfreien Stadt oder des Kreises gibt; ein Unternehmer möchte die jährliche Abfallbilanz zugeschickt bekommen.*

Richtet sich der Antrag auf Informationen, deren Speicherort noch ermittelt oder deren Zugänglichmachung erst noch geprüft werden muss, ist zunächst der Eingang zu bestätigen. Sind die Umweltinformationen umfangreich und komplex, ist der Zugang spätestens nach zwei Monaten, ansonsten nach Ablauf eines Monats nach Antragseingang zu gewähren (§ 3 Abs. 3 Satz 2 UIG). Auf die voraussichtliche Frist sollte die antragstellende Person möglichst schon bei der Eingangsbestätigung hingewiesen werden. Stellt sich erst später heraus, dass die längere Frist benötigt wird, ist dies der Person spätestens nach Ablauf eines Monats unter Angabe der Gründe mitzuteilen (§ 4 Abs. 5 UIG). Hat die Person gem. § 3 Abs. 3 Satz 1 UIG einen bestimmten Zeitpunkt für die Zugänglichmachung benannt, berücksichtigt die Behörde dies im Rahmen ihres Ermessens.

Die Beantwortungsfrist kann nicht über die maximal vorgesehenen zwei Monate hinaus verlängert werden. Lässt die Behörde sie verstreichen, kann die antragstellende Person eine Untätigkeitsklage erheben (§ 75 VwGO). Eine Ausnahme kommt jedoch in Betracht, wenn durch den Informationszugang die Rechte Dritter berührt werden, die Behörde diese gem. § 9 Abs. 1 Satz 3 UIG (Art. 8 Abs. 1 Satz 3 BayUIG) zügig angehört hat, aber eine Ant-

---

269 *Reidt/Schiller* in Landmann/Rohmer, UmweltR, UIG § 2 Rn. 43.

wort noch aussteht. Analog zu § 4 Abs. 5 UIG ist dann die antragstellende Person über die Verzögerung zu informieren.

Ist aufgrund des Antrags noch nicht hinreichend erkennbar, zu welchen Umweltinformationen der Zugang gewünscht wird, ist der antragstellenden Person dies innerhalb eines Monats mitzuteilen und ihr Gelegenheit zur Präzisierung des Antrags zu geben (§ 4 Abs. 2 Satz 2 UIG). Anschließend beginnt die Beantwortungsfrist (s. o.) erneut. Bei der Konkretisierung ist zu berücksichtigen, dass Außenstehende oft nicht wissen können, in welcher Form genau die gewünschten Informationen vorliegen. Aus diesem Grund hat die Behörde die Person bei der Präzisierung zu unterstützen (§ 4 Abs. 2 Satz 4 UIG) und wird es für die Bestimmtheit ausreichen lassen, wenn eine Zielrichtung des Antrags erkennbar ist, der sich bestimmte Umweltinformationen zuordnen lassen.

2.5.1.2 Antragsprüfung

Wenn dem Antrag nicht schon schnell und formlos entsprochen werden kann (s. o.), prüft die Behörde weiter, ob und wie dem Antrag auf Zugang zu Umweltinformationen entsprochen werden kann.

Da eine Antragsberechtigung für jede Person besteht, kommt es im Normalfall nicht darauf an, ob der Antrag von einer natürlichen Person, juristischen Person oder einem Zusammenschluss mit unklarer Rechtsfähigkeit (Bürgerinitiative) gestellt wird, da zumindest die unterzeichnende natürliche Person stets auch für sich einen Antrag stellen könnte, ohne ein rechtliches Interesse darlegen zu müssen (Art. 3 Abs. 1 Satz 1 BayUIG bzw. § 2 Abs. 1 UIG NRW).[270]

Das Zugangsrecht erstreckt sich auf alle Umweltinformationen, über die die Behörde verfügt. Dafür genügt es nach § 2 Abs. 4 UIG (Art. 2 Abs. 3 BayUIG), dass diese bei ihr vorhanden sind, unabhängig von der rechtlichen Verfügungsbefugnis (zu den relevanten Einschränkungen sogleich). Die Behörde „verfügt" zudem über Daten, die für sie durch eine natürliche oder juristische Person, die selbst nicht informationspflichtige Stelle ist, bereitgehalten werden und für die die Behörde einen Übermittlungsanspruch hat.

> ***Beispiel:***
> *Angaben aus der Selbstüberwachung bei Abwassereinleitungen und Abwasseranlagen, die auf Verlangen der Wasserbehörde vorzulegen sind (§ 61 Abs. 2 Satz 2 WHG).*

Verfügt die Behörde nicht über die Umweltinformationen, leitet sie den Antrag an die verfügende Stelle – bei der es sich um eine andere informationspflichtige Stelle handeln muss – weiter, sofern ihr diese bekannt ist, und un-

270 Bei juristischen Personen des öffentlichen Rechts kommt es auf die Staatsferne an, die z. B. bei Kirchengemeinden gegeben ist.

terrichtet die antragstellende Person hierüber (§ 4 Abs. 3 Satz 1 UIG). Anstelle der Weiterleitung des Antrags kann sie die antragstellende Person auch auf andere ihr bekannte informationspflichtige Stellen hinweisen, die über die Informationen verfügen. Weiter an der Informationsbeschaffung mitwirken oder eine über die Informationen verfügende Stelle überhaupt erst ausfindig machen muss die angefragte Behörde nicht.[271]

Im Übrigen darf die Behörde die antragstellende Person nach § 3 Abs. 2 Satz 4 UIG (Art. 3 Abs. 2 Satz 3 BayUIG) auch darauf verweisen, dass die Informationen bereits auf andere, leicht zugängliche Art zur Verfügung stehen, etwa auf der Internetseite des Kreises bzw. der kreisfreien Stadt. Daneben kommen vor allem auch Informationen in Betracht, die nach § 10 Abs. 1 UIG generell zu veröffentlichen sind, wozu unter anderem auch Unterlagen aus Umweltverträglichkeitsprüfungen gehören,[272] wobei zu beachten ist, dass etwa § 10 Abs. 3 Satz 3 BImSchG interessierte Personen explizit auf den Zugang nach dem Umweltinformationsrecht verweist, wenn Informationen, die für die Entscheidung über die Zulässigkeit des Vorhabens von Bedeutung sein können, der zuständigen Behörde erst nach Beginn der Auslegung vorliegen.

2.5.1.3 Ablehnungsgründe

Ausgehend von der Leitidee der Aarhus-Konvention ist das Umweltinformationsecht von dem Grundsatz „im Zweifel für den Zugang" geprägt. Da gleichwohl öffentliche oder private Interessen gegen eine Zugänglichmachung sprechen können, prüft die Behörde, ob sich der Antrag (auch) auf Informationen bezieht, für die Ablehnungsgründe (insbes. nach § 8 und 9 UIG bzw. Art. 7 und 8 BayUIG) bestehen. Gemäß § 5 Abs. 3 UIG (Art. 6 Abs. 3 BayUIG) sind von Ablehnungsgründen nicht betroffene Informationen zugänglich zu machen, soweit es möglich ist, diese auszusondern.

Die Ablehnungsgründe § 8 Abs. 1 Satz 1 Nr. 2 und 4 sowie § 9 Abs. 1 Satz 1 Nr. 1 und 3 UIG greifen gem. §§ 8 Abs. 1 Satz 2, 9 Abs. 1 Satz 2 UIG (gleiche Absätze, Sätze und Nr. nach Art. 7 und 8 BayUIG) jedoch nicht bei Umweltinformationen über Emissionen sowie deren Auswirkungen auf die Umwelt.[273] Unter „Emissionen" fallen Freisetzungen von Gasen oder anderen Stoffen, Zubereitungen, Organismen, Mikroorganismen, Erschütterungen, Wärme und Lärm in die Umwelt.[274]

§ 8 Abs. 1 Satz 1 Nr. 3 UIG (Art. 7 Abs. 1 Satz 1 Nr. 1 BayUIG) betrifft nachteilige Auswirkungen auf bedeutsame Schutzgüter der öffentlichen Sicherheit. In Betracht kommen dabei vor allem Informationen, deren Bekanntwerden Dritte in die Lage versetzen könnte, Gefahren für die Gesundheit der Allgemeinheit hervorzurufen.

---

271 *Reidt/Schiller* in Landmann/Rohmer, UmweltR, UIG § 4 Rn. 9.

272 Zur Verbreitung weist § 10 Abs. 3 Satz 3 UIG auf die Möglichkeit hin, auf das für die UVP-Unterlagen ohnehin zu nutzende Portal von Bund und Ländern zurückzugreifen.

273 EuGH, Urt. vom 23.11.2016 – C-442/14 –, Rn. 87.

274 EuGH, Urt. vom 23.11.2016 – C-442/14 –, Rn. 64.

Beispiele:
Sensible Standortdaten für die Trinkwasserversorgung; Informationen über den Transport gefährlicher Abfälle[275].

Dass die Behörde solche Informationen ggf. als Verschlusssache gekennzeichnet hat, begründet für sich genommen noch keine Ablehnung; vielmehr ist auch in diesen Fällen die von § 8 Abs. 1 Satz 1 UIG (Art. 7 Abs. 1 Satz 1 BayUIG) geforderte Abwägung der Geheimhaltungsgründe mit dem Informationsinteresse vorzunehmen.[276] Im Zweifel muss im sog. „In-Camera-Verfahren" (§ 99 Abs. 2 VwGO) geklärt werden, ob die Verweigerung der Bekanntgabe rechtmäßig ist.

Absatz 1 Nr. 2 sorgt dafür, dass die Beratungen innerhalb der Behörde vertraulich bleiben, wobei sich der Begriff der Beratung allein auf den Beratungsvorgang als solchen (etwa in Form von Besprechungen) bezieht. Ausgenommen vom Schutzbereich der Vorschrift sind daher das Beratungsergebnis und vor allem der Beratungsgegenstand.[277] Interne Vermerke etc., die nicht für die Außenwelt bestimmt sind, fallen hingegen unter den Ablehnungsgrund des Absatz 2 Nr. 4.

Bei Absatz 1 Nr. 3 sind aus ordnungsbehördlicher Sicht vor allen Dingen Ermittlungen zu möglichen Ordnungswidrigkeiten relevant. Da hier nicht die Rückausnahme für Emissionen greift (§ 8 Abs. 1 Satz 2 UIG, Art. 7 Abs. 1 Satz 2 BayUIG) kann zum Beispiel eine entsprechende Anfrage zu Grenzwertüberschreitungen abgelehnt werden, solange das Verfahren noch nicht mit einem Bußgeldbescheid oder durch Einstellung beendet ist.[278] Als Verfahrensbeteiligte in einem laufenden Gerichtsverfahren können sich für die informationspflichtige Stelle (wozu die Gerichte selbst nicht gehören) ebenfalls nachteilige Auswirkungen und damit ein Ablehnungsgrund ergeben.

Absatz 1 Nr. 4 betrifft den Fall, dass das Bekanntgeben nachteilige Auswirkungen auf Zustand der Umwelt und ihrer Bestandteile hätte. Hierunter können etwa Angaben zu Fortpflanzungs- und Ruhestätten störungsempfindlicher Arten fallen. Zwar muss bei Antragsablehnung nicht sicher feststehen, dass es zu einer beeinträchtigenden Handlung kommen wird, die Behörde muss ihre Besorgnis jedoch mit plausiblen Anhaltspunkten begründen können.[279]

Beispiel:
Die Anfrage eines Anbieters für geführte Wanderungen zu einem Schwarzstorchhorst könnte für einen störenden Besichtigungstourismus sprechen, während bei einer anerkannten Naturschutzvereinigung erwartet werden kann, dass diese sich entsprechend vorsichtig verhält.[280]

---

275 *Reidt/Schiller* in Landmann/Rohmer, UmweltR, UIG § 8 Rn. 18.
276 BVerwG, NVwZ-RR 2020 S. 909, Rn. 29 f.
277 BVerwG, ZUR 2012 S. 675 (676).
278 *Reidt/Schiller* in Landmann/Rohmer, UmweltR, UIG § 8 Rn. 37.
279 OVG SH, NVwZ 1999 S. 670 (674).
280 *Reidt/Schiller* in Landmann/Rohmer, UmweltR, UIG § 8 Rn. 42.

Entwürfe von Schriftstücken fallen unter den Ablehnungsgrund des § 8 Abs. 2 Nr. 4 UIG (Art. 7 Abs. 2 Nr. 4 BayUIG). Weiter erfasst sind insbes. auch Datensammlungen, die seitens der Behörde noch vervollständigt werden müssen (z. B. Biotopkartierungen). Ob die vorhandenen Daten für das Informationsinteresse der antragstellenden Person bereits ausreichend wären, ist dabei ohne Belang.[281] Unter Absatz 2 Nr. 4 fällt außerdem der verschriftlichte Austausch innerhalb der Behörde, der nicht nach außen zugänglich gemacht werden muss, um dem Bedürfnis der Behörden nach einem geschützten Raum für interne Überlegungen und Debatten Rechnung zu tragen.[282] Mündliche Beratungen fallen unter Absatz 1 Nr. 2.

Zu den sonstigen Belangen, die nach § 9 Abs. 1 UIG (Art. 8 Abs. 1 BayUIG) zu einer Ablehnung des Informationszugangs führen können, gehören der Schutz personenbezogener Daten, wenn durch deren Offenbarung Interessen der Betroffenen erheblich beeinträchtigt würden (Nr. 1), Rechte am geistigen Eigentum, insbes. Urheberrechte (Nr. 2) sowie Betriebs- oder Geschäftsgeheimnisse, Statistik- und Steuergeheimnisse (Nr. 3).

Die Definition personenbezogener Daten findet sich in Art. 4 Nr. 1 DSGVO, wonach auch Informationen, die direkt oder indirekt die Identifikation der Betroffen ermöglichen, unter den Datenschutz fallen. Kommt keine Anonymisierung oder Pseudonymisierung in Frage, liegt ein Ablehnungsgrund nach § 9 Abs. 1 Satz 1 Nr. 1 UIG vor, wenn die Offenbarung außerdem die Interessen der Betroffenen erheblich beeinträchtigt. Hierbei kommt es auf die jeweilige natürliche Person und auch ihre Rolle in einem Verfahren an. Schutzwürdig sind insbes. Daten zu Informanten, die behördliche Ermittlungen angestoßen haben, oder Daten über Einwender im Rahmen einer Öffentlichkeitsbeteiligung.[283] Kontaktdaten von Mitarbeitern der Behörde oder der Verfahrensbeteiligten, die etwa in Briefköpfen oder E-Mail-Signaturen auftauchen, scheiden für eine erhebliche Beeinträchtigung aus, wenn diese Informationen auch anderweitig – etwa in Verzeichnissen, auf der Behörden- oder Firmenwebsite – auffindbar sind.[284]

Bedeutung im Umweltrecht hat der Ablehnungsgrund der Nr. 2 hingegen, soweit es sich um Gutachten handelt, die nicht selten Bestandteil der Verfahrensakte sind. Urheberrechtlich geschützte Werke können nur persönliche geistige Schöpfungen sein (§ 2 Abs. 2 UrhG). (Wissenschaftliche) Gutachten müssen deshalb eine gewisse gedankliche Individualität aufweisen, die auf die erstellende Person zurückzuführen ist. Dies ist etwa bei prognostischen Aussagen der Fall,[285] nicht hingegen bei einer bloßen Aufstellung von Prüf- oder Messwerten.[286] Weiter ist zu differenzieren, ob es sich um ein Verfahren mit Öffentlichkeitsbeteiligung handelt oder nicht. Wurde ein Gutach-

281 *Reidt/Schiller* in Landmann/Rohmer UmweltR, UIG § 8 Rn. 66.
282 EuGH, Urt. vom 20.1.2021 – C-619/19 –, Rn. 44.
283 *Reidt/Schiller* in Landmann/Rohmer, UmweltR, UIG § 9 Rn. 14b.
284 VG Berlin, Urt. vom 22.11.2018 – VG 2 K 384.16 –, BeckRS 2018, 35620 Rn. 29.
285 OVG NRW, Urt. vom 24.11.2017 – 15 A 690/16 –.
286 *Reidt/Schiller* in Landmann/Rohmer, UmweltR, UIG § 9 Rn. 17.

ten durch den Vorhabenträger in einem Verfahren eingereicht, in dem die Antragsunterlagen auszulegen sind, kann davon ausgegangen werden, dass der Behörde ausdrücklich oder zumindest stillschweigend die Befugnis eingeräumt wurde, das Gutachten öffentlich zugänglich zu machen.[287] In einem nichtöffentlichen Verfahren, insbes. dem vereinfachten Genehmigungsverfahren nach § 19 BImSchG, ist dagegen anzunehmen, dass sich solche Gutachten nicht (auch) an die Öffentlichkeit, sondern ausschließlich an die Genehmigungsbehörde und deren Bedienstete, die für die Prüfung des Antrags zuständig sind, richten.[288] In solchen Fällen läge bei der Veröffentlichung ggf. ein Verstoß gegen § 12 UrhG vor.

Ebenfalls in der Praxis relevant sein können Betriebs- und Geschäftsgeheimnisse als Ablehnungsgrund nach § 9 Abs. 1 Satz 1 Nr. 3 UIG (Art. 8 Abs. 1 Satz 1 Nr. 3 BayUIG). Als solche Geheimnisse gelten alle auf ein Unternehmen bezogenen Tatsachen, Umstände oder Vorgänge, die nicht offenkundig, sondern nur einem begrenzten Personenkreis zugänglich sind, und an deren Nichtverbreitung das Unternehmen ein berechtigtes Interesse hat. Betriebsgeheimnisse umfassen im Wesentlichen technisches, Geschäftsgeheimnisse kaufmännisches Wissen.[289] Im Unterschied zu Absatz 1 Satz 1 Nr. 1, wo es neben der Tatsache der Offenbarung auch auf eine erhebliche Beeinträchtigung von Interessen der Person ankommt, um das Vorliegen des Ablehnungsgrundes bejahen zu können, findet bei Betriebs- und Geschäftsgeheimnissen keine Gewichtung des Geheimhaltungsinteresses statt. Für die Ablehnung durch die Behörde genügt es daher, dass diese – wenn das Unternehmen nicht ohnehin eine Kennzeichnung i. S. d. § 9 Abs. 1 Satz 4 UIG (Art. 8 Abs. 1 Satz 4 BayUIG) vorgenommen hat – plausibel aufzeigen kann, dass die Zugänglichmachung der Informationen für das Unternehmen Wettbewerbsnachteile zur Folge haben kann. Dabei kann allerdings auch das Alter der Information eine Rolle spielen, denn bei einem vor langer Zeit abgeschlossenen Verfahren nimmt im Zweifel auch der technische oder geschäftliche Vorsprung gegenüber der Konkurrenz ab.[290]

Liegt ein Ablehnungsgrund nach § 8 Abs. 1 oder § 9 Abs. 1 UIG (Art. 7 Abs. 1 oder Art. 8 Abs. 1 BayUIG) dem Grunde nach vor, ist gleichwohl noch zu prüfen, ob nicht das öffentliche Interesse an der Bekanntgabe überwiegt. In den Fällen des § 9 Abs. 1 UIG (Art. 8 Abs. 1 BayUIG) ist es zudem möglich, dass der Betroffene in die Bekanntgabe einwilligt. Zudem ist der Betroffene vor der Entscheidung über die Offenbarung anzuhören (§ 9 Abs. 1 Satz 3 UIG bzw. Art. 8 Abs. 1 Satz 3 BayUIG). Da das UIG der Öffentlichkeit ohnehin die Möglichkeit einräumen will, Zugang zu Umweltinformationen zu erhalten, muss das öffentliche Interesse an der Bekanntgabe im konkreten Fall von größerer Bedeutung sein als sonst, weil es andernfalls der gesetzlich gefor-

---

287 Vgl. BVerwG, Urt. vom 25.6.2015 – 7 C 1.14 –, BVerwGE 152, 241 Rn. 40 ff.

288 OVG NRW, Urt. vom 24.11.2017 – 15 A 690/16 –.

289 BVerwG, Urt. vom 28.5.2009 – 7 C 18.08 –, NVwZ 2009 S. 1113 Rn. 12.

290 *Reidt/Schiller* in Landmann/Rohmer, UmweltR, UIG § 9 Rn. 22.

derten Abwägung nicht bedürfte.[291] Bei der Abwägung kann auch eine Rolle spielen, welche Bedeutung die Umweltinformationen für die Allgemeinheit haben (können).[292]

Beispiel:
Bei Gutachten über einen störanfälligen Industriebetrieb kann das öffentliche Interesse an der Bekanntgabe den Ablehnungsgrund des Urheberrechts eher überwiegen als bei der Preisgabe von Betriebs- und Geschäftsgeheimnissen eines kleinen Betriebs, dessen Tätigkeiten bislang nie Auffälligkeiten aufgewiesen haben.

Ist der Antrag nach alledem abzulehnen, erfolgt dies durch einen entsprechenden Bescheid mit Rechtsbehelfsbelehrung. Abweichend von dem in Nordrhein-Westfalen sonst in der Regel nicht durchzuführenden Vorverfahren (§ 110 JustG NRW) ist der statthafte Rechtsbehelf der Widerspruch (§ 6 UIG i. V. m. § 3 UIG NRW).

Soll der Zugang zu Informationen gewährt werden, bei denen eine betroffene Person widersprochen hat, sollte ebenfalls vor der Bekanntgabe ein feststellender Bescheid ergehen, damit die betroffene Person ggf. einen Rechtsbehelf mit aufschiebender Wirkung einlegen kann.

2.5.1.4 Informationszugang

Für das „Wie" des Informationszugangs verweist § 3 Abs. 2 Satz 1 UIG darauf, dass dieser durch Auskunftserteilung, Gewährung von Akteneinsicht oder in sonstiger Weise erfolgen kann. Da die Regelung in § 3 Abs. 2 Sätze 2 und 3 (Bundes-)UIG und Art. 3 Abs. 2 Satz 2 BayUIG, nach der die antragstellende Person grundsätzlich ein Recht auf die von ihr gewünschte Art des Zugangs hat und zumutbare Alternativen von der Behörde begründet werden müssen, in Nordrhein-Westfalen nicht anwendbar ist (§ 2 Satz 3 UIG NRW), besteht hier das volle Behördenermessen, welche Art des Informationszugangs im Einzelfall am zweckmäßigsten ist. Dabei kann (in Anlehnung an § 2 Abs. 3 Satz 3 Bundes-UIG) ein höherer Verwaltungsaufwand gegen bestimmte Arten des Informationszugangs sprechen.

Beispiel:
Stellt sich heraus, dass sich die begehrten Informationen in mehreren hundert Seiten Akteninhalt verteilt befinden, kann einerseits die Übersendung unverhältnismäßig sein, wenn die antragstellende Person durch eine Vor-Ort-Einsicht die tatsächlich benötigten Informationen schnell herausfiltern kann. Andererseits kann die Akteneinsicht vor Ort ebenso einen hohen Verwaltungsaufwand bedeuten, wenn andere Teile der Akten auf die Herausgabefähigkeit geprüft und ggf. geschwärzt werden müssen.

---

291 BVerwGE 135, 34 Rn. 62; BVerwG, NVwZ 2017 S. 1775 Rn. 92.

292 *Reidt/Schiller* in Landmann/Rohmer, UmweltR, UIG § 8 Rn. 49.

2.5.1.5 Abgrenzung zum Akteneinsichtsrecht

Das Recht auf Zugang zu Umweltinformationen schließt andere Ansprüche für den Informationszugang nicht aus. Während es dabei im Überschneidungsbereich mit den Landes-Informationsfreiheitsgesetzen in der Regel keine Probleme gibt, weil gegenüber letzteren das UIG vorrangig ist (vgl. beispielsweise § 4 Abs. 2 IfG NRW), kann in der Praxis die Abgrenzung zum Akteneinsichtsrecht nach § 29 VwVfG gewisse Schwierigkeiten auslösen.

§ 29 VwVfG regelt die *„Einsicht in die das Verfahren betreffenden Akten"* und umfasst damit alle Akteninhalte eines Verwaltungsverfahrens, unabhängig von der Art ihres Inhalts. Das Recht auf Umweltinformationszugang bezieht sich dagegen nur auf Umweltinformationen (§ 2 Abs. 3 UIG) und kann zwar auch eine Akteneinsicht umfassen, muss es aber nicht. In Fällen von § 29 VwVfG ist die vollständige Akteneinsicht vorgegeben, setzt dafür aber bei der antragstellenden Person die förmliche Stellung als Verfahrensbeteiligte (§ 13 VwVfG) voraus. Verlangt beispielsweise ein Rechtsanwalt für einen Mandanten „Akteneinsicht", die keine Verfahrensbeteiligte ist, kann er dennoch „Einsicht in die Akten" nehmen, soweit es sich um Umweltinformationen handelt. Der Antrag ist deshalb nicht direkt abzulehnen, sondern nach den Verfahrensvorschriften des UIG zu behandeln.

2.5.2 Umweltverträglichkeitsprüfung

Die Umweltverträglichkeitsprüfung und die Strategische Umweltprüfung sollen dazu dienen, Umweltschutzaspekte systematisch-strukturiert in einem Genehmigungs- oder Zulassungsverfahren zu prüfen. Hierbei kommt der Öffentlichkeitsbeteiligung eine wichtige Rolle zu. Eine UVP ist unselbstständiger Teil von Zulassungsverfahren und somit davon abhängig, dass ein entsprechendes Hauptverfahren überhaupt stattfindet, dessen Beginn und Ende sich nach dem jeweiligen Fachrecht richtet.

Bei Windenergieanlagen ist nach § 6 Abs. 1 WindBG eine Umweltverträglichkeitsprüfung unter den dort genannten Voraussetzungen nicht durchzuführen.

Bei Plänen und Programmen nach Anlage 5 zum UVPG findet eine SUP statt. Für die Zulassung von Einzelvorhaben kommt die UVP in Betracht. In welchen Genehmigungs- oder Zulassungsverfahren eine Umweltverträglichkeitsprüfung durchzuführen ist, richtet sich nach dem Abschnitt 1 des UVPG (§§ 4 bis 14a), für Neuvorhaben insbes. nach § 6 UVPG i. V. m. Anlage 1 zum UVPG.

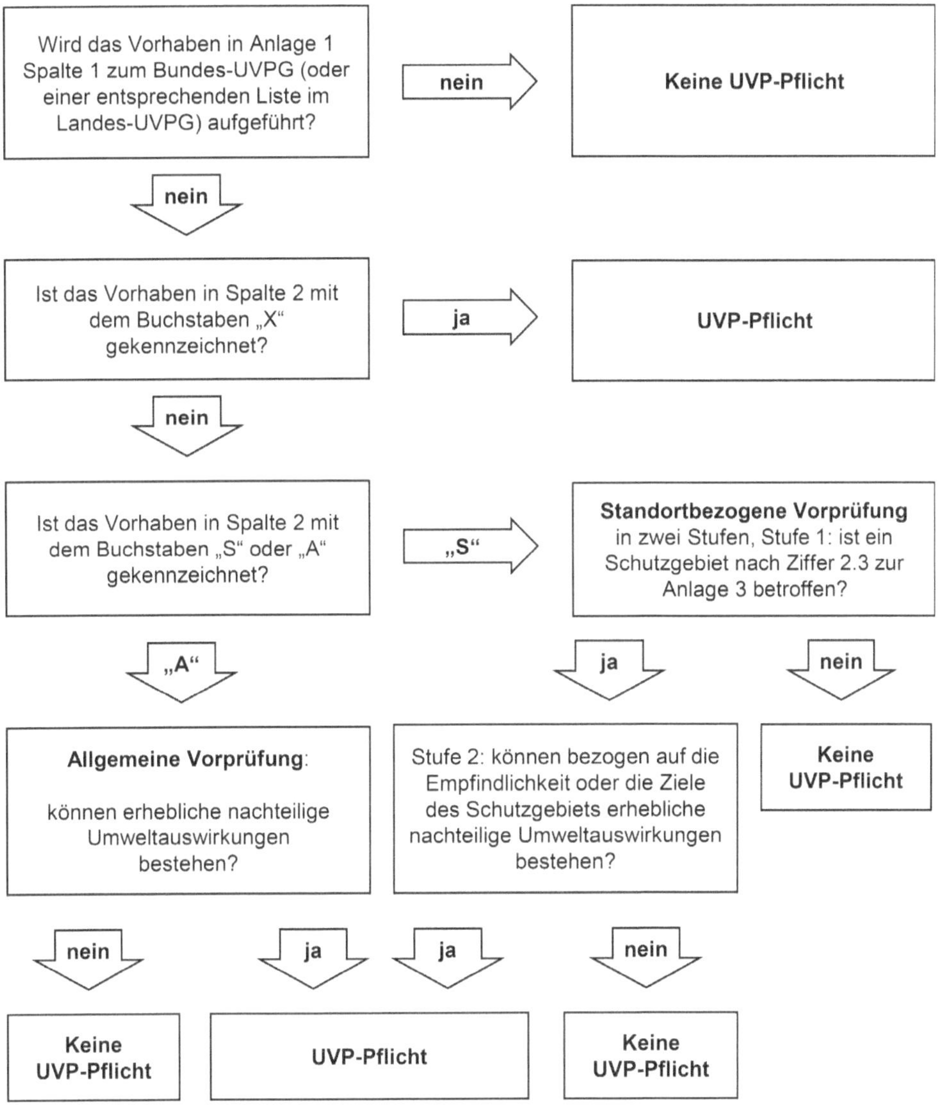

Abb. 5: Schema Prüfung der UVP-Pflicht bei Neuvorhaben i. S. d. § 6 UVPG

Wenn ein bestehendes Vorhaben geändert werden soll, kann auch dies gem. § 9 UVPG zu einer UVP-Pflicht führen.

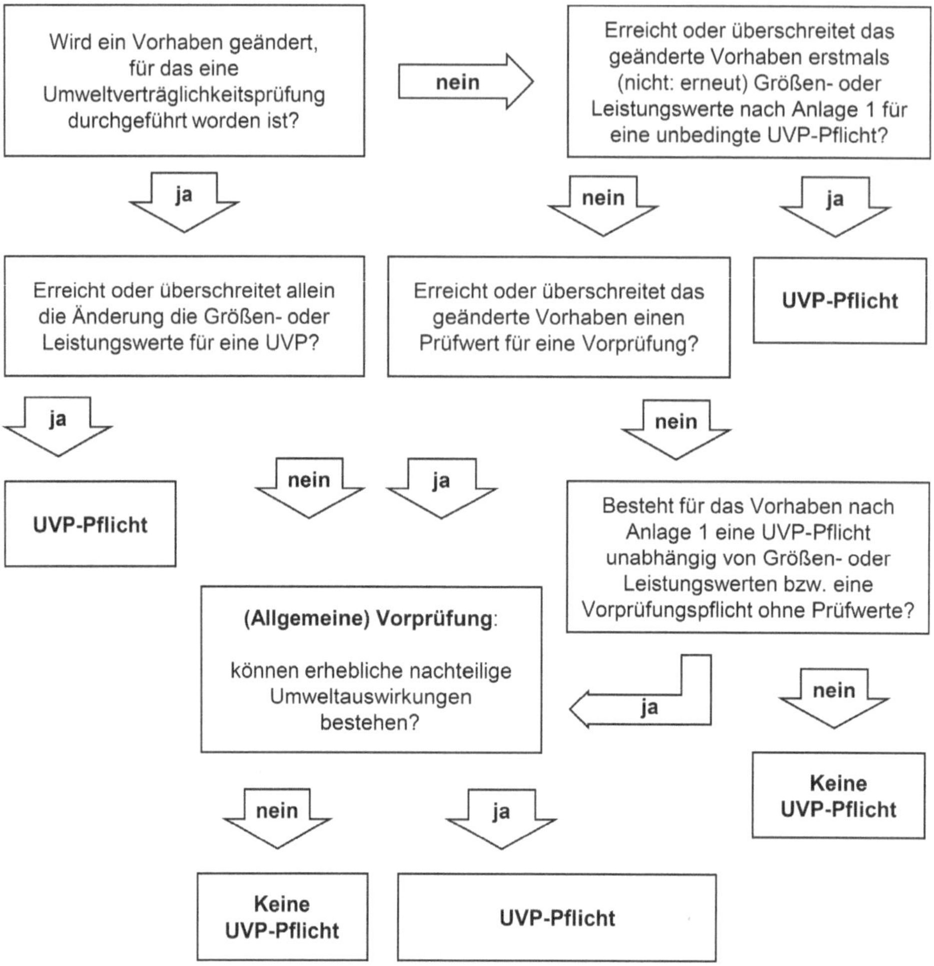

Abb. 6: Schema Prüfung der UVP-Pflicht bei Änderungsvorhaben i. S. d. § 9 UVPG

Praktisch bedeutsam sind auch Fälle, in denen ein an sich nicht UVP- oder vorprüfungsrelevantes Vorhaben in demselben Einwirkungsbereich (§ 2 Abs. 11 UVPG) wie ein bestehendes Vorhaben derselben Art realisiert werden soll (kumulierende Vorhaben).

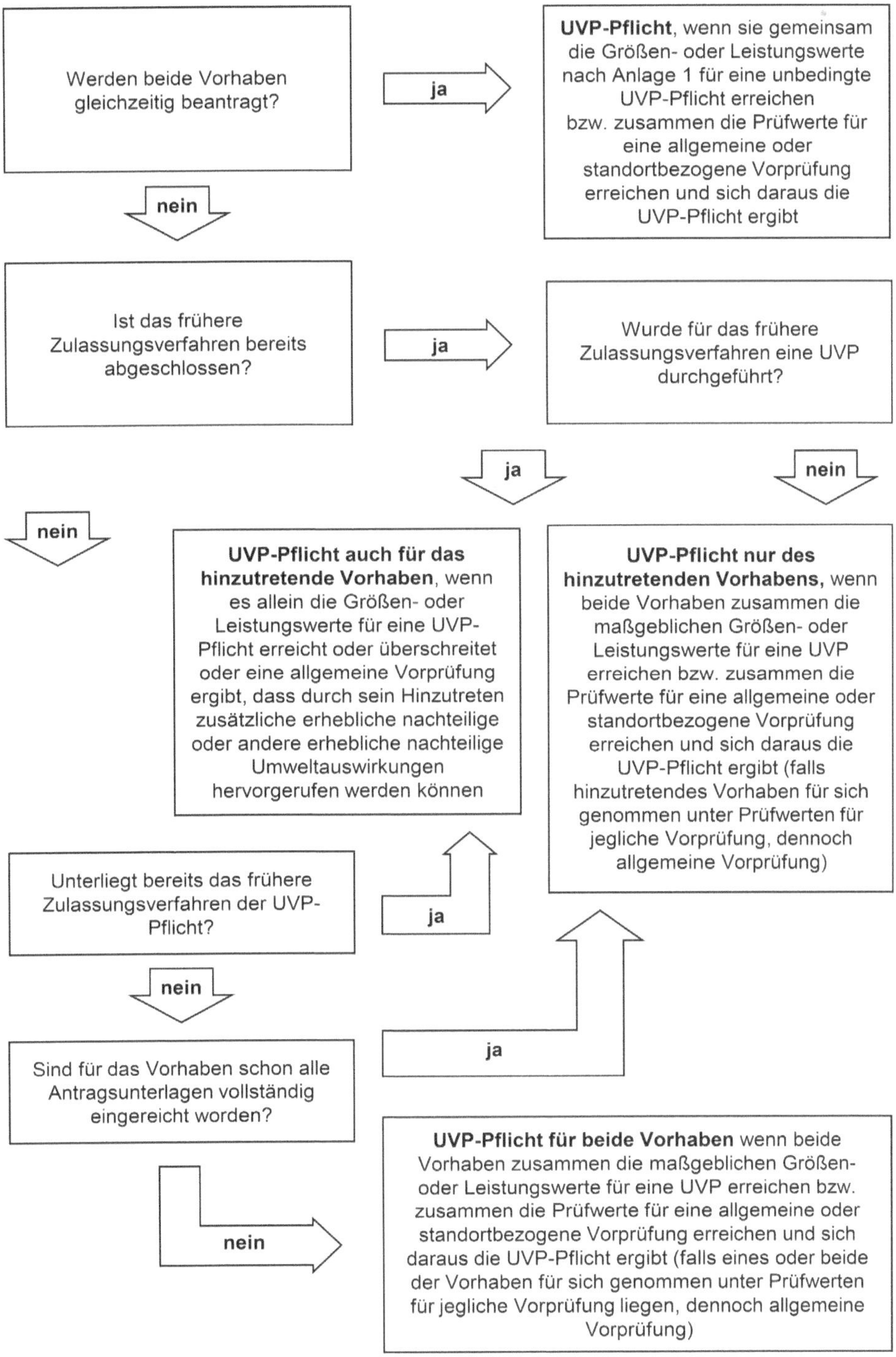

Abb. 7: Schema Prüfung der UVP-Pflicht bei kumulierenden Vorhaben i. S. d. §§ 10 ff. UVPG

2.5.2.1 Änderungsvorhaben und kumulierende Vorhaben

2.5.2.1.1 Änderungsvorhaben

Soll ein Vorhaben geändert werden, kommt es für die UVP-Pflicht bzw. Vorprüfungspflicht darauf an, ob zu einem früheren Zeitpunkt – entweder schon für das ursprüngliche Vorhaben oder für eine vorherige Änderung des Vorhabens[293] – eine UVP durchgeführt worden ist (§ 9 Abs. 1 UVPG) oder nicht (§ 9 Abs. 2, 3 UVPG).

Handelt es sich um ein Vorhaben, für das eine UVP durchgeführt worden ist, genügt es für die erneute UVP-Pflicht, wenn die Änderung (im Sinne einer Erweiterung[294]) an sich die Größen- oder Leistungswerte für eine unbedingte UVP-Pflicht erreicht (§ 9 Abs. 1 Satz 1 Nr. 1 UVPG). Ansonsten ergibt sich aus § 9 Abs. 1 Satz 1 Nr. 2 und Satz 2 UVPG, dass die Änderung stets einer allgemeinen Vorprüfung bedarf. Auf die Zuordnung des Vorhabentyps zu einem der Buchstaben („S" für standortbezogene, „A" für allgemeine Vorprüfung) kommt es nicht an, weshalb eine teleologische Reduktion geboten erscheint, wenn die Änderung keinerlei relevanten Umweltbezug aufweist, etwa bei der Umgestaltung von Sozialräumen eines Betriebs.[295]

Ist weder für das ursprüngliche Vorhaben noch für eine seiner Änderungen eine UVP durchgeführt worden, kommt es wie bei § 9 Abs. 1 UVPG darauf an, ob für die UVP-Pflicht nach Anlage 1 Größen- oder Leistungswerte vorgesehen sind (§ 9 Abs. 2 UVPG) oder nicht (§ 9 Abs. 3 UVPG). Erreicht oder überschreitet das Gesamtvorhaben den maßgeblichen Größen- oder Leistungswert zum ersten Mal, führt dies wie bei Neuvorhaben je nach Maßgabe der Anlage 1 zu einer UVP oder einer Vorprüfung, die bei erheblich nachteiligen Umweltauswirkungen, die UVP-Pflicht hervorruft. Anders zu behandeln sind Fälle, in denen für das zu ändernde Vorhaben eigentlich schon zu einem früheren Zeitpunkt eine UVP hätte stattfinden müssen. Hier gilt nach dem eindeutigen Wortlaut bei erneutem (d. h. eigentlich: weiterhin und unabhängig von der Änderung gegebenen[296]) Überschreiten von Größen- oder Leistungswerten nur die Vorprüfungspflicht (§ 9 Abs. 2 Satz 1 Nr. 2 UVPG). Knüpft Anlage 1 die UVP-Pflicht nicht an Größen- oder Leistungswerte, tritt an die Stelle der unbedingten UVP die (allgemeine) Vorprüfung (§ 9 Abs. 3 Satz 1 Nr. 1 UVPG). Im Übrigen richtet sich die Vorprüfung gem. § 9 Abs. 3 Satz 1 Nr. 2 UVPG nach Maßgabe der Anlage 1, ggf. ist daher nur die standortbezogene Vorprüfung durchzuführen.[297]

Unabhängig von der Konstellation des Ursprungsvorhabens, die nach § 9 Abs. 1 bis 3 UVPG zur UVP-Pflicht im Einzelfall führt, ist Gegenstand der anschließenden UVP stets nur das Änderungs- und nicht etwa das Gesamt-

---

293 *Tepperwien* in Schink/Reidt/Mitschang, UVPG, § 9 Rn. 3.
294 *Tepperwien* in Schink/Reidt/Mitschang, UVPG, § 9 Rn. 3.
295 *Tepperwien* in Schink/Reidt/Mitschang, UVPG, § 9 Rn. 4.
296 BT-Drs. 18/11499 S. 81.
297 *Tepperwien* in Schink/Reidt/Mitschang, UVPG, § 9 Rn. 6.

vorhaben, auch wenn dessen Auswirkungen bei der fachrechtlichen Prüfung der Genehmigungsfähigkeit zu berücksichtigen sein können.[298]

2.5.2.1.2 Kumulierende Vorhaben

Kumulierende Vorhaben liegen gem. § 10 Abs. 4 Satz 1 UVPG vor, wenn mehrere Vorhaben derselben Art von einem oder mehreren Vorhabenträgern durchgeführt werden und in einem engen Zusammenhang stehen. Ein enger Zusammenhang ist gegeben, wenn sich der Einwirkungsbereich der Vorhaben (§ 2 Abs. 11 UVPG) überschneidet und die Vorhaben funktional und wirtschaftlich aufeinander bezogen sind (§ 10 Abs. 4 Satz 2 UVPG).

Nach § 10 Abs. 1 bis 3 UVPG sind kumulierende Vorhaben im Falle gleichzeitiger Antragstellung wegen der vergleichbaren Umweltauswirkungen nicht anders zu behandeln als würde es sich um ein Vorhaben handeln. Bei ein- und demselben Vorhabenträger soll dies zudem verhindern, dass ein UVP-pflichtiges Vorhaben über eine gestückelte Antragstellung die UVP-Schwellenwerte unterlaufen kann. Ergibt die Addition von zwei oder mehr Vorhaben, die gleichzeitig beantragt werden, dass diese in Summe die maßgeblichen Schwellenwerte erreichen oder überschreiten, ist für sie nach Maßgabe von Anlage 1 die jeweilige Vorprüfung (standortbezogen oder allgemein) bzw. die UVP durchzuführen.

> ***Beispiel:***
> *Vorhabenträger A und B stellen in räumlicher Nähe gleichzeitig Anträge für jeweils zwei Windenergieanlagen; in Summe wird die Schwelle für die standortbezogene Vorprüfung erreicht (Anlage 1, Nr. 1.6.3), ab sechs Anlagen die für die allgemeine Vorprüfung usw.*

Liegen die Anträge bei kumulierenden Vorhaben zeitlich auseinander und ist für das frühere Vorhaben das Zulassungsverfahren bereits abgeschlossen, kommt es darauf an, ob für das frühere eine UVP durchgeführt worden ist.[299] Dann ist für das hinzutretende Vorhaben nach § 11 Abs. 2 Satz 1 UVPG eine UVP nur erforderlich, wenn es für sich die Größen- oder Leistungswerte der UVP-Pflicht erreicht oder überschreitet; andernfalls ist nach für das hinzutretende Vorhaben eine allgemeine Vorprüfung nach § 11 Abs. 2 Satz 1 Nr. 2 UVPG durchzuführen. Gab es für das frühere Vorhaben keine UVP, ist die Rechtsfolge vergleichbar mit § 10 Abs. 1 bis 3 UVPG; allerdings ist die UVP oder Vorprüfung nur für das hinzutretende Vorhaben durchzuführen (§ 11 Abs. 3 UVPG). Da aber ein hinzutretendes Vorhaben, das für sich genommen

298 BT-Drs. 18/11499 S. 80.

299 Nicht ausdrücklich geregelt ist der Fall, dass bei kumulierenden Vorhaben das frühere faktisch (d. h. ohne Zulassungsentscheidung, auf die es nach § 11 Abs. 2 UVPG ankommt) errichtet worden ist; abhängig von der einst fehlenden oder unterlaufenen Genehmigungsbedürftigkeit des früheren Vorhabens können §§ 11 Abs. 3 oder 12 Abs. 3 UVPG analog anzuwenden sein (*Tepperwien* in Schink/Reidt/Mitschang, UVPG, § 11 Rn. 2).

unter dem Prüfwert für eine Vorprüfung liegt, hierdurch im Extremfall direkt UVP-pflichtig werden könnte –

> ***Beispiel:***
> *Neben 20 bestehenden Windenergieanlagen im Einwirkungsbereich wird eine zusätzliche errichtet.*

–, schwächt § 11 Abs. 4 Satz 1 UVPG diese Fälle auf eine allgemeine Vorprüfung ab.

Befindet sich das frühere Vorhaben noch im Zulassungsverfahren und ist dieses für sich genommen UVP-pflichtig, gilt nach § 12 Abs. 1 UVPG für das hinzutretende Vorhaben sinngemäß das Gleiche wie nach § 11 Abs. 2 UVPG. Besteht in einem laufenden Zulassungsverfahren noch keine UVP-Pflicht, kommt es darauf an, ob für dieses bereits alle Antragsunterlagen vollständig eingereicht wurden, wenn der Antrag für das hinzutretende Vorhaben gestellt wird. Sind die Unterlagen für das frühere Vorhaben vollständig, wird dieses wie nach § 11 Abs. 3 UVPG behandelt, d. h. die schwellenwertabhängig durchzuführende Vorprüfung oder UVP betrifft nur das hinzutretende Vorhaben (§ 12 Abs. 2 UVPG). Nur für den Fall, dass bei dem früheren Vorhaben die Antragsunterlagen noch nicht vollständig sind, kann auch dieses noch nachträglich über das kumulierende Vorhaben UVP-pflichtig werden. Im Grundsatz gilt hier nach § 12 Abs. 3 UVPG nichts Anderes als bei Fällen zeitgleicher Antragstellung (§ 10 Abs. 1 bis 3 UVPG), jedoch mit der Modifikation, dass bei einem UVP-pflichtigen Gesamtwert nach § 12 Abs. 4 UVPG dasjenige Vorhaben nur die allgemeine Vorprüfung durchzuführen hat, das weder den Prüfwert für die standortbezogene Vorprüfung noch die allgemeine Vorprüfung erreicht oder überschreitet.

> ***Beispiel:***
> *Vorhabenträger A hat seine Antragsunterlagen für zwei Windenergieanlagen noch nicht vollständig eingereicht, als Vorhabenträger B einen Antrag für 18 Anlagen stellt. Für B ergibt sich die UVP-Pflicht aus § 12 Abs. 3 Satz 1 Nr. 1 UVPG, für A ist nach § 12 Abs. 4 Satz 1, 3 UVPG die allgemeine Vorprüfung ausschlaggebend.*

In der Gesamtschau ergibt sich in den Fällen des §§ 11 Abs. 2, 12 Abs. 1 UVPG eine Art „UVP-Vorbelastung": Unterlag bzw. unterliegt das frühere Vorhaben der UVP-Pflicht, führt dies für das hinzutretende Vorhaben stets zur allgemeinen Vorprüfung, auch wenn es für sich genommen noch nicht einmal den Prüfwert der standortbezogenen Vorprüfung erreichen würde. Umgekehrt erhalten solche Vorhaben immerhin einen „UVP-Rabatt" in Form der allgemeinen Vorprüfung, wenn in den Fällen des § 11 Abs. 3, 12 Abs. 2 und 3 UVPG in Summe die Größen- oder Leistungswerte der UVP-Pflicht erreicht oder überschritten sind.

2.5.2.2 UVP-Vorprüfung

2.5.2.2.1 Allgemeine Vorprüfung

Diversen Vorhaben aus Anlage 1 zum UVPG und einigen Änderungsvorhaben aus § 9 UVPG ist die allgemeine Vorprüfung nach § 7 Abs. 1 UVPG vorgeschaltet, um zu entscheiden, ob eine vollständige UVP im jeweiligen Verfahren erforderlich ist. Die Entscheidung trifft die für die Zulassungsentscheidung zuständige Behörde (§ 5 Abs. 1 UVPG). Gerade vor dem Hintergrund, dass die Zuständigkeit für einen Großteil der UVP-relevanten Zulassungsverfahren mit Vorprüfung den unteren Umweltschutzbehörden zugewiesen ist, Fälle mit unbedingter UVP dagegen deutlich seltener, ist die Befassung mit der Vorprüfung auf kommunaler Ebene von hoher Relevanz.

Die allgemeine Vorprüfung wird als „überschlägige" Prüfung unter Berücksichtigung der in Anlage 3 aufgeführten Kriterien durchgeführt. Mit der Überschlägigkeit ist einerseits gemeint, dass die Prüftiefe nicht an die der eigentlichen UVP heranreichen soll. Andererseits ist „Überschlägigkeit" aber auch nicht im Sinne von „Oberflächlichlichkeit" zu verstehen, weshalb auf eine geeignete und ausreichende Informationsgrundlage nicht verzichtet werden kann.[300] Die Kunst für die zuständige Behörde besteht deshalb darin, die Umweltauswirkungen nicht bis ins allerletzte Detail zu ermitteln, gleichzeitig aber noch eine so belastbare Vorausschau zu treffen, dass diese nicht lediglich spekulativer Natur ist.

Wie sich aus §§ 5 Abs. 1, 7 Abs. 4 UVPG ergibt, hat der Vorhabenträger der Behörde Angaben zur Vorbereitung der Vorprüfung bereitzustellen, damit festgestellt werden kann, ob erhebliche Auswirkungen möglich sind. Für die Vorprüfung gibt Anlage 2 deshalb Einzelheiten vor, welche Angaben der Vorhabenträger bereitzustellen hat. Dazu gehört neuerdings auch, welche Treibhausgasemissionen von dem Vorhaben voraussichtlich verursacht werden, um dem Berücksichtigungsgebot des § 13 Abs. 1 Satz 1 KSG gerecht werden zu können.[301] Die Behörde darf in der Vorprüfung zwar auf die Angaben des Vorhabenträgers Bezug nehmen, diese dürfen die Vorprüfung jedoch nicht ersetzen. Wie sich u. a. aus § 7 Abs. 1 Satz 3 UVPG ergibt (*„nach Einschätzung der Behörde"*), muss sie am Ende eine eigene Beurteilung dokumentieren (§ 7 Abs. 7 UVPG).

Die erforderliche Dokumentation erfolgt daher in einem Vorprüfungsvermerk. Gemäß den Anforderungen der Anlage 2 werden nach Nr. 1 die Merkmale des Vorhabens (z. B. seine Größe) und nach Nr. 2 die Merkmale des Vorhabenstandortes (z. B. Nähe zu einem bebauten Gebiet) aufgeführt. Nach der Nr. 3 werden diese Angaben hinsichtlich der Möglichkeit erheblicher Auswirkungen auf die Schutzgüter beurteilt (Art und Merkmale der Auswirkungen des Vorhabens).

---

300 BVerwG, NVwZ 2012 S. 575 Rn. 25.

301 *Verheyen/Heß/Peters/Schöneberger*, NVwZ 2023 S. 113 (117).

Die Schutzgüter sind in § 2 Abs. 1 UVPG aufgelistet:

(1.) Menschen, insbes. die menschliche Gesundheit, (2.) Tiere, Pflanzen und die biologische Vielfalt, (3.) Fläche, Boden, Wasser, Luft, Klima und Landschaft, (4.) kulturelles Erbe und sonstige Sachgüter sowie (5.) die Wechselwirkung zwischen den vorgenannten Schutzgütern.

Liegen die Angaben nach § 7 Abs. 4 UVPG vor, hat die zuständige Behörde binnen sechs Wochen die Feststellung zu treffen, ob eine UVP-Pflicht besteht (§ 7 Abs. 6 Satz 1 UVPG). Das Ergebnis ist nach § 5 Abs. 2 Satz 1 UVPG bekanntzumachen. Wird die UVP-Pflicht bejaht, kann diese Bekanntmachung mit der Unterrichtung der Öffentlichkeit im Rahmen der UVP (§ 19 UVPG) verbunden werden.

Für den Fall, dass sich nach einer negativen Vorprüfung im späteren Verfahren zuvor unbekannte Tatsachen ergeben, die eine UVP-Pflicht hätten begründen müssen, ist umstritten, ob dies eine erneute Vorprüfung (bzw. den Wechsel in die UVP) zur Folge haben muss. Nach vorzugswürdiger Auffassung dient § 5 UVPG der frühzeitigen Rechtsklarheit für das weitere Verfahren,[302] weshalb eine Änderung des festgestellten Ergebnisses der Vorprüfung nur in Betracht kommen dürfte, wenn sich das Vorhaben selbst gravierend geändert hat. Wurde die Vorprüfung auf Basis unvollständiger Informationen durchgeführt, wäre dies ohnehin ein zu heilender Verfahrensfehler.

2.5.2.2.2 Standortbezogene Vorprüfung

Die standortbezogene Vorprüfung wird gem. § 7 Abs. 2 UVPG als „überschlägige" Prüfung in zwei Stufen durchgeführt. In der ersten Stufe prüft die zuständige Behörde, ob bei dem Neuvorhaben besondere örtliche Gegebenheiten gemäß den in Anlage 3 Nr. 2.3 aufgeführten Schutzkriterien vorliegen. Liegen keine besonderen örtlichen Gegebenheiten vor, erfolgt keine weitere Betrachtung nach den Kriterien der Nrn. 1 bis 3 der Anlage 3 und besteht keine UVP-Pflicht. Ist hingegen ein Schutzgebiet aus Nr. 2.3 betroffen –

> ***Beispiel:***
> *Das Vorhaben liegt in einem Landschaftsschutzgebiet (Nr. 2.3.4).*

–, wird in der zweiten Stufe unter Berücksichtigung aller in Anlage 3 aufgeführten Kriterien geprüft, ob das Neuvorhaben erheblich nachteilige Umweltauswirkungen haben kann, die die besondere Empfindlichkeit oder die Schutzziele des Gebietes betreffen.

302 *Tepperwien* in Schink/Reidt/Mitschang, UVPG, § 5 Rn. 7.

Beispiel:
Ein Wasserschutzgebiet (Nr. 2.3.8) dient – anders als ein Landschafts- oder Naturschutzgebiet – nicht dem Erhalt des Landschaftsbilds (vgl. Nr. 2.2); daher sind derartige Änderungen durch das Vorhaben kein Nachteil für das Schutzziel.

2.5.2.2.3 Erheblichkeit von nachteiligen Umweltauswirkungen

Beiden Vorprüfungsarten ist gemein, dass sie die UVP-Pflicht erst dann auslösen, wenn das Neuvorhaben nach Einschätzung der zuständigen Behörde „erhebliche" nachteilige Umweltauswirkungen haben kann, die bei der Zulassungsentscheidung zu berücksichtigen wären (§ 7 Abs. 1 Satz 3 UVPG). Bei der standortbezogenen Vorprüfung muss es sich um Nachteile für die besondere Empfindlichkeit oder die Schutzziele des Gebietes nach Anlage 3 Nr. 2.3 handeln. Es genügt dabei bei der allgemeinen Vorprüfung für die UVP-Pflicht, wenn bei einem der Schutzgüter nach Anlage 3 Nr. 2 erhebliche nachteilige Auswirkungen festgestellt werden; entsprechend kann sich die Vorprüfung in diesen Fällen auch bereits darin erschöpfen. Um die UVP-Pflicht verneinen zu können, müssen alle Schutzgüter abgeprüft werden.

Dass ein Vorhaben überhaupt keine nachteiligen Umweltauswirkungen hat, ist ausgesprochen selten. Die entscheidende Weichenstellung der Vorprüfung liegt daher letztlich in der Frage, ob die nachteiligen Umweltauswirkungen „erheblich" sind. Dieser Begriff ist gesetzlich nicht näher definiert. In jedem Fall erheblich sind Auswirkungen, die materiell-rechtlich zur Nichtzulassung des jeweiligen Vorhabens führen müssten.

Beispiel:
Die Richtwerte nach TA Lärm werden überschritten.

Da die Vorprüfung allerdings nur die Funktion erfüllen soll, Fallgestaltungen dahingehend zu untersuchen, ob sie im Einzelfall eine umfangreichere UVP rechtfertigen, können nicht erst (rechtliche) Zulassungshindernisse die Erheblichkeit begründen.[303] Nach § 7 Abs. 5 Satz 3 UVPG kann bei der allgemeinen Vorprüfung berücksichtigt werden, inwieweit Prüfwerte für Größe oder Leistung, die die allgemeine Vorprüfung eröffnen, überschritten werden. Hieraus wird nur deutlich, dass die Erheblichkeit eine Frage des Einzelfalls ist.[304] Klarer ist insofern die Regelung des § 7 Abs. 5 Satz 1 UVPG, nach der zu berücksichtigen ist, ob erhebliche nachteilige Umweltauswirkungen durch Merkmale des Vorhabens, des Standorts oder durch Vorkehrungen des Vorhabenträgers offensichtlich ausgeschlossen werden.

303 *Seibert*, NVwZ 2019 S. 337 (342).
304 *Tepperwien* in Schink/Reidt/Mitschang, UVPG, § 7 Rn. 7.

Beispiel:
Eine Windenergieanlage wird aus Artenschutzgründen zu bestimmten Zeiten abgeschaltet.[305]

Wie der Begriff „Vorkehrungen des Vorhabenträgers" nahelegt, müssen diese von ihm selbst im Vorfeld beschrieben worden sein, wobei eine dahingehende Beratung durch die Behörde gleichwohl denkbar ist. Ausgleichs- und Ersatzmaßnahmen (im Artenschutz) zählen nicht zu solchen Vorkehrungen,[306] jedoch Vermeidungs- und Verminderungsmaßnahmen wie CEF-Maßnahmen.[307]

Für die Beurteilung, wann die „Erheblichkeit" von nachteiligen Umweltauswirkungen gegeben ist, lassen sich in Literatur und Rechtsprechung folgende Tendenzen ausmachen:

Da in der Vorprüfung Umweltauswirkungen zu betrachten sind, die bei der Zulassungsentscheidung zu berücksichtigen wären, bildet den Maßstab für die Erheblichkeit grundsätzlich das jeweils für die Zulassung geltende Fachrecht.[308] Große Bedeutung hat deshalb auch, inwieweit in dem danach vorgesehenen Verfahren die Möglichkeit für die Behörde gegeben ist, auf die Umweltauswirkungen in ihrer Entscheidung einzugehen. Hinzu kommt, dass es der eigentlichen UVP vorbehalten bleiben muss, die Qualität von Umweltauswirkungen zu bewerten, weshalb die Erheblichkeit bei der Vorprüfung grundsätzlich nur vom abstrakten Besorgnispotential abhängen kann.[309]

Beispiel:
Eine Windenergieanlage liegt nahe an einem Hauptvogelzugkorridor. Die Nähe an sich begründet das Besorgnispotential; dass es am Standort tatsächlich nur ein sehr niedriges Vogelzugaufkommen gibt, darf im Rahmen der Vorprüfung noch nicht in die Bewertung einfließen.[310]

Bei Planfeststellungsbeschlüssen hat dies zur Folge, dass auch eine geringfügigere Umweltauswirkung erheblich ist, wenn sie abwägungserheblich ist und nicht auszuschließen ist, dass sie Einfluss auf das Ergebnis des Planfeststellungsbeschlusses haben kann.[311] Ein Kriterium ist insoweit, ob für den Umgang mit der Umweltauswirkung im Planfeststellungsbeschluss Nebenbestimmungen zu erwarten wären, die erst als Ergebnis der planerischen Abwägung und nicht bereits vorab aufgrund bestehender Vorgaben feststehen.[312]

---

305 OVG RhPf, Beschl. vom 6.7.2017 – 1 B 11015/17 –, Rn. 40.

306 BT-Drs. 18/11499 S. 79.

307 VGH BW, Urt. vom 20.11.2018 – 5 S 2138/16 –; zu CEF-Maßnahmen s. im Übrigen Kap. 3.5.4.2.2.

308 BVerwGE, NVwZ 2008 S. 563, Rn. 34.

309 *Philipp-Gerlach/Lukas*, ZUR 2014 S. 548 (550).

310 OVG RhPf, Beschl. vom 2.4.2014 – 1 B 10249/14 –.

311 BVerwG, NVwZ 2014 S. 669 Rn. 37.

312 BVerwG, NVwZ 2020 S. 1663, Rn. 29f.

Bei gebundenen Entscheidungen (wie etwa im immissionsschutzrechtlichen Genehmigungsverfahren) erreichen geringfügigere Umweltauswirkungen dagegen noch nicht unbedingt die Erheblichkeitsschwelle i. S. d. § 7 Abs. 1 Satz 3 UVPG.[313] Hier kann etwa die deutliche Annäherung an einen zulässigen Grenzwert ausschlaggebend sein.[314] Speziell bei Windenergieanlagen ist die nicht kompensierbare Beeinträchtigung des Landschaftsbilds noch kein Grund für eine erheblich nachteilige Umweltauswirkung, da diese von solchen Anlagen zwangsläufig hervorgerufen werden, der Gesetzgeber aber bewusst die Entscheidung getroffen hat, bei Windparks mit weniger als 20 Anlagen die UVP-Pflicht von einer Vorprüfung abhängig zu machen.[315]

Auch Artenschutzkonflikte, die bei einem Vorhaben vergleichbarer Art regelmäßig zu erwarten sind und mit standardisierten Nebenbestimmungen bewältigt werden können, sollten in der Regel noch keine erheblich nachteiligen Umweltauswirkungen darstellen. Jedoch soll die Notwendigkeit einer Ausnahme nach § 45 Abs. 7 BNatSchG ohne Weiteres die Erheblichkeit und damit UVP-Pflicht zur Folge haben.[316] Bei Befreiungen von Verboten in Wasserschutzgebieten (§ 52 Abs. 1 Satz 2 WHG) gilt dies hingegen nicht. Soll etwa der an sich verbotene Umgang mit wassergefährdenden Stoffen erlaubt werden, muss auch die Besorgnis tatsächlicher, erheblich nachteiliger Umweltauswirkungen hinzukommen.[317]

2.5.2.2.4 Nachvollziehbarkeit der Vorprüfung

Das Ergebnis der Vorprüfung muss nachvollziehbar sein. Diese Anforderung findet sich nicht in § 7 UVPG, sondern in § 5 Abs. 3 Satz 2 UVPG und betrifft den Fall der gerichtlichen Überprüfung, wenn die UVP-Pflicht verneint wurde. Da die fehlende Nachvollziehbarkeit aufgrund der korrespondierenden Vorschrift des § 4 Abs. 1 Satz 2 UmwRG einen absoluten Verfahrensfehler begründet, sollte bereits beim Abfassen einer solchen Vorprüfung mitbedacht werden, dass diese einer gerichtlichen Plausibilitätskontrolle unterliegen kann. Damit ist gemeint, dass die Begründung das gefundene Ergebnis – keine UVP-Pflicht – tragen muss. Nach der Rechtsprechung fehlt es an der Nachvollziehbarkeit,

- wenn die Vorprüfung zu tiefgehend und damit nicht mehr „überschlägig" durchgeführt wird,[318]
- wenn der Prüfungsmaßstab verkannt wurde, namentlich die Erheblichkeit erst ab dem Überschreiten von (immissionsschutzrechtlichen) Grenzwerten angenommen wird,[319]

313 *Seibert*, NVwZ 2019 S. 337 (342).
314 BVerwG, ZUR 2014 S. 288, Rn. 39.
315 BayVGH, Beschl. vom 19.8.2015 – 22 ZB 15.458 – = BeckRS 2015, 51973, Rn. 36.
316 NdsOVG, ZUR 2020 S. 549 (550).
317 HmbOVG, ZUR 2018 S. 546 (549).
318 BVerwG, NVwZ 2008 S. 1349 Rn. 35; NVwZ 2012 S. 575 Rn. 25.
319 BVerwG, NVwZ 2014 S. 669 Rn. 36.

- wenn der Vorprüfung keine korrekten Ausgangsdaten zugrunde liegen,[320]
- wenn eingereichte Gutachten, auf die in der Vorprüfung Bezug genommen wird, dem Ergebnis widersprechen.[321]

Es empfiehlt sich daher, die Vorprüfung vor ihrem Abschluss auf ihre innere Logik und die korrekte Bezugnahme auf fremde Inhalte hin zu prüfen. Dies gilt gerade auch beim „Verschneiden" unterschiedlicher Daten (z. B. eingereichte Gutachten des Vorhabenträgers, Informationen aus allgemein zugänglichen Quellen, Stellungnahmen von Behörden etc.).

2.5.2.3 Die eigentliche UVP

Besteht von vornherein eine Pflicht zur UVP oder wird diese als Ergebnis einer Vorprüfung von der Behörde festgestellt, enthält das UVPG eine Reihe von vorgegebenen Verfahrensschritten, die das jeweilige Zulassungsverfahren begleiten und zum Teil auch schon vor dessen Antragstellung liegen. Für immissionsschutzrechtliche Verfahren ergeben sich die Schritte aus dem BImSchG bzw. der 9. BImSchV.

Die Schritte im Einzelnen:

- ggf. Feststellung der UVP-Pflicht (§§ 5 ff. UVPG),
- Festlegung des Untersuchungsrahmens (§ 15 UVPG, § 2a 9. BImSchV)
- Erstellung des UVP-Berichts (§ 16 UVPG, § 4e 9. BImSchV),
- Bekanntmachung des Vorhabens (§§ 19 Abs. 1, 20 UVPG, § 8 Abs. 1 9. BImSchV i. V. m. § 20 UVPG)
- Auslegung der Antragsunterlagen (§§ 19 Abs. 2, 20 UVPG, § 10 9. BImSchV i. V. m. § 20 UVPG),
- Beteiligung der Öffentlichkeit (§ 18 Abs. 1 UVPG i. V. m. § 73 Abs. 3 Satz 1, Abs. 5 bis 7 VwVfG, § 10 9. BImSchV),
- Beteiligung anderer Behörden (§ 17 UVPG, § 11 9. BImSchV),
- Frist für Einwendungen (§ 21 UVPG, § 12 9. BImSchV),
- Erörterung (§ 18 Abs. 1 Satz 4 UVPG i. V. m. § 73 Abs. 6 Satz 1 VwVfG, §§ 14 ff. 9. BImSchV),
- zusammenfassende Darstellung (§ 24 UVPG, § 20 Abs. 1a 9. BImSchV),
- begründete Bewertung der Umweltauswirkungen und Berücksichtigung bei der Entscheidung (§ 25 UVPG, § 20 Abs. 1b 9. BImSchV)
- UVP-relevante Angaben in der Entscheidung (§ 26 UVPG, § 21 Abs. 1a 9. BImSchV),
- Bekanntmachung der Entscheidung und Möglichkeit der Einsichtnahme (§ 27 UVPG, § 21a Abs. 2 9. BImSchV).

Sinn und Zweck der Verfahrensschritte ist vielmehr die systematische Prüfung von Umweltaspekten im Verfahren. Das „Herzstück" bildet dabei die

---

320 *Tepperwien* in Schink/Reidt/Mitschang, UVPG, § 5 Rn. 12.
321 BVerwG, NVwZ 2012 S. 575 Rn. 30.

Möglichkeit für die Öffentlichkeit, die Unterlagen des Vorhabenträgers – v. a. den Umweltbericht – einzusehen und sich gem. § 18 UVPG zu dem Vorhaben äußern zu können, was sich auch daran zeigt, dass eine unterlassene Öffentlichkeitsbeteiligung gem. § 4 Abs. 1 Satz 1 Nr. 2 UmwRG zur Aufhebung der Zulassungsentscheidung führt.

2.5.2.3.1 Festlegung des Untersuchungsrahmens (Scoping)

Auf Antrag des Vorhabenträgers oder wenn die zuständige Behörde es für zweckmäßig hält, unterrichtet und berät sie den Vorhabenträger entsprechend dem Planungsstand des Vorhabens frühzeitig über den Inhalt, den Umfang und die Detailtiefe der Angaben, die der Vorhabenträger voraussichtlich in seinen UVP-Bericht aufnehmen muss (§ 15 Abs. 1 Satz 1 UVPG).[322] Da die Beratung „frühzeitig" erfolgen muss, ist ein Zulassungsantrag in diesem Stadium des Vorhabens typischerweise noch nicht gestellt.

Um diesen Untersuchungsrahmen festzulegen, kann bei weniger gravierenden Vorhaben eine schriftliche Unterrichtung durch die Behörde ausreichen. Meist ist jedoch ein vorheriger Besprechungstermin (§ 15 Abs. 3 UVPG) sinnvoll, zumal ein solcher auch als Videokonferenz stattfinden kann.[323] Nach § 15 Abs. 3 Satz 3 UVPG können hieran Sachverständige, für die Beteiligung relevante Behörden, anerkannte Umweltvereinigungen und sonstige Dritte teilnehmen. Mit letzterer Möglichkeit kann die zuständige Behörde den (grundsätzlich nicht öffentlichen) Termin auch für Außenstehende öffnen, deren frühzeitige Einbindung zweckmäßig erscheint.

Beispiele:
Die von dem Vorhaben potentiell betroffene Nachbarschaft, Bürgerinitiativen, Betreiber anderer Anlagen in der Umgebung.

Die Nichtbeteiligung Dritter in diesem Stadium verletzt deren Rechte allerdings nicht.[324]

Vor dem Besprechungstermin sollten alle Teilnehmenden Gelegenheit haben, die durch den Vorhabenträger nach § 15 Abs. 2 UVPG bereitzustellenden Unterlagen zu prüfen, aus denen sich die Merkmale des Vorhabens, des Standorts und die möglichen Umweltauswirkungen ergeben. Umgekehrt ist es sinnvoll, vor dem Termin um eine erste Stellungnahme der Teilnehmenden zu bitten. In der Besprechung kann der Vorhabenträger eingangs das Vorhaben näher vorstellen; anschließend müssen die Hinweise der Teilnehmenden zum Untersuchungsrahmen gesammelt und protokolliert werden (§ 15 Abs. 3 Satz 4 UVPG).

---

322 Zur Parallelvorschrift in der 9. BImSchV s. die Gegenüberstellung oben 2.5.2.3.
323 *Reidt/Augustin* in Schink/Reidt/Mitschang, UVPG, § 15 Rn. 21.
324 BVerwG, NVwZ 2011 S. 680 (682).

2.5.2.3.2 *Bekanntmachung und Auslegung*

Mit der Bekanntmachung nach § 19 Abs. 1 UVPG erfährt die Öffentlichkeit spätestens, dass ein UVP-pflichtiges Vorhaben beantragt wurde. Wie sich aus §§ 16 Abs. 2, 19 Abs. 1 Nr. 5 UVPG ergibt, muss der Vorhabenträger hierzu der zuständigen Behörde insbes. den UVP-Bericht (zu den Inhalten s. § 16 Abs. 1 UVPG) vorgelegt haben. Dieser ist nach § 19 Abs. 2 UVPG zusammen mit den das Vorhaben betreffenden entscheidungserheblichen Berichten und Empfehlungen, die der zuständigen Behörde bei Beginn des Beteiligungsverfahrens vorliegen, einen Monat lang auszulegen. Dies können etwa Stellungnahmen von anderen Behörden oder anerkannten Umweltvereinigungen sein.[325]

Sind in den auszulegenden Unterlagen geheimhaltungsbedürftige Informationen enthalten, namentlich Betriebs- und Geschäftsgeheimnisse, hat der Vorhabenträger diese zu kennzeichnen und eine Darstellung vorzulegen, die den Inhalt der Unterlagen ohne Preisgabe des Geheimnisses beschreibt (§ 23 Abs. 2 Satz 1 UVPG bzw. § 10 Abs. 2 Satz 2 BImSchG). In immissionsschutzrechtlichen Verfahren erlaubt § 10 Abs. 3 der 9. BImSchV der Behörde darüber hinaus, über die Kennzeichnung als „geheim" hinwegzugehen, wenn sie diese für unberechtigt hält und den Antragsteller zuvor angehört hat.

Über Ort und Zeitraum der Auslegung bei der zuständigen Behörde informiert sie gem. § 19 Abs. 1 Nr. 7 UVPG in der Bekanntmachung. Die Auslegung erfolgt zudem drei Wochen nach Zugang der Unterlagen in den Gemeinden, in denen sich das Vorhaben voraussichtlich auswirken wird (§ 18 Abs. 1 Satz 4 UVPG i. V. m. § 73 Abs. 3 Satz 1 VwVfG).

Darüber hinaus verlangt § 20 Abs. 1 Satz 1 UVPG die Bekanntmachung und Auslegung auch über zentrale Internetportale von Bund und Ländern.[326] Die Nutzung durch die Behörden ist NRW per Erlass geregelt worden.[327]

Behörden, deren umweltbezogener Aufgabenbereich durch das Vorhaben berührt wird, werden gem. § 17 Abs. 1 UVPG direkt durch die zuständige Behörde über das Vorhaben unterrichtet und erhalten den UVP-Bericht. Gleiches gilt für die von dem Vorhaben betroffenen Gemeinden und Landkreise. Anerkannte Umweltvereinigungen werden hingegen über die Öffentlichkeitsbeteiligung unterrichtet.[328] Einen Zeitpunkt für die Behördenunterrichtung gibt § 17 UVPG nicht vor, sieht man davon ab, dass wie für die Bekanntmachung nach § 19 UVPG der UVP-Bericht vorliegen muss. Die Behördenunterrichtung kann deshalb auch schon vor Letzterer erfolgen, wobei

325 *Dippel* in Schink/Reidt/Mitschang, UVPG, § 19 Rn. 23.

326 https://www.uvp-verbund.de/portal/ (zuletzt abgerufen am 10.9.2023).

327 Erlass des Ministeriums für Umwelt, Landwirtschaft, Natur- und Verbraucherschutz des Landes Nordrhein-Westfalen vom 24.9.2018, online abrufbar unter https://www.umwelt.nrw.de/umwelt/umwelt-und-ressourcenschutz/planungsrecht/umweltvertraeglichkeitspruefung (zuletzt abgerufen am 10.9.2023).

328 *Reidt/Augustin* in Schink/Reidt/Mitschang, UVPG, § 17 Rn. 10.

dann jedoch zu bedenken ist, dass Stellungnahmen der Behörden, die bereits zum Zeitpunkt der Bekanntmachung eingegangen sind, Teil der Auslegung werden müssen.[329]

2.5.2.3.3 Beteiligung der Öffentlichkeit und anderer Behörden

Der Beginn der Auslegung bedeutet zugleich den Beginn der Äußerungsfrist, auch wenn sich dies nicht direkt aus dem Gesetzeswortlaut ergibt.[330] Die Äußerungsfrist endet einen Monat nach Ablauf der Frist für die Auslegung der Unterlagen (§ 21 Abs. 2 UVPG), dauert daher also mindestens zwei Monate. Bei erheblichem Umfang der Unterlagen kann die Behörde eine längere Frist gewähren, die jedoch höchstens so lang sein darf wie die Stellungnahmefrist für die beteiligten Behörden (§ 21 Abs. 3 Satz 2 UVPG). Letztere (§ 17 Abs. 2 Satz 1 UVPG) wird von der zuständigen Behörde vorgegeben und darf maximal drei Monate betragen (§ 73 Abs. 3a Satz 1 VwVfG).

Die Möglichkeit zu Äußerungen und Einwendungen für die betroffene Öffentlichkeit ist dahingehend zu verstehen, dass für die zuständige Behörde zumindest identifizierbar ist, von welcher Person die Äußerung stammt, und erkennbar ist, welche Aspekte die zuständige Behörde aufgrund der Äußerung im Verfahren näher prüfen soll.[331]

Der Termin für die anschließende Erörterung nach § 73 Abs. 6 Satz 1 VwVfG kann bereits mit der Bekanntmachung nach § 19 Abs. 1 UVPG bekanntgemacht werden, was wegen des organisatorischen Vorlaufs, den das Finden einer passenden Räumlichkeit mit sich bringt, in der Regel auch bereits möglich sein wird. Ansonsten ist die Bekanntmachung spätestens eine Woche vor dem Termin erforderlich (§ 73 Abs. 6 Satz 2 VwVfG). Gegenstand dieser Bekanntmachung muss auch der Hinweis sein, dass bei Ausbleiben eines Beteiligten auch ohne ihn verhandelt und entschieden werden kann (§ 73 Abs. 6 Satz 6 i. V. m. § 67 Abs. 1 Satz 3 VwVfG).

Der genaue Ablauf eines Erörterungstermins ist im UVPG nicht vorgegeben, so dass Behörde und Vorhabenträger im Vorfeld abstimmen sollten, inwieweit z. B. das Vorhaben noch einmal vorgestellt und nach welcher Reihenfolge auf Einwendungen eingegangen werden soll.[332] Eckpunkte für die Verhandlungsleitung und die Niederschrift ergeben sich aus § 68 VwVfG (§ 18 Abs. 1 Satz 4 UVPG i. V. m. § 73 Abs. 6 Satz 6 VwVfG). Im immissionsschutzrechtlichen Verfahren ist der Verlauf des Erörterungstermins in § 18 9. BImSchV ebenfalls nur in Grundzügen angedeutet. In § 18 Abs. 2 9. BImSchV ist vorgesehen, dass die Verhandlungsleitung bestimmen kann, dass Einwendungen zusammengefasst erörtert werden, so dass nicht jede individuelle Einwendung separat besprochen werden muss.

---

329 *Reidt/Augustin* in Schink/Reidt/Mitschang, UVPG, § 17 Rn. 16.

330 *Dippel* in Schink/Reidt/Mitschang, UVPG, § 21 Rn. 12.

331 *Dippel* in Schink/Reidt/Mitschang, UVPG, § 21 Rn. 9.

332 *Fischerauer*, Umweltrecht in der Praxis, Rn. 327.

Eine weitere Besonderheit im immissionsschutzrechtlichen Verfahren ist, dass die Durchführung eines Erörterungstermins nach § 10 Abs. 6 BImSchG im vollen Ermessen der Immissionsschutzbehörden liegt – wie § 12 Abs.1 Satz 4 9. BImSchV ausdrücklich klarstellt, auch bei UVP-pflichtigen Anlagen. Demgegenüber sind die sich aus § 18 Abs. 1 Satz 4 UVPG i. V. m. § 73 Abs. 6 Satz 6 VwVfG ergebenden Möglichkeiten, von der Erörterung abzusehen, deutlich eingeschränkter, da insoweit nur auf § 67 Abs. 2 Nr. 1 und 4 VwVfG verwiesen wird. Beide Nummern setzen voraus, dass mit sämtlichen Beteiligten Einvernehmen besteht, was bei größeren Vorhaben kaum denkbar ist.

2.5.2.3.4 Zusammenfassende Darstellung

Bedingt durch die Öffentlichkeitsbeteiligung kann und soll sich die Sammlung zu berücksichtigender Umweltauswirkungen nach dem UVP-Bericht des Vorhabenträgers noch verändern. Gleiches gilt für die Frage, wie nachteilige Umweltauswirkungen eventuell doch noch vermieden oder abgemildert werden können.

> ***Beispiel:***
> *Aufgrund von Hinweisen in der Öffentlichkeitsbeteiligung entschließt sich der Vorhabenträger dazu, eine für Fledermäuse ungünstige Außenbeleuchtung nachts noch länger abzuschalten als zunächst geplant.*

Die Aufgabe der zusammenfassenden Darstellung liegt deshalb darin, den UVP-Bericht, die behördlichen Stellungnahmen sowie die Äußerungen der betroffenen Öffentlichkeit zusammenzuführen (§ 24 Abs. 2 Satz 1 UVPG). Neben den Umweltauswirkungen des Vorhabens werden dabei auch die Merkmale des Standorts oder des Vorhabens sowie die Maßnahmen erwähnt, mit denen erhebliche nachteilige Umweltauswirkungen ausgeschlossen, vermindert oder ausgeglichen werden sollen. Bestandteil der zusammenfassenden Darstellung sind zudem die Ersatzmaßnahmen bei Eingriffen in Natur und Landschaft.

Die zusammenfassende Darstellung ergibt somit ein „vollständiges Bild" über den Umfang der und den Umgang mit den Umweltauswirkungen. Sie ist deshalb neben der Öffentlichkeitsbeteiligung eines der zentralen Merkmale der UVP.[333]

2.5.2.3.5 Bewertung und Berücksichtigung bei der Entscheidung

Auch wenn die UVP gem. § 25 UVPG beinhaltet, dass Umweltauswirkungen „bewertet" und in der Entscheidung berücksichtigt werden müssen, fällt die UVP nach h. M. kein eigenständiges Urteil über die Genehmigungsfähigkeit (was der Wortbestandteil „Verträglichkeitsprüfung" nahelegen könnte und

---

333 *Beckmann*, ZUR 2014 S. 541 (543).

im Unterschied dazu bei der FFH-Verträglichkeitsprüfung auch so ist). Dies gilt zumindest für Zulassungsverfahren mit gebundener Entscheidung, während für Planfeststellungsentscheidungen z. T. vertreten wird, dass die Ergebnisse der UVP einen Rahmen für die Abwägung darstellen und ihnen insoweit auch materiell-rechtliche Bedeutung zukommt.[334] Zur Einbindung der zusammenfassenden Darstellung und der Bewertung in einem Bescheid vgl. Kap. 2.4.3.3.1.4.

2.5.2.3.6 Schlussbekanntmachung und Überwachung

Die abschließende Transparenz über den Ausgang des Verfahrens wird über eine Bekanntmachung nach § 27 Abs. 1 UVPG i. V. m. § 74 Abs. 5 VwVfG erreicht. Neben der Bekanntmachung über die Entscheidung zur Zulassung oder Ablehnung des Vorhabens ist in entsprechender Anwendung des § 74 Abs. 4 Satz 2 VwVfG der Bescheid zur Einsicht auszulegen. Über die entsprechende Anwendung von § 20 UVPG für Satz 1 („hierfür") ist das UVP-Portal nicht nur für die Bekanntmachung der Entscheidung, sondern auch die Einsichtnahme in den gesamten Bescheid zu nutzen.[335]

2.5.2.4 Besonderheiten der SUP

Die Strategische Umweltprüfung (SUP) ähnelt im Grundsatz der UVP. Ihre Besonderheiten ergeben sich daraus, dass sie nicht für einzelne Projekte, sondern für Pläne und Programme gedacht ist. Entsprechend enthält die Anlage 6 zum UVPG etwa eine andere Prüfstruktur für die auch bei der SUP mögliche Vorprüfung des Einzelfalls (§ 35 Abs. 2 UVPG).

Da anders als bei der UVP am Ende eines Planungsprozesses keine finale Beurteilung durch eine andere Behörde erfolgt, sondern die zuständige Behörde vielmehr selbst ihren eigenen Plan oder ihr eigenes Programm annimmt oder ablehnt (§ 44 Abs. 1 UVPG), sind wesentliche Schritte, die bei der UVP erst gegen Ende erfolgen, bei der SUP vorverlagert. Statt einer zusammenfassenden Darstellung vor der abschließenden Entscheidung (§ 24 UVPG) hat die zuständige Behörde nach § 40 Abs. 1 Satz 1 UVPG frühzeitig einen Umweltbericht zu erstellen, mit dem sie zugleich schon vorläufig die Umweltauswirkungen des Plans oder Programms bewertet (§ 40 Abs. 3 UVPG). Der eigentliche Prüfauftrag der SUP ist damit bereits vor der Behörden- und Öffentlichkeitsbeteiligung im Wesentlichen abgearbeitet.[336] Für die Öffentlichkeitsbeteiligung gelten (mit geringfügigen Modifikationen) über § 42 UVPG die Vorschriften für die UVP (namentlich §§ 18 Abs. 1, 19, 21 Abs. 1, 22 UVPG) entsprechend.

---

334 *Kahl/Gärditz*, Umweltrecht, § 4 Rn. 110 f.

335 *Kümper* in Schink/Reidt/Mitschang, UVPG, § 27 Rn. 5.

336 *Kahl/Gärditz*, Umweltrecht, § 4 Rn. 120.

Eine weitere Besonderheit der SUP besteht schließlich in der gem. § 45 UVPG bestehenden Monitoring-Pflicht.

2.5.3 Rechtsschutz

Die behördliche Entscheidung über umweltrelevante Vorhaben kann Auswirkungen auf bestimmte Personenkreise (betroffene Dritte) haben, aber auch auf die Umwelt allgemein. Für den Individualrechtsschutz gelten grundsätzlich dieselben Regelungen des Verwaltungsprozessrechts (insbes. die VwGO) wie im übrigen Verwaltungsrecht auch. Ergänzend kommen – zum Teil noch recht neue – Spezialregelungen speziell im Bereich umweltrechtlicher Zulassungsverfahren. Mit dem Umwelt-Rechtsbehelfsgesetz besteht zudem ein Sonderverwaltungsprozessrecht.

2.5.3.1 Individualrechtsschutz

Soll gerichtlich geklärt werden, ob eine Entscheidung rechtmäßig ist, stehen im Umweltrecht einer von der Entscheidung betroffenen Person zunächst dieselben Instrumente zur Verfügung wie im übrigen Verwaltungsrecht:

- Anfechtungsklage (§ 42 VwGO),
- Verpflichtungsklage (§ 42 VwGO),
- Feststellungsklage (§ 43 VwGO).

Dem Rechtsschutz dienen u. a. auch die im Umweltrecht vorgesehenen Beteiligungsrechte, insbes. im Immissionsschutz die Möglichkeit, bei förmlichen Verfahren Einwendungen zu erheben (§ 10 Abs. 3 Satz 4 BImSchG). Im Umweltrecht ist in NRW zudem zu beachten, dass einer Klage weiterhin das Widerspruchsverfahren vorgeschaltet ist, wenn sich am Verwaltungsverfahren nicht beteiligte Dritte, die sich gegen den Erlass eines einen anderen begünstigenden Verwaltungsaktes wenden, Widerspruch einlegen (§ 110 Abs. 3 Satz 1 JustG NRW).

Zu beachten ist dabei das Verletztenprinzip, d. h. klagen kann nur, wer behaupten kann, in eigenen Rechten betroffen zu sein. Dazu muss eine Rechtsnorm auch dem Schutz des Einzelnen dienen.

Beispiel:
§ 5 Abs. 1 Nr. 1 BImSchG nennt ausdrücklich den Schutz der Nachbarschaft vor schädlichen Umwelteinwirkungen, d. h. diese kann Lärmschutzmaßnahmen einklagen. Die Risikovorsorge in § Abs. 1 Nr. 2 BImSchG dient hingegen nicht dem Schutz der/des Einzelnen.

2.5.3.2 Spezialregelungen im Bereich umweltrechtlicher Zulassungsverfahren

Gerade mit Blick auf den Umbau der Energieversorgung sind in den vergangenen Jahren diverse Spezialregelungen in der VwGO erlassen worden, die etwa Genehmigungsverfahren für Windenergieanlagen oder Planfeststellungsverfahren für Hochspannungsfreileitungen betreffen. Diese sind nach § 48 Abs. 1 VwGO der erstinstanzlichen Zuständigkeit der Oberverwaltungsgerichte zugewiesen, um mit dem verkürzten Instanzenzug für eine schnellere Rechtskraft entsprechender Pläne oder Genehmigungen zu sorgen (§ 48 Abs. 1 Satz 1 Nr. 3a, 4 VwGO).

Widersprüche und Anfechtungsklagen von Dritten gegen die Zulassung einer Windenergieanlage an Land mit einer Gesamthöhe von mehr als 50 m haben zudem keine aufschiebende Wirkung (§ 63 BImSchG). Um auch Verfahren zur Anordnung der aufschiebenden Wirkung (§ 80 Abs. 5 Satz 1 VwGO) zu beschleunigen, sind in § 80c VwGO zusätzliche Regelungen u. a. für Klagen nach § 48 Abs. 1 Satz 1 Nr. 3 bis 15 VwGO vorgesehen.[337] Im Eilverfahren kann das Gericht danach einen Mangel des angefochtenen Verwaltungsaktes außer Acht lassen, wenn offensichtlich ist, dass dieser in absehbarer Zeit behoben sein wird. Ein solcher Mangel kann insbes. eine Verletzung von Verfahrens- oder Formvorschriften sowie ein Mangel bei der Abwägung im Rahmen der Planfeststellung oder der Plangenehmigung sein. Maßgeblich ist, ob das Gericht zu der Überzeugung gelangt, dass der Mangel in absehbarer Zeit behoben sein wird, was beispielsweise der Fall sein wird, wenn bereits ein ergänzendes Verfahren zur Mangelbehebung eingeleitet worden ist.[338] Bejaht das Gericht nach der Abwägung den Anordnungsanspruch dem Grunde nach, soll es die aufschiebenden Wirkung in der Regel nur auf diejenigen Maßnahmen des angefochtenen Verwaltungsaktes beschränken, um andernfalls drohende irreversible Nachteile (für die antragstellende Person) zu verhindern. Unproblematische Teile eines Vorhabens können dadurch bereits vor der Klärung im Hauptsacheverfahren verwirklicht werden.

Zusätzlich enthält § 87c VwGO ein Vorrang- und Beschleunigungsgebot für die genannten Verfahren. Die Norm gilt auch für Normenkontrollanträge gegen Bauleit- und Raumordnungspläne mit Festlegungen von Gebieten zur Nutzung von Windenergie.[339] Dadurch soll es für planungsrechtliche Fragestellungen, die für die Zulassung im Übrigen von erheblicher Bedeutung sind, ebenfalls zu einer möglichst kurzen Verfahrensdauer kommen. Nach § 87c Abs. 2 VwGO sollen in diesen Verfahren in geeigneten Fällen die Beteiligten zu einem frühen ersten Termin zur Erörterung des Sach- und Streit-

---

337 Gesetz zur Beschleunigung von verwaltungsgerichtlichen Verfahren im Infrastrukturbereich, BGBl. 2023 I Nr. 71 vom 20.3.2023.

338 BT-Drs. 20/5165, S. 16.

339 Im Bereich der Bauleitpläne muss es sich um Gebiete handeln, die spezifisch für die Windenergie ausgewiesen wurden (BT-Drs. 20/5165 S. 17).

stands und zur gütlichen Beilegung des Rechtsstreits geladen werden; andernfalls sollen mit den Beteiligten der weitere Ablauf des Verfahrens und die mögliche Terminierung der mündlichen Verhandlung erörtert werden.

2.5.3.3 Verbandsklagerechte

In Deutschland gilt grundsätzlich ein subjektiviertes Rechtsschutzsystem, d. h. das Prinzip der Verletztenklage (§ 42 Abs. 2 VwGO), bei dem die betroffene Person geltend machen muss, in eigenen Rechten verletzt zu sein. Im Umweltrecht bedeutet dies, dass die jeweilige Norm auch zum Schutz des Einzelnen gedacht sein muss. Viele Umweltschutznormen dienen jedoch in erster Linie der Umwelt selbst und damit reflexhaft der Allgemeinheit. Um diese Lücke zu schließen, wurde im Anwendungsbereich des Naturschutzrechts bereits 2002 ein Verbandsklagerecht für anerkannte Naturschutzvereinigungen geschaffen. Die allgemeine umweltrechtliche Verbandsklage steht im Zusammenhang mit der Aarhus-Konvention und dem Umwelt-Rechtsbehelfsgesetz (s. dazu Kap. 2.5.3.4).

Die zeitlich ältere und zum Teil schon vorlaufend in Landesgesetzen enthaltene[340] Rechtsbehelfsmöglichkeit von anerkannten Naturschutzvereinigungen ist in § 64 BNatSchG geregelt. Sie ist auf Entscheidungen nach § 63 Abs. 1 Nr. 2 bis 4, Abs. 2 Nr. 4a bis 7 BNatSchG beschränkt und reicht damit nicht so weit wie die Beteiligungsrechte der anerkannten Verbände nach § 63 BNatSchG. Auch sind von dieser Regelung einige praktisch relevante Fälle noch nicht erfasst, z. B. Plangenehmigungen ohne Öffentlichkeitsbeteiligung oder die Erteilung von wesentlichen Ausnahmen von Geboten und Verboten in Landschafts- oder Naturschutzgebieten. Derartige Lücken füllt in Nordrhein-Westfalen allerdings § 68 LNatSchG, der die Klagemöglichkeit auf Entscheidungen nach § 66 Abs. 1 Nr. 1 bis 8 und 10 LNatSchG NRW erweitert, soweit Verfahren zur Ausführung von landesrechtlichen Vorschriften betroffen sind.

In jedem Fall beschränkt sich die Rechtsbehelfsmöglichkeit nach § 64 BNatSchG bzw. § 68 LNatSchG NRW auf die Verletzung von spezifischem Naturschutzrecht; lediglich bei Planfeststellungsbeschlüssen und Plangenehmigungen kommen darüber hinaus andere gesetzliche Bestimmungen in Betracht, die zumindest auch den Belangen des Naturschutzes und der Landschaftspflege zu dienen bestimmt sind. Weitere Voraussetzung für die Verbandsklage ist nach Bundes- wie Landesrecht, dass die betreffende Naturschutzvereinigung zur Mitwirkung nach § 63 BNatSchG bzw. § 66 LNatSchG NRW berechtigt war und sich hierbei in der Sache geäußert hat oder ihr keine Gelegenheit zur Äußerung gegeben worden ist. Nimmt eine Vereinigung die ihr eingeräumte Möglichkeit, sich in das Verfahren einzubringen,

340 Zur Geschichte und Übersicht der landesrechtlichen Regelungen vgl. nur *Seelig/Gündling*, NVwZ 2002 S. 1033 (1035).

gewollt oder ungewollt (z. B. aus Personal- oder Zeitmangel) nicht wahr, steht ihr die Verbandsklage nicht zu.[341]

2.5.3.4 Umwelt-Rechtsbehelfsgesetz

In Umsetzung der Aarhus-Konvention gestattet seit 2006 das Umwelt-Rechtsbehelfsgesetz (UmwRG) anerkannten Umweltvereinigungen, auch gegen Zulassungsentscheidungen vorzugehen, bei denen keine Individualrechtsverletzung gegeben sein muss und die Anwendung umweltbezogener Rechtsvorschriften generell im Raum steht (vgl. § 1 Abs. 1 Satz 1 Nr. 5 UmwRG). Ein weiterer entscheidender Unterschied gegenüber dem Verbandsklagerecht nach dem BNatSchG liegt in der Möglichkeit, formell-rechtliche Rechtsverstöße einklagen zu können, namentlich fehlerhafte oder nicht durchgeführte UVP (§ 1 Abs. 1 Satz 1 Nr. 1 UmwRG); Entsprechendes gilt für die SUP bei Plänen und Programmen (§ 1 Abs. 1 Satz 1 Nr. 4 UmwRG). Neben dieser Verknüpfung mit dem UVPG liegt ein weiterer Anwendungsbereich in Entscheidungen nach dem USchadG (s. Kap. 2.6), § 1 Abs. 1 Satz 1 Nr. 3 UmwRG. Darüber hinaus ist die Klagebefugnis generell eröffnet bei allen immissionsschutzrechtlichen Genehmigungen im förmlichen Verfahren (s. Kap. 5.5.1.1.1), wasserrechtlichen Erlaubnissen gem. § 8 WHG, die mit IE-Anlagen verbunden sind sowie gegen deponierechtliche Planfeststellungsbeschlüsse (§ 1 Abs. 1 Satz 1 Nr. 2 UmwRG). Mit störfallrechtlichen Genehmigungsverfahren befassen sich § 1 Abs. 1 Satz 1 Nr. 2a und 2b UmwRG.

Über den weiten Auffangtatbestand des § 1 Abs. 1 Satz 1 Nr. 5 UmwRG fallen schließlich aber auch alle sonstigen Verwaltungsakte oder öffentlich-rechtliche Verträge in den sachlichen Anwendungsbereich, wenn durch sie Vorhaben unter Anwendung umweltbezogener Rechtsvorschriften des Bundesrechts, des Landesrechts oder unmittelbar geltender Rechtsakte der Europäischen Union zugelassen werden. Umweltbezogene Rechtsvorschriften sind gem. § 1 Abs. 4 UmwRG Bestimmungen, die sich zum Schutz von Mensch und Umwelt auf den Zustand von Umweltbestandteilen i. S. v. § 2 Abs. 3 Nr. 1 UIG oder Faktoren i. S. v. § 2 Abs. 3 Nr. 2 UIG beziehen (für Einzelheiten s. Kap. 2.5.1). Das BVerwG brachte dies auf die einfachere Formel, dass es sich um Rechtsvorschriften handeln muss, die *„zumindest auch dem Umweltschutz zu dienen bestimmt"*[342] sind, was bei allen Genehmigungsvorbehalten im Umweltrecht der Fall ist. Randliche Abgrenzungsschwierigkeiten betreffen deshalb eher Fragen, ob auch Bebauungspläne (Satzungen) umweltbezogene Rechtsvorschriften sind.[343] Wie bereits zum UIG dargestellt, ergeben sich aber für die in den nachfolgenden Kapiteln dargestellten Umweltrechtsgebiete praktisch keine Einschränkungen. Innerhalb des Umweltrechts liegt die Begrenzung des Anwendungsbereichs von § 1 Abs. 1 Satz 1

341 *Gellermann* in Landmann/Rohmer, UmweltR, BNatSchG § 64 Rn. 21.

342 BVerwGE 144, 243 Rn. 12.

343 Nach h. M. ist dies der Fall, vgl. nur *Happ* in Eyermann, UmwRG, § 1 Rn. 31.

Nr. 5 UmwRG somit allein in der Frage, ob ein Vorhaben „zugelassen", d. h. wenigstens ein maßgeblicher Beitrag für die spätere rechtliche Zulässigkeit der Verwirklichung geleistet wird. Auf diese Weise unterfallen auch immissionsschutzrechtliche Genehmigungen im vereinfachten Verfahren (s. Kap. 5.5.1.1.3) dem UmwRG, ferner auch Vorbescheide[344], nicht jedoch Freistellungsentscheidungen nach § 15 Abs. 2 Satz 2 BImSchG.[345] Ordnungsbehördliche Verbote sind nicht nach dem UmwRG rechtsbehelfsfähig.[346]

Die formellen Anforderungen einer verwaltungsgerichtlichen Klage werden durch § 6 UmwRG dahingehend modifiziert, dass innerhalb von zehn Wochen die zur Klagebegründung dienenden Tatsachen und Beweismittel anzugeben sind. Allerdings gilt auch nach dem Ablauf dieser Frist weiter der verwaltungsprozessuale Amtsermittlungsgrundsatz.[347]

Gemäß § 4 Abs. 1 Satz 1 Nr. 1 UmwRG ist eine Zulassungsentscheidung bereits deswegen aufzuheben, weil eine UVP nicht durchgeführt oder nachgeholt wurde. Nr. 2 ist anwendbar, wenn eine erforderliche Öffentlichkeitsbeteiligung (vollständig) unterblieben ist. Gleiches gilt nach § 4 Abs. 1 Satz 2 UmwRG, wenn eine durchgeführte Vorprüfung des Einzelfalls zur Feststellung der UVP-Pflichtigkeit nicht den Vorgaben der §§ 5 Abs. 3 Satz 2, 7 UVPG entspricht, insbes. das Ergebnis nicht „nachvollziehbar" ist (s. dazu Kap. 2.5.2.2.4). Allerdings besteht nach § 4 Abs. 1b Satz 1 UmwRG die Möglichkeit für die Behörde, auch im laufenden gerichtlichen Verfahren durch eine Entscheidungsergänzung oder ein ergänzendes Verfahren die UVP oder die Vorprüfung nachzuholen und damit die Aufhebung der Entscheidung abzuwenden.

2.6 Umweltschadensrecht

Vor allem durch den Betrieb von Anlagen, unsachgemäß durchgeführte Bauarbeiten oder den Umgang mit Schadstoffen kann es zu erheblichen Umweltschäden kommen. Das Umweltrecht soll dafür sorgen, solche Schäden von vornherein zu verhindern. Kommt es dennoch zu Schädigungen in der Umwelt oder von Personen über Umweltmedien (z. B. Luftverschmutzung), müssen diese Schädigungen wirksam geahndet werden können. Dies geschieht außer über das Strafrecht[348] und die zivilrechtliche Umwelthaftung[349] im öffentlich-rechtlichen Bereich über das Umweltschadensgesetz.[350]

344 *Happ* in Eyermann, UmwRG, § 1 Rn. 19.

345 BayVGH, ZUR 2019 S. 491.

346 Was evtl. nicht mit der Aarhus-Konvention vereinbar sein könnte, zur Problematik *Franzius* in Schink/Reidt/Mitschang, UmwRG, § 1 Rn. 27.

347 *Schlacke*, NVwZ 2019 S. 1392 (1396).

348 Bsp. §§ 324 ff. StGB und die spezialgesetzlichen Straftatbestände wie § 71 BNatSchG.

349 Umwelthaftungsgesetz vom 19.12.1990.

350 Umweltschadensgesetz vom 10.5.2007, in Kraft seit 14.11.2007.

Das Umweltschadensgesetz ergänzt das öffentlich-rechtliche Handlungsinstrumentarium (das z. T. auch schon nach den jeweiligen Fachgesetzen besteht), um den Verursacher eines Umweltschadens zur Sanierung und Kostentragung heranziehen zu können. Das USchadG basiert auf der Umwelthaftungs-Richtlinie 2004/35/EG. Diese wiederum war u. a. eine Reaktion auf die Explosion in einem Chemiewerk in Italien am 10.7.1976, bei der eine unbekannte Menge Dioxin ein etwa 6 km^2 großes Gebiet verseuchte, darunter auch den Ort Seveso.

Das Tätigwerden nach dem USchadG steht nicht im Entschließungsermessen der Umweltschutzbehörden,[351] § 7 Abs. 2 USchadG räumt lediglich ein Auswahlermessen zwischen Vermeidungs-, Schadensbegrenzungs- und Sanierungsmaßnahmen oder vorheriger Informationssammlung ein. Dieses Ermessen kann ebenfalls noch einmal auf die Durchsetzung von Sanierungspflichten reduziert werden, wenn eine anerkannte Vereinigung nach § 3 UmwRG dies beantragt und den Eintritt eines Umweltschadens glaubhaft macht (§ 10 USchadG).

Zeitlich ist das USchadG nur auf Schadensereignisse ab dem 30.4.2007 anwendbar. Da die Umwelthaftungs-Richtlinie und das USchadG bei ihrem Inkrafttreten auf bereits vorhandene Umweltgesetze trafen, ist für die Regelungen kennzeichnend, dass sie die übrigen Gesetze lediglich ergänzen, weshalb der Anwendungsbereich nur spezifisch für das jeweilige Umweltrechtsgebiet ermittelt werden kann.

§ 1 USchadG lautet daher: *„Dieses Gesetz findet Anwendung, soweit Rechtsvorschriften [...] die Vermeidung und Sanierung von Umweltschäden nicht näher bestimmen [...]. Rechtsvorschriften mit weitergehenden Anforderungen bleiben unberührt."*

2.6.1 Umweltschaden

Das Zusammenspiel mit dem Fachrecht beginnt bereits bei der Frage, wann ein Umweltschaden vorliegt. Grundsätzlich kennt § 2 Nr. 1 USchadG drei Arten von Umweltschäden:

- den Biodiversitätsschaden (Nr. 1 lit. a) – eine Schädigung von Arten und natürlichen Lebensräumen nach Maßgabe des § 19 BNatSchG, geschützt ist daher nicht die Biodiversität in ihrer gesamten biologischen Vielfalt (§ 7 Abs. 1 Nr. 1 BNatSchG), sondern nur bestimmte geschützte Arten und natürliche Lebensräume i. S. d. § 19 Abs. 2 und 3 BNatSchG i. V. m. Anhängen der FFH-RL und Vogelschutz-RL,
- einen Gewässerschaden (Nr. 1 lit b), der nach Maßgabe des § 90 WHG „erheblich" sein muss, sowie

351 OVG SH, Urt. vom 4.2.2016 – 1 LB 2/13 –, Rn. 108.

- einen Bodenschaden (Nr. 1 lit. c), bei dem durch Einbringung von Stoffen etc. auf, in oder unter den Boden eine Beeinträchtigung der Bodenfunktionen i. S. d. § 2 Abs. 2 BBodSchG und zusätzlich eine Gefahr für die menschliche Gesundheit versursacht wurde.

Während für den Gewässerschaden eine Problematik darin besteht, die „Erheblichkeit" des Schadens (insbes. der Verschlechterung des ökologischen oder chemischen Zustands) zu bestimmen,[352] lässt sich im Naturschutzrecht zwar über § 19 Abs. 5 BNatSchG i. V. m. den Kriterien des Anhangs I der Umwelthaftungs-RL die „Erheblichkeit" konkreter bestimmen. Dafür spricht der Schadensbegriff in § 19 Abs. 1 BNatSchG von *„nachteiligen Auswirkungen auf die Erreichung oder Beibehaltung des günstigen Erhaltungszustands"* von Lebensräumen oder Arten, was dem Wortlaut der FFH-Richtlinie entspricht. Auf diese Gebiete ist der Anwendungsbereich jedoch gerade nicht beschränkt,[353] was das Problem mit sich bringt, dass die Naturschutzbehörden außerhalb der Schutzgebiete in der Regel geringere Erkenntnisse über den Erhaltungszustand der Arten haben. Dafür enthält § 19 Abs. 5 Satz 2 BNatSchG allerdings eine Regelvermutung für nicht erhebliche Schäden. Im Bereich der Bodenschäden ist zu beachten, dass die gesetzesimmanente Einschränkung auf Gefahren für die menschliche Gesundheit deutlich über der Sanierungsschwelle nach dem BBodSchG liegt, da eine „schädliche Bodenveränderung" nicht erst bei eingetretenen Gesundheitsgefahren vorliegt. Darüber hinaus sind die Bodenschutzgesetze und -verordnungen auch ansonsten weitreichender als das USchadG (etwa hinsichtlich der Inanspruchnahme von Verantwortlichen), so dass hier die Subsidiaritätsklausel des § 1 USchadG greift.

2.6.2 Verantwortliche/berufliche Tätigkeit

Verantwortlich und damit von der Behörde etwa für Schadensbegrenzungs- oder Sanierungsmaßnahmen heranzuziehen sind nur solche Personen, die den Umweltschaden in Ausübung einer beruflichen Tätigkeit nach Anlage 1 des USchadG verursacht haben. Dieser Begriff ist nicht dahingehend zu verstehen, dass die konkret handelnde Person als letztes Glied der Kausalkette verantwortlich sein soll; stattdessen soll die Organisation, der die Tätigkeit nach Anlage 1 zuzurechnen ist, verantwortlich sein.

> ***Beispiele:***
> *Genehmigungsbedürftige Anlagen nach der Industrieemissionsrichtlinie (IE-Richtlinie, „E-Anlagen" nach der 4. BImSchV), planfestgestellte Deponien, Einbringung und Einleitung von Schadstoffen in Gewässer, Gefahrguttransporte.*

---

352 Diskutiert wird u. a., ob jegliche Verschlechterung oder erst die Herabstufung des Gewässers in eine niedrigere Kategorie der Wasserrahmenrichtlinie für die Erheblichkeitsschwelle ausreicht (*Petersen* in Landmann/Rohmer, UmweltR, WHG § 90 Rn. 39).

353 *Gellermann* in Landmann/Rohmer, UmweltR, BNatSchG § 19 Rn. 12 f.

Die Liste der beruflichen Tätigkeiten ist abschließend. In diesen Fällen ist kein Verschulden erforderlich (§ 3 Abs. 1 Nr. 1 USchadG). Bei Biodiversitätsschäden reicht dagegen auch jede sonstige berufliche Tätigkeit, jedoch nur bei vorsätzlichem oder fahrlässigem Handeln (Beweislast bei Behörde). Der EuGH hat entschieden, dass der Begriff der beruflichen Tätigkeit im Sinne der Umwelthaftungsrichtlinie auch Tätigkeiten erfasst, die aufgrund gesetzlicher Aufgabenübertragung im öffentlichen Interesse ausgeübt werden (in diesem Fall: ein Deichverband, der Arbeiten Vogelschutzgebiet durchgeführt hatte).[354]

2.6.3 Kausalität

Zwischen Tätigkeit und Schaden muss eine Kausalität bestehen. Dies festzustellen kann sehr schwierig sein, aufgrund der mitunter komplexen technischen Vorgänge bei einem Anlagenbetrieb einerseits und den vielfältigen Zusammenhängen in der Umwelt andererseits. Schon im Gesetzgebungsprozess wurde festgehalten, dass ein Kausalverlauf *„nicht lückenlos und mit unumstößlicher Gewissheit nachzuweisen [ist]. Es genügen sich aus den objektiv vorliegenden Umständen ergebende gewichtige Indizien"*[355]. Behörden dürfen nach der Rspr. des EuGH den ursächlichen Zusammenhang zwischen der Verschmutzung und den Tätigkeiten des Betreibers vermuten.[356] Kriterien für eine solche Vermutung können die Nähe der Anlage zur Verschmutzung oder die Übereinstimmung gefundener Schadstoffe mit genutzten Komponenten sein.

2.6.4 Pflichten und Handlungsbefugnisse der Behörden

Besteht die unmittelbare Gefahr eines Umweltschadens (§ 2 Nr. 5 USchadG) oder ist ein Umweltschaden eingetreten, hat der Verantwortliche nach § 4 USchadG die zuständige Behörde unverzüglich über alle bedeutsamen Aspekte des Sachverhalts zu unterrichten und nach § 5 USchadG die erforderlichen Vermeidungsmaßnahmen zu ergreifen.

§ 6 USchadG regelt unmittelbar für die Verantwortliche, bei einem eingetretenen Umweltschaden die erforderlichen Schadensbegrenzungsmaßnahmen vorzunehmen. Eine Schadensbegrenzungsmaßnahme ist nach § 2 Nr. 7 USchadG jede Maßnahme, um die betreffenden Schadstoffe oder sonstigen Schadfaktoren unverzüglich zu kontrollieren, einzudämmen, zu beseitigen oder auf sonstige Weise zu behandeln, um weitere Umweltschäden und nachteilige Auswirkungen auf die menschliche Gesundheit oder eine weitere Beeinträchtigung von Funktionen zu begrenzen oder zu vermeiden.

---

354 EuGH, Urt. vom 7.7.2020 – C-297/19 –.

355 BR-Drs. 678/06 S. 44.

356 EuGH, Urt. vom 9.3.2010 – C-378/08 –.

Was auf diese Weise nicht verhindert werden kann, ist seitens der Verantwortlichen nach § 8 USchadG als Sanierungsmaßnahme zu ergreifen. Für Letztere statuiert § 8 Abs. 1 USchadG die Verantwortlichenpflicht, die gemäß den fachrechtlichen Vorschriften erforderlichen Sanierungsmaßnahmen zu ermitteln und der zuständigen Behörde zur Zustimmung vorzulegen. Fachrechtliche Vorgaben sind gem. § 2 Nr. 10 USchadG das BNatSchG, das WHG sowie das BBodSchG sowie die zu ihrer Ausführung erlassenen Verordnungen. Während sich für die Sanierung als solche damit keine über das Fachrecht hinausgehenden Anforderungen ergeben, ergänzt die in § 8 Abs. 1 USchadG vorgesehene Regelung, dass die Verantwortlichen etwa die erforderlichen Gutachten für die Sanierungsmöglichkeiten in Auftrag geben müssen, zum Teil tatsächlich die fachrechtlichen Befugnisse. So gilt etwa § 17 Abs. 4 Satz 1 BNatSchG nur für zu genehmigende Eingriffe, aber nicht für die Frage, wie ein illegaler Eingriff in Natur und Landschaft rückgängig gemacht werden kann.

Flankiert werden die Pflichten der Verantwortlichen durch die behördliche Durchsetzung. Die zuständige Behörde hat insbes. Informationsrechte (§ 7 Abs. 2 Nr. 1 USchadG), entscheidet über Sanierungsmaßnahmen (§ 8 Abs. 2 USchadG), überwacht die Durchführung der Gefahrenabwehr- und Sanierungsmaßnahmen (§ 7 Abs. 1 USchadG) und ordnet die Durchführung ggf. an (§ 7 Abs. 2 USchadG). Dabei hört sie Betroffene und Vereinigungen an (§ 8 Abs. 4 USchadG). Die Kosten der Gefahrenabwehr- und Sanierungsmaßnahmen trägt der Verursacher (§ 9 Abs. 1 Satz 1 USchadG).

3. Naturschutz

Die Anfänge der bewussten Bewahrung der Natur durch den Menschen liegen im Schutz von als besonders „schön" empfundenen Landschaftsbestandteilen und dem Schutz von Vögeln.[357] Naturschutz muss jedoch über den reinen Landschafts- oder Artenschutz hinausgehen und kann sich nicht auf von Menschen unberührte Gebiete beschränken, da Pflanzen, Tiere, Organismen etc. miteinander in einem Bedingungs- und Wirkungszusammenhang stehen. Insbesondere sind auch die nicht als ästhetisch herausragend einzustufenden Elemente der Natur eine Grundlage für die Entwicklung von Leben. Natur ist somit ein Wert an sich; nicht zuletzt bildet sie auch die Grundlage für Leben und Gesundheit des Menschen.

3.1 Schutzgut und Regelungsbereich

Die Natur auch in Verantwortung für die künftigen Generationen so zu schützen, dass die biologische Vielfalt, die Leistungs- und Funktionsfähigkeit des Naturhaushalts sowie die Vielfalt, Eigenart und Schönheit von Natur und Landschaft dauerhaft erhalten bleiben, ist gesetzliches Ziel von Natur- und Landschaftspflege (§ 1 Abs. 1 BNatSchG). Schutzgut des BNatSchG ist nicht allein die belebte Natur, sondern auch die unbelebte Grundlage für Leben in Form von Boden, Wasser, Luft oder Klima. Zur Abgrenzung zu den anderen Umweltrechtsgebieten s. Kap. 3.6.

Neben dem rein reaktiven Schutz der Natur insbes. durch entsprechende Ge- und Verbote gibt das Naturschutzrecht auch zahlreiche proaktive Maßnahmen zur Pflege, Entwicklung und Wiederherstellung der Natur vor. Zentrales planerisches Element ist die Landschaftsplanung (§§ 8 bis 12 BNatSchG), das u. a. zur Festlegung von Schutzgebieten (Kap. 4 des BNatSchG) führen kann. Ein weiteres zentrales Element des Naturschutzrechts ist der Artenschutz, der den konkreten Umgang (auch mit Individuen) von Tieren und Pflanzen dient.

3.2 Vorschriften und europarechtlicher Hintergrund

3.2.1 Bundesrecht

- Bundesnaturschutzgesetz (BNatSchG)
- Bundesartenschutzverordnung (BArtSchV)
- Windenergieflächenbedarfsgesetz (WindBG)

---

357 *Kluth/Smeddinck*, Umweltrecht, § 5 Rn. 1.

3.2.2 Landesrecht

- Naturschutzgesetz (NatSchG) und Ökokonto-Verordnung (ÖKVO) Baden-Württemberg
- Bayerisches Naturschutzgesetz (BayNatSchG), Verordnung zur Ausführung des Bayerischen Naturschutzgesetzes (AVBayNatSchG) und Bayerische Kompensationsverordnung (BayKompV)
- Berliner Naturschutzgesetz (NatSchGBln)
- Brandenburgisches Naturschutzausführungsgesetz (BbgNatSchAG) und Flächenpoolverordnung (FPV) Brandenburg
- Bremisches Naturschutzgesetz (BremNatG)
- Hamburgisches Gesetz zur Ausführung des Bundesnaturschutzgesetzes (HmbBNatSchAG) und Ökokontoverordnung (ÖkokontoVO) Hamburg
- Hessisches Ausführungsgesetz zum Bundesnaturschutzgesetz (HAGBNatSchG) und Kompensationsverordnung (KV) Hessen
- Naturschutzausführungsgesetz (NatSchAG M-V) und Ökokontoverordnung (ÖkoKtoVO M-V) Mecklenburg-Vorpommern
- Niedersächsisches Ausführungsgesetz zum Bundesnaturschutzgesetz (NAGBNatSchG)
- Landesnaturschutzgesetz (LNatSchG), Verordnung zur Durchführung des Landesnaturschutzgesetzes (DVO-LNatSchG) und Ökokonto-VO Nordrhein-Westfalen
- Landesnaturschutzgesetz (LNatSchG) und Landeskompensationsverordnung (LKompVO) Rheinland-Pfalz
- Saarländisches Naturschutzgesetz (SNG)
- Sächsisches Naturschutzgesetz (SächsNatSchG) und Sächsische Ökokonto-Verordnung (SächsÖkoVO)
- Naturschutzgesetz des Landes Sachsen-Anhalt (NatSchG LSA) und Ökokonto-Verordnung (ÖkoKV ST)
- Landesnaturschutzgesetz (LNatSchG) und Ökokonto- und Kompensationsverzeichnisverordnung (ÖkokontoVO) Schleswig-Holstein
- Thüringer Gesetz für Natur und Landschaft (ThürNatG)

3.2.3 Unionsrecht

- EG-Artenschutzverordnung 338/97 (EU-ArtSchV)
- Fauna-Flora-Habitat-Richtlinie (Richtlinie 92/43/EWG)
- Vogelschutz-RL (Richtlinie 2009/147/EG)

3.3 Rolle der Kommunalverwaltung und Bedeutung für das Klima

Als untere Naturschutzbehörden sind die Kreise und kreisfreien Städte in Bayern und NRW für den Vollzug weiter Teile des Naturschutzrechts zuständig, insbes. für die Eingriffsregelung (s. Kap. 3.5.1). Über die Landschaftsplanung sind sie zudem dafür verantwortlich, Ziele des Naturschutzes und der Landschaftspflege in den Außenbereichen der Städte und Gemeinden zu konkretisieren. In Bezug auf die Umweltbeobachtung (§ 6 BNatSchG), namentlich der Biotopkartierung sowie des Arten- und Biotopmonitorings, leisten die örtlich zuständigen Umweltschutzbehörden ebenfalls einen wichtigen Beitrag.

Der Artenschutz und der Erhalt bzw. die ökologische Verbesserung von unberührten Teilen der Natur gehören zu den zentralsten Voraussetzungen, um die Biodiversitätskrise aufzuhalten.[358] Gleichzeitig leistet der Schutz der Natur vor weiterer baulicher oder gewerblicher Nutzung bzw. Verkehrswegen einen großen Beitrag, um CO_2 einzusparen bzw. in der Natur zu speichern. Letzteres gilt insbes. auch für Moorflächen (vgl. auch die nationale Moorschutzstrategie).[359]

3.4 Wichtige Begriffe

3.4.1 Artenschutz

Der Artenschutz im BNatSchG dient dem Schutz wild lebender Tier- und Pflanzenarten. Er ist unterteilt in den allgemeinen Artenschutz, der dem Schutz aller (auch *nicht* unter besonderen Schutz gestellter) Arten gilt, sowie dem besonderen Artenschutz, der besonders geschützten oder streng geschützten Arten gilt. Wie aus den Begriffsdefinitionen in § 7 Abs. 2 Nr. 1 und 2 BNatSchG hervorgeht, zählen als Tiere und Pflanzen auch Eier, Larven, Samen oder Früchte bzw. nicht ohne Weiteres erkennbare Teile von Tieren oder Pflanzen wild lebender Arten oder hieraus gewonnene Erzeugnisse. Eine Rolle spielt dies insbes. bei der Beschränkung des (internationalen) Handels mit solchen Objekten, was mittelbar den lebenden Exemplaren wild lebender Arten zugutekommt.

3.4.1.1 Besonders geschützte Arten

Besonders geschützte Arten sind gem. § 7 Abs. 2 Nr. 13 BNatSchG Arten der Anhänge A und B der EG-Artenschutzverordnung 338/97 (EU-ArtSchV), Arten des Anhangs IV der FFH-Richtlinie, „europäische Vogelarten" i. S. d. Art. 1 der EG-Vogelschutzrichtlinie sowie Arten der Anlage 1 Spalte 2 der Bundesartenschutzverordnung (BArtSchV).

358 Vgl. *Gellermann* in Landmann/Rohmer, UmweltR, BNatSchG § 37 Rn. 2.
359 Nationale Moorschutzstrategie, abrufbar unter https://www.bmuv.de/download/nationale-moorschutzstrategie (zuletzt abgerufen am 10.9.2023).

Beispiele:
Blässgans, Haselhuhn, Kormoran, Saatkrähe.

Die Arten nach Anlage 1 Spalte 2 sind dabei solche, die nur nach nationalem Recht unter Schutz gestellt sind. Dabei handelt es sich insbes. um alle heimischen Säugetierarten, es sei denn, sie sind über § 7 Abs. 2 Nr. 13 BNatSchG bereits in Verbindung mit der EG-Artenschutz-VO bzw. der FFH-RL besonders geschützt. Ebenfalls ausgenommen sind solche Säugetiertarten, die dem Jagdrecht unterliegen.

3.4.1.2 Streng geschützte Arten

Streng geschützte Arten sind gem. § 7 Abs. 2 Nr. 14 BNatSchG Arten des Anhangs A der EU-ArtSchV, Arten des Anhangs IV der FFH-Richtlinie und Arten der Anlage 1 Spalte 3 der BArtSchV.

Beispiele:
Eisvogel, Eichen-Buntkäfer, Feldmaus, Frauenschuh, Gelbbauchunke, Haselmaus, Wildkatze, Wespenbussard, Zwergfledermaus (und darüber hinaus alle anderen Fledermausarten).

Streng geschützte Arten sind stets auch besonders geschützte Arten. Für letztere gelten damit jedoch nicht diejenigen Schutzvorschriften, die nur für streng geschützte Arten vorgesehen sind; dies sind u. a. §§ 38 Abs. 2 Satz 2, 44 Abs. 1 Nr. 2 oder 71 Abs. 1 BNatSchG. Relevant ist die Unterscheidung zwischen besonders geschützten und streng geschützten Arten vor allem im Bereich der Vogelarten; sie fallen nur dann unter strengen Schutz, wenn sie zusätzlich in Anhang A der EU-ArtSchV genannt sind.

Beispiele:
Neben den o. g. Vogelarten etwa Mäusebussard, Schwarzstorch, Turmfalke.

Für die Anwendbarkeit der wichtigen Zugriffsverbote nach § 44 Abs. 1 BNatSchG im Bereich der Vogelarten ergibt sich im Ergebnis jedoch kein Unterschied, da § 44 Abs. 1 Nr. 2 BNatSchG auch die europäischen Vogelarten umfasst und die Tatbestände ansonsten für besonders geschützte Arten gelten.

3.4.1.3 Verantwortungsarten

Die vorgenannten streng geschützten Arten erhalten ihren Schutz durch europäische bzw. völkerrechtliche Vorgaben. Für natürlich vorkommende Arten, die nicht schon auf dieser Grundlage unter strengem Schutz stehen, aber im Inland vom Aussterben bedroht sind oder für die die Bundesrepublik

Deutschland in besonders hohem Maße verantwortlich ist, wurde in § 54 Abs. 2 BNatSchG eine Rechtsgrundlage geschaffen, durch eine Rechtsverordnung Arten zu definieren, die ebenfalls unter strengen Schutz gestellt werden können. Hiervon wurde jedoch noch nicht Gebrauch gemacht.

3.4.1.4 Rote-Liste-Arten

Keinen eigenen rechtlichen Status haben sog. „Rote-Liste-Arten". Rote Listen geben aber aufgrund von Bestandsgrößen und -entwicklungen Auskunft über den Gefährdungsstatus von Arten und Biotottypen („Arteninventur"). Sie sind als ständig verfügbare Gutachten Argumentationshilfen für raum- und umweltrelevante Planungen und Eingriffsregelungen. Die Listen sind online verfügbar.[360]

3.4.2 Biotopschutz

Ein Biotop ist der Lebensraum einer Lebensgemeinschaft wild lebender Tiere und Pflanzen (§ 7 Abs. 2 Nr. 4 BNatSchG). Diese Lebensräume zu erhalten oder wiederherzustellen ist Aufgabe des Biotopschutzes, der auch dem generellen Erhalt der Artendiversität dient. Biotope werden geschützt durch sog. „Flächennaturschutz" (4. Kapitel des BNatSchG, s. „Schutzgebiete und -ausweisungen") sowie – wegen ihrer Erhaltungsbedingungen für Tiere und Pflanzen – in Teilen auch über das 5. Kapitel des BNatSchG (s. „Artenschutz").

3.4.2.1 Schutzgebiete und -ausweisungen

Die Ausweisung eines bestimmten Gebietsschutzes und der Schutz einzelner Naturelemente dient dem Flächennaturschutz. Unabhängig von der aktiven Unterschutzstellung durch entsprechenden Einzelrechtsakt gibt es den Schutzstatus der gesetzlich geschützten Biotope (§ 30 BNatSchG). Dieser erstreckt sich auf bestimmte Biotoptypen nach § 30 Abs. 2 BNatSchG, wie etwa Binnengewässer und Moore, Auenwälder, Höhlen und alpine Rasen.

Auf die Lage im Innen- oder Außenbereich kommt es dabei nicht an, sofern die einschlägigen Biotopmerkmale identifiziert wurden.[361] Landesrechtlich können weitere Biotoptypen unter Schutz gestellt werden.

> ***Beispiele:***
> *Arten- und strukturreiches Dauergrünland (Art. 23 Abs. 1 Satz 1 Nr. 6 BayNatSchG), Magerwiesen und -weiden (§ 42 Abs. 1 Nr. 2 LNatSchG NRW), extensiv genutzte Obstbaumwiesen oder -weiden aus hochstäm-*

360 https://www.rote-liste-zentrum.de (zuletzt abgerufen am 10.9.2023).

361 *Gellermann* in Landmann/Rohmer, UmweltR, BNatSchG § 30 Rn. 11.

migen Obstbäumen mit einer Fläche ab 2500 Quadratmetern (Streuobstbestände) mit Ausnahme von Bäumen, die weniger als 50 m vom nächstgelegenen Wohngebäude oder Hofgebäude entfernt sind (Art. 23 Abs. 1 Satz 1 Nr. 6 BayNatSchG). Dieser Schutz besteht auch nach § 42 Abs. 4 Abs. 1 LNatSchG NRW, allerdings unter dem Vorbehalt, dass die Gesamtfläche dieser Streuobstbestände im Land Nordrhein-Westfalen um mindestens 5 % abgenommen hat, wobei der Stichtag in einer Rechtsverordnung zu regeln ist.

Für die Klarheit, ob eine Fläche dem gesetzlichen Schutz unterliegt, sorgt die Registrierung nach § 30 Abs. 7 BNatSchG.

Ansonsten sieht das BNatSchG vor, dass für Teile von Natur und Landschaft ein bestimmtes Schutzniveau festgesetzt werden kann. Gemäß § 20 Abs. 2 BNatSchG kommen hierfür in Frage

- Naturschutzgebiete (§ 23 BNatSchG),
- Nationalparke oder Nationale Naturmonumente (§ 24 BNatSchG),
- Biosphärenreservate (§ 25 BNatSchG),
- Landschaftsschutzgebiete (§ 26 BNatSchG),
- Naturparke (§ 27 BNatSchG),
- Naturdenkmale (§ 28 BNatSchG) und
- geschützte Landschaftsbestandteile (§ 29 BNatSchG).

Die flächenmäßige Ausdehnung und das Schutzniveau der jeweiligen Gebietskategorien ist höchst unterschiedlich. So können Nationalparke und Naturparke jeweils sehr große[362] Naturräume umfassen –

Beispiele:
Nationalpark Eifel, Nationalpark Bayerischer Wald (ältester Nationalpark Deutschlands), Naturpark Sauerland-Rothaargebirge, Naturpark Fränkische Schweiz – Frankenjura.

–, jedoch zielen Nationalparks auf einen intensiven Schutz, indem sie in einem überwiegenden Teil ihres Gebiets den möglichst ungestörten Ablauf der Naturvorgänge in ihrer natürlichen Dynamik gewährleisten sollen (§ 24 Abs. 2 BNatSchG), während für Naturparks allgemeine Ziele für den Erhalt der Kulturlandschaft formuliert werden, die aber insbes. auch der touristischen Nutzung Rechnung tragen. Demgegenüber dienen Biosphärenreservate als Modellregionen für naturverträgliche Lebens- und Wirtschaftsweisen. Ihr Schutzniveau differiert in eine Kern-, Pflege und Entwicklungszone, wobei der Schutz der Ökosysteme in den Kernzonen höchste Priorität genießt. Als einheitlich zu schützende und zu entwickelnde Gebiete handelt es sich auch bei Biosphärenreservaten um größere Gebiete.

---

362 In Bayern ist nach Art. 15 Abs. 1 BayNatSchG eine Mindestgröße von 20000 ha für Naturparks vorgeschrieben (bei Nationalparks mindestens 10000 ha, Art. 13 BayNatSchG).

Beispiele:
Flusslandschaft Elbe, Rhön, Thüringer Wald.

Kleinräumiger, aber auch stärker auf den Schutz von Natur und Landschaft ausgelegt sind dagegen Landschaftsschutzgebiete, die insbes. der Erhaltung, Entwicklung oder Wiederherstellung der Leistungs- und Funktionsfähigkeit des Naturhaushalts dienen. Sie können allerdings auch wegen des Schutzes der Vielfalt, Eigenart und Schönheit oder der besonderen kulturhistorischen Bedeutung der Landschaft sowie aus Erholungsgründen in Betracht kommen. In LSG sind häufig noch eine Reihe von menschlichen Nutzungen erlaubt. Ähnliches gilt für Biosphärenreservate (§ 25 BNatSchG), die zwar dem Schutz von Landschaften, Ökosystemen, Arten und genetischer Vielfalt dienen, sich aber daneben auch dadurch auszeichnen, wirtschaftliche und menschliche Entwicklungen in diesem Gebiet – in ökologisch und soziokulturell nachhaltiger Form – zulassen zu wollen.[363] Die Kategorie spielt in Bayern nur eine geringe Rolle (Biosphärenreservat Berchtesgadener Land), in Nordrhein-Westfalen gar keine.

Das Naturschutzgebiet bildet im deutschen Recht die stärkste und im Übrigen auch älteste[364] Form der Unterschutzstellung der Natur. Es dient insbes. nicht der Erholung, was bei Nationalparks teilweise der Fall ist. Um die mit dem jeweiligen Gebiet verfolgten Schutzziele zu erreichen, enthalten die Gebietsausweisungen nicht nur Ge- und Verbote, sondern auch Pläne für Pflege- und Entwicklungsmaßnahmen. Gemäß § 23 Abs. 2 BNatSchG sind darüber hinaus von Gesetzes wegen alle Handlungen verboten, die zu einer Zerstörung, Beschädigung oder Veränderung des Naturschutzgebiets oder seiner Bestandteile oder zu einer nachhaltigen Störung führen können. Eine strengere Form des Schutzes ist nur bei zusätzlicher Ausweisung als FFH-Gebiet möglich (§ 33 Abs. 1 Satz 1 BNatSchG; s. dazu Kap. 3.4.2.2).

Naturdenkmale und geschützte Landschaftsbestandteile bilden ergänzend Schutzkategorien für einzelne Objekte. Hierzu zählen außerdem gemeindliche Baumschutzverordnungen (Art. 51 Abs. 1 Nr. 5 lit. a BayNatSchG) bzw. Baumschutzsatzungen (§ 49 LNatSchG NRW).

3.4.2.2 Natura 2000-Gebiete und FFH-Verträglichkeitsprüfung

Der Verwirklichung europäischer Schutzstandards dient das Netz „Natura 2000", das in Deutschland aus den Gebieten nach der Fauna-Flora-Habitatrichtlinie (FFH-Gebiete) und EG-Vogelschutzrichtlinie (Vogelschutzgebiete) besteht. Für sie gelten die Regelungen der §§ 32 ff. BNatSchG, die insoweit die jeweilige Schutzgebietsausweisung (i. d. R. NSG) ergänzen. Eines

---

363 *Heugel* in Lütkes/Ewer, BNatSchG, § 25 Rn. 1. Der englische Begriff „Man and Biosphere" stellt den Schutz eines durch den Menschen geschaffenen Kulturraums besser heraus.

364 Bereits erwähnt im Preußischen Feld- und Forstpolizeigesetz (PrFFGG) aus dem Jahre 1920.

der wesentlichen, weitergehenden Schutzmerkmale von FFH- und Vogelschutzgebieten ist das umfassende angelegte Veränderungs- und Störungsverbot (§ 33 Abs. 1 Satz 1 BNatSchG), das auch für Störungen gilt, die außerhalb der Gebiete auf sie einwirken.[365] Aus diesem Grund sind Projekte, die nicht in einem Bebauungsplangebiet durchgeführt werden (§ 34 Abs. 8 BNatSchG), vor ihrer Zulassung oder Durchführung auf ihre Verträglichkeit mit den Erhaltungszielen eines Natura 2000-Gebietes zu überprüfen, wenn sie einzeln oder im Zusammenwirken mit anderen Projekten oder Plänen geeignet sind, das Gebiet erheblich zu beeinträchtigen, und nicht unmittelbar der Verwaltung des Gebietes dienen (§ 34 Abs. 1 Satz 1 BNatSchG).

Die Rspr. geht davon aus, dass dieser eigentlichen FFH-Verträglichkeitsprüfung zunächst ein Screening vorgeschaltet ist,[366] das gewisse Ähnlichkeiten mit der UVP-Vorprüfung (s. dazu Kap. 2.5.2.2) aufweist. Unter Rückgriff auf alle vorliegenden Daten (z. B. über vorhandene Arten) muss eine Betrachtung der möglichen Beeinträchtigungen für die Erhaltungsziele oder die für den Schutzzweck maßgeblichen Bestandteile des Gebiets erfolgen. Können Beeinträchtigungen nicht offensichtlich ausgeschlossen werden, was in aller Regel der Fall sein wird, muss die eigentliche FFH-Verträglichkeitsprüfung nach § 34 Abs. 2 BNatSchG durchgeführt werden.[367] Diese fragt nach der Erheblichkeit von Beeinträchtigungen. „Erheblich" sind alle Folgen des Projekts, die sich nachteilig auf die Erhaltungsziele eines Gebiets auswirken können, wobei Vermeidungs- und Kompensationsmaßnahmen insoweit eine Saldierung erlauben.[368] Dazu müssen aber unter Berücksichtigung der einschlägigen wissenschaftlichen Erkenntnisse sämtliche Gesichtspunkte der Projekte ermittelt werden, die für sich oder in Verbindung mit anderen Plänen oder Projekten die für dieses Gebiet festgelegten Erhaltungsziele beeinträchtigen können.[369] Dies setzt eine lückenlose und mängelfreie Dokumentation voraus.[370] Erst recht gilt dies, wenn im Ergebnis erhebliche Beeinträchtigungen feststehen und im letzten Schritt geprüft werden soll, ob die eigentliche Unzulässigkeit des Vorhabens ausnahmsweise durch eine Abweichungsentscheidung (§ 34 Abs. 3, 4 BNatSchG) überwunden werden kann. In diesem Fall müssen die in der Abwägung für das Projekt sprechenden Gesichtspunkte (z. B. angebliche Verbesserungen des Lärm- und Gesundheitsschutzes durch eine Ortsumgehung) ebenfalls ausführlich dargestellt werden, um etwa die zwingenden Gründe des überwiegenden öffentlichen Interesses nicht bloß formelhaft zu begründen.[371]

365 *Gellermann* in Landmann/Rohmer, UmweltR, BNatSchG § 33 Rn. 15.
366 Zur Existenz einer solchen Vorprüfung vgl. BVerwG, NVwZ 2008 S. 210.
367 BVerwG, NVwZ 2007 S. 1054 (1061).
368 *Kremer*, ZUR 2007 S. 299 (300, 302).
369 EuGH, Urt. vom 7.9.2004 – C-127/02 –.
370 BVerwG, NVwZ 2007 S. 1054 (1062).
371 *Kremer*, ZUR 2007 S. 299 (303).

3.4.3 Naturschutzbeiräte und Naturschutzwacht

Neben den Mitwirkungsrechten anerkannter Vereinigungen nach § 3 UmwRG über § 63 BNatSchG (s. a. bereits Kap. 2.5.3.3) sehen einige Bundesländer zur Stärkung des Kooperationsprinzips vor, dass zur unabhängigen Vertretung der Belange von Natur und Landschaft bei den unteren Naturschutzbehörden Beiräte gebildet werden (Art. 48 BayNatSchG, § 70 LNatSchG NRW).

Generell sollen die Beiräte aus Fachleuten im Agrar- und Forstbereich sowie Vertretern von Verbänden, die sich satzungsgemäß überwiegend dem Naturschutz, der Landschaftspflege und den Aufgaben der Erholung in der freien Natur widmen, bestehen (§ 1 Abs. 2 NaturschutzbeiräteV Bayern). In § 70 Abs. 4 LNatSchG NRW sind demgegenüber die entsendungsberechtigten Einrichtungen namentlich benannt (z. B. BUND und NABU); der Kreis erstreckt sich darüber hinaus auch auf den Landessportbund. Die Mitgliederzahl ist in Nordrhein-Westfalen (das Beiräte nur bei den unteren Naturschutzbehörden kennt) mit 16 festgelegt, in Bayern bei fünf, dafür allerdings mit neun bei der höheren und 13 bei der obersten Naturschutzbehörde (§ 1 Abs. 1 NaturschutzbeiräteV Bayern).

In Bayern werden Beiratsmitglieder lediglich durch die untere Naturschutzbehörde berufen (§ 2 Abs. 1 NaturschutzbeiräteV Bayern); in Nordrhein-Westfalen müssen sie hingegen nach Vorschlag durch die entsendungsberechtigten Einrichtungen durch die Vertretungskörperschaft des Kreises oder der kreisfreien Stadt gewählt werden (§ 70 Abs. 5 Satz 1 LNatSchG NRW).

Die Beiräte sind vor wichtigen Entscheidungen und Maßnahmen der unteren Naturschutzbehörden zu hören (§ 6 Abs. 1 NaturschutzbeiräteV Bayern bzw. § 70 Abs. 2 Satz 1 LNatSchG NRW).[372] Dies gilt nicht für Eilfälle (§ 6 Abs. 1 Satz 1 Nr. 2 NaturschutzbeiräteV Bayern bzw. § 70 Abs. 7 Satz 3 LNatSchG NRW). In Nordrhein-Westfalen kommt den Beiräten daneben die wichtige Rolle zu, über Befreiungen nach § 67 Abs. 1 und 2 BNatSchG zu entscheiden. Der Beirat kann gem. § 75 Abs. 1 Satz 2 LNatSchG NRW einer beabsichtigten Befreiung mit der Folge widersprechen, dass die Vertretungskörperschaft des Kreises oder der kreisfreien Stadt oder ein von ihr beauftragter Ausschuss über den Widerspruch zu entscheiden hat.

Während die Mitwirkungsrechte des Beirates in Bayern insoweit schwächer ausgestaltet sind, hat die Naturschutzwacht nach Art. 49 BayNatSchG deutlich mehr Befugnisse als nach § 69 LNatSchG NRW. Während in Art. 49 Abs. 3 BayNatSchG echte polizeiliche Befugnisse vorgesehen sind (z. B. Personalien feststellen oder Platzverweise erteilen), soll nach § 69 Abs. 1 LNatSchG NRW die Naturschutzwacht die zuständigen Behörden lediglich über nachteilige Veränderungen in der Landschaft benachrichtigen und darauf hinwirken, dass Schäden von Natur und Landschaft abgewendet werden.

---

372 Zu Beispielen für wichtige Entscheidungen und Maßnahmen vgl. Nr. 1.2.7.1 des Runderlasses des Ministeriums für Umwelt, Raumordnung und Landwirtschaft NRW vom 11.4.1990 – IV B 3 – 1.03.00 –.

3.5 Handlungsinstrumente

3.5.1 Eingriffsregelung (§§ 13 ff. BNatSchG)

Eine der Kernaufgaben des Natur- und Landschaftsschutzes besteht darin, die Natur in ihrem Ursprung – als unberührten Lebensraum von Tieren und Pflanzen – zu bewahren. Dies geschieht insbes. dadurch, dass bestimmte Gebiete dem menschlichen Zugriff entzogen werden, etwa in Form von Nationalparks, Natur- oder Landschaftsschutzgebieten. Allerdings wäre mit dem Naturschutz nicht viel erreicht, wenn sich die Natur außerhalb geschützter Gebiete durch menschliches Zutun beliebig verschlechtern dürfte. Deshalb regelt die Eingriffsregelung nach den §§ 13 ff. BNatSchG, wie mit der nicht ausdrücklich unter Schutz gestellten Natur umgegangen werden darf. Ziel ist ein generelles Verschlechterungsverbot, d. h. es soll zumindest wertmäßig der Ist-Zustand der Natur erhalten bleiben.[373] Das Schutzniveau ist damit nicht das gleiche wie in den geschützten Bereichen. Während beispielsweise Veränderungen in Naturschutzgebieten generell verboten sind (§ 23 Abs. 2 Satz 1 BNatSchG), sind Eingriffe nach § 13 Satz 1 BNatSchG lediglich *„vorrangig zu vermeiden"*. Ist dies nicht möglich, soll der Verursacher eines erheblichen Eingriffs in Natur und Landschaft zur Kompensation unvermeidbarer Beeinträchtigungen von Natur und Landschaft verpflichtet werden.

3.5.1.1 Eingriffsregelung in Zulassungsverfahren

Die Zulassung von Eingriffen erfolgt normalerweise im Zusammenhang mit einer anderen fachrechtlichen Genehmigung (z. B. einer immissionsschutzrechtlichen Genehmigung, einer Baugenehmigung oder einer Planfeststellung), wie sich aus § 17 Abs. 1 BNatSchG ergibt. Das BNatSchG enthält damit kein eigenständiges Genehmigungserfordernis, sondern regelt, wie eine andere Behörde (im Benehmen mit der Naturschutzbehörde) mit dem Eingriff naturschutzrechtlich umzugehen hat.[374] Im Regelfall ergänzen §§ 13 ff. BNatSchG daher als „Huckepack-Lösung"[375] das eigentliche, den Eingriff zulassende Genehmigungsverfahren. In Betracht kommen auch Anzeigeverfahren mit vergleichbarer Funktion.

> ***Beispiel:***
> *In der Freistellungserklärung nach § 15 Abs. 2 Satz 2 BImSchG können ggf. Kompensationsmaßnahmen auferlegt werden.*[376]

---

373 *Kloepfer*, Umweltrecht, 4. Aufl. 2016, § 12 Rn. 192.
374 *Schrader* in BeckOK UmweltR, BNatSchG § 17 Rn. 6.
375 BT-Drs. 16/12274 S. 59.
376 *Schrader* in BeckOK UmweltR, BNatSchG § 17 Rn. 8.

Bei parallelen oder aufeinanderfolgenden Planungs- oder Zulassungsverfahren ist die Eingriffsregelung in denjenigem Verfahren zu betrachten, das letztlich die Freigabewirkung für den Eingriff hat.

Beispiel:
Bei einem wasserrechtlichen Verfahren neben einem Baugenehmigungsverfahren Letzteres, bei einer Planfeststellung nach einem Raumordnungsverfahren Ersteres.[377]

Als Trägerverfahren kommen im Übrigen auch andere Verfahren nach dem BNatSchG selbst, insbes. die Erteilung einer Befreiung nach § 67 BNatSchG[378] oder Ausnahmen von Schutzgebietsfestsetzungen[379] in Betracht.

Nur wenn keine Zulassung oder Anzeige nach einem anderen Fachrecht einschlägig ist, sieht § 17 Abs. 3 BNatSchG ein subsidiäres Genehmigungsverfahren bei der Naturschutzbehörde vor.

Beispiel:
Baugenehmigungsfreie Gerätehütte im Außenbereich,[380] *landwirtschaftliche Bodenbearbeitung, die nicht nach § 14 Abs. 2 BNatSchG privilegiert ist.*[381]

Das Verfahren ist in § 17 Abs. 3 Satz 2 bis 4 BNatSchG rudimentär vorgegeben, u. a. die schriftliche Antragstellung. Gemäß § 17 Abs. 3 Satz 3 BNatSchG handelt es sich um eine gebundene Entscheidung, d. h. bei Vorliegen der Voraussetzungen des § 15 BNatSchG ist die Genehmigung zu erteilen.

377 *Schrader* in BeckOK UmweltR, BNatSchG § 17 Rn. 12.
378 VG Lüneburg, Urt. vom 18.8.2017 – 2 A 144/16 –.
379 *Schrader* in BeckOK UmweltR, BNatSchG § 17 Rn. 13.
380 OVG RhPf, NVwZ-RR 2012 S. 591 (592).
381 BVerwG, NVwZ-RR 2017 S. 187 (189).

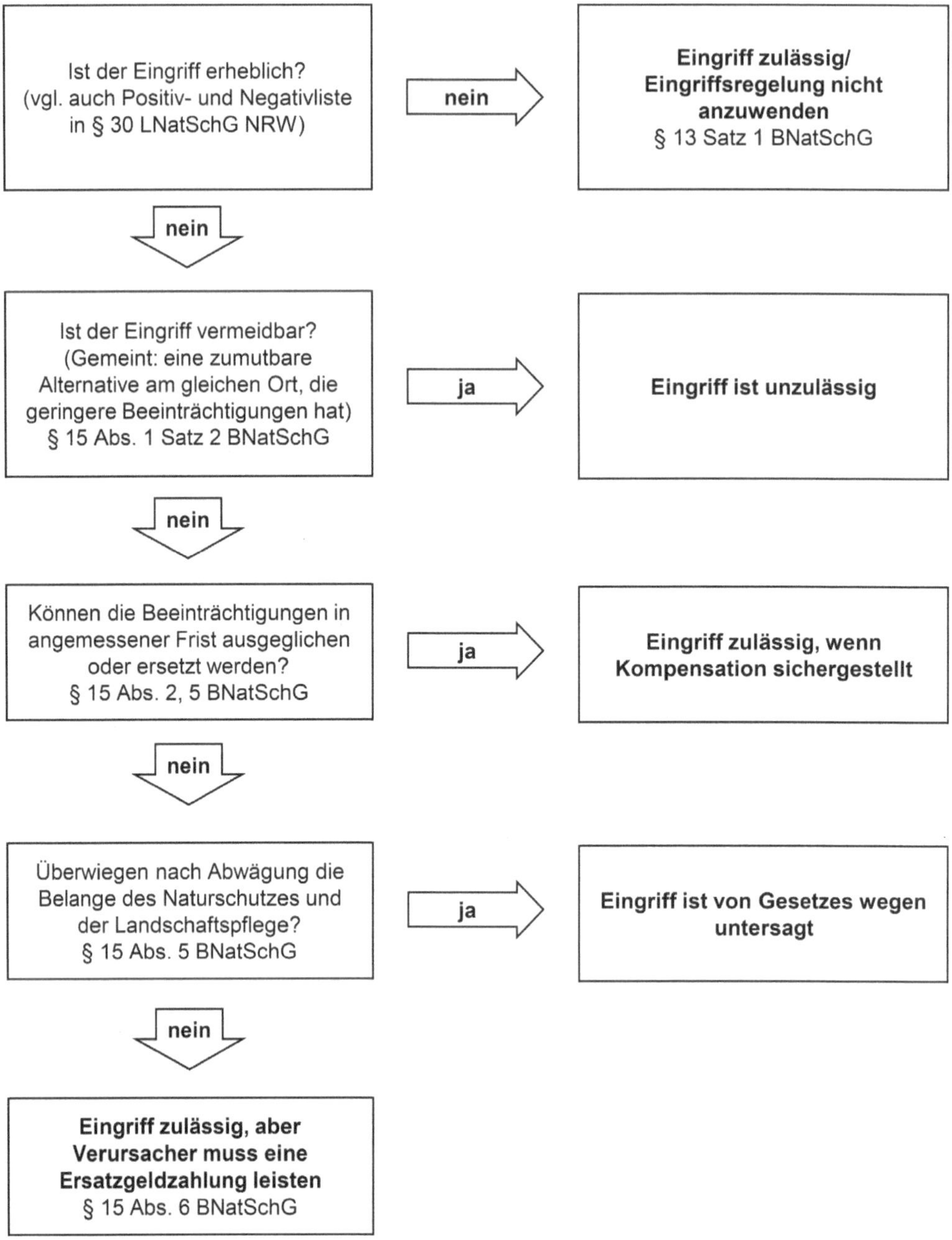

Abb. 8: Schema Eingriffsregelung

3.5.1.2 Eingriff und Erheblichkeit des Eingriffs

Eingriffe sind nach der Legaldefinition in § 14 Abs. 1 BNatSchG zum einen Veränderungen der Gestalt oder Nutzung von Grundflächen.

> ***Beispiele:***
> *Abgrabungen, Aufschüttungen, Umwandlung von natürlichem Boden in Nutzflächen.*

Eingriffe sind zum anderen Veränderungen des mit der belebten Bodenschicht in Verbindung stehenden Grundwasserspiegels.

In beiden Fällen muss die Möglichkeit bestehen, dass die Leistungs- und Funktionsfähigkeit des Naturhaushalts oder das Landschaftsbild „erheblich" beeinträchtigt werden können. Es gilt hier das Vorsorgeprinzip: Einer gesicherten Eintrittswahrscheinlichkeit der Beeinträchtigung bedarf es nicht; es genügt die grundsätzliche Möglichkeit (solange sie kausal wäre). Auch ist die Schwelle für die Erheblichkeit nicht sehr hoch anzusetzen. Erheblich ist bereits jede nach Art, Umfang und Schwere nicht völlig unwesentliche Beeinträchtigung, da bei einer weniger strengen Betrachtung der vom Gesetzgeber erstrebte nachhaltige Schutz von Natur und Landschaft nicht hinreichend sichergestellt werden könnte.[382]

Wegen dieser grundsätzlich weiten Eingriffsdefinition haben einige Bundesländer sog. „Positiv-" und „Negativlisten" erstellt, Nordrhein-Westfalen etwa in § 30 LNatSchG NRW: So sind etwa die Umwandlung von Wald oder die Beseitigung von Hecken, Feld- und Ufergehölzen, Baumreihen und Baumgruppen, soweit sie prägende Bestandteile der Landschaft sind, als Eingriffe anzusehen, Erdwälle für den Lärmschutz an Straßen- und Schienenwegen hingegen nicht.

Ebenfalls wäre es Folge dieser weiten Eingriffsdefinition, dass die meisten Vorhaben der Siedlungsentwicklung (z. B. der Bau von Ein- und Mehrfamilienhäusern, Schulen, Gewerbe- und Einzelhandelsbetriebe, kulturelle und sportliche Einrichtungen) als Eingriffe zu werten wären. Eine weitere wesentliche Einschränkung erfährt die Eingriffsregelung deshalb in § 18 Abs. 2 BNatSchG, wonach die §§ 14 bis 17 BNatSchG nicht gelten, wenn innerhalb des unbeplanten Innenbereichs (§ 34 BauGB) oder eines Bebauungsplangebiets (§ 30 BauGB) gebaut werden soll, dasselbe gilt für in Aufstellung befindliche Bebauungspläne (§ 33 BauGB). Vereinfacht gesagt beschränkt sich die Eingriffsregelung im Einzelfall somit nur auf Eingriffe außerhalb des Siedlungszusammenhangs. Eingriffe in Natur und Landschaft aufgrund von Bauleitplänen sind dagegen nach den Vorschriften des BauGB (insbes. § 1a BauGB) zu vermeiden, auszugleichen oder zu ersetzen.

Ein weiterer, wichtiger Bereich, der von Gesetzes wegen nicht als Eingriff zu werten ist, ist die land-, forst- und fischereiwirtschaftliche Bodennutzung.

382 VGH BW, Beschl. vom 14.11.1991 – 10 S 1143/90 –.

Voraussetzung ist, dass dabei die Ziele des Naturschutzes und der Landschaftspflege berücksichtigt werden, was in der Regel anzunehmen ist, wenn

- die in § 5 Abs. 2 bis 4 BNatSchG genannten Anforderungen,
- die „gute fachliche Praxis" nach § 17 Abs. 2 BBodSchG sowie
- die sich aus dem Recht der Land-, Forst- und Fischereiwirtschaft ergebenden Anforderungen

eingehalten werden (§ 14 Abs. 2 BNatSchG). Liegen diese Voraussetzungen vor, gelten gleichermaßen auch die Zugriffsverbote des Artenschutzes nicht bzw. nur sehr eingeschränkt (s. Kap. 3.4.6.2.2).

Zu beachten ist, dass § 5 BNatSchG landesrechtlich erweitert werden kann. So kennen etwa Art. 3 Abs. 4 Satz 1 Nr. 1 BayNatSchG und § 4 Abs. 1 Nr. 1 LNatSchG NRW ein Verbot, Dauergrünland und Dauergrünlandbrachen in der landwirtschaftlichen Nutzung umzuwandeln. In diesen Fällen sind Ausnahmen möglich, wenn die Beeinträchtigungen ausgeglichen werden (Art. 3 Abs. 5 Satz 1 BayNatSchG und § 4 Abs. 2 Satz 1 LNatSchG NRW).

3.5.1.3 Eingriffsvermeidung

Grundlegend für Eingriffe in Natur und Landschaft ist, dass diese vom Verursacher zunächst einmal von Gesetzes wegen zu vermeiden sind (§ 15 Abs. 1 BNatSchG). Beeinträchtigungen sind vermeidbar, wenn es zumutbare Alternativen gibt, mit denen der mit dem Eingriff verfolgte Zweck am gleichen Ort ohne oder mit geringeren Beeinträchtigungen von Natur und Landschaft erreicht werden kann. Die Unvermeidbarkeit ist für den Verursacher begründungspflichtig. Der Verursacher soll auf diese Weise darlegen, dass er die schonendste Art der technischen Ausführung wählt. Wie sich aus dem Wortlaut „am gleichen Ort" ergibt, ist für die Frage der Vermeidbarkeit hingegen nicht maßgeblich, ob bei einer Realisierung an anderer Stelle eine für die Natur noch günstigere technische Ausführungsvariante in Betracht käme.[383] Erst recht nicht als Alternative zu prüfen ist die sog. „Nullvariante", d. h. der Verzicht auf das Vorhaben.

> ***Beispiel:***
> *Soll eine Straße ausgebaut werden, spielt es für die Vermeidbarkeit des Eingriffs keine Rolle, wenn diese Straße wegen ihres geringen verkehrlichen Nutzens vielleicht besser gar nicht gebaut werden sollte. Vermeidbar könnte aber z. B. ein zu großer Trassenquerschnitt sein. Auch kann der Bau einer Grünbrücke in Betracht kommen, wenn dieser einen natürlichen Lebensraum zerschneidet.*

383 *Lütkes* in Lütkes/Ewer, BNatSchG, § 15 Rn. 7; *Gellermann* in Landmann/Rohmer, UmweltR, BNatSchG § 15 Rn. 4.

3.5.1.4 Ausgleichs- und Ersatzmaßnahmen

Ist der Eingriff unvermeidbar, setzt dessen Zulässigkeit voraus, dass seine Beeinträchtigungen kompensiert werden (§ 15 Abs. 2 Satz 1 BNatSchG). Dies geschieht in Form von Ausgleichs- und Ersatzmaßnahmen. Beim Ausgleich geht es darum, die beeinträchtigten Funktionen des Naturhaushalts und des Landschaftsbildes gleichartig wiederherzustellen (§ 15 Abs. 2 Satz 2 BNatSchG), während beim Ersatz die gleichwertige Herstellung der Funktionen ausreicht. Die gleichartige Wiederherstellung setzt einen räumlichen oder wenigstens funktionalen Zusammenhang im Umfeld des Eingriffs voraus, die gleichwertige dagegen nicht unbedingt. Sie muss aber zumindest in demselben Naturraum erfolgen (§ 15 Abs. 2 Satz 3 BNatSchG). Ein Naturraum ist die Einheit eines geographischen Raums mit gleichen geomorphologischen und hydrogeographischen Erscheinungen, Standortausprägungen und -qualitäten.

> ***Beispiel:***
> *Zerschneidet eine Straße ein Feuchtgebiet und wird dafür in der Umgebung für dieselben Tier- und Pflanzenarten ein Biotop angelegt, handelt es sich um eine gleichartige Ausgleichsmaßnahme. Kann nur in der weiteren Umgebung ein vergleichbares Ökosystem aufgebaut werden, das sich nicht mehr für die vorherigen Tier- und Pflanzenarten eignet, handelt es sich um eine gleichwertige Ersatzmaßnahme.*

Ein formaler Vorrang von Ausgleichs- gegenüber Ersatzmaßnahmen besteht heute nicht mehr.[384] Welche Art der Maßnahme ergriffen werden darf muss aber mit Blick auf die angestrebte Folgenbewältigung davon abhängen, welche besser geeignet ist, die durch den Eingriff betroffenen Funktionen (gleichartig oder gleichwertig) wiederherzustellen. Um bewerten zu können, welche Kompensationsmaßnahmen die Naturschutzbehörde als geeignet ansehen kann, sind von der verursachenden Person in angemessenen Umfang Angaben zu Ort, Art, Umfang und zeitlichen Ablauf des Eingriffs sowie den vorgesehenen Maßnahmen zur Vermeidung, zum Ausgleich und zum Ersatz der Beeinträchtigungen von Natur und Landschaft einschließlich Angaben zur tatsächlichen und rechtlichen Verfügbarkeit der für Ausgleich und Ersatz benötigten Flächen zu machen (§ 17 Abs. 4 Satz1 BNatSchG). Ein festes Schema gibt es hierfür nicht, und der Naturschutzbehörde kommt eine sog. „naturschutzfachliche Einschätzungsprärogative" zu. Ist es im Einzelfall erforderlich, kann sie auch die Einreichung von Gutachten verlangen (§ 17 Abs. 4 Satz 2 BNatSchG). Minimalanforderung für jedes Vorhaben ist jedoch eine von der verursachenden Person zu erstellende Eingriffs-Ausgleichs-Bilanzierung, die den Eingriff und dessen Wirkungen auf dem betroffenen Na-

384 *Kluth/Smeddinck*, Umweltrecht, § 5 Rn. 46. Vgl. aber das Bundesamt für Naturschutz, das darauf verweist, dass „im Sinne des Erhaltes und der Entwicklung der biologischen Vielfalt [...] den funktional sinnvolleren Ausgleichsmaßnahmen ein gewisser Vorzug vor ansonsten gleichwertigen Ersatzmaßnahmen zu geben sein" soll (https://www.bfn.de/eingriffsregelung, zuletzt abgerufen am 10.9.2023).

turhaushalt quantifiziert. Um die ausreichende Aufwertung auf einer anderen Fläche nachweisen zu können, muss auch deren ökologische Wertigkeit vorher und nachher beziffert werden. Entsprechend hat die verursachende Person nach dem verfügbaren Wissensbestand Aussagen zu den relevanten Elementen des Naturraums (z. B. Biotoptyp, vorhandene Tier- und Pflanzenarten) zu treffen. Vor allem bei größeren Eingriffen ist es üblich, einen landschaftspflegerischen Begleitplan zu erstellen.

Den Eingriff auf der einen Fläche durch Aufwertungen auf einer anderen zu kompensieren, kann einen Konkurrenzkampf verschiedener Vorhabenträger nach sich ziehen, da geeignete Flächen nicht unbegrenzt zur Verfügung stehen.

In der Praxis beliebt sind z. B. zuvor land- oder forstwirtschaftlich genutzte Flächen, weil sich hier leichter eine ökologische Aufwertung vornehmen lässt als in der freien Natur und die Eigentümer verhandlungsbereit sind. Die Sorge um agrarstrukturelle Belange veranlasste den Landesgesetzgeber, in § 31 Abs. 7 LNatSchG NRW eine Klarstellung vorzunehmen, dass die Naturschutzbehörden zunächst zu prüfen haben, ob andere Maßnahmen vorrangig in Betracht kommen.

Eine Möglichkeit, die Inanspruchnahme von Flächen zweckmäßiger zu kanalisieren und insbes. auch mit der vorhandenen Landschaftsplanung zu verknüpfen (§ 15 Abs. 2 Satz 4 BNatSchG), sind sog. „Flächenpools", bei denen Flächen im Voraus für mögliche Kompensationsmaßnahmen vorgesehen und bei Bedarf durch Eingriffsverursacher in Anspruch genommen werden können.[385] Soll hierauf (oder auf einer anderen Fläche) bereits vor einem Eingriff eine ökologische Aufwertung stattfinden, können unter den Voraussetzungen des § 16 BNatSchG Maßnahmen des Naturschutzes und der Landschaftspflege vorweg als Ausgleichs- oder Ersatzmaßnahmen anerkannt werden. Nach Maßgabe landesrechtlicher Verordnungen[386] werden dafür auf einem Ökokonto sog. „Ökopunkte" erworben. Die Ökopunkte können dann bei einem späteren Eingriff verrechnet werden; hierauf hat die verursachende Person nach § 16 Abs. 1 BNatSchG einen Rechtsanspruch.[387] Soweit das jeweilige Landesrecht es vorsieht,[388] können Punkte auch auf eine andere Person, die einen Eingriff auszugleichen hat, übertragen werden.

Ein besonderes Augenmerk liegt bei den Ausgleichs- und Ersatzmaßnahmen schließlich auf ihrer längerfristigen Wirksamkeit.

Beispiel:
Eine Ersatzpflanzung von 1000 Bäumen für 700 an anderer Stelle gefällte Bäume kann die Funktionen des Naturhaushalts nicht aufrecht-

385 *Lütkes* in Lütkes/Ewer, BNatSchG, § 16 Rn. 6.

386 In Bayern §§ 13 bis 17 der Bayerischen Kompensationsverordnung (BayKompV) vom 7.8.2013 (GVBl. S. 517, BayRS 791-1-4-U), in Nordrhein-Westfalen die Verordnung über die Führung eines Ökokontos nach § 32 des Landesnaturschutzgesetzes (Ökokonto VO) vom 18.4.2008.

387 *Gellermann* in Landmann/Rohmer, UmweltR, BNatSchG § 16 Rn. 3.

388 Bsp. § 10 ÖKVO BW.

erhalten, wenn ein Großteil der Bäume durch Wildverbiss ausfällt oder der Eigentümer der Ausgleichsfläche diese verkauft und die Bäume vom Käufer gefällt werden.

§ 15 Abs. 4 Satz 1 BNatSchG fordert, dass Ausgleichs- und Ersatzmaßnahmen *„in dem jeweils erforderlichen Zeitraum zu unterhalten"* sind. Dieser Zeitraum wird im Zulassungsbescheid festgesetzt (§ 15 Abs. 4 Satz 2 BNatSchG), wobei die ausgleichende Wirkung in der Regel ebenso lange gewährleistet sein muss, wie die auszugleichende Beeinträchtigung besteht.[389] Die Ausgleichs- und Ersatzmaßnahmen zu unterhalten bedeutet, sie nicht nur erstmalig herzustellen, sondern sie ggf. auch so zu pflegen, dass sie über den benötigten Zeitraum den gewünschten Effekt haben. Dies muss auch dann möglich sein, wenn der Eigentümer einer Fläche wechselt, auf der die Maßnahme durchgeführt wird. Deshalb verlangt § 15 Abs. 4 Satz 1 BNatSchG außerdem, diese *„rechtlich zu sichern"*. Eine rechtliche Sicherung wäre theoretisch auch eine vertragliche (z. B. Pachtvertrag), allerdings sind Verträge einseitig kündbar. Als Mittel der Wahl kommen daher im Normalfall Grunddienstbarkeiten (§ 1090 BGB) oder Reallasten (§ 1105 BGB) in Betracht. Wo Eingriffs- und Ausgleichsmaßnahmen durchgeführt werden, wird in einem Kompensationsverzeichnis nach Maßgabe landesrechtlicher Regelungen erfasst (§ 17 Abs. 6 Satz 1 BNatSchG).[390]

3.5.1.5 Abwägung der Belange des Naturschutzes und der Landschaftspflege

Nicht alle Eingriffe können (vollständig) kompensiert werden. Ein wichtiges Beispiel ist der Eingriff in das Landschaftsbild. Darüber hinaus gelten als nicht kompensierbar Werte und Funktionen des Naturhaushalts, die nicht innerhalb von 25 Jahren wiederhergestellt werden können.[391] Neben solchen objektiven kann es auch subjektive Hinderungsgründe geben – etwa wenn es der verursachenden Person nicht gelingt, die benötigten Kompensationsflächen zu erlangen. Die Folge ist jedoch noch nicht die Unzulässigkeit des Eingriffs. Dieser ist nun davon abhängig, dass die Belange des Naturschutzes und der Landschaftspflege durch andere Belange überwogen werden. In die Abwägung einzustellen sind insbes. die mit dem Eingriff verfolgten Nutzungsinteressen einerseits und die Schwere der Beeinträchtigungen von Natur und Landschaft andererseits.[392] So macht es etwa einen Unterschied, ob eine Fläche für die Nutzung erneuerbarer Energien in Anspruch genommen wird oder nur für reine Hobby- bzw. Freizeitaktivitäten.

Führt die Abwägung zu dem Ergebnis, dass der Eingriff zugelassen werden kann, ist nach § 15 Abs. 6 Satz 1 BNatSchG eine Ersatzzahlung vorgese-

389 HessVGH, Urt. vom 28.6.2005 – 12 A 8/05 –, Rn. 190.
390 Zunehmend in digitaler Form, etwa nach dem neuen § 34 Abs. 4 LNatSchG NRW.
391 *Kluth/Smeddinck*, Umweltrecht, § 5 Rn. 56.
392 *Schlacke*, Umweltrecht, § 10 Rn. 36.

hen, die sich nach den durchschnittlichen Kosten der nicht durchführbaren Ausgleichs- und Ersatzmaßnahmen einschließlich der erforderlichen durchschnittlichen Kosten für deren Planung und Unterhaltung sowie die Flächenbereitstellung unter Einbeziehung der Personal- und sonstigen Verwaltungskosten bemisst (§ 15 Abs. 6 Satz 2 BNatSchG).

3.5.1.6 Illegale Eingriffe

Der Umgang mit Eingriffen, die ohne die erforderliche Zulassung oder Anzeige vorgenommen werden, ist in § 17 Abs. 8 BNatSchG speziell geregelt. Nach § 17 Abs. 8 Satz 1 BNatSchG soll (d. h. im Normalfall: muss) die zuständige Behörde die weitere Durchführung des Eingriffs untersagen und gem. § 17 Abs. 8 Satz 2 BNatSchG Maßnahmen nach § 15 BNatSchG oder die Wiederherstellung des früheren Zustands anordnen, soweit nicht auf andere Weise ein rechtmäßiger Zustand hergestellt werden kann. Letzteres ermöglicht es der verursachenden Person, die evtl. fachrechtlich erforderliche Zulassung des Eingriffs (etwa eine Baugenehmigung) nachträglich zu beantragen und darüber die Eingriffsregelung abarbeiten zu lassen (vgl. auch Kap. 3.5.1.1).[393] In diesen Fällen ist auch die jeweilige Fach- und nicht die Naturschutzbehörde „zuständige Behörde" für die Anordnungen nach § 17 Abs. 8 BNatSchG.[394]

Der Verweis auf § 15 BNatSchG, der ansonsten von der Naturschutzbehörde anzuwenden ist, ist nicht in Gänze (d. h. einschließlich der Möglichkeit eines Ersatzgelds), sondern nur auf Maßnahmen der Naturalkompensation bezogen.[395] Im Rahmen des Ermessens, ob stattdessen die Wiederherstellung anzuordnen ist, soll der Kompensation – soweit zeitnah möglich – ein leichter Vorrang zukommen, da die Funktion des § 17 Abs. 8 BNatSchG in erster Linie auf die Herstellung von mit der Eingriffsregelung konformen Zuständen gerichtet sei.[396] Dagegen ließe sich allerdings einwenden, dass so die erste Stufe der Eingriffsregelung – die Eingriffsvermeidung (s. Kap. 3.5.1.2) – zu leicht übersprungen werden könnte. In der Praxis ist die Kompensation zumindest in der Regel leichter festzulegen. Insbesondere, wenn die Wiederherstellung natürlicher Zustände angeordnet werden soll, fehlen Informationen über den vorherigen Zustand, da die Umwelt nicht permanent und lückenlos überwacht werden kann. Anordnungen nach § 17 Abs. 8 Satz 2 BNatSchG verlangen deshalb keine authentische Rekonstruktion des verbotswidrig beseitigten Zustands gleichzusetzen, sondern einen in naturschutzrechtlicher Hinsicht möglichst vergleichbaren Zustand.[397]

---

393 *Gellermann* in Landmann/Rohmer, UmweltR, BNatSchG § 17 Rn. 24.

394 HessVGH, Beschl. vom 7.8.2015 – 4 B 958/15 –.

395 OVG RhPf, Urt. vom 28.8.2019 – 8 A 11472/18 –; s. a. *Gellermann* in Landmann/Rohmer, UmweltR, BNatSchG § 17 Rn. 25.

396 *Gellermann* in Landmann/Rohmer, UmweltR, BNatSchG § 17 Rn. 26.

397 OVG LSA, Beschl. vom 21.4.2016 – 2 M 93/15 –.

3.5.2 Landschaftsplanung

Die Ziele des Naturschutzes und der Landschaftspflege werden durch die sog. „Landschaftsplanung" als räumliches Nutzungskonzept konkretisiert und dargestellt, vgl. § 8 BNatSchG. Über den gesetzlichen Mindestschutz sorgt die Landschaftsplanung so dafür, etwa die örtliche Landschaftsstruktur oder die lokale Artenvielfalt langfristig zu sichern bzw. zu verbessern. Es handelt sich hierbei um eine zentrale Komponente des Naturschutzrechts, dem Vorsorgeprinzip Rechnung zu tragen.[398] Dies erfolgt überörtlich (Landschaftsprogramme und Landschaftsrahmenpläne) und örtlich (Landschafts- und Grünordnungspläne), vgl. §§ 9 ff. BNatSchG. Die Soll-Inhalte eines Landschaftsplans ergeben sich aus § 9 Abs. 3 BNatSchG (s. dazu Kap. 3.5.2.1).

Die Zuständigkeit und das Verfahren zur Aufstellung und Durchführung richtet sich nach Landesrecht (§ 11 Abs. 7 Satz 2 BNatSchG, s. dazu Kap. 3.5.2.2). Außerdem können die Länder den Inhalt und die Rechtsverbindlichkeit von Landschaftsplänen abweichend vom Bundesrecht regeln (§ 11 Abs. 1 Satz 4 BNatSchG). Exemplarisch für die Bandbreite stehen die nachfolgenden Länder:

- In Bayern kann ein Landschaftsplan Bestandteil eines Flächennutzungsplans sein (Art. 4 Abs. 2 Satz 1 BayNatSchG). Ist ein Bauleitplan nicht erforderlich, wird für das Verfahren zur Aufstellung von Landschaftsplänen auf die Vorschriften für Bauleitpläne verwiesen. Der Landschaftsplan hat in diesem Fall die Rechtswirkung eines Flächennutzungsplans (Art. 4 Abs. 3 BayNatSchG). Da besonders geschützte Teile von Natur und Landschaft so nicht festgesetzt werden können, erfolgt dies nach Art. 12 Abs. 1 BayNatSchG in der Regel durch Rechtsverordnung. Das Erfordernis der Aufstellung richtet sich nach der bundesrechtlichen Planrechtfertigung (§ 11 Abs. 2 BNatSchG).
- In NRW werden Landschaftspläne dagegen von den Kreisen und kreisfreien Städten als Satzungen aufgestellt (§ 7 Abs. 3 Satz 1 LNatSchG NRW). Das Verfahren ist in den §§ 14 bis 21 LNatSchG NRW gesondert geregelt, auch wenn es Parallelen zum Bauleitplanverfahren hat. Die Landschaftsplanung sorgt in NRW auch für die Festsetzung von besonders geschützten Teilen von Natur und Landschaft (§ 7 Abs. 5 Nr. 2 LNatSchG NRW). Im Unterschied zum Bundesrecht ergibt sich aus § 7 Abs. 3 Satz 1 LNatSchG NRW die Pflicht zur Landschaftsplanung.

Nach dem primärintegrativen[399] Ansatz, den Bayern verfolgt, wird die Landschaftsplanung unmittelbar mit der Gesamtplanung – hier: der Bauleitplanung – verzahnt. Dem Vorteil der direkten Abwägung mit anderen raumbe-

398 *Kahl/Gärditz*, Umweltrecht, § 10 Rn. 22.

399 Primärintegration ist in Abgrenzung zur Sekundärintegration zu sehen, bei der zwar auch eine abschließende Integration der Landschaftspläne in die Flächennutzungspläne erfolgt, die Verfahren bis dorthin aber separat geführt werden.

deutsamen Belangen im gesamten Gemeindegebiet kann dabei der Nachteil gegenüberstehen, dass Ziele des Landschaftsschutzes leichter durch Raumnutzungsbelange verdrängt werden können.[400] Nordrhein-Westfalen ist hingegen das einzige Bundesland mit einer Trennung von der Flächennutzungsplanung und einer eigenständigen Rechtsverbindlichkeit der Landschaftsplanung. Diese starke Stellung und planerische Autonomie der Naturschutzbehörden geht allerdings zu Lasten eines erhöhten Kommunikationsaufwands mit dem kreisangehörigen Raum und zum Teil erhöhter Widerstände der von der Landschaftsplanung Betroffenen.

3.5.2.1 Inhalte von Landschaftsplänen

Der Soll-Inhalt von Landschaftsprogrammen, Landschaftsrahmenplänen, Landschaftsplänen sowie Grünordnungsplänen ist in § 9 Abs. 3 BNatSchG aufgelistet:

- 1. der vorhandene und der zu erwartende Zustand von Natur und Landschaft,
- 2. die konkretisierten Ziele des Naturschutzes und der Landschaftspflege,
- 3. die Beurteilung des vorhandenen und zu erwartenden Zustands von Natur und Landschaft nach Maßgabe dieser Ziele einschließlich der sich daraus ergebenden Konflikte,
- 4. die Erfordernisse und Maßnahmen zur Umsetzung der konkretisierten Ziele des Naturschutzes und der Landschaftspflege; diese werden beispielhaft aufgezählt und umfassen u. a. den Schutz bestimmter Teile von Natur und Landschaft durch Schutzgebiete nach §§ 20 bis 36 BNatSchG (b), geeignete Flächen für Eingriffskompensationen (c), zum Aufbau und Schutz eines Biotopverbunds, der Biotopvernetzung und des Netzes „Natura 2000" (d), zum Schutz, zur Qualitätsverbesserung und zur Regeneration von Böden, Gewässern, Luft und Klima (e) oder zur Sicherung und Förderung der biologischen Vielfalt im Planungsraum (h).

Bereits der Inhalt nach Nr. 1, der vorhandene und der zu erwartende Zustand von Natur und Landschaft, macht den Aufwand zur Aufstellung eines Landschaftsplans deutlich. Nur durch diese Grundlagenermittlung lassen sich die übrigen Ziele und Maßnahmen, denen die eigentliche planerische Leistung zukommt, im Einzelnen festlegen. Zum Teil können Naturschutzbehörden dabei auf bei ihnen vorhandene Erkenntnisse zurückgreifen. Allein die Tier- und Pflanzenwelt unterliegt jedoch permanenten Veränderungen und bedarf normalerweise der Erhebung aktueller Daten.[401] Für die Ausweisung potentieller Schutzgebiete und die Prognose über künftige Entwicklungen sind in der Regel gutachterliche Aussagen erforderlich. Die Landschaftsplanung

400 *Albert/Galler/von Haaren*, Landschaftsplanung, S. 80.

401 *Gellermann* in Landmann/Rohmer, UmweltR, BNatSchG § 9 Rn. 11.

startet deshalb typischerweise mit einer – ggf. mehrjährigen – Phase der Datensammlung über den Planungsraum.

Den konkretisierten Zielen des Naturschutzes und der Landschaftspflege (Nr. 2) kommt die wichtige planerische Aufgabe zu, die in § 1 BNatSchG abstrakt niedergelegten Ziele für den Planungsraum greifbar zu machen und mit konkretem Inhalt zu füllen.

Beispiel:
Zum geforderten Schutz der Lebensräume wild lebender Tier- und Pflanzenarten (§ 1 Abs. 2 Nr. 1 BNatSchG) erfolgen Festlegungen zur naturnahen Entwicklung bestimmter Auen oder zum Schutz bestimmter Waldränder; aus der abstrakten Vorgabe des § 1 Abs. 2 Nr. 3 BNatSchG, Lebensgemeinschaften und Biotope mit ihren strukturellen und geographischen Eigenheiten zu erhalten, können im Landschaftsplan Festsetzungen zum Erhalt von Baumgruppen oder zur Pflege von Streuobstwiesen werden.

Die Ziele müssen dabei bereits naturschutzintern mit- und gegeneinander abgewogen sein.[402]

Der Vergleich des bestehenden und prognostizierten Zustands von Natur und Landschaft aufgrund der unter Nr. 2 gefundenen Ziele dient dazu, den konkreten Handlungsbedarf für die Zielerreichung zu ermitteln. Die dabei zu berücksichtigenden Konflikte sind solche mit naturschutzexternen Faktoren.[403] Besondere Berührungspunkte weisen Landschaftspläne etwa mit der Land- und Forstwirtschaft auf.

Beispiel:
Zum Erhalt eines Sumpfwalds erfolgt eine forstliche Festsetzung, bei Erst- und Wiederaufforstung die Verwendung bestimmter Baumarten vorzuschreiben oder auszuschließen.

Die Erfordernisse und Maßnahmen im Einzelnen sind vielfältig:

Darstellungen zu Erfordernissen und Maßnahmen zum Schutz bestimmter Teile von Natur und Landschaft i. S. d. §§ 20 bis 36 BNatSchG sowie der Biotope, Lebensgemeinschaften und Lebensstätten der Tiere und Pflanzen wild lebender Arten (§ 9 Abs. 3 S. 1 Nr. 4 lit. b BNatSchG) haben die Funktion, die unter Schutz gestellten oder zu stellenden Gebiete fachlich vorzubereiten.[404] In Nordrhein-Westfalen sind darüber hinaus die Gebiete (z. B. LSG, NSG) im Landschaftsplan festzusetzen (§ 7 Abs. 5 Nr. 2 LNatSchG NRW).

Die konzeptionelle Vorbereitung von Schutzgebieten steht dabei im engen Zusammenhang mit der Festlegung von weiteren Naturschutzflächen

402 *Mengel* in Lütkes/Ewer, BNatSchG, § 9 Rn. 31.
403 *Gellermann* in Landmann/Rohmer, UmweltR, BNatSchG § 9 Rn. 13.
404 *Mengel* in Lütkes/Ewer, BNatSchG, § 9 Rn. 37.

nach § 9 Abs. 3 Satz 1 Nr. 4 lit. c BNatSchG, die aufgrund ihres Zustands, ihrer räumlichen Nähe zu Schutzgebieten oder ihres Entwicklungspotentials als Kompensationsflächen (zunächst etwa Teil eines Flächenpools) oder für den Vertragsnaturschutz (s. Kap. 3.5.5) in Betracht kommen. In der Praxis sind solche Darstellungen sowohl für Eingriffsverursachende als auch die Land- und Forstwirtschaft von Interesse.

Erfordernisse und Maßnahmen zum Aufbau und Schutz eines Biotopverbunds, der Biotopvernetzung und des Netzes „Natura 2000" (§ 9 Abs. 3 Satz 1 Nr. 4 lit. d BNatSchG) haben in Landschaftsplänen in erster Linie die Aufgabe, diese überörtlich zu schaffenden Strukturen vor Ort konkreter abzugrenzen.[405]

Während die vorgenannten Inhalte die wesentlichen planerischen Verknüpfungen innerhalb des Naturschutzrechts darstellen, erlaubt § 9 Abs. 3 Satz 1 Nr. 4 lit. e BNatSchG auch die Darstellung von Maßnahmen, die Bezüge zu anderen Umweltrechtsgebieten aufweisen, so etwa zum Schutz, zur Qualitätsverbesserung und zur Regeneration von Böden, Gewässern, Luft und Klima. Dies ermöglicht einen ganzheitlichen Blick, wenn es zum Beispiel um den Schutz vor Bodenerosion oder die Renaturierung von Gewässern geht.[406] Von zunehmender Bedeutung sind dabei insbes. Darstellungen zum Schutz des Klimas. Der durch das BNatSchG geforderte Schutz von Natur und Landschaft vor Beeinträchtigungen umfasst zum einen den Schutz vor den Folgen des Klimawandels –

> ***Beispiel:***
> *Strategien gegen die Ausbreitung invasiver Arten.*

–, aber auch den Beitrag von Natur und Landschaft selbst zur Begrenzung der Klimawandelfolgen bzw. zur Klimaanpassung.

> ***Beispiele:***
> *Entwicklung und Pflege von Wäldern, Regeneration von Mooren, Entwicklung und Pflege von Feuchtgrünlandflächen.*[407]

Erfordernisse und Maßnahmen zur Sicherung und Förderung der biologischen Vielfalt im Planungsraum (§ 9 Abs. 3 Satz 1 Nr. 4 lit. h BNatSchG) wurden erst 2021 in den Beispielkatalog aufgenommen. Der Schutz der biologischen Vielfalt steht in § 1 Abs. 1 Nr. 1 BNatSchG praktisch als erstes Schutzziel, trotzdem tauchte er in § 9 Abs. 3 Satz 1 Nr. 4 BNatSchG zuvor noch nicht direkt auf. Dass insoweit eine echte Schutzlücke bestand, mag angesichts des integrativen Ansatzes und den umfassenden, übrigen Soll-Inhalten der

---

405 *Gellermann* in Landmann/Rohmer, UmweltR, BNatSchG § 9 Rn. 18.
406 *Gellermann* in Landmann/Rohmer, UmweltR, BNatSchG § 9 Rn. 19.
407 *Albert/Galler/von Haaren*, Landschaftsplanung, S. 454.

Landschaftsplanung zu bezweifeln sein; dennoch weist die Neuerung gezielt auf die Notwendigkeit hin, der Biodiversitätskrise Einhalt zu gebieten.[408]

3.5.2.2 Verfahren

Die formellen Anforderungen an die Landschaftsplanung richten sich nach Landesrecht. Bei einer Vollintegration in die Flächennutzungsplanung gelten insbes. die Verfahrensvorschriften der §§ 2 bis 4c, 6 BauGB, die grob zu folgendem Ablauf führen:

- Aufstellungsbeschluss (§ 2 Abs. 1 BauGB),
- frühzeitige Beteiligung der Öffentlichkeit sowie der Behörden und Träger öffentlicher Belange (§§ 3 Abs. 1, 4 Abs. 1 BauGB),
- Entwurfserstellung nebst Umweltbericht,
- öffentliche Auslegung, Beteiligung der Behörden und Träger öffentlicher Belange (§ 3 Abs. 2, 4 Abs. 2 BauGB),
- Überprüfung und Abwägung (s. Kap. 2.4.3.2.3),
- Feststellungsbeschluss, Genehmigung und Bekanntmachung der Genehmigung (§ 6 Abs. 1, 5 Satz 1 BauGB).

Soweit sie nicht ohnehin gesetzlich vorgeschrieben ist, sollte einer separaten Beteiligung der Öffentlichkeit an der Landschaftsplanung Augenmerk geschenkt werden. Die Partizipation der Öffentlichkeit bietet gerade im Bereich der Landschaftsplanung folgende Chancen:

- Ortskenntnisse, Daten oder Erfahrungen von Ortskundigen können die Planung verfeinern.
- Das Verfahren kann einen Beitrag zur Umweltbildung leisten und die Identifikation mit den lokalen Zielen für den Landschaftsschutz erhöhen.
- Umgekehrt droht bei mangelnder Öffentlichkeitsbeteiligung die Akzeptanz oft schlechter auszufallen.[409]

In Nordrhein-Westfalen ist das oben genannte Ablaufschema für die Aufstellung eines Landschaftsplans in §§ 14 bis 17 LNatSchG NRW nachgebildet worden. Als Folge der Trennung von den Bauleitplänen sieht § 9 Abs. 1 LNatSchG NRW die Pflicht zur strategischen Umweltprüfung vor (s. im Einzelnen Kap. 2.5.2.3 und 2.5.2.4), allerdings mit den Modifikationen, dass die Begründung zum Landschaftsplan zugleich den Umweltbericht darstellt und die Behörden- und Öffentlichkeitsbeteiligungen gleichzeitig mit den Verfahren nach den §§ 15 bis 17 LNatSchG NRW durchzuführen sind. Ein Landschaftsplan muss in Nordrhein-Westfalen nicht genehmigt werden, sondern nur bei der höheren Naturschutzbehörde angezeigt werden (§ 18 Abs. 1 LNatSchG NRW). Er kann spätestens drei Monate nach Eingang der Anzeige durch ortsübliche Bekanntmachung (§ 19 LNatSchG NRW) in Kraft treten, es

408 *Gellermann* in Landmann/Rohmer, UmweltR, BNatSchG § 9 Rn. 22.
409 *Albert/Galler/von Haaren*, Landschaftsplanung, S. 574.

sei denn, die höhere Naturschutzbehörde macht bis dahin geltend, dass der Landschaftsplan nicht ordnungsgemäß zustandegekommen ist oder dem LNatSchG NRW oder aufgrund dieses Gesetzes erlassenen oder sonstigen Rechtsvorschriften widerspricht (§ 18 Abs. 2 Satz 2 LNatSchG NRW).

3.5.2.3 Geltungsbereich (nur Nordrhein-Westfalen)

Der Geltungsbereich des Landschaftsplans, der nach § 7 Abs. 3 Satz 1 LNatSchG NRW als Satzung erlassen wird, erstreckt sich auf den Außenbereich im Sinne des Bauplanungsrechts (§ 7 Abs. 1 Satz 3 LNatSchG NRW). Die Abgrenzung von Außen- und Innenbereichslagen erfolgt nach dem Vorhandensein von Bebauungsplänen, ansonsten nach §§ 34, 35 BauGB (s. Kap. 2.2.1.1). Für einen Landschaftsplan als Satzung muss aber dessen Geltungsbereich positiv festgelegt werden. Bei der Aufstellung muss deshalb eine Entscheidung stattfinden, wo der bauplanungsrechtliche Innenbereich verlaufen soll. Dabei können auch „normale" Außenbereichsflächen verbleiben, die nicht dem Landschaftsschutz unterworfen werden. Letzteres hat ansonsten zur Folge, dass bei einer baulichen Inanspruchnahme oder anderweitiger Nutzung eine landschaftsrechtliche Ausnahmegenehmigung erforderlich werden kann, es sei denn, die Zuordnung zum Innen- oder Außenbereich ändert sich durch die Bauleitplanung der Stadt oder Gemeinde.

Bei Inkrafttreten des Landschaftsplans ist dieser mit dem jeweiligen Flächennutzungsplan abgestimmt. Für die weitere Entwicklung der Bauleitplanung enthält das LNatSchG NRW zwei Anpassungsklauseln:

- § 20 Abs. 3 LNatSchG NRW: Enthält ein Landschaftsplan Darstellungen oder Festsetzungen mit Befristung in Bereichen eines Flächennutzungsplans, für die dieser eine bauliche Nutzung vorsieht, tritt der Landschaftsplan für diese Bereiche außer Kraft, sobald ein Bebauungsplan oder eine Entwicklungssatzung (§ 34 Abs. 4 Satz 1 Nr. 2 BauGB) in Kraft tritt. Entsprechendes gilt für das Außerkrafttreten von Darstellungen und Festsetzungen des Landschaftsplans bei der baurechtlichen Zulassung von Vorhaben im Innenbereich und für Bereiche, in denen eine Klarstellungssatzung (§ 34 Abs. 4 Satz 1 Nr. 1 BauGB) in Kraft tritt.
- § 20 Abs. 4 LNatSchG NRW: Bei der Aufstellung, Änderung und Ergänzung eines Flächennutzungsplans im Geltungsbereich eines Landschaftsplans treten widersprechende Darstellungen und Festsetzungen des Landschaftsplans mit dem Inkrafttreten des entsprechenden Bebauungsplans oder einer Entwicklungssatzung außer Kraft, soweit der Träger der Landschaftsplanung im Beteiligungsverfahren diesem Flächennutzungsplan nicht widersprochen hat. Für das Außerkrafttreten gilt Entsprechendes bei einer Ergänzungssatzung (§ 34 Abs. 4 Satz 1 Nr. 3 BauGB), soweit der Träger der Landschaftsplanung im Beteiligungsverfahren nicht widersprochen hat. Dasselbe gilt auch für Berichtigungen von Flächennutzungsplänen nach § 13a Abs. 2 Nr. 2 BauGB, soweit der Träger der Landschaftsplanung nicht widersprochen hat.

Während das materiell-rechtliche Zurücktreten der Landschaftsplanung somit erst bei einem Vollzug durch die Bebauungsplanung eintritt, ist der Zeitpunkt für den formellen Widerspruch des Trägers der Landschaftsplanung bereits die Aufstellung, Änderung oder Ergänzung des Flächennutzungsplans.

Neben den gesetzlich vorgesehenen Möglichkeiten kann absehbaren Widersprüchen zur Bauleitplanung auch schon bei der Landschaftsplanung selbst Rechnung getragen werden. Geprüft werden kann z. B., welche Bereiche tatsächlich landschaftsrechtlich festzusetzen bzw. als Landschaftsschutzgebiet darzustellen sind, weil bei ihnen der Erhalt des typischen Landschaftscharakters sinnvoll und notwendig erscheint.

Beispiel:
Friedhöfe an der Außenbereichsgrenze oder gärtnerisch bzw. anderweitig anthropogen überformte Bereiche müssen nicht unbedingt Teil des Landschaftsschutzes sein; landschaftsökologisch und stadtklimatisch bedeutsame Grünzüge bzw. deren noch erhaltene Relikte (wie z. B. Gewässer- bzw. Talbereiche) sollten dagegen in den Geltungsbereich des Landschaftsplans einbezogen und als Landschaftsschutzgebiet festgesetzt werden.

Sofern ein Bebauungsplan weitergehende Festsetzungen im Sinne des Biotop- und Artenschutzes treffen sollte, sollten diese Bereiche nach dem Gebot der planerischen Zurückhaltung und der Vermeidung von Doppelzuständigkeiten nicht zusätzlich landschaftsrechtlich festgesetzt werden.

3.5.3 Ausnahmen und Befreiungen gem. § 67 BNatSchG

Das BNatSchG enthält eine Reihe von Handlungs- und Unterlassungspflichten, sowohl im Arten- als auch im Biotopschutz. Doch auch insbes. in Schutzgebieten (wie dem Naturschutzgebiet oder dem Landschaftsschutzgebiet) gelten spezielle Verbote, um den Naturschutzzielen gerecht zu werden.

Beispiele:
Bauliche Anlagen zu errichten, Pflanzen oder Bestandteile zu entnehmen, freilebende Tiere zu stören, zu entnehmen oder zu töten, zu zelten, Feuer zu machen, Volksläufe, Volksmärsche oder vergleichbare organisierte Veranstaltungen abzuhalten, zu lärmen oder Tonübertragungs- oder Tonwiedergabegeräte zu benutzen, markierte Wege zu verlassen, Sachen im Gelände zu lagern.

Trotzdem kann es im Einzelfall unerlässlich sein, von diesen Verboten abweichen zu dürfen. Während Befreiungen für nicht vorhersehbare Härtefälle gedacht sind, sind Ausnahmen bereits im Natur- und Landschaftsschutz angelegt, weil bei Erlass des für den Normalfall vorgesehenen Ge- oder Verbots absehbar war, dass dieses in bestimmten Fallkonstellationen regelmäßig zu Konflikten führen wird.[410]

Beispiele:
Ausnahmeregelungen in Schutzgebietsverordnungen bzw. Landschaftsplänen oder für gesetzlich geschützte Biotope in § 30 Abs. 3 BNatSchG.

Ausnahmen nach § 30 Abs. 3 BNatSchG sind unter der Voraussetzung zulässig, dass im Rahmen der Eingriffsregelung ein gleichartiger Ausgleich stattfindet; eine gleichwertige Ersatzmaßnahme ist nicht zulässig.[411] Wo Ausnahmen in Landschaftsplänen zugelassen sind, müssen diese Art und Umfang der Ausnahme von Verboten regeln, d. h. die Verbote, von denen befreit werden kann, benennen und die Grenze bestimmen, bis zu denen die Ausnahme zulässig ist.[412] Ausnahmen stehen zudem immer im Ermessen der Behörde; der Ausgleich des Eingriffs allein reicht demnach noch nicht.

Die Befreiung ist eher auf atypische Sonderfälle beschränkt, die der Normgeber im Zeitpunkt des Normerlasses nicht voraussehen konnte.[413] Ausnahme und Befreiung sind aber grundsätzlich nebeneinander anwendbar.[414] Dies gilt zum Beispiel auch, wenn im Rahmen der Ausnahme nach § 30 Abs. 3 BNatSchG nur Ersatz- statt Ausgleichsmaßnahmen in Betracht kommen.[415]

Eine Befreiung kann im Einzelfall erteilt werden, wenn (1.) dies aus Gründen des überwiegenden öffentlichen Interesses notwendig ist oder (2.) das Verbot im Einzelfall zu einer unzumutbaren Belastung führen würde und die Befreiung mit den Belangen von Naturschutz und Landschaftspflege vereinbar ist.

In Abwägung mit den Naturschutzbelangen müssen für § 67 Abs. 1 Satz 1 Nr. 1 BNatSchG Gründe des öffentlichen Interesses überwiegen. Im öffentlichen Interesse können nicht nur originär hoheitliche Maßnahmen (wie der Bau von Verkehrswegen), sondern auch privatwirtschaftliche Betätigungen liegen.

Beispiele:
Mobilfunkmast im FFH-Gebiet,[416] *Windenergieanlage im Landschaftsschutzgebiet.*[417]

---

410 *Gellermann* in Landmann/Rohmer, UmweltR, BNatSchG § 67 Rn. 4.

411 *Albrecht* in BeckOK UmweltR, BNatSchG § 30 Rn. 29.

412 Vgl. zum alten LG NRW *Stollmann/Kämper*, PRAXIS-Beitrag G 10 NW, Stand Juni 2002, § 34 LG NRW Erl. 6.

413 *Gellermann* in Landmann/Rohmer, UmweltR, BNatSchG § 67 Rn. 10.

414 *Gellermann* in Landmann/Rohmer, UmweltR, BNatSchG § 67 Rn. 4.

415 *Albrecht* in BeckOK UmweltR, BNatSchG § 30 Rn. 30.

416 OVG NRW, Urt. vom 11.9.2012 – 8 A 104/10 –.

417 NdsOVG, Urt. vom 4.12.2018 – 4 KN 77/16 –.

Darüber hinaus darf es für das im öffentlichen Interesse liegende Vorhaben keine zumutbare Standort- oder Ausführungsalternative geben, da es andernfalls nicht „notwendig" i. S. d. § 67 Abs. 1 Satz 1 Nr. 1 BNatSchG ist.[418]

Die Fallvariante der unzumutbaren Belastung (§ 67 Abs. 1 Satz 1 Nr. 2 BNatSchG) ist hingegen für grundstücksbezogene Besonderheiten gedacht, wegen derer die Einhaltung des Ge- oder Verbots eine ungerechtfertigte Härte für das Vorhaben bedeuten würde.[419]

3.5.4 Artenschutz

Gegenstand des 5. Kapitels des BNatSchG bildet der Schutz wild lebender Tier- und Pflanzenarten, der hinsichtlich der Zulässigkeit etwaiger Beeinträchtigungen von der Eingriffsregelung unabhängig ist.[420] Neben allgemeinen Regeln für die Beeinträchtigung dieser Lebewesen (§ 39) gibt es im besonderen Artenschutz Zugriffs- (§ 44 Abs. 1) sowie Vermarktungs- und Besitzverbote (§ 44 Abs. 2). Die Verbote des § 44 BNatSchG gelten jedoch nur für solche Arten, die entweder national oder international unter besonderen Schutz gestellt wurden (vgl. Kap. 3.4.1). Artspezifische Zusatz- oder Sonderregelungen im BNatSchG stellen die Ausnahme dar, wurden aber für den Wolf (§ 45a BNatSchG) und zuletzt für bestimmte Brutvogelarten im Bereich von Windenergieanlagen (§ 45b BNatSchG) eingeführt, s. Kap. 3.5.4.2.5 und 3.5.4.2.6.

3.5.4.1 Allgemeiner Artenschutz

§ 39 BNatSchG betrifft zunächst ganz allgemein den Umgang mit (allen) wild lebenden Tieren und wild wachsenden Pflanzen. Es kommt hierfür nicht darauf an, dass die jeweilige Art besonders geschützt ist (s. dazu Kap. 3.5.4.2 und 3.5.4.3).

Wild lebende Tier- oder Pflanzenarten und deren Lebensräume dürfen nicht ohne vernünftigen Grund beeinträchtigt werden. Dies gilt insbes. für:

- das gewerbsmäßige Sammeln,
- das Abbrennen oder sonstige Beseitigen von Pflanzenbeständen,
- der Rückschnitt von Röhricht, Hecken und Bäumen vom 1. März bis 30. September,
- den Einsatz von Grabenfräsen,
- das Aufsuchen von Fledermausquartieren vom 1. Oktober bis 31. März.

Da wild lebende Tier- oder Pflanzenarten auch außerhalb der freien Natur, also z. B. in Privatgärten, anzutreffen sind, stehen die o. g. Verbote in besonderem Konflikt mit alltäglichen menschlichen Bedürfnissen. Aus diesem

---

418 *Gellermann* in Landmann/Rohmer, UmweltR, BNatSchG § 67 Rn. 13.
419 *Gellermann* in Landmann/Rohmer, UmweltR, BNatSchG § 67 Rn. 15.
420 *Lütkes* in Lütkes/Ewer, BNatSchG, § 13 Rn. 6.

Grund ist etwa der Heckenschnitt außerhalb des o. g. Zeitraums von vornherein gesetzlich freigegeben. Der übliche, regelmäßige Hecken- und Baumschnitt in Gärten und Parks bleibt auch in der Vegetationsperiode zulässig, soweit etwa Vogelnester geschont werden.

Im Übrigen sind die Tatbestände des § 39 Abs. 1 BNatSchG bereits dann nicht einschlägig, wenn vernünftige Gründe für die Handlung ins Feld geführt werden können. Solche Gründe liegen vor, wenn einer durchschnittlich gebildeten, dem Naturschutz aufgeschlossenen Person die Handlung nachvollziehbar und nach einer Abwägung gerechtfertigt erscheint.[421]

Beispiele:
Ein verletztes Tier einzufangen, um es ärztlich zu behandeln, oder Bewirtschaftungsmaßnahmen im Rahmen guter fachlicher Praxis der Land-, Forst- und Fischereiwirtschaft; keine vernünftigen Gründe stellen hingegen rein persönliche Motive (wie die eigene Schmetterlings- oder Eiersammlung zu vergrößern) dar.[422]

Soweit das Verbot besteht, tritt es aus den in § 39 Abs. 5 BNatSchG genannten Gründen zurück, so insbes., wenn Maßnahmen, die im öffentlichen Interesse nicht auf andere Weise oder zu anderer Zeit durchgeführt werden können, der Gewährleistung der Verkehrssicherheit dienen –

Beispiel:
Ein Baum droht, auf die Straße zu fallen.

– oder ein zulässiger Eingriff nach § 15 BNatSchG vorliegt (§ 39 Abs. 5 Satz 2 Nr. 3 BNatSchG).

3.5.4.2 Besonderer Artenschutz

Für besonders und streng geschützte Arten (s. im Einzelnen Kap. 3.4.1) gelten die Vorschriften der §§ 44 ff. BNatSchG. Im Unterschied zum allgemeinen Artenschutz (s. Kap. 3.5.4.1) tritt dieser nicht schon aufgrund eines ansonsten genehmigungsfähigen Eingriffs zurück, sondern sieht eigene materiell-rechtliche Anforderungen vor, die entweder durch den Schutz der Tiere eingehalten werden, aufgrund von Legalausnahmen (insbes. § 44 Abs. 4 bis 6 BNatSchG) zurücktreten oder im Wege einer Ausnahme (§ 45 Abs. 7 BNatSchG) bzw. Befreiung (§ 67 BNatSchG) überwunden werden.

Neben der direkten Tötung einzelner Tiere sind durch menschliche Eingriffe (z. B. Bauvorhaben) auch die Verschlechterung und der Verlust von Lebensräumen eine der größten Bedrohungen für die geschützten Arten.

---

421 *Gläß* in BeckOK UmweltR, BNatSchG § 39 Rn. 6.
422 *Gellermann* in Landmann/Rohmer, UmweltR, BNatSchG § 39 Rn. 6.

Beispiele:
Rotmilan-Schlagopfer durch Windenergieanlagen; Zerstörung eines Schlafquartiers der Haselmaus durch Rodung von Bäumen.

Der besondere Artenschutz kommt deshalb nahezu zwangsläufig zum Tragen, wenn das Vorhaben eine größere unbebaute Fläche betrifft, und stellt damit einen wichtigen Prüfaspekt für das Planungs- oder Zulassungsverfahren dar. Doch auch bei (an sich genehmigungsfreien) Renovierungsarbeiten an Privathaushalten sind Verstöße gegen § 44 Abs. 1 BNatSchG denkbar.

Beispiele:
Beseitigung von Nestern von Eulen, Falken, Schwalben, Mauerseglern oder Fledermausquartieren, Eidechsenvorkommen an Trockenmauern oder auf Schotterflächen.

3.5.4.2.1 Arten von Zugriffsverboten

Die Beeinträchtigung von Vorkommen besonders oder streng geschützter Arten ist nach § 44 Abs. 1 BNatSchG untersagt. Diese sog. „Zugriffsverbote" umfassen:

- 1. wild lebenden Tieren der besonders geschützten Arten nachzustellen, sie zu fangen, zu verletzen oder zu töten oder ihre Entwicklungsformen aus der Natur zu entnehmen, zu beschädigen oder zu zerstören,
- 2. wild lebende Tiere der streng geschützten Arten und der europäischen Vogelarten während der Fortpflanzungs-, Aufzucht-, Mauser-, Überwinterungs- und Wanderungszeiten erheblich zu stören; eine erhebliche Störung liegt vor, wenn sich durch die Störung der Erhaltungszustand der lokalen Population einer Art verschlechtert,
- 3. Fortpflanzungs- oder Ruhestätten der wild lebenden Tiere der besonders geschützten Arten aus der Natur zu entnehmen, zu beschädigen oder zu zerstören,
- 4. wild lebende Pflanzen der besonders geschützten Arten oder ihre Entwicklungsformen aus der Natur zu entnehmen, sie oder ihre Standorte zu beschädigen oder zu zerstören.

Das in § 44 Abs. 1 Nr. 1 BNatSchG genannte Verbot des Fangens, Verletzens und Tötens (allgemein unter dem Begriff „Tötungsverbot" gebräuchlich[423]) bezieht sich grundsätzlich auf jedes einzelne Individuum, unabhängig davon, ob es sich um eine absichtliche Handlung handelt oder nicht. In der Praxis warf diese Regelung jedoch einige Schwierigkeiten auf. So sind Kollisionen wild lebender Tiere unvermeidbare Folge beim Bau neuer Straßen, weshalb dieser zwangsläufig den Verbotstatbestand erfüllen würde. Gleiches gilt für Schlagopfer bei Vögeln durch Hochspannungsfreileitungen oder

---

423 Vgl. nur *Gläß* in BeckOK UmweltR, BNatSchG § 44 Rn. 3; *Bick/Wulfert*, NVwZ 2017 S. 346.

Windenergieanlagen. Da der Verbotstatbestand so zu einem unverhältnismäßigem Planungshindernis würde, entwickelte das BVerwG für Infrastrukturvorhaben die Formel, dass der Tatbestand erst erfüllt ist, wenn sich das Risiko des Erfolgseintritts durch das Vorhaben in signifikanter Weise erhöht,[424] mithin für eine größere Zahl von Exemplaren wild lebender Arten das Tötungs- und Verletzungsrisiko mehr als sozialadäquat gesteigert wird. Diese Regelung wurde später für zugelassene Eingriffe und Vorhaben im Geltungsbereich von Bebauungsplänen in § 44 Abs. 5 Satz 2 Nr. 1 BNatSchG übernommen. Daraus lässt sich schlussfolgern, dass für das Verbot des § 44 Abs. 1 Nr. 1 BNatSchG wieder der Individuenbezug und nicht mehr die relativierende Auslegung der Rechtsprechung maßgeblich ist.[425]

Das Störungsverbot (§ 44 Abs. 1 Nr. 2 BNatSchG) erfasst alle negativen Einwirkungen, die mittelbar oder unmittelbar das psychische Wohlbefinden der geschützten Tiere betreffen, was sich etwa in Angst-, Flucht- oder Schreckreaktionen äußern kann.[426] Dies spielt insbes. bei der Durchführung von Baumaßnahmen eine Rolle. Im Unterschied zum Tötungsverbot ist das Störungsverbot jedoch tatbestandlich nur dann einschlägig, wenn sich durch die Handlung der Erhaltungszustand der lokalen Population einer Art verschlechtert. Als „lokale Population" können alle Individuen einer Art verstanden werden, die in einem bestimmten Zyklus in einem Gebiet vorkommen, das sich aufgrund der Habitatansprüche der Art abgrenzen lässt.[427]

Der Schutz von Fortpflanzungs- und Ruhestätten ist in § 44 Abs. 1 Nr. 3 BNatSchG geregelt und umfasst alle Orte, die im Zusammenhang mit der Reproduktion genutzt werden –

> ***Beispiele:***
> *Neststandorte, Brutplätze, Balzplätze, Paarungsgebiete.*[428]

– oder der Ruhe und Geborgenheit dienen.

> ***Beispiele:***
> *Schlafbäume, Winterquartiere von Fledermäusen.*[429]

In zeitlicher Hinsicht gilt der Schutz während der arttypischen Nutzungsphase (losgelöst von der tagesaktuellen Anwesenheit), was abhängig von der Tierart (wie bei einem Schwalbennest) auch einen ganzjährigen Schutz zur Folge haben kann.[430] Potentielle Orte, die für die Fortpflanzung oder ein Ruhen in Frage kommen, fallen nicht unter den Tatbestand,[431] generell auch

---

424 BVerwGE 130, 299; BVerwG, NVwZ 2010 S. 44 Rn. 58; vgl. auch OVG NRW, Beschl. vom 1.4.2019 – 8 B 1013/18 –.
425 *Gellermann* in Landmann/Rohmer, UmweltR, BNatSchG § 44 Rn. 9.
426 OVG RhPf, Urt. vom 14.10.2014 – 8 C 10233/14 –.
427 *Gellermann* in Landmann/Rohmer, UmweltR, BNatSchG § 44 Rn. 12.
428 *Gläß* in BeckOK UmweltR, BNatSchG § 44 Rn. 27 f.
429 *Gellermann* in Landmann/Rohmer, UmweltR, BNatSchG § 44 Rn. 17.
430 *Gellermann* in Landmann/Rohmer, UmweltR, BNatSchG § 44 Rn. 18.
431 BVerwG, NVwZ 2009 S. 302 Rn. 100.

nicht Jagd- bzw. Nahrungshabitate.[432] Da dies der ökologischen Funktionalität von Lebensstätten jedoch oft nicht gerecht wird, hat der EuGH klargestellt, dass für Tierarten nach Anhang IV lit. a der FFH-Richtlinie der Begriff der „Fortpflanzungsstätte" auch deren Umfeld umfasst, sofern dies erforderlich ist, um eine erfolgreiche Fortpflanzung zu ermöglichen.[433] Für sonstige Lebensstätten gilt im Übrigen der allgemeine Schutz des § 39 Abs. 1 Nr. 3 BNatSchG. Hinsichtlich der verbotenen Störungen ist zu beachten, dass nicht erst das Beschädigen oder Zerstören von Fortpflanzungs- und Ruhestätten im engeren Sinne (eine konkret darauf gerichtete Handlung), sondern auch andere Maßnahmen, die die ökologische Qualität der Örtlichkeit verringern, als verbotene Handlung in Frage kommen.[434]

Beispiel:
Wegen des konstant gestiegenen Lärmpegels wird ein Nistplatz dauerhaft aufgegeben.

Für Tierarten nach Anhang IV lit. a der FFH-Richtlinie genügt nach dem EuGH auch eine schädigende Handlung, die einen schrittweisen Verringerung der ökologischen Funktionalität einer Fortpflanzungs- oder Ruhestätte zur Folge hat.[435]

3.5.4.2.2 Freistellungen, Ausnahmen und Befreiungen

Da menschliche Handlungsweisen häufig in Konflikt mit dem Artenschutz geraten können, besteht eine erste wichtige Einschränkung der generellen Zugriffsverbote im Bereich der Land-, Forst- und Fischereiwirtschaft, wenn diese die gute fachliche Praxis (§ 5 Abs. 2 bis 4 BNatSchG, § 17 Abs. 2 BBodSchG) und das Recht der Land-, Forst- und Fischereiwirtschaft einhalten. Unter diesen Bedingungen verstoßen sie nicht gegen die Zugriffs-, Besitz- und Vermarktungsverbote (§ 44 Abs. 4 Satz 1 BNatSchG). Bei Arten nach der FFH-Richtlinie, europäischen Vogelarten und Verantwortungsarten (s. Kap. 3.4.1) darf sich gem. § 44 Abs. 4 Satz 2 BNatSchG jedoch der Erhaltungszustand der lokalen Populationen (s. dazu das Ende dieses Kap.) nicht verschlechtern.

Eine weitere zentrale Modifizierung gilt bei Eingriffen, die nach § 15 BNatSchG zulässig sind oder in Gebieten nach § 18 Abs. 2 BNatSchG (Vorhaben in Gebieten von Bebauungsplänen, während einer Planaufstellung nach § 33 BauGB und im Innenbereich nach § 34 BauGB) stattfinden. So sind in diesen Fällen gem. § 44 Abs. 5 Satz 1 BNatSchG die Verbotstatbestände lediglich für die wild lebenden Tier- und Pflanzenarten des Anhangs IV der FFH-Richtlinie sowie für die europäischen Vogelarten und sonstige in einer

432 *Gläß* in BeckOK UmweltR, BNatSchG § 44 Rn. 29.
433 EuGH, Urt. vom 28.10.2021 – C-357/20 –.
434 *Gellermann* in Landmann/Rohmer, UmweltR, BNatSchG § 44 Rn. 21.
435 EuGH, Urt. vom 28.10.2021 – C-357/20 –.

Rechtsverordnung nach § 54 Abs. 1 Nr. 2 BNatSchG aufgeführte Verantwortungsarten zu prüfen. Sonstige besonders geschützte Arten (d. h. solche, die nur nach nationalem Recht geschützt sind) sind bei zugelassenen Eingriffen nicht Gegenstand der speziellen artenschutzrechtlichen Bewertungen, sondern sind im Rahmen der Eingriffsregelung – unter verstärkter Beachtung des Vermeidungsgebots nach § 15 Abs. 1 BNatSchG bzw. § 1a Abs. 3 Satz 1 BauGB[436] – zu behandeln.

Im Prüfumfang des § 44 Abs. 5 BNatSchG liegt ein bei Betroffenheit der umfassen Arten ein Verstoß gegen

- 1. das Tötungs- und Verletzungsverbot nach Absatz 1 Nr. 1 nicht vor, wenn die Beeinträchtigung durch den Eingriff oder das Vorhaben das Tötungs- und Verletzungsrisiko für Exemplare der betroffenen Arten nicht signifikant erhöht und diese Beeinträchtigung bei Anwendung der gebotenen, fachlich anerkannten Schutzmaßnahmen nicht vermieden werden kann,
- 2. das Verbot des Nachstellens und Fangens wild lebender Tiere und der Entnahme, Beschädigung oder Zerstörung ihrer Entwicklungsformen nach Absatz 1 Nr. 1 nicht vor, wenn die Tiere oder ihre Entwicklungsformen im Rahmen einer erforderlichen Maßnahme, die auf den Schutz der Tiere vor Tötung oder Verletzung oder ihrer Entwicklungsformen vor Entnahme, Beschädigung oder Zerstörung und die Erhaltung der ökologischen Funktion der Fortpflanzungs- oder Ruhestätten im räumlichen Zusammenhang gerichtet ist, beeinträchtigt werden und diese Beeinträchtigungen unvermeidbar sind,
- 3. das Verbot nach Absatz 1 Nr. 3 nicht vor, wenn die ökologische Funktion der von dem Eingriff oder Vorhaben betroffenen Fortpflanzungs- und Ruhestätten im räumlichen Zusammenhang weiterhin erfüllt wird. Soweit erforderlich, können zur Sicherung der ökologischen Funktion der betroffenen Fortpflanzungs- und Ruhestätten im räumlichen Zusammenhang auch vorgezogene Ausgleichsmaßnahmen festgelegt werden.

Ist bei der Realisierung eines Eingriffs auch unter diesen Voraussetzungen von einem Verstoß gegen die Verbote gem. § 44 Abs. 1 BNatSchG auszugehen, müssen für eine Zulassung die Ausnahmevoraussetzungen des § 45 Abs. 7 BNatSchG erfüllt sein. Danach kann im Einzelfall die verbotene Handlung zugelassen werden, z. B. zur Abwendung ernster land-, forst-, fischerei- oder wasserwirtschaftlicher oder sonstiger ernster wirtschaftlicher Schäden (Nr. 1) –

> ***Beispiel:***
> *Nutztierrisse durch einen Wolf, wobei § 45a BNatSchG zu beachten ist.*

–, im Interesse der Gesundheit des Menschen, der öffentlichen Sicherheit, einschließlich der Verteidigung und des Schutzes der Zivilbevölkerung, oder der maßgeblich günstigen Auswirkungen auf die Umwelt (Nr. 4) oder aus

436 *Gellermann* in Landmann/Rohmer, UmweltR, BNatSchG § 44 Rn. 49.

zwingenden Gründen des überwiegenden öffentlichen Interesses, einschließlich solcher sozialer oder wirtschaftlicher Art (Nr. 5). Letzteres liegt etwa beim Ausbau erneuerbarer Energien vor, wie sich auch aus Art. 3 Abs. 1 VO (EU) 2022/2577 oder § 45b Abs. 8 Nr. 1 BNatSchG ergibt. Im öffentlichen Interesse können damit auch private Vorhaben liegen.[437]

Eine Ausnahme kann in jedem Fall gem. § 45 Abs. 7 Satz 2 BNatSchG nur zugelassen werden, wenn

- zumutbare Alternativen, die zu keinen oder geringeren Beeinträchtigungen der relevanten Arten führen, nicht gegeben sind und
- keine Verschlechterung des günstigen Erhaltungszustands der Populationen einer Art zu erwarten ist bzw. bei derzeitig schlechtem Erhaltungszustand eine Verbesserung nicht behindert wird.

Der Begriff „zumutbare Alternativen" ist hier anders zu verstehen als bei § 15 Abs. 1 Satz 2 BNatSchG (s. Kap. 3.5.1.2). Zwar ist wie bei der Eingriffsregelung die „Nullvariante" keine Alternative, es fehlt jedoch die der Eingriffsregelung immanente Beschränkung auf schonendere Varianten an demselben Vorhabenstandort. Dem Vorhabenträger können daher anstelle der artenschutzrechtlichen Ausnahme noch deutlich größere Zugeständnisse zur Veränderung des Vorhabens abverlangt werden. Zumutbare Alternativen liegen etwa vor, wenn die Trasse einer Straße oder Energieleitung verändert werden kann oder für das Vorhaben ein anderer Standort in Betracht kommt; stehen Kosten dafür jedoch außer Verhältnis zum Gewinn für die Natur, kann eine Maßnahme allerdings auch aus finanziellen Gründen unzumutbar sein.[438] Die Prüfung des Erhaltungszustands erfordert zum einen eine Bestandsaufnahme, um seitens der Naturschutzbehörde die Auswirkungen der Ausnahme auf den Zustand abschätzen zu können. Welcher Bezugsraum zum anderen maßgeblich ist, hängt vom natürlichen Verbreitungsgebiet der Art ab.[439] Während beim Störungsverbot (§ 44 Abs. 1 Nr. 2 BNatSchG) und der Land-, Forst- oder Fischereiwirtschaft (§ 44 Abs. 4 Satz 2 BNatSchG) die lokale Population betrachtet wird, wird für die Ausnahme regelmäßig eine regionale Perspektive eingenommen (z. B. naturräumliche Einheit), es sei denn, bereits der Erhaltungszustand der lokalen Population bleibt günstig.[440]

Im Unterschied zu den gesetzlichen Freistellungen nach § 44 Abs. 5 BNatSchG liegt die Erteilung einer Ausnahme im Ermessen der Naturschutzbehörde.

Scheidet auch eine Ausnahme aus, kann im letzten Schritt noch eine Befreiung nach § 67 Abs. 2 BNatSchG in Betracht kommen, wenn die Durchführung der Vorschriften im Einzelfall zu einer unzumutbaren Belastung führen würde (s. im Übrigen Kap. 3.5.3).

---

437 *Lütkes* in Lütkes/Ewer, BNatSchG, § 45 Rn. 44.

438 *Gellermann* in Landmann/Rohmer, UmweltR, BNatSchG § 45 Rn. 29.

439 EuGH, Urt. vom 10.10.2019 – C-674/17 –.

440 *Lütkes* in Lütkes/Ewer, BNatSchG, § 45 Rn. 56.

3.5.4.2.3 Grundsätze der artenschutzrechtlichen Prüfung

Ein Grundproblem bei der Prüfung, ob und inwieweit die Verbotstatbestände einschlägig sind, liegt darin, dass trotz ihrer enormen Bedeutung für größere Bauprojekte bis heute kaum Vorgaben des Gesetzgebers dafür bestehen, wie die Verbotstatbestände nach § 44 Abs. 1 BNatSchG zu prüfen sind.[441] Dies gilt auch für die Frage, ob vorgezogene Ausgleichsmaßnahmen (CEF-Maßnahmen[442]) nach § 44 Abs. 5 Satz 3 BNatSchG die Einhaltung von § 44 Abs. 1 BNatSchG ermöglichen.

> ***Beispiel:***
> *Wegen eines Brückenabbruchs werden für in den Brückenpfeilern lebende Fledermäuse im Vorfeld Ersatzquartiere geschaffen.*

Während die FFH-Verträglichkeitsprüfung insoweit schematisiert ist (s. Kap. 3.4.2.2), hängt der Umfang der Prüfung im Artenschutz – und damit auch der durch die Eingriffsverursacherin vorzunehmende Untersuchungsaufwand – stark von Art und Größe des Vorhabens ab. So können für den Abriss eines privaten Wohnhauses nicht dieselben Anforderungen gelten wie für den Neubau eines großen Gewerbeparks.

Die Struktur der Prüfung ergibt sich dabei aus zwei wesentlichen Aspekten:

- Welche geschützten Arten können in der Örtlichkeit oder näheren Umgebung grundsätzlich betroffen sein, und wie wirkt sich der Eingriff auf die Örtlichkeit aus?
- Wenn aufgrund dieser Prüfpunkte festgestellt wird, dass sich ein Konflikt ergeben kann: Wie kann er vermieden werden (ggf. durch vorgezogene Ausgleichsmaßnahmen) bzw. wie kann ein Risikomanagement aussehen (wie wird verfahren, wenn der Konflikt später real wird)?

Bei der Zulassung von Handlungen, Eingriffen oder Vorhaben ist deshalb auch bei kleineren Bauvorhaben zumindest überschlägig zu prüfen, ob die Verletzung artenschutzrechtlicher Verbote wahrscheinlich ist. Dies gilt regelmäßig, wenn sich durch die Errichtung oder den Betrieb des Vorhabens Einwirkungen auf Vorkommen geschützter Arten ergeben, die gegenüber dem vorherigen Zustand zu einer signifikanten Erhöhung der Einwirkungsintensität auf Natur und Landschaft führen.

> ***Beispiele:***
> *Zerstörung oder Beseitigung von Nestern, Beseitigung spezieller Habitatstrukturen wie markanter Höhlenbäume, Hecken, Rastplätze, seltener Sonderbiotope.*

---

441 *Gläß* in BeckOK UmweltR, BNatSchG § 44 Rn. 36; weitergehend *Maslaton*, NVwZ 2019 S. 1081 (1082).

442 CEF = (engl.) „continuous ecological functionality".

Gerade bei Vorhaben von Privatpersonen innerhalb der Siedlungsbereiche ist das Konfliktpotential häufig nicht sehr groß, so dass ein vorsorgliches Risikomanagement genügen kann.

Beispiele:
In einer Auflage zur Baugenehmigung wird vorgegeben, dass im Falle des Vorfindens einer geschützten Art das Vorhaben unterbrochen, die Naturschutzbehörde informiert und mit ihr das weitere Vorgehen abgestimmt wird.

Sollten aber aufgrund der Lebensraumstruktur oder aus anderen Gründen Hinweise auf das Vorkommen besonders oder streng geschützter Arten bestehen (z. B. tierische Kotreste in oder an Gebäuden, Reste von Nestern), muss die Vereinbarkeit des Vorhabens mit den Belangen des Artenschutzes intensiver geprüft werden, insbes. zur Risikovermeidung oder -minimierung.

3.5.4.2.4 Prüfschema ASP

Die eben skizzierte grundsätzliche Struktur der Artenschutzprüfung ist gerade bei häufig von Eingriffen betroffenen Arten wie Vögeln und Fledermäusen und für die Bewertung von Eingriffen, die häufig stattfinden, zu standardisieren. Auf Landesebene erfolgt dies vor allem durch Erlasse wie die VV „Artenschutz in Nordrhein-Westfalen"[443] oder die Arbeitshilfe „Spezielle artenschutzrechtliche Prüfung – Prüfablauf"[444] in Bayern.

In der Praxis haben sich die Begriffe „artenschutzrechtliche Prüfung", „spezielle artenschutzrechtliche Prüfung" (saP) oder einfach nur „Artenschutzprüfung" (ASP) und „Artenschutzrechtlicher Fachbeitrag" (AFB) etabliert. Letzterer wird vom Vorhabenträger erstellt, um die ASP durchführen zu können. Methodisch-inhaltliche Grundlagen für einen artenschutzrechtlichen Fachbeitrag können in untergesetzlichen Regelwerken näher definiert sein.[445] Für die fachliche Bewertung existieren diverse weitere Erlasse, Leitfäden und Arbeitshilfen, z. B. für die Planung von Straßenbaumaßnahmen,

443 Verwaltungsvorschrift zur Anwendung der nationalen Vorschriften zur Umsetzung der Richtlinien 92/43/EWG (FFH-RL) und 2009/147/EG (V-RL) zum Artenschutz bei Planungs- oder Zulassungsverfahren (Runderlass des Ministeriums für Umwelt und Naturschutz, Landwirtschaft und Verbraucherschutz NRW vom 6.6.2016).

444 Arbeitshilfe „Spezielle artenschutzrechtliche Prüfung – Prüfablauf" des Bayerischen Landesamtes für Umwelt, Februar 2020, https://www.lfu.bayern.de/natur/sap/index.htm (zuletzt abgerufen am 10.9.2023).

445 Bsp.: VV Artenschutz NRW (Verwaltungsvorschrift zur Anwendung der nationalen Vorschriften zur Umsetzung der Richtlinien 92/43/EWG [FFH-Richtlinie] und 2009/147/EG [V-RL] zum Artenschutz bei Planungs- und Zulassungsvorhaben [VV Artenschutz] des Umweltministeriums NRW [MUNLV 2010 bzw. MKULNV 2016]).

das immissionsschutzrechtliche Genehmigungsverfahren oder die Bauleitplanung.[446]

Die ASP umfasst bis zu drei Arbeitsstufen. In der Stufe I – Vorprüfung – wird durch eine überschlägige Prognose ermittelt, ob und ggf. bei welchen Arten artenschutzrechtliche Konflikte auftreten können. Dabei wird zunächst auf verfügbare Daten zu Artvorkommen im Wirkraum des Vorhabens zurückgegriffen. Die Vorprüfung wird beendet mit einer Liste von Arten, bei denen artenschutzrechtliche Konflikte möglich erscheinen. Im Regelfall schließt dann eine Bestandsuntersuchung an, im Zuge derer der tatsächliche Status der Arten innerhalb des Raums überprüft wird. Normalerweise sollen diese Daten nicht älter als fünf Jahre sein; ein notwendiger Aktualisierungsbedarf ist danach aber von der Behörde zu prüfen und kann ggf. zur weiteren Verwendbarkeit führen, wenn es keine Hinweise auf gravierende Änderungen gibt.[447]

Ausgehend von den Ergebnissen dieser Untersuchungen und den zu erwartenden Wirkungen des Vorhabens erfolgt in Stufe II eine vertiefende Prüfung der Verbotstatbestände. In dieser Stufe der Prüfung wird dargestellt, inwieweit Vermeidungsmaßnahmen sowie vorgezogene Ausgleichsmaßnahmen das Verbot einhalten, wobei ggf. die Wirksamkeit der Maßnahmen durch ein Monitoring oder Konzept für ein Risikomanagement begleitet werden muss.

Beispiel:
Soll ein Ersatzquartier für Fledermäuse geschaffen werden, muss dargelegt werden, wie der Erfolg dieser Maßnahme (Annahme durch die Tiere) kontrolliert und wie gegengesteuert wird, wenn der Erfolg ausbleibt.

446 Beispielhaft: Leitfaden zum strengen Schutzsystem für Tierarten von gemeinschaftlichem Interesse im Rahmen der FFH-Richtlinie (EU-KOMMISSION 2021); Planungsleitfaden Artenschutz (Landesbetrieb Straßenbau NRW 2011); Leitfaden „Wirksamkeit von Artenschutzmaßnahmen für die Berücksichtigung artenschutzrechtlich erforderlicher Maßnahmen in Nordrhein-Westfalen – Forschungsprojekt des MKULNV NRW (2013); Methodenhandbuch zur Artenschutzprüfung in NRW – Bestandserfassung, Wirksamkeit von Artenschutzmaßnahmen und Monitoring, Aktualisierung 2020 (MUNLV & FÖA 2021); Leitfaden Artenschutz bei Brückensanierungen – Grundlagen / Hintergrundinformationen (Ministerium für Verkehr Baden-Württemberg 2016); vgl. auch die Übersicht unter https://artenschutz.naturschutzinformationen.nrw.de/artenschutz/de/downloads (zuletzt aufgerufen am 7.1.2023).

447 VGH BW, Urt. vom 30.6.2022 – 10 S 848/21 –.

Sollte es trotz der festgelegten Artenschutzmaßnahmen zu einem Verstoß gegen die artenschutzrechtlichen Regelungen des § 44 Abs. 1 BNatSchG kommen, so werden in der Stufe III – Ausnahmeverfahren – die Voraussetzungen für die Beantragung einer artenschutzrechtlichen Ausnahme überprüft.

3.5.4.2.5 Besonderheiten im Umgang mit dem Wolf

Dem Wolf gilt mit § 45a BNatSchG eine der wenigen artspezifischen Regelungen unmittelbar auf bundesgesetzlicher Ebene. Nachdem er in Deutschland ab Mitte des 19. Jahrhunderts zunächst als ausgestorben galt, ist er mittlerweile wieder bundesweit in Paaren oder Rudeln, zumindest aber als territoriales Einzeltier wieder anzutreffen.[448] Da er der FFH-Richtlinie unterliegt, trifft die EU-Mitgliedstaaten eigentlich die Pflicht, alle absichtlichen Formen des Fangs oder der Tötung von aus der Natur entnommenen Exemplaren zu unterbinden.[449] Jedoch kommt es durch den Wolf immer wieder auch zum Riss landwirtschaftlicher Nutztiere. § 45a BNatSchG entstand daher unter dem politischen Druck, weniger zum Schutz des Wolfs als zu dessen Entnahme beizutragen und ist (von § 45a Abs. 1 BNatSchG abgesehen) vor allem als Konkretisierung von § 45 Abs. 7 BNatSchG zu lesen.[450]

§ 45a Abs. 2 BNatSchG regelt, dass bei Schäden von Nutztierrissen, die keinem bestimmten Wolf eines Rudels zugeordnet werden können, der Abschuss einzelner Mitglieder des Wolfsrudels in engem räumlichen und zeitlichen Zusammenhang mit bereits eingetretenen Rissereignissen auch ohne Zuordnung der Schäden zu einem bestimmten Einzeltier bis zum Ausbleiben von Schäden fortgeführt werden darf. Ernste wirtschaftliche Schäden i. S. v. § 45 Abs. 7 Satz 1 Nr. 1 BNatSchG können gem. § 45a Abs. 2 Satz 2 BNatSchG auch drohen, wenn ein Wolf nicht landwirtschaftlich gehaltene Weidetiere reißt, soweit diese durch zumutbare Herdenschutzmaßnahmen geschützt waren. Die bundesrechtliche Regelung ist im Lichte der EuGH-Vorgaben zu sehen, wonach eine Entnahme des Wolfs nur bei nicht zufriedenstellenden Alternativlösungen, nur für eine begrenzte und spezifizierte Anzahl von Exemplaren sowie unter strenger Kontrolle, selektiv und in beschränktem Ausmaß in Betracht kommt.[451]

In mehreren Bundesländern hat die Wiederansiedlung von Wölfen zu weitergehenden landesrechtlichen Reaktionen geführt:

Die Wolfsverordnung Nordrhein-Westfalen (WolfsVO NRW)[452] stellt in § 2 klar, dass das Verscheuchen von Wölfen nicht unter das Verbot des § 44 Abs. 1 Nr. 1 BNatSchG fällt. Für Vergrämungsmaßnahmen, die von einer ge-

---

448 *Gellermann* in Landmann/Rohmer, UmweltR, BNatSchG § 45a Rn. 2.

449 Vgl. nur EuGH, Urt. vom 17.4.2018 – C-441/17 –; EuGH, Urt. vom 10.10.2019 – C-674/17 –.

450 *Gellermann* in Landmann/Rohmer, UmweltR, BNatSchG § 45a Rn. 7.

451 EuGH, Urt. vom 10.10.2019 – C-674/17 –.

452 Verordnung über die Zulassung von Ausnahmen von den Schutzvorschriften für den Wolf (Wolfsverordnung Nordrhein-Westfalen – WolfsVO NRW) vom 25.3.2022 (GV. NRW. S. 460).

eigneten Person durchzuführen sind (z. B. die für einen Jagdbezirk jagdausübungsberechtigte Person, § 7 WolfsVO NRW, bei Weidetieren auch der Tierhalter), knüpft § 3 WolfsVO NRW an die mehrfache Annäherung eines Wolfs auf unter 30 m oder einen mehrfachen Aufenthalt in im Zusammenhang bebauten Ortsteilen an. Zudem muss das Verhalten durch das LANUV dokumentiert sein und das Verscheuchen erfolglos bleiben. §§ 4 und 5 WolfsVO NRW betreffen die Entnahme (das Töten) eines Wolfs und konkretisieren § 45 Abs. 7 Satz 1 Nr. 1 BNatSchG (Abwendung ernster land-, forst-, fischerei- oder wasserwirtschaftlicher oder sonstiger ernster wirtschaftlicher Schäden) sowie § 45 Abs. 7 Satz 1 Nr. 4 BNatSchG (gesundheitliche Interessen des Menschen und öffentliche Sicherheit).

Deutlich weiter geht die Bayerische Wolfsverordnung (BayWolfV)[453], die ebenfalls den Ausnahmegrund des § 45 Abs. 7 Satz 1 Nr. 4 BNatSchG konkretisiert und im Interesse der Gesundheit des Menschen und der öffentlichen Sicherheit auch die Tötung von Wölfen für zulässig erklärt, soweit es keine zumutbare Alternative gibt. § 1 Abs. 2 BayWolfV konkretisiert in einer Reihe von Tatbeständen, wann Wölfe die Gesundheit des Menschen oder die öffentliche Sicherheit gefährden. Dies soll unter anderem dann der Fall sein, wenn Wölfe über mehrere Tage in einem Umkreis von weniger als 200 m von geschlossenen Ortschaften oder von dem Menschen genutzten Gebäuden oder Stallungen gesehen werden (§ 1 Abs. 2 Satz 1 Nr. 3 BayWolfV). In diesem Fall soll eine Tötung auch dann zulässig sein, wenn eine Vergrämung voraussichtlich erfolglos bleibt, § 1 Abs. 2 Satz 2 BayWolfV. Generell geht § 1 Abs. 2 BayWolfV davon aus, dass bereits bei einer bloßen Annäherung an den Menschen – unabhängig von einem Schadensereignis (so zumindest § 1 Abs. 2 Satz 1 Nr. 6 BayWolfV im Falle der Tötung von Hunden in geschlossenen Ortschaften) – eine Ausnahme von den Zugriffsverboten im Interesse der Gesundheit des Menschen und der öffentlichen Sicherheit liegt. Vor dem Hintergrund der o. g. Vorgaben der FFH-Richtlinie und der EuGH-Rechtsprechung erweckt § 1 BayWolfV daher erhebliche Zweifel hinsichtlich seiner Unionsrechtskonformität.

3.5.4.2.6 Besonderheiten im Bereich der Windenergie

Speziell für die Errichtung und den Bau von Windenergieanlagen waren für die Naturschutzbehörden bislang in erster Linie untergesetzliche Empfehlungen und Erlasse zu beachten, namentlich in Bayern Kap. 8 des BayWEE oder in Nordrhein-Westfalen der „Leitfaden zur Umsetzung des Arten- und Habitatschutzes bei der Planung und Genehmigung von Windenergieanlagen in Nordrhein-Westfalen".

453 Bayerische Wolfsverordnung (BayWolfV) vom 25.4.2023 (BayMBl. Nr. 201, BayRS 791-1-14-U).

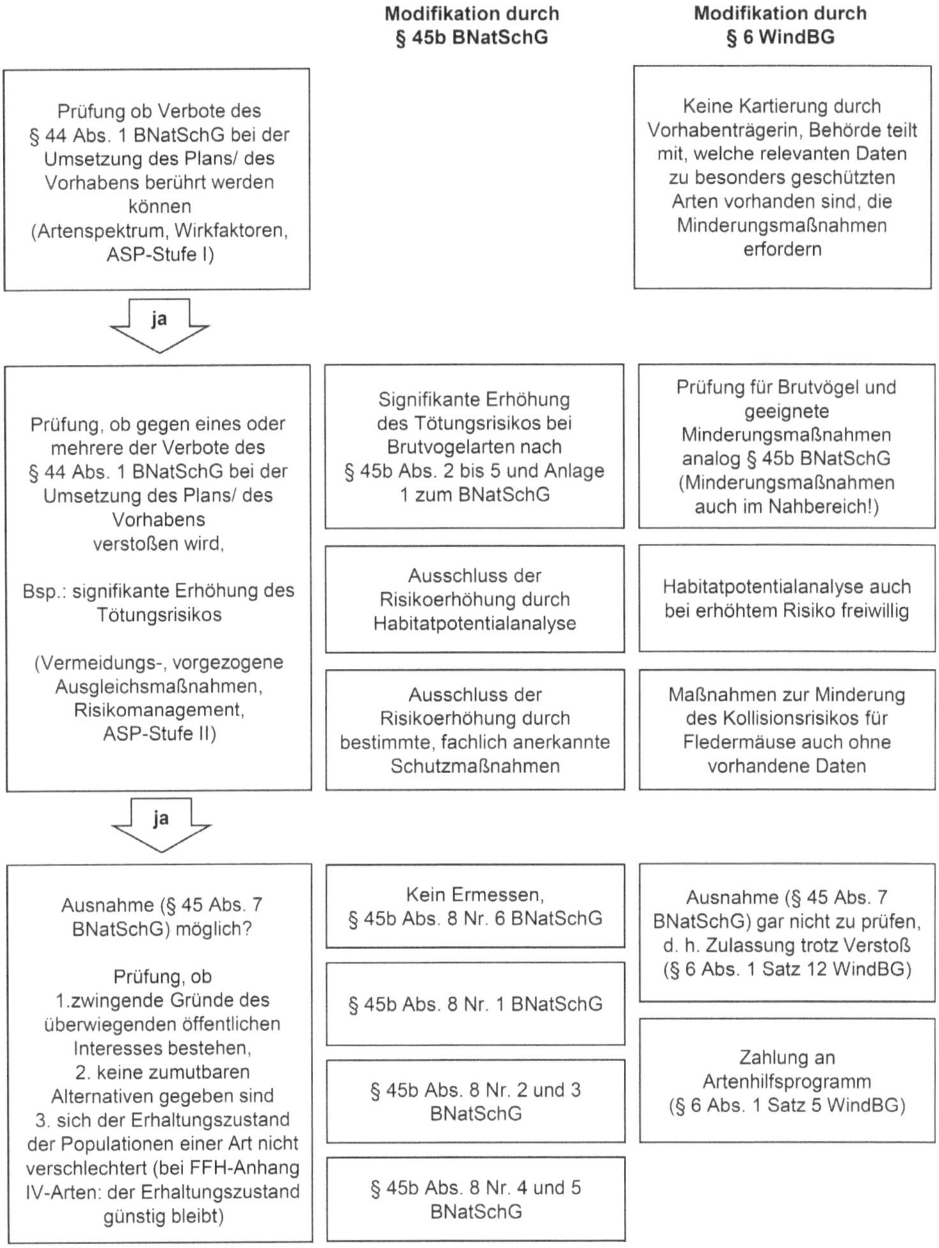

Abb. 9: Artenschutzprüfung und Modifikationen durch § 45b BNatSchG bzw. § 6 WindBG

Die ASP ist durch § 45b BNatSchG und § 6 WindBG für Windenergieanlagen deutlich modifiziert worden (s. Kap. 3.5.4.2.6.1 und 3.5.4.2.6.2). Bei Repowering-Vorhaben gelten außerdem die Besonderheiten des § 45c BNatSchG, wonach insbes. die Signifikanzschwelle in der Regel nicht überschritten ist, wenn die Auswirkungen der Neuanlagen unter Berücksichtigung der gebotenen, fachlich anerkannten Schutzmaßnahmen geringer oder gleich sind wie die der Bestandsanlagen, es sei denn, der Standort liegt in einem Natura 2000-Gebiet mit kollisionsgefährdeten oder störungsempfindlichen Vogel- oder Fledermausarten (§ 45c Abs. 2 Satz 4 BNatSchG).

3.5.4.2.6.1 Modifikation der ASP durch § 45b BNatSchG

Mit § 45b BNatSchG existiert erstmals eine bundesweit einheitliche Regelung für die Prüfung, ob das Tötungs- und Verletzungsrisiko für Exemplare kollisionsgefährdeter Brutvogelarten im Umfeld ihrer Brutplätze durch den Betrieb von Windenergieanlagen signifikant erhöht ist. In möglichst unionsrechtskonformer Auslegung wird zu verlangen sein, dass § 45b BNatSchG nur für die in Anlage 1 genannten, aber nicht für alle Arten der Vogelschutzrichtlinie gilt, so dass z. B. für den nicht aufgelisteten Mäusebussard die Prüfung nach § 44 Abs. 1, 5 BNatSchG i. V. m. dem jeweiligen Landesrecht gilt.[454]

Neben den betroffenen Brutvogelarten (u. a. Fischadler, Rotmilan, Wanderfalke, Uhu) listet Anlage 1 zum BNatSchG die Prüfradien um den Mastfuß auf:

- Danach wird zwischen einem Nahbereich (§ 45b Abs. 2 BNatSchG), einem zentralen Prüfbereich (§ 45b Abs. 3 BNatSchG) und einem erweiterten Prüfbereich (§ 45b Abs. 4 BNatSchG) unterschieden.
- Im Nahbereich wird durch das Gesetz unterstellt, dass das Tötungs- und Verletzungsrisiko der den Brutplatz nutzenden Exemplare signifikant erhöht ist.
- Im zentralen Prüfbereich gilt die Regelvermutung, dass das Tötungs- und Verletzungsrisiko der den Brutplatz nutzenden Exemplare signifikant erhöht ist. Der Vorhabenträger kann dies jedoch entweder auf Grundlage einer Habitatpotentialanalyse widerlegen oder durch fachlich anerkannte Schutzmaßnahmen hinreichend mindern. Diese Schutzmaßnahmen werden in Anlage 1 zum BNatSchG genannt. Dabei enthält § 45b Abs. 3 Nr. 2 Halbs. 2 BNatSchG für Antikollisionssysteme, Abschaltungen bei landwirtschaftlichen Ereignissen, das Anlegen attraktiver Ausweichnahrungshabitate oder phänologiebedingte Abschaltungen die Regelvermutung, dass die Risikoerhöhung hinreichend gemindert wird.
- Der erweiterte Prüfbereich schließlich geht davon aus, dass das Tötungs- und Verletzungsrisiko der den Brutplatz nutzenden Exemplare nicht signifikant erhöht ist. In diesen Fällen obliegt es der Naturschutzbehörde, den Nachweis zu führen, dass gleichwohl im Einzelfall eine erhöhte Aufenthaltswahrscheinlichkeit im Rotorbereich besteht und fachlich anerkannte Schutzmaßnahmen das Risiko nicht hinreichend mindern. Solche Brutplätze müssen sich aus behördlichen Katastern oder Datenbanken ergeben; Kartierungen durch den Vorhabenträger sind nach § 45b Abs. 4 Satz 2 Halbs. 2 BNatSchG nicht erforderlich.

---

454 *Schlacke/Wentzien/Römling*, NVwZ 2022 S. 1577 (1581).

Außerhalb des erweiterten Prüfbereichs soll laut § 45b Abs. 5 BNatSchG ein signifikant erhöhtes Tötungs- oder Verletzungsrisiko ausscheiden; entsprechend können auch keine Schutzmaßnahmen verlangt werden.[455]

§ 45b Abs. 6 BNatSchG regelt zu den fachlich anerkannten Schutzmaßnahmen aus Anlage 1, dass die Abschaltung von Windenergieanlagen als unzumutbar angesehen werden kann, soweit sie den Jahresenergieertrag um 6 bzw. 8 % (bei einem Standort nach § 36h Abs. 1 Satz 5 EEG mit einem Gütefaktor von mehr als 90 %) verringert.[456]

Erleichtert wird im Übrigen die Anwendbarkeit der Ausnahme nach § 45 Abs. 7 BNatSchG, insbesondere, indem nach § 45b Abs. 8 Nr. 1 BNatSchG der Betrieb von Windenergieanlagen im überragenden öffentlichen Interesse liegt und der öffentlichen Sicherheit dient und somit der Ausnahmegrund des § 45 Abs. 7 Satz 1 Nr. 5 BNatSchG regelmäßig gegeben ist. Für die Prüfung zumutbarer Alternativen sind § 45b Abs. 8 Nr. 2 und 3 BNatSchG zu beachten. Die nach § 45 Abs. 7 Satz 2 BNatSchG erforderliche Voraussetzung, dass sich der Zustand der lokalen Population der betroffenen Art nicht verschlechtert, wird dahingehend abgeschwächt, dass es ausreicht, wenn sich der Zustand in dem betroffenen Land oder auf Bundesebene unter Berücksichtigung von Maßnahmen zu dessen Sicherung nicht verschlechtert.[457] Zudem wird – wenn die Voraussetzungen nach § 45 Abs. 7 Satz 1 bis 3 BNatSchG vorliegen – aus der Kann- eine Muss-Bestimmung; die Ausnahme steht dann folglich nicht im Ermessen der Naturschutzbehörde.

Um einen Ausgleich für den Artenschutz zu erzielen, soll nach § 45d Abs. 1 BNatSchG das Bundesamt für Naturschutz nationale Artenhilfsprogramme aufstellen und die zu deren Umsetzung erforderlichen Maßnahmen ergreifen. Diese sollen zum dauerhaften Schutz insbes. der durch den Ausbau der erneuerbaren Energien betroffenen Arten einschließlich deren Lebensstätten dienen – und u. a. finanziert werden durch Zahlungen der Vorhabenträger, falls ihnen eine Ausnahme nach § 45 Abs. 7 i. V. m. § 45b Abs. 8 Nr. 5 BNatSchG erteilt wird.

3.5.4.2.6.2 Modifikation der ASP durch § 6 WindBG

Für Windenergiegebiete ergibt sich über § 6 Abs. 1 Satz 1 WindBG die noch weitreichendere Besonderheit, dass eine artenschutzrechtliche Prüfung gar nicht erst stattfinden soll. Neben den Gebieten, die spezifisch für das Erreichen der Flächenbeitragswerte neu ausgewiesen werden (s. ausführlich Kap. 2.2.1.1.4), sind nach § 2 Nr. 1 WindBG auch Vorranggebiete und mit diesen vergleichbare Gebiete in Raumordnungsplänen sowie Sonderbauflä-

455 Zu Bedenken hinsichtlich der Unionsrechtskonformität s. *Frenz*, EnWZ 2022 S. 452 (454).

456 Berechnungstool unter https://www.fachagentur-windenergie.de/themen/natur-und-artenschutz/anwendungshilfe-zu-anlage-2-des-bundesnaturschutzgesetzes/ (zuletzt abgerufen am 10.9.2023).

457 Zu Bedenken hinsichtlich der Unionsrechtskonformität s. *Frenz*, EnWZ 2022 S. 452 (454 f.).

chen, Sondergebiete und mit diesen vergleichbare Ausweisungen in Flächennutzungsplänen und Bebauungsplänen Windenergiegebiete im Sinne des WindBG. Entsprechend wirkt die Modifikation des § 6 Abs. 1 Satz 1 WindBG, die auch den Wegfall der UVP umfasst, z. B. auch auf bestehende Konzentrationszonen in Flächennutzungs- oder Vorranggebiete in Regionalplänen. Voraussetzung ist, dass bei der bei Ausweisung des Windenergiegebiets eine (strategische) Umweltprüfung stattgefunden hat. Dies ist in Raumordnungs- und Bauleitplänen seit fast 20 Jahren vorgeschrieben.

Da die Regelung des § 6 Abs. 1 WindBG auf der Notfallverordnung der EU[458] beruht, gilt sie gem. § 6 Abs. 2 Satz 1 WindBG zunächst nur für Genehmigungsanträge, bei denen der Antragsteller den Antrag bis zum Ablauf des 30.6.2024 stellt. Mit der Verabschiedung der RED III-Richtlinie ist jedoch absehbar, dass diese Regelung dauerhaft in Kraft bleiben wird[459].

§ 6 Abs. 1 Satz 3 WindBG sieht bereits eine Veränderung auf der Stufe I der ASP vor, in dem eine Kartierung oder Vorprüfung durch den Vorhabenträger gar nicht mehr erforderlich ist.[460] Um in Stufe II die Einhaltung der Vorschriften des § 44 Abs. 1 BNatSchG zu gewährleisten, hat die Genehmigungsbehörde auf Grundlage vorhandener Daten geeignete und verhältnismäßige Minderungsmaßnahmen anzuordnen, sofern die Daten eine ausreichende räumliche Genauigkeit aufweisen und zum Zeitpunkt der Entscheidung über den Genehmigungsantrag nicht älter als fünf Jahre sind. Insofern ist der gesetzliche Wortlaut in § 6 Abs. 1 Satz 1 WindBG, dass eine *„artenschutzrechtliche Prüfung nicht durchzuführen"* ist, irreführend, denn ohne eine solche Prüfung lassen sich Minderungsmaßnahmen nicht anordnen.[461] Gemeint dürfte eher sein, dass insoweit nicht das normale Prüfschema für die Vorgaben der §§ 44 und 45 BNatSchG (s. Kap. 3.4.6.2.4) zur Anwendung kommen soll. Für die inhaltliche Prüfung verweist die Vollzugsempfehlung der Bundesregierung gleichwohl darauf, dass § 45b BNatSchG (s. Kap. 3.5.4.2.6.1) sinngemäß angewendet werden könne.[462] Es ist deshalb davon auszugehen, dass § 6 Abs. 1 WindBG zu einer modifizierten Anwendbarkeit des § 45b BNatSchG führt.[463] Denn jedenfalls nach der Vollzugsempfehlung sollen auch im Nahbereich Minderungsmaßnahmen angeordnet werden, ob-

---

458 Verordnung (EU) 2022/2577 des Rates vom 22.12.2022 zur Festlegung eines Rahmens für einen beschleunigten Ausbau der Nutzung erneuerbarer Energien (ABl. EU Nr. 335/36 vom 29.12.2022).

459 Richtlinie (EU) 2023/2413 des Europäischen Parlaments und des Rates vom 18. Oktober 2023 zur Änderung der Richtlinie (EU) 2018/2001, der Verordnung (EU) 2018/1999 und der Richtlinie 98/70/EG im Hinblick auf die Förderung von Energie aus erneuerbaren Quellen und zur Aufhebung der Richtlinie (EU) 2015/652 des Rates, in Kraft getreten am 20.11.2023.

460 Vollzugsempfehlung zu § 6 Windenergieflächenbedarfsgesetz des Bundesministeriums für Wirtschaft und Klimaschutz und des Bundesministeriums für Umwelt, Naturschutz, nukleare Sicherheit und Verbraucherschutz vom 19.7.2023, S. 8, online abrufbar unter www.bmwk.de/ Redaktion/DE/Downloads/V/vollzugsleitfaden-6-windbg.pdf (zuletzt abgerufen am 10.9.2023).

461 *Jaenicke*, ZUR 2023 S. 291 (299).

462 Vollzugsempfehlung, S. 11.

463 *Rieger*, NVwZ 2023 S. 1042 (1046).

wohl die signifikante Risikoerhöhung im Rahmen von § 45 Abs. 2 BNatSchG eigentlich nicht widerleglich ist. Dies räumt die Vollzugsempfehlung auch ein, jedoch wird argumentiert, so könnten die Minderungsmaßnahmen zumindest das Risiko mindern.[464] Insbesondere deshalb, weil das tatsächliche Schutzniveau für die betroffenen ohnehin von der räumlichen Genauigkeit vorhandener Daten abhängig gemacht wird,[465] erscheint diese Auslegung sehr weitgehend.

Für Fledermäuse enthält § 6 Abs. 1 Satz 4 WindBG[466] die zusätzliche Regelung, Minderungsmaßnahmen – insbes. in Form einer Abregelung der Windenergieanlage – anzuordnen, die auf Grundlage einer zweijährigen akustischen Erfassung der Fledermausaktivität im Gondelbereich anzupassen ist. Dies entspricht der gängigen Praxis der Naturschutzbehörden, gilt als gesetzliche Vorgabe indes nur für Genehmigungsanträge innerhalb der vom WindBG erfassten Windenergiegebiete.

Soweit geeignete und verhältnismäßige Maßnahmen nicht verfügbar oder Daten nicht vorhanden sind, hat der Betreiber eine jährliche Zahlung in Geld zu leisten (zur Höhe § 6 Abs. 1 Satz 7 WindBG). Diese zweckgebunden an den Bund abzuführenden Zahlungen sollen für die o. g. Artenhilfsprogramme eingesetzt werden.

Ausnahmen i. S. d. § 45 Abs. 7 BNatSchG sind nach § 6 Abs. 1 Satz 12 WindBG nicht erforderlich.

3.5.4.3 Handelsartenschutz

Wild lebende Tiere und Pflanzen aus anderen Kontinenten sind teilweise bis heute für bestimmte Menschen eine begehrte Ware, sei es als Trophäe, zur Verarbeitung in der Medizin oder Mode, als Kunstobjekt oder auch einfach nur – tot oder lebendig – aus purer Faszination am Exotischen.[467] Um den Transport und Handel zu erschweren und damit die Anreize für eine Entnahme der Arten aus ihren Heimatregionen zu senken, wurde 1973 das Washingtoner Artenschutzübereinkommen (auch unter der englischen Abkürzung „CITES" bekannt)[468] geschlossen. Auf EU-Ebene wird dieses durch die EU-Artenschutzverordnung (EU-ArtSchV, VO (EG) Nr. 338/97) umgesetzt. Im nationalen Recht sind die Besitz- und Vermarktungsverbote in § 44 Abs. 2 BNatSchG verankert. Die Überwachung des Handelsartenschutzes leistet mittelbar einen Beitrag zum Erhalt der weltweiten Biodiversität und dient letztlich auch dem Schutz der betroffenen Lebensräume.

---

464 Vollzugsempfehlung, S. 12.

465 *Rieger*, NVwZ 2023 S. 1042 (1044).

466 Fassung nach Art. 13 des Gesetzes zur Änderung des Raumordnungsgesetzes und anderer Vorschriften (ROGÄndG) vom 22.3.2023 (BGBl. I Nr. 88).

467 *Wolf*, ZUR 2017 S. 3.

468 Übereinkommen über den internationalen Handel mit gefährdeten frei lebenden Tieren und Pflanzen, engl.: „Convention on International Trade in Endangered Species" (CITES).

3.5.4.3.1 Besitzverbote

Nach § 44 Abs. 2 Satz 1 Nr. 1 BNatSchG ist es verboten, Tiere und Pflanzen der besonders geschützten Arten in Besitz oder Gewahrsam zu nehmen, in Besitz oder Gewahrsam zu haben oder zu be- oder verarbeiten (Besitzverbote). Erfasst sind sämtliche in §§ 854 ff. BGB genannten Besitzarten wie auch die tatsächliche Ingewahrsamnahme, die nicht notwendigerweise deckungsgleich mit dem zivilrechtlichen Besitz sein muss.[469] Im Unterschied zum Vermarktungsverbot ist das Besitzverbot eine rein nationale Regelung. Daher genügt für die betroffenen Arten hier der generelle Verweis auf alle besonders geschützten Arten nach § 7 Abs. 2 Nr. 13 BNatSchG, während beim Vermarktungsverbot – wegen des insoweit bestehenden Vorrangs der EU-ArtSchV – die Arten nach § 7 Abs. 2 Nr. 13 lit. a BNatSchG ausgenommen sind (s. dazu gleich Kap. 3.5.4.3.2).

Darüber hinaus gelten die Besitzverbote nach § 44 Abs. 3 BNatSchG auch für Felle der Sattel- und der Mützenrobbe (nicht besonders geschützte Tierarten) sowie der daraus hergestellten Waren, die entgegen Art. 1 und 3 der EG-Jungrobben-Richtlinie[470] nach dem 30.9.1983 eingeführt wurden – ausgenommen sind Waren, die von der traditionellen Jagd der Inuit herrühren.

Ausgenommen sind die Arten, die gem. § 2 i. V. m. Anl. 1 BWildSchV einer entsprechenden Regelung nach dem Jagdrecht unterliegen (§ 37 Abs. 2 BNatSchG). §§ 44 und 45 BNatSchG sehen im Übrigen eine ganze Reihe weiterer Ausnahmen vor, bei denen das Besitzverbot nicht greift:

- Erzeugnisse, die bei guter fachlicher Praxis der Land-, Forst- oder Fischereiwirtschaft gewonnen wurden (§ 44 Abs. 4 BNatSchG),
- nur nach nationalem Recht besonders geschützte Arten in Fällen der Eingriffsvorhaben und Vorhaben i. S. d. § 18 Abs. 2 Satz 1 BNatSchG (§ 44 Abs. 5 BNatSchG),
- gesetzlich geforderte Umweltprüfungen, z. B. FFH-Verträglichkeitsprüfung (§ 44 Abs. 6 BNatSchG),
- legale Zucht, legale Naturentnahme, legale Einfuhr (§ 45 Abs. 1 BNatSchG),
- Aufnahme von Totfunden (§ 45 Abs. 4 BNatSchG),
- Aufnahme verletzter Tiere (§ 45 Abs. 5 BNatSchG),
- Verwertung (§ 45 Abs. 6 BNatSchG),
- Einzelfallentscheidungen (§ 45 Abs. 7 BNatSchG, s. dazu Kap. 3.4.6.2.2).

In den Fällen des § 45 Abs. 4 und 5 BNatSchG ist das Aneignungsrecht an Wild für die Jagdausübungsberechtigten zu beachten, das sich auf die Arten nach § 2 BJagdG sowie ggf. Erweiterungen nach den Landesjagdgesetzen erstreckt.

---

469 *Fellenberg* in Lütkes/Ewer, BNatSchG, § 44 Rn. 26 f.

470 Richtlinie 83/129/EWG des Rates vom 28.3.1983.

3.5.4.3.2 Vermarktungsverbote

Das Verbot der Vermarktung ist umfassend zu verstehen und untersagt, besonders geschützte Arten zu verkaufen, zu kaufen, zum Verkauf oder Kauf anzubieten, zum Verkauf vorrätig zu halten oder zu befördern, zu tauschen, entgeltlich zum Gebrauch oder zur Nutzung zu überlassen (§ 44 Abs. 2 Satz 1 Nr. 2 lit. a BNatSchG). Dadurch fällt insbes. der Abschluss eines Kaufvertrags (§ 433 BGB) bereits unter das Verbot.[471] Das Anbieten umfasst nach der Legaldefinition des § 7 Abs. 2 Nr. 17 BNatSchG (deckungsgleich Art. 2 lit. i EU-ArtSchV) auch schon die bloße Erklärung der An- oder Verkaufsbereitschaft.

Beispiel:
Eine geschützte Papageienart wird im Internet zum Kauf angeboten.

Schenkungen im privaten Bereich sind grundsätzlich nicht erfasst (es bleibt dann aber beim Besitzverbot (s. Kap. 3.5.4.3.1). Anders ist dies beim Erwerb zu kommerziellen Zwecken (§ 44 Abs. 2 Satz 1 Nr. 2b) BNatSchG), der auch die unentgeltliche Überlassung umfasst.[472]

Für die Anhang A- und Anhang B-Arten der EU-ArtSchV folgt das Vermarktungsverbot unmittelbar aus Art. 8 Abs. 1 und 5 EU-ArtSchV. § 44 Abs. 2 Satz 1 BNatSchG erfasst die Arten aus Anhang IV der FFH-Richtlinie, sofern diese nicht schon von der EU-ArtSchV umfasst sind, sowie die europäischen Vogelarten.

3.5.4.3.3 Verfahren

Zur Überwachung der Verbote ist der Zu- oder Abgang von besonders geschützten Wirbeltieren nach § 7 Abs. 2 BArtSchV anzuzeigen. Die Anzeige muss Angaben enthalten über Zahl, Art, Alter, Geschlecht, Herkunft, Verbleib, Standort, Verwendungszweck und Kennzeichen (z. B. besondere Farbmerkmale) der Tiere. Nach §§ 12 bis 15 BArtSchV richtet sich die Kennzeichnungspflicht bestimmter lebender Säugetiere, Vögel und Reptilien (Anlage 6 Spalte 1 zur BArtSchV), die je nach Art und Gewicht des Tieres z. B. aus einem Transponder, einer Beringung oder einer Fotodokumentation bestehen kann.

Gemäß § 45 Abs. 1 Satz 1 Nr. 1 lit. b BNatSchG sind Tiere und Pflanzen vom Besitzverbot – und daher über § 45 Abs. 2 Satz 1 BNatSchG prinzipiell auch vom Vermarktungsverbot – ausgenommen, die rechtmäßig aus Drittstaaten (Nicht-EU-Staaten) eingeführt wurden. Die Berechtigung zum Besitz ist nach § 46 Abs. 1 BNatSchG von der betroffenen Person nachzuweisen. Alternativ muss diese nachweisen, dass sie oder eine andere Person die Tiere oder Pflanzen in Besitz hatte, bevor sie als besonders geschützte Art unter

471 *Gellermann* in Landmann/Rohmer, UmweltR, BNatSchG § 44 Rn. 30.
472 *Fellenberg* in Lütkes/Ewer, BNatSchG, § 44 Rn. 33.

Schutz gestellt wurde. In der Praxis taucht damit regelmäßig die Frage auf, ob es sich bei den besonders geschützten Arten um einen rechtmäßigen Besitz aufgrund einer legalen Zucht oder Einfuhr handelt, insbesondere, ob die Legalität zu einem früheren Zeitpunkt gegeben war. Dies erfordert oftmals die sehr anspruchsvolle Prüfung des jeweiligen Schutzstatus.[473] Insofern ist die Artenschutzdatenbank des BfN (WISIA)[474] eine hilfreiche Recherchemöglichkeit.

Bei der Prüfung empfiehlt es sich, sich an der Reihenfolge der Rechtsgrundlagen für besonders geschützte Arten zu orientieren, die in § 7 Abs. 2 Nr. 13 BNatSchG verwendet wird. Die Prüfung ist ansonsten fehleranfällig, da die EU-ArtSchV viele andere Rechtsgrundlagen aufgrund der unmittelbaren Anwendbarkeit und der Stellung in der Normhierarchie (s. Kap. 2.1.2.2) verdrängt.

Handelt es sich um Exemplare von Arten, die in Anhang A oder B aufgeführt sind, sind die Einfuhrregelungen des Art. 4 EU-ArtSchV zu beachten.[475] Besonders zu beachten sind hier auch die Sonderregelungen für Gegenstände zum persönlichen Gebrauch oder Hausrat, zu denen auch die Jagdtrophäen gehören.

Ist die Art nicht in Anhang A oder B der EU-ArtSchV aufgeführt, werden im nächsten Schritt die Arten aus Anhang IV der FFH-Richtlinie bzw. die Europäischen Vogelarten geprüft. Dabei gelten für die dem Jagdrecht unterliegenden Arten keine Sonderregelungen, außer bei toten Exemplaren, die zum persönlichen Gebrauch eingeführt werden (§ 2 Abs. 2 BWildSchV).

Schließlich ist zu prüfen, ob eine Rückausnahme von den Ausnahmen des § 45 Abs. 1 Satz 1 BNatSchG vorliegt, die den Besitz doch wieder illegal macht (insbes. § 45 Abs. 1 Satz 2 BNatSchG).

Wird die Nachweispflicht nicht erfüllt, kann dies gem. § 47 Satz 1 BNatSchG zur Beschlagnahme durch die Untere Naturschutzbehörde führen.

3.5.5 Vertragsnaturschutz

Ein besonderes Verhältnis zueinander haben Naturschutz und Landwirtschaft. Wo der Boden für Ackerbau, Wiesen- und Weidewirtschaft Viehhaltung oder Obstbau genutzt wird,[476] verändert der Mensch die Landschaft. Ohne diese Eingriffe ist Landwirtschaft daher praktisch nicht denkbar, weshalb etwa § 14 Abs. 2 BNatSchG sie hinsichtlich der Eingriffsregelung privi-

473 *Wolf*, ZUR 2017 S. 3 (10).

474 Wissenschaftliches Informationssystem zum Internationalen Artenschutz – WISIA, https://www.wisia.de (zuletzt abgerufen am 10.9.2023).

475 Siehe insoweit Kapitel 9 der Vollzugshinweise zum Artenschutz des BfN, https://www.bfn.de/ sites/default/files/BfN/cites/Dokumente/vollzugshinweise.pdf (zuletzt abgerufen am 10.9.2023).

476 Vgl. die Legaldefinition der Landwirtschaft in § 201 BauGB.

legiert. An der Reichweite dieser Privilegierung kommen immer wieder Zweifel auf, da vor allem die heutige Agrarindustrie für viele Umweltprobleme mitursächlich ist.[477] Allerdings bleibt festzuhalten, dass die über Jahrhunderte ausgeübte Land-, Forst- und Fischereiwirtschaft eine große Zahl von Landschafts- und Biotopstrukturen geschaffen hat.

Beispiele:
Feldraine, Grünland, Feldgehölze (Waldreste), Hecken, Alleen.

Auch diese durch den Menschen geschaffenen Kulturlandschaften sind erhaltenswert, insbes. aus Sicht der Artenvielfalt. Weil die frühere, extensive (auf den Einsatz von Produktionsmitteln wie Maschinen, Düngemittel oder Pestiziden weitgehend verzichtende[478]) Nutzung jedoch aus agrarwirtschaftlicher Sicht immer unrentabler wurde, geht durch steigende Mechanisierung der Bewirtschaftung und den stark gestiegenen Einsatz von Dünge- und Pflanzenschutzmitteln die Vielfalt der Kulturlandschaften immer weiter zurück.[479] Schutzgebiete nach dem Naturschutzrecht allein könnten diese Verarmung von Lebensräumen nicht stoppen, da z. B. der Bestand von Ackerwildkräutern an eine extensive Wiesen- und Weidenutzung gekoppelt ist.[480] Über nachhaltige Bewirtschaftungsformen lassen sich so auch Arten außerhalb von FFH- und Naturschutzgebieten schützen. Gute Agrarlandschaften sind daher Teil der Lösung statt Teil des Problems.

Das Instrument des Vertragsnaturschutzes möchte insbes. dem Verlust biologischer Vielfalt entgegentreten, indem es verhindert, dass landwirtschaftliche Flächen nicht mehr genutzt (Verbrachung) oder intensiviert werden. Es handelt sich um ein bedeutsames Beispiel des Kooperationsprinzips (s. Kap. 2.3.3).

Mit dem Grundstücksbesitzer, in der Regel einem Landwirt, wird vertraglich vereinbart, bestimmte Nutzungsformen oder Pflegearbeiten auf der Fläche vorzunehmen, die darauf ausgerichtet sind, den Erhaltungszustand von Arten und Lebensräumen zu verbessern oder die Ziele des europäischen Naturschutzes (Natura 2000) zu unterstützen.

Beispiele:
Pflege von Magerrasen oder Streuobstwiesen, tierschonendes Mähen von Wiesen, Mahd nur zu bestimmten Zeitpunkten, Verzicht auf Pflanzenschutz- und Düngemittel.

---

477 Zum Spannungsfeld und zur Kritik an der Landwirtschaft s. *Kloepfer/Durner*, Umweltschutzrecht, § 12 Rn. 15.

478 https://ec.europa.eu/eurostat/statistics-explained/index.php?title=Glossary:Extensive_farming/de (zuletzt abgerufen am 10.9.2023).

479 *Vagedes* in Lütkes/Ewer, BNatSchG, § 5 Rn. 1.

480 https://www.bund-naturschutz.de/landwirtschaft/artenvielfalt-und-landwirtschaft/ackerwildkraeuter (zuletzt abgerufen am 10.9.2023).

Im Gegenzug erhält der Eigentümer eine finanzielle Förderung (Ausgleichsbetrag) für die Durchführung, wobei 47 % der Mittel aus der zweiten Säule der Gemeinsamen Agrarpolitik (GAP) der EU stammen. Die weitere nationale Umsetzung obliegt Bund, Ländern und Kommunen.

Seit 2023 gilt ein nationaler GAP-Strategieplan bundesweit einheitlich anstelle vorheriger Landesförderprogramme. Die Aufgaben der Kommunen reichen je nach Bundesland von der Beratung der landwirtschaftlichen Betriebe hinsichtlich sinnvoller Maßnahmen vor Ort (so etwa in Bayern) bis hin zur Zuständigkeit als örtliche Bewilligungsbehörden (in Nordrhein-Westfalen die Kreise und kreisfreien Städte, die die Maßnahmen im Rahmen ihrer Kulturlandschaftsprogramme umsetzen).

Details zu geeigneten Maßnahmen und deren Umsetzung regeln die Bundesländer ausgehend vom genannten GAP-Strategieplan. In Nordrhein-Westfalen sind diese im Anwenderhandbuch Vertragsnaturschutz zu finden.[481]

3.5.6 Ordnungsbehördliche Maßnahmen (§ 3 Abs. 2 BNatSchG)

Die gefahrenabwehrrechtliche Generalklausel des Naturschutzrechts bildet § 3 Abs. 2 BNatSchG. Sie tritt allerdings hinter spezielleren Ermächtigungsgrundlagen zurück. Dies gilt z. B. für die § 7 Abs. 2 USchadG i. V. m. § 19 Abs. 1 BNatSchG geregelten Befugnisse bei Biodiversitätsschäden.

Von besonderer Bedeutung ist die Abgrenzung zu § 17 Abs. 8 BNatSchG bei illegalen Eingriffen (s. Kap. 3.5.1.6), die eine der Hauptgefahren sind, die durch die Naturschutzbehörden abzuwehren sind. § 17 Abs. 8 BNatSchG verdrängt die Generalklausel, soweit der Eingriff bereits begonnen wurde oder abgeschlossen ist.[482] Ordnet die Behörde jedoch über § 17 Abs. 8 Satz 2 BNatSchG Maßnahmen nach § 15 BNatSchG an, die ein Fremdgrundstück betreffen, kann § 3 Abs. 2 BNatSchG als Rechtsgrundlage für eine Duldungsverfügung in Betracht kommen.[483] Im Übrigen ist die Generalklausel grundsätzlich anwendbar, um einen bevorstehenden Eingriff zu untersagen.[484]

Ein weiterer, wichtiger Anwendungsbereich von § 3 Abs. 2 BNatSchG betrifft nachträgliche Anordnungen bei Infrastruktur- und Energiegewinnungsanlagen, um z. B. den Artenschutz sicherzustellen.

> ***Beispiel:***
> *Geänderte Abschaltzeiten bei Windenergieanlagen nach durchgeführtem Gondelmonitoring.*[485]

---

481 Verfügbar unter http://vns.naturschutzinformationen.nrw.de/vns/web/babel/media/arbeitsblatt%2035_web_2023.pdf (zuletzt abgerufen am 10.9.2023).

482 VG Lüneburg, Urt. vom 18.8.2017 – 2 A 144/16 –.

483 OVG RhPf, Urt. vom 28.8.2019 – 8 A 11472/18 –.

484 *Heß/Wulff* in Landmann/Rohmer, UmweltR, BNatSchG § 3 Rn. 17.

485 *Heß/Wulff* in Landmann/Rohmer, UmweltR, BNatSchG § 3 Rn. 21.

Hinsichtlich Störerauswahl und Ermessen gelten dieselben Grundsätze wie im allgemeinen Ordnungsrecht. Tatbestandlich ist zu beachten, dass § 3 Abs. 2 BNatSchG (anders als z. B. § 100 Abs. 1 Satz 1 WHG) nur für die Überwachung des Bundesrechts (BNatSchG und den hierauf erlassenen Rechtsvorschriften), nicht aber das Landesrecht anzuwenden ist. Die jeweilige Rechtsgrundlage hierfür ist den Landesgesetzen zu entnehmen (Bsp. § 2 Abs. 1 Satz 3 LNatSchG NRW).

3.6 Bezüge und Abgrenzung zum übrigen Umweltrecht

Bedingt durch die weite Definition des Begriffs „Natur", der neben Flora und Fauna insbes. auch die unbelebten Bestandteile Boden, Wasser und Luft umfasst, stellen sich diverse Abgrenzungsfragen zum Immissionsschutz-, Wasser- und Bodenschutzrecht.

Wie sich bereits aus § 17 Abs. 3 BNatSchG ergibt, ist die Eingriffsregelung in der Regel eingebettet in Genehmigungs- bzw. Zulassungsverfahren, mit denen der Eingriff als solcher zugelassen wird.

> ***Beispiele:***
> *Immissionsschutzrechtliche Genehmigung, Baugenehmigung.*

Die meisten Überschneidungen hinsichtlich der geschützten Rechtsgüter ergeben sich zum Boden- und Gewässerschutz. Entsprechend ihrer jeweiligen Zielsetzungen sind BNatSchG und BBodSchG nebeneinander anwendbar.[486] Im Normalfall kommt dem Bodenschutzrecht jedoch faktisch der Nachrang zu, weil entweder ein nach § 3 Abs. 1 BBodSchG vorrangiges Zulassungsverfahren die Einwirkung auf den Boden regelt, in dem die Eingriffsregelung mit zu betrachten ist, oder es handelt sich um einen sonstigen Eingriff, der sich unmittelbar nach § 17 Abs. 3 BNatSchG richtet.

Oberirdische Gewässer unterliegen ebenfalls sowohl dem Naturschutz- als auch dem Wasserrecht; insbes. unterfallen Gewässer und ihre Uferbereiche etwa dem gesetzlichen Biotopschutz (§ 30 Abs. 2 Satz 1 Nr. 1 BNatSchG) oder können Teil von Biotopverbünden sein. Generell ergeben sich die materiell-rechtlichen Vorgaben zum Schutz von Flora und Fauna in und an Gewässern aus dem Naturschutzrecht,[487] während die Gewässerbenutzung oder der Gewässerausbau (s. dazu Kap. 4.5.1 und 4.5.5) durch das Wasserrecht geregelt werden. Ein offenes Konkurrenzverhältnis besteht im Wesentlichen nur zwischen § 38 WHG (Gewässerrandstreifen) und § 61 BNatSchG (Freihaltung von Gewässern und Uferzonen).[488]

---

486 *Heß/Wulff* in Landmann/Rohmer, UmweltR, BNatSchG § 1 Rn. 39.

487 *Hasche* in BeckOK UmweltR, WHG § 6 Rn. 5 geht von einheitlichen naturschutzfachlichen Bewertungen aus.

488 *Faßbender* in Landmann/Rohmer, UmweltR, WHG § 38 Rn. 15.

Für Veränderungen des Grundwasserspiegels stellt sich die Frage der Abgrenzung des Naturschutzrechts sowohl vom Bodenschutz- als auch vom Wasserrecht. Es handelt sich um einen Eingriff nach § 14 Abs. 1 BNatSchG, wenn ein Zusammenhang mit der belebten Bodenschicht besteht und die Leistungs- und Funktionsfähigkeit des Naturhaushalts erheblich beeinträchtigt werden kann. Gemeint ist damit vor allem, dass sich eine sinkende Grundwassermenge auf die belebte Bodenschicht und damit auf die von ihr abhängige Natur auswirkt, chemische Veränderungen im Grundwasser hingegen nicht.[489] Die Eingriffsregelung tritt deshalb nicht zu bodenschutz- oder wasserrechtlichen Verfahren hinzu, wenn erhebliche Beeinträchtigungen für Natur und Landschaft nicht zu erwarten sind.

Beispiel:
Sanierung von Altlasten auf Gewerbebrachen. Die Erhöhung der Fördermenge eines Brunnens kann hingegen einen Eingriff darstellen, wenn das Grundwasser Auswirkungen auf belebten Bodenschichten hat.

Umgekehrt können z. B. Maßnahmenprogramme für Flussgebietseinheiten nach § 82 WHG zugleich Ausgleichs- und Ersatzmaßnahmen für die Eingriffsregelung beinhalten (§ 15 Abs. 2 Satz 4 BNatSchG).

489 *Lütkes* in Lütkes/Ewer, BNatSchG, § 14 Rn. 11.

4. Gewässerschutz

Wasser ist die Grundvoraussetzung für Leben auf diesem Planeten. Bäche, Flüsse, Seen und Meere versorgen den gesamten Naturhaushalt mit der Ressource, auf die Pflanzen, Tiere, Menschen und praktisch alle anderen Lebewesen angewiesen sind.[490] Gewässer und deren Umgebungen sind außerdem ein wertvoller Lebensraum für Flora und Fauna.[491] Ergänzend zum Naturschutzrecht dient der Gewässerschutz dem Erhalt und der Verbesserung der Gewässerökologie.

Neben der Bedeutung als Trinkwasser ist die Nutzung von Wasser auch im privaten Haushalt, in der Landwirtschaft oder in der industriellen Produktion essentiell und damit ein wichtiger Wirtschaftsfaktor. Die Nutzung verursacht aber jede Menge Schmutzwasser. Ungereinigt schadet es bei seinem Rückfluss in den Wasserkreislauf der Natur. Zu große Mengen von Abwasser, zu dem auch Niederschläge gehören, können Kanäle überlasten. Sind bereits die Niederschlagsmengen an sich in einem bestimmten Zeitraum zu groß, drohen Überflutungen. Zum Gewässerschutz gehört daher neben der Reglementierung der Gewässernutzung auch der Schutz vor den Gefahren durch Gewässer.

4.1 Schutzgut und Regelungsbereich

Das öffentlich-rechtliche Wasserrecht dient dem Schutz von Gewässern, soweit sie dem Wasserhaushaltsgesetz (WHG) unterfallen. Nach § 2 Abs. 1 WHG gehören hierzu oberirdische Gewässer, Küstengewässer und das Grundwasser, sowie Teile dieser Gewässer. Zentrales Element zum Schutz der Gewässer, ihrer Qualität und Funktionen sind die in § 6 WHG niedergelegten Grundsätze der Gewässerbewirtschaftung. Eine nachhaltige Bewirtschaftung verlangt etwa, dass ein so weit wie möglich natürlicher und schadloser Abfluss vorhanden ist, den Schutz vor nachteiligen Veränderungen von Gewässereigenschaften sowie die Vermeidung von Beeinträchtigungen der direkt von den Gewässern abhängenden Landökosysteme und Feuchtgebiete. Die Bewirtschaftung ist vor allem ein Auftrag an den Staat (Bund, Land und Kommunen), was sich insbes. darin niederschlägt, dass für jede Gewässerbenutzung grundsätzlich eine behördliche Erlaubnis erforderlich ist. Als Pflicht für alle Personen ist hingegen § 5 Abs. 1 WHG ausgestaltet, sorgfältig mit Gewässern umzugehen.

---

490 https://www.umweltbundesamt.de/themen/wasser (zuletzt abgerufen am 10.9.2023).
491 *Riese* in Landmann/Rohmer, UmweltR, WHG § 67 Rn. 117.

Zu den wesentlichen wasserrechtlichen Regelungen gehören der Umgang mit Abwasser (Schmutz- und Niederschlagswasser), mit wassergefährdenden Stoffen und zum Wasserbau (Aus- und Umbau von Gewässern sowie Anlagen in Gewässernähe).

4.2 Vorschriften und europarechtlicher Hintergrund

4.2.1 Bundesrecht

- Wasserhaushaltsgesetz (WHG)
- Oberflächengewässerverordnung (OGewV)
- Grundwasserverordnung (GrwV)
- Verordnung über Anlagen zum Umgang mit wassergefährdenden Stoffen (AwSV)
- Abwasserverordnung (AbwV)
- Abwasserabgabengesetz (AbwAG)

4.2.2 Landesrecht

- Wassergesetz für Baden-Württemberg (WG BW)
- Bayerisches Wassergesetz (BayWG)
- Berliner Wassergesetz (BWG)
- Brandenburgisches Wassergesetz (BbgWG)
- Bremisches Wassergesetz (BremWG)
- Hamburgisches Wassergesetz (HWaG)
- Hessisches Wassergesetz (HWG)
- Wassergesetz des Landes Mecklenburg-Vorpommern (LWaG)
- Niedersächsisches Wassergesetz (NWG)
- Wassergesetz für das Land Nordrhein-Westfalen (LWG NRW)
- Wassergesetz für das Land Rheinland-Pfalz (LWG RP)
- Saarländisches Wassergesetz (SWG)
- Sächsisches Wassergesetz (SächsWG)
- Wassergesetz für das Land Sachsen-Anhalt (WG LSA)
- Wassergesetz des Landes Schleswig-Holstein (LWG SH)
- Thüringer Wassergesetz (ThürWG)

4.2.3 Unionsrecht

- EU-Wasserrahmenrichtlinie (Richtlinie 2000/60/EG)
- EU-Hochwasserrisikomanagement-Richtlinie (Richtlinie 2070/60/EG)

4.3 Rolle der Kommunalverwaltung und Bedeutung für das Klima

Wasserrechtliche Aufgaben sind in den meisten Bundesländern den Kommunen zugeordnet. Dies gilt insbes. für die Abwasserbeseitigungspflicht der Städte und Gemeinden (Art. 34 Abs. 1 BayWG, § 46 Abs. 1 LWG NRW). Die Bedeutung der unteren Wasserbehörden bei den Kreisen und kreisfreien Städten in Nordrhein-Westfalen ist hoch, da nach der ZustVU NRW nur wenige Aufgaben auf die Bezirksregierungen übertragen werden. Dies gilt namentlich auch für die Grundregelung des § 3 ZustVU NRW, wonach gegenüber kreisfreien Städten eigentlich die Bezirksregierungen zuständig sind – diese Regelung gilt im Wasserrecht nicht, so dass kreisfreien Städten auch die wichtige Aufgabe der Gewässerunterhaltung für Gewässer zweiter Ordnung und sonstiger Gewässer (§ 61 LWG NRW) obliegt. Generell treffen die unteren Wasserbehörden die meisten Regelungen zur Gewässerbenutzung im Rahmen ihrer örtlichen Zuständigkeiten und sind auch Planfeststellungsbehörde für Gewässerausbautatbestände, soweit diese nicht in der Unterhaltungspflicht von Bund oder Land stehen.

Die Folgen des Klimawandels für den Wasserhaushalt sind von besonders hoher Bedeutung. Das Wasserdargebot, vor allem auch das zur Verfügung stehende Trinkwasservorkommen, war in Deutschland bislang mehr als ausreichend.[492] Damit dies auch in Zeiten der Klimaerwärmung so bleibt, wurde am 15.3.2023 eine Nationale Wasserstrategie verabschiedet.[493] Jenseits von bereits gesetzlich verankerten Hochwasserschutzmaßnahmen (s. Kap. 4.4.4) stellen sich durch den Klimawandel auch neue Herausforderungen durch Starkregenereignisse.[494]

Eine nachhaltige Gewässerbewirtschaftung (§ 6 Abs. 1 Satz 1 WHG) ist daher vor dem Hintergrund des Klimawandels wichtiger denn je. Insbesondere eine konsequente Umsetzung der Wasserrahmenrichtlinie hätte das Potential, die Ressource Wasser in ihrem ökologischen, chemischen und mengenmäßigen Zustand und die Umwelt besser vor den Folgen des Klimawandels (wie Überflutungen durch Starkregen) zu schützen (s. ausführlich Kap. 4.4.7). Zu bedenken ist allerdings, dass das WHG historisch eher der Leistungs- als der Eingriffsverwaltung zuzurechnen ist und viele Normen bzw. Rechtsgrundsätze vor diesem Hintergrund entstanden sind.[495] Das Wasserrecht ist daher eher dadurch geprägt, die Nutzung von Wasser zu regeln, während heutzutage die Gewässerökologie und die Renaturierung von Gewässern enorm an Bedeutung gewinnen.

---

492 *Laskowski/Ziehm* in Koch/Hofmann/Reese, Umweltrecht, § 5 Rn. 1.

493 https://www.umweltbundesamt.de/themen/wasser/wasser-bewirtschaften/nationale-wasserstrategie (zuletzt abgerufen am 10.9.2023).

494 *Albrecht*, ZUR 2023 S. 273.

495 *Pape* in Landmann/Rohmer, UmweltR, WHG § 12 Rn. 50.

4.4 Wichtige Begriffe

4.4.1 Abwasser

„Abwasser" ist der Oberbegriff für Niederschlagswasser (Regenwasser) und Schmutzwasser. Niederschlagswasser ist das aufgrund von Niederschlägen im Bereich von bebauten oder befestigten Flächen gesammelt abfließende Wasser (§ 54 Abs. 1 Nr. 1 WHG). Schmutzwasser ist das durch häuslichen, gewerblichen, landwirtschaftlichen oder sonstigen Gebrauch in seinen Eigenschaften veränderte Wasser und das bei Trockenwetter damit zusammen abfließende Wasser (§ 54 Abs. 1 Nr. 2 WHG).

Das gebrauchte Wasser aus Haushalten und Gewerbe (Schmutzwasser) und das Niederschlagswasser (Regenwasser und Schmelzwasser) stellen das kommunale Abwasser dar, das über öffentliche Kanalsysteme abgeleitet und in kommunalen Kläranlagen behandelt wird. Auf dem Weg dorthin werden Schmutz- und Niederschlagswasser entweder bereits in einem Kanal vermischt (Mischsystem) oder in getrennten Kanälen (Trennsystem) abgeleitet, wodurch das (sauberere) Niederschlagswasser direkt in Gewässer abgeführt werden kann.

Der Abfluss von Abwasser muss einerseits reguliert werden, um einen sog. „schadlosen Abfluss" sicherzustellen (Überflutungsgefahr), und andererseits, um die Gewässereigenschaften natürlicher Gewässer nicht mehr als vermeidbar zu verschlechtern. Das WHG und das BayWG bzw. LWG NRW legen die grundlegenden Anforderungen dafür fest, die abhängig von Art und Ursache der Abwässer durch diverse Detailregelungen ergänzt werden (Näheres in Kap. 4.4.2 „Einleitungen").

Ein wichtiger Grundsatz für den Umgang mit Abwasser ist die in Art. 34 Abs. 7 BayWG bzw. § 48 LWG NRW geregelte Überlassungspflicht. Danach müssen Grundstückseigentümer das Abwasser, das auf ihrem Grundstück anfällt, den Städten und Gemeinden oder den mit der Abwasserbeseitigung beauftragten juristischen Personen des öffentlichen Rechts überlassen. Art. 34 BayWG und § 49 LWG NRW regeln jedoch einige Ausnahmen von der Abwasserüberlassungspflicht. Für private Grundstücke ist eine wichtige Ausnahme die in Art. 34 Abs. 2 Satz 3 BayWG bzw. § 49 Abs. 5 LWG NRW vorgesehene Möglichkeit, im Außenbereich – wo ein Anschluss an das Kanalnetz die Gemeinde vor einen unverhältnismäßig hohen Aufwand stellen würde – eine eigene Abwasserbehandlungsanlage (Kleinkläranlage) betreiben zu dürfen. Ferner erlaubt § 49 Abs. 4 LWG NRW eine Niederschlagsentwässerung in eigener Verantwortung des Eigentümers, wenn das Niederschlagswasser ganz oder teilweise gemeinwohlverträglich auf dem Grundstück versickert oder ortsnah in ein Gewässer eingeleitet werden kann, und die Gemeinde den Nutzungsberechtigten des Grundstücks insoweit von der Überlassungspflicht nach § 48 LWG NRW freigestellt hat.

4.4.2 Einleitungen

Auch die durch den Menschen künstlich hervorgerufenen Abflüsse müssen irgendwann in die natürlichen Gewässer zurück. Dies gilt insbes. für Abwasser. Wird Abwasser direkt in ein Gewässer eingeleitet, spricht man von einer „Direkteinleitung" (vgl. § 57 WHG). Für die Gewässerbenutzung ist eine wasserrechtliche Erlaubnis nach § 8 WHG erforderlich. Die Versickerung von Niederschlagswasser über die belebte Oberbodenzone auf dem eigenen Grundstück zählt nicht als Gewässerbenutzung und ist daher erlaubnisfrei.

> ***Beispiele:***
> *Wasserdurchlässiges Pflaster, Flächenversickerung oder flache Muldenversickerung auf einer unbebauten Fläche.*

Dabei sind die allgemein anerkannten Regeln der Technik und das Wohl der Allgemeinheit zu beachten. Ferner ist die Einleitung von Wasser aus einer Bodenentwässerung –

> ***Beispiele:***
> *Rinne, Ablauf, Drainage.*

– bei landwirtschaftlich, forstwirtschaftlich oder gärtnerisch genutzten Grundstücken erlaubnisfrei gestattet.

Gelangt Abwasser hingegen zunächst über ein Kanalsystem in eine öffentliche Abwasseranlage, handelt es sich um eine sog. „Indirekteinleitung". Diese ist gem. § 58 Abs. 1 WHG genehmigungspflichtig.

4.4.3 Gewässer

Das WHG gilt gem. § 2 Abs. 1 WHG für die Gewässerkategorien oberirdische Gewässer, Küstengewässer und Grundwasser (sowie Teile dieser Gewässer). Dabei gelten folgende Begriffsbestimmungen:

- „Oberirdische Gewässer" meint das ständig oder zeitweilig in Betten fließende oder stehende oder aus Quellen wild abfließende Wasser (§ 3 Nr. 1 WHG),
- „Küstengewässer" das Meer zwischen der Küstenlinie bei mittlerem Hochwasser oder zwischen der seewärtigen Begrenzung der oberirdischen Gewässer und der seewärtigen Begrenzung des Küstenmeeres (§ 3 Nr. 2 WHG),
- „Grundwasser" das unterirdische Wasser in der Sättigungszone, das in unmittelbarer Berührung mit dem Boden oder dem Untergrund steht (§ 3 Nr. 3 WHG).

Den eigentlichen Begriff der „Gewässer" definiert das WHG hingegen nicht. Deutlich wird anhand der Begriffsbestimmungen in § 3 WHG lediglich, dass es sich um bestimmte Bereiche der Landoberfläche oder innerhalb der Bodenschichten handeln muss, in oder auf denen sich Wasser befinden kann. Für die Anwendbarkeit des Wasserrechts würde eine derart schlichte Definition jedoch Probleme bereiten.[496] Die neuere Rechtsprechung stellt für die wasserrechtliche Gewässereigenschaft deshalb darauf ab, ob eine Einbindung in den Wasserhaushalt gegeben ist. Teil des Wasserhaushalts ist der natürliche Wasserkreislauf, der mit dem Niederschlag beginnt, mit der Versickerung ins Grundwasser und dem Abfluss in Oberflächengewässer fortgesetzt und durch die Verdunstung von Land- und Wasseroberflächen geschlossen wird.[497] An diesem Kreislauf nehmen jedenfalls alle natürlich entstandenen Bäche, Flüsse, Seen oder Teiche teil.[498] In den Wasserkreislauf lassen sich aber auch künstliche, von Menschen geschaffene oberirdische Gewässer (§ 3 Nr. 4 WHG) einbinden, so dass Gewässer nicht notwendigerweise natürlich entstanden sein müssen.[499] Auch ein natürliches Gewässerbett (§ 3 Nr. 1 WHG) ist nach der Rspr. daher für die Gewässereigenschaft nicht notwendigerweise erforderlich; es genügt bereits eine äußerlich erkennbare natürliche oder künstliche Begrenzung des Wassers in einer Eintiefung an der Erdoberfläche, in der Wasser in den natürlichen Wasserkreislauf eingebunden ist und so Anteil an den Gewässerfunktionen hat.

Beispiele:
Ein unterirdisch geführtes Gewässer in einem Betonbett kann diese Voraussetzungen erfüllen, wenn es von einem Gewässer in ein anderes leitet.[500] *Bei einer Fischzuchtanlage in offenen Teichen kommt es hauptsächlich auf den Grad der technischen Beeinflussung an; zumindest ist die Einbindung in den Wasserkreislauf nicht bereits dadurch aufgehoben, dass diese Gewässer zum Teil auch anderen, gewässerfremden Einflüssen oder Gesetzlichkeiten unterworfen werden.*[501] *Ein Löschteich oder Schwimmbecken nimmt zwar an den Gewässerfunktionen teil, weil auch hier Wasser verdunstet, allerdings handelt es sich um nicht um eine Einbindung in den natürlichen Wasserkreislauf und damit nicht um ein Gewässer.*[502]

In Abgrenzung von dieser, an den natürlichen Gewässerhaushalt anknüpfenden Gewässerdefinition liegt ein Gewässer umgekehrt nicht vor, wenn eine Absonderung vom natürlichen Wasserhaushalt vorliegt.[503]

496 *Faßbender* in Landmann/Rohmer, UmweltR, WHG § 2 Rn. 25.
497 BVerwG, NVwZ-RR 2005 S. 739; s. a. https://www.lanuv.nrw.de/umwelt/wasser/wasserkreislauf (zuletzt abgerufen am 10.9.2023).
498 Vgl. *Koch/Hofmann/Reese*, Umweltrecht, § 5 Rn. 67.
499 BVerwG, NVwZ-RR 2003 S. 829.
500 BVerwG, NVwZ 2011 S. 696.
501 OVG NRW, Urt. vom 22.11.2005 – 9 A 4168/03 –.
502 *Faßbender* in Landmann/Rohmer, UmweltR, WHG § 2 Rn. 27, 33.
503 BVerwG, NVwZ 2011 S. 696.

Beispiele:
Wasser und Abwasser in geschlossenen Leitungssystemen[504]*, Zisternen oder Speicherbehältnissen*[505]*.*

Da insbes. Abwasseranlagen somit einen Gegensatz zu Gewässern bilden, aber einer eigenständigen Regulierung durch das WHG unterliegen (§§ 54 bis 61 WHG) und auch für die Erhebung von Kommunalabgaben relevant sind, kommt es in der Praxis zu Abgrenzungsfällen, wenn eine Stadt oder Gemeinde einen natürlich vorgefundenen Wasserlauf in ihr örtliches Kanalisationsnetz einbezieht. Ob natürliche Gewässer überhaupt Bestandteil von Abwasseranlagen sein können (sog. „Zwei-Naturen-Theorie") bzw. unter welchen Voraussetzungen ansonsten ein Wechsel in das Anstalts- und Abgabenrecht in Betracht kommt, ist seit langer Zeit umstritten.[506] Jedenfalls in Anknüpfung an die neuere Rspr. zur Einbindung in den Wasserkreislauf[507] ist davon auszugehen, dass die danach vorzunehmende Einstufung als Gewässer durch die Doppelnutzung als Teil des Kanalisationsnetzes noch nicht ohne weiteres entfällt.[508] Dies ist vielmehr anhand des Einzelfalls zu bestimmen.[509]

Für die rechtliche Einordnung stellt sich die Abgrenzungsproblematik jedoch nicht in jedem Fall, da nach Landesrecht kleine Gewässer von wasserwirtschaftlich untergeordneter Bedeutung – insbes. Straßenseitengräben als Bestandteil von Straßen, Be- und Entwässerungsgräben – sowie Heilquellen von den Bestimmungen des WHG ausgenommen werden können (§ 2 Abs. 2 Satz 1 WHG).

- Hiervon hat u. a. Bayern Gebrauch gemacht und in Art. 1 Abs. 2 Satz 1 BayWG Be- und Entwässerungsgräben sowie kleine Teiche und Weiher, wenn sie mit einem anderen Gewässer nicht oder nur durch künstliche Vorrichtungen verbunden sind, aus dem Anwendungsbereich des WHG herausgenommen, soweit sie von wasserwirtschaftlich untergeordneter Bedeutung sind.[510] Einige Vorschriften des WHG und BayWG bleiben davon unberührt (Art. 1 Abs. 2 Satz 2 BayWG).
- Nordrhein-Westfalen hat in § 2 Abs. 2 Satz 2 LWG NRW Anlagen zur Ableitung von Abwasser, Niederschlagswasser oder sonstigem Wasser sowie zur Straßenentwässerung gewidmete Seitengräben von Straßen (Straßenseitengräben) sowie Anlagen zur Bewässerung (Bewässerungsgräben) von der Gewässerdefinition ausgenommen. Der Gewässerschutz ist hier

504 *Faßbender* in Landmann/Rohmer, UmweltR, WHG § 2 Rn. 33.
505 *Guckelberger* in BeckOK UmweltR, WHG § 2 Rn. 4.
506 Im Einzelnen *Breuer/Gärditz*, Öffentliches und privates Wasserrecht, Rn. 234 ff.
507 BVerwG, NVwZ 2011 S. 696.
508 *Faßbender* in Landmann/Rohmer, UmweltR, WHG § 2 Rn. 35.
509 *Wellmann*, PRAXIS-Beitrag L 11, § 2 WHG Rn. 2.
510 Die untergeordnete Bedeutung ist von diversen Faktoren (wie den örtlichen Verhältnissen, der Größe des Einzugsgebiets, der Wasserführung oder den Schadstoffeinträgen) abhängig, s. im Einzelnen *Guckelberger* in BeckOK UmweltR, WHG § 2 Rn. 9.

insoweit sichergestellt als für die anschließende Einleitung in ein Gewässer eine wasserrechtliche Erlaubnis (§§ 8 ff. WHG) erforderlich wird.[511]

4.4.4 Hochwasser

Hochwasser ist eine zeitlich beschränkte Überschwemmung von normalerweise nicht mit Wasser bedecktem Land, insbes. durch oberirdische Gewässer oder durch in Küstengebiete eindringendes Meerwasser (§ 72 WHG). Nicht als Hochwasser zählen Überschwemmungen aus Abwasseranlagen. Von der Allgemeinheit werden auch Überflutungen aufgrund von Starkregen häufig mit dem Begriff „Hochwasser" gleichgesetzt (s. Kap. 8.4.3).

Der 6. Abschnitt des WHG dient dem Hochwasserrisikomanagement, was insbes. planerisch durch (möglichst von baulichen Nutzungen freizuhaltende) Überschwemmungsgebiete (§ 76 WHG) geschieht sowie durch Regelungen, wie in Überschwemmungsgebieten den Risiken für Gewässerverunreinigungen durch Überschwemmungen begegnet wird (Bsp. § 78c WHG – Heizölverbraucheranlagen).

Der Hochwasserschutz wird in festgesetzten Überschwemmungsgebieten vor allem dadurch erreicht, dass solche Gebiete möglichst keiner neuen Bebauung mehr zugeführt werden sollen, indem neue Baugebiete ausgewiesen werden. Das entsprechende Verbot des § 78 Abs. 1 WHG, von dem unter Einhaltung der Voraussetzungen des § 78 Abs. 2 WHG Ausnahmen möglich sind, meint allerdings nur die erstmalige Bebauung, keine Umplanungen bestehender Gebiete.[512] Allerdings wird über § 78 Abs. 4 WHG auch die Errichtung oder Erweiterung baulicher Anlagen nach den §§ 30, 33, 34 und 35 BauGB untersagt. Neben Innen- und Außenbereichsvorhaben sind damit auch alle Vorhaben in geltenden Bebauungsplänen erfasst, weshalb es § 78 Abs. 6 Satz 1 WHG auch ermöglicht, bereits bei der Festsetzung eines Überschwemmungsgebiets die Errichtung oder Erweiterung baulicher Anlagen allgemein zuzulassen, wenn diese den Vorgaben eines Bebauungsplans entsprechen, der seinerseits die Voraussetzungen des § 78 Abs. 2 WHG erfüllt. Neben diesem Bauverbot sind – ebenfalls unabhängig von der Bauleitplanung[513] – diverse andere, städtebaulich relevante Vorhaben oder forst- bzw. landwirtschaftliche Nutzungen in solchen Gebieten verboten, wie etwa die Errichtung von Mauern, Wällen oder ähnlichen Anlagen, die den Wasserabfluss behindern können (§ 78a Abs. 1 Satz 1 Nr. 1 WHG), sowie das Aufbringen und Ablagern von wassergefährdenden Stoffen auf dem Boden, es sei denn, die Stoffe dürfen im Rahmen einer ordnungsgemäßen Land- und Forstwirtschaft eingesetzt werden (§ 78a Abs. 1 Satz 1 Nr. 2 WHG), die Lagerung von wassergefährdenden Stoffen außerhalb von Anlagen (§ 78a Abs. 1 Satz 1 Nr. 3 WHG), die Umwandlung von Grünland in Ackerland (§ 78a Abs. 1

---

511 *Queitsch*, PRAXIS-Beitrag L 11 NW, § 2 Rn. 16.

512 BVerwG, Urt. vom 3.6.2014 – 4 CN 6/12 –.

513 *Hünnekens* in Landmann/Rohmer, UmweltR, WHG § 78a Rn. 13.

Satz 1 Nr. 7 WHG, beachte aber die abweichende Regelung in Art. 46 Abs. 4 BayWG) oder die Umwandlung von Auwald in eine andere Nutzungsart (§ 78a Abs. 1 Satz 1 Nr. 8 WHG).

Fällt ein Bauvorhaben unter das Verbot des § 78 Abs. 4 WHG, kann es gleichwohl im Einzelfall zugelassen werden, wenn das Vorhaben entweder hochwasserschutzkonform ist (§ 78 Abs. 5 Satz 1 Nr. 1 WHG) oder die nachteiligen Auswirkungen durch Nebenbestimmungen ausgeglichen werden können (§ 78 Abs. 5 Satz 1 Nr. 2 WHG). Das Verfahren dazu kann landesrechtlich ausgestaltet werden. Während in Bayern die wasserrechtliche Befreiung neben andere Zulassungsverfahren tritt, erfolgt in Nordrhein-Westfalen im Falle anderweitig erforderlicher Genehmigungen eine Konzentration durch das jeweils andere Verfahren (§ 84 Abs. 1 Satz 1 LWG NRW). So konzentriert insbes. die Baugenehmigung die wasserrechtliche Befreiung; dabei entscheidet die Bauaufsichtsbehörde im Einvernehmen mit der Wasserbehörde (§ 84 Abs. 1 Satz 2 LWG NRW).[514] Die weiteren Verbote (§§ 78 Abs. 1, 78a Abs. 1 WHG) sind repressive Verbote mit Befreiungsvorbehalt; dies bedeutet konkret, dass die zuständige Wasserbehörde unter den jeweils in §§ 78 Abs. 2, 78a Abs. 2 WHG genannten Voraussetzungen im Einzelfall die Ausweisung neuer Baugebiete bzw. einer Maßnahme zulassen kann. Eine zentrale Voraussetzung dafür ist, dass Hochwasserabfluss und Hochwasserrückhaltung nicht nachteilig beeinflusst werden.

4.4.5 Schädliche Gewässerveränderungen

Das WHG und die Landeswassergesetze knüpfen an mehreren Stellen Genehmigungen oder erlaubnisfreie Benutzungen materiell-rechtlich daran, dass keine schädlichen Gewässerveränderungen zu erwarten sein dürfen.

> ***Beispiele:***
> *§ 12 Abs. 1 Nr. 1 (Wasserrechtliche Erlaubnis und Bewilligung), § 36 Abs. 1 WHG (Anlagen in, an, über und unter oberirdischen Gewässern), Art. 18 BayWG bzw. § 19 Abs. 1 LWG NRW (Gemeingebrauch), § 41 LWG NRW (Trinkwasseraufbereitungsanlagen).*

Nach der Legaldefinition des § 3 Nr. 10 WHG handelt es sich bei schädlichen Gewässerveränderungen um Veränderungen von Gewässereigenschaften, die das Wohl der Allgemeinheit, insbes. die öffentliche Wasserversorgung, beeinträchtigen oder die nicht den Anforderungen entsprechen, die sich aus diesem WHG, aus aufgrund des WHG erlassenen oder aus sonstigen wasserrechtlichen Vorschriften ergeben.

---

514 *Queitsch*, PRAXIS-Beitrag L 11 NW, § 84 Rn. 11.

Als Oberbegriff schließt die Definition zunächst alle Tatbestände ein, in denen von *„nachteiligen Veränderungen für Gewässereigenschaften"* gesprochen wird.[515]

Beispiele:
§ 5 Abs. 1 Nr. 1 WHG (allgemeine Sorgfaltspflicht) §§ 32, 45, 48 WHG (Reinhaltung oberirdischer Gewässer, von Küstengewässern bzw. des Grundwassers), § 49 Abs. 3 WHG (Erdaufschlüsse), § 62 Abs. 1 WHG (AwSV-Anlagen).

Über das „Wohl der Allgemeinheit" kommt für eine schädliche Gewässerveränderung darüber hinaus in Betracht, wenn einzelfallbezogen Belange, an denen die Allgemeinheit ein Interesse hat, beeinträchtigt, d. h. mehr als nur unwesentlich gestört werden.[516] Diese Belange können – wie die ohnehin explizit in § 3 Nr. 10 WHG genannte öffentliche Wasserversorgung – öffentlicher, aber auch privater Natur sein, jedenfalls dann, wenn ein wasserwirtschaftlicher Bezug besteht.

Beispiel:
Abgesenkte Funktions- und Leistungsfähigkeit des Gewässers und dadurch verursachter Rückgang der Erträge für die Berufsfischerei.[517]

Ob auch Allgemeinwohlbelange nicht-wasserwirtschaftlicher Art unter den Tatbestand fallen, ist nicht abschließend geklärt.[518] Ein sparsamer Umgang mit Wasser kann zum Wohl der Allgemeinheit gehören;[519] die Klärung, inwieweit zusätzliche Entnahmen verträglich sind, erfolgt wohl aber eher im Rahmen des Bewirtschaftungsermessens nach § 12 Abs. 2 WHG.[520]

4.4.6 Trinkwasser

Wasser ist für Lebewesen unabdingbar. Die öffentliche Wasserversorgung ist deshalb die wichtigste Form der Gewässernutzung. Dies stellt auch § 50 WHG deutlich heraus. Danach ist die der Allgemeinheit dienende Wasserversorgung (öffentliche Wasserversorgung) eine Aufgabe der Daseinsvorsorge. Hierzu gehört auch, dass Trinkwasser aus dem Leitungsnetz an öffentlichen Orten durch Innen- und Außenanlagen bereitgestellt wird, soweit dies technisch durchführbar und unter Berücksichtigung des Bedarfs und der örtlichen Gegebenheiten (wie Klima und Geographie) verhältnismäßig ist. Der Wasserbedarf der öffentlichen Wasserversorgung ist gem. § 50 Abs. 2 WHG

---

515 *Faßbender* in Landmann/Rohmer, UmweltR, WHG § 3 Rn. 69.
516 *Faßbender* in Landmann/Rohmer, UmweltR, WHG § 3 Rn. 82.
517 BVerwG, NVwZ 2005 S. 84 (86).
518 *Breuer/Gärditz*, Öffentliches und privates Wasserrecht, Rn. 594.
519 *Faßbender* in Landmann/Rohmer, UmweltR, WHG § 3 Rn. 78.
520 *Breuer/Gärditz*, Öffentliches und privates Wasserrecht, Rn. 584.

vorrangig aus ortsnahen Wasservorkommen zu decken, soweit überwiegende Gründe des Wohles der Allgemeinheit dem nicht entgegenstehen.

Das WHG enthält keine Definition von „Trinkwasser"; diese ist vielmehr in der Trinkwasserverordnung (TrinkwV)[521] geregelt. Nach § 2 Nr. 1 TrinkwV handelt es sich hierbei um alles Wasser, das – im ursprünglichen Zustand oder nach Aufbereitung – zum Trinken, zum Kochen, zur Zubereitung von Speisen und Getränken oder insbes. zu anderen häuslichen Zwecken (Körperpflege und -reinigung, Reinigung von Gegenständen, die bestimmungsgemäß mit Lebensmitteln in Berührung kommen, Reinigung von Gegenständen, die bestimmungsgemäß nicht nur vorübergehend mit dem menschlichen Körper in Kontakt kommen) bestimmt ist. Zum Trinkwasser zählt weiter alles Wasser, das in einem Lebensmittelbetrieb verwendet wird für die Herstellung, die Behandlung, die Konservierung oder das Inverkehrbringen von Erzeugnissen oder Substanzen, die für den menschlichen Gebrauch bestimmt sind. Auf den Aggregatzustand oder den Transportweg kommt es nicht an. Die TrinkwV ist dem öffentlichen Gesundheitsrecht zuzuordnen. Dem öffentlichen Wasserrecht kommt allerdings die Rolle zu, für das Rohwasser (§ 2 Nr. 6 TrinkwV) über das Bewirtschaftungssystem und die weiteren Schutzvorschriften des WHG einen guten Zustand zu ermöglichen. Dies geschieht klassisch durch Wasserschutzgebiete nach § 51 Abs. 1 WHG (s. Kap. 4.4.8).

4.4.7 Wasserrahmenrichtlinie (WRRL)

In der zweiten Hälfte des 20. Jahrhunderts konzentrierte sich der Gewässerschutz noch hauptsächlich auf das Reduzieren von Verschmutzungen, in Deutschland u. a. durch Einführung des Abwasserabgabengesetzes. Zu stark durch menschliche Nutzungsbedürfnisse veränderte Gewässer (Bebauungen an Ufern, Wehre, Begradigungen von Flüssen etc.) sind aber auch trotz chemisch einwandfreien Wassers kein günstiger Lebensraum für Tiere und Pflanzen. Außerdem wirken Grund- und Oberflächenwasser zusammen: Ersteres ist Quelle der Fließgewässer, die sich mit anderen zu größeren Flüssen vereinigen. Der Zustand der Flüsse hängt deshalb auch maßgeblich davon ab, wie mit dem Wasser in deren Einzugsgebieten umgegangen wird.

4.4.7.1 Ziele der WRRL

Die seit 22.12.2000 geltende Wasserrahmenrichtlinie 2000/60/EG (EG-WRRL) sah aus diesen Gründen eine neue, unionsweite Wasserpolitik vor, um Gewässerbenutzung und Gewässerschutz zu vereinen, Gewässer in ihrem Zusammenhang zu betrachten (von der Quelle bis zur Mündung) und

521 Verordnung über die Qualität von Wasser für den menschlichen Gebrauch (Trinkwasserverordnung – TrinkwV) vom 20.6.2023 (BGBl. I Nr. 159 S. 2).

deren ökologischen Zustand zu verbessern. Die Umsetzung in Deutschland erfolgte durch das Wasserhaushaltsgesetz, die Oberflächengewässerverordnung und die Grundwasserverordnung.

Eines der herausragendsten Merkmale der WRRL ist die Vorgabe an die Mitgliedstaaten, innerhalb bestimmter Zeiträume ein bestimmtes Qualitätsniveau der Gewässer zu erreichen. Der „gute Zustand" bildet dabei den Mindeststandard, der nur wenig vom natürlichen („sehr guten") Referenzzustand des Gewässers abweichen soll.[522] Oberflächengewässer sollen darüber hinaus bis 2027 einen *„guten ökologischen und guten chemischen Zustand"* erreichen (bei künstlichen Oberflächengewässern tritt anstelle eines guten ökologischen Zustands ein gutes ökologisches Potential).

Der Referenzzustand für den sehr guten Zustand wird beispielsweise für Bäche und Flüsse anhand von Fließgewässertypen bestimmt, die wiederum auf Faktoren wie der Ökoregion (z. B. Alpen, zentrales Flachland), der Höhenlage, der Einzugsgebietsgröße oder des Untergrundes (z. B. kalkig, silikatisch) bestimmt werden. Der ökologische Zustand wird vorrangig über biologische und unterstützend durch hydromorphologische sowie chemisch-physikalische Qualitätskomponenten beschrieben. Neben dem Referenzzustand „sehr gut" und dem Zielzustand „gut" gibt es die Zustandsklassen „mäßig", „unbefriedigend" und „schlecht" (§ 5 Abs 1 OGewV). Für den chemischen Zustand gibt es lediglich die Einstufung in „gut" und „nicht gut", wobei „gut" erreicht wird, wenn von einer Liste mit 45 prioritären Stoffen bzw. Stoffgruppen keiner dieser Schadstoffe in einer höheren Konzentration als den festgelegten Umweltqualitätsnormen vorkommt.

Beim Grundwasser ist das Ziel ein *„guter chemischer und mengenmäßiger Zustand"*. Die Schadstoffkonzentration im Grundwasser soll sinken, während ein guter mengenmäßiger Zustand erfordert, nicht mehr Wasser zu entnehmen, als sich neu bildet, und dass die vom Grundwasser abhängigen Land- und Gewässerökosysteme nicht geschädigt werden.

Dieses grundlegende Bewirtschaftungskonzept findet sich in den §§ 27 bis 31 WHG. Anforderungen an die Gewässereigenschaften, an die Benutzung von Gewässern sowie Ermittlung, Beschreibung, Festlegung und Einstufung sowie Darstellung des Gewässerzustands finden sich in der Oberflächengewässerverordnung (OGewV).

4.4.7.2 Maßnahmenprogramme und Bewirtschaftungspläne

Um Gewässer zusammen mit ihren Einzugsgebieten schützen und bewirtschaften zu können, wurden in den Mitgliedstaaten (internationale) Flussgebietseinheiten gebildet. Für diese werden durch die Mitgliedstaaten (bzw. in Deutschland: die Bundesländer) Maßnahmenprogramme und Bewirtschaftungspläne aufgestellt. Erstere legen Maßnahmen zum Schutz der Gewässer

522 Einzelheiten über die ökologischen und chemischen Zustände regelt Anhang V der WRRL. Die Einstufung ist von Qualitätskomponenten abhängig.

fest, etwa vor Verschmutzungen oder Verschlechterungen des ökologischen Zustands. Bewirtschaftungspläne werden unter Beteiligung der Öffentlichkeit aufgestellt, um wichtige Wasserbewirtschaftungsfragen im Einzugsgebiet zu regeln.

Maßnahmenprogramme und Bewirtschaftungspläne sind in den §§ 82 bis 86 WHG näher geregelt. Bewirtschaftungspläne für Flussgebietseinheiten (§ 83 Abs. 1 WHG) stellen die oberste Planungsebene dar. Ein Bewirtschaftungsplan muss die in Art. 13 Abs. 4 in Verbindung mit Anhang VII der Richtlinie 2000/60/EG vorgesehenen sowie die ergänzend in § 83 Abs. 2 Satz 2 WHG benannten Informationen enthalten. Dazu gehören die Merkmale der Gewässer, eine Zusammenfassung der signifikanten Auswirkungen und Einwirkungen auf den Zustand der Gewässer, die Bewirtschaftungsziele und die Zusammenfassung der Maßnahmenprogramme. Nach § 83 Abs. 3 WHG besteht die Möglichkeit, detailliertere Programme und Bewirtschaftungspläne für Teileinzugsgebiete festzulegen.

Beispiel:
Die mit Abstand größte Flussgebietseinheit in NRW (Rhein) besteht hier aus drei Bearbeitungsgebieten, von denen wiederum der Niederrhein das größte mit sieben eigenen Arbeitsgebieten ist. Eines der Arbeitsgebiete ist die Ruhr mit ihrem Einzugsgebiet. Besondere Herausforderungen bei diesem Fluss und seinen Zuläufen liegen – resultierend aus der hohen Bevölkerungsdichte – in den großen eingeleiteten Abwassermengen der Kläranlagen, den vielen Querbauwerken aus der Zeit der industriellen Wasserkraftnutzung (u. a. in der Montanindustrie) sowie den Schadstoffbelastungen, wobei Schwermetalle hier zum Teil auch aus natürlichen Gesteinen stammen können.

Ein Grundproblem der WRRL und ihrer Umsetzung liegt darin, dass eine konkrete Umsetzungspflicht für die Maßnahmenprogramme unterhalb der Landesebene nicht klar definiert wird und die Maßnahmenprogramme in den Bundesländern insoweit eher eine „Angebotsprogrammatik“[523] darstellen. Auch wenn im Rahmen der Gewässerunterhaltung die Bewirtschaftungsziele nicht behindert werden dürfen,[524] bleibt die Umsetzung hier letztlich freiwillig, zumal umfassende gewässerökologische Verbesserungen den Gewässerausbautatbestand nach § 67 Abs. 2 WHG erfüllen können und die Konkretisierung der Maßnahmenziele somit dem Planfeststellungs- oder genehmigungsverfahren obliegt.[525]

Ursprüngliches Ziel war es, die in Kap. 4.4.7.1 genannten Ziele mit dem ersten Bewirtschaftungszeitraum bis 2015 zu erreichen, was misslang.[526]

523 *Reese*, NVwZ 2018 S. 1593 (1593).
524 *Queitsch*, PRAXIS-Beitrag L 11 NW, § 61 Rn. 13.
525 *Reese*, NVwZ 2018 S. 1593 (1594).
526 *Reese*, NVwZ 2018 S. 1592.

Auch nach dem Ende der Bewirtschaftungspläne 2021 sind die Resultate in Deutschland weiterhin kaum zu erkennen:

- Bei 95 % aller Grundwasserkörper ist der mengenmäßige Zustand zwar gut, der chemische aber nur bei 67,3 % und eine Trendentwicklung ist quasi nicht vorhanden.[527]
- Bei den Oberflächengewässern ist ein sehr guter ökologischer Zustand nur bei 0,2 %, ein guter bei 0,9 % der Gewässer festzustellen, mit minimalen Verbesserungen gegenüber 2015. 36,3 % der Gewässer fallen in die Zustandsklasse „mäßig", 34,3 % in „unbefriedigend" und sogar 18,4 % in „schlecht".[528] Den eigentlichen Zielzustand würde Deutschland nach Prognosen erst 2045 zu 82 % erfüllen.[529]
- Der chemische Zustand der Oberflächengewässer ist bei 100 % der Gewässer „nicht gut", wenn die acht ubiquitären (flächendeckend anzutreffenden) der 45 Stoffe mit betrachtet werden, wie etwa das überall in Fischen angereicherte Quecksilber.[530] Die ubiquitären Stoffe außen vorgelassen, wäre der chemische Zustand ansonsten immerhin in 84 % der Gewässer heute schon gut; die Zielerreichung für alle 45 Stoffe ist aber auch bis 2045 in weiter Ferne.[531]

4.4.7.3 Das Verschlechterungsverbot und seine Folgen

Jenseits konkreter Maßnahmenprogramme, mit denen gem. § 82 Abs. 1 Satz 1 WHG die Bewirtschaftungsziele der WRRL erreicht werden sollen, sehen die WRRL und in der Folge die nationale Umsetzung vor, dass eine Verschlechterung des ökologischen und chemischen Zustands von Oberflächengewässern zu vermeiden ist (§ 27 Abs. 1 Nr. 1 WHG). Gleiches gilt für eine Verschlechterung des mengenmäßigen und chemischen Zustands des Grundwassers (§ 47 Abs. 1 Nr. 1 WHG).

Zunächst war umstritten, ob es sich hierbei um eine planerische Zielvorgabe oder eine materiell-rechtliche Hürde für Zulassungsentscheidungen handelt.[532] Dazu gehört die Frage, inwieweit das Verschlechterungsverbot im behördlichen Bewirtschaftungsermessen (§ 12 Abs. 2 WHG) zu berücksichtigen ist. Bei einer strengen Wortlautauslegung müsste als Verschlechterung jede (d. h. auch schon eine bagatellmäßige) Veränderung der Gewässereigenschaften angesehen werden, die nicht positiv oder neutral ist – mit der Folge, dass ein Spielraum für Gewässernutzungen praktisch kaum noch vor-

527 BMUV/UBA 2022, Die Wasserrahmenrichtlinie – Gewässer in Deutschland 2021, S. 65, 68, 110, https://www.umweltbundesamt.de/sites/default/files/medien/1410/publikationen/221010_uba_fb_wasserrichtlinie_bf.pdf (zuletzt abgerufen am 10.9.2023).
528 BMUV/UBA 2022, a. a. O., S. 54, 104.
529 BMUV/UBA 2022, a. a. O., S. 17.
530 BMUV/UBA 2022, a. a. O., S. 58 f.
531 BMUV/UBA 2022, a. a. O., S. 17.
532 Vgl. *Schlacke*, Umweltrecht, § 11 Rn. 8.

handen wäre.[533] Nach der Stufentheorie sollte eine Verschlechterung deshalb erst angenommen werden, wenn die Veränderung der Zustandsklasse des Gewässers wechselt. Diese Sichtweise war aber problematisch, da sie an Grenzen stößt, wo es ohnehin nur zwei Zustandsklassen gibt (beim chemischen Zustand), und einen Anreiz bieten könnte, Verschlechterungen bis zum Erreichen der Schwelle auszureizen.[534] Umgekehrt ging die strenge Status-quo-Theorie davon aus, dass jegliche Verschlechterung des Ist-Zustands für das Einsetzen des Verbots genügt.[535]

Für Klarheit sorgten die Entscheidungen des EuGH („Weservertiefung"[536]) und BVerwG („Elbvertiefung"[537]). Der EuGH geht zwar zum einen von einer strikten Beachtenspflicht des Verschlechterungsverbots aus, zum anderen aber nicht so weit, jegliche Verschlechterung für maßgeblich zu erklären. Eine Verschlechterung des Zustands eines Oberflächenwasserkörpers sei gegeben, sobald sich der Zustand mindestens einer Qualitätskomponente im Sinne des Anhangs V der WRRL um eine Klasse verschlechtert, auch wenn diese Verschlechterung nicht zu einer schlechteren Einstufung des Oberflächenwasserkörpers insgesamt führt. Ist jedoch die betreffende Qualitätskomponente im Sinne von Anhang V bereits in der niedrigsten Klasse eingeordnet, stellt jede Verschlechterung dieser Komponente eine „Verschlechterung des Zustands" eines Oberflächenwasserkörpers dar. Innerhalb gewisser Grenzen „verträgt" ein Gewässer demnach nachteilige Veränderungen.

Den Begriff der Verschlechterung hat der EuGH mittlerweile weiter konkretisiert und betont, dass zwar Auswirkungen, die sich ihrem Wesen nach offensichtlich nur geringfügig auf den Zustand der betroffenen Wasserkörper auswirken und im Sinne der WRRL nicht zu einer „Verschlechterung" des Gewässerzustands führen, unberücksichtigt bleiben können, nach der WRRL aber auch eine nur vorübergehende Verschlechterung des Zustands nicht gestattet werden kann.[538]

Bis heute dauert ein juristischer Meinungsstreit darüber an, inwiefern dem EuGH in der Annahme zu folgen ist, dass es sich beim Verschlechterungsverbot nicht lediglich um ein planerisches Ziel, sondern um eine zwingend zu beachtende Genehmigungsvoraussetzung handelt.[539] Für Letzteres spricht, dass die WRRL ansonsten in der Grundintention, europaweit einen guten Zustand der Gewässer zu erreichen, leerlaufen würde.[540]

533 *Reinhardt*, NVwZ 2015 S. 1041 (1046).

534 *Ginzky* in BeckOK UmweltR, WHG § 27 Rn. 7.

535 *Durner* in Landmann/Rohmer, UmweltR, WHG § 27 Rn. 25.

536 EuGH, Urt. vom 1.7.2015 – C-461/13 –.

537 BVerwG, Urt. vom 9.2.2017 – 7 A 2/15 –.

538 EuGH, Urt. vom 5.5.2022 – C-525/20 –.

539 Gegen die Einstufung als zwingende Voraussetzung *Kohls*, ZUR 2017 S. 385 (386), dafür *Durner* in Landmann/Rohmer, UmweltR, WHG Vorbem. § 27 Rn. 1.

540 *Ginzky* in BeckOK, UmweltR, WHG § 27 Rn. 8b.

4.4.8 Wasserschutzgebiete

Um insbes. Rohwasser für Trinkwasser aus ober- oder unterirdischen Quellen in möglichst guter Qualität gewinnen zu können, ist der Schutz der Einzugsgebiete von Entnahmestellen wichtig.

> ***Beispiel:***
> *Die Zulassung einer Produktionsanlage mit wassergefährdenden Stoffen nahe einer Talsperre kann die Gefahr in sich bergen, dass bei Austreten wassergefährdende Stoffe über den Boden oder Fließgewässer die Entnahmestellen verunreinigen.*

Die nach § 51 Abs. 1 Satz 1 WHG vorgesehene Festsetzung von Wasserschutzgebieten war in den Bundesländern schon vor der Einführung im WHG etabliert. Soweit § 51 Abs. 2 WHG darauf verweist, dass Trinkwasserschutzgebiete nach Maßgabe der allgemein anerkannten Regeln der Technik[541] in Zonen mit unterschiedlichen Schutzbestimmungen unterteilt werden sollen, handelt es sich hierbei um folgende drei:[542]

- Zone I: die Fassungszone, welche nur die eigentliche Fassungsanlage (z. B. Brunnen, Talsperre) selbst nebst einem kleinen Nahbereich umfasst[543] und grundsätzlich keine sonstige Nutzung zulässt;
- Zone II: die engere Schutzzone, beginnend ab Zone I bis zu der Linie, von der das Grundwasser etwa 50 Tage bis zur Fassungsanlage benötigt („50-Tage-Linie").[544] In Zone II sind Nutzungen nur nach Maßgabe der jeweiligen Gebietsfestsetzung erlaubt – typischerweise gehören Wohn- und gewerbliche Nutzungen nicht hierzu; für die Landwirtschaft bestehen Einschränkungen;
- Zone III: die weitere Schutzzone zum Schutz vor mittel- bis langfristigen Beeinträchtigungen, in der in der Regel auch Wohnhäuser und gewerbliche Nutzungen zugelassen werden können.

Das Verfahren für die Festsetzung richtet sich nach Landesrecht (in Bayern: Rechtsverordnung nach Art. 31 Abs. 1 BayWG; in Nordrhein-Westfalen: ordnungsbehördliche Verordnung gem. § 35 Abs. 1 LWG NRW). Für das jeweilige Schutzgebiet werden nach § 52 Abs. 1 Satz 1 WHG jeweils individuell Verbote, Beschränkungen sowie Duldungs- und Handlungspflichten festgelegt. Hiervon kann allerdings nach § 52 Abs. 1 Satz 2 WHG eine Befreiung erteilt werden, wenn der Schutzzweck nicht gefährdet wird oder überwiegende Gründe des Wohles der Allgemeinheit dies erfordern.

Über die Verordnungsermächtigung in § 50 Abs. 4a Satz 1 Nr. 1 WHG wurde eine Verordnung erlassen, die neuerdings ein Risikomanagement für

541 Insbesondere DVGW-Arbeitsblätter W 101-1 und W 102-2.
542 *Tünnesen-Harmes* in BeckOK UmweltR, WHG § 51 Rn. 32.
543 *Hünnekens* in Landmann/Rohmer, UmweltR, WHG § 51 Rn. 79.
544 BayVGH, Urt. vom 20.5.2009 – 22 N 07.1775 –.

Einzugsgebiete von Entnahmestellen für die Trinkwassergewinnung verlangt. Dies schließt die Prüfung der Notwendigkeit ein, Schutzgebiete festzusetzen oder anzupassen.

4.5 Handlungsinstrumente

4.5.1 Wasserrechtliche Erlaubnis, Bewilligung und gehobene Erlaubnis (§§ 8, 15 WHG)

§ 5 WHG regelt eine allgemeine und alle Personen treffende Sorgfaltspflicht im Umgang mit Gewässern. Diese würde wenig nützen, wenn nicht auch die Nutzung von Gewässern unter einen Prüfvorbehalt gestellt würde. Auch sind Gewässer durch das WHG einer vom Grundstückseigentum getrennten öffentlich-rechtlichen Benutzungsordnung unterstellt.[545] § 4 Abs. 3 Nr. 1 WHG stellt klar, dass das Grundeigentum nicht zu einer Gewässerbenutzung berechtigt, die einer behördlichen Zulassung bedarf. Einen Grundsatz der Gewässerbenutzungsfreiheit gibt es daher nicht.[546] Die wasserrechtliche Erlaubnis ist das zentrale Instrument des Wasserrechts, um die Benutzung von Gewässern zu erlauben oder nicht.

4.5.1.1 Benutzung von Gewässern

Wer ein Gewässer benutzen will, benötigt hierfür in der Regel eine Erlaubnis oder Bewilligung (§ 8 WHG). Die naheliegendste Form sind Benutzungen, die wissentlich und willentlich auf das Gewässer selbst ausgerichtet sind und sich auf Menge oder Qualität eines Gewässers auswirken können. Diese Benutzungstatbestände sind in § 9 Abs. 1 WHG geregelt.

> ***Beispiele:***
> *Entnehmen und Ableiten von Wasser aus oberirdischen Gewässern, Aufstauen und Absenken von oberirdischen Gewässern, Entnahme von Grundwasser.*

Neben dem wichtigen Tatbestand der Entnahme von Wasser (§ 9 Abs. 1 Nr. 1 WHG), die ggf. von erlaubnisfreien Benutzungen abzugrenzen ist (dazu sogleich Kap. 4.5.2), ist das Einleiten von Abwasser (§ 9 Abs. 1 Nr. 4 WHG) einer der in der Praxis relevantesten Benutzungstatbestände, die einer Erlaubnis bedürfen. „Einleiten" meint in diesem Zusammenhang über den Wortlaut hinaus nicht nur das Zuführen mittels (Rohr-)Leitung, sondern auch das Versickern und Verrieseln über den Boden ins Grundwasser.[547]

545 Vgl. BVerfG, NJW 1982 S. 745.
546 *Hasche* in BeckOK UmweltR, WHG § 8 Rn. 1.
547 *Pape* in Landmann/Rohmer, UmweltR, WHG § 9 Rn. 51.

Eine erlaubnispflichtige Form der Gewässerbenutzung kann auch vorliegen, wenn Maßnahmen durchgeführt werden, durch die eigentlich keine Gewässernutzung angestrebt wird, aber indirekt Folgen für ein Gewässer zeitigen können.

> ***Beispiel:***
> *Absenken und Umleiten von Grundwasser zum Rohstoffabbau.*

Als Benutzung von Gewässern zählen etwa auch Maßnahmen, die geeignet sind, dauernd oder in einem nicht nur unerheblichen Ausmaß nachteilige Veränderungen der Wasserbeschaffenheit herbeizuführen (§ 9 Abs. 2 Nr. 2 WHG).

> ***Beispiel:***
> *Verwendung von mineralischen Abfällen als Ersatzbaustoffe, wobei die Verwendung nach Maßgabe der ErsatzbaustoffV und der BBodSchV erlaubnisfrei sein kann.*[548]

§ 9 Abs. 3 Satz 1 WHG legt fest, dass Maßnahmen, die dem Ausbau eines Gewässers i. S. d. § 67 Abs. 2 WHG dienen, keine Benutzung darstellen. Anstelle der wasserrechtlichen Erlaubnis tritt daher die grundsätzliche Planfeststellungspflicht (§ 68 WHG).

4.5.1.2 Unterschiede zwischen Erlaubnis und Bewilligung

Trotz der im Umweltrecht ansonsten untypischen Unterscheidung zwischen Erlaubnis und Bewilligung handelt es sich in beiden Fällen um Genehmigungen. Der wichtigste Unterschied zwischen der Erlaubnis und der Bewilligung liegt in der Planungssicherheit für die antragstellende Person. Die Erlaubnis kann jederzeit widerrufen werden, wenn es eine sachliche Begründung dafür gibt (§ 18 Abs. 1 WHG). Die Bewilligung kann hingegen nur unter den besonderen Voraussetzungen des § 18 Abs. 2 WHG widerrufen werden. Sie soll eine längerfristige Rechtsposition schaffen, um ein Gewässer zu einem bestimmten Zweck in einer nach Art und Maß bestimmten Weise benutzen zu können (§ 10 Abs. 1 Alt. 2 WHG).

> ***Beispiel:***
> *Öffentliche Trinkwasserversorgung.*[549]

---

548 Für technische Bauwerke regelt § 21 ErsatzbaustoffV den Wegfall der wasserrechtlichen Erlaubnispflicht, wenn die Anforderungen der §§ 19 und 20 ErsatzbaustoffV eingehalten werden (s. im Einzelnen Kap. 6.5.2.3). Gleiches gilt außerhalb technischer Bauwerke nach § 8 Abs. 4 BBodSchV (s. im Einzelnen Kap. 7.5).

549 *Hasche* in BeckOK UmweltR, WHG § 8 Rn. 1a.

Während die Erlaubnis lediglich aus öffentlich-rechtlicher Sicht die Benutzung gestattet, hat die Bewilligung auch Auswirkungen auf die privatrechtliche Ebene. Wird durch die Benutzung eine dritte Person in ihren Rechten beeinträchtigt, kann diese gem. § 16 Abs. 2 WHG keine zivilrechtlichen Ansprüche auf Beseitigung, Unterlassung oder Schadensersatz geltend machen, was bei einer Erlaubnis hingegen möglich wäre. Wegen dieser die Rechte Dritter ausschließender Wirkung besteht für die Bewilligung die verfahrenstechnische Besonderheit, dass das Genehmigungsverfahren die Beteiligung Dritter erfordert (§ 11 Abs. 2 WHG).

Die Bewilligung scheidet gem. § 14 Abs. 1 Nr. 3 WHG von vornherein aus für die Benutzungstatbestände des § 9 Abs. 1 Nr. 4, Abs. 2 Nr. 2 bis 4 WHG. Sie kommt deshalb insbes. für das Einleiten von Abwasser nicht in Betracht. Weiter setzt § 14 Abs. 1 Nr. 2 WHG voraus, dass für die Bewilligung die Gewässernutzung einem bestimmten Zweck dient, der nach einem bestimmten Plan verfolgt wird.

Weil die durch die Bewilligung eingeräumte Rechtsposition im Vergleich zur Erlaubnis nur schwer wieder entzogen werden kann, darf eine Bewilligung nur für eine angemessene Dauer ausgesprochen werden (§ 14 Abs. 2 WHG), in der Regel nicht länger als 30 Jahre. Außerdem ist die Erlaubnis bereits von Gesetzes wegen als Regel-, die Bewilligung nur als Ausnahmefall vorgesehen: Wie sich aus § 14 Abs. 1 WHG ergibt, muss für die Bewilligung die Notwendigkeit einer gesicherten Rechtsstellung bestehen, die Erlaubnis für den Benutzer somit unzumutbar sein. Allerdings ist umstritten, wann diese Schwelle erreicht wird, wenn es sich etwa um rein wirtschaftliche Interessen handelt. In der Praxis ist dieser Streit mittlerweile relativ unbedeutsam, da es mit der sog. „gehobenen Erlaubnis" (§ 15 WHG) noch einen Mittelweg zwischen einfacher Erlaubnis und Bewilligung gibt: Für diese gilt § 16 Abs. 1 WHG, der – wenn auch etwas schwächer als bei der Bewilligung – die Rechtsbeziehungen des Benutzers zu Dritten regelt, die gegen die Benutzung vorgehen wollen. Für die Erteilung der gehobenen Erlaubnis genügt entweder das öffentliche Interesse oder das berechtigte Interesse des Benutzers, somit auch rein wirtschaftliche Interessen. § 11 Abs. 2 WHG gilt auch hier; ansonsten gelten alle Vorschriften für die Erlaubnis, einschließlich der Widerrufsmöglichkeiten. Die gehobene Erlaubnis ist auf Ebene der Unteren Wasserbehörden weitaus häufiger anzutreffen als die Bewilligung.

4.5.1.3 Genehmigungsvoraussetzungen, Nebenbestimmungen

4.5.1.3.1 Generelle materiell-rechtliche Voraussetzungen

Materielle Genehmigungsvoraussetzungen sowohl für die Erlaubnis als auch die Bewilligung sind nach § 12 Abs. 1 WHG, dass keine schädlichen – ggf. durch Nebenbestimmungen vermeid- oder ausgleichbare – Gewässerveränderungen (§ 3 Nr. 10 WHG) zu erwarten sind (im Einzelnen s. Kap. 4.4.5) und kein sonstiger Verstoß gegen öffentliches Recht (z. B. andere umweltrechtliche Vorgaben, etwa aus dem Naturschutz) vorliegt.

Einzuhalten ist speziell über das übrige Wasserrecht das Verschlechterungsverbot des § 27 Abs. 1 Nr. 1 WHG hinsichtlich des ökologischen und chemischen Zustands oberirdischer Gewässer.[550] Die sonstigen wasserrechtlichen Anforderungen hängen stark vom Inhalt der Erlaubnis ab (s. 4.5.1.3.2 und 4.5.1.3.3). Ob die Genehmigung erteilt wird, steht außerdem im Bewirtschaftungsermessen der Wasserbehörde (§ 12 Abs. 2 WHG). Diese stellt hierdurch sicher, dass die allgemeinen Grundsätze der Gewässerbewirtschaftung (§ 6 Abs. 1 WHG) eingehalten werden. Damit kommen aus Umweltschutzsicht vor allem § 6 Abs. 1 Satz 1 Nr. 1 und 4 bis 6 WHG als wesentliche Ermessensgesichtspunkte in Betracht (s. a. Kap. 4.5.1.3.2 und 4.5.1.3.3). Ebenso in die Betrachtung einzustellen sind aber auch Rechte Dritter, vor allem vorhandene Gewässerentnahmen und Einleitungen,[551] sowie der mit der Antragstellung verfolgte wasserwirtschaftliche Zweck.[552] Das Bewirtschaftungsermessen gibt der Wasserbehörde insbes. auch die Handhabe, eine Erlaubnis wegen der Gefahr künftiger Ausdehnungen des beantragten Rechts oder der Schaffung eines Präzedenzfalls von vornherein zu versagen.[553]

Hinsichtlich möglicher Nebenbestimmungen nennt § 13 Abs. 2 WHG einige Beispiele, u. a. Anforderungen an die Beschaffenheit einzubringender oder einzuleitender Stoffe (Nr. 1), Maßnahmen zur Unterstützung des für die Flussgebietseinheit geltenden WRRL-Maßnahmenprogramms (Nr. 2a), zum sparsamen Umgang mit Wasser (Nr. 2b) oder zum Ausgleich einer auf die Benutzung zurückzuführenden nachteiligen Veränderung der Gewässereigenschaften (Nr. 2d). Praktisch bedeutsam ist bei Erlaubnissen im Übrigen die über § 13 Abs. 1 WHG mögliche Befristung. Zwar ist diese nicht wie bei der Bewilligung obligatorisch, sondern nach pflichtgemäßem Ermessen festzusetzen. Die Anforderungen hierfür sind jedoch als relativ gering anzusehen.[554] In der Regel rechtfertigt allein das Fortschreiten der Technik nach einiger Zeit die verpflichtende Überprüfung, ob angesichts des Vorsorgegedankens das Bedürfnis an der wasserrechtlichen Erlaubnis fortbesteht.

Beispiele:
Der Bedarf für eine Wasserentnahme kann aufgrund sparsamerer Technologien mit der Zeit sinken; für Abwasserbehandlungsanlagen ergeben sich weitere Möglichkeiten, einzuleitende Stoffe zu reduzieren.

---

550 *Durner* in Landmann/Rohmer, UmweltR, WHG Vor § 27 Rn. 1.
551 *Schendel/Scheier* in BeckOK UmweltR, WHG § 12 Rn. 13.
552 *Pape* in Landmann/Rohmer, UmweltR, WHG § 12 Rn. 39.
553 *Breuer/Gärditz*, Öffentliches und privates Wasserrecht, Rn. 584.
554 *Hasche* in BeckOK UmweltR, WHG § 13 Rn. 7.

Eine einfache Fristverlängerung kommt im Falle der Befristung nicht in Betracht.[555] Die Frist sollte daher so bemessen werden, dass sie dem Amortisierungszeitraum eventueller Investitionen der antragstellenden Person Rechnung trägt.[556]

Im Unterschied zum Planfeststellungsverfahren haben Erlaubnis und Bewilligung keine Konzentrationswirkung. Ähnlich der immissionsschutzrechtlichen Genehmigung hat die Erlaubnis nur feststellenden Charakter für den Zeitpunkt der Erteilung, vermittelt aber keinen Anspruch dahingehend, die erlaubte Benutzung unbegrenzt im Rahmen der ursprünglichen Zulassung zu nutzen (kein Bestandsschutz).[557] Für das wasserrechtliche Verfahren bestehen grundsätzlich keine Fristen. Eine Ausnahme besteht aber bei Vorhaben zur Erzeugung von Energie aus erneuerbaren Quellen (Wasserkraft- und Erdwärmeanlagen), die gem. § 11a Abs. 5 WHG nach einem Jahr oder zwei Jahren zu genehmigen sind.

4.5.1.3.2 Voraussetzungen bei Wasserentnahmen und Aufstauen von Gewässern (§ 9 Abs. 1 Nr. 1 und 2 WHG)

Bei der Entnahme und Aufstauen von Oberflächenwasser sind § 33 WHG (Mindestwasserführung) und § 34 WHG (Durchgängigkeit oberirdischer Gewässer) weitere wasserrechtlich relevante Anforderungen für eine Erlaubnis. Gerade vor dem Hintergrund des Klimawandels und dem damit einhergehenden, sinkenden Grundwasserpegel hat das in § 6 Abs. 1 Satz 1 Nr. 4 WHG definierte Bewirtschaftungsziel, bestehende oder künftige Nutzungsmöglichkeiten insbes. für die öffentliche Wasserversorgung zu erhalten oder zu schaffen, eine gesteigerte Rolle im Rahmen des Bewirtschaftungsermessens.[558] Nicht erst im Rahmen dieses Ermessens, sondern bereits auf der Tatbestandsebene von § 12 Abs. 1 Nr. 1 WHG sind Beeinträchtigungen der bestehenden, öffentlichen Wasserversorgung zu prüfen, da diese unter die Definition schädlicher Gewässerveränderungen gem. § 3 Nr. 10 WHG fallen.

4.5.1.3.3 Voraussetzungen für die Abwassereinleitung (§ 9 Abs. 1 Nr. 4 WHG)

Für das erlaubnispflichtige Einleiten von Abwasser in Form der Direkt- oder Indirekteinleitung enthalten §§ 57 f. WHG und die auf § 57 Abs. 2 WHG gestützte Abwasserverordnung (AbwV) zusätzliche materiell-rechtliche Anforderungen. Die AbwV regelt für über 50 verschiedene Herkunftsbereiche (Bsp.: häusliches Schmutzwasser aus Kanalisationen, Metallbearbeitung,

---

555 *Hasche* in BeckOK UmweltR, WHG § 13 Rn. 9.

556 *Hasche* in BeckOK UmweltR, WHG § 13 Rn. 8.

557 *Fischerauer*, Umweltrecht in der Praxis, Rn. 905.

558 So etwa *Schendel/Scheier* in BeckOK UmweltR, WHG § 12 Rn. 13; zurückhaltender *Pape* in Landmann/Rohmer, UmweltR, WHG § 12 Rn. 50.

chemische Industrie etc.) individuelle chemische und biologische Mindestanforderungen, die für das Einleiten von Abwasser in Gewässer einzuhalten sind. Oft enthalten die Anhänge allgemeine Anforderungen, um die Schadstofffracht im Abwasser von vornherein geringzuhalten (z. B. durch Mehrfachnutzung und Kreislaufführung), ansonsten regeln sie mindestens die Anforderungen an das Abwasser für die Einleitungsstelle.

Beispiel:
Anhang 1 regelt für häusliches und kommunales Abwasser, welche Stickstoffwerte an der Einleitungsstelle in das Gewässer einzuhalten sind.

Eine Direkteinleitung – insbes. der Übergang von einer Kanalisation in ein Gewässer – setzt gem. § 57 Abs. 1 WHG voraus, dass

- 1. Menge und Schädlichkeit des Abwassers so geringgehalten wird, wie dies bei Einhaltung der jeweils in Betracht kommenden Verfahren nach dem Stand der Technik möglich ist,
- 2. die Einleitung mit den Anforderungen an die Gewässereigenschaften und sonstigen rechtlichen Anforderungen vereinbar ist und
- 3. Abwasseranlagen oder sonstige Einrichtungen errichtet und betrieben werden, die erforderlich sind, um die Einhaltung der Anforderungen nach den Nrn. 1 und 2 sicherzustellen.

Als „Direkteinleiter" gilt diejenige Person, die die letzte Ursache dafür setzt, dass das Abwasser in den natürlichen Wasserkreislauf gelangen kann.[559] Auch wenn die Voraussetzungen des § 57 Abs. 1 WHG vorliegen, hat diese nicht automatisch einen Anspruch auf die Erlaubnis, da auch insoweit das Bewirtschaftungsermessen des § 12 Abs. 2 WHG greift und die Wasserbehörde im Einzelfall über § 57 WHG und die AbwV hinausgehende Anforderungen stellen darf.[560]

Im Unterschied zur Direkteinleitung erfolgt eine Indirekteinleitung zunächst in ein (kommunales) Kanalnetz, das zur jeweiligen Abwasserbehandlungsanlage führt. Die Genehmigungsvoraussetzungen hierfür sind nach § 58 Abs. 2 WHG, dass

- 1. die nach der Abwasserverordnung in ihrer jeweils geltenden Fassung für die Einleitung maßgebenden Anforderungen einschließlich der allgemeinen Anforderungen eingehalten werden,
- 2. die Erfüllung der Anforderungen an die Direkteinleitung nicht gefährdet wird und
- 3. Abwasseranlagen oder sonstige Einrichtungen errichtet und betrieben werden, die erforderlich sind, um die Einhaltung der Anforderungen nach den Nrn. 1 und 2 sicherzustellen.

559 *Zöllner* in Sieder/Zeitler/Dahme/Knopp, WHG, § 57 Rn. 3.
560 *Ganske* in Landmann/Rohmer, UmweltR, WHG § 57 Rn. 14.

Für die Anforderungen des § 58 Abs. 2 Nr. 3 WHG enthält die AbwV Anforderungen, soweit in den Anhängen zu dieser Verordnung auch auf den Ort des Anfalls des Abwassers oder den Ort vor seiner Vermischung abgestellt wird.

> ***Beispiel:***
> *Anhang 22 enthält für die chemische Industrie zahlreiche Grenzwerte, die vor einer Vermischung mit anderem Abwasser einzuhalten sind.*

Auch für Indirekteinleitungen kann es gem. § 58 Abs. 2 Nr. 3 WHG erforderlich sein, dass das Abwasser in einer Abwasseranlage vorbehandelt wird, ehe es in das kommunale Kanalnetz und die öffentliche Kläranlage gelangt. Dies gilt insbes. für stark verschmutztes Wasser aus Produktionsprozessen (Bsp.: Galvanik).

4.5.1.4 Vorzeitiger Beginn

Auf Antrag kann die Wasserbehörde zulassen, dass bereits vor Erteilung der Erlaubnis oder der Bewilligung mit der Gewässerbenutzung begonnen wird. Dies setzt nach § 17 Abs. 1 Nr. 1 WHG voraus, dass mit einer Entscheidung zugunsten der benutzenden Person gerechnet werden kann. Hierfür ist ein prognostisches Urteil erforderlich, dass die Erteilung der Erlaubnis überwiegend wahrscheinlich ist, wobei diese Bewertung die Behörde für die spätere Entscheidung über die Erlaubnis nicht bindet.[561] Weiter muss nach § 17 Abs. 1 Nr. 2 WHG ein öffentliches Interesse oder ein berechtigtes Interesse der benutzenden Person an dem vorzeitigen Beginn bestehen. Das öffentliche Interesse ist gleichbedeutend mit dem Wohl der Allgemeinheit,[562] wozu etwa der Gewässerschutz zählen kann. Berechtigte Interessen der benutzenden Person können nahezu alle vernünftigen Erwägungen sein, die den Antrag nachvollziehbar machen.

> ***Beispiele:***
> *Technische Gründe, mehr als unerhebliche wirtschaftliche Interessen der benutzenden Person oder erhebliche Verzögerungen des Verfahrens.*[563]

Da nicht vollständig ausgeschlossen werden muss, dass die beantragte Erlaubnis später doch nicht erteilt wird, hat sich die benutzende Person im Übrigen zu verpflichten, alle bis zur Entscheidung durch die Benutzung verursachten Schäden nötigenfalls zu ersetzen bzw. den früheren Zustand wiederherzustellen (§ 17 Abs. 1 Nr. 3 WHG, durch einseitige Erklärung oder öf-

---

561 *Guckelberger* in BeckOK UmweltR, WHG § 17 Rn. 6.
562 *Pape* in Landmann/Rohmer, UmweltR, WHG § 17 Rn. 24.
563 *Pape* in Landmann/Rohmer, UmweltR, WHG § 17 Rn. 26.

fentlich-rechtlichen Vertrag[564]). Die Wasserbehörde hat dabei auf die hinreichende Liquidität der benutzenden Person – etwa durch Sicherheitsleistung oder eine Haftpflichtversicherung – zu achten.[565]

Die Zulassung des vorzeitigen Beginns steht im vollen Ermessen der Behörde (anders als beim ansonsten ähnlich formulierten § 8a BImSchG – dort: „soll"; s. Kap. 5.5.1.3).

4.5.2 Erlaubnisfreie Benutzung von Gewässern

Eine wichtige Rolle in der Praxis spielt die erlaubnisfreie Gewässerbenutzung. Insbesondere geringfügige und vorübergehende Benutzungen bedürfen nicht immer der Durchführung eines Genehmigungsverfahrens. Das WHG unterscheidet dabei zwischen oberirdischen Gewässern (§§ 25, 26 WHG) und Küstengewässern (§ 43 WHG). Wie bei vielen anderen Fragen des Wasserrechts kommt es auch für die konkrete Ausgestaltung erlaubnisfreier Benutzungen stark auf das jeweilige Landesrecht an, das z. B. regeln kann (aber nicht muss), dass Grund-, Quell- und Niederschlagswasser in ein Küstengewässer eingeleitet werden dürfen. Für Niederschlagswassereinleitungen in oberirdische Gewässer und das Grundwasser gilt der Eigentümer-, Anlieger- oder Gemeingebrauch nicht.

Bei oberirdischen Gewässern unterscheidet das WHG zwischen dem Gemeingebrauch sowie dem Eigentümer- und Anliegergebrauch (§§ 25 und 26 WHG). Beide Formen sind grundsätzlich erlaubnisfrei, unterliegen aber unterschiedlichen Voraussetzungen. Der Eigentümer- und Anliegergebrauch ist dabei bewusst weitergehender angelegt als der Gemeingebrauch. Er ist auch kein Unterfall des Gemeingebrauchs, sondern steht separat neben diesem.

Im Rahmen des Gemeingebrauchs nach § 25 WHG darf jede Person oberirdische Gewässer in einer Weise und in einem Umfang benutzen, wie dies nach Landesrecht als Gemeingebrauch zulässig ist.

In Bayern (Art. 18 Abs. 1 BayWG) wie in Nordrhein-Westfalen (§ 19 LWG NRW) umfasst der Gemeingebrauch das Baden, Viehtränken, Schwemmen, Schöpfen mit Handgefäßen, Eissport und Befahren mit kleinen Fahrzeugen ohne eigene Triebkraft (für Modellboote enthält die bayerische Regelung detailliertere Vorgaben). Während Art. 18 Abs. 1 Satz 3 Nr. 3 BayWG das Entnehmen von Wasser in geringen Mengen für das Tränken von Vieh und den häuslichen Bedarf der Landwirtschaft ebenso dem Gemeingebrauch unterstellt, darf nach § 19 LWG NRW Wasser mittels fahrbarer Behältnisse entnommen werden. Art. 18 Abs. 1 Satz 3 Nr. 1 und 2 BayWG gestattet im Rahmen des Gemeingebrauchs noch weitreichender das Einleiten von Grund- und Quellwasser sowie das schadlose Einleiten von gesammeltem Nieder-

564 *Guckelberger* in BeckOK UmweltR, WHG § 17 Rn. 8.

565 *Pape* in Landmann/Rohmer, UmweltR, WHG § 17 Rn. 30.

schlagswasser, das nicht mit anderem Abwasser oder wassergefährdenden Stoffen vermischt ist. Weitere Voraussetzungen für die Genehmigungsfreiheit sind deshalb für alle Tatbestände nach Art. 18 Abs. 1 BayWG, dass eine rechtswidrige Benutzung fremder Grundstücke unterbleibt und eine erhebliche Beeinträchtigung des Gewässers und seiner Ufer sowie der Tier- und Pflanzenwelt nicht zu erwarten ist.

Der Eigentümer- und Anliegergebrauch nach § 26 WHG bedeutet, dass die Benutzung eines oberirdischen Gewässers durch den Eigentümer oder die berechtigte Person für den eigenen Bedarf erlaubnisfrei ist, wenn Andere dadurch nicht beeinträchtigt werden und keine nachteilige Veränderung der Wasserbeschaffenheit, keine wesentliche Verminderung der Wasserführung sowie keine andere Beeinträchtigung des Wasserhaushalts zu erwarten sind. Anders als beim Gemeingebrauch gibt es weder im BayWG noch im LWG NRW eine Beschränkung auf das Schöpfen mit Handgefäßen, d. h. es kann (wie vielerorts anzutreffen) auch mittels elektrischer Pumpen Wasser abgepumpt werden.

Die Erlaubnisfreiheit nach § 26 WHG besteht daneben nur unter folgenden Voraussetzungen:

- Die Nutzung eines Gewässers darf nur für den eigenen Bedarf erfolgen. Gemeint sind damit ein personaler Bezug und eine Verbindung zum jeweiligen Grundstück. Dies ist insbes. dann nicht mehr gegeben, wenn es sich um eine gewerbliche Wasserentnahme handelt. So darf ein Eigentümer z. B. das Wasser nicht abschöpfen, um es für die Produktion in seinem Gewerbebetrieb einzusetzen.[566]
- Durch den Eigentümergebrauch dürfen keine Anderen beeinträchtigt werden, insbes. keine auf speziellen Rechten oder Befugnissen beruhende Gewässerbenutzung oder der Eigentümergebrauch eines Anderen.[567]
- Es darf zu keiner nachteiligen Veränderung der Wasserbeschaffenheit kommen, also zu keiner Veränderung der physikalischen, chemischen oder biologischen Beschaffenheit des oberirdischen Gewässers.
- Die Wasserführung darf nicht wesentlich verändert werden. Gemeint sind Wasserstand und -menge. Eine wesentliche Veränderung liegt vor, wenn sich bei Betrachtung der aktuellen Wasserführung eine spürbare Differenz zur durchschnittlichen Wasserführung ergibt.[568]
- Es darf zu keiner anderen Beeinträchtigung des Wasserhaushalts kommen.

Die Einhaltung der von § 26 Abs. 1 WHG aufgestellten Kriterien muss grundsätzlich derjenige darlegen und beweisen, der das oberirdische Gewässer im Rahmen des Eigentümergebrauchs nutzen möchte.[569] Für die praktische Verfahrensweise hat dies zur Folge: In Zweifelsfällen sollte davon ausgegangen

566 *Ganske* in Landmann/Rohmer, UmweltR, WHG § 26 Rn. 28.
567 *Ganske* in Landmann/Rohmer, UmweltR, WHG § 26 Rn. 37.
568 *Ganske* in Landmann/Rohmer, UmweltR, WHG § 26 Rn. 40, 41.
569 *Ganske* in Landmann/Rohmer, UmweltR, WHG § 26 Rn. 35.

werden, dass eine wasserrechtliche Erlaubnis beantragt werden muss. Beruft sich jemand auf den Eigentümergebrauch, sollte ihm die Gelegenheit gegeben werden, die nötigen Nachweise vorzulegen, die eventuelle Zweifel an den o. g. Voraussetzungen ausräumen.

4.5.3 Anlagen zum Umgang mit wassergefährdenden Stoffen

Um Gewässer schützen zu können, muss auch die Herstellung und Nutzung von wassergefährdenden Stoffen in Gewerbe und Landwirtschaft (z. B. Dünger, Jauche, Lacke, Benzin, Heizöl) reguliert werden. Dies geschieht durch besondere Anforderungen an Anlagen zum Lagern, Abfüllen, Herstellen und Behandeln wassergefährdender Stoffe sowie Anlagen zum Verwenden wassergefährdender Stoffe (kurz: „LAU"-Anlagen – Anlagen zum Lagern, Abfüllen und Umgang mit wassergefährdenden Stoffen). Sie müssen im Bereich der gewerblichen Wirtschaft und im Bereich öffentlicher Einrichtungen so beschaffen sein und so errichtet, unterhalten, betrieben und stillgelegt werden, dass eine nachteilige Veränderung der Eigenschaften von Gewässern nicht zu besorgen ist (§ 62 Abs. 1 Satz 1 WHG). Dieser Besorgnisgrundsatz liegt vor der Schwelle der polizeilichen Gefahr und bedeutet, dass bereits konkrete Anhaltspunkte für die Möglichkeit nachteiliger Veränderungen zum wasserrechtlichen Einschreiten berechtigen.[570]

Wie aus dem Wortlaut von § 62 Abs. 1 Satz 1 WHG deutlich wird (*„Stoffe im Bereich der gewerblichen Wirtschaft"*), liegt der Schwerpunkt des Anwendungsbereichs im gewerblichen und industriellen Bereich, also bei Betrieben, die planmäßig und nicht nur beiläufig mit wassergefährdenden Stoffen zu tun haben, weil sie diese z. B. herstellen oder in ihrer Produktion einsetzen. Ausdrücklich nicht mitumfasst ist der „alltägliche" Gebrauch von wassergefährdenden Stoffen, etwa die Desinfektion einer Eismaschine.[571] Neben Industrie und Gewerbe ist vor allem in der Landwirtschaft der regelmäßige Umgang mit wassergefährdenden Stoffen anzutreffen, auch wenn die Stoffe hier oft natürlichen Ursprungs sind. Nicht unter die AwSV fallen nach § 62 Abs. 6 Nr. 1 WHG ausdrücklich Abwasseranlagen.

4.5.3.1 Wassergefährdende Stoffe

Die Details zum Umgang mit solchen Stoffen sind Gegenstand der Verordnung über Anlagen zum Umgang mit wassergefährdenden Stoffen (AwSV), die im Jahr 2017 die früheren landesrechtlichen Regelungen abgelöst hat. Die Begriffsbestimmungen finden sich in § 2 AwSV. „Wassergefährdende Stoffe" sind danach feste, flüssige und gasförmige Stoffe und Gemische, die geeignet sind, dauernd oder in einem nicht nur unerheblichen Ausmaß nach-

---

570 *Kluth/Smeddinck*, Umweltrecht, § 4 Rn. 166 f.
571 BR-Drs. 77/14 S. 116.

teilige Veränderungen der Wasserbeschaffenheit herbeizuführen, und die nach Maßgabe von Kap. 2 der AwSV als wassergefährdend eingestuft sind oder als wassergefährdend gelten (§ 2 Abs. 2 AwSV).

Für die Einstufung des Stoffes kommt es demnach weder auf seinen Aggregatzustand noch die Art und Weise seiner Lagerung, sondern allein auf dessen wasserschädigende Eigenschaften an.[572] Die Wasserbeschaffenheit betrifft den physikalischen, chemischen und biologischen Zustand von Gewässern.[573]

4.5.3.2 Anlagenbegriff

Adressaten der Verordnung sind Anlagenbetreiber. Anlagen im Sinne der Verordnung sind nach § 2 Abs. 9 Satz 1 AwSV selbständige und ortsfeste oder ortsfest benutzte Einheiten, in denen wassergefährdende Stoffe gelagert, abgefüllt, umgeschlagen, hergestellt, behandelt oder im Bereich der gewerblichen Wirtschaft oder im Bereich öffentlicher Einrichtungen verwendet werden, sowie Rohrleitungsanlagen nach § 62 Abs. 1 Satz 2 WHG.

Ähnlich wie im Immissionsschutzrecht (s. Kap. 5.4.1) lässt sich der Begriff der Anlage in der AwSV kaum abschließend definieren. Auf das Vorhandensein baulicher Anlagen, technischer Geräte, maschineller oder sonstiger Teile kommt es nicht an, so dass z. B. auch eine Abstellfläche (§ 14 Abs. 3 AwSV) oder ein Lagerplatz für Festmist eine „Anlage" in diesem Sinne ist.[574] Unter den Anlagenbegriff fallen auch Rückhalteeinrichtungen wie Auffangräume oder -wannen.[575] Als „ortsfest" oder „ortsfest benutzt" gelten Einheiten, wenn sie länger als ein halbes Jahr an einem Ort zum Umgang mit wassergefährdenden Stoffen betrieben werden (§ 2 Abs. 9 Satz 2 AwSV). Eine Anlage kann aber auch schon vor diesem Zeitpunkt als ortsfest eingestuft werden, wenn offensichtlich ist, dass sie dauerhaft zu dem entsprechenden Zweck an demselben Ort betrieben werden soll und ihr Zustand nicht bloß provisorisch ist.[576] Sie muss aber spezifisch für den Zweck (Umgang mit wassergefährdenden Stoffen, z. B. Lagerung) in Betrieb genommen werden sein, d. h. in erster Linie diesem dienen, was etwa bei einem Supermarkt, der außer Lebensmitteln auch Wasch- und Putzmittel verkauft, nicht der Fall ist.[577] Anlagen können aus mehreren Anlagenteilen bestehen (§ 2 Abs. 9 Satz 2 AwSV), etwa aus einem Lagerbehälter und einer Abfüllanlage bei einer Eigenverbrauchstankstelle.[578] Rohrleitungen zählen ebenfalls als Anlagen, wenn sie innerhalb eines Werksgeländes verlaufen, Zubehör einer Anlage zum Umgang mit wassergefährdenden Stoffen sind oder Anlagen ver-

572 *Grunow* in Landmann/Rohmer, UmweltR, AwSV § 1 Rn. 10 f.
573 *Kluth/Smeddinck*, Umweltrecht, § 4 Rn. 172.
574 OVG SH, Urt. vom 23.6.2011 – 4 LB 2/10 –.
575 *Grunow* in Landmann/Rohmer, UmweltR, AwSV § 1 Rn. 7.
576 OVG SH, Urt. vom 23.6.2011 – 4 LB 2/10 –.
577 BR-Drs. 77/14 S. 116.
578 *Böhme/Dieter*, AwSV, Rn. 283.

binden, die in engem räumlichen und betrieblichen Zusammenhang miteinander stehen (§ 62 Abs. 1 Satz 2 WHG). Sie dürfen nur entsprechend den allgemein anerkannten Regeln der Technik beschaffen sein sowie errichtet, unterhalten, betrieben und stillgelegt werden.[579] Die Errichtung, Wartung oder Stilllegung von Anlagen ist häufig nur durch Fachbetriebe zulässig (§ 45 AwSV), etwa bei allen unterirdischen Anlagen (z. B. Kraftstofftanks), Biogasanlagen oder oberirdischen Anlagen zum Umgang mit flüssigen wassergefährdenden Stoffen der Gefährdungsstufen C und D, in Wasserschutzgebieten bereits ab Stufe B (zu den Gefährdungsstufen sogleich).

Was für eine Art Anlage ein Betreiber im Einzelfall betreibt, hat dieser gem. § 14 AwSV zu beschreiben und zu dokumentieren. Diese Eigendefinition entspricht dem mit der AwSV verfolgten Grundsatz der Selbstüberwachung. Eine ordnungsgemäße Bestimmung müssen Betreiber vornehmen, um dem Risiko vorzubeugen, den geltenden Verpflichtungen der jeweiligen Gefährdungsstufen zuwider zu handeln, so dass die Wasserbehörde bei nicht völlig abwegigen Dokumentationen keinen Anlass haben wird, die Anlagenbeschreibung zu überprüfen.[580]

4.5.3.3 Anforderungen an Anlagen

Betreiber einer Anlage werden nach § 8 Abs. 1 AwSV verpflichtet, Stoffe und Gemische, mit denen sie in einer Anlage umgehen, als nicht wassergefährdend oder in eine von drei Wassergefährdungsklassen einzustufen. Die WGK sind in § 3 Abs. 1 AwSV definiert:

- schwach wassergefährdend (WGK 1),
- deutlich wassergefährdend (WGK 2),
- stark wassergefährdend (WGK 3).

Die Selbsteinstufung ist vom Betreiber zu dokumentieren. Die Dokumentation ist im Rahmen der Zulassung der Anlage[581] sowie auf Verlangen im Rahmen der Überwachung der Anlage der zuständigen Behörde vorzulegen (§ 8 Abs. 3 AwSV). Der Betreiber hat die Dokumentation und die Selbsteinstufung auf dem aktuellen Stand zu halten. Wie die Einstufung erfolgt, ist in Anlage 1 zur AwSV geregelt; Anlage 2 gibt Muster für die Dokumentation vor. Die AwSV sieht aber auch eine Öffnung durch andere Rechtsvorschriften vor. So können etwa feste Gemische gem. § 10 Abs. 1 Nr. 2 AwSV als nicht wassergefährdend eingestuft werden, wenn sie nach anderen Rechtsvorschriften selbst an hydrogeologisch ungünstigen Standorten und ohne

---

579 Siehe die Auflistung in § 15 AwSV.

580 *Böhme/Dieter*, AwSV, Rn. 284 f.

581 Im Falle eines immissionschutzrechtlichen Genehmigungsverfahrens etwa im Rahmen der Antragsunterlagen nach § 2 Abs. 2 der 9. BImSchV.

technische Sicherungsmaßnahmen offen eingebaut werden dürfen. Eine solche Regelung stellt die Ersatzbaustoffverordnung dar (s. Kap. 6.5.2.3).[582]

Die WGK-Einstufung bildet die Grundlage für eine entsprechende sicherheitstechnische Ausrüstung solcher Anlagen. Die zentrale Anforderung für Anlagen nach der AwSV ist jedoch gem. § 18 AwSV die Pflicht, ausreichend dimensionierte und standsichere Rückhalteeinrichtungen einzubauen, um ausgetretene wassergefährdende Stoffe zurückzuhalten. Es gilt hier das Prinzip der redundanten Sicherheit („Tasse auf Untertasse"[583]). Die Rückhalteeinrichtungen müssen dazu flüssigkeitsundurchlässig sein, dürfen keine Abläufe haben und müssen medienbeständig sein, d. h. der Beanspruchung durch die wassergefährdenden Stoffe so standhalten, dass sie Dichte und Tragfähigkeit nicht mit der Zeit verlieren (§ 18 Abs. 2 Satz 1 AwSV).

Abgesehen von den allgemeinen Anforderungen in §§ 17 ff. AwSV richten sich die spezifischen Anforderungen grundsätzlich nach dem Gefahrenpotential der Anlage. Dies wird anhand der WGK-Einstufung der Stoffe oder Gemische und der nutzbaren Größe der Anlage ermittelt. In Zusammenhang mit letzterer ergibt sich aus der Tabelle in § 39 Abs. 1 AwSV in Abhängigkeit von der WGK eine Gefährdungsstufe von A bis D, wobei D die höchste Gefährdungsstufe darstellt. Von der Gefährdungsstufe hängen die Zulässigkeit der Anlage oder spezifische betriebliche Regelungen ab.

Beispiele:
§ 18 Abs. 4 (erhöhtes Rückhaltevolumen in der Gefährdungsstufe D), § 46 Abs. 2 und 3 i. V. m. Anlagen 5 und 6 (Prüfzeitpunkte und -intervalle für Anlagen), § 49 Abs. 2 Nr. 1 (Wasserschutzgebiete).

Abweichend von diesem System ergeben sich aus den §§ 25 bis 38 AwSV modifizierte Anforderungen, die generell für ein bestimmtes Einsatzgebiet – unabhängig von der konkreten Gefährlichkeit[584] – gelten (Bsp.: Anlagen zum Lagern, Abfüllen, Herstellen, Behandeln oder Verwenden fester wassergefährdender Stoffe, Umschlagflächen, Fass- und Gebindelager oder Biogasanlagen). Die meisten Vorschriften regeln dabei, unter welchen Voraussetzungen von der Grundpflicht des § 18 Abs. 1 AwSV, eine Rückhalteeinrichtung einzusetzen, abgewichen werden darf. Entsprechend stellt § 25 AwSV klar, dass die Regelungen der §§ 25 ff. insoweit Vorrang vor § 18 Abs. 1 bis 3 haben, wobei entgegen des eindeutigen Wortlauts wohl auch § 18 Abs. 4 AwSV mitgemeint sein dürfte.[585]

---

582 Siehe auch die Vollzugshilfe zur Umsetzung von § 10 Abs. 1 AwSV in Bezug auf die Ersatzbaustoffverordnung (ErsatzbaustoffV) des Bund-Länder-Arbeitskreises Umgang mit wassergefährdenden Stoffen – BLAK UmwS, https://www.lubw.baden-wuerttemberg.de/betrieblicher-umweltschutz/umgang-mit-wassergefaehrdenden-stoffen (zuletzt abgerufen am 10.9.2023).

583 *Grunow* in Landmann/Rohmer, UmweltR, AwSV Vorbem. Rn. 14.

584 *Grunow* in Landmann/Rohmer, UmweltR, AwSV Vorbem. Rn. 15.

585 *Kieserling* in Landmann/Rohmer, UmweltR, AwSV § 25 Rn. 4.

Als allgemein wassergefährdend, aber nicht den WGK zugeordnet werden nach § 3 Abs. 2 AwSV diverse Stoffe im Bereich der Landwirtschaft, etwa Wirtschaftsdünger (insbes. Gülle oder Festmist), Jauche oder Silagesickersaft. Die Beschaffenheit und der Betrieb von Jauche-, Gülle- und Silagesickersaftanlagen (JGS-Anlagen[586]) sind in der Anlage 7 zur AwSV eigenständig geregelt; für sie gelten im Übrigen gem. § 13 Abs. 3 AwSV nur §§ 16, 24 Abs. 1 und 2 sowie § 51 AwSV.

4.5.3.4 Vollzug der AwSV

Im Grundsatz ist die AwSV als eigenverantwortliche Betreiberpflicht ausgestaltet.[587] Neben der erwähnten Anlagenbestimmung und WGK-Selbsteinstufung zeigt sich dies vor allem auch in der Pflicht zur Selbstüberwachung der eigenen Anlagen (§ 46 AwSV), wobei die Prüfung durch Sachverständige zu erfolgen hat (§ 47 AwSV). Ähnlich konzipiert ist Ziff. 6 der Anlage 7 für JGS-Anlagen.

Anzuzeigen sind nach § 40 Abs. 1 AwSV lediglich die Errichtung oder Änderung von Anlagen, die nach § 46 Abs. 2 und 3 AwSV prüfpflichtig sind (bei JGS-Anlagen Ziff. 6.1 der Anlage 7). § 63 WHG sieht ein Verfahren zur wasserrechtlichen Eignungsfeststellung von Anlagen zum Lagern, Abfüllen oder Umschlagen wassergefährdender Stoffe (LAU-Anlagen) vor – dies jedoch auch nur, wenn nicht gem. § 63 Abs. 3 WHG eine Baugenehmigung die Anforderungen inkludiert oder eine Ausnahme nach § 62 Abs. 2 WHG – etwa für JGS-Anlagen – oder nach § 41 Abs. 1 AwSV greift. Das nähere Verfahren ist in § 42 AwSV geregelt.

Im Übrigen besteht nach der AwSV jedoch keine generelle Genehmigungspflicht. Die Genehmigungsbedürftigkeit kann sich aber aus anderen Rechtsvorschriften ergeben – etwa dann, wenn die Anlage zugleich eine Produktionsanlage darstellt, die nach dem BImSchG genehmigungsbedürftig ist, oder es sich um eine genehmigungsbedürftige bauliche Anlage handelt. In diesen Fällen kommt die Regelung des § 8 Abs. 3 AwSV zum Tragen, wonach die dokumentierte Selbsteinstufung vorzulegen ist und die Einhaltung der AwSV überprüft werden kann.

Die Wasserbehörden haben im Übrigen gem. § 16 Abs. 1 Satz 1 AwSV die Befugnis, über die allgemein anerkannten Regeln der Technik, die Vorgaben einer Eignungsfeststellung oder Kap. 3 der AwSV hinausgehende Anforderungen zu stellen, wenn aufgrund der besonderen Umstände des Einzelfalls, insbes. aufgrund der hydrogeologischen Beschaffenheit und der Schutzbedürftigkeit des Aufstellungsorts, nicht gewährleistet ist, dass der Besorgnis-

---

586 Zu JGS-Anlagen zählen insbes. Behälter, Sammelgruben, Erdbecken, Silos, Fahrsilos, Güllekeller und -kanäle, Festmistplatten, Abfüllflächen mit den zugehörigen Rohrleitungen, Sicherheitseinrichtungen, Fugenabdichtungen, Beschichtungen und Auskleidungen (Ziff. 1.1 Anlage 7 zur AwSV).

587 *Kluth/Smeddinck*, Umweltrecht, § 4 Rn. 175 f.

grundsatz des § 62 Abs. 1 WHG eingehalten ist. Bei den anzuordnenden Maßnahmen kann es sich sowohl um andere technische Anforderungen als auch abweichende Betreiberpflichten handeln.[588] Auch unter Aspekten des vorbeugenden Bodenschutzes ist die Möglichkeit des § 16 Abs. 2 AwSV relevant, dem Betreiber Maßnahmen zur Beobachtung der Gewässer und des Bodens auferlegen zu können, soweit dies zur frühzeitigen Erkennung von Verunreinigungen erforderlich ist, die von einer Anlage ausgehen können. Wenn auch über zusätzliche Vorkehrungen nach Satz 1 der Besorgnisgrundsatz nicht gewahrt werden kann, kann die Wasserbehörde über § 16 Abs. 1 Satz 2 AwSV die Errichtung einer Anlage sogar untersagen. Dies gilt jedoch nicht bei Anlagen mit Eignungsfeststellung oder einer immissionsschutzrechtlichen Genehmigung.[589] Schließlich können auf Antrag des Betreibers auch Abschwächungen von den Anforderungen des Kap. 3 der AwSV zugelassen werden, wenn der Besorgnisgrundsatz dennoch erfüllt ist (§ 16 Abs. 3 AwSV). Dies dürfte hauptsächlich dann in Betracht kommen, wenn die natürlichen Untergrundverhältnisse (etwa wenn eine das Grundwasser schützende Deckschicht) dies zulassen.[590]

4.5.4 Kommunale Abwasserbeseitigung, Anzeigen von Kanalisationsnetzen

Im Zusammenhang mit der kommunalen Abwasserbeseitigung (zum Begriff s. Kap. 4.4.1) sind die Unteren Wasserbehörden in unterschiedlicher Form involviert. Die Pflichten für die Städte und Gemeinden und ihre Aufsicht durch die Wasserbehörden richten sich größtenteils nach dem Landesrecht (vgl. § 56 WHG). Für die Genehmigung von Abwasseranlagen (Kläranlagen) ist § 60 WHG zu beachten.

Neben dem Sammeln und Fortleiten des Abwassers, der Errichtung und dem Betrieb der für die Abwasserbeseitigung erforderlichen Anlagen oder der Behandlung des Abwassers gehört zur Aufgabe der Gemeinden, die abwassertechnische Erschließung von Grundstücken zu planen (§ 46 Abs. 1 Satz 2 Nr. 1 LWG NRW). Dies geschieht durch Anschluss an die örtliche Kanalisation. Die Verpflichtung gilt jedoch nicht schrankenlos; in Bayern gilt sie für gemeindliche Gebiete ab 2000 Einwohnern (§ 3 ROkAbw). In Nordrhein-Westfalen muss es sich um Grundstücke handeln, deren Bebaubarkeit nach Maßgabe des BauGB durch einen Bebauungsplan, einen Vorhaben- und Erschließungsplan oder eine Klarstellungs-, Entwicklungs- und Ergänzungssatzung begründet worden ist. Keine Pflicht zur Planung gemeindlicher Maßnahmen der Abwasserbeseitigung besteht daher, wenn bauliche Nutzungen über eine Außenbereichssatzung zugelassen werden.

---

588 *Böhme/Dieter*, AwSV, Rn. 307.

589 *Böhme/Dieter*, AwSV, Rn. 309.

590 *Böhme/Dieter*, AwSV, Rn. 311.

Die Maßnahmen aufgrund der gemeindlichen Abwasserbeseitigungspflicht, den Stand der Abwasserbeseitigung, die Festlegung der zeitlichen Abfolge für deren Weiterentwicklung sowie die Möglichkeiten, Niederschlag versickern zu lassen, haben die Städte und Gemeinden nach dem jeweiligen Landesrecht (etwa § 47 WG BW) festzustellen. Nach § 47 LWG NRW ist ein Abwasserbeseitigungskonzept zu erstellen.

Kanalisationsnetze für die öffentliche Abwasserbeseitigung sind nach § 57 Abs. 1 LWG NRW der Unteren Wasserbehörde anzuzeigen.[591] Dies gilt auch für private, gewerbliche oder vergleichbare Kanalisationsnetze von befestigten Flächen, die größer als 3 Hektar sind. Die Wasserbehörde kann die Planung beanstanden, wenn im Hinblick auf die Erstellung oder wesentliche Änderung der Planung sowie den Betrieb Regelungen zu treffen sind, um nachteilige Beeinträchtigungen des Wohles der Allgemeinheit zu verhüten oder auszugleichen oder um sicherzustellen, dass die Abwasseranlagen nach § 60 WHG § 56 Abs. 1 LWG NRW errichtet und betrieben werden.

4.5.5 Gewässerausbau (§§ 67 ff. WHG)

Die Herstellung, Beseitigung oder wesentliche Umgestaltung eines Gewässers oder seiner Ufer stellt nach § 67 Abs. 2 Satz 1 WHG einen sog. „Gewässerausbau" dar. Dies gilt nach § 67 Abs. 2 Satz 2 WHG nicht, wenn ein Gewässer nur für einen begrenzten Zeitraum entsteht und der Wasserhaushalt dadurch nicht erheblich beeinträchtigt wird. Deich- und Dammbauten, die den Hochwasserabfluss beeinflussen, sowie Bauten des Küstenschutzes stehen dem Gewässerausbau gleich. Abschnitt 5 des 3. Kapitels des WHG regelt die Zulassung solcher Vorhaben. Im Normalfall ist dieser Teil auch anzuwenden, wenn der Gewässerausbau keinem eigenständigen Zweck dient, sondern etwa die Benutzung eines Gewässers ermöglichen soll. §§ 67 ff. WHG gehen der Erlaubnis nach § 8 WHG vor (§ 9 Abs. 3 Satz 1 WHG). Nur wenn der Gewässerausbau tatbestandlich entfällt, weil etwa die Herstellung eines Gewässers nicht dauerhaft oder die Umgestaltung nur unwesentlich ist, kann die wasserrechtliche Erlaubnispflicht der Benutzung wieder aufleben.[592]

Dass der Gewässerausbau anlässlich eines anderen Vorhabens erfolgt, ist nicht selten. So können vorhandene Gewässer in verschiedenen Konstellationen ein Hindernis darstellen oder mit der beabsichtigen Benutzung eines Gewässers nicht zu vereinbaren sein. Manchmal muss ein Bachlauf verändert werden, um ein Gebäude errichten zu können. Wer einen Steinbruch betreibt, greift in Grundwasserkörper ein oder sorgt in der Folge dafür, dass ein neues Gewässer entsteht („Baggersee"). Nach dem Willen des Gesetzgebers ist aber umgekehrt auch die Verbesserung eines natürlichen Gewäs-

591 Bei Anlagen zur Behandlung von Schmutz- und Mischabwasser von mehr als 2000 Einwohnerwerten ist nach Ziff. 22.1.27 Anhang II der Anlage zur ZustVU NRW die Obere Wasserbehörde zuständig.

592 *Spieth* in BeckOK UmweltR, WHG § 67 Rn. 24.

sers der Planfeststellungspflicht unterworfen. Dies hängt damit zusammen, dass eine Renaturierung relevante Änderungen der näheren Umgebung nach sich ziehen und sich ggf. auf benachbarte Grundstücke, aber auch auf die übrige Natur auswirken kann. Dies führt dazu, dass das wasserrechtliche Planfeststellungs- bzw. -genehmigungsverfahren wenig mit einer klassischen Vorhabenzulassung zu tun hat, sondern vielmehr eine die Allgemeinheit (in unterschiedlicher Ausprägung) betreffende Umgestaltung der Umwelt darstellt.[593]

4.5.5.1 Gewässerausbautatbestände

Stets als Gewässerausbau (welcher den §§ 67 ff. WHG unterfällt) ist die Herstellung und die Beseitigung von Gewässern anzusehen. Während allerdings die Herstellung nach außen erkennbar ist –

> ***Beispiele:***
> *Anlegen eines Kanals, Fluss- oder Bachlaufs, Anlegen eines Teichs oder Entwässerungsgrabens, Bau eines Überlaufbeckens für den Hochwasserschutz.*

–, liegt eine Beseitigung von Gewässern nicht erst dann vor, wenn das Gewässer in seiner physischen Gestalt nicht mehr vorhanden ist (es etwa zugeschüttet wird). Maßgeblich ist vielmehr der vollständige Verlust der Gewässereigenschaften, d. h. nach § 3 Nr. 7 WHG die auf die Wasserbeschaffenheit, die Wassermenge, die Gewässerökologie und die Hydromorphologie bezogenen Eigenschaften von Gewässern und Gewässerteilen.[594] Insofern kann auch die Umnutzung als Abwasseranlage bei einem verrohrten Gewässer, das zuvor eine Vorfluterfunktion hatte, den Beseitigungstatbestand erfüllen.[595]

Das Planfeststellungserfordernis kann auch dann ausgelöst werden, wenn nicht das unmittelbare Gewässer, sondern lediglich das Ufer ausgebaut werden soll.[596] Als Ufer gilt die Landfläche zwischen der Uferlinie und der Böschungsoberkante oder – wenn keine Böschungsoberkante vorhanden ist – die Linie des mittleren Wasserstandes.[597]

---

593 *Fröhlich*, PRAXIS-Beitrag L 11, § 68 Rn. 3.

594 *Riese* in Landmann/Rohmer, UmweltR, WHG § 67 Rn. 65.

595 *Breuer/Gärditz*, Öffentliches und privates Wasserrecht, Rn. 1198.

596 VGH BW, Beschl. vom 28.3.2012 – 3 S 150/12 –.

597 *Riese* in Landmann/Rohmer, UmweltR, WHG § 67 Rn. 58.

Bei einer Umgestaltung von Gewässern, zu der grundsätzlich alle sichtbaren Veränderungen gehören[598] –

Beispiele:
Änderung des Verlaufs, der Ufergrenzen oder naturnähere Anpassung eines Gewässers.

–, kommt als weitere Voraussetzung hinzu, dass sie wesentlich sein muss. Eine Umgestaltung ist wesentlich, wenn sie sich auf den Wasserhaushalt (etwa Wasserstand, Wasserabfluss, Fließgeschwindigkeit, Selbstreinigungsvermögen), auf die Schifffahrt, die Fischerei oder in sonstiger Hinsicht (z. B. auf den Naturhaushalt oder das äußere Bild der Landschaft) in bedeutsamer Weise merklich auswirkt, wobei es genügt, wenn sich die Auswirkungen nur am betroffenen Gewässerabschnitt zeigen.[599] Eine Umgestaltung ist nur dann unwesentlich, wenn sie keine ins Gewicht fallenden Auswirkungen verursacht, die Anlass zu einer behördlichen Vorabkontrolle mittels Planfeststellung oder Plangenehmigung geben.[600]

Beispiele:
Als „wesentlich" eingestuft[601] werden insbes. das Verlegen und Verbreitern von Gewässern,[602] die Umgestaltung eines Uferrandbereichs durch Mauern,[603] die Sohlenräumung[604] oder die Offenlegung zuvor verrohrter Gewässerabschnitte.[605]

In praktischer Hinsicht ist zudem die Unterscheidung des Gewässerausbaus nach § 67 WHG von der Gewässerunterhaltung (§ 39 WHG) und dem Anlagenbau (§ 36 WHG) von Bedeutung, da die Grenzziehung mitunter schwierig ist.

4.5.5.1.1 Abgrenzung zur Gewässerunterhaltung bzw. -entwicklung

Im Rahmen der Gewässerunterhaltung, die nach § 39 Abs. 1 Satz 2 WHG neben der Erhaltung des Gewässerbettes, der Sicherung eines ordnungsgemäßen Wasserabflusses und der Freihaltung der Ufer auch die Erhaltung und Förderung der ökologischen Funktionsfähigkeit des Gewässers umfasst, kann es regelmäßig zu einzelnen Änderungen auch an der Gestalt des Gewässers und seiner Ufer kommen. Solche Maßnahmen der Gewässerent-

598 *Riese* in Landmann/Rohmer, UmweltR, WHG § 67 Rn. 69.
599 BayVGH, Beschl. vom 15.12.2021 – 8 ZB 21.668 –.
600 OVG NRW, Beschl. vom 4.6.2021 – 20 A 802/19 –; Beschl. vom 17.8.2015 – 20 A 975/14 –.
601 Vgl. zu Einzelfällen die umfassende Sammlung bei *Spieth* in BeckOK UmweltR, WHG § 67 Rn. 19.
602 OVG NRW, Urt. vom 5.12.1990 – 10a NE 98/88 –.
603 BayVGH, Beschl. vom 15.12.2021 – 8 ZB 21.668 –.
604 VG Schleswig, Beschl. vom 18.5.2021 – 6 B 62/20 –.
605 VG München, Urt. vom 6.12.2011 – M 2 K 11.1557 –.

wicklung können potentiell als wesentliche Umgestaltung i. S. d. § 67 Abs. 2 Satz 1 WHG zu qualifizieren sein.[606] Gewässerunterhaltungspflichtige können nach Landesrecht zudem verpflichtet sein, ein Gewässer auszubauen, soweit schädliche Gewässerveränderungen es erfordern (in Bayern nach Art. 39 BayWG, in Nordrhein-Westfalen gem. § 68 LWG NRW, sofern nicht schon eine Pflicht zum Ausgleich der Wasserführung nach § 66 LWG NRW besteht).

Im Gegensatz zum Gewässerausbau ist die Gewässerunterhaltung jedoch gestattungsfrei. Die vereinfachte Abgrenzung, wonach die Gewässerunterhaltung einen ordnungsgemäßen Zustand des Gewässers erhalten, der Gewässerausbau hingegen einen neuen Zustand schaffen soll,[607] hilft hierbei nur bedingt weiter. In der Praxis können relativ einfache Maßnahmen schon spürbare Verbesserungen für den Wasserabfluss bedeuten.

Beispiel:
Neben dem Gewässer wird eine Furche als Bypass bei höherem Pegel gegraben.

Die Grenze zwischen genehmigungsbedürftigem Gewässerausbau und einfacher Gewässerentwicklung dürfte deshalb dann noch gewahrt sein, wenn der vorhandene Gewässerzustand mit einem Aufwand optimiert wird, bei dem noch kein Interessenausgleich mit Rechten Dritter erforderlich wird.[608] Andernfalls würde das aus der WRRL folgende Ziel, auch anlässlich einer Gewässerunterhaltung für eine Verbesserung der Gewässereigenschaften zu sorgen,[609] nur schwer zu erreichen sein. Deshalb dürften Pflanzmaßnahmen, von denen keine erheblichen ökologischen Veränderungen ausgehen, aber auch geringfügige Anpassungen an neuere wasserwirtschaftliche oder technische Standards –

Beispiele:
Austausch einer alten Verrohrung gegen den nächstgrößeren Durchmesser, minimale Erhöhung eines Damms.[610]

– noch der Gewässerunterhaltung zuzurechnen sein. Geht es bei der Maßnahme um die Wiederherstellung eines infolge natürlicher Ereignisse veränderten Zustands –

Beispiel:
Beseitigung von Schäden nach einem Hochwasserereignis.

---

606 Umfassend zur Problematik s. *Fröhlich*, PRAXIS-Beitrag L 11, § 67 Rn. 11 ff.

607 *Breuer/Gärditz*, Öffentliches und privates Wasserrecht, Rn. 1201.

608 *Schenk* in Sieder/Zeitler/Dahme/Knopp, WHG, § 67 Rn. 13; im Ergebnis wohl ebenso *Fröhlich*, PRAXIS-Beitrag L 11, § 67 Rn. 12.

609 Zur ökologischen Bedeutung der Gewässerunterhaltung in Umsetzung der WRRL s. *Queitsch*, PRAXIS-Beitrag L 11 NW, § 61 Rn. 13.

610 *Breuer/Gärditz*, Öffentliches und privates Wasserrecht, Rn. 1201.

–, ist für ihre Einstufung als Unterhaltungsmaßnahme zumindest auch ein enger zeitlicher Zusammenhang zwischen dem Ereignis und der Maßnahme entscheidend.[611]

4.5.5.1.2 Abgrenzung von Anlagen in, an, über und unter oberirdischen Gewässern

Ebenfalls problematisch kann das Verhältnis zwischen Gewässerausbau und Anlagen in, an, über und unter oberirdischen Gewässern sein (s. im Einzelnen Kap. 4.5.6). Die Einzelgenehmigung solcher Anlagen –

> ***Beispiele:***
> *Brücken, Leitungstrassen, Stege.*

– tritt nach § 22 Abs. 2 Nr. 2 LWG NRW in Fällen des Gewässerausbaus zurück. Auch Art. 20 Abs. 1 BayWG nimmt Anlagen im Zuge der Gewässerunterhaltung und des Gewässerausbaus von der separaten Genehmigungspflicht aus.

Für die Anlagen nach § 36 WHG ist kennzeichnend, dass sie keinen wasserwirtschaftlichen Zwecken dienen,[612] was die Abgrenzung im ersten Moment einfach erscheinen lässt: Eine mit ausreichendem Durchmesser dimensionierte Verrohrung, die der Nutzung von Flächen oberhalb des Gewässers dient, stellt grundsätzlich noch keine wesentliche Gewässerumgestaltung dar, da sie den Wasserhaushalt in der Regel unberührt lässt. Wird aber etwa ein zuvor offener Gewässerabschnitt auf nicht nur unbedeutender Länge verrohrt, hat dies nicht nur ggf. Auswirkungen auf den Wasserhaushalt, sondern mindestens auch auf das natürliche Ufer, so dass ein Gewässerausbautatbestand anzunehmen ist.[613] Eindeutiger zu beurteilen sein dürften Gebäude, mit denen ein Gewässer überbaut wird.[614] Genügen kann es für die wesentliche Umgestaltung auch, wenn ein Gebäude in der Uferböschung aufgeständert ist.[615]

4.5.5.2 Abgrenzung Planfeststellung und Plangenehmigung

Ein dem § 67 WHG unterfallender Gewässerausbau bedarf nach § 68 Abs. 1 WHG einer Planfeststellung. Das Planfeststellungsverfahren richtet sich nach den §§ 72 bis 78 VwVfG. Abweichend davon lässt § 68 Abs. 2 Satz 1 WHG das Plangenehmigungsverfahren zu, wenn keine Verpflichtung zur Durchführung einer Umweltverträglichkeitsprüfung besteht (zur UVP selbst

611 BayVGH, Beschl. vom 23.11.2009 – 22 CE 09.1560 –; vgl. auch SächsOVG, Beschl. vom 18.1.2018 – 4 B 93/17 –.
612 Vgl. nur OVG NRW, Beschl. vom 3.11.2015 – 20 A 1389/13 –.
613 *Breuer/Gärditz*, Öffentliches und privates Wasserrecht, Rn. 1198.
614 *Breuer/Gärditz*, Öffentliches und privates Wasserrecht, Rn. 1199.
615 OVG NRW, Beschl. vom 17.8.2015 – 20 A 975/14 –.

s. Kap. 2.5.2). Eine UVP-Pflicht besteht, wenn diese nach Anlage 1 zum UVPG zwingend durchzuführen ist („X"-Vorhaben) oder aufgrund einer Vorprüfung („A"- und „S"-Vorhaben) die UVP-Pflicht im Einzelfall festgestellt wird.

Gewässerbezogene Vorhaben sind in Nr. 13 der Anlage 1 zum UVPG aufgelistet. Eine unbedingte UVP-Pflicht ist dabei vor allem gegeben, wenn der Gewässerausbau im Zusammenhang mit großen Abwasserbehandlungsanlagen (13.1.1), Stauwerken ab 10 Mio. m^3 Kapazität (13.6.1) oder Häfen (13.9.1, 13.10, 13.11.1) steht.

Relevant für die häufigsten Fälle von Gewässerausbautatbeständen (wie das Verlegen, Vertiefen oder Verbreitern von Gewässern, s. o. 4.5.5.1) ist insbes. Nr. 13.18.1, wonach grundsätzlich eine allgemeine Vorprüfung vorgesehen ist; Gleiches gilt für Wasserkraftanlagen (Nr. 13.14). Eine Ausnahme besteht nach Nr. 13.18.2 für den naturnahen Ausbau von Bächen, Gräben, Rückhaltebecken und Teichen, kleinräumige naturnahe Umgestaltungen (wie die Beseitigung von Bach- und Grabenverrohrungen, die Verlegung von Straßenseitengräben in der bebauten Ortslage und ihre kleinräumige Verrohrung) sowie die Umsetzung von Kiesbänken in Gewässern. Diese unterliegen nur der standortbezogenen Vorprüfungspflicht. Findet ein solcher, naturnaher Gewässerausbau in keinem der Gebiete nach Nr. 2.3 der Anlage 3 zum UVPG statt (etwa in einem Wasserschutzgebiet, Überschwemmungsgebiet, Landschaftsschutz- oder Naturschutzgebiet), scheidet eine UVP von vornherein aus.

Das Fehlen der UVP-Pflicht allein bedeutet noch nicht, dass die Plangenehmigung in jedem Fall zur Anwendung kommt. Neben der Voraussetzung, dass Rechte Dritter im Verfahren nicht entgegenstehen und das Benehmen mit anderen Behörden hergestellt ist (§ 74 Abs. 6 Satz 1 Nr. 1 und 2 VwVfG), liegt der Verzicht auf die Planfeststellung im Ermessen der Wasserbehörde; einen Anspruch auf Durchführung des Plangenehmigungsverfahrens hat der Antragsteller nicht.[616] Je geringer Bedeutung, Dimensionen oder Prüfaufwand des Vorhabens sind, desto eher ist jedoch von der Plangenehmigung Gebrauch zu machen.[617] In der Praxis der Unteren Wasserbehörden ist die Plangenehmigung jedenfalls klar der Regelfall, während die Planfeststellung normalerweise auch nur in Fällen mit UVP erfolgt.

4.5.5.3 Materiell-rechtliche Voraussetzungen

Die Planfeststellung wie auch die Plangenehmigung setzen eine umfassende planerische Abwägung der öffentlichen und privaten Belange voraus.[618] Im Rahmen der Abwägung kommt dabei neben dem immissionsschutzrechtli-

616 *Fröhlich*, PRAXIS-Beitrag L 11, § 68 Rn. 5.

617 *Queitsch*, PRAXIS-Beitrag L 11 NW, § 68 Rn. 12; OVG NRW, NVwZ 1986 S. 231 (232) spricht insoweit von „unproblematischen" Fällen.

618 *Kahl/Gärditz*, Umweltrecht, § 8 Rn. 66.

chen (§ 50 BImSchG) vor allem dem wasserrechtlichen Optimierungsgebot des § 67 Abs. 1 WHG besondere Bedeutung zu.[619] Sollen Gewässer ausgebaut werden, müssen natürliche Rückhalteflächen erhalten bleiben und das natürliche Abflussverhalten darf nicht wesentlich verändert werden (§ 67 Abs. 1 WHG). Naturraumtypische Lebensgemeinschaften müssen bewahrt und sonstige nachteilige Veränderungen des Zustands des Gewässers vermieden oder, soweit dies nicht möglich ist, ausgeglichen werden.

Zwingendes Recht, das der Planfeststellung oder -genehmigung für den Gewässerausbau entgegenstehen kann, ergibt sich aus § 68 Abs. 3 WHG. Danach darf der Plan nur festgestellt oder genehmigt werden, wenn eine Beeinträchtigung des Wohles der Allgemeinheit, insbes. eine erhebliche und dauerhafte, nicht ausgleichbare Erhöhung der Hochwasserrisiken und eine Zerstörung natürlicher Rückhalteflächen, vor allem in Auwäldern, nicht zu erwarten ist (§ 68 Abs. 3 Nr. 1 WHG). Eine erhebliche Erhöhung des Hochwasserrisikos (§ 73 Abs. 1 Satz 2 WHG) liegt vor, wenn dieses messbar und der Allgemeinheit bzw. den örtlich Betroffenen nicht zumutbar ist.[620] Bei § 68 Abs. 3 WHG handelt sich hierbei um eine zwingende, d. h. nicht der planerischen Abwägung zugängliche Voraussetzung.[621] Bei § 27 Abs. 1 WHG ist zu differenzieren: Während das Verschlechterungsverbot des § 27 Abs. 1 Nr. 1 WHG eine zwingende Anforderung für jeden Einzelfall darstellt,[622] kommt dem Verbesserungsgebot des § 27 Abs. 1 Nr. 2 WHG und der Konkretisierung dieser Vorgaben ein besonderes Gewicht in der Abwägung zu.[623]

Sonstige zwingende Vorschriften öffentlich-rechtlichen Rechts (§ 68 Abs. 3 Nr. 2 WHG), die durch den Gewässerausbau einzuhalten sind, können sich insbes. aus dem Naturschutzrecht (wie der Eingriffsregelung nach §§ 14 ff. BNatSchG[624] oder dem Artenschutz nach § 44 Abs. 1 BNatSchG; s. im Einzelnen Kap. 3.5.1 und 3.5.4) oder Landesrecht ergeben. Da die Planfeststellung oder -genehmigung formelle Konzentrationswirkung hat, gelten jedoch die Verfahrensvorschriften des jeweiligen Fachrechts nicht;[625] entsprechend schließt die Planfeststellung zum Gewässerausbau etwa auch eine nötige Befreiung nach § 67 BNatSchG ein.[626] Gleiches gilt für ein im Einzelfall erforderliches Einvernehmen (§ 36 Abs. 1 Satz 1 BauGB), wenn nicht ohnehin der Fachplanungsvorbehalt des § 38 BauGB greift.[627]

---

619 *Kahl/Gärditz*, Umweltrecht, § 8 Rn. 71.

620 *Fröhlich*, PRAXIS-Beitrag L 11, § 68 Rn. 8.

621 BayVGH, Beschl. vom 15.12.2021 – 8 ZB 21.668 –.

622 *Durner* in Landmann/Rohmer, UmweltR, Vor § 27 WHG Rn. 1; vgl. auch *Franzius*, ZUR 2015 S. 643 (646) und *Neumann/Külpmann* in Stelkens/Bonk/Sachs, VwVfG, § 74 Rn. 153a.

623 *Durner* in Landmann/Rohmer, UmweltR, Vor § 27 WHG Rn. 3.

624 In Nordrhein-Westfalen ist nach § 30 Abs. 1 Nr. 5 LNatSchG bei der Herstellung oder wesentlichen Umgestaltung von Gewässern oder ihrer Ufer nicht von einem Eingriff auszugehen, sofern das Vorhaben einer ökologischen Verbesserung zur Erreichung der Ziele nach § 27 WHG dient.

625 *Kahl/Gärditz*, Umweltrecht, § 8 Rn. 72.

626 *Breuer/Gärditz*, Öffentliches und privates Wasserrecht, Rn. 1213.

627 *Breuer/Gärditz*, Öffentliches und privates Wasserrecht, Rn. 1210.

4.5.6 Genehmigung von Anlagen (Art. 20 BayWG bzw. § 22 LWG NRW i. V. m. § 36 Abs. 1 WHG)

Werden in Gewässer- bzw. Ufernähe Bauvorhaben errichtet, kann dies negative Folgen für den Wasserabfluss und damit alle Unterlieger haben. Baumaßnahmen in unmittelbarer Gewässernähe können zudem zu Verunreinigungen führen. § 36 WHG soll deshalb das Gefährdungspotential aufgreifen, das bei der Errichtung, dem Betrieb, der Unterhaltung und der Stilllegung von Anlagen in, an, über und unter oberirdischen Gewässern besteht.[628]

Die bundesrechtliche Anlagendefinition in § 36 Abs. 1 WHG nennt exemplarisch bauliche Anlagen wie Gebäude, Brücken, Stege, Unterführungen, Hafenanlagen, Anlegestellen, Leitungsanlagen und Fähren. Den Anlagen ist gemein, dass sie sich aus rein privatnützigen Gründen in oder an einem Gewässer befinden, um ein Grundstück oder einen Verkehrsweg besser nutzen zu können, aber keinem wasserwirtschaftlichem Zweck dienen.[629]

Beispiel:
Verrohrung eines Gewässers, um das Grundstück darüber nutzen zu können[630] *(z. B. als Zufahrt oder Parkplatz).*

Das Bundesrecht gibt keine formelle Genehmigungspflicht vor, sondern nennt lediglich inhaltliche (Mindest-)Anforderungen für die Errichtung und Unterhaltung (s. Kap. 4.5.6.2). Verfahrensrechtliche Fragen bleiben vielmehr dem Landesrecht vorbehalten. Dieses kann daher auch regeln, dass für bestimmte Anlagen keine Genehmigung erforderlich ist. Die Regelungen zu Anlagen in, an, über und unter oberirdischen Gewässern sind in den Bundesländern sehr unterschiedlich. Dem Landesrecht bleibt es insbes. auch vorbehalten, die Nähe zum Gewässer zu definieren, die für den Tatbestand der Anlage „am" Gewässer maßgeblich ist. Exemplarisch stehen auch hier das bayerische und das nordrhein-westfälische Landesrecht für zwei sehr unterschiedliche Modelle.

4.5.6.1 Genehmigungsbedürftigkeit, erfasste Anlagen

Nach Art. 20 Abs. 1 BayWG dürfen Anlagen, die nicht der Benutzung, der Unterhaltung oder dem Ausbau dienen, an Gewässern erster oder zweiter Ordnung nur mit Genehmigung der Kreisverwaltungsbehörde errichtet, wesentlich geändert oder stillgelegt werden. An Gewässern dritter Ordnung greift die Genehmigungspflicht nur bei einer entsprechenden Rechtsverordnung der Bezirksregierung (Art. 20 Abs. 2 BayWG). Art. 20 Abs. 3 BayWG sieht zudem eine Genehmigungsfiktion vor. Art. 20 Abs. 1 Satz 2 BayWG er-

---

628 BT-Drs. 16/12275 S. 62.
629 *Queitsch*, PRAXIS-Beitrag L 11, § 22 Rn. 2.
630 BayVGH, Beschl. vom 6.8.2015 – 8 ZB 14.1814 –; OVG NRW, Beschl. vom 3.11.2015 – 20 A 1389/13 –.

fasst alle Anlagen, die weniger als 60 m von der Uferlinie entfernt sind oder die die Unterhaltung oder den Ausbau des Gewässers beeinträchtigen können. Dieser Bereich ist daher relativ groß, jedoch tritt die wasserrechtliche Anlagengenehmigung gem. Art. 20 Abs. 5 BayWG bei Baugenehmigungen, einer bauaufsichtlichen Zustimmung oder einer Entscheidung nach § 78 Abs. 5 Satz 1 oder § 78a Abs. 2 Satz 1 WHG hinter diesen zurück.

In Nordrhein-Westfalen gilt nach § 22 Abs. 1 LWG NRW im Unterschied zur bayerischen Lösung eine umfassende Genehmigungspflicht, unabhängig von der Gewässerordnung. Eine Genehmigungsfiktion gibt es nicht. Die Genehmigung tritt hinter anderen wasserrechtlich relevanten Zulassungsverfahren zurück, etwa, wenn die Anlage Teil einer nach § 8 WHG zu gestattenden Gewässerbenutzung oder der Gewässerunterhaltung zuzuordnen ist (§ 22 Abs. 2 Nr. 1 LWG NRW) oder die Anlage von einem Plangenehmigungsverfahren (insbes. nach § 68 WHG) mitumfasst wird (§ 22 Abs. 2 Nr. 2 LWG NRW). In Nordrhein-Westfalen fehlt eine Abgrenzung, wann eine Anlage noch „am" Gewässer liegt. Im Gegensatz zu Bayern ersetzt jedoch die Anlagengenehmigung nach § 22 LWG NRW die Baugenehmigung (§ 61 Abs. 1 Nr. 1 BauO NRW), und im wasserrechtlichen Verfahren sind gem. § 110 LWG NRW die baurechtlichen Anforderungen mitzuprüfen. Dies spricht dafür, die allein von der Wasserbehörde zu behandelnden Bauanträge auf diejenigen Fälle zu beschränken, in denen auch ein wasserrechtlich relevantes Gefährdungspotential besteht. Vorrangig kommt es für die Einstufung als Anlage „am" Gewässer daher auf den Schutzzweck des § 36 WHG an, und es ist zu fragen, ob die bauliche Maßnahme geeignet ist, auf den Gewässerzustand oder den Wasserabfluss einzuwirken.[631]

4.5.6.2 Anforderungen an die Anlagen, Abgrenzung zur Gewässerunterhaltung

Materiell-rechtlich verlangt § 36 Abs. 1 WHG, dass Anlagen in, an, über und unter oberirdischen Gewässern so zu errichten, zu betreiben, zu unterhalten und stillzulegen sind, dass keine schädlichen Gewässerveränderungen zu erwarten sind und die Gewässerunterhaltung nicht mehr erschwert wird, als es den Umständen nach unvermeidbar ist. Zu dem Begriff der schädlichen Gewässerveränderungen s. bereits Kap. 4.4.5.

Mit der Voraussetzung, dass die Gewässerunterhaltung nicht mehr erschwert wird, als es den Umständen nach unvermeidbar ist, soll verhindert werden, dass eine Anlagengenehmigung den Zielen des § 39 WHG zuwiderläuft, z. B. ein schadloser Wasserabfluss nicht mehr gewährleistet ist. Aus diesen Gründen tendiert die Rechtsprechung dazu, Maßnahmen an Gewässern und damit auch den Bau und die Unterhaltung von Anlagen der öffentlich-rechtlichen Gewässerunterhaltung zuzuordnen, solange ein (wenn auch

631 *Knopp* in Sieder/Zeitler/Dahme/Knopp, WHG, § 36 Rn. 13.

nur geringfügiger) wasserwirtschaftlicher Zweck der Anlage zu erkennen ist.[632]

> ***Beispiel:***
> *Bei Ufermauern kann die Abgrenzung im Einzelfall sehr schwierig sein, wenn augenscheinlich nur die bessere Ausnutzung der Grundstücksfläche Zweck der Errichtung war.[633] Das OVG NRW ordnet solche Mauern gleichwohl in der Tendenz der Gewässerunterhaltung zu, solange jedenfalls auch ein wasserwirtschaftlicher Zweck gegeben ist.[634] Auch wenn der Beweggrund der Rspr. nachvollziehbar ist, Baumaßnahmen an Gewässern vorzugsweise der öffentlichen Hand zu überlassen, ergeben sich im Vollzug Schwierigkeiten, wenn etwa eine private Ufermauer saniert werden muss. Statt eines möglicherweise gewillten Eigentümers muss dann auf das Tätigwerden der gewässerunterhaltungspflichtigen Stadt oder Gemeinde gewartet werden. Verrohrungen stuft das OVG NRW demgegenüber weiterhin als „echte" Anlagen am Gewässer ein.[635]*

Bundeseinheitlich geregelt sind im Übrigen in § 36 Abs. 3 WHG die materiell-rechtlichen Anforderungen für schwimmende Photovoltaikmodule („Floating-PV") auf Gewässern. Demnach kommen nur künstliche oder erheblich veränderte Gewässer hierfür überhaupt in Betracht, und auch nur, wenn ausgehend von der Linie des Mittelwasserstandes die Anlage nicht mehr als 15 % der Gewässerfläche bedeckt und der Abstand zum Ufer mindestens 40 m beträgt. Denkbar sind demnach im Wesentlichen Tagebaurestseen oder Talsperren.

Von JGS-Anlagen und Biogasanlagen, in denen ausschließlich Gärsubstrate nach § 2 Abs. 8 AwSV eingesetzt werden, ist zu oberirdischen Gewässern gem. § 51 AwSV ein Abstand von 20 m einzuhalten. In Nordrhein-Westfalen sieht § 97 Abs. 4 LWG NRW zudem an fließenden Gewässern zweiter Ordnung und an sonstigen fließenden Gewässern generell vor, dass innerhalb von 3 m von der Böschungsoberkante ohne einen entsprechenden Bebauungsplan nur gebaut werden darf, wenn öffentliche Belange nicht entgegenstehen.

4.5.7 Schutz der Gewässerrandstreifen

Neben § 27 WHG ist § 38 WHG eine der wichtigsten wasserrechtlichen Vorgaben zum Schutz der Gewässerökologie. Die Regelung gilt für Gewässerrandstreifen. Hier besteht eine besonders große Gefahr, dass Schadstoffe

632 Für Einzelheiten s. *Queitsch*, PRAXIS-Beitrag L 11 NW, § 61 Rn. 20 ff.
633 *Riedel* in BeckOK UmweltR, WHG § 36 Rn. 7.
634 OVG NRW, Beschl. vom 28.9.2015 – 20 A 20/13 –.
635 OVG NRW, Beschl. vom 23.12.2020 – 20 B 763/20 –.

oder Fremdkörper in Gewässer gelangen können, die die Gewässerqualität oder den Abfluss verschlechtern können.

> ***Beispiele:***
> *Pestizid- oder Düngemitteleinsatz auf einer benachbarten Ackerfläche, Behälteranlagen in Gewässernähe.*

Gewässerrandstreifen sollen daher der Erhaltung und Verbesserung der ökologischen Funktionen oberirdischer Gewässer, der Wasserspeicherung, der Sicherung des Wasserabflusses sowie der Verminderung von Stoffeinträgen aus diffusen Quellen dienen (§ 38 Abs. 1 WHG). Zum Schutz dieser Funktionen enthält § 38 Abs. 4 Satz 2 WHG folgende an Eigentümer und Nutzungsberechtigte gerichtete Verbote:

- 1. die Umwandlung von Grünland in Ackerland,
- 2. das Entfernen von standortgerechten Bäumen und Sträuchern, ausgenommen die Entnahme im Rahmen einer ordnungsgemäßen Forstwirtschaft, sowie das Neuanpflanzen von nicht standortgerechten Bäumen und Sträuchern,
- 3. der Umgang mit wassergefährdenden Stoffen, ausgenommen die Anwendung von Pflanzenschutzmitteln und Düngemitteln, soweit durch Landesrecht nichts anderes bestimmt ist, und der Umgang mit wassergefährdenden Stoffen in und im Zusammenhang mit zugelassenen Anlagen,
- 4. die nicht nur zeitweise Ablagerung von Gegenständen, die den Wasserabfluss behindern können oder die fortgeschwemmt werden können.

Von den Verboten kann die Wasserbehörde eine widerrufliche Befreiung erteilen, wenn überwiegende Gründe des Wohles der Allgemeinheit die Maßnahme erfordern oder das Verbot im Einzelfall zu einer unbilligen Härte führt (§ 38 Abs. 5 Satz 1 WHG).

Der Gewässerrandstreifen ist im Außenbereich 5 m breit (§ 38 Abs. 3 Satz 1 WHG), in Bayern an Gewässern erster und zweiter Ordnung auf Grundstücken des Freistaates Bayern 10 m (Art. 21 Abs. 1 Satz 1 BayWG). Er bemisst sich ab der Linie des Mittelwasserstandes bzw. bei Gewässern mit ausgeprägter Böschungsoberkante ab der Böschungsoberkante und umfasst das Ufer sowie den Bereich, der an das Gewässer landseits der Linie des Mittelwasserstandes angrenzt (§ 38 Abs. 2 WHG).

4.5.8 Ordnungsbehördliche Maßnahmen (§ 100 WHG)

Um insbes. Verstöße gegen das Wasserrecht zu beenden, ist in § 100 Abs. 1 Satz 2 WHG eine Befugnis zum Erlass ordnungsbehördlicher Maßnahmen vorgesehen. Die Maßnahme, deren Erlass im pflichtgemäßen Ermessen der Behörde steht, um Beeinträchtigungen des Wasserhaushalts zu vermeiden oder zu beseitigen oder die Erfüllung von wasserrechtlichen Verpflichtungen nach § 100 Abs. 1 Satz 1 WHG sicherzustellen, muss im Einzelfall verhältnismäßig sein.

Grundsätzlich genügt für ein Einschreiten der Wasserbehörde gem. § 100 Abs. 1 Satz 2 WHG die bloß formelle Illegalität.

Beispiel:
Jemand hat illegal ein Gewässer angestaut und pumpt ohne Erlaubnis Wasser auf sein Grundstück. Der Rückbau des Staus und die Untersagung der Wasserentnahme kann unabhängig davon angeordnet werden, auch wenn der Eigentümer auf Antrag die Erlaubnis bzw. Genehmigung erhalten würde, weil die Voraussetzungen dafür vorliegen.

Im öffentlichen Baurecht müsste dagegen für einschneidende Maßnahmen wie eine Rückbauverfügung zu der formellen noch die materielle Illegalität hinzukommen. Dies hängt damit zusammen, dass bei einem Bauvorhaben aus der Eigentumsgarantie des Art. 14 Abs. 1 GG ein Rechtsanspruch auf eine uneingeschränkte Baugenehmigung erwächst, wenn keine materiellrechtlichen Hindernisse bestehen. Demgegenüber ist die Nutzung von Gewässern wegen ihrer Bedeutung für die Allgemeinheit und wegen ihrer erhöhten Sensibilität für Verunreinigungen immer gemeinwohlorientiert. Anders als bei bauplanungs- und bauordnungsrechtlichen Voraussetzungen lässt sich dies nicht abstrakt beurteilen, weil es hierfür auf die individuelle Beschaffenheit des Gewässers oder auch bestehende, andere Erlaubnisse und Genehmigungen ankommt. Deshalb ist selbst beim Eigentümer eines Gewässers (wenn kein erlaubnisfreier Tatbestand vorliegt) zunächst die feststellende Wirkung einer Erlaubnis erforderlich, dass die Benutzung oder der Ausbau des Gewässers gestattet werden kann.[636]

Eine Besonderheit des Wasserrechts ist jedoch die Möglichkeit, dass von behördlicher Seite anstelle einer Unterlassungs- oder Beseitigungsanordnung auch verlangt werden kann, dass für eine Benutzung, einen Gewässerausbau oder ein genehmigungsbedürftiges Bauvorhaben ein entsprechender Antrag gestellt wird (Art. 67 Abs. 1 BayWG bzw. § 93 Abs. 1 Satz 2 LWG NRW).

4.6 Bezüge und Abgrenzung zum übrigen Umweltrecht

Vergleichsweise klar geregelt sind die Überschneidungen mit dem Immissionsschutzrecht, da es zum einen bei der Gefahrenabwehr (Emissionen und Immissionen) eher selten zu Berührungspunkten mit Gewässern kommt. Zum anderen wird im immissionsschutzrechtlichen Genehmigungsverfahren die wasserrechtliche Erlaubnis nach § 8 WHG gem. § 13 BImSchG nicht konzentriert (s. dazu Kap. 5.5.1). Gleiches gilt nach strittiger, aber vorzugswürdiger Auffassung auch für Indirekteinleitungen nach §§ 58, 59 WHG.[637] So-

636 BVerwG, Urt. vom 17.12.2021 – 7 C 9.20 –, Rn. 16.
637 *Seibert* in Landmann/Rohmer, UmweltR, BImSchG § 13 Rn. 102b.

weit aber bestimmte, von Anlagen produzierte Immissionen (in Betracht kommt insbes. Wärme) auf Gewässer einwirken, ist das Immissionsschutzrecht einschlägig. Für Gefahren, die anschließend aus dem Wasser selbst herrühren, sind Maßnahmen nach dem Wasserrecht zu ergreifen. AwSV-Anlagen können immissionsschutzrechtlich genehmigungsbedürftig sein.

Etwas diffiziler ist die Abgrenzung zwischen Wasser- und Naturschutzrecht, da Gewässer und ihre Uferbereiche etwa dem gesetzlichen Biotopschutz unterliegen (§ 30 Abs. 2 Satz 1 Nr. 1 BNatSchG) oder Teil von Biotopverbünden sein können. Generell ergeben sich die materiell-rechtlichen Vorgaben zum Schutz von Flora und Fauna in und an Gewässern aus dem Naturschutzrecht,[638] während die Gewässerbenutzung oder der Gewässerausbau nach Wasserrecht zu genehmigen ist. Die Genehmigung von Anlagen an Gewässern hat keine Konzentrationswirkung und schließt ggf. erforderliche naturschutzrechtliche Befreiungen nicht aus; die Planfeststellung schließt diese dagegen mit ein. Fragen der Gewässerbewirtschaftung können als Eingriff nach § 14 Abs. 1 BNatSchG anzusehen sein, wenn ein Zusammenhang mit der belebten Bodenschicht und der Leistungs- und Funktionsfähigkeit des Naturhaushalts besteht (z. B. deutlich sinkender Grundwasserspiegel). Im Verhältnis zwischen Gewässerunterhaltung und Naturschutz ist außerdem zu beachten, dass Unterhaltungsmaßnahmen in Bayern in der Regel keiner naturschutzrechtlichen Ausnahme- oder Befreiungsentscheidung bedürfen (Art. 16 Abs. 1 Satz 2 Nr. 3, Art. 23 Abs. 4 BayNatSchG). In Nordrhein-Westfalen sind sie gem. § 30 Abs. 2 Nr. 2 LNatSchG NRW von der Eingriffsdefinition ausgenommen, wenn sie der ökologischen Verbesserung zur Erreichung der Ziele nach § 27 WHG dienen.

Im deutschen Recht hat das Wasserrecht bezogen auf das Umweltmedium Wasser Anwendungsvorrang vor dem Kreislaufwirtschaftsrecht.[639] Insofern ist die Benutzung von Gewässern (z. B. durch Einleiten flüssiger Abfälle), aber auch die Gefahrenabwehr primär wasserrechtlich zu regeln. Abgrenzungsfragen zur Anwendbarkeit des KrWG können sich am Ende der Abwasserbeseitigung ergeben (s. dazu Kap. 6.4.1.4)

Bodenschutz- und Wasserrecht sind nebeneinander anwendbar, jedoch enthält das Wasserrecht neben – im Bodenschutz nicht vorhandenen – Zulassungstatbeständen mit § 100 Abs. 1 Satz 2 WHG auch eine hinreichende Rechtsgrundlage, um auf akute und abgrenzbare Gewässerbeeinträchtigungen reagieren zu können. Insofern ist ein Zurücktreten des Wasserrechts in der Regel erst dann gegeben, wenn die schädliche Gewässerveränderung von einer Altlast ausgeht bzw. die Sanierung einer schädlichen Bodenveränderung oder Altlast im Raum steht. Ein für verbindlich erklärter Sanierungsplan hat mit Einvernehmen der Wasserbehörde Konzentrationswirkung (§ 13 Abs. 6 Satz 2 BBodSchG).

---

638 Vgl. *Hasche* in BeckOK UmweltR, WHG § 6 Rn. 5; zum Konkurrenzverhältnis zwischen § 38 WHG (Gewässerrandstreifen) und § 61 BNatSchG (Freihaltung von Gewässern und Uferzonen) s. bereits Kap. 3.6.

639 *Beckmann* in Landmann/Rohmer, UmweltR, KrWG § 2 Rn. 89.

5. Immissionsschutz

In diesem Teil des besonderen Umweltrechts geht es insbes. darum, die Belastungen von Mensch und Umwelt durch Immissionen wie Luftverunreinigungen, Geräusche, Erschütterungen, Licht oder Wärme auf ein langfristig verträgliches Maß zu begrenzen. Vorsorge- und Abwehrmaßnahmen gegen derartige Immissionen, die als schädliche Umwelteinwirkungen einzustufen sind (wie Lärm, Gestank, Vibrationen), ist – vereinfacht gesagt – Aufgabe der Immissionsschutzbehörden.

Den regulatorischen Ausgangspunkt bildet somit nicht ein bestimmtes Schutzniveau der Umweltbestandteile, zu dessen Sicherstellung die unterschiedlichsten Handlungsweisen unterbunden werden müssen – wie es etwa für das Boden-, Natur- oder Wasserschutzrecht kennzeichnend ist –, sondern die Wirkung von Anlagen, Produkten, dem Verkehr oder dem Lärm von Baugebieten auf den Menschen. Dies ist mit dem geschichtlichen Hintergrund des Immissionsschutzrechts zu erklären: Seinen Ursprung hat es in der Reduktion von Luftverschmutzungen vor allem durch Kraftwerke, Heizungsanlagen und den Straßenverkehr.[640] In der Anfangszeit war es jedoch kaum möglich, rein an gesundheitlichen Maßstäben bemessene Zielvorgaben zu machen, vielmehr mussten diese sich nach den jeweils technisch möglichen Minderungsmaßnahmen richten.

Das Immissionsschutzrecht ist daher zum einen ein besonders technisch geprägtes Umweltrechtsgebiet, das sowohl Emissionen durch festgelegte Werte begrenzt (z. B. aus der TA Luft oder der 31. BImSchV) als auch Mensch und Natur vor unzumutbaren Immissionen schützt (z. B. durch die TA Lärm). Zum anderen ist für das Immissionsschutzrecht der hohe Formalismus der Verfahrensvorschriften kennzeichnend (s. insbes. Kap. 5.5.1).

5.1 Regelungsbereich

Zweck des Bundes-Immissionsschutzgesetzes ist es laut § 1 Abs. 1, Menschen, Tiere und Pflanzen, den Boden, das Wasser, die Atmosphäre sowie Kultur- und sonstige Sachgüter vor schädlichen Umwelteinwirkungen zu schützen und dem Entstehen schädlicher Umwelteinwirkungen vorzubeugen. Über die Begriffsbestimmungen in § 3 Abs. 1 und 2 BImSchG wird deutlich, dass mit „schädlichen Umwelteinwirkungen" Immissionen gemeint sind, bei denen es sich um auf die Umwelt einwirkende Luftverunreinigungen, Geräusche, Erschütterungen, Licht, Wärme, Strahlen und ähnliche Umwelteinwirkungen handelt.

---

640 Vgl. *Kluth/Smeddinck*, Umweltrecht, § 2 Rn. 1.

Den wichtigsten Teil des Immissionsschutzrechts machen die Bereiche Lärmschutz und Luftreinhaltung aus.[641] Entsprechende Immissionen können durch verschiedene Quellen verursacht werden. In Betracht kommen vor allem Anlagen wie Fabriken und große Maschinen, die Verbrennung von Brennstoffen zur Wärmeerzeugung, der Straßen- und Schienenverkehr, aber auch die Aktivitäten von Menschen. Diese Verursacher spiegeln sich in den verschiedenen Teilen des Bundesimmissionsschutzgesetzes wider. So regelt etwa der Zweite Teil (§§ 4 bis 31a) die Errichtung und den Betrieb von Anlagen, während z. B. die Überwachung und Verbesserung der generellen Luftqualität und Lärmbelastung in den Städten im Fünften und Sechsten Teil geregelt ist. Das Verhalten von Privatpersonen (z. B. Abbrennen von Feuerwerkskörpern, Einhaltung der Nachtruhe) fällt nicht unter den Anwendungsbereich des BImSchG und ist teilweise Gegenstand von Landesimmissionsschutzgesetzen.

Im sehr technisch geprägten Immissionsschutzrecht gibt es oft festgelegte Immissions- oder Grenzwerte, deren Einhaltung überprüft wird, um ausschließen zu können, dass die mit der Nutzung z. B. von Anlagen verbundenen Lärmbelastungen oder Luftverunreinigungen ein Ausmaß erreichen, dass als schädliche Umwelteinwirkung (§ 3 Abs. 1 BImSchG) anzusehen ist.

5.2 Vorschriften und europarechtlicher Hintergrund

5.2.1 Bundesrecht

- BImSchG
- Verordnungen zum BImSchG

5.2.2 Landesrecht

Wegen der Bundeseinheitlichkeit des Immissionsschutzrechts im Anlagenbereich werden die Immissionsschutzgesetze der Länder hier nicht näher betrachtet.

5.2.3 Unionsrecht

- Richtlinie 2008/50/EG des Europäischen Parlaments und des Rates vom 21.5.2008 über Luftqualität und saubere Luft für Europa (Luftqualitätsrahmen-RL)
- Richtlinie 2010/75/EU des Europäischen Parlaments und des Rates vom 24.11.2010 über Industrieemissionen (Industrieemissions-RL)

641 *Schlacke*, Umweltrecht, § 9 Rn. 1.

- Richtlinie 2002/49/EG des Europäischen Parlaments und des Rates vom 25.6.2002 über die Bewertung und Bekämpfung von Umgebungslärm (Umgebungslärm-RL)
- Richtlinie 2012/18/EU des Europäischen Parlaments und des Rates vom 4.7.2012 zur Beherrschung der Gefahren schwerer Unfälle mit gefährlichen Stoffen, zur Änderung und anschließenden Aufhebung der Richtlinie 96/82/EG des Rates (Seveso-III-RL)

5.3 Rolle der Kommunalverwaltung und Bedeutung für das Klima

Soweit die kommunale Ebene als Immissionsschutzbehörde zuständig ist, betrifft dies zum allergrößten Teil die Zulassung und die Überwachung von Anlagen und damit den Zweiten Teil des BImSchG. Die Arbeit der Immissionsschutzbehörden ist einerseits sehr durch die strenge Förmlichkeit der verschiedenen immissionsschutzrechtlichen Verfahren geprägt. Andererseits sind die Anforderungen vor allem an die Luftqualität und den Lärmschutz stark durch technische Regelwerke und Grenzwerte anstelle von Gesetzen reglementiert (TA Luft, TA Lärm). Untere Immissionsschutzbehörden sind außerdem – wenn auch nicht zwingend für die Anlagen zuständig – am schnellsten vor Ort für Kontrollen aufgrund von Nachbarbeschwerden greifbar.

Das Immissionsschutzrecht leistet in zwei Richtungen Beiträge zum Schutz des Klimas. Zwar fallen die Auswirkungen auf das globale Klima trotz Einbeziehung der Atmosphäre als geschützten Umweltbestandteil in § 3 Abs. 2 BImSchG nicht direkt unter die Vermeidung schädlicher Umwelteinwirkungen i. S. d. § 5 Abs. 1 Nr. 1 BImSchG;[642] die Regulierung von Anlagen, speziell der vorgegebene sparsame und effiziente Einsatz von Energie (§ 5 Abs. 1 Nr. 4 BImSchG),[643] leistet dennoch einen Beitrag zur Begrenzung klimaschädlicher Auswirkungen. Denn immerhin ist ein nicht unerheblicher Teil der immissionsschutzrechtlich genehmigungsbedürftigen Anlagen (noch) auf die Verbrennung fossiler Energien angewiesen (vgl. nur Nr. 1, 2.3., 2.4, 3.1 bis 3.4 Anhang 1 zur 4. BImSchV).

Die andere große Bedeutung des Immissionsschutzrechts liegt in der Zulassung von Anlagen zur Erzeugung erneuerbarer Energien, namentlich Windenergieanlagen.

---

642 *Dietlein* in Landmann/Rohmer, UmweltR, BImSchG § 5 Rn. 82.

643 Hier können besondere Anforderungen in Betracht kommen, wenn die Anlage von § 2 Treibhausgas-Emissionshandelsgesetz (TEHG) erfasst ist.

5.4 Wichtige Begriffe

Gesetzliche Begriffsbestimmungen des Immissionsschutzrechts finden sich in § 3 BImSchG.

5.4.1 Anlage

Anlagen können nach § 3 Abs. 5 BImSchG sein:
Betriebsstätten, nach der Definition des § 12 Abs. 1 AO jede feste Geschäftseinrichtung oder Anlage, die der Tätigkeit eines Unternehmens dient. Prägend für die Betriebsstätte ist das Merkmal der Standortgebundenheit.

> ***Beispiele:***
> *Fabriken, Werkstätten, Biergärten, Warenlager, Diskotheken.*[644]

Des Weiteren kann es sich um sonstige ortsfeste Einrichtungen handeln, für die der Begriff der Betriebsstätte nicht passt, die aber auch nicht ortsveränderlich sind.

> ***Beispiele:***
> *Bauernhöfe, Spiel- und Sportplätze, Feuersirenen.*[645]

Anlagen können auch Maschinen, Geräte und sonstige ortsveränderliche technische Einrichtungen sein, für die maßgeblich ist, dass sie technisch „betrieben" werden können.[646]

> ***Beispiele:***
> *Baukräne und -maschinen, mobile Brecheranlagen.*

Ebenfalls werden Fahrzeuge erfasst, soweit sie nicht der Vorschrift des § 38 BImSchG unterliegen. Hierbei handelt es sich um Kraftfahrzeuge und ihre Anhänger, Schienen-, Luft- und Wasserfahrzeuge, die nicht am allgemeinen Verkehr teilnehmen. Für letztere sorgt § 38 BImSchG dafür, dass sie dem verkehrs- und nicht dem anlagenbezogenen Immissionsschutz unterliegen.[647]

> ***Beispiel:***
> *Schaufelbagger.*

Schließlich können auch Grundstücke, auf denen Stoffe gelagert oder abgelagert oder Arbeiten durchgeführt werden, die Emissionen verursachen kön-

644 *Kluth/Smeddinck*, Umweltrecht, § 2 Rn. 31.
645 *Thiel* in Landmann/Rohmer, UmweltR, BImSchG § 3 Rn. 86.
646 *Jarass*, BImSchG, § 3 Rn. 77.
647 *Thiel* in Landmann/Rohmer, UmweltR, BImSchG § 3 Rn. 89.

nen (ausgenommen öffentliche Verkehrswege), Anlagen sein. Entscheidend ist hier, dass die genannte Nutzung (z. B. Lagern von Stoffen, Durchführen von Arbeiten) dauerhaft angelegt ist.

Im Übrigen ist zu bedenken, dass als „eine" genehmigungsfähige Anlage auch eine Mehrzahl von Anlagen in Betracht kommen kann, die alternativ auch einzeln genehmigt werden können. Speziell im Bereich von Windenergieanlagen kann dies zum Tragen kommen, was entweder das Verfahren vereinfachen kann (bei einer Gesamtgenehmigung) oder Vorteile nach erteilter Genehmigung hat (etwa bei einer Veräußerung einzeln genehmigter Anlagen).[648]

5.4.2 Emissionen

Emissionen im immissionsschutzrechtlichen Sinne sind die von einer Anlage ausgehenden Luftverunreinigungen, Geräusche, Erschütterungen, Strahlen und ähnlichen Erscheinungen sowie von einer Anlage ausgehendes Licht und abstrahlende Wärme. Erfasst sind somit nur künstlich hervorgerufene Emissionen, nicht solche natürlichen Ursprungs. Nicht alle Emissionen werden auch zu Immissionen, also Einwirkungen auf Mensch und Umwelt. Um diese zu schützen, ist aber teilweise nur eine Regulierung an der Quelle möglich. Beispielsweise kann in einer Rechtsverordnung nach § 7 Abs. 1 BImSchG geregelt werden, dass von Anlagen ausgehende Emissionen bestimmte Grenzwerte nicht überschreiten dürfen. Die Begrenzung von Emissionen kann dem Vorsorgeprinzip und der Gleichbehandlung von Anlagen besser Rechnung tragen als der immissionsbezogene Ansatz und kommt vor allem bei der Luftreinhaltung zur Anwendung.[649]

5.4.3 Immissionen

Immissionen sind Luftverunreinigungen, Geräusche, Erschütterungen, Licht, Wärme, Strahlen und ähnliche Umwelteinwirkungen, die auf Menschen, Tiere und Pflanzen, den Boden, das Wasser, die Atmosphäre sowie Kultur- und sonstige Sachgüter einwirken. In Betracht kommt auch der Schattenwurf von Windenergieanlagen.[650] Gerade um „ähnliche Umwelteinwirkungen" bestimmen zu können, ist die Feststellung wichtig, dass Immissionen dadurch geprägt sind, dass sie in der Luft nicht sofort vollständig zu Boden sinken.[651] Bei festen Stoffen ist daher zu differenzieren: Staub kann unter Umständen als Immission zählen,[652] durch die Luft fliegende Steine hingegen nicht.[653]

Für Immissionen kommt es nur auf den Einwirkungs-, nicht den Entstehungsort an. Die am Einwirkungsort empfundenen Immissionen können das

---

648 *Agatz*, Windenergie-Handbuch, S. 324.

649 *Jarass*, JuS 2009 S. 608 (610).

650 *Schmidt-Kötters* in BeckOK UmweltR, BImSchG § 5 Rn. 46.

651 *Jarass*, BImSchG, § 3 Rn. 13.

652 Insbesondere Schwebstaub, welcher der Luftqualitätsrahmen-RL unterfällt.

653 OVG Bremen, Urt. vom 19.1.1993 – 1 BA 11/92 –; BayVGH, Beschl. vom 28.5.2018 – 22 CE 17.2260 –.

Resultat verschiedener (auch natürlicher) Emittenten bilden. Wie bei Emissionen gibt es auch für Immissionen Grenz- und Richtwerte. Beispielsweise legt die TA Lärm für die zulässige Lärmbelastung tagsüber und nachts je nach Lage des Immissionsorts unterschiedliche Richtwerte fest. Gerade im Bereich des Lärms ist der immissionsbezogene Schutzansatz heute immer noch vorherrschend. Obwohl er schwerer zu handhaben ist als der emissionsbezogene Ansatz, bietet er mehr Spielraum, um das Schutzniveau an die Bedürfnisse des Einzelfalls anzupassen.[654]

5.4.4 Schädliche Umwelteinwirkungen

Sind Immissionen (s. Kap. 5.4.3) nach Art, Ausmaß oder Dauer geeignet, um Gefahren, erhebliche Nachteile oder erhebliche Belästigungen für die Allgemeinheit oder die Nachbarschaft herbeizuführen, liegen schädliche Umwelteinwirkungen vor (§ 3 Abs. 1 BImSchG). Der Begriff der Gefahr entspricht dem allgemeinen polizei- und ordnungsrechtlichen Verständnis. Danach ist eine Gefahr eine Sachlage, bei der im einzelnen Fall die hinreichende Wahrscheinlichkeit besteht, dass in absehbarer Zeit ein Schaden für die öffentliche Sicherheit eintreten wird.[655] Geschützte Rechtsgüter sind insbes. Gesundheit und Eigentum. Demgegenüber fallen unter „Nachteile" auch bloße Interessen wirtschaftlicher (z. B. Wertverluste) oder sozialer Art. Speziell im Immissionsschutz ist als „Nachteil" auch ein Eingriff in die Funktionsfähigkeit von Ökosystemen anzusehen.[656] Belästigungen sind Beeinträchtigungen des körperlichen und seelischen Wohlbefindens des Menschen[657] unterhalb der Schwelle zur Gesundheitsbeeinträchtigung, da bei einer solchen ohnehin eine Gefahr besteht.

Nach dem Wortlaut des § 3 Abs. 1 BImSchG sind nicht alle Immissionen schädliche Umwelteinwirkungen, sondern nur solche, die als erheblich anzusehen sind. Bei Vorliegen einer Gefahr kann dies vorausgesetzt werden.[658] Auch Gesundheitsschäden sind stets erheblich.[659] Erheblich sind Beeinträchtigungen ansonsten, wenn sie für die Betroffenen oder die Allgemeinheit unzumutbar sind.[660] Was der Umgebung an nachteiligen Wirkungen zugemutet werden darf, bestimmt sich nach der aus ihrer Eigenart herzuleitenden Schutzwürdigkeit und Schutzbedürftigkeit.

Beispiel:
Die Immissionsrichtwerte der TA Lärm legen fest, ob in einem Baugebiet nach der BauNVO der Lärm einer Sportanlage hinzunehmen ist.[661]

---

654 *Jarass*, JuS 2009 S. 608 (610).
655 Siehe nur BVerwG, NVwZ 2003 S. 95 (96).
656 *Schulte/Michalk* in BeckOK UmweltR, BImSchG § 3 Rn. 38.
657 BT-Drs. 7/179 S. 29.
658 *Thiel* in Landmann/Rohmer, UmweltR, BImSchG § 3 Rn. 43.
659 *Jarass*, BImSchG, § 3 Rn. 52.
660 BVerwG, NVwZ 1992 S. 886.
661 BVerwG, NVwZ 1983 S. 155.

Die Zumutbarkeit wird objektiv aus Sicht einer verständigen Durchschnittsbetroffenen bestimmt.[662] Es kommt deshalb nicht auf die individuelle Empfindlichkeit einer einzelnen Person an.

> ***Beispiel:***
> *Eine Person hält den Geruch einer benachbarten Brauerei für unzumutbar, weil sie kein Bier mag.*

Ausnahmsweise kann jedoch die Zumutbarkeit für eine größere Personengruppe in Betracht kommen, wenn diese sich nicht selbst schützen kann.[663]

> ***Beispiel:***
> *Ältere Menschen in einem Seniorenheim.*

5.5 Handlungsinstrumente

5.5.1 Genehmigung von Anlagen

Für nach § 4 BImSchG genehmigungsbedürftige Anlagen sind in §§ 10, 19 BImSchG und der 9. BImSchV verschiedenartig ausgestaltete Genehmigungsverfahren vorgesehen. Welches Verfahren einschlägig ist, richtet sich im Wesentlichen nach der Art der Anlage sowie in Ausnahmefällen nach der UVP-Pflicht. Aufgrund der Konzentrationswirkung des § 13 BImSchG schließt die immissionsschutzrechtliche Genehmigung nahezu alle sonstigen Genehmigungen mit ein, die für die Errichtung und den Betrieb der Anlage erforderlich wären. Sie ersetzt insbes. eine Baugenehmigung, denkmalrechtliche Genehmigung, Waldumwandlungsgenehmigung oder eine Befreiung von den Verboten des Landschaftsschutzes (§ 67 BNatSchG). Die Immissionsschutzbehörde ist dabei nur an die materiell-rechtlichen Vorschriften, nicht aber an ggf. (nach Landesrecht) bestehende Verfahrensvorschriften gebunden, die für die verdrängten behördlichen Genehmigungsverfahren gelten würden.[664] In diesen Fällen ist es auch möglich, dass trotz der an sich gebundenen Entscheidung im Genehmigungsverfahren im Rahmen der materiell-rechtlichen Vorschriften eine Abwägung zu erfolgen hat.

> ***Beispiel:***
> *Die Immissionsschutzbehörde hat eine eigene Entscheidung zu treffen, ob durch die zu genehmigende Anlage das Erscheinungsbild von Baudenkmälern in der Umgebung beeinträchtigt wird. In der Ermessens- bzw. Abwägungsentscheidung (etwa Art. 6 Abs. 2 Satz 2 BayDSchG, § 9 Abs. 3 Satz 1 DSchG NRW) muss die Immissionsschutzbehörde im Falle*

---

662 BVerwG, NVwZ 1997 S. 276.
663 *Jarass*, BImSchG, § 3 Rn. 60.
664 *Giesberts* in BeckOK UmweltR, BImSchG § 13 Rn. 3.

von Windenergieanlagen § 2 EEG besondere Rechnung tragen, wonach erneuerbare Energien im überragenden öffentlichen Interesse liegen und der öffentlichen Sicherheit dienen.[665]

Ausdrücklich nicht Teil der Konzentrationswirkung sind wasserrechtliche Erlaubnisse (§ 8 WHG). Gleiches gilt nach strittiger, aber vorzugswürdiger Auffassung auch für Indirekteinleitungen nach §§ 58, 59 WHG.[666] Die Konzentrationswirkung gilt zudem nur im Zeitpunkt der Genehmigung. Wie sich auch aus § 16 Abs. 1 Satz 1 BImSchG ergibt, der nur auf § 6 Abs. 1 Nr. 1 BImSchG und nicht auch auf § 6 Abs. 1 Nr. 2 BImSchG Bezug nimmt, ist auch im Falle einer Änderung der Genehmigung die Zuständigkeit der Immissionsschutzbehörden auf die originär immissionsschutzrechtlichen Vorschriften beschränkt, nicht auf alle öffentlich-rechtlichen Vorschriften.

Beispiel:
Sollen bei einer Windenergieanlage nachträglich Maßnahmen zum Artenschutz ergriffen werden, ist die Naturschutzbehörde zuständig.

Ausgangspunkt bildet in jedem Fall die 4. BImSchV. Der jeweilige Anlagentyp muss in Anhang I dieser Verordnung genannt sein (§ 4 Abs. 1 Satz 3 BImSchG). Hängt die Genehmigungsbedürftigkeit vom Erreichen oder Überschreiten einer bestimmten Leistungsgrenze oder Anlagengröße ab, ist jeweils auf den rechtlich und tatsächlich möglichen Betriebsumfang der durch denselben Betreiber betriebenen Anlage abzustellen.

Die in Nr. 8 des Anhangs 1 genannten Anlagen, die dem Bereich der Abfallentsorgung zuzuordnen sind, sind stets genehmigungsbedürftig (ausgenommen Anlagen zur Behandlung am Entstehungsort). Für alle anderen Anlagen regelt § 1 Abs. 1 der 4. BImSchV, dass die Genehmigungspflicht entsteht, soweit den Umständen nach zu erwarten ist, dass die Anlage länger als zwölf Monate nach Inbetriebnahme an demselben Ort betrieben wird. Bezogen auf die zeitliche Komponente handelt sich insoweit um eine Prognoseentscheidung. Der Betrieb an „demselben" Ort bedeutet nicht, dass die Anlage ortsfest (d. h. fest mit dem Erdboden verbunden) sein muss.

Beispiel:
Eine Anlage wird innerhalb einer Baustelle oder eines Betriebsgrundstücks versetzt.

Maßgeblich ist insoweit, ob ein neuer Aufstellungsort auch eine neue immissionsschutzrechtliche Beurteilung verlangt.[667]

---

665 OVG MV, Urt. vom 7.2.2023 – 5 K 171/22 OVG –.
666 *Seibert* in Landmann/Rohmer, UmweltR, BImSchG § 13 Rn. 102b.
667 *Hansmann/Röckinghausen* in Landmann/Rohmer, UmweltR, 4. BImSchV § 1 Rn. 11.

5.5.1.1 Genehmigungsbedürftigkeit

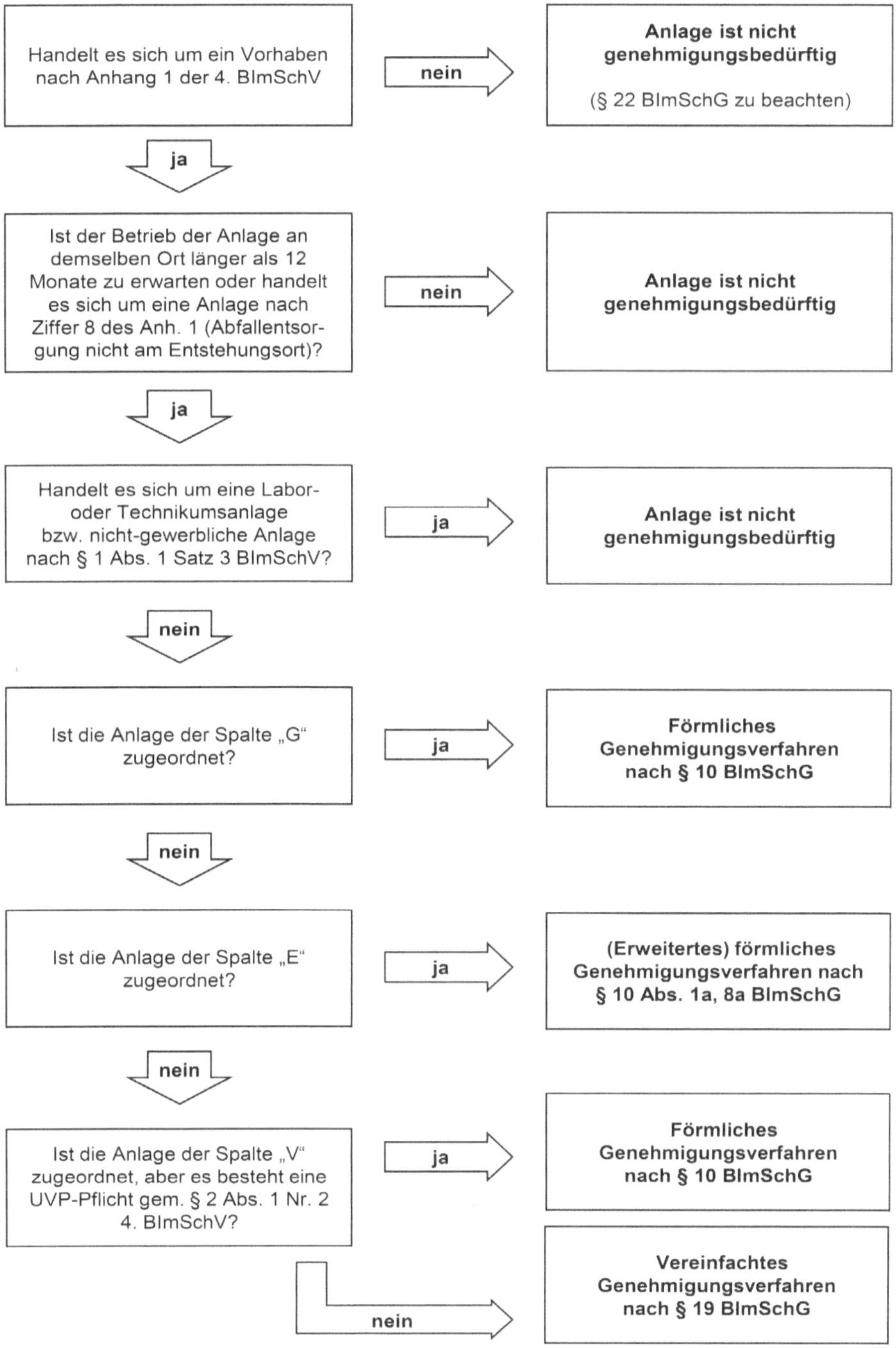

Abb. 10: Bestimmung der Verfahrensart für Genehmigungsverfahren nach dem BImSchG

Von der Genehmigungsbedürftigkeit ausgenommen werden Anlagen nach Nrn. 2.10.2, 7.4, 7.5, 7.25, 7.28, 9.1, 9.3 und 9.11, soweit diese gewerblichen Zwecken dienen oder im Rahmen wirtschaftlicher Unternehmungen verwendet werden. Für die gewerblichen Zwecke kann auf die gewerberechtliche Definition abgestellt werden (jede nicht sozial unwertige, generell nicht verbotene, auf Gewinnerzielung gerichtete und auf Dauer angelegte selbständige Tätigkeit, ausgenommen Urproduktion, freie Berufe und bloße Verwaltung und Nutzung eigenen Vermögens[668]). Mit dem Begriff „wirtschaftliche Unternehmungen" sind jedoch auch solche Tätigkeiten umfasst, die keinerlei Gewinnerzielungsabsicht aufweisen, solange eine wirtschaftlich bewertbare Leistung erbracht wird.[669]

§ 1 Abs. 6 der 4. BImSchV nimmt auch Forschungs-, Entwicklungs- und Erprobungsanlagen (Labor- und Technikumsanlagen) von der Genehmigungspflicht aus.

Die Zuordnung der Anlagen zur Verfahrensart erfolgt über die Buchstaben G (förmliches), V (vereinfachtes) und E („erweitertes" Genehmigungsverfahren).

5.5.1.1.1 Förmliches Genehmigungsverfahren

Das förmliche Genehmigungsverfahren ist der in § 10 BImSchG dargestellte Grundfall, dessen Vorschriften auch für das erweiterte und mit gewissen Ausnahmen auch für das vereinfachte Genehmigungsverfahren gelten.

Ein wesentliches Merkmal des förmlichen Genehmigungsverfahrens ist seine Publizität, d. h. die Öffentlichkeit erlangt von dem Verfahren Kenntnis und kann sich in dieses einbringen. Verglichen mit anderen Genehmigungsverfahren sind außerdem die durch die Behörde und den Antragsteller vorzunehmenden Schritte in § 10 BImSchG sowie der 9. BImSchV äußerst detailliert beschrieben:

- Beratung zur Antragstellung (§ 2 Abs. 2 der 9. BImSchV),
- schriftlicher Antrag durch Vorhabenträger mit den erforderlichen Unterlagen zur Prüfung der Genehmigungsvoraussetzungen (§ 10 Abs. 1 Satz 1 BImSchG),
- Prüfung des Antrags auf Vollständigkeit, in der Regel innerhalb eines Monats (§ 7 Abs. 1 der 9. BImSchV),
- öffentliche Bekanntmachung des Vorhabens (§ 10 Abs. 4 BImSchG i. V. m. § 9 der 9. BImSchV),
- spätestens in diesem Zeitpunkt: Aufforderung aller Behörden, deren Aufgabenbereich berührt ist, zur Abgabe von Stellungnahmen binnen eines Monats (§ 10 Abs. 5 BImSchG, § 11 der 9. BImSchV),

668 BVerwG, Urt. vom 26.1.1993 – 1 C 25/91 –.

669 *Hansmann/Röckinghausen* in Landmann/Rohmer, UmweltR, 4. BImSchV § 1 Rn. 13.

- öffentliche Auslegung von Antrag und Antragsunterlagen (§ 10 Abs. 3 Satz 2 BImSchG, § 10 Abs. 1 Satz 1 der 9. BImSchV), ausgenommen Betriebs- und Geschäftsgeheimnisse,
- Entgegennahme schriftlicher oder elektronischer Einwendungen bis zwei Wochen nach der Auslegung (§ 10 Abs. 3 Satz 4, Abs. 4 Nr. 2 BImSchG, § 12 der 9. BImSchV),
- nach Ablauf der Einwendungsfrist kann ein Erörterungstermin stattfinden (§ 10 Abs. 6 BImSchG; zum Wegfall s. § 16 der 9. BImSchV),
- Entscheidung der Behörde spätestens sieben Monate nach Vollständigkeit der Unterlagen oder Verlängerung um drei Monate mit Begründung nach § 10 Abs. 6a Satz 2 BImSchG,
- schriftlicher, mit Begründung versehener Genehmigungsbescheid sowie Zustellung an den Antragsteller und die Personen, die Einwendungen erhoben haben (§ 10 Abs. 7 Satz 1 BImSchG, alternativ öffentliche Bekanntmachung nach § 10 Abs. 8 BImSchG),
- öffentliche Bekanntmachung (§ 21a der 9. BImSchV), umfasst sind hiervon der verfügende Teil des Bescheids (Tenor) mit Hinweis auf Nebenbestimmungen sowie die Rechtsbehelfsbelehrung.

Eine Folge des förmlichen Verfahrens ist seine Präklusions- und privatrechtsgestaltende Wirkung. Die Präklusionsregelung in § 10 Abs. 3 Satz 5 BImSchG führt dazu, dass verspätete Einwendungen (nach Ablauf der Einwendungsfrist) im Genehmigungsverfahren nicht mehr zu erörtern (wenn auch weiterhin zu berücksichtigen) sind (zur Präklusion bei Teilgenehmigung und Vorbescheid s. § 11 BImSchG). Bedeutsamer als die (früher auch materiellrechtlich wirkende) Präklusion ist die in § 14 BImSchG vorgesehene Beschränkung privatrechtlicher Abwehransprüche. Wegen benachteiligender Einwirkungen auf ein benachbartes Grundstück kann demnach nicht die Einstellung des Betriebs verlangt werden, wenn die Genehmigung unanfechtbar (geworden) ist. § 14 Satz 1 Halbs. 2 BImSchG begrenzt die Nachbaransprüche auf Schutzvorkehrungen vor den benachteiligenden Wirkungen; soweit solche nach dem Stand der Technik nicht durchführbar oder wirtschaftlich nicht vertretbar sind, kann lediglich Schadensersatz verlangt werden (§ 14 Satz 2 BImSchG).

5.5.1.1.2 „Erweitertes" Genehmigungsverfahren

Das erweiterte Genehmigungsverfahren gilt für Anlagen, die in der Industrieemissions-Richtlinie unterfallen. Das BImSchG verwendet den Begriff des erweiterten Verfahrens nicht, streng genommen handelt es sich lediglich um einen Unterfall des förmlichen Verfahrens mit zusätzlichen Vorgaben für die genannten Anlagen. Diese sind:

- Den erforderlichen Unterlagen zur Prüfung der Genehmigungsvoraussetzungen ist ggf. ein Ausgangszustandsbericht beizufügen (§ 10 Abs. 1a Satz 1 BImSchG).

- Die Einwendungsfrist nach Ablauf der Auslegungsfrist beträgt statt zwei Wochen einen Monat (§ 10 Abs. 3 Satz 4 Halbs. 2 BImSchG).
- Bekanntmachung des Genehmigungsbescheids im Ganzen (ohne in Bezug genommene Antragsunterlagen und den Ausgangszustandsbericht) sowie die Bezeichnung des für die betreffende Anlage maßgeblichen BVT-Merkblatts (§ 10 Abs. 8a Satz 1 BImSchG).

Ein wesentlicher Unterschied zum normalen, förmlichen Verfahren ist die Ergänzung der Genehmigungsunterlagen um einen Ausgangszustandsbericht bei Anlagen der IE-Richtlinie (u. a. die Sektoren Energie, Metallherstellung und -verarbeitung, Chemie, Abfallbehandlung), in denen relevante gefährliche Stoffe (§ 3 Abs. 10 BImSchG) verwendet, erzeugt oder freigesetzt werden. Dieser ist gem. § 10 Abs. 1a Satz 1 BImSchG erforderlich, wenn und soweit eine Verschmutzung des Bodens oder des Grundwassers auf dem Anlagengrundstück durch die genannten Stoffe möglich ist. Die Möglichkeit der Verschmutzung und damit das Erfordernis des Ausgangszustandsberichts entfällt nach § 10 Abs. 1a Satz 2 BImSchG, wenn aufgrund der tatsächlichen Umstände ein Eintrag ausgeschlossen werden kann. In Betracht kommt z. B., dass die Anlage die Anforderungen der AwSV einhält.[670] Sinn und Zweck des Ausgangszustandsberichts ist die Pflicht des Anlagenbetreibers, die Beseitigungs- und Rückführungspflicht des § 5 Abs. 4 BImSchG durchführen zu können, was einen „Vorher-Nachher-Vergleich" erfordert.[671] Zum Inhalt s. § 4a Abs. 4 der 9. BImSchV.

5.5.1.1.3 Vereinfachtes Genehmigungsverfahren

§ 19 Abs. 1 BImSchG sieht vor, dass in der 4. BImSchV bestimmte Anlagen einem vereinfachten Genehmigungsverfahren unterworfen werden können, sofern dies nach Art, Ausmaß und Dauer der von diesen Anlagen hervorgerufenen schädlichen Umwelteinwirkungen und sonstigen Gefahren, erheblichen Nachteilen und erheblichen Belästigungen mit dem Schutz der Allgemeinheit und der Nachbarschaft vereinbar ist. Zu beachten ist ferner, dass das vereinfachte Verfahren unter dem Vorbehalt steht, dass keine Umweltverträglichkeitsprüfung durchzuführen ist (§ 2 Abs. 1 Satz 1 Nr. 1 lit. c 4. BImSchV).

Rechtstechnisch werden über § 19 Abs. 2 BImSchG viele Absätze des § 10 BImSchG für nicht anwendbar erklärt, so dass sich die Durchführung des Verfahrens im Übrigen weiter nach § 10 BImSchG und den korrespondierenden Vorschriften der 9. BImSchV richtet.

Im vereinfachten Verfahren nicht anwendbar sind § 10 Abs. 2, 3, 3a, 4, 6, 7 Satz 2 und 3, Abs. 8 und 9 BImSchV. In der Summe sind die Vereinfachungen erheblich und betreffen vor allem den Wegfall der Öffentlichkeitsbetei-

670 *Schack* in BeckOK UmweltR, BImSchG § 10 Rn. 15.
671 *Dietlein* in Landmann/Rohmer, UmweltR, BImSchG § 10 Rn. 49a.

ligung und den damit zusammenhängenden Verfahrensschritten. Es verbleibt somit nur folgender Ablauf:

- Beratung zur Antragstellung (§ 2 Abs. 2 der 9. BImSchV),
- schriftlicher Antrag durch Vorhabenträger mit den erforderlichen Unterlagen zur Prüfung der Genehmigungsvoraussetzungen (§ 10 Abs. 1 Satz 1 BImSchG),
- Prüfung des Antrags auf Vollständigkeit, in der Regel innerhalb eines Monats (§ 7 Abs. 1 der 9. BImSchV),
- Aufforderung aller Behörden, deren Aufgabenbereich berührt ist, zur Abgabe von Stellungnahmen binnen eines Monats (§ 10 Abs. 5 BImSchG, § 11 der 9. BImSchV),
- Entscheidung der Behörde spätestens drei Monate nach Vollständigkeit der Unterlagen oder Verlängerung um drei Monate mit Begründung nach § 10 Abs. 6a Satz 2 BImSchG,
- schriftlicher, mit Begründung versehener Genehmigungsbescheid sowie Zustellung an den Antragsteller.

Nicht anwendbar sind gem. § 19 Abs. 2 BImSchG auch §§ 11 und 14 BImSchG. Der Wegfall der Präklusions- und privatrechtsgestaltenden Wirkung ist eine logische Konsequenz der Tatsache, dass Dritte grundsätzlich keine Möglichkeit haben, sich in das Genehmigungsverfahren einzubringen. Mag die Vorhabenträgerin die fehlende Öffentlichkeitsbeteiligung und die verkürzte Verfahrensdauer begrüßen, bedeutet dies in der Folge eine etwas abgeschwächte Rechtsposition. Gemäß § 19 Abs. 3 BImSchG kann der Vorhabenträger deshalb auch trotzdem die Durchführung des förmlichen Verfahrens beantragen.

5.5.1.2 Materiell-rechtliche Genehmigungsvoraussetzungen

Die Genehmigung ist gem. § 6 BImSchG zu erteilen, wenn sichergestellt ist, dass die sich aus § 5 und den BImSchV ergebenden Pflichten erfüllt werden sowie andere öffentlich-rechtliche Vorschriften und Belange des Arbeitsschutzes der Errichtung und dem Betrieb der Anlage nicht entgegenstehen. Als gebundene Entscheidung muss die Behörde bei Vorliegen aller materiell-rechtlichen Voraussetzungen die Genehmigung erteilen.

5.5.1.2.1 Immissionsschutzrechtliche Grundpflichten

Mit den Antragsunterlagen nachzuweisen ist zunächst die Einhaltung der immissionsschutzrechtlichen Grundpflichten des § 5 BImSchG:

- Schutz vor schädlichen Umwelteinwirkungen und sonstigen Gefahren, erheblichen Nachteilen und Belästigungen für die Allgemeinheit und die Nachbarschaft (§ 5 Abs. 1 Nr. 1 BImSchG),

- Vorsorge vor den genannten Gefahren durch die dem Stand der Technik entsprechenden Maßnahmen (§ 5 Abs. 1 Nr. 2 BImSchG), was eine Anpassung erforderlich machen kann,[672]
- Vermeidung, Verwertung und Beseitigung von Abfällen (§ 5 Abs. 1 Nr. 3 BImSchG),
- energieeffiziente Betriebsweise (§ 5 Abs. 1 Nr. 4 BImSchG).

Soweit § 6 Abs. 1 Nr. 1 BImSchG verlangt, dass die immissionsschutzrechtlichen Grundpflichten erfüllt werden, darf nicht außer Acht gelassen werden, dass sich die realen Immissionen einer Anlage auf dem Papier nicht mit allerletzter Gewissheit bestimmen lassen. Die Erfüllung der Pflichten ist deshalb dann gegeben, wenn sich aus den Antragsunterlagen keine ernstlichen Zweifel ergeben, dass z. B. schädliche Umwelteinwirkungen und sonstige Gefahren, erhebliche Nachteile und erhebliche Belästigungen für die Allgemeinheit und die Nachbarschaft nicht hervorgerufen werden können. Dies wird etwa anhand einer Lärm- oder Geruchsprognose, die „auf der sicheren Seite liegen" muss, beurteilt.[673]

Die technischen Standards für die Schutz- und Vorsorgepflichten ergeben sich außer aus Verordnungen nach § 7 BImSchG –

> ***Beispiel:***
> *26. BImSchV für den Schutz vor Immissionen durch elektromagnetische Felder*

–, technischen Normen sowie normkonkretisierenden Leitfäden/Richtlinien –

> ***Beispiel:***
> *LAI-Erschütterungsleitfaden,*[674] *LAI-Lichtleitlinie*[675]

–, sowie auch aus technischen Regelwerken wie der TA Lärm und der TA Luft, die über § 48 BImSchG rechtsverbindlich sind (s. im Einzelnen dazu Kap. 2.1.3.2.4 und 2.1.4).

Wie die Pflichten nach § 5 Abs. 1 Nr. 1 und Nr. 2 BImSchG im Genehmigungsverfahren geprüft werden, richtet sich für Lärmimmissionen vor allem nach Nr. 3.2, 3.3 TA Lärm[676] und für Luftverunreinigungen (wie Abgase oder

---

672 *Dietlein* in Landmann/Rohmer, UmweltR, BImSchG § 5 Rn. 6.

673 *Enders* in BeckOK UmweltR, BImSchG § 6 Rn. 8.

674 Hinweise zur Messung, Beurteilung und Verminderung von Erschütterungsimmissionen der LAI vom 6.3.2018, https://www.lai-immissionsschutz.de/documents/erschuetterungs leitfaden_veroeffentlicht_stand_2018_1529053753.pdf (zuletzt abgerufen am 10.9.2023).

675 Hinweise zur Messung, Beurteilung und Minderung von Lichtimmissionen der Bund/Länder-Arbeitsgemeinschaft für Immissionsschutz (LAI) vom 13.9.2012, https://www.lai-immissionsschutz.de/documents/lichthinweise-2015-11-03mit-formelkorrektur_aus_03_2018_152058833 9.pdf (zuletzt abgerufen am 10.9.2023.

676 Vgl. auch die LAI-Hinweise zur Auslegung der TA Lärm vom 24.2.2023, https://www.lai-immissionsschutz.de/documents/lai-hinweise-auslegung-ta-laerm-stand-2023-02-24_168 2411716.pdf (zuletzt abgerufen am 10.9.2023).

Staubbelastungen) nach Nr. 4, 5 TA Luft. Die allgemeine Pflicht der Abwehr von Gefahren, von erheblichen Nachteilen und erheblichen Belästigungen gilt allerdings unabhängig von den Emissionen, die die Genehmigungsbedürftigkeit hauptsächlich begründen, so dass beispielsweise eine Anlage, die in erster Linie wegen ihrer Luftverschmutzung bestimmten Spezialanforderungen unterliegt, auch keinen erheblichen Lärm erzeugen darf.[677]

Aus den technischen Normen können sich dabei höchst zulässige Emissions- oder Immissionswerte ergeben, die von der Anlage grundsätzlich einzuhalten sind.

Beispiel:
Die Immissionsrichtwerte für den Beurteilungspegel betragen für Immissionsorte außerhalb von Gebäuden in allgemeinen Wohngebieten nachts 40 dB(A), Nr. 6.1 e) TA Lärm.

Letztlich hängt das im Einzelfall tatsächlich zulässige Höchstmaß aber von der Umgebung des Anlagenstandorts und den betroffenen Einwirkungsorten ab. Welches Immissionsniveau von der Anlage zugelassen werden kann, richtet sich nach der Gesamtbelastung, die bezogen auf die jeweilige Immissionsart (z. B. Lärm oder Luftverunreinigungen) am Einwirkungsort besteht.[678] Insofern müssen Anlagenbetreiber Einschränkungen in Kauf nehmen, wenn die Umgebung bereits einschlägig vorbelastet ist, können aber umgekehrt auch davon profitieren, wenn Immissionen anderer Emittenten abnehmen.[679]

Beispiel:
Der Anlagenstandort befindet sich in einem Gewerbegebiet (Nr. 6.1 b) TA Lärm), in dem der Immissionsrichtwert von 50 dB(A) nachts noch unterschritten wird, eine Mehrbelastung durch die zusätzlichen Immissionen der zu genehmigenden Anlage ist insoweit also noch möglich.

Grenzt der Anlagenstandort in einem dafür vorgesehenen Gebiet (z. B. Industrie-, Misch- oder Gewerbegebiet) an ein Gebiet, das dem Wohnen dient, liegt eine sog. Gemengelage vor. Für diesen Fall lässt Nr. 6.7 die Bildung eines geeigneten Zwischenwerts aus den für die aneinandergrenzenden Gebietskategorien zu, wobei die Immissionsrichtwerte für Kern-, Dorf- und Mischgebiete dabei nicht überschritten werden sollen.

677 *Dietlein* in Landmann/Rohmer, UmweltR, BImSchG § 5 Rn. 52.

678 BVerwG, NVwZ 1996 S, 1003 (1005). Vgl. auch Nr. 3.2.1 TA Lärm, wonach die Genehmigung wegen einer Überschreitung der Immissionsrichtwerte nicht versagt werden darf, wenn infolge ständig vorherrschender Fremdgeräusche keine zusätzlichen schädlichen Umwelteinwirkungen durch die zu beurteilende Anlage zu befürchten sind.

679 *Dietlein* in Landmann/Rohmer, UmweltR, BImSchG § 5 Rn. 57.

Beispiel:
Grenzt ein Kleinsiedlungsgebiet (40 dB(A) nachts, Nr. 6.1 e) TA Lärm) an ein Industriegebiet (70 dB(A) nachts, Nr. 6.1 a) TA Lärm), darf der Zwischenwert nicht über 45 dB(A) liegen (Nr. 6.1 d) TA Lärm). Inwieweit bis auf diesen Wert herangeplant werden darf, bestimmt sich nach der gegenseitigen Pflicht zur Rücksichtnahme und der konkreten Schutzwürdigkeit des betroffenen Gebiets (Nr. 6.7 TA Lärm): Wesentliche Kriterien sind die Prägung des Einwirkungsgebiets durch den Umfang der Wohnbebauung einerseits und durch Gewerbe- und Industriebtriebe andererseits, die Ortsüblichkeit eines Geräusches und die Frage, welche der unverträglichen Nutzungen zuerst verwirklicht wurde. Liegt ein Gebiet mit erhöhter Schutzwürdigkeit nur in einer Richtung zur Anlage, so ist dem durch die Anordnung der Anlage auf dem Betriebsgrundstück und die Nutzung von Abschirmungsmöglichkeiten Rechnung zu tragen.

Bei Windenergieanlagen ist das Verfahren nach der TA Lärm durch das sog. „Interimsverfahren" zu modifizieren.[680] Über dieses – nach der LAI als vorläufig angesehene[681] – Verfahren soll die Schallausbreitung bei höheren Quellen realistischer erfasst werden, indem die Bodendämpfung vernachlässigt, dafür aber frequenzabhängige Berechnungen angestellt werden. Bei einer Schallausbreitungsprognose basierend auf dem Interimsverfahren liegt die Beurteilung der Lärmimmissionen „auf der sicheren Seite".[682]

Für die Genehmigung ist weiter zu beachten, dass es ist in der Regel nicht ausreichend ist, dem Anlagenbetreiber (lediglich) vorzugeben, dass die Anlage bestimmte Immissionsrichtwerte nicht überschreiten darf. Diese würde die Nachbarschaft unangemessen benachteiligen, da sie im Regelfall die Einhaltung der Immissionsrichtwerte nicht selbst überprüfen kann. Es müssen in diesen Fällen, wenn die Immissionen des Anlagenbetrieb nicht sicher unter der Zumutbarkeitsgrenze für die Nachbarschaft bleiben, daher konkrete Vorkehrungen im Bescheid benannt werden, die für die Einhaltung der Richtwerte sorgen sollen.[683]

5.5.1.2.2 Sonstige öffentlich-rechtliche Voraussetzungen

Während die immissionsschutzrechtlichen Grundpflichten zu erfüllen sind (§ 6 Abs. 1 Nr. 1 BImSchG), sieht § 6 Abs. 1 Nr. 2 BImSchG für die anderen öffentlich-rechtlichen Vorschriften und Belange des Arbeitsschutzes vor, dass diese der Errichtung und dem Betrieb der Anlage nicht entgegenstehen

680 OVG NRW, Urt. vom 20.4.2022 – 8 A 1575/19 –.

681 LAI-Hinweise zum Schallimmissionsschutz bei Windkraftanlagen (WKA) Stand 30.6.2016, https://www.lai-immissionsschutz.de/documents/20171201-top09_1_anlage_lai_hinweise_wka-_stand_2016_06_30_veroeffentlicht_2_1512116255.pdf (zuletzt abgerufen am 10.9.2023).

682 OVG NRW, Urt. vom 27.10.2022 – 22 D 363/21.AK –.

683 OVG NRW, Beschl. v. 3.5.2012 – 8 B 1458/11 –.

dürfen. Trotz des abweichenden Wortlauts müssen nach h. M. auch die weiteren öffentlich-rechtlichen Voraussetzungen, soweit sie für die Errichtung und den Betrieb der Anlage relevant sind, sichergestellt sein.[684] Was den zu prüfenden Umfang sonstiger öffentlich-rechtlicher Vorschriften betrifft, ist strittig, ob materiell-rechtlich auch Vorschriften zu beachten sind, die nicht von der Konzentrationswirkung (§ 13 BImSchG) umfasste Zulassungen betreffen, wie etwa aus dem Wasserrecht. Nach h. M. ergeben sich auch aus diesen Vorschriften zu beachtende Genehmigungsvoraussetzungen, die aber nicht am Regelungsgehalt der immissionsschutzrechtlichen Genehmigung teilnehmen.[685]

Die sonstigen öffentlich-rechtlichen Vorschriften umfassen somit insbes. die anderen Umweltrechtsgebiete (wie z. B. die naturschutzrechtliche Eingriffsregelung) sowie die planungsrechtliche Zulässigkeit und das erforderliche gemeindliche Einvernehmen nach § 36 Abs. 1 Satz 1 BauGB. Bei Windenergieanlagen ist neben der Eingriffsregelung der Umgang mit dem Artenschutz eine der zentralen naturschutzrechtlichen Anforderungen (s. Kap. 3.4.6.2.6). In diesem Bereich gab es wie bei der planungsrechtlichen Zulässigkeit zuletzt gravierende Änderungen (s. Kap. 2.2.1.1.4).

Arbeitsrechtliche Anforderungen können sich aus dem Gefahrstoff- oder Arbeitsschutzrecht sowie Unfallverhütungsvorschriften ergeben.

Innerhalb des Umweltrechts sind einige Besonderheiten zu beachten. So fällt die Entsorgung von Abwasser unter § 5 Abs. 1 Nr. 3 Teilsatz 4 BImSchG und ist eine Genehmigungsvoraussetzung nach § 6 Abs. 1 Nr. 1 BImSchG.[686] Zulassungen, die nicht von der Konzentrationswirkung des § 13 BImSchG erfasst werden, sind ebenfalls eine materiell-rechtliche Voraussetzung für die immissionsschutzrechtliche Genehmigung. Da die Erteilung dieser Genehmigung etwa die Wasserbehörde in keinerlei Hinsicht bei der Erlaubnis nach § 8 WHG bindet, muss Letztere entweder vorher oder parallel eingeholt werden; in der immissionsschutzrechtlichen Genehmigung ist ein entsprechender Vorbehalt (Bedingung) vorzusehen.[687]

5.5.1.3 Zulassung vorzeitigen Beginns

Im laufenden Genehmigungsverfahren kann der Antragsteller beantragen, vorläufig zuzulassen, dass bereits vor Erteilung der Genehmigung mit der Errichtung begonnen wird, einschließlich der Maßnahmen, die zur Prüfung der Betriebstüchtigkeit der Anlage erforderlich sind. Diesem Antrag soll die Behörde gem. § 8a Abs. 1 BImSchG entsprechen, wenn (1.) mit einer Entscheidung zugunsten des Antragstellers gerechnet werden kann, (2.) ein öffentliches Interesse oder ein berechtigtes Interesse des Antragstellers an dem

684 *Jarass*, BImSchG, § 6 Rn. 25.
685 *Dietlein* in Landmann/Rohmer, UmweltR, BImSchG § 6 Rn. 24; *Jarass*, BImSchG, § 6 Rn. 24.
686 *Jarass*, BImSchG, § 6 Rn. 28.
687 *Jarass*, BImSchG, § 6 Rn. 24.

vorzeitigen Beginn besteht und (3.) dieser sich verpflichtet, alle bis zur Entscheidung durch die Errichtung der Anlage verursachten Schäden zu ersetzen sowie – wenn das Vorhaben nicht genehmigt wird – den früheren Zustand wiederherzustellen.

Die Voraussetzungen sind – bis auf das intendierte Ermessen – mit § 17 WHG identisch (s. dazu Kap. 4.5.1.4). Die positive Prognose für die Entscheidung über den Genehmigungsantrag ist nicht mit dem vorläufigen positiven Gesamturteil nach §§ 8, 9 BImSchG zu verwechseln. Weder muss – wie dort (s. sogleich Kap. 5.5.1.4) – eine hinreichende Wahrscheinlichkeit bestehen (sondern lediglich eine überwiegende), noch hat die Prognoseentscheidung Bindungswirkung hinsichtlich der Genehmigungserteilung.[688] Für Nebenbestimmungen zur Zulassung des vorzeitigen Beginns ist § 8a Abs. 2 BImSchG abschließende Sonderregelung gegenüber § 12 BImSchG,[689] d. h. die Zulassung ist insbes. bedingungsfeindlich und bereits von Gesetzes wegen jederzeit widerruflich, so dass im Wesentlichen Auflagen oder Sicherheitsleistungen in Betracht kommen.

5.5.1.4 Teilgenehmigung und Vorbescheid

Ein immissionsschutzrechtliches Genehmigungsverfahren kann relativ lange dauern, wenn es sich um große und/oder komplexe Anlagen handelt, da das Genehmigungsverfahren gem. § 1 Abs. 2 der 4. BImSchV alle Anlagenteile und Verfahrensschritte einschließt, die zum Betrieb notwendig sind. Um Teile einer Anlage schon vorzeitig errichten und in Betrieb nehmen zu können, kann eine Teilgenehmigung nach § 8 BImSchG beantragt werden, wenn im Übrigen eine sog. „positive vorläufige Gesamtbeurteilung" möglich ist, was der Fall ist, wenn die Gesamtanlage mit hoher Wahrscheinlichkeit zu genehmigen ist.[690] Die Teilgenehmigung ist eine Genehmigung i. S. v. § 4 BImSchG. Die jeweilige Verfahrensart richtet sich nach der Gesamtanlage (vgl. § 22 Abs. 3 Satz 1 der 9. BImSchV), weshalb bei einer G-Anlage auch jede Teilgenehmigung im förmlichen Verfahren erteilt werden muss.[691] Bindungswirkung für die nachfolgenden Teilgenehmigungen hat die positive vorläufige Gesamtbeurteilung nur, soweit aufgrund der eingereichten Unterlagen eine tatsächliche Prüfung bereits stattgefunden hat (nicht: hätte stattfinden können) und sich die Sach- und Rechtslage nicht ändert.[692]

Im Unterschied dazu wird mit dem Vorbescheid nach § 9 BImSchG abschließend über einzelne anlagen- oder standortbezogene Genehmigungsvoraussetzungen entschieden. Auch hier ist zwar – wie bei der Teilgenehmigung – eine positive vorläufige Gesamtbeurteilung erforderlich, an die fest-

688 *Mann* in Landmann/Rohmer, UmweltR, BImSchG § 8a Rn. 45.
689 *Mann* in Landmann/Rohmer, UmweltR, BImSchG § 12 Rn. 107.
690 *Mann* in Landmann/Rohmer, UmweltR, BImSchG § 8a Rn. 43.
691 *Jarass*, BImSchG, § 8 Rn. 21.
692 *Jarass*, BImSchG, § 8 Rn. 27 f.

gestellten Genehmigungsvoraussetzungen ist die Immissionsschutzbehörde aber auch dann gebunden, wenn sich die Sach- oder Rechtslage im späteren Genehmigungsverfahren ändert.[693] Aus diesem Grund gilt ein Vorbescheid nur für zwei Jahre, mit Verlängerungsmöglichkeit auf höchstens vier Jahre (§ 9 Abs. 2 BImSchG). Anders als die Teilgenehmigung ist der Vorbescheid keine Genehmigung i. S. d. § 4 BImSchG, berechtigt also nicht zur Errichtung oder Betrieb einer Anlage, wofür das eigentliche Genehmigungsverfahren noch durchzuführen ist. Für die Erteilung des Vorbescheids gelten gem. § 10 Abs. 9 BImSchG die Absätze 1 bis 8 entsprechend. Ob aber alle Absätze, d. h. das förmliche Verfahren, oder das vereinfachte Verfahren zur Anwendung kommt, richtet sich nach der Anlage 1 der 4. BImSchV.[694] Vorbescheiden können – da sie eine abschließende Klärung herbeiführen sollen – keine Nebenbestimmungen beigefügt werden.[695]

5.5.1.5 Nachträgliche Anordnungen

Eine Besonderheit des Immissionsschutzrechts besteht darin, dass Anlagen im Zeitpunkt ihrer Genehmigung die nach dem jeweiligen Stand der Technik umsetzbaren Vorkehrungen zum Schutz gegen und zur Vorsorge vor schädlichen Umwelteinwirkungen umsetzen müssen, aber im Laufe der Zeit Umweltbedingungen sich verändern, wissenschaftliche Erkenntnisse wachsen und technische Möglichkeiten des Umweltschutzes weiterentwickelt werden. Um Anlagen auf dem neuesten Stand zu halten, kommt grundsätzlich ein Auflagenvorbehalt in der Genehmigung (§ 36 Abs. 2 Nr. 5 VwVfG) in Betracht. Auch ohne behördlichen Vorbehalt sieht § 17 Abs. 1 Satz 1 BImSchG die Möglichkeit vor, nachträgliche Anordnungen zu treffen, um immissionsschutzrechtliche Pflichten durchsetzen oder konkretisieren zu können. Sie treffen den Anlagenbetreiber somit auch dann, wenn sich die Rechtslage gegenüber dem Genehmigungsbescheid geändert und verschärft hat. Hierin liegt ein wesentlicher Unterschied zum Bauordnungsrecht: Ein genehmigtes Gebäude hat nach seiner Errichtung grundsätzlich Bestandsschutz, d. h. eine Anpassung an geänderte baurechtliche Pflichten kann vom Eigentümer nur verlangt werden, wenn das Gesetz dies ausdrücklich vorsieht. Oft gelten neue Bauvorschriften aber nur für neue Bauanträge.

Die praktische Bedeutung der Vorschrift ist hoch, insbesondere, da eine nachträgliche Anordnung im Falle rechtswidriger Zustände das mildere Mittel gegenüber einer Stilllegung der Anlage (§ 20 Abs. 2 BImSchG) oder einem Widerruf der Genehmigung (§ 21 BImSchG) darstellt.

Solche Anordnungen, die einen Verwaltungsakt darstellen, liegen im Ermessen der Behörde. Abweichend davon „soll" sie eine Anordnung treffen, wenn sie feststellt, dass die Allgemeinheit oder die Nachbarschaft nicht ausrei-

693 *Jarass*, BImSchG, § 9 Rn. 20.
694 *Jarass*, BImSchG, § 9 Rn. 15.
695 *Mann* in Landmann/Rohmer, UmweltR, BImSchG § 12 Rn. 108.

chend vor schädlichen Umwelteinwirkungen oder sonstigen Gefahren, erheblichen Nachteilen oder erheblichen Belästigungen geschützt ist (§ 17 Abs. 1 Satz 2 BImSchG).

Das reguläre Ermessen konkretisiert § 17 Abs. 2 Satz 1 BImSchG dahingehend, dass eine nachträgliche Anordnung vor allem dann unverhältnismäßig ist, wenn der mit der Erfüllung der Anordnung verbundene Aufwand außer Verhältnis zu dem mit der Anordnung angestrebten Erfolg steht; dabei sind insbes. Art, Menge und Gefährlichkeit der von der Anlage ausgehenden Emissionen und der von ihr verursachten Immissionen sowie die Nutzungsdauer und technische Besonderheiten der Anlage zu berücksichtigen. Für den Anlagenbetreiber ist die Tatsache, dass eine nachträgliche Anordnung nicht getroffen werden darf, trotzdem nicht günstig, da die Behörde in diesen Fällen gem. § 17 Abs. 2 Satz 2 BImSchG über § 21 BImSchG die Genehmigung widerrufen soll.

5.5.1.6 Änderung von Anlagen

Soll die Lage, die Beschaffenheit oder der Betrieb einer genehmigungsbedürftigen Anlage geändert werden, ist dies – sofern eine Genehmigung nicht beantragt wird – der zuständigen Behörde mindestens einen Monat vor Beginn der Änderung schriftlich oder elektronisch anzuzeigen, wenn sich die Änderung auf in § 1 BImSchG genannte Schutzgüter auswirken kann (§ 15 Abs. 1 Satz 1 BImSchG). Verlangt wird zwar nicht, dass diese Auswirkungen nachteilig sind, rein positive Änderungen (z. B. Senkung von Emissionen) sind jedoch schon als von der Genehmigung gedeckt anzusehen und nicht als Änderung i. S. d. § 15 Abs. 1 BImSchG zu betrachten.[696] Gleiches gilt für Reparatur-, Wartungs- und Instandhaltungsmaßnahmen, sofern kein Austausch wesentlicher Teile stattfindet.[697] Als Änderungen können in gewissen Grenzen auch Erweiterungen in Betracht kommen.

Der Sinn und Zweck der Anzeigepflicht besteht darin, sämtliche Änderungen dahingehend überprüfen zu können, ob sie als wesentlich einzustufen sind und gem. § 16 Abs. 1 BImSchG der Genehmigungspflicht unterliegen. Da in § 16 Abs. 1 Satz 1 BImSchG nur auf die in § 6 Abs. 1 Nr. 1 BImSchG genannten immissionsschutzrechtlichen Pflichten und nicht auf § 6 Abs. 1 Nr. 2 BImSchG Bezug genommen wird, sind Änderungen, die sich auf die Legalität nach anderen öffentlich-rechtlichen Vorschriften auswirken würden (z. B. Bau- und Landschaftsrecht), kein Anlass für ein immissionsschutzrechtliches Genehmigungsverfahren. Die Immissionsschutzbehörde muss diese Aspekte bei der Anzeige nach § 15 BImSchG auch nicht prüfen, was allerdings nicht ausschließt, dass vom Anlagenbetreiber ein fachrechtliches Genehmigungsverfahren durchzuführen ist.[698]

---

696 *Jarass*, BImSchG, § 15 Rn. 22.
697 *Jarass*, BImSchG, § 15 Rn. 17.
698 *Reidt/Schiller* in Landmann/Rohmer, UmweltR, BImSchG § 16 Rn. 81.

Der Anzeige sind Unterlagen i. S. d. § 10 Abs. 1 Satz 2 BImSchG beizufügen, soweit diese für die Prüfung, ob das Vorhaben genehmigungsbedürftig ist, erforderlich sein können. Die zuständige Behörde hat unverzüglich – spätestens innerhalb eines Monats nach Eingang der Anzeige und erforderlichen Unterlagen – zu prüfen, ob die Änderung einer Genehmigung bedarf. Ist dies nicht der Fall oder äußert sich die Behörde innerhalb der Frist nicht, darf mit der Änderung begonnen werden (§ 15 Abs. 2 Satz 1 und 2 BImSchG).

Handelt es sich um eine wesentliche Änderung nach § 16 Abs. 1 Satz 1 Halbs. 1 BImSchG, d. h. um eine Änderung der Lage, der Beschaffenheit oder des Betriebs einer genehmigungsbedürftigen Anlage, durch die nachteilige Auswirkungen hervorgerufen werden können und die für die Prüfung nach § 6 Abs. 1 Nr. 1 erheblich sein können, führt dies zur Genehmigungspflicht. Nachteilig sind Auswirkungen, wenn die Schutzgüter des § 1 BImSchG im Vergleich zum bisher genehmigten Zustand stärkeren Belastungen ausgesetzt werden.[699] Es genügt insoweit die bloße Möglichkeit, eine Abwägung von Vor- und Nachteilen findet ebenfalls nicht statt.[700] Erheblich für die Prüfung sind die Auswirkungen, wenn sie relevant für die Prüfung sind, ob die immissionsschutzrechtlichen Grundpflichten (§ 5 BImSchG, BImSchV'en) eingehalten sind.[701] Grundsätzlich als wesentliche Änderung einzustufen sind auch Änderungen aufgrund von nachträglichen Anordnungen gem. § 17 Abs. 1 BImSchG, wobei sich im Umkehrschluss[702] aus § 17 Abs. 4 Satz 1 BImSchG ergibt, dass die Genehmigungspflicht nach § 16 BImSchG nur dann besteht, wenn in der Anordnung nicht abschließend bestimmt ist, in welcher Weise die Änderung zu erfüllen ist.

Ist sichergestellt, dass die die Pflichten nach § 5 bzw. den einschlägigen immissionsschutzrechtlichen Verordnungen eingehalten werden und sind die nachteiligen Auswirkungen offensichtlich gering, entfällt nach der Bagatellregelung des § 16 Abs. 1 Satz 2 BImSchG die Genehmigungspflicht. Der Maßstab hierfür ist relativ und setzt voraus, dass die Immissionsschutzbehörde ohne vertiefte Prüfung feststellen kann, dass die Veränderungen im Einzelfall vernachlässigbar sind.[703]

Ein Genehmigungsverfahren ist dagegen stets erforderlich, wenn die Änderung oder Erweiterung des Betriebs einer genehmigungsbedürftigen Anlage für sich genommen die Leistungsgrenzen oder Anlagengrößen des Anhangs I 4. BImSchV erreicht (§ 16 Abs. 1 Satz 1 Halbs. 2 BImSchG).

Die Verfahrensart für die Änderungsgenehmigung richtet sich danach, welche für die Ursprungsgenehmigung einschlägig war (vgl. § 16 Abs. 2 Satz 3 BImSchG). Jedoch ist beim förmlichen Verfahren gem. § 16 Abs. 2 Satz 1 BImSchG keine Bekanntmachung oder Auslegung erforderlich, wenn der Träger des Vorhabens dies beantragt und erhebliche nachteilige Auswir-

---

699 *Reidt/Schiller*, Landmann/Rohmer, UmweltR, BImSchG § 16 Rn. 74.

700 Str., aber h. M. *Reidt/Schiller* in Landmann/Rohmer, UmweltR, BImSchG § 16 Rn. 83.

701 *Reidt/Schiller* in Landmann/Rohmer, UmweltR, BImSchG § 16 Rn. 82.

702 *Kloepfer*, Umweltrecht, § 15 Rn. 259.

703 *Reidt/Schiller* in Landmann/Rohmer, UmweltR, BImSchG § 16 Rn. 95 f.

kungen auf in § 1 genannte Schutzgüter nicht zu besorgen sind. Dies ist insbes. dann der Fall, wenn erkennbar ist, dass die Auswirkungen durch die getroffenen oder vom Vorhabenträger vorgesehenen Maßnahmen ausgeschlossen werden oder die Nachteile im Verhältnis zu den jeweils vergleichbaren Vorteilen gering sind (§ 16 Abs. 2 Satz 2 BImSchG).

Bei der Modernisierung von Windenergieanlagen („Repowering"-Vorhaben, d. h. den vollständigen oder teilweisen Austausch von Anlagen oder Betriebssystemen und -geräten zum Austausch von Kapazität oder zur Steigerung der Effizienz oder der Kapazität der Anlage, § 16b Abs. 2 Satz 1 BImSchG) müssen auf Antrag des Vorhabenträgers im Rahmen des Änderungsgenehmigungsverfahrens nur Anforderungen geprüft werden, soweit durch das Repowering im Verhältnis zum gegenwärtigen Zustand unter Berücksichtigung der auszutauschenden Anlage nachteilige Auswirkungen hervorgerufen werden und diese für die Prüfung nach § 6 erheblich sein können (§ 16b Abs. 1 BImSchG). Das materiell-rechtliche Prüfprogramm, aber auch das Verfahren (Verzicht auf Erörterungstermin, § 16b Abs. 5 BImSchG) wird zwar erleichtert. Jedoch bleibt die Prüfung anderer öffentlich-rechtlicher Vorschriften, insbes. des Raumordnungs-, Bauplanungs- und Bauordnungsrechts sowie der Belange des Arbeitsschutzes nach § 6 Abs. 1 Nr. 2 BImSchG nach § 16b Abs. 4 BImSchG unberührt. Es kommt in diesen Fällen für ein vereinfachtes Repowering daher auch maßgeblich darauf an, inwieweit nach den anderen öffentlich-rechtlichen Vorschriften solche Vorhaben erleichtert werden sollen (z. B. § 45c BNatSchG, § 249 Abs. 3 BauGB).

5.5.1.7 Einstellung des Anlagenbetriebs

Wird der Betrieb einer genehmigungsbedürftigen Anlage dauerhaft eingestellt, ergeben sich aus § 5 Abs. 3 und 4 BImSchG bestimmte Nachsorgepflichten. Diese Pflichten betreffen insbes. die Vorkehrung vor weiteren schädlichen Umwelteinwirkungen und sonstigen Gefahren nach der Betriebseinstellung (§ 5 Abs. 3 Nr. 1 BImSchG), ferner, dass vorhandene Abfälle ordnungsgemäß verwertet oder beseitigt werden (§ 5 Abs. 3 Nr. 2 BImSchG) und die Wiederherstellung eines ordnungsgemäßen Zustands des Anlagengrundstücks gewährleistet ist (§ 5 Abs. 3 Nr. 3 BImSchG). Zu den Nachsorgepflichten aus § 5 Abs. 3 Nr. 1 BImSchG gehört auch, dass durch den Anlagenbetrieb eingetretene Bodenverunreinigungen zu beseitigen sind bzw. das Erdreich auszukoffern und von den Schadstoffen zu klären ist, wobei eine vollständige Grundstückssanierung eine Frage der Verhältnismäßigkeit wäre.[704] Die Abfallbeseitigungspflicht gilt auch für verbliebene Roh- und Hilfsstoffe, wenn ihre wirtschaftliche Verwertung ausgeschlossen ist.[705]

Gemäß § 15 Abs. 3 BImSchG ist vom Anlagenbetreiber der Zeitpunkt der beabsichtigten Betriebseinstellung unverzüglich mitzuteilen. Diese Pflicht

---

704 *Dietlein* in Landmann/Rohmer, UmweltR, BImSchG § 5 Rn. 223 ff.

705 *Schmidt-Kötters* in BeckOK UmweltR, BImSchG § 5 Rn. 178.

bleibt auch bestehen, wenn der Betrieb bereits tatsächlich eingestellt wurde.[706] Für die Anzeige kommt es nicht darauf an, dass alle Maßnahmen zur Erfüllung der Nachsorgepflichten abgeschlossen sind. Mit der Anzeige vorzulegen sind aber eine Beschreibung der Stilllegungsmaßnahmen, des Zustands der Anlage und des Anlagengrundstücks sowie Angaben über geplante Sicherungsmaßnahmen für ggf. auf dem Grundstück verbleibende Risiken. In der Regel zu verlangen sind auch Angaben zum Bodenzustand und über Art, Menge und Zustand der vorhandenen und der noch zu erwartenden Abfälle sowie deren geplante Entsorgung.[707] Bei nicht vorgenommener oder unvollständiger Anzeige muss die Immissionsschutzbehörde über § 52 Abs. 1 BImSchG darauf hinwirken, dass die Anzeige vorgenommen bzw. vervollständigt wird.

5.5.2 Untersagung, Stilllegung und Beseitigung von Anlagen

Erfüllt der Betreiber einer genehmigungsbedürftigen Anlage eine Auflage, vollziehbare nachträgliche Anordnung oder abschließend bestimmte Pflicht aus einer BImSchV, die den Betrieb der Anlage betrifft, nicht, kann die Immissionsschutzbehörde den Betrieb bis zur Erfüllung der Anforderungen ganz oder teilweise untersagen (§ 20 Abs. 1 Satz 1 BImSchG). Führt der Verstoß zu einer unmittelbaren Gefährdung der menschlichen Gesundheit oder unmittelbaren erheblichen Gefährdung der Umwelt, besteht kein Ermessen, und die Behörde hat den Betrieb zu untersagen (§ 20 Abs. 1 Satz 2 BImSchG).

Wird eine Anlage ohne entsprechende Genehmigung errichtet, betrieben oder wesentlich geändert, sieht § 20 Abs. 2 BImSchG als Konsequenz eine Stilllegung oder Beseitigung vor. Nach § 20 Abs. 2 Satz 1 BImSchG „soll", d. h. im Regelfall: muss die zuständige Behörde eine der beiden Maßnahmen anordnen, wobei die Beseitigung nach den Grundsätzen der Erforderlichkeit voraussetzt, dass die reine Stilllegung für die Gefahrenabwehr nicht ausreichend ist, was z. B. bei rein formeller Rechtswidrigkeit nicht der Fall sein dürfte.[708] Wenn „die Allgemeinheit oder die Nachbarschaft" nicht auf andere Weise ausreichend geschützt werden kann, „hat" die Immissionsschutzbehörde die Beseitigung zu fordern (§ 20 Abs. 2 Satz 2 BImSchG). Schutzvorkehrungen für die Allgemeinheit und die Nachbarschaft sind, wenn sie in Betracht kommen, als milderes Mittel gestützt über dieselbe Rechtsgrundlage anzuordnen.[709]

Soweit das Ermessen nach § 20 Abs. 2 Satz 1 BImSchG besteht, ist wegen der „Soll"-Formulierung ein Nichteinschreiten der Immissionsschutzbehörde nur bei Vorliegen besonderer Gründe (Atypik) ermessensfehlerfrei. Eine atypische Fallkonstellation ist noch nicht darin zu sehen, dass eine nicht

---

706 *Schiller* in Landmann/Rohmer, UmweltR, BImSchG § 15 Rn. 97.

707 *Jarass*, BImSchG, § 15 Rn. 55.

708 *Jarass*, BImSchG, § 20 Rn. 49.

709 *Hansmann/Röckinghausen* in Landmann/Rohmer, UmweltR, BImSchG § 20 Rn. 52.

genehmigte Anlage materiell genehmigungsfähig ist.[710] Anders kann dies zu beurteilen sein, wenn der Betreiber seinerseits alles dafür getan hat, um die Genehmigung zeitnah zu erlangen.[711] In der Abwägung der Ermessensgesichtspunkte kommt es dann auch auf das Verhalten und die Interessenlage des Anlagenbetreibers einerseits und die Belange der Nachbarschaft anderseits an. Schließlich ist das öffentliche Interesse an der Unterbindung ungenehmigter Betriebe nicht gering zu gewichten, da es sich nach §§ 325, 325a, 327 Abs. 2 Nr. 1 StGB nicht nur um Bußgeld-, sondern sogar um Straftatbestände handelt.

Beispiel:
Hat die Behörde einen genehmigungsfähigen Antrag nach Ablauf der Frist des § 10 Abs. 6a Satz 1 BImSchG ohne erkennbaren Grund nicht beschieden, bestehen keine Bedenken hinsichtlich der Nachbarschaft und hängt an dem Betrieb eine Vielzahl von Arbeitsplätzen, kann ausnahmsweise ein Nichteinschreiten in Betracht kommen.

5.5.3 Widerruf von Genehmigung und Vorbescheid

Unter den spezialgesetzlichen Voraussetzungen des § 21 Abs. 1 BImSchG kann eine immissionsschutzrechtliche Genehmigung widerrufen werden. Die Norm ist über die Verweisung in § 9 Abs. 3 BImSchG auf Vorbescheide entsprechend anzuwenden. § 21 BImSchG geht § 49 VwVfG vor, wobei § 21 Abs. 1 BImSchG mit § 49 Abs. 2 VwVfG mehr oder weniger identisch ist. Im Gegensatz dazu gilt für die Rücknahme einer Genehmigung auch im Immissionsschutzrecht § 48 VwVfG.

Besonderheiten des Widerrufs liegen vor allem im Ermessen, wenn es um die Widerrufsgründe des § 21 Abs. 1 Nr. 3 bis 5 BImSchG geht, also bei Fallkonstellationen, in denen entweder rechtswidrige Zustände der Anlage in Frage stehen oder die Behörde auf Änderungen der Sach- und Rechtslage reagieren muss. Im BImSchG sind eine Reihe von Vorschriften vorgesehen, um den Anlagenbetrieb nach einer Genehmigung regulieren zu können, die mit Blick auf die Verhältnismäßigkeit und die grundrechtlich geschützten Interessen des Anlagenbetreibers als weniger einschneidendes Mittel in Betracht kommen. Die Genehmigung darf deshalb nicht widerrufen werden, wenn das damit angestrebte Ziel auch durch eine nachträgliche Anordnung nach § 17 BImSchG, durch die Durchsetzung einer Auflage oder eine Untersagungsverfügung nach § 20 Abs. 1 BImSchG erreicht werden kann.[712]

---

710 *Hansmann/Röckinghausen* in Landmann/Rohmer, UmweltR, BImSchG § 20 Rn. 50.
711 OVG NRW, BauR 1974 S. 266; NdsOVG, NVwZ-RR 2014 S. 300, 301.
712 *Hansmann/Röckinghausen* in Landmann/Rohmer, UmweltR, BImSchG § 21 Rn. 52.

5.5.4 Nicht genehmigungsbedürftige Anlagen

Anlagen i. S. d. § 3 Abs. 5 BImSchG, die nicht der Genehmigungspflicht unterliegen, haben über § 22 Abs. 1 BImSchG dennoch immissionsschutzrechtliche Pflichten. Neben der Voraussetzung, dass für die Anlage keine Genehmigungsbedürftigkeit besteht (was auch der Fall sein kann, weil sie einen Schwellenwert der 4. BImSchV noch nicht erreicht), kommt es für die Anwendbarkeit der §§ 22 ff. BImSchG deshalb in besonderem Maße darauf an, dass der Anlagenbegriff erfüllt ist (s. Kap. 5.4.1) und die Anlage auch sonst dem Anwendungsbereich des BImSchG unterfällt[713]. Dabei gilt es insbes. auch, anlage- von verhaltensbedingten Emissionen abzugrenzen, weil Letztere dem Länderrecht zugewiesen sind und nicht unter den Anwendungsbereich des BImSchG fallen können. Besondere Probleme bereiten insoweit Anlagen, bei denen eigentlich erst das menschliche Verhalten die Emissionen hervorruft. Diese Fälle werden dem anlagenbezogenen Immissionsschutz zugerechnet, wenn die Anlage ihrer Funktion nach auf eine emissionsträchtige Nutzung angelegt ist.[714]

> ***Beispiele:***
> *Grillplätze oder Freiluftbühnen sind ortsfeste Einrichtungen nach § 3 Abs. 5 Nr. 1 BImSchG, Flächen, die nicht für diese Nutzung angelegt sind, z. B. eine einfache Wiese, hingegen nicht.*[715]

Vergleichbar § 5 Abs. 1 BImSchG regelt § 22 Abs. 1 BImSchG bestimmte Grundpflichten. Danach sind nicht genehmigungsbedürftige Anlagen so zu errichten und zu betreiben, dass

- schädliche Umwelteinwirkungen verhindert werden, die nach dem Stand der Technik vermeidbar sind,
- nach dem Stand der Technik unvermeidbare schädliche Umwelteinwirkungen auf ein Mindestmaß beschränkt werden und
- die beim Betrieb der Anlagen entstehenden Abfälle ordnungsgemäß beseitigt werden können.

Auch wenn insoweit gewisse Ähnlichkeiten mit § 5 Abs. 1 BImSchG bestehen, sind die Grundpflichten für nicht genehmigungsbedürftige Anlagen deutlich einfacher konzipiert. So betreffen die Vermeidungs- und Minimierungspflichten (§ 22 Abs. 1 Satz 1 Nr. 1 und 2 BImSchG) nicht wie in § 5 Abs. 1 Nr. 1 BImSchG auch sonstige Gefahren, erhebliche Nachteile und erhebliche Belästigungen für die Allgemeinheit und die Nachbarschaft. Gleichwohl sind sie, auch wenn Bezug auf die Nachbarschaft im Wortlaut

---

713 Für Flugplätze, soweit sie die dem Flugverkehr dienen, gilt dies etwa nicht, vgl. *Jarass*, BImSchG, § 22 Rn. 6.

714 *Kahl/Gärditz*, Umweltrecht, § 7 Rn. 124.

715 BT-Drs. 17/4836 S. 5.

fehlt, drittschützend.[716] Ebenfalls nicht ausdrücklich genannt werden Vorsorgeanforderungen, wie sie für genehmigungsbedürftige Anlagen charakteristisch sind. Nach h. M. lassen sich diese auch nicht in § 22 Abs. 1 BImSchG hineinlesen;[717] allerdings können in Rechtsverordnungen Anforderungen an die Errichtung, die Beschaffenheit und den Betrieb nicht genehmigungsbedürftiger Anlagen gestellt werden, die auch Vorsorgeaspekte betreffen.[718] Neben dem Bund können dabei auch die Länder solche Verordnungen erlassen.

Zu diesen Verordnungen zählen beispielsweise:

- Verordnung über kleine und mittlere Feuerungsanlagen (1. BImSchV),
- Verordnung zur Emissionsbegrenzung von leichtflüchtigen halogenierten organischen Verbindungen (2. BImSchV),
- Verordnung zur Auswurfbegrenzung von Holzstaub (7. BImSchV),
- Sportanlagenlärmschutzverordnung (18. BImSchV),
- Geräte- und Maschinenlärmschutzverordnung (32. BImSchV).

Schädliche Umwelteinwirkungen müssen nach dem Stand der Technik vermieden, oder – wenn sie unvermeidbar sind – nach dem Stand der Technik auf ein Mindestmaß beschränkt werden. Wie die Erheblichkeit von Nacheilen oder Belästigungen i. S. d. § 3 Abs. 1 BImSchG und das Mindestmaß i. S. d. § 22 Abs. 1 Satz 1 Nr. 2 BImSchG zu bestimmen sind, richtet sich neben den Rechtsverordnungen und Verwaltungsvorschriften wie der TA Lärm oder der TA Luft jeweils nach einer wertenden Gesamtbeurteilung im Sinne einer Güterabwägung im Einzelfall.[719] Dies gilt insbes. für Lichtimmissionen, für die es keine einschlägigen Vorschriften oder Regelwerke zur Bestimmung der Erheblichkeitsschwelle gibt.[720]

Beispiel:
Eine Anwohnerin fühlt sich von einem Scheinwerfer gestört, der bei der benachbarten Autowaschanlage die ganze Nacht hindurch leuchtet und zur Raumaufhellung in ihrem Wohnzimmer führt, das sie auch als Schlafzimmer nutzt. Zu berücksichtigen wäre einerseits die durch die Gebietsart und die tatsächlichen Verhältnisse bestimmte Schutzwürdigkeit und Schutzbedürftigkeit der betroffenen Nachbarschaft, wobei wertende Elemente wie Herkömmlichkeit, soziale Adäquanz und allgemeine Akzeptanz einzubeziehen sind. Andererseits wäre aber auch zu berücksichtigen, inwieweit zumutbare Eigenmaßnahmen der Nachbarschaft in Frage kommen.[721]

---

716 *Jarass*, BImSchG, § 22 Rn. 75.
717 *Heilshorn/Sparwasser* in Landmann/Rohmer, UmweltR, BImSchG § 22 Rn. 38 ff.
718 *Jarass*, BImSchG, § 23 Rn. 6.
719 *Heilshorn/Sparwasser* in Landmann/Rohmer, UmweltR, BImSchG § 22 Rn. 16.
720 *Heilshorn/Sparwasser* in Landmann/Rohmer, UmweltR, BImSchG § 22 Rn. 27.
721 OVG NRW, Urt. vom 15.3.2007 – 10 A 998/06 –.

Zur Beurteilung von Freizeitlärm ergeben sich Anhaltspunkte aus den vom Länderausschuss für Immissionsschutz (LAI) erarbeiteten Hinweisen.[722] Für Kindertageseinrichtungen oder Kinderspielplätze regelt § 22 Abs. 1a BImSchG vorsorglich, dass Geräuscheinwirkungen, die durch Kinder hervorgerufen werden, im Regelfall keine schädliche Umwelteinwirkung sind und für die Beurteilung auch nicht die ansonsten üblichen Immissionsgrenz- und -richtwerte herangezogen werden dürfen.

Über Anordnungen nach § 24 BImSchG kann die Immissionsschutzbehörde im Einzelfall sicherstellen, dass die Grundpflichten des § 22 BImSchG und die Rechtsverordnungen nach § 23 BImSchG eingehalten werden.

Beispiel:
Aus Lärmschutzgründen wird einem Lebensmittelmarkt die Warenanlieferung von 22 bis 6 Uhr untersagt.[723]

Für die Durchführung ist dem Anlagenbetreiber eine angemessene Frist zu setzen.[724] Gefordert werden können alle Maßnahmen, die geeignet, erforderlich und verhältnismäßig sind, was nach mittlerweile wohl h. M. auch bis zur (vollständigen) Untersagung des Betriebs führen kann.[725] Die Gegenauffassung stützte sich darauf, dass nach § 25 Abs. 1 BImSchG der Betrieb ganz oder teilweise untersagt werden kann, wenn der Betreiber einer Anlage einer vollziehbaren behördlichen Anordnung nach § 24 Satz 1 BImSchG nicht nachkommt bzw. nach § 25 Abs. 2 BImSchG der Betrieb ganz oder teilweise untersagt werden soll, wenn die von einer Anlage hervorgerufenen schädlichen Umwelteinwirkungen das Leben oder die Gesundheit von Menschen oder bedeutende Sachwerte gefährden und keine anderweitige Abwehr der Gefahren möglich ist.

5.5.5 Überwachung von Anlagen

§ 52 Abs. 1 BImSchG weist den Immissionsschutzbehörden die Aufgabe zu, den Betrieb von Anlagen zu überwachen. Dies gilt sowohl für genehmigungsbedürftige wie nicht genehmigungsbedürftige Anlagen.[726] Zur Überwachung von Anlagen gehört nach § 52 Abs. 1 Satz 3 BImSchG auch die regelmäßige Überprüfung der Genehmigungen und, soweit erforderlich, die Genehmigung durch nachträgliche Anordnungen nach § 17 BImSchG auf

722 Freizeitlärm-Richtlinie der LAI vom 6.3.2015, online abrufbar unter https://www.lai-immissionsschutz.de/documents/freizeitlaermrichtline_1503575715.pdf (zuletzt abgerufen am 10.9.2023).

723 VG München, Beschl. vom 7.11.2012 – M 1 S 12.4465 –.

724 *Jarass*, BImSchG, § 24 Rn. 13.

725 *Jarass*, BImSchG, § 24 Rn. 11; *Heilshorn/Sparwasser* in Landmann/Rohmer, UmweltR, BImSchG § 24 Rn. 60.

726 *Hansmann/Röckinghausen* in Landmann/Rohmer, UmweltR, BImSchG § 52 Rn. 16.

den neuesten Stand zu bringen. Ergänzend dazu enthalten die Absätze 2, 3 und 6 diverse Befugnisse der Behörden zur Informationsbeschaffung.

Eindeutig ist, dass über die Überwachungsbefugnis (unselbstständige) Anordnungen getroffen werden können, um die gesetzlichen Auskunfts-, Duldungs- und Mitwirkungspflichten der Anlagenbetreiber durchzusetzen.[727] Nach umstrittener, aber wohl zutreffender Auffassung ist § 52 Abs. 1 Satz 2 BImSchG auch als generelle Befugnisnorm zu lesen, die erforderlichen Maßnahmen zur materiell-rechtlichen Einhaltung des BImSchG und seiner Verordnungen zu treffen.[728] Allerdings ist der Anwendungsbereich der Norm insofern begrenzt, als etwa in §§ 12, 17, 20, 21, 24 und 25 BImSchG speziellere Eingriffsbefugnisse geregelt sind. Dies gilt insbes. für § 17 Abs. 1 Satz 2 BImSchG (nachträgliche Anordnungen zur Gefahrenabwehr) und § 20 Abs. 2 BImSchG (Stilllegung illegal betriebener Anlagen).

Art und Häufigkeit von Überwachungsmaßnahmen liegen im Rahmen von § 52 Abs. 1 BImSchG der Immissionsschutzbehörde. Dieses Ermessen wird bei der Aufstellung von Überwachungsplänen und Überwachungsprogrammen für IE-Anlagen nach § 52a BImSchG eingeschränkt.[729]

5.6 Bezüge und Abgrenzung zum übrigen Umweltrecht

Starke Bezüge und häufig einen Vorrang hat das Immissionsschutzrecht gegenüber dem Abfallrecht – dies vor allem deshalb, da der Betrieb vieler Anlagen die Entstehung von Abfall zur Folge hat und Abfallverwertungs- und -beseitigungsanlagen in der Regel Teil der 4. BImSchV sind. Die Hierarchie von Abfallvermeidung, -verwertung und -beseitigung bei anlagenbezogenen Abfällen ist in § 5 Abs. 1 Nr. 3 BImSchG als eigene immissionsschutzrechtliche Pflicht ausgestaltet. Die insoweit erforderliche Überwachung bleibt damit auch nach Erteilung der immissionsschutzrechtlichen Genehmigung und dem Wegfall ihrer Konzentrationswirkung Sache der Immissions- und nicht der Abfallbehörden. Für Abfälle des KrWG geht das BImSchG gem. § 13 KrWG vor. Der Abfallbegriff des § 3 Abs. 1 KrWG (Einzelheiten in Kap. 6.4.1.1), genauso wie das Ende der Abfalleigenschaft (s. Kap. 6.4.1.5) gelten auch im Rahmen des BImSchG.[730] Ein relevanter Unterschied zum KrWG ist die in § 2 Abs. 3 BImSchG deutlich geringere Zahl von Bereichsausnahmen (nur Luftverunreinigungen, Böden in situ und Bodenmaterialien). Dadurch unterfallen mehr Abfälle den immissionsschutzrechtlichen Vorschriften als dem Kreislaufwirtschaftsrecht.

727 *Hansmann/Röckinghausen* in Landmann/Rohmer, UmweltR, BImSchG § 52 Rn. 19; *Jarass*, BImSchG, § 52 Rn. 58

728 *Hansmann/Röckinghausen* in Landmann/Rohmer, UmweltR, BImSchG § 52 Rn. 20.

729 *Röckinghausen* in Landmann/Rohmer, UmweltR, BImSchG § 52a Rn. 1.

730 *Petersen* in Jarass/Petersen, KrWG, § 13 Rn. 19, 24.

Das Bodenschutzrecht wird verdrängt, solange die Betreiberpflichten in Bezug auf das Anlagengrundstück nach dem BImSchG durchgesetzt werden können.

Neben dem Immissionsschutzrecht steht insbes. das Wasserrecht, da die Konzentrationswirkung des § 13 BImSchG nicht Erlaubnisse nach § 8 WHG umfasst. Hingegen schließt die immissionsschutzrechtliche Genehmigung die naturschutzrechtliche Eingriffsregelung mit ein und umfasst auch eine eventuell erforderliche Befreiung nach § 67 BNatSchG. Insoweit entscheidet die Immissionsschutzbehörde zwar selbst (anstelle der Naturschutzbehörde), Beteiligungsrechte von anerkannten Naturschutzvereinigungen (§ 63 BNatSchG) bleiben jedoch bestehen.

6. Kreislaufwirtschaft und Abfall

Haben Produkte oder Stoffe für den Menschen keine Gebrauchsmöglichkeit mehr und können sie auch nicht anderweitig verwertet werden, dann sind für sie nicht nur Ressourcen verbraucht worden, sondern sie können auch Gefahren für die Umwelt bedeuten (zum Teil für die Ewigkeit). Ähnlich wie im Immissionsschutz setzte eine verstärkte öffentlich-rechtliche Auseinandersetzung mit Abfällen ab der zweiten Hälfte des 19. Jahrhunderts zunächst aus Gründen des Gesundheitsschutzes ein.[731] Über die Weiterentwicklung des Abfallrechts mit dem Schwerpunkt in den 1970ern, die Abfallentsorgung umweltverträglicher zu gestalten,[732] entwickelt sich das Kreislaufwirtschaftsrecht aktuell immer mehr zu einer Art Ressourcenverwaltungsrecht weiter, in dem die Frage in den Mittelpunkt gerückt wird, wie vorhandene Materialien als Sekundärrohstoffe genutzt werden können, statt der Erde weitere neue Rohstoffe zu entnehmen und Abfall entstehen zu lassen.[733] Letzteres wirkt sich auch auf den Vollzug in den Abfallbehörden (in Nordrhein-Westfalen: Abfallwirtschaftsbehörden) aus, da die klassische Gefahrenabwehr in diesen Bereichen zunehmend weniger eine Rolle spielt.

6.1 Schutzgut und Regelungsbereich

Laut § 1 Abs. 1 KrWG ist es der Zweck dieses Gesetzes, die Kreislaufwirtschaft zur Schonung der natürlichen Ressourcen zu fördern und den Schutz von Mensch und Umwelt bei der Erzeugung und Bewirtschaftung von Abfällen sicherzustellen. Anlass und auch heute noch einer der wichtigsten Zwecke des Abfallrechts ist der geregelte Verbleib von Abfällen, da bei einer unkontrollierten Besitzaufgabe die Gefahr von Umweltschäden droht. Der einfache Grundsatz lautet: Wer Abfälle besitzt, hat sie so zu beseitigen, dass das Wohl der Allgemeinheit nicht beeinträchtigt wird (§ 15 Abs. 1, 2 KrWG). Damit dies auch tatsächlich passiert, besteht für Erzeuger oder Besitzer von Abfällen aus Privathaushalten die Pflicht, bestimmte Abfälle den öffentlich-rechtlichen Entsorgungsträgern zu überlassen (§ 17 KrWG).

Beispiel:
Restmüll- und Papiertonne, die – organisiert von den Kommunen – regelmäßig geleert werden.

---

731 *Wolf*, ZUR 2017 S. 579.

732 *Jarass* in Jarass/Petersen, KrWG, Einführung I Rn. 19.

733 *Beckmann* in Landmann/Rohmer, UmweltR, KrWG § 1 Rn. 9.

Die reine Betrachtung der ordnungsgemäßen Entsorgung von Abfällen steht jedoch nicht gerade für einen sparsamen Umgang mit Ressourcen und den bestmöglichen Schutz der Umwelt, auch wenn bei der heutigen thermischen Verwertung von Abfällen schon deutliche Verbesserungen hinsichtlich der verbleibenden Schadstoffe gegenüber der früheren reinen Deponierung erreicht worden sind. Außerdem machen die früher stärker im Fokus stehenden Siedlungsabfälle heutzutage nur noch etwa 13 % des Abfallaufkommens aus (gegenüber mehr als 50 % durch die Bau- und Abbruchwirtschaft).[734]

Im Jahr 1994 trat im Gesetzestitel der Begriff der Kreislaufwirtschaft an die Stelle des „Abfalls". Ziel war es, neben der bloßen Abfallbeseitigung auch die Abfallvermeidung und die Wieder- und Weiterverwendung von Stoffen zu regeln bzw. fördern.[735] Im Idealfall muss ein Stoff oder Gegenstand nach dem Ende seiner Verwendung gar nicht entsorgt (z. B. thermisch verwertet oder deponiert) werden, sondern kann aufbereitet und in neuer Form weiter genutzt werden (Kreislauf). Das heutige „Abfallrecht" kennt daher eine sog. „ganzheitliche Produktverantwortung". Es bezieht auch die Hersteller und Inverkehrbringer von Produkten in die Pflicht zur späteren Entsorgung mit ein, z. B. durch Rücknahmepflichten.

Die Themen „Abfallvermeidung" und „Wiederverwertung von Stoffen" wurden insbes. durch die Umsetzung der EU-Abfallrahmenrichtlinie im Jahr 2020 noch stärker im Gesetz verankert. Die Produktverantwortung berücksichtigt heute auch den sparsamen Umgang mit Materialien, den verstärkten Einsatz von recycelten Stoffen oder die Reparierbarkeit von Produkten.

Während das Kreislaufwirtschaftsrecht bezogen auf die Behandlung von Abfällen ein vollständiges Regelungssystem darstellt (und damit im Kern immer noch zutreffend als „Abfallrecht" fungiert), sind die Regelungen im Bereich der Produkte nur punktueller Art und davon geprägt, inwieweit durch die Regulierung ein Vermeiden von Abfällen oder eine Verstärkung von Recyclingverfahren erreicht werden kann.

Beispiel:
Mindestrezyklatgehalte und Vorgaben zur Entfernbarkeit und Austauschbarkeit von Batterien (EU-Batterieverordnung), Einwegkunststoffkennzeichnungsverordnung, Anforderungen an Kunststofftragetaschen (§ 5 Abs. 2 VerpackG), Mehrwegalternativen in der Gastronomie (§ 33 VerpackG)

734 *Koch/Hofmann/Reese*, Umweltrecht, § 6 Rn. 1.

735 *Jarass* in Jarass/Petersen, KrWG, Einführung I Rn. 25.

6.2 Vorschriften und europarechtlicher Hintergrund

6.2.1 Bundesrecht

- Gesetz zur Förderung der Kreislaufwirtschaft und Sicherung der umweltverträglichen Bewirtschaftung von Abfällen (Kreislaufwirtschaftsgesetz – KrWG)
- Verordnung über das Europäische Abfallverzeichnis (Abfallverzeichnis-Verordnung – AVV)
- Verordnung über das Anzeige- und Erlaubnisverfahren für Sammler, Beförderer, Händler und Makler von Abfällen (Anzeige- und Erlaubnisverordnung – AbfAEV)
- Verordnung über die Nachweisführung bei der Entsorgung von Abfällen (Nachweisverordnung – NachwV)
- Gesetz über das Inverkehrbringen, die Rücknahme und die umweltverträgliche Entsorgung von Batterien und Akkumulatoren (Batteriegesetz – BattG)
- Verordnung über die Überlassung, Rücknahme und umweltverträgliche Entsorgung von Altfahrzeugen (Altfahrzeug-Verordnung – AltfahrzeugV)
- Verordnung über Anforderungen an die Verwertung und Beseitigung von Altholz (Altholzverordnung – AltholzV)
- Verordnung über die Verwertung von Bioabfällen auf landwirtschaftlich, forstwirtschaftlich und gärtnerisch genutzten Böden (Bioabfallverordnung – BioAbfV)
- Verordnung über das Verbot des Inverkehrbringens von bestimmten Einwegkunststoffprodukten und von Produkten aus oxo-abbaubarem Kunststoff (Einwegkunststoffverbotsverordnung – EWKVerbotsV)
- Verordnung über die Beschaffenheit und Kennzeichnung von bestimmten Einwegkunststoffprodukten (Einwegkunststoffkennzeichnungsverordnung – EWKKennzV)
- Gesetz über das Inverkehrbringen, die Rücknahme und die umweltverträgliche Entsorgung von Elektro- und Elektronikgeräten (Elektro- und Elektronikgerätegesetz – ElektroG)
- Verordnung über die Entsorgung von gewerblichen Siedlungsabfällen und von bestimmten Bau- und Abbruchabfällen (Gewerbeabfallverordnung – GewAbfV)
- Klärschlammverordnung (AbfKlärV)
- Gesetz über das Inverkehrbringen, die Rücknahme und die hochwertige Verwertung von Verpackungen (VerpackG)
- Verordnung über Deponien und Langzeitlager (Deponieverordnung – DepV)
- Verordnung über Anforderungen an den Einbau von mineralischen Ersatzbaustoffen in technische Bauwerke (Ersatzbaustoffverordnung – ErsatzbaustoffV)

6.2.2 Landesrecht

- Landes-Kreislaufwirtschaftsgesetz (LKreiWiG) Baden-Württemberg
- Bayerisches Abfallwirtschaftsgesetz (BayAbfG)
- Kreislaufwirtschafts- und Abfallgesetz (KrW-/AbfG) Berlin
- Brandenburgisches Abfall- und Bodenschutzgesetz (BbgAbfBodG)
- Bremisches Ausführungsgesetz zum Kreislaufwirtschafts- und Abfallgesetz (BremAGKrW-/AbfG)
- Hamburgisches Abfallwirtschaftsgesetz (HmbAbfG)
- Hessisches Ausführungsgesetz zum Kreislaufwirtschafts- und Abfallgesetz (HAKA)
- Abfallwirtschaftsgesetz für Mecklenburg-Vorpommern (AbfWG M-V)
- Niedersächsisches Abfallgesetz (NAbfG)
- Landeskreislaufwirtschaftsgesetz Nordrhein-Westfalen (LKrWG NRW)
- Landeskreislaufwirtschaftsgesetz Rheinland-Pfalz (LKrWG RP)
- Saarländisches Abfallwirtschaftsgesetz (SAWG)
- Sächsisches Kreislaufwirtschafts- und Bodenschutzgesetz (SächsKrWBodSchG)
- Abfallgesetz des Landes Sachsen-Anhalt (AbfG LSA)
- Landesabfallwirtschaftsgesetz (LAbfWG) Schleswig-Holstein
- Thüringer Ausführungsgesetz zum Kreislaufwirtschaftsgesetz (ThürAGKrWG)

6.2.3 Unionsrechtlicher Hintergrund

- Verordnung (EU) 2023/1542 des Europäischen Parlaments und des Rates vom 12.7.2023 über Batterien und Altbatterien, zur Änderung der Richtlinie 2008/98/EG und der Verordnung (EU) 2019/1020 und zur Aufhebung der Richtlinie 2006/66/EG (EU-Batterieverordnung)
- Verordnung (EG) Nr. 765/2008 des Europäischen Parlaments und des Rates vom 9.7.2008 über die Vorschriften für die Akkreditierung und Marktüberwachung im Zusammenhang mit der Vermarktung von Produkten und zur Aufhebung der Verordnung (EWG) Nr. 339/93 des Rates
- Verordnung (EU) Nummer 715/2013 der Kommission mit Kriterien zur Festlegung, wann bestimmte Arten von Kupferschrott gemäß der Richtlinie 2008/98/EG des Europäischen Parlaments und des Rates nicht mehr als Abfall anzusehen sind
- Verordnung (EU) Nummer 1179/2012 der Kommission mit Kriterien zur Festlegung, wann bestimmte Arten von Bruchglas gemäß der Richtlinie 2008/98/EG des Europäischen Parlaments und des Rates nicht mehr als Abfall anzusehen sind
- Verordnung (EU) Nummer 333/2011 der Kommission mit Kriterien zur Festlegung, wann bestimmte Arten von Schrott gemäß der Richtlinie 2008/98/EG des Europäischen Parlaments und des Rates nicht mehr als Abfall anzusehen sind
- Abfallrahmenrichtlinie 2008/98/EG, zuletzt geändert durch RL (EU) 2018/851

6.3 Rolle der Kommunalverwaltung und Bedeutung für das Klima

In der Sammlung und Entsorgung privater Siedlungsabfälle (verbunden mit einem gemeindlichen Anschluss- und Benutzungszwang) liegt die „althergebrachte" Rolle der Kommunen im Bereich der Abfälle[736] und auch heute noch eine für die Öffentlichkeit gut sichtbare Aufgabe der Daseinsfürsorge[737]. Allerdings ist – da der Anteil nicht verwertbarer Abfälle in den letzten Jahrzehnten zurückgegangen ist – die Überlassung verwertbarer Abfälle an die Kommunen (statt an den Wettbewerb) mittlerweile unter Rechtfertigungsdruck geraten.[738] Wie oben dargestellt wurde, ist das Kreislaufwirtschaftsrecht heute darüber hinaus gekennzeichnet durch spezifische Regelungen für gewerbliche Tätigkeiten (Produktverantwortung), in denen die Unteren Abfallbehörden ebenfalls zuständig sein können (Bsp. Verpackungsgesetz oder abfallrechtliche Marktüberwachung).

Eine weitere Besonderheit des Kreislaufwirtschaftsrechts ist, dass die Kommunen rechtlich in zwei verschiedenen Funktionen auftreten: Als Sonderordnungsbehörden überwachen sie zum einen, ob die Vorschriften über die Entsorgung eingehalten werden (§ 47 KrWG).

> ***Beispiel:***
> *Die Untere Abfallbehörde kontrolliert Betriebe hinsichtlich der Einhaltung der Gewerbeabfallverordnung oder geht gem. § 62 KrWG gegen illegale Abfallablagerungen vor.*

Zum anderen organisieren sie als öffentlich-rechtliche Entsorgungsträger den Umgang mit den in ihrem Gebiet anfallenden und ihnen zu überlassenden Abfällen (§ 20 KrWG). Dies geschieht insbes. durch Abfallwirtschaftskonzepte (§ 21 KrWG) und kommunale Satzungen. Zudem sind die öffentlich-rechtlichen Entsorgungsträger zur Information und Beratung über Möglichkeiten der Vermeidung, Verwertung und Beseitigung von Abfällen verpflichtet (Abfallberatung, § 46 KrWG).

Wegen der durch die Produktverantwortung festgeschriebenen Rücknahme und Verwertung von gebrauchten Einweg-Verkaufsverpackungen existieren neben der durch den öffentlich-rechtlichen Entsorgungsträger organisierten Sammlung auch verbundbasierte Systeme der Privatwirtschaft (Duales System, z. B. Grüner Punkt). Diese können aber für eine haushaltsnahe Erfassung auch die Sammlungen über die Kommunen mitbenutzen (§ 22 Abs. 5 VerpackG). Solche Mitbenutzungsansprüche müssen – vor allem

---

736 *Thärichen*, Grundzüge des Abfallrechts, Rn. 5.

737 Was sich unter anderem darin zeigt, dass die öffentlich-rechtlichen Entsorgungsträger Abfälle aus Privathaushalten zwingend annehmen müssen (*Beckmann* in Landmann/Rohmer, UmweltR, KrWG § 20 Rn. 111).

738 *Petersen/Doumet/Stöhr*, NVwZ 2012 S. 521 (525 f.).

wegen der Frage des finanziellen Ausgleichs – im Detail zwischen Kommunen und den Dualen Systemen mühsam ausverhandelt werden.[739]

Die Zusammenhänge zwischen der Kreislaufwirtschaft und dem Klimaschutz sind erheblich. Etwa 50 % der Treibhausgasemissionen und ca. 90 % des Biodiversitätsverlusts sowie der schädlichen Folgen für den globalen Wasserhaushalt werden durch die Gewinnung, Aufbereitung und Verarbeitung von Rohstoffen verursacht.[740] Der Hauptbeitrag der Kreislaufwirtschaft für das Klima liegt darin, den Verzicht auf Primärrohstoffe durch Recycling und damit die Nutzung von Sekundärrohstoffen zu ermöglichen. Gerade in Deutschland ist das Potential hoch, war doch der durchschnittliche Rohstoffbedarf pro Person und Jahr mit 22,8 t im Jahr 2017 beinahe doppelt so hoch wie im weltweiten Durchschnitt von 12,2 t.[741] Die Vermeidung oder zumindest Wiederverwertung von Abfällen ist Ressourcenschutz und Ressourcenschutz ist Klimaschutz.[742] Dies gilt theoretisch auch am Ende der Abfallhierarchie, d. h. bei der Deponierung. Im Grundsatz dienen Deponien bis heute der endgültigen Abfallbeseitigung. Der Gewinnung von Ressourcen aus den dort lagernden Abfällen wird teilweise ein großes Potential eingeräumt, da mit den früher unvorbehandelten Abfällen z. B. viele Metalle abgelagert wurden. Das Deponierecht sieht einen Rückbau bislang nicht vor, stünde solchen Projekten aber wohl auch nicht entgegen.[743]

6.4 Wichtige Begriffe

Zentraler Dreh- und Angelpunkt für die Einschlägigkeit der meisten Vorschriften im KrWG und der weiteren abfallrechtlichen Gesetze bzw. Verordnungen ist, ob es um den Umgang mit Abfall geht. Die Handhabung des Abfallbegriffs, aber auch des Begriffs des Endes der Abfalleigenschaft (s. dazu Kap. 6.4.1.5), der Produkte und Nebenprodukte (s. Kap. 6.4.3) ist daher von essentieller Bedeutung, um die Zuständigkeit der Abfallbehörde und die materiell-rechtlichen Anforderungen bestimmen zu können.

739 *Thärichen*, Grundzüge des Abfallrechts, Rn. 81, 517 ff.

740 https://www.umweltbundesamt.de/themen/uba-veroeffentlicht-leitsaetze-fuer-die (zuletzt abgerufen am 10.9.2023).

741 *Petersen*, NVwZ 2022, 921.

742 https://www.umweltpakt.bayern.de/rez/informieren/klimaschutz/index.htm (zuletzt abgerufen am 10.9.2023).

743 *Kluth/Smeddinck*, Umweltrecht, § 3 Rn. 140.

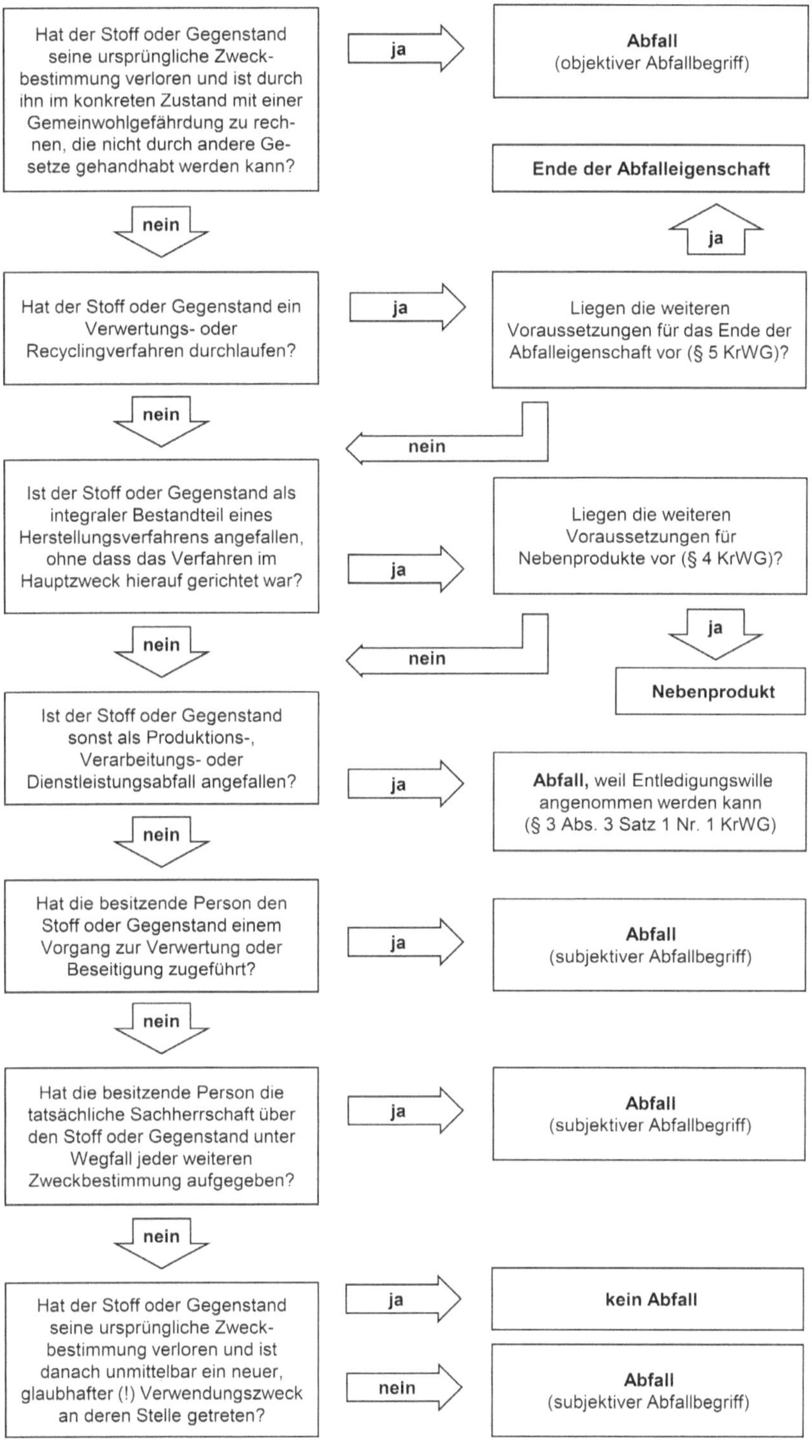

Abb. 11: Schema Feststellung der Abfalleigenschaft

6.4.1 Abfall

Beim Abfallbegriff wird eine bewusst weit gehaltene Definition zugrunde gelegt, die alle Stoffe oder Gegenstände umfasst, derer sich ihr Besitzer entledigt, entledigen will oder entledigen muss (§ 3 Abs. 1 Satz 1 KrWG). Innerhalb des Kreislaufwirtschaftsrechts sind Nebenprodukte (§ 4 KrWG) und Stoffe oder Gegenstände, die nach Ende der Abfalleigenschaft (§ 5 KrWG) zu Sekundärrohstoffen geworden sind – und dadurch Produktstatus erhalten – positiv von Abfällen abzugrenzen. Abfall- und Produktstatus schließen sich gegenseitig aus. Während die Merkmale für Nebenprodukte und das Ende der Abfalleigenschaft im Gesetz vergleichsweise eng definiert sind, gilt bei der Auslegung des Begriffs „Abfall" ein weites Verständnis.[744] Bestehen Zweifel und sind ansonsten die Abfalleigenschaften zu bejahen (insbes. wegen fehlender Zweckbestimmung der Stoffe oder Gegenstände), kann auf die Vermutung zurückgegriffen werden, dass es sich um Abfall handelt.[745]

Etwas überraschend mag zunächst anmuten, dass für die Abfalleigenschaft dem objektiven Zustand einer Sache – insbes. auch deren noch vorhandenem wirtschaftlichen Wert – keine unmittelbare Bedeutung zukommt.[746] Ob für den betroffenen Stoff oder Gegenstand in der AVV ein Abfallschlüssel vorhanden ist (wie „16 01 04" für Altfahrzeuge), spielt für die Einstufung als Abfall genauso wenig eine Rolle wie die Tatsache, dass es für den Stoff oder Gegenstand eine gesetzliche Überlassungspflicht gibt (wie in § 4 Abs. 1 AltfahrzeugV) oder eine rechtliche Norm die Abfalleigenschaft voraussetzt (wie für Klärschlamm in § 2 Abs. 1 AbfKlärV). Die genannten Vorschriften greifen vielmehr erst dann, wenn die Abfalleigenschaft bejaht wird. Wann dies der Fall ist, ist von den Umständen des Einzelfalls und nicht zuletzt vom Verhalten der Besitzer abhängig.[747] Den Ausgangspunkt bildet im Regelfall die Tatsache, dass die ursprüngliche Zweckbestimmung des Stoffs oder Gegenstands nicht mehr gegeben ist.

6.4.1.1 Abfalleigenschaft

Was Abfall ist, ist in § 3 Abs. 1 Satz 1 KrWG legaldefiniert. Abfälle sind alle Stoffe oder Gegenstände, derer sich die besitzende Person entledigt, entledigen will oder entledigen muss. Abfälle zur Verwertung sind Abfälle, die verwertet werden; Abfälle, die nicht verwertet werden, sind Abfälle zur Beseitigung (§ 3 Abs. 1 Satz 2 KrWG). Der Oberbegriff für Verwertung und Beseitigung lautet „Entsorgung" (§ 3 Abs. 22 KrWG).

Die Unterscheidung in Abfälle „zur Verwertung" und „zur Beseitigung" hat vor allem Bedeutung für die landesrechtlichen Andienungs- und Über-

---

744 EuGH, Urt. vom 18.4.2002 – C-9/00 –.
745 *Petersen* in Jarass/Petersen, KrWG, § 4 Rn. 32.
746 EuGH, NVwZ 2020 S. 1737 Rn. 48.
747 EuGH, Urt. vom 4.7.2019 – C-624/17 –; EuGH, Urt. vom 17.11.2022 – C-238/21 –.

lassungspflichten (§ 17 Abs. 4 KrWG).[748] Da verwertbare Abfälle als Handelsgut der unionsrechtlichen Warenverkehrsfreiheit (Art. 34, 35 AEUV) unterliegen, sind an Überlassungspflichten für solche Abfälle höhere Hürden geknüpft.[749] Pflichten zur Überlassung bestehen in der Regel nur für Abfälle zur Beseitigung, werden aber oft erst auf landesrechtlicher Grundlage (Bsp. Art. 7 Abs. 1 BayAbfG, § 5 Abs. 4 LKrWG NRW) in kommunalen Abfallwirtschaftssatzungen angeordnet. In Rheinland-Pflanz besteht hingegen bei gefährlichen Abfällen der Sonderfall einer gesetzlichen Andienungspflicht an das Land (§ 8 Abs. 4 LKrWG RP).

Abfall kann nach § 3 Abs. 1 Satz 1 KrWG potentiell jeder Stoff oder Gegenstand werden. Eine Einschränkung auf bewegliche Sachen oder ihren Zustand (z. B. fest oder flüssig) besteht nicht, was insbes. bei Boden und flüssigen Abfällen zu Abgrenzungsschwierigkeiten führt (s. dazu Kap. 6.4.1.3 und 6.4.1.4). Zu verlangen ist allerdings – wenn es sich nicht um einen Gegenstand handelt – eine körperliche Abgrenzbarkeit der Stoffe.[750] Gasförmige Stoffe, die nicht in Behältern gefasst sind, unterliegen nicht dem KrWG (§ 2 Abs. 2 Nr. 8 KrWG).

Ebenfalls keine Rolle für die Eignung als Abfall spielt, ob der Stoff oder Gegenstand natürlichen Ursprungs ist. Deshalb können auch Pflanzen oder Tiere Abfälle sein (vgl. auch § 3 Abs. 7 KrWG).

Beispiel:
Grünschnitt im Garten.

Im Bereich der biologischen Abfälle sind jedoch die zahlreichen Ausnahmen von der Unterwerfung unter die Vorschriften des Abfallrechts zu beachten, insbes. für tierische Nebenprodukte (§ 2 Abs. 2 Nr. 2 KrWG), Tierkörper (§ 2 Abs. 2 Nr. 4 KrWG) oder Fäkalien (§ 2 Abs. 2 Nr. 5 KrWG).

Um zu Abfall zu werden, muss eine Entledigung vorliegen. Eine Entledigung ist gem. § 3 Abs. 2 KrWG anzunehmen, wenn Stoffe oder Gegenstände durch die besitzende Person einem nach dem KrWG anerkannten Verwertungs- oder Beseitigungsverfahren zugeführt werden oder die tatsächliche Sachherrschaft über sie unter Wegfall jeder weiteren Zweckbestimmung aufgegeben wird.

Dabei ist grundsätzlich zwischen einem „Sich-entledigen-Wollen" (subjektiver Abfallbegriff, § 3 Abs. 3 KrWG) und „Sich-entledigen-Müssen" (objektiver Abfallbegriff, § 3 Abs. 4 KrWG) zu unterscheiden.[751] Mit § 3 Abs. 2 KrWG besteht zwar auch als dritte Variante die faktische Entledigung, die jedoch letztlich nur einen Unterfall des subjektiven Abfallbegriffs darstellt, da auch sie von einem absichtsvollen und damit willensgeprägten Handeln getragen sein muss.

---

748 *Beckmann* in Landmann/Rohmer, UmweltR, KrWG § 3 Rn. 20.
749 *Petersen* in Jarass/Petersen, KrWG, § 3 Rn. 41.
750 *Beckmann* in Landmann/Rohmer, UmweltR, KrWG § 3 Rn. 9.
751 *Thärichen*, Grundzüge des Abfallrechts, Rn. 102 f.

Beispiel:
Das Verlieren von Wertgegenständen auf der Straße stellt keinen Entsorgungstatbestand dar.[752]

6.4.1.1.1 Subjektiver Abfallbegriff

Die Abfalleigenschaft an den subjektiven Willen der Besitzenden zu knüpfen hat den Nachteil, dass dieser nicht unbedingt eindeutig zu erkennen ist. Deshalb arbeitet das KrWG mit mehreren widerleglichen Vermutungsregeln, welche im Sinne der Praktikabilität die Behandlung von Stoffen und Gegenständen als Abfall zulassen, wenn nicht von der besitzenden Person der Gegenbeweis angetreten wird:[753]

- § 3 Abs. 2 Alt. 1 KrWG – der Stoff oder Gegenstand wird in einen Entsorgungsprozess gegeben (Verwertung oder Beseitigung), z. B. durch Einwerfen von Restmüll in eine Mülltonne oder den Verkauf von Altmetall an eine Schrotthandlung; auf die generelle Weiterverwendungsmöglichkeit des Gegenstands (wie beim Einwurf einer Zeitschrift in eine Papiertonne[754]) oder die Aufgabe der eigenen Sachherrschaft[755] kommt es in dieser Variante nicht an;
- § 3 Abs. 2 Alt. 2 KrWG – die tatsächliche Sachherrschaft über den Stoff oder Gegenstand wird unter Wegfall jeder weiteren Zweckbestimmung aufgegeben, z. B. bei unter freiem Himmel herumstehenden Elektrogeräten;[756] nach der Rspr. fällt unter diesen Tatbestand auch das Einwerfen von Alttextilien in einen Sammelcontainer[757] (da der Inhalt dieser Container – anders als bei Mülltonnen – nicht zwangsläufig einer Entsorgung zugeführt wird);
- § 3 Abs. 3 Satz 1 Nr. 1 KrWG – Stoffe oder Gegenstände, die nicht zweckbestimmt (ungewollt) entstanden sind, sog. „Produktions-, Verarbeitungs- oder Dienstleistungsabfälle", die allerdings gerade bei Produktionsprozessen von den Nebenprodukten (§ 4 KrWG) abgegrenzt werden müssen,[758] z. B. Bauschutt[759] (für Näheres zu Nebenprodukten s. Kap. 6.4.3);
- § 3 Abs. 3 Satz 1 Nr. 2 KrWG – Stoffe oder Gegenstände, deren ursprüngliche Zweckbestimmung entfällt oder aufgegeben wird, ohne dass ein neuer Verwendungszweck unmittelbar an deren Stelle tritt (Bsp.: Autowrack auf dem Grundstück, das auch keine wirtschaftliche Möglichkeit der Restaurierung mehr bietet[760]).

---

752 *Beckmann* in Landmann/Rohmer, UmweltR, KrWG § 3 Rn. 33.
753 *Thärichen*, Grundzüge des Abfallrechts, Rn. 110.
754 Vgl. *Thärichen*, Grundzüge des Abfallrechts, Rn. 118.
755 *Petersen* in Jarass/Petersen, KrWG, § 3 Rn. 59.
756 VG Düsseldorf, Beschl. vom 11.7.2018 – 17 L 1507/18 –.
757 BVerwG NVwZ 2018 S. 1073 (1074).
758 *Beckmann* in Landmann/Rohmer, UmweltR, KrWG § 3 Rn. 45.
759 *Beckmann* in Landmann/Rohmer, UmweltR, KrWG § 3 Rn. 48.
760 OVG RhPf, NVwZ 2009 S. 1508.

In der Gesamtschau fällt die Ähnlichkeit von § 3 Abs. 2 Alt. 2 KrWG und § 3 Abs. 3 Satz 1 Nr. 2 KrWG auf, da es in beiden Fällen um Stoffe oder Gegenstände geht, deren Zweckbestimmung weggefallen ist. Bei den Vermutungsregeln des § 3 Abs. 3 KrWG kann aber im Unterschied zu § 3 Abs. 2 KrWG aufgrund der äußeren Umstände noch nicht zweifelsfrei von einer Entledigung ausgegangen werden,[761] weil die besitzende Person z. B. auch an einem Autowrack auf dem eigenen Grundstück weiter die Sachherrschaft innehat. Ein Entledigungswille kann deshalb auch schon deutlich früher vermutet werden, wenn Zweifel an einer unmittelbaren weiteren Zweckbestimmung bestehen. Bei einem Altfahrzeug ist jedoch ohnehin der objektive Abfallbegriff einschlägig (s. dazu Kap. 6.4.1.1.2), wenn aufgrund des tatsächlichen Zustands eine Gefährdungslage (z. B. Gefahr austretender Öle, Kraftstoffe, Brems- oder Kühlflüssigkeit) vorliegt.[762]

Auf die fortdauernde Zweckbestimmung für die besitzende Person kommt es deshalb so entscheidend an, weil mit dem Wegfall der Stoff oder Gegenstand zur Last für die besitzende Person wird und die Gefahr der Entledigung steigt, welche letztlich die Umwelt schädigen kann.[763] Bei der Beurteilung der Zweckbestimmung von Stoffen oder Gegenständen gilt § 3 Abs. 3 Satz 2 KrWG, wonach hierfür zwar die subjektive Auffassung der besitzenden Person zugrunde zu legen, dabei aber die Verkehrsanschauung zu berücksichtigen ist. Durch diese objektivierte Sichtweise sollen reine Schutzbehauptungen ausgeschlossen werden können.[764] Die reine Absicht der Veräußerung rechtfertigt dabei keine fortbestehende Zweckbestimmung, da auch Abfälle als Handelsware in Betracht kommen.[765] Bei einem aus mehreren Bauteilen bestehenden Gegenstand kommt es auf eine weitere Zweckbestimmung als Ganzes an, so dass die Abfalleigenschaft gerade auch dann besteht, wenn etwa Elektrogeräte nur noch als Ersatzteilspender dienen.[766]

Beispiele:
Bei abgemeldeten Fahrzeugen, die in der Praxis häufig Gegenstand von Nachbarbeschwerden bei den Unteren Abfallbehörden sind: Ist das Fahrzeug intakt, kann die plausibel dargelegte Aussicht, das Fahrzeug zeitnah veräußern zu können, noch für eine fortbestehende Zweckbestimmung sprechen. Wird aber bei einem schon länger nicht mehr für den Straßenverkehr zugelassenen und bereits reparaturbedürftigen Fahrzeug von den Besitzenden die beabsichtigte Aufbereitung als Grund genannt, muss für den geforderten Unmittelbarkeitszusammenhang zumindest zeitnah mit Instandsetzungsarbeiten begonnen worden

761 *Beckmann* in Landmann/Rohmer, UmweltR, KrWG § 3 Rn. 43.
762 *Beckmann* in Landmann/Rohmer, UmweltR, KrWG § 3 Rn. 73.
763 EuGH, Urt. vom 17.11.2022 – C-238/21 –, Rn. 38.
764 *Beckmann* in Landmann/Rohmer, UmweltR, KrWG § 3 Rn. 55.
765 BVerwG, NVwZ-RR 2018 S. 961 Rn. 30.
766 BayVGH, Urt. vom 4.7.2017 – 22 ZB 16.1463 –; VG Ansbach, Urt. vom 4.5.2016 – AN 11 K 15.00616 –; VG Würzburg, Urt. vom 16.10.2020 – W 10 K 19.451 –.

sein.[767] *Die Behauptung, einen reparaturbedürftigen Pkw noch so lange aufbewahren zu wollen, bis dieser das Alter für ein H-Kennzeichen erreicht hat, ist nicht plausibel, wenn das Fahrzeug der freien Witterung ausgesetzt ist und infolgedessen der Instandsetzungsaufwand ins Unermessliche steigt.*[768] *Wird ohnehin nur noch die Entnahme von Ersatzteilen als Grund genannt, ist der ursprüngliche Verwendungszweck entfallen und ein anerkennenswerter neuer Verwendungszweck gerade nicht unmittelbar an die Stelle des alten getreten.*[769]

Hinsichtlich des Abfallbegriffs, der Zweckbestimmung und des Entledigungswillens ist bei Kraftfahrzeugen und Anhängern ohne amtliche Kennzeichen auf öffentlichen Flächen oder außerhalb im Zusammenhang bebauter Ortsteile[770] die Sondervorschrift des § 20 Abs. 4 KrWG zu beachten. Die Norm weist den öffentlich-rechtlichen Entsorgungsträgern die Entsorgungspflicht zu, wenn keine Anhaltspunkte für deren Entwendung oder bestimmungsgemäße Nutzung bestehen. In diesen Fällen kann je nach den Gegebenheiten des Einzelfalls bereits die Abfalleigenschaft zu bejahen sein (vgl. o. g. Ausführungen). In Zweifelsfällen sollte der öffentlich-rechtliche Entsorgungsträger jedoch von § 20 Abs. 4 Nr. 3 KrWG Gebrauch machen und eine deutlich sichtbare Aufforderung am Fahrzeug anbringen; in der Praxis zumeist ein roter Aufkleber.[771] Nach Ablauf der Monatsfrist des § 20 Abs. 4 Nr. 3 KrWG darf der öffentlich-rechtliche Entsorgungsträger dann die Abfalleigenschaft auch unabhängig von § 3 KrWG bejahen.[772]

6.4.1.1.2 Objektiver Abfallbegriff

Besitzende müssen sich gem. § 3 Abs. 4 KrWG Stoffen oder Gegenständen entledigen, wenn diese
- nicht mehr entsprechend ihrer ursprünglichen Zweckbestimmung verwendet werden,
- aufgrund ihres konkreten Zustands geeignet sind, gegenwärtig oder künftig das Wohl der Allgemeinheit, insbes. die Umwelt, zu gefährden und
- ihr Gefährdungspotential nur durch eine ordnungsgemäße und schadlose Verwertung oder gemeinwohlverträgliche Beseitigung nach dem Kreislaufwirtschaftsrecht ausgeschlossen werden kann.

Abfälle, die diese Kriterien kumulativ erfüllen, können wegen ihrer Gefährlichkeit nicht dadurch der Einstufung als Abfall entzogen werden, dass die be-

767 OVG SH, Beschl. vom 29.1.2013 – 4 LA 56/12 –.
768 OVG RhPf, NVwZ 2009 S. 1508.
769 VG Aachen, Beschl. vom 5.9.2019 – 6 L 713/19 –.
770 Abhängig von den tatsächlichen Gegebenheiten vor Ort, nicht von der rechtlichen Unterscheidung in Innen- oder Außenbereich (§§ 34, 45 BauGB): *Queitsch*, PRAXIS-Beitrag K 5a NW, § 5 Rn. 99.
771 *Thärichen*, Grundzüge des Abfallrechts, Rn. 128.
772 OVG NRW, Beschl. vom 12.11.2012 – 5 E 214/12 –.

sitzende Person eine anderweitige Zweckbestimmung vorsieht (sog. „Zwangsabfall"[773]). Für die Bestimmung der weggefallenen Zweckbestimmung kann gleichwohl auf § 3 Abs. 3 Satz 2 KrWG zurückgegriffen werden.[774]

Für eine Gefährdung des Wohles der Allgemeinheit reicht es wegen der präventiven, vorsorgeorientierten Zielsetzung des Abfallrechts aus, dass die gegenwärtige Aufbewahrung der Sache und ihre künftige Verwendung oder Verwertung aufgrund allgemeiner Erfahrungen und wissenschaftlicher Erkenntnisse typischerweise zu einer Gemeinwohlgefährdung, insbes. zu Umweltgefahren führen kann.[775]

Beispiele:
Altreifen,[776] *Asbestzementstücke mit einem Massengehalt von mehr als 0,1 %,*[777] *mit Aflatoxin kontaminierter Futtermais.*[778]

Wenn auch insoweit eine abstrakte Gefährdungslage genügt, muss diese aber durch den konkreten Zustand der Sache ausgelöst werden. Bei einem defekten Altfahrzeug, aus dem wassergefährdende Stoffe wie Öle, Kraftstoffe, Kühl- oder Bremsflüssigkeiten auslaufen können, ist dies der Fall;[779] sind diese Stoffe aber entfernt worden oder ist das Fahrzeug lediglich abgemeldet und ansonsten intakt, kommt es auf den subjektiven Abfallbegriff und eine glaubhafte Zweckbestimmung an (s. dazu Kap. 6.4.1.1.1).

Hinzukommen muss schließlich nach der dritten Voraussetzung, dass die Entsorgung über die Vorschriften des KrWG geboten ist. Dies ist nicht der Fall, wenn das Gefährdungspotential durch das Gefahrstoff-, Chemikalien-, Wasser-, Immissionsschutz- oder Baurecht gehandhabt werden kann. Den praktischen Anwendungsbereich des objektiven Abfallbegriffs schränkt dies deutlich ein.[780] Allerdings liegt die Darlegungslast bei den Besitzern der Abfälle.[781]

Beispiele:
Für mineralfaserhaltige Wärmedämmungen lässt Nr. 5 Abs. 2 des Anhang II der GefStoffV unter Umständen eine Wiederverwendung zu, während für asbesthaltige Gegenstände und Materialien ausschließlich die Abfallbeseitigung oder Abfallverwertung vorgesehen ist (Nr. 1 Abs. 1 Satz 4); für Entsorgungsmöglichkeiten über § 55 Abs. 3 WHG s. sogleich Kap. 6.4.1.4.

---

773 *Beckmann* in Landmann/Rohmer, UmweltR, KrWG § 3 Rn. 63.
774 BVerwG, NVwZ-RR 2018 S. 961 Rn. 29.
775 BVerwG, NVwZ-RR 2018 S. 961 Rn. 35.
776 VG Kassel, Beschl. vom 9.7.2021 – 4 L 940/21.KS –.
777 VG Gelsenkirchen, Urt. vom 14.1.2020 – 9 K 5432/16 –.
778 BVerwG, NVwZ-RR 2018 S. 961.
779 *Beckmann* in Landmann/Rohmer, UmweltR, KrWG § 3 Rn. 73.
780 *Beckmann* in Landmann/Rohmer, UmweltR, KrWG § 3 Rn. 75.
781 *Petersen* in Jarass/Petersen, KrWG, § 3 Rn. 125.

6.4.1.2 Besondere Abfallkategorien und Abfallverzeichnisverordnung

Neben dem Abfallbegriff an sich nennt § 3 KrWG mehrere Kategorien von Abfällen, für die teilweise eigene Bestimmungen getroffen werden. Hierbei handelt es sich um:

- Gefährliche Abfälle (§ 3 Abs. 5 KrWG), die in der Abfallverzeichnisverordnung (AVV) mit einem „*" gekennzeichnet sind,
- Siedlungsabfälle (§ 3 Abs. 5a KrWG), die aus privaten Haushalten stammen oder aufgrund ihrer Beschaffenheit und Zusammensetzung mit Abfällen aus privaten Haushalten vergleichbar sind,
- Inertabfälle (§ 3 Abs. 6 KrWG),
- Bau- und Abbruchabfälle (§ 3 Abs. 6a KrWG),
- Bioabfälle (§ 3 Abs. 7 KrWG) sowie
- Lebensmittelabfälle (§ 3 Abs. 7a KrWG)

Die AVV gibt die Bezeichnung von Abfall und die Einstufung der Abfälle als besonders überwachungsbedürftig bzw. nicht besonders überwachungsbedürftig nach ihrer Gefährlichkeit vor. Die Nennung von Stoffen oder Gegenständen in der AVV begründet allerdings nicht die Abfalleigenschaft, sondern soll die Behandlung von Abfällen erleichtern, wenn es sich um einen Abfall handelt.

6.4.1.3 Boden als Abfall

Ein besonderer Fall und wichtig für die Abgrenzung zum Bodenschutzrecht ist die Einstufung als Abfall bei Bodenmaterialien. Nach der deutschen Abgrenzung zwischen Bodenschutz- und Abfallwirtschaftsrecht fallen kontaminierte Böden an sich in den Zuständigkeitsbereich der Bodenschutzbehörden, während ausgehobener Boden als Abfall einzustufen sein kann.[782] Nach der Rspr. des EuGH würde jedoch das weite Verständnis des Begriffs „Abfall", das nicht auf bewegliche Sachen beschränkt ist, auch mit Schadstoffen kontaminierte Böden dem Abfallrecht unterwerfen.[783] Aus diesem Grund regelt § 2 Abs. 2 Nr. 10 und 11 KrWG, dass Böden am Ursprungsort (Böden in situ) einschließlich nicht ausgehobener, kontaminierter Böden und Bauwerke, die dauerhaft mit dem Grund und Boden verbunden sind, sowie nicht kontaminiertes Bodenmaterial, das bei Bauarbeiten an Ort und Stelle wieder verwendet wird, nicht dem Abfallrecht unterliegen.

6.4.1.4 Flüssige Abfälle

Aufgrund der weiten Definition von Abfällen (s. Kap. 6.4.1.1) kommen auch flüssige Stoffe als Abfall in Betracht. Sie unterfallen dem Abfallrecht, soweit

---

782 *Beckmann* in Landmann/Rohmer, UmweltR, KrWG § 3 Rn. 12.
783 EuGH, Urt. vom 7.9.2004 – C-1/03 –.

der Entsorgungsweg dem KrWG unterliegt und nicht als Abwasserbeseitigung einzustufen ist. Abwasser (zum Abwasserbegriff s. Kap. 4.4.1) ist von der Abfallrahmenrichtlinie ausgenommen. Der deutsche Gesetzgeber hat sich allerdings dafür entschieden, dass gem. § 2 Abs. 2 Nr. 9 KrWG das Kreislaufwirtschafsrecht generell nicht gilt, sobald Stoffe in Gewässer oder Abwasseranlagen eingeleitet oder eingebracht werden.[784] Nicht nur für Abwasser gilt deshalb, dass das Wasserrecht „übernimmt", sobald Stoffe mit Gewässern oder Abwasseranlagen in Berührung kommen, und unterwirft die Stoffe den Regelungen des WHG. Das Einleiten von Stoffen ist gem. § 9 Abs. 1 Nr. 4 WHG ein erlaubnispflichtiger Gewässerbenutzungstatbestand (s. Kap. 4.5.1.1). Das Einleiten von Abwässern und die Behandlung in Abwasseranlagen ist in §§ 54 ff. WHG geregelt. § 55 Abs. 3 WHG gestattet sogar explizit, flüssige Stoffe, die kein Abwasser sind, zusammen mit dem Abwasser zu beseitigen, wenn eine solche Entsorgung der Stoffe umweltverträglicher ist als eine Entsorgung als Abfall und wasserwirtschaftliche Belange nicht entgegenstehen, z. B. bei biologisch leicht abbaubaren Produktionsrückständen.[785] Solange Maßnahmen noch zur Abwasserbeseitigung gehören –

Beispiele:
Klärschlammentwässerung, Fäkalschlamm aus Kleinkläranlagen.

–, verdrängt das Wasser- das Kreislaufwirtschaftsrecht.[786] Die Vorschriften des Kreislaufwirtschaftsrechts werden aber wieder beachtlich, wenn keine wasserrechtliche Regelung mehr greift, z. B. der Klärschlamm auf Böden ausgebracht werden soll.[787] Vergleichbares gilt für sog. „Schlammplätze", die für die Austrocknung des Klärschlamms aus Kläranlagen genutzt wurden. Findet kein plan- und zielgerichteter Entwässerungsvorgang mehr statt, endet die Anwendbarkeit des Wasserrechts, und es muss nach der Rspr. geprüft werden, ob das Material über eine (nachträgliche) Deponiezulassung verbleiben kann oder dessen Entsorgung angeordnet wird.[788] Da Ersteres insbes. auch die Deponiefähigkeit der Schlämme voraussetzt, dürfte in vielen Fällen Letzteres die einzige Option sein.[789]

6.4.1.5 Ende der Abfalleigenschaft

Soweit es nicht gelingt, Abfälle zu vermeiden oder Stoffe wiederzuverwenden (zur Abfallhierarchie s. Kap. 6.4.2), ist es das bestmögliche Ziel eines

784 Zur Problematik der Vereinbarkeit mit Unionsrecht s. *Beckmann* in Landmann/Rohmer, UmweltR, KrWG § 2 Rn. 99.
785 *Queitsch*, PRAXIS-Beitrag L 11, § 54 Rn. 39.
786 *Petersen* in Jarass/Petersen, KrWG, § 2 Rn. 109.
787 *Beckmann* in Landmann/Rohmer, UmweltR, KrWG § 2 Rn. 96.
788 BVerwG, Urt. vom 8.7.2020 – 7 C 19/18 –.
789 Kritisch daher *Reinhardt*, NVwZ 2020 S. 1833 (1838).

Verwertungsprozesses, Abfälle zu Sekundärrohstoffen zu machen. In diesem Fall können Abfälle z. B. nach einem Recyclingverfahren wieder Produktstatus erhalten (zu Produkten s. Kap. 6.4.3).[790]

Beispiele:
Altmetalle, Altglas oder Altpapier.

Die Abfalleigenschaft eines Stoffes oder Gegenstandes endet nach § 5 Abs. 1 KrWG, wenn dieser ein Recycling oder ein anderes Verwertungsverfahren durchlaufen hat und so beschaffen ist, dass

- 1. er üblicherweise für bestimmte Zwecke verwendet wird,
- 2. ein Markt für ihn oder eine Nachfrage nach ihm besteht,
- 3. er alle für seine jeweilige Zweckbestimmung geltenden technischen Anforderungen sowie alle Rechtsvorschriften und anwendbaren Normen für Erzeugnisse erfüllt sowie
- 4. seine Verwendung insgesamt nicht zu schädlichen Auswirkungen auf den Menschen oder die Umwelt führt.

Vereinfacht gesagt muss ein Sekundärrohstoff denselben Sicherheitsanforderungen genügen wie ein vergleichbares Produkt,[791] was insbes. dann der Fall ist, wenn er den Vorschriften des allgemeinen Produktrechts, des Gefahrstoffrechts und des Umweltrechts genügt, etwa als Brennstoff den Vorgaben des Immissionsschutzrechts. § 7a Abs. 1 KrWG konkretisiert dies, indem Stoffe und Gegenstände, deren Abfalleigenschaft beendet ist, vor dem erstmaligen Verwenden oder Inverkehrbringen den geltenden Anforderungen des Chemikalien- und Produktrechts genügen müssen.

Da mit dem Wechsel in den Produktstatus die abfallrechtliche Reglementierung oder Überwachung entfällt (dafür aber z. B. der Anwendungsbereich der REACH-Verordnung, die nicht für Abfälle gilt, eröffnet werden kann), ist das Ende der Abfalleigenschaft für alle Verwender von Sekundärrohstoffen von entscheidender Bedeutung, vor allem für diejenigen, die sich in diesem Bereich wirtschaftlich betätigen.[792] Wie auch die besitzende Person, die die Abfalleigenschaft widerlegen will (s. Kap. 6.4.1.1.1), trifft die verwendende Person die Darlegungslast, dass für ihr sekundäres Produkt das Ende der Abfalleigenschaft gegeben ist, was ggf. durch Erlass oder feststellenden Verwaltungsakt zu bestätigen ist.[793] In der Praxis führt dies zu einer großen Intransparenz für den Markt.[794]

Aus diesem Grund besteht die Möglichkeit, in Rechtsverordnungen die Anforderungen an das Ende der Abfalleigenschaft näher zu präzisieren (§ 5 Abs. 2 Satz 1 KrWG). Von solchen „End-of-Waste"-Verordnungen hat die Bundesregierung noch nicht Gebrauch gemacht; von dem ursprünglichen

790 *Thärichen*, Grundzüge des Abfallrechts, Rn. 180.
791 *Thärichen*, Grundzüge des Abfallrechts, Rn. 182.
792 *Beckmann* in Landmann/Rohmer, UmweltR, KrWG § 5 Rn. 1.
793 *Petersen* in Jarass/Petersen, KrWG, § 5 Rn. 35.
794 *Beckmann* in Landmann/Rohmer, UmweltR, KrWG § 5 Rn. 51.

Ansinnen, im Zuge der ErsatzbaustoffV (s. Kap. 6.5.2.1) für mineralische Ersatzbaustoffe eine solche Verordnung zu erlassen, wurde im Laufe des politischen Prozesses vorerst wieder abgerückt.[795] Auf EU-Ebene existieren Verordnungen der Europäischen Kommission für Metallschrott[796] und Bruchglas[797].

6.4.2 Abfallhierarchie

Wie erwähnt, ist das Kreislaufwirtschaftsrecht im Unterschied zum früheren, reinen Abfallrecht nicht mehr allein darauf ausgelegt, die Entsorgung von Abfällen zu regeln, sondern soll Abfälle möglichst gar nicht erst entstehen lassen bzw. im Kreislauf halten. Vor einer Beseitigung sollen möglichst nachhaltigere Lösungen (wie Wiederverwendung und Recycling) zum Zuge kommen. Daraus folgt die in § 6 KrWG normierte Abfallhierarchie:

- Vermeidung (§ 3 Abs. 20 KrWG),
- Vorbereitung zur Wiederverwendung (§ 3 Abs. 21, 24 KrWG),
- Recycling (§ 3 Abs. 25 KrWG),
- sonstige Verwertung (§ 3 Abs. 23, 23a KrWG),
- Beseitigung (§ 3 Abs. 26 KrWG).

Sie ist allerdings kein unmittelbarer Handlungsbefehl bzw. löst keine direkten Pflichten für die Erzeuger und Besitzer von Abfällen aus,[798] sofern nicht das Gesetz selbst einzelne Vorgaben für Erzeuger und Besitzer konkretisiert (wie in §§ 7 und 9 KrWG). Sie findet aber ihre Ausprägung im KrWG, in dem in verschiedenen Bereichen des Gesetzes konkrete Ansätze zur Abfallvermeidung niedergelegt sind.

> ***Beispiele:***
> *§§ 23 Abs. 2, 33, 46 Abs. 2 KrWG.*

Der Förderung des Recyclings tragen insbes. die Regelungen in § 4 (s. dazu Kap. 6.4.3) und § 5 KrWG (s. Kap. 6.4.1.5) Rechnung, indem sie Stoffen oder Gegenständen (wieder) einen Produktstatus verleihen und damit einen Anreiz für Ressourcenschonung und stoffliche Verwertung setzen.

Auch wenn die Abfallhierarchie so gesehen nur die Grundkonzeption der (europäischen) Kreislaufwirtschaft beschreibt, ist eine ihrer Ausprägungen die gesteigerte Verwertungspflicht der öffentlich-rechtlichen Entsorgungsträger. Zwar schreibt § 7 Abs. 2 Satz 1 und 2 KrWG vor, dass Erzeuger und Besitzer von Abfällen diese vorrangig zu verwerten haben. Da vielen Erzeugern oder Besitzern von Abfällen eine eigene Verwertung weder technisch

---

795 *Petersen* in Jarass/Petersen, KrWG, § 5 Rn. 73.

796 EU-Abfall-Ende-Verordnung für Eisen-, Stahl- und Aluminiumschrott (VO (EU) Nr. 333/2011 und EU-Abfall-Ende-Verordnung für Kupferschrott (VO (EU) Nr. 715/2013).

797 EU-Abfall-Ende-Verordnung für Bruchglas (VO (EU) Nr. 1179/2012)

798 *Schlacke*, Umweltrecht, § 12 Rn. 36.

möglich noch wirtschaftlich zumutbar ist (§ 7 Abs. 4 Satz 1 KrWG), die Abfälle aber in der Regel auch den öffentlich-rechtlichen Entsorgungsträgern zu überlassen sind (§ 17 Abs. 1 KrWG), trifft diesen in erhöhtem Maße die Pflicht, anstelle der Beseitigung nach Verwertungsmöglichkeiten zu suchen. Abfälle zur Beseitigung auf der Erzeugerseite können auf Seiten des öffentlich-rechtlichen Entsorgungsträgers Abfälle zur Verwertung werden.

> ***Beispiel:***
> *Eine Garten- und Landschaftsbauerin gibt Grünabfälle dem öffentlich-rechtlichen Entsorgungsträger zur Beseitigung; dieser verfügt aber über ein Kompostwerk und kann die Grünabfälle zu Kompostdünger verarbeiten.*[799]

Dieser Gedanke wird mehr und mehr auch auf die höheren Stufen der Abfallhierarchie übertragen.

> ***Beispiel:***
> *Ressourcenschonende Erfassung von Sperrmüll, der häufig noch thermisch verwertet (d. h. verbrannt) wird, welcher aber von den öffentlich-rechtlichen Entsorgungsträgern so gesammelt werden muss, dass die Vorbereitung zur Wiederverwendung und das Recycling der einzelnen Bestandteile ermöglicht wird (§ 20 Abs. 2 Satz 1 Nr. 7 KrWG).*

Aufgrund dieser Entwicklung erscheint es folgerichtig, auf kommunaler Ebene auch über eigene Maßnahmen zur Abfallvermeidung nachzudenken. Ein mögliches „Comeback" könnte der bereits vor Jahrzehnten unternommene Versuch erleben, eine gemeindliche Steuer auf Einwegverpackungen zu erheben. In der Vergangenheit wurde dies für nicht vereinbar mit dem damaligen Bundesrecht gehalten.[800] In seiner Entscheidung zur Tübinger Verpackungssteuersatzung erkannte das BVerwG nun keinen Widerspruch zum Abfallrecht des Bundes mehr. Diesen hatte das BVerfG in den 90er Jahren noch für die Kasseler Verpackungssteuer gesehen, weil sie die konzeptionelle Entscheidung des Bundesgesetzgebers für das (maßgeblich auf dem Kooperationsprinzip) beruhende Entsorgungssystem hätte respektieren müssen.[801] Im Falle der Tübinger Verpackungssteuersatzung nahm das BVerwG hingegen an, dass mit der durch die Abfallrahmen-RL eingeführten Abfallhierarchie nun nicht mehr die Verwertung, sondern die Vermeidung von Verpackungsabfall oberste Priorität habe. Somit stehe eine kommunale Steuer auf Einwegverpackungen nun im Einklang mit der Gesamtkonzeption des Abfallrechts. Die bundesrechtlichen Vorgaben zu erweitern sei auch deshalb zulässig, weil sich das aus Art. 20a GG abzuleitende Verfassungsgebot der Ressourcenschonung auch an die Kommunen richte.[802]

---

799 *Thärichen*, Grundzüge des Abfallrechts, Rn. 393.
800 Siehe im Einzelnen *Kloepfer*, Umweltrecht, § 5 Rn. 1036.
801 BVerfGE 98, 106.
802 BVerwG, Urt. vom 24.5.2023 – 9 CN 1.22 –.

6.4.3 Produkte und Nebenprodukte

Als Negativabgrenzung zum Abfallbegriff (§ 3 Abs. 1 bis 4 KrWG, s. Kap. 6.4.1.1) dient die Einstufung von Stoffen und Gegenständen als Produkte und Nebenprodukte. Anstelle der Bezeichnung „Produkt" benutzt das KrWG zwar den Begriff „Erzeugnisse" (vgl. § 3 Abs. 20 Satz 1, §§ 23 ff. KrWG), wozu etwa auch Verpackungen gehören (§ 3 Abs. 1 VerpackG). Gleichwohl betitelt das KrWG den Teil 3 mit „Produktverantwortung" und verwendet in § 4 KrWG den Begriff „Nebenprodukte". Auch die abfallrechtliche Marktüberwachung (§ 7 Abs. 2 MüG i. V. m. § 47 Abs. 1 KrWG) knüpft an Produkte an. Abfälle können durch das Ende der Abfalleigenschaft nach § 5 KrWG Produktstatus erlangen (s. dazu Kap. 6.4.1.5).

Während Produkte gewollte Erzeugnisse eines Herstellungsvorgangs sind, sind Nebenprodukte Stoffe oder Gegenstände, die bei einem Herstellungsverfahren anfallen, dessen hauptsächlicher Zweck aber nicht auf die Herstellung der Stoffe oder Gegenstände gerichtet war. Sie zählen nach § 4 Abs. 1 KrWG als Nebenprodukt, wenn

- 1. sichergestellt ist, dass der Stoff oder Gegenstand weiterverwendet wird,
- 2. eine weitere, über ein normales industrielles Verfahren hinausgehende Vorbehandlung hierfür nicht erforderlich ist,
- 3. der Stoff oder Gegenstand als integraler Bestandteil eines Herstellungsprozesses erzeugt wird und
- 4. die weitere Verwendung rechtmäßig ist.

Letzteres ist der Fall, wenn der Stoff oder Gegenstand alle für seine jeweilige Verwendung anzuwendenden Produkt-, Umwelt- und Gesundheitsschutzanforderungen erfüllt und insgesamt nicht zu schädlichen Auswirkungen auf den Menschen oder die Umwelt führt. Strukturell ergeben sich insofern Ähnlichkeiten mit dem Ende der Abfalleigenschaft nach § 5 KrWG. Einer ausdrücklichen Anerkennung bedarf es allerdings nicht. Die Einstufung als Nebenprodukt hat vielmehr die besitzende Person selbst vorzunehmen; die zuständige Behörde hat diese Einordnung zu überwachen (§ 47 Abs. 2, 6 KrWG), ggf. verbunden mit ordnungsbehördlichem Einschreiten nach § 62 KrWG.[803] Wie beim Ende der Abfalleigenschaft droht auch potentiellen Nebenprodukten das Risiko, im Falle der Nichteinhaltung der Vorschriften als Abfall zu zählen; im Zweifel gilt die Vermutung, dass es sich um Abfall handelt.[804]

Das Hauptproblem in der Bestimmung des Nebenproduktstatus liegt in der Abgrenzung zu produktionsbegleitenden Abfällen nach § 3 Abs. 3 Satz 1 Nr. 1 KrWG – nicht zuletzt deshalb, weil dieser Abgrenzung oft die umweltpolitische Erwägung zugrunde liegt, inwiefern das Missbrauchsrisiko hingenommen werden soll, wenn der Status als Abfall zugunsten des Nebenproduktstatus aufgegeben wird.[805] Zwar gilt § 4 KrWG im Gegensatz zu § 3

803 *Beckmann* in Landmann/Rohmer, UmweltR, KrWG § 4 Rn. 23.
804 *Petersen* in Jarass/Petersen, KrWG, § 4 Rn. 32.
805 *Petersen* in Jarass/Petersen, KrWG, § 4 Rn. 2.

Abs. 3 Satz 1 Nr. 1 KrWG nur bei Herstellungsverfahren, doch wird dieser Begriff durch den EuGH weit ausgelegt und kann auch in Bautätigkeiten bestehen.[806] Hinzu kommt, dass der EuGH weiter auf seine vor der Definition der Nebenprodukte in der AbfRRL 2008/98/EG ergangene Rechtsprechung zurückgreift,[807] nach der die Abfalleigenschaft nicht bei solchen Erzeugnissen anzunehmen sei, bei denen eine Wiederverwendung nicht nur möglich, sondern ohne weiteres Verwertungsverfahren gewiss ist.[808]

Beispiel:
Bei Aushub von unbelastetem Bodenmaterial kann dieses als Nebenprodukt anzusehen sein, wenn seine weitere Verwendung beim Anfallen des Materials sichergestellt ist.

Insofern sind aus Sicht der behördlichen Vollzugspraxis klarstellende Erlasse hilfreich, die Details hierzu regeln.

Beispiel:
Einordnung von Gülle, die in Biogasanlagen verwendet wird, als Abfall oder Nebenprodukt.[809]

Weitere hilfreiche Hinweise ergeben sich aus der Handlungshilfe zur behördlichen Prüfung des abfallrechtlichen Nebenproduktstatus.[810]

6.5 Handlungsinstrumente

6.5.1 Als öffentlich-rechtlicher Entsorgungsträger

Die Pflichten der öffentlich-rechtlichen Entsorgungsträger regelt das KrWG insbes. in den §§ 20 bis 22 KrWG; es regelt allerdings nicht, wer öffentlich-rechtlicher Entsorgungsträger ist. Dies wird vielmehr landesrechtlich geregelt, wobei in Flächenstaaten hierzu in aller Regel die Kommunen bestimmt werden.[811]

---

806 EuGH, Urt. vom 17.11.2022 – C-238/21 –.

807 EuGH, Urt. vom 4.7.2019 – C-624/17 –.

808 EuGH, Urt. vom 18.4.2002 – C-9/00 –.

809 Erlass des NRW-Umweltministeriums vom 24.5.2013 zur Einstufung von Gülle in Biogasanlagen, online abrufbar unter https://www.umwelt.nrw.de/fileadmin/redaktion/PDFs/umwelt/erlass_guelle_biogasanlagen.pdf (zuletzt abgerufen am 10.9.2023).

810 Abrufbar unter https://www.proenvi.de/recht/BUND/Nebenprodukte/Handlungshilfe_behoerdlichen_Pruefung_abfallrechtlicher_Nebenproduktstatus_20230130.pdf (zuletzt abgerufen am 10.9.2023).

811 *Beckmann* in Landmann/Rohmer, UmweltR, KrWG § 20 Rn. 17.

Beispiele:
In Bayern die Kreise und kreisfreien Gemeinden (Art. 3 Abs. 1 BayAbfG), in Nordrhein-Westfalen Kreise und kreisfreie Städte (§ 5 Abs. 1 LKrWG NRW) sowie für die Sammlung und Beförderung die kreisangehörigen Gemeinden (§ 5 Abs. 6 LKrWG NRW).

In die Aufgaben können auch die kreisangehörigen Städte und Gemeinden als öffentlich-rechtliche Entsorgungsträger mit einbezogen werden (s. dazu Kap. 6.5.1.3). Daneben lassen es die Landesgesetze auch zu, dass öffentlich-rechtliche Entsorgungsträger auf Zusammenschlüsse (wie Zweckverbände) zurückgreifen (vgl. nur Art. 8 Abs. 1 BayAbfG, § 5 Abs. 7 LKrWG NRW).

Zu beachten ist weiter, dass Kreise, kreisfreie Städte und kreisangehörige Gemeinden teilweise durch Spezialnormen als Entsorgungsträger bestimmt werden, so etwa für Abfälle nach dem ElektroG (in Nordrhein-Westfalen: § 5 Abs. 11 LKrWG NRW). Zum Sonderfall der Altfahrzeuge nach § 20 Abs. 4 KrWG s. bereits Kap. 6.4.1.1.1.

Ebenso können diverse Sonderregelungen bestehen – etwa, dass die Pflicht zur Einsammlung und Entsorgung von Abfällen, die im Bereich von Straßen außerhalb im Zusammenhang bebauter Ortsteile anfallen, beim Straßenbaulastträger (und damit ggf. auch außerhalb der kommunalen Ebene) liegt, so bspw. § 5 Abs. 9 LKrWG NRW.

6.5.1.1 Abfallwirtschaftskonzept

Zur sog. „Planungsverantwortung" (s. Überschrift des 4. Teils des KrWG) gehören zum einen das Abfallvermeidungsprogramm des Bundes und die Abfallwirtschaftspläne der Länder, die nach überörtlichen Gesichtspunkten die Maßnahmen zur Abfallvermeidung, -verwertung und -beseitigung beschreiben und wie diese Ziele besser erreicht werden können. Außerdem weisen die Abfallwirtschaftspläne die zugelassenen Abfallentsorgungsanlagen sowie Flächen für Deponien, für sonstige Abfallbeseitigungsanlagen sowie für Abfallentsorgungsanlagen aus.

Zum anderen erfolgt die Planung auf Ebene der örtlich zuständigen öffentlich-rechtlichen Entsorgungsträger – unter Beachtung der jeweiligen Landesabfallwirtschaftspläne – durch kommunale Abfallwirtschaftskonzepte (in Bayern Art. 13 BayAbfG, in Nordrhein-Westfalen § 6 LKrWG NRW). Ein zentraler Bestandteil dieser Konzepte sind Angaben über Art, Menge und Verbleib der im Entsorgungsgebiet anfallenden Abfälle. Dies prognostiziert der öffentlich-rechtliche Entsorgungsträger u. a. aufgrund früherer Abfallbilanzen. Die Festlegung der Entsorgungswege steuert auch mittelbar, wie die Sammlung durch die Städte und Gemeinden erfolgen sollte (z. B. durch welche Tonnen), und nimmt Einfluss auf die Höhe der daraus resultierenden Abfallgebühren. Abfallwirtschaftskonzepte sind regelmäßig fortzuschreiben (alle sieben Jahre nach Art. 13 Abs. 2 Satz 2 BayAbfG) bzw. regelmäßig der Aufsichtsbehörde vorzulegen (alle fünf Jahre nach § 6 Abs. 2 Satz 8 LKrWG

NRW), um eine Weiterentwicklung prüfen zu können. In Nordrhein-Westfalen, das in § 6 Abs. 2 LKrWG einen recht detaillierten Katalog der Mindestinhalte von Abfallwirtschaftskonzepten aufweist, muss im Übrigen auch der Nachweis einer zehnjährigen Entsorgungssicherheit erfolgen.

6.5.1.2 Abfallberatung

Damit zur Abfallbeseitigung Verpflichtete dieser Pflicht nachkommen können, hat die Abfallbehörde gem. § 46 Abs. 4 KrWG Auskünfte über geeignete Beseitigungsanlagen zu erteilen. Die in § 46 KrWG im Übrigen vorgesehene Abfallberatung durch den öffentlich-rechtlichen Entsorgungsträger soll darüber hinaus Informationen und Beratung zu den Möglichkeiten der Vermeidung, Verwertung und Beseitigung von Abfällen geben. Empfänger dieser Beratung sind alle Besitzer von Abfällen, d. h. sowohl Privatpersonen als auch Unternehmen.[812] Zur Beratung verpflichtet sind auch die Industrie- und Handelskammern sowie Handwerks- und Landwirtschaftskammern (§ 46 Abs. 1 Satz 2 KrWG), jedoch nur gegenüber ihren Kammermitgliedern.[813]

Der öffentlich-rechtliche Entsorgungsträger nimmt die Aufgabe „in Selbstverwaltung" wahr, d. h. ihm steht ein Gestaltungsspielraum zu, wie er sie mit Leben füllt, z. B. durch Printmedien oder Online-Angebote, Informationsveranstaltungen oder sonstige Formen der Öffentlichkeitsarbeit.[814]

Inhaltlich ergeben sich dabei aus § 46 Abs. 2 und 3 KrWG folgende Leitlinien:

- Bezugnahme auf die Abfallvermeidungsmaßnahmen im Abfallvermeidungsprogramm des Bundes,
- Hinweise auf die Einrichtungen des öffentlich-rechtlichen Entsorgungsträgers,
- soweit möglich, Hinweise auf die Einrichtungen sonstiger natürlicher oder juristischer Personen, durch die Erzeugnisse, die kein Abfall sind, erfasst und einer Wiederverwendung zugeführt werden (Bsp.: Second-Hand-Kaufhäuser, Repair-Cafés, Upcycling-Initiativen[815]),
- Hinweise auf die Verfügbarkeit von Mehrwegprodukten, insbes. als Alternative zu den Einwegkunststoffprodukten,
- Hinweise auf die Pflicht zur getrennten Sammlung von Abfällen und Rücknahmepflichten (Bsp.: Elektrogeräte und Altbatterien).

Über die klassische Beratung von Verwertungs- und Entsorgungsmöglichkeiten hinaus ist gerade bei Privathaushalten zu einem gewissen Teil auch Aufklärungsarbeit über Umweltzusammenhänge Teil der Beratung, wie sich

812 *Beckmann* in Landmann/Rohmer, UmweltR, KrWG § 46 Rn. 43.
813 *Beckmann* in Landmann/Rohmer, UmweltR, KrWG § 46 Rn. 44.
814 *Dippel* in BeckOK UmweltR, KrWG § 46 Rn. 7.
815 *Petersen/Friedrich*, NVwZ 2021 S. 1 (6).

aus § 46 Abs. 3 Satz 2 KrWG ergibt. So umfasst die Beratung auch die Information über die Auswirkungen einer Vermüllung oder einer sonstigen nicht ordnungsgemäßen Verwertung und Beseitigung von Abfällen auf die Umwelt, insbes. die Meeresumwelt, sowie Folgen für Abwasseranlagen. Dies kann etwa im Rahmen von Bildungsangeboten in Schulen letztlich auch die Sensibilisierung für einen ressourcenschonenderen Konsum erfordern. Bei der Beratung gewerblicher Abfallerzeuger und -besitzer kann die Abfallberatung z. B. auch Hinweise zum Einschalten Dritter im Rahmen der Abfallentsorgung und damit verbundenen Haftungsfragen bedeuten.[816]

6.5.1.3 Durchführung der Abfallentsorgung

Nach § 17 Abs. 1 Satz 1 KrWG sind dem öffentlich-rechtlichen Entsorgungsträger Abfälle aus privaten Haushaltungen zu überlassen.[817] Die Entsorgungspflicht der öffentlich-rechtlichen Entsorgungsträger umfasst daher insbes. das Einsammeln und Befördern dieser in ihrem Gebiet angefallenen Abfälle. Die Aufgabe kann auch durch die jeweilige Stadt oder Gemeinde wahrgenommen werden.

> ***Beispiele:***
> *In Bayern erfordert dies die Übertragung durch den Landkreis (Art. 5 Abs. 1 BayAbfG); in Nordrhein-Westfalen ist das Sammeln und Befördern bereits per Gesetz durch die kreisangehörigen Städte und Gemeinden vorgesehen (§ 5 Abs. 6 LKrWG NRW).*

Grundsätzlich haben die öffentlich-rechtlichen Entsorgungsträger gem. § 20 Abs. 1 Satz 1 KrWG die in ihrem Gebiet angefallenen und überlassenen Abfälle aus privaten Haushaltungen und Abfälle zur Beseitigung aus anderen Herkunftsbereichen nach Maßgabe der §§ 6 bis 11 KrWG zu verwerten oder nach Maßgabe der §§ 15 und 16 KrWG zu beseitigen. Abfälle, die außerhalb des eigenen Hoheitsgebiets herrühren, muss ein öffentlich-rechtlicher Entsorgungsträger damit nicht annehmen.[818] Auch wenn es der Wortlaut in § 20 Abs. 1 Satz 1 KrWG und der Zusammenhang mit § 17 Abs. 1 Satz 1 KrWG anders nahelegt, erstreckt sich die Pflicht nach h. M. nicht nur auf überlassenen, sondern auch auf „wilden Müll" auf allgemein zugänglichen Flächen.[819] Selbst wenn insoweit eine bundesrechtliche Lücke vorliegen sollte, ist die Übernahme in unterschiedlicher Form im Landesrecht vorgesehen (in Bayern nach Art. 27 Abs. 2 Satz 2 BayAbfG als Ersatzvornahme über die zuständige Behörde, in Nordrhein-Westfalen als generelle Pflicht der kreisangehörigen Gemeinden nach § 5 Abs. 6 Satz 2 LKrWG NRW).

---

816 *Beckmann* in Landmann/Rohmer, UmweltR, KrWG § 46 Rn. 30.

817 Grundsätzlich gilt dies auch für Abfälle aus Gewerbebetrieben, wobei aber insoweit die Gewerbeabfallverordnung (GewAbfV) die konkreteren Pflichten enthält, s. Kap. 6.5.2.5.

818 *Dippel* in BeckOK UmweltR, KrWG § 20 Rn. 5.

819 Vgl. nur *Schoch* in Jarass/Petersen, KrWG, § 20 Rn. 41.

Um der Abfallhierarchie gerecht zu werden und soweit wie möglich eine Vorbereitung zur Wiederverwendung, ein Recycling- oder ein anderes Verwertungsverfahren zu ermöglichen, müssen Abfälle möglichst sortenrein gesammelt werden (vgl. auch § 9 Abs. 1 KrWG).[820] § 20 Abs. 2 KrWG schreibt vor, welche Abfälle durch den öffentlich-rechtlichen Entsorgungsträger getrennt gesammelt – genauer: nach der Definition des § 3 Abs. 16 KrWG als eigener Abfallstrom getrenntgehalten – werden müssen:

- Bioabfälle,
- Kunststoffabfälle,
- Metallabfälle,
- Papierabfälle,
- Glas,
- Textilabfälle (ab 1.1.2025),
- Sperrmüll, der durch die öffentlich-rechtlichen Entsorgungsträger in einer Weise zu sammeln ist, welche die Vorbereitung zur Wiederverwendung und das Recycling der einzelnen Bestandteile ermöglicht und
- gefährliche Abfälle, bei denen die öffentlich-rechtlichen Entsorgungsträger sicherstellen, dass sich die gefährlichen Abfälle bei der Sammlung nicht mit anderen Abfällen vermischen.

Für Kunststoff-, Metall-, Papier- und Textilabfälle gilt dabei § 9 KrWG entsprechend, d. h. die Grundvorgaben und Erleichterungen der Getrenntsammlung – die auch vor der Überlassung an den öffentlich-rechtlichen Entsorgungsträger gelten – gelten auch für ihn. Bei Bioabfällen und Glas stehen ihm jedoch nicht die Gründe des § 9 Abs. 3 Nr. 1 KrWG (gleiche Ergebnisqualität bei nicht getrennter Sammlung) und § 9 Abs. 3 Nr. 2 KrWG (getrennte Sammlung gewährleistet nicht den bestmöglichen Schutz von Mensch und Umwelt) entgegen, um von der Getrenntsammlung absehen zu können. Hintergrund ist, dass eine Vermischung von Kunststoff-, Metall-, Papier- und Textilabfällen eine spätere Trennung eher zulässt, während eine Verwertung von Bio- oder Glasabfällen eine gesteigerte Sortenreinheit verlangt.[821]

Die konkrete Gestaltung der Sammelsysteme liegt grundsätzlich im Organisationsermessen der jeweils zuständigen Kommune.[822] Die Festlegung des örtlichen Systems, das nach § 22 Satz 1 KrWG auch ausdrücklich private Dritte einbeziehen kann, ist damit eine originäre Aufgabe des kommunalen Satzungsrechts.[823] Auf dieser Ebene ist auch gegenüber Erzeugern und Besitzern von Abfällen eine Getrennthaltung vorzugeben, die für das jeweilige Sammlungssystem erforderlich ist (Art. 7 Abs. 1 Satz 3 BayAbfG, § 5 Abs. 4 LKrWG NRW). Insbesondere bei Bioabfällen müssen die Satzungen berücksichtigen, dass bei solchen Abfällen der seltene Fall in Betracht kommt, dass

820 *Schoch* in Jarass/Petersen, KrWG, § 20 Rn. 106.
821 *Schoch* in Jarass/Petersen, KrWG, § 20 Rn. 98.
822 *Schoch* in Jarass/Petersen, KrWG, § 20 Rn. 59.
823 *Thärichen*, Grundzüge des Abfallrechts, Rn. 477.

ein privater Haushalt (durch Eigenkompostierung) zur Verwertung auf dem eigenen Grundstück in der Lage ist (§ 17 Abs. 1 Satz 1 KrWG). Bei Kunststoff- und Metallabfällen aus Verpackungen (Oberbegriff: „Leichtverpackungen") ist zu beachten, dass die dualen Systeme hierfür bundesweit ein für private Haushalte unentgeltliches Hol- oder Bringsystem einrichten müssen (§ 14 Abs. 1 VerpackG), das die kommunale Sammlung überlagert und ein weiteres Holsystem für die Nicht-Verpackungen unwirtschaftlich macht. Folge ist, dass die kommunale Sammlung auf sonstige Metalle und Kunststoffe (z. B. Spielzeug, Küchenutensilien) in der Regel nur auf Wertstoffhöfen stattfindet, wenn der öffentlich-rechtliche Entsorgungsträger nicht mit den dualen Systemen eine Vereinbarung über eine gemeinsame Wertstoffsammlung nach § 22 Abs. 5 VerpackG trifft.[824]

Die (Mindest-)Vorgaben an die Sammlung und Beförderung von Abfällen sind ansonsten in den Bundesländern unterschiedlich ausgestaltet.

Beispiel:
In Bayern muss der öffentlich-rechtliche Entsorgungsträger mindestens Wertstoffhöfe oder – soweit nicht gesonderte Holsysteme eingeführt sind oder werden – Bringsysteme wenigstens für Bio-, Glas-, Papier-, Metall- und Kunststoffabfälle zur Verfügung stellen, außer es sind entsprechende privatwirtschaftliche Erfassungssysteme tatsächlich eingerichtet (Art. 4 Abs. 1 BayAbfG). Die vergleichbare Regelung in Nordrhein-Westfalen spricht nur allgemein von „Sammelsystemen" (§ 6 Abs. 2 Nr. 2 LKrWG NRW).

Diese Unterschiede werden auch im Zusammenhang mit Bioabfällen deutlich.

Beispiel:
In Bayern müssen wenigstens Bringsysteme vorgehalten werden, aber nur, soweit dies technisch möglich und wirtschaftlich zumutbar ist (Art. 4 Abs. 1 Satz 1 BayAbfG); in Nordrhein-Westfalen – wo ebenfalls kein Holsystem vorgeschrieben ist, aber flächendeckend Angebote zur getrennten Erfassung und Verwertung von Bioabfällen vorhanden sein müssen – sind die Entscheidungskriterien der Kommunen für das jeweilige Sammelsystem bezogen auf die siedlungsstrukturspezifischen Gegebenheiten darzustellen (§ 6 Abs. 2 Satz 4 LKrWG NRW), was letztlich eine konkrete Begründung gegen ein Holsystem erfordert.

Nach dem Sammeln und Befördern obliegt dem öffentlich-rechtlichen Entsorgungsträger die Pflicht, Verwertungs- oder Beseitigungsmaßnahmen für die jeweiligen Abfälle zu organisieren. § 22 KrWG gestattet es dabei, Dritte zu beauftragen. Hiervon wird in der Praxis rege Gebrauch gemacht, oft schon für den Abfalltransport, häufig aber auch für die Verwertung und Beseiti-

824 *Thärichen*, Grundzüge des Abfallrechts, Rn. 508, 510.

gung von Abfällen.[825] Dennoch obliegt dem öffentlich-rechtlichen Entsorgungsträger in der Regel die Standortfindung, Planung, Errichtung und Erweiterung, Um- und Nachrüstung sowie der Betrieb der zur Entsorgung ihres Gebietes notwendigen Abfallentsorgungsanlagen (so § 5 Abs. 2 LKrWG NRW). In Bayern ist für sie die Pflicht zur Vorhaltung einer DK-II-Deponie (zu Deponien s. Kap. 6.5.2.4) vorgesehen (Art. 4 Abs. 3 BayAbfG).

Praktisch bedeutsam ist schließlich auch die in § 20 Abs. 3 Satz 1 KrWG vorgesehene Möglichkeit des öffentlich-rechtlichen Entsorgungsträgers, Abfälle von der Entsorgung auszuschließen, für die anderweitige verpflichtende Rücknahmesysteme bestehen –

Beispiel:
Die Rücknahme nach dem VerpackG oder ElektroG.[826]

–, die aus Nicht-Privathaushalten stammen und nach Art, Menge oder Beschaffenheit nicht mit den Abfällen aus den Privathaushalten entsorgt werden können (§ 20 Abs. 3 Satz 2 Alt. 1 KrWG) –

Beispiel:
Bauschutt.[827]

– oder wenn im Einklang mit den Abfallwirtschaftsplänen der Länder andere (auch private) Entsorgungsträger zur Verfügung stehen (§ 20 Abs. 3 Satz 2 Alt. 2 KrWG).

6.5.2 Als Untere Abfallbehörde

6.5.2.1 Überwachung von Sammlern, Beförderern, Händlern und Maklern

Abfälle sind einerseits eine mitunter hochbegehrte Quelle für Ressourcen (wie etwa Metalle), andererseits kann der unsachgemäße Umgang Risiken für die Allgemeinheit mit sich bringen. Ungeschultem Personal oder nicht fachkundigen Einzelunternehmern kann es etwa am nötigen Wissen fehlen, welche Umweltgefahren von welchen Abfällen ausgehen können und wie ihnen zu begegnen ist. Aus Gründen des Allgemeinwohls und des Umweltschutzes muss daher der gewerbsmäßige Umgang mit Abfällen überwacht werden.[828]

---

825 *Dieckmann* in Jarass/Petersen, KrWG, § 22 Rn. 3.

826 Wobei in diesen Fällen eine Mitwirkung der öffentlich-rechtlichen Entsorgungsträger in Frage kommt, die einem Entsorgungsausschluss entgegenstehen kann (*Beckmann* in Landmann/Rohmer, UmweltR, KrWG § 20 Rn. 108).

827 *Beckmann* in Landmann/Rohmer, UmweltR, KrWG § 20 Rn. 117.

828 *Beckmann* in Landmann/Rohmer, UmweltR, KrWG § 53 Rn. 3.

Sammler, Beförderer, Händler und Makler von nicht gefährlichen Abfällen haben die Tätigkeit ihres Betriebes vor Aufnahme der Tätigkeit anzuzeigen (§ 53 Abs. 1 Satz 1 KrWG). Die Legaldefinitionen der Tätigkeiten finden sich in § 3 Abs. 10 bis 13 KrWG. Betroffen ist von der Anzeigepflicht im Falle des Sammelns nur die berufliche Tätigkeit, nicht aber die Durchführung einer Sammlung, die eine eigene Anzeige nach § 18 KrWG erfordert (s. dazu Kap. 6.5.2.2).[829] Einzelheiten zum Anzeigeverfahren inkl. eines Anzeigenvordrucks sind in der Anzeige- und Erlaubnisverordnung (AbfAEV) geregelt.

Zu gesetzlichen Grundanforderungen, nach denen diese Tätigkeiten ausgeübt werden dürfen, gehören nach § 53 Abs. 2 KrWG lediglich

- die Zuverlässigkeit der Betriebsinhaberin sowie der für die Leitung und Beaufsichtigung des Betriebes verantwortlichen Personen, was gewerberechtlichen Grundsätzen entspricht (vgl. § 35 Abs. 1 Satz 1 GewO),
- die für die jeweilige Tätigkeit notwendige Fach- und Sachkunde, die neben den o. g. Personen auch das konkret handelnde Personal nachweisen muss.

Die Zuverlässigkeit ist gem. § 3 Abs. 1 AbfAEV gegeben, wenn die betroffenen Personen aufgrund ihrer persönlichen Eigenschaften, ihres Verhaltens und ihrer Fähigkeiten zur ordnungsgemäßen Erfüllung der ihnen obliegenden Aufgaben geeignet sind. Während das Gegenteil seitens der Behörde nur mit einer auf Tatsachen gestützten und gerichtlich voll überprüfbaren Prognoseentscheidung angenommen werden kann,[830] ist bei den Regelvermutungen zur fehlenden Zuverlässigkeit nach § 3 Abs. 2 AbfAEV eine Positivprüfung nicht mehr erforderlich.[831] Neben den in Nr. 1 genannten Straftaten und Ordnungswidrigkeiten, die für sich genommen schon gegen die Zuverlässigkeit sprechen –

Beispiele:
Geldbuße wegen Verstößen gegen Umwelt- oder Arbeitsschutzrecht über 2500 Euro, Verurteilung wegen unerlaubter Beförderung wassergefährdender Abfälle (§ 326 Abs. 1 Nr. 4 lit. a StGB),

sind die in Nr. 2 vorgesehenen „wiederholten" Verstöße gegen Vorschriften aus Nr. 1 von erheblicher praktischer Bedeutung, da hierzu nicht nur Geldbußen bis 2500 Euro, sondern auch Zuwiderhandlungen gegen behördliche Untersagungsverfügungen zählen.[832] Für eine wiederholte Zuwiderhandlung reichen dabei schon zwei Verstöße aus, die zudem nicht demselben Rechtsgebiet zuzuordnen sein müssen (z. B. ein Verstoß gegen Wasserrecht und ein Verstoß gegen Naturschutzrecht). Aus diesem Grund ist die Behörde gehalten, unter Verhältnismäßigkeitsgesichtspunkten die Schwere der Ver-

---

829 *Beckmann* in Landmann/Rohmer, UmweltR, KrWG § 53 Rn. 9.
830 *Kropp* in BeckOK UmweltR, KrWG § 53 Rn. 9.
831 *Doumet* in Jarass/Petersen, KrWG, § 53 Rn. 20.
832 HessVGH, Beschl. vom 6.12.2016 – 2 B 1935/16 –.

stöße zu gewichten.[833] Nach der Rechtsprechung ist es im Gewerbe- und damit auch im Abfallrecht jedoch gesetzgeberische Intention, auch die Häufung kleinerer Rechtsverletzungen für die Unzuverlässigkeit genügen zu lassen, wenn sich ein „Hang zur Nichtbeachtung"[834] erkennen lässt.

Die Anforderungen an die notwendige Fach- und Sachkunde (§ 53 Abs. 2 Satz 2 KrWG) ist im Detail in §§ 4 ff. AbfAEV geregelt. Während für die Inhaber – soweit sie den Betrieb auch leiten – bzw. die ansonsten für die Leitung und Beaufsichtigung des Betriebes verantwortlichen Personen nach § 4 AbfAEV spezifische Kenntnisse verlangt werden, die nötigenfalls in einem Lehrgang erworben werden müssen (§ 4 Abs. 3 AbfAEV), setzt § 6 Satz 1 AbfAEV für das sonstige Personal voraus, dass dieses auf der Grundlage eines Einarbeitungsplans betrieblich eingearbeitet wird und über den für die jeweilige Tätigkeit notwendigen aktuellen Wissensstand verfügt.

Das weitere Verfahren nach Eingang der Anzeige regelt § 7 Abs. 3 bis 5 AbfAEV. Durch die Anzeige ist die Abfallbehörde in der Lage, zu entscheiden, ob sie die Tätigkeit z. B. zeitlich befristen, von Auflagen abhängig machen oder Unterlagen über den Nachweis der Zuverlässigkeit und der Fach- und Sachkunde der/des Anzeigenden anfordern sollte (§ 53 Abs. 3 Satz 1 KrWG). Sie hat die angezeigte Tätigkeit zu untersagen, wenn Tatsachen bekannt sind, aus denen sich Bedenken gegen die Zuverlässigkeit des Inhabers oder der für die Leitung und Beaufsichtigung des Betriebes verantwortlichen Personen ergeben, oder wenn die erforderliche Fach- oder Sachkunde nicht nachgewiesen wurde (§ 53 Abs. 3 Satz 3 KrWG).

Aus Sicht der anzeigepflichtigen Person ist es lediglich entscheidend, die Anzeige vor Beginn der Tätigkeit zu stellen; sie kann aber – auch wenn dies aus Gründen der Rechtssicherheit nicht zu empfehlen ist – grundsätzlich schon vor einer behördlichen Eingangsbestätigung mit dieser beginnen.[835] Soweit allerdings auch eine Sammlung (§ 18 KrWG) noch angezeigt werden muss, ist – was in der Praxis von Anzeigenden gern übersehen wird – die dreimonatige Wartefrist gem. § 18 Abs. 1 KrWG zu beachten. Die Sammlung kann im Übrigen zeitlich befristet sein (für Näheres s. Kap. 6.5.2.2). Bezogen auf die Anzeige nach § 53 KrWG ist eine erneute Anzeige jedoch nur bei Änderung wesentlicher Angaben erforderlich (§ 7 Abs. 7 Satz 1 AbfAEV), so dass die Anzeige an sich zeitlich unbegrenzt wirkt.[836]

Für das Sammeln, Befördern, Handeln oder Makeln gefährlicher Abfälle tritt an die Stelle der Anzeige nach § 53 KrWG eine Erlaubnispflicht nach § 54 KrWG. Die Vorgaben des § 53 Abs. 2 KrWG werden hier zu den Genehmigungsvoraussetzungen (§ 54 Abs. 1 Satz 2 KrWG), §§ 3 ff. AbfAEV gelten im Übrigen genauso. Allerdings gelten für die Inhaber bzw. die ansonsten für die Leitung und Beaufsichtigung des Betriebes verantwortlichen Personen

833 *Tünnesen-Harmes* in Landmann/Rohmer, UmweltR, AbfAEV § 3 Rn. 11.
834 HessVGH, Beschl. vom 6.12.2016 – 2 B 1935/16 –.
835 *Doumet* in Jarass/Petersen, KrWG, § 53 Rn. 12.
836 *Doumet* in Jarass/Petersen, KrWG, § 53 Rn. 13.

nach § 5 AbfAEV stärkere Anforderungen an die Fachkunde. § 9 AbfAEV sieht zudem weitere Unterlagen vor.

Bei gefährlichen Abfällen kommt darüber hinaus eine Vorab- und Verbleibskontrolle der Abfälle zum Tragen. Die Einzelheiten regelt die Verordnung über die Nachweisführung bei der Entsorgung von Abfällen (Nachweisverordnung – NachwV). Hilfreiche Informationen zur behördlichen Umsetzung finden sich in der Vollzugshilfe zum abfallrechtlichen Nachweisverfahren.[837]

6.5.2.2 Anzeige von Sammlungen

Steht bei der Anzeige- und Erlaubnispflicht nach §§ 53 f. KrWG (s. Kap. 6.5.2.1) die Vorsorge gegen Umweltgefahren aufgrund des tatsächlichen Umgangs mit Abfällen im Vordergrund, ist die Pflicht zur Anzeige von gemeinnützigen und gewerblichen Sammlungen nach § 18 KrWG vor allem im Zusammenhang mit der Überlassungspflicht von Abfällen an den öffentlich-rechtlichen Entsorgungsträger (s. dazu Kap. 6.5.1.3) zu sehen.[838] Ihm und der Abfallbehörde, bei der die Anzeige zu stellen ist, sollen zum einen – nicht zuletzt mit Blick auf die eigene Entsorgungsplanung – Zahl und Art der im jeweiligen Zuständigkeitsbereich durchgeführten Sammlungen bekannt sein.[839] Zum anderen entfällt bei rechtskonformen gemeinnützigen oder gewerblichen Sammlungen gem. § 17 Abs. 2 Satz 1 Nr. 3 und 4 KrWG die Überlassungspflicht an den öffentlich-rechtlichen Entsorgungsträger, und schlussendlich kann der öffentlich-rechtliche Entsorgungsträger nach § 20 Abs. 3 KrWG bestimmte Abfälle von seiner Sammlung ausgeschlossen haben, für die aber die private Entsorgungswirtschaft zur Verfügung steht.[840]

Die Begriffsbestimmungen des § 3 KrWG ergänzen den allgemeinen Begriff der Sammlung (§ 3 Abs. 15 KrWG), der im Unterschied zum einfachen Sammeln (§ 3 Abs. 10 KrWG) durch die Finalität der Handlung – die Beförderung zu einer Abfallbehandlungsanlage – gekennzeichnet ist,[841] um zusätzliche Legaldefinitionen für die nach §§ 17, 18 KrWG zu beurteilenden gemeinnützigen (§ 3 Abs. 17 KrWG) und gewerblichen (§ 3 Abs. 18 KrWG) Sammlungen.

Beiden Arten von Sammlungen ist zunächst gemein, dass sie spätestens drei Monate vor ihrer beabsichtigten Aufnahme der Abfallbehörde anzuzeigen sind (§ 18 Abs. 1 KrWG). Ehe diese Frist (berechnet ab dem formal voll-

837 Vollzugshilfe zu den Vorschriften des Kreislaufwirtschafts- und Abfallgesetzes und der Nachweisverordnung zur Führung von Nachweisen und Registern bei der Entsorgung von Abfällen vom 30.9.2009, LAGA-Mitteilung Nr. 27, https://www.laga-online.de/documents/m27_vh_abfall-nachweisverfahren_2_1517834629.pdf (zuletzt abgerufen am 10.9.2023).

838 *Beckmann* in Landmann/Rohmer, UmweltR, KrWG § 18 Rn. 4.

839 *Dingemann* in Jarass/Petersen, KrWG, § 18 Rn. 1.

840 *Beckmann* in Landmann/Rohmer, UmweltR, KrWG § 18 Rn. 4.

841 *Reese/Doumet* in Jarass/Petersen, KrWG, § 3 Rn. 324.

ständigen Zugang der Anzeige bei der Behörde[842]) nicht abgelaufen ist, darf die Tätigkeit nicht aufgenommen werden, so dass es sich um eine echte Wartepflicht handelt.[843] Welche Angaben der Anzeige beizufügen sind, richtet sich bei gewerblichen Anzeigen nach § 18 Abs. 2 KrWG. Bei gemeinnützigen Sammlungen fordert § 18 Abs. 3 KrWG grundsätzlich nicht die Angaben nach § 18 Abs. 2 Nr. 3 bis 5 KrWG zu Abfallmenge, Entsorgungsstrukturen und Verwertungsketten. Die Behörde kann diese jedoch im Einzelfall verlangen.

In jedem Fall ist der jeweilige öffentlich-rechtliche Entsorgungsträger zu beteiligen und ihm zwei Monate lang Gelegenheit zur Stellungnahme zu geben (§ 18 Abs. 4 Satz 1 KrWG). Sind die Aufgaben des Einsammelns und der Entsorgung – wie in vielen Bundesländern im kreisangehörigen Raum (s. Kap. 6.5.1.3) – zwischen mehreren öffentlich-rechtlichen Entsorgungsträgern aufgeteilt, sind alle betroffenen zu beteiligen.[844]

Die Stellungnahme der öffentlich-rechtlichen Entsorgungsträger bildet für die Abfallbehörde die zentrale Entscheidungsgrundlage für nach § 18 Abs. 5 Satz 1 KrWG im Rahmen des Ermessens mögliche Bedingungen, Auflagen oder Befristungen für die Sammlung, welche im Einzelfall verhältnismäßig sind, um die Erfüllung der Voraussetzungen nach § 17 Abs. 2 Satz 1 Nr. 3 oder 4 KrWG (ordnungsgemäße und schadlose Verwertung bzw. nur bei gewerblichen Sammlungen zusätzlich keine entgegenstehenden, überwiegenden öffentlichen Interessen) sicherzustellen.

Beispiel:
Nachweise über den Verbleib bestimmter Abfälle.

Bei den Bedingungen, Auflagen oder Befristungen handelt es sich trotz der irreführenden Bezeichnung im Gesetz nicht um Nebenbestimmungen i. S. d. § 36 VwVfG, da diese einen Haupt-Verwaltungsakt voraussetzen und Sammlungen nach § 18 KrWG gerade *keiner* Genehmigungspflicht unterliegen sollen. Insofern sind die behördlichen Anordnungen eigenständige Verwaltungsakte.[845] Gewerblichen Sammlungen kann darüber hinaus nach § 18 Abs. 6 Satz 1 KrWG eine Mindestdauer der Durchführung vorgegeben werden.

Die Abfallbehörde hat die angezeigte Sammlung zu untersagen, wenn Tatsachen bekannt sind, aus denen sich Bedenken gegen die Zuverlässigkeit des Anzeigenden oder der für die Leitung und Beaufsichtigung der Sammlung verantwortlichen Personen ergeben (§ 18 Abs. 5 Satz 2 KrWG). Da das Anzeigeverfahren nach § 18 KrWG ein eigenständiges ist und nicht der AbfAEV unterliegt, kommt die dortige Spezialregelung zur Zuverlässigkeit (s. dazu bereits Kap. 6.5.2.1) nicht zum Tragen. Auch wenn insoweit bei § 18 Abs. 5 Satz 2 KrWG vergleichbare Kriterien und die Einbettung in die

842 *Dingemann* in Jarass/Petersen, KrWG, § 18 Rn. 42, 45.
843 *Giesberts* in BeckOK UmweltR, KrWG § 18 Rn. 6.
844 *Beckmann* in Landmann/Rohmer, UmweltR, KrWG § 18 Rn. 54.
845 *Beckmann* in Landmann/Rohmer, UmweltR, KrWG § 18 Rn. 68.

Grundsätze des § 35 GewO greifen,[846] liegt ein praktisch relevanter Unterschied darin, dass auch die Nichtbeachtung solcher Vorschriften in die Beurteilung der Zuverlässigkeit einfließen kann, die nicht dem Umweltrecht zuzuordnen sind, aber gleichwohl einen konkreten Zusammenhang mit der jeweiligen Sammlung aufweisen, so etwa aus dem Straßen- und Wegerecht.

Beispiele:
Wildes Abstellen von Abfallcontainern im öffentlichen Straßenraum.[847]
Auch das Nichteinholen von Sondernutzungserlaubnissen für Containerstandorte kann nach neuerer Rspr. genügen.[848]

Unzuverlässig i. S. d. § 18 Abs. 5 Satz 2 KrWG ist deshalb, wer nach dem Gesamteindruck seines Verhaltens prognostisch nicht die Gewähr dafür bietet, dass er die in Rede stehende Sammlung zukünftig ordnungsgemäß durchführen wird.[849]

Als weiteren Untersagungsgrund sieht § 18 Abs. 5 Satz 2 KrWG vor, dass die Einhaltung der Voraussetzungen nach § 17 Abs. 2 Satz 1 Nr. 3 oder 4 KrWG *„anders nicht zu gewährleisten ist"*. Aus der gewählten Formulierung im Gesetz ergibt sich, dass von der Abfallbehörde zunächst stets zu prüfen ist, ob Anordnungen nach § 18 Abs. 5 Satz 1 KrWG als milderes Mittel in Betracht kommen.[850] Soweit der öffentlich-rechtliche Entsorgungsträger sich gegenüber einer gewerblichen Sammlung darauf beruft, in seiner Funktionsfähigkeit gefährdet zu sein, richtet sich die Prüfung der entgegenstehenden überwiegenden Interessen nach § 17 Abs. 3 KrWG. Die sehr ausdifferenzierte Regelung kommt dadurch zustande, dass sie den – auf Kostendeckung angewiesenen, weil meist nicht gewinnorientiert arbeitenden – öffentlich-rechtlichen Entsorgungsträger schützen soll,[851] dabei aber die Wettbewerbsinteressen der gewerblichen Entsorgungswirtschaft sowie die Vorgaben der EU-Grundfreiheiten nicht außer Acht lassen darf.[852] Danach kommt für eine Gefährdung der Funktionsfähigkeit des öffentlich-rechtlichen Entsorgungsträgers entweder der Fall in Betracht, dass die Aufgabenwahrnehmung nicht mehr zu wirtschaftlich ausgewogenen Bedingungen erfolgen kann, oder dass die Planungssicherheit und Organisationsverantwortung wesentlich beeinträchtigt wird (§ 17 Abs. 3 Satz 2 KrWG). Eine wesentliche Beeinträchtigung der Planungssicherheit und Organisationsverantwortung des öffentlich-rechtlichen Entsorgungsträgers liegt unter anderem vor, wenn dieser eine haushaltsnahe bzw. sonstige hochwertige getrennte Erfassung und Verwertung der Abfälle durchführt oder die Stabilität der Gebühren gefährdet wird (§ 17 Abs. 3 Satz 3 Nr. 1 und 2 KrWG). Dies steht aber – um Innovatio-

846 Siehe im Einzelnen *Dingemann* in Jarass/Petersen, KrWG, § 18 Rn. 91 ff.
847 NdsOVG, Beschl. vom 14.1.2015 – 7 ME 57/14 –.
848 BVerwG, Urt. vom 8.7.2020 – 7 C 30.18 –.
849 OVG NRW, Urt. vom 7.2.2020 – 20 A 875/17 –.
850 *Dingemann* in Jarass/Petersen, KrWG, § 18 Rn. 97.
851 *Beckmann* in Landmann/Rohmer, UmweltR, KrWG § 17 Rn. 159 f.
852 Vgl. *Beckmann* in Landmann/Rohmer, UmweltR, KrWG § 17 Rn. 143.

nen im Wettbewerb nicht zu blockieren – wiederum unter dem Vorbehalt, dass die fragliche gewerbliche Sammlung und Verwertung der Abfälle nicht wesentlich leistungsfähiger ist als die vom öffentlich-rechtlichen Entsorgungsträger oder von ihm beauftragten Dritten bereits angebotene oder konkret geplante Leistung (§ 17 Abs. 3 Satz 4 KrWG). Insofern liegt die Darlegungslast allerdings bei der sammelnden Person.[853] Im Übrigen gilt – wie auch für die wirtschaftlich ausgewogenen Bedingungen der Entsorgung durch den öffentlich-rechtlichen Entsorgungsträger – hinsichtlich der Beeinträchtigung der haushaltsnah erfassten Sammelmengen und der Gebührenstabilität (z. B. durch rückläufige Verwertungserlöse), dass die durch die gewerbliche Sammlung zu erwartende Veränderung spürbar sein muss, so dass nicht jede geringfügige Verschiebung von Abfällen zu gewerblichen Sammlungen für eine Untersagung ausreicht.[854]

6.5.2.3 Verwendung von Ersatzbaustoffen

Bei Bau- und Rückbaumaßnahmen fallen große Mengen mineralischer Stoffe an, etwa Bodenaushub oder Bauschutt (wie Beton, Ziegel, Fliesen oder Keramik). Bei Verbrennungsprozessen verbleiben u. a. Aschen und Schlacken als mineralische Reststoffe. Mineralische Abfälle stellen mengenmäßig den größten Abfallstrom in Deutschland dar.[855] Entsprechend besteht ein enormes Potential, durch Verwertung anstelle der Entsorgung Ressourcen zu schonen. Als „Recyclingbaustoffe" wurden solche Abfälle bereits seit vielen Jahren in Deutschland verwendet.

> ***Beispiele:***
> *Verfüllung von Abgrabungen, Einbau in Straßen oder andere Bauwerke.*

Die technischen Anforderungen an die stoffliche Verwertung ergaben sich über mehrere Jahrzehnte aus der LAGA-Mitteilung 20.[856] Die darin definierten Materialklassen (Zuordnungswerte) erlaubten die Beurteilung, inwieweit sich das einzubauende Material auf dem jeweiligen Boden eignet. Die LAGA-Mitteilung allein war jedoch, wie später das BVerwG feststellte,[857] keine hinreichend belastbare Rechtsgrundlage, um die Verwertung solcher Abfälle mit den Anforderungen des Bodenschutzrechts (Vermeidung und Verminderung von Bodeneinwirkungen, § 7 Satz 3 BBodSchG) in Einklang zu bringen. In den Bundesländern entwickelte sich daraufhin eine unter-

---

853 *Beckmann* in Landmann/Rohmer, UmweltR, KrWG § 17 Rn. 196.

854 Vgl. im Einzelnen *Giesberts* in BeckOK UmweltR, KrWG, § 17 Rn. 47; *Dingemann* in Jarass/Petersen, KrWG, § 17 Rn. 186.

855 *Willand/Hoesch*, ZUR 2023 S. 84.

856 Anforderungen an die stoffliche Verwertung von mineralischen Reststoffen/Abfällen – Technische Regeln vom 6.11.1997.

857 BVerwG, NVwZ 2005 S. 954.

schiedliche Vollzugspraxis,[858] wobei als Ausgangspunkt zu beachten war, dass wegen des potentiellen Austritts von Schadstoffen in das Grundwasser der Einbau von Recyclingbaustoffen gem. § 9 Abs. 2 Nr. 2 WHG eine erlaubnispflichtige Gewässerbenutzung darstellt. Durch entsprechende landesrechtliche Regelungen, zumeist Erlasse, wurden den Umweltbehörden Einzelheiten für die Erlaubniserteilung an die Hand gegeben.[859]

6.5.2.3.1 Die Ersatzbaustoffverordnung

Mit der ErsatzbaustoffV werden erstmalig bundeseinheitliche Anforderungen an die Herstellung und den Einbau mineralischer Ersatzbaustoffe festgelegt. Sie ist Teil der seit August 2023 geltenden Mantelverordnung.[860] Die Verordnung bewegt sich an der Schnittstelle zwischen Abfall-, Bodenschutz- und Wasserrecht. Prioritär handelt es sich zwar um eine abfallrechtliche Vorschrift, da die Verordnung auf §§ 4 Abs. 2 und 5 Abs. 2 KrWG gestützt ist und eine Verwertungsart von mineralischen Abfällen betrifft. Findet eine Verwertung nach Maßgabe der ErsatzbaustoffV statt, macht dies aber in der Regel die weitere Prüfung der wasser- und bodenschutzrechtlichen Anforderungen entbehrlich.[861]

Der Anwendungsbereich der ErsatzbaustoffV liegt vor allem darin, die Herkunft von mineralischen Ersatzbaustoffen zu überwachen (Herstellung dieser mineralischen Ersatzbaustoffe in mobilen und stationären Anlagen, Inverkehrbringen von mineralischen Ersatzbaustoffen, Untersuchung von nicht aufbereitetem Bodenmaterial) sowie Anforderungen an den Einbau dieser mineralischen Ersatzbaustoffe in technische Bauwerke zu definieren. Die Beschränkung auf die Verwendung in technischen Bauwerken –

> ***Beispiele:***
> *Straßen, Wege Plätze, Lager- und Stellflächen, Leitungsgräben, Hinterfüllungen, Aufschüttungen von Böschungen; s. im Einzelnen § 2 Nr. 3 ErsatzbaustoffV.*

– wird auch durch die Negativabgrenzung des Anwendungsbereichs in § 1 Abs. 2 ErsatzbaustoffV verstärkt, wonach insbes. der Einbau auf oder in einer durchwurzelbaren Bodenschicht, unterhalb oder außerhalb einer durchwurzelbaren Bodenschicht (hier aber nicht in technischen Bauwerken) oder in Gewässern von der Verordnung nicht erfasst werden. Regelungen hierzu finden sich in §§ 6 bis 8 BBodSchV (s. Kap. 7.5).

---

858 *Grothmann*, NZBau 2010 S. 343 (345).

859 *Willand/Hoesch*, ZUR 2023 S. 84 (85) mit weiteren Einzelheiten.

860 Verordnung zur Einführung einer Ersatzbaustoffverordnung, zur Neufassung der Bundes-Bodenschutz- und Altlastenverordnung und zur Änderung der Deponieverordnung und der Gewerbeabfallverordnung vom 9.7.2021 (BGBl. I S. 2598).

861 *Willand/Hoesch*, ZUR 2023 S. 84.

Als eines der größten Probleme der ErsatzbaustoffV gilt bislang, dass kein klarer Zeitpunkt geregelt ist, ab dem für den Einbau von Ersatzbaustoffen das Abfallende (§ 5 Abs. 1 KrWG) erreicht ist. Dies ist nach § 5 Abs. 1 Nr. 4 KrWG erst gegeben, wenn die Verwendung eines Stoffes insgesamt nicht (mehr) zu schädlichen Auswirkungen auf den Menschen oder die Umwelt führt. Vor dem Einbau jedenfalls bleibt die Abfalleigenschaft bestehen, und auch nach dem Einbau bleibt ein Restrisiko für die einbauende Person, nicht alle Vorgaben der ErsatzbaustoffV eingehalten zu haben und damit weiter verantwortlich nach § 15 Abs. 1 KrWG zu sein.

6.5.2.3.2 Anforderungen an den Einbau

Um Ersatzbaustoffe einbauen zu können, bedarf es teilweise zunächst einer Aufbereitung in einer mobilen oder stationären Anlage (z. B. Sieb- oder Brecheranlage), welche nach §§ 4 ff. ErsatzbaustoffV einer Pflicht zur Güteüberwachung unterliegen. Nicht aufbereitetes Bodenmaterial oder Baggergut bedarf nach §§ 14 ff. ErsatzbaustoffV einer Untersuchung und Bewertung. Anlage 1 der ErsatzbaustoffV weist den Ersatzbaustoffen anhand der ermittelten Materialwerte (z. B. pH-Wert, Chlorid, Blei, Kupfer) eine Materialklasse zu (z. B. für Recycling-Baustoffe RC-1, RC-2 oder RC-3, für Bodenmaterial BM-0, BM-0*, BM-F0*, BM-F1, BM-F2 und BM-F3).

Halten die Materialien auf diese Weise die Anforderungen der ErsatzbaustoffV ein und wird eine der zugelassenen Einbauweisen gewählt (Anlage 2 und 3 zur ErsatzbaustoffV), regelt § 19 Abs. 2 Nr. 1 ErsatzbaustoffV, dass nachteilige Veränderungen der Grundwasserbeschaffenheit und schädliche Bodenveränderungen nicht zu besorgen sind. Nur für Bodenmaterial der Klasse 0 (BM-0) oder Baggergut der Klasse 0 (BG-0) sind keine Einbauweisen zu beachten. Der Einbau hat nach § 19 Abs. 8 Satz 1 ErsatzbaustoffV oberhalb der in Anlage 2 oder 3 vorgesehenen Grundwasserdeckschicht zu erfolgen. Der Einbau in technische Bauwerke darf nur in dem für den jeweiligen bautechnischen Zweck erforderlichen Umfang erfolgen (§ 19 Abs. 4 ErsatzbaustoffV). Weiter finden sich in § 19 Abs. 6 ErsatzbaustoffV gesonderte Regelungen für den Einbau in Wasserschutzgebieten (insbes. Verbot in Zone I) sowie in § 19 Abs. 7 ErsatzbaustoffV für besonders empfindliche Gebiete, wie insbes. Karstgebiete oder Gebiete mit stark klüftigem, besonders wasserwegsamen Untergrund, die nach Landesrecht ausgewiesen sind. Für bestimmte Aschen und Schlacken ergeben sich aus § 20 ErsatzbaustoffV weitere Einbaubeschränkungen.

6.5.2.3.3 Behördliches Verfahren

Die zentrale Regelung der ErsatzbaustoffV für die Genehmigungsbedürftigkeit des Einbaus ist § 21 Abs. 1. Werden die Anforderungen nach den §§ 19 und 20 ErsatzbaustoffV – d. h. insbes. die Einbauweisen nach Anlage 2 und 3 – eingehalten, bedürfen Einbaumaßnahmen keiner Erlaubnis nach § 8

Abs. 1 WHG. Nach § 21 Abs. 2 ErsatzbaustoffV können auf Antrag im Einzelfall weitere, nicht in Anlage 2 und 3 genannte Einbauweisen zugelassen werden. Hieran dürfte jedoch selten Bedarf bestehen, da in Anlage 2 und 3 die in der Praxis gängigen Einbauweisen vollständig sein dürften.[862] Weiter sieht § 21 Abs. 3 ErsatzbaustoffV die Möglichkeit vor, im Einzelfall die Verwertung von Stoffen oder Materialklassen in technischen Bauwerken zuzulassen, die nicht in der Ersatzbaustoffverordnung geregelt sind. Ein spezielleres Genehmigungsverfahren sieht die ErsatzbaustoffV nicht vor, so dass im Umkehrschluss zu § 21 Abs. 1 in solchen Fällen das Erfordernis einer wasserrechtlichen Erlaubnis (s. dazu Kap. 4.5.1) auflebt, welche erteilt werden kann, wenn nachteilige Veränderungen der Grundwasserbeschaffenheit und schädliche Bodenveränderungen nicht zu besorgen sind (§ 19 Abs. 2 ErsatzbaustoffV).

Für die im Regelfall beabsichtigte Rechtsfolge, dass die verwendende Person von der Erlaubnisfreiheit nach § 21 Abs. 1 ErsatzbaustoffV profitieren will, ist jedoch ab einem Gesamtvolumen von 250 m^3 gem. § 22 Abs. 1 Satz 1 ErsatzbaustoffV vier Wochen vor Beginn des Einbaus eine schriftliche oder elektronische Anzeige erforderlich, wenn es sich um Ersatzbaustoffe nach § 20 Abs. 1 ErsatzbaustoffV oder Baggergut der Klasse F3 - BG-F3, Bodenmaterial der Klasse F3 - BM-F3 oder Recycling-Baustoff der Klasse 3 - RC-3 handelt (§ 21 Abs. 1 Satz 3 ErsatzbaustoffV). In festgesetzten Wasserschutzgebieten und Heilquellenschutzgebieten ist die Anzeige unabhängig vom Volumen und der Materialklasse (ausgenommen die Ersatzbaustoffe nach § 19 Abs. 6 Satz 2 ErsatzbaustoffV) erforderlich.

Nach dieser Voranzeige, für die das Muster nach Anlage 8 der ErsatzbaustoffV zu verwenden ist, hat die verwendende Person innerhalb von zwei Wochen nach Abschluss der Baumaßnahme anhand der zusammengefassten Lieferscheine die tatsächlich eingebauten Mengen und Materialklassen der verwendeten mineralischen Ersatzbaustoffe zu ermitteln und diese Angaben als Abschlussanzeige unverzüglich schriftlich oder elektronisch zu übermitteln (§ 21 Abs. 4 ErsatzbaustoffV). Die Verwendung anzeigepflichtiger mineralischer Ersatzbaustoffe wird, zusammen mit der Vor- und Abschlussanzeige, in einem Kataster nach § 23 ErsatzbaustoffV dokumentiert.

Nach Ende der bestimmungsgemäßen Nutzung eines technischen Bauwerks hat der Grundstückseigentümer oder eine beauftragte dritte Person der zuständigen Behörde den Zeitpunkt des Rückbaus des technischen Bauwerks innerhalb eines Jahres mitzuteilen. Sollen die mineralischen Ersatzbaustoffe am Einbauort verbleiben, ist dies der zuständigen Behörde unter Angabe der Folgenutzung des Einbauortes ebenfalls mitzuteilen (§ 21 Abs. 6 ErsatzbaustoffV).

862 BT-Drs. 19/29636 S. 204 f.

6.5.2.4 Zulassung und Überwachung von Deponien

Die Zulassung von Anlagen, in denen Abfälle entsorgt werden, ist in den §§ 34 bis 44 KrWG geregelt. Allerdings regelt § 35 Abs. 1 KrWG, dass Verwertungs- und Beseitigungsanlagen, die unter das Immissionsschutzrecht fallen –

> ***Beispiele:***
> *Anlagen zur thermischen Verwertung fester Stoffe (Müllheizkraftwerke), Nr. 8.1.1 Anhang 1 zur 4. BImSchV; Anlagen zur Erzeugung von Kompost aus organischen Abfällen, Nr. 8.5 Anhang 1 zur 4. BImSchV.*

–, keiner weiteren Zulassung nach dem KrWG bedürfen (§ 35 Abs. 1 Halbs. 2 KrWG). Es gilt insofern der – weite – immissionsschutzrechtliche Anlagenbegriff (s. dazu Kap. 5.4.1),[863] der auch Kurz- und Langzeitzwischenlager von Abfällen abdeckt. Der tatsächliche Anwendungsbereich der Vorschriften des 3. Abschnitts des KrWG ist deshalb auf die Errichtung, den Betrieb und die wesentliche Änderung von Deponien zur endgültigen Lagerung von Abfällen beschränkt.[864] Nur wenn ein an sich nach BImSchG genehmigungsbedürftiges Zwischenlager von Abfällen auf einer planfestgestellten Deponie errichtet werden soll und sich daraus eine wesentliche Änderung der Deponie ergibt, ist ein Planfeststellungs- oder genehmigungsverfahren für die Deponie durchzuführen.[865]

Die Ablagerung unvorbehandelter Abfälle ist in Deutschland seit 1.6.2005 verboten.[866] Weil sie nicht die nötigen technischen Voraussetzungen erfüllten, musste mehr als die Hälfte der Hausmülldeponien in Deutschland zu dem genannten Stichtag schließen.[867] Eine praktische Rolle spielen Deponien aber bis heute für Abfälle, für die kein Verwertungsverfahren in Betracht kommt (zum Einbau von Ersatzbaustoffen s. Kap. 6.5.2.3).

6.5.2.4.1 Allgemeines zu Deponien

Heutige Deponien werden in unterschiedliche Deponieklassen eingeteilt (§ 2 Nr. 6 bis 10 DepV):

---

863 *Beckmann* in Landmann/Rohmer, UmweltR, KrWG § 35 Rn. 22.

864 Zur Abgrenzung von anderen Abfallablagerungen *Klages* in BeckOK UmweltR, KrWG § 35 Rn. 58.

865 OVG NRW, Urt. vom 30.4.2010 – 20 D 119/07 –.

866 Zur Geschichte s. *Hofmann* in BeckOK UmweltR, KrWG, § 9 Rn. 1, heute in § 6 Abs. 1 DepV zu finden.

867 https://www.umweltbundesamt.de/themen/abfall-ressourcen/entsorgung/deponierung-lagerung (zuletzt abgerufen am 10.9.2023).

- DK 0: Inertstoffdeponien[868] für mineralische Abfälle mit geringem Schadstoffstoffgehalt. Die gesamte Auslaugbarkeit, der Schadstoffgehalt der Abfälle und die Ökotoxizität des Sickerwassers müssen unerheblich sein.
- DK I: mäßig belastete (nicht gefährliche) Abfälle, z. B. Erdaushub und Bauschutt. Basis- und Oberflächenabdichtungssystem sowie eine geregelte Entwässerung (Sickerwasser- und Oberflächenwasserfassung und -ableitung) sind erforderlich.
- DK II: belastete, jedoch nicht gefährliche Abfälle, z. B. auch Hausmüll. Gesteigerte Anforderungen an Deponieabdichtung. Bei bestehenden Deponien ist meist auch eine Fassung der Deponiegase erforderlich.
- DK III: Deponie für gefährliche Abfälle mit den strengsten Anforderungen an oberirdische Deponien.
- DK IV: Unterirdische Deponie (Untertagedeponie) im Salzgestein in einem Bergwerk oder einer Kaverne für Abfälle. Regeldeponie für die untertägige Ablagerung von Abfällen mit einer besonderen Gefährlichkeit.[869]

Die DepV und damit auch die Einstufung in die genannten Deponieklassen gilt nicht für Altdeponien. Um solche handelt es sich gem. § 1 Abs. 3 Nr. 3 DepV, wenn auf ihnen die Stilllegungsphase (a) entweder vor dem 1.1.1997 begonnen hat oder (b) vor dem 16.7.2001 begonnen hat und Festlegungen für die Stilllegungsphase vor dem 16.7.2001 in einer Planfeststellung, einer Plangenehmigung oder einer behördlichen Anordnung getroffen wurden (s. dazu Kap. 6.5.2.4.4). Für diese Deponien gelten nur §§ 14 bis 17 DepV.

Die Zuständigkeit für die Zulassung und Überwachung von Deponien ist in den Bundesländern unterschiedlich ausgestaltet und in der Regel auf bestimmte Deponieklassen und Schwellenwerte begrenzt.

- In Bayern regelt Nr. 8.4 der Anlage zur AbfZustV, dass die Kreisverwaltungsbehörden für den Vollzug der Vorschriften des KrWG und der DepV bei DK 0-Deponien, einschließlich anderer Deponien, die zu solchen umgewidmet wurden oder als solche Deponien weiterbetrieben werden, zuständig sind – auch soweit die Deponien stillgelegt sind. Hinzu kommen Kleindeponien mit nicht gefährlichen Abfällen (Nr. 8.5). Darüber hinaus sind die Kreisverwaltungsbehörden nach Nr. 8.6 Anhörungsbehörde in Planfeststellungsverfahren, soweit sie nach den Nr. 8.4 und 8.5 zuständig sind.
- In Nordrhein-Westfalen gilt zwar die Grundzuständigkeit der Unteren Abfallwirtschaftsbehörden (§ 1 Abs. 3 ZustVU NRW), aber wegen § 3 ZustVU NRW mit der gravierenden Einschränkung, dass für Deponien mit kommunaler Genehmigungsinhaberschaft die Bezirksregierungen zuständig sind. Ausgenommen ist hiervon die DK 0, zudem die DK I, soweit die Stilllegung nach § 40 Abs. 1 Satz 1 KrWG bis zum 31.3.2015 angezeigt worden

868 Inertstoffe sind gesteinsähnliche Materialien, die sich nicht an gefährlichen chemischen Prozessen beteiligen, z. B. Steine, Beton, Backsteine, Ziegel, Mauerabbruch.

869 https://rp-darmstadt.hessen.de/umwelt-und-energie/abfall/deponien/deponieklassen (zuletzt abgerufen am 10.9.2023).

ist (Ziff. 3 Anhang II zur ZuStVU NRW). In der Praxis beschränken sich die Aufgaben der Unteren Abfallwirtschaftsbehörden in NRW daher bei laufenden Deponien wie in Bayern auf solche der DK 0.

6.5.2.4.2 *Planfeststellung oder -genehmigung, wesentliche Änderungen*

Für die Errichtung, den Betrieb und die wesentliche Änderung einer Deponie (§ 3 Abs. 27 KrWG) ist im Grundsatz ein Planfeststellungsverfahren und eine Umweltverträglichkeitsprüfung nach Maßgabe des UVPG durchzuführen. Die Pflicht zu einer UVP bzw. evtl. nur einer Vorprüfung ergibt sich konkret aus den Nummern unter 8.9 in Anlage 1 zum UVPG (zur UVP im Einzelnen s. Kap. 2.5.2). Für das Planfeststellungsverfahren gelten §§ 73 bis 78 VwVfG (s. im Einzelnen Kap. 2.4.3.3).

§ 35 Abs. 3 KrWG regelt in Ergänzung zu § 74 Abs. 6 VwVfG, wann eine Plangenehmigung an die Stelle der Planfeststellung treten kann bzw. wann sie ausgeschlossen ist (bei gefährlichen Abfällen und Deponien der Größenordnung nach § 35 Abs. 3 Satz 3 Nr. 2 KrWG). Für eine Plangenehmigung kommen insbes. eine unbedeutende Deponie (§ 35 Abs. 3 Satz 1 Nr. 1 KrWG) und eine wesentliche Änderung in Betracht (§ 35 Abs. 3 Satz 1 Nr. 2 KrWG). Erforderlich ist aber stets, dass das Vorhaben keine erheblichen nachteiligen Auswirkungen auf ein Schutzgut nach § 2 Abs. 1 UVPG haben kann. Kommt noch hinzu, dass mit der Änderung eine wesentliche Verbesserung für diese Schutzgüter bezweckt wird, ist nach § 35 Abs. 3 Satz 2 KrWG vorgesehen, dass ein Plangenehmigungsverfahren stattfinden „soll".[870] Da bei erheblichen nachteiligen Umweltauswirkungen die UVP-Pflicht gem. § 7 Abs. 1 Satz 3, Abs. 2 Satz 6 UVPG besteht und § 35 Abs. 3 Satz 3 KrWG die Fälle mit unbedingter UVP-Pflicht einschließt (Nr. 8.9.1.1 Anlage 1 zum UVPG), ist der Anwendungsbereich für eine Plangenehmigung nur bei einer negativen UVP-Vorprüfung eröffnet. Vergleichbar § 68 Abs. 2 Satz 1 WHG ist die abfallrechtliche Plangenehmigung somit nicht bei einer vorgegebenen oder im Einzelfall festgestellten UVP-Pflicht anwendbar.[871]

Der Begriff der „wesentlichen Änderung" einer Deponie gleicht dem Wortlaut nach § 16 Abs. 1 Satz 1 BImSchG, ist aber weiter zu verstehen als im Immissionsschutzrecht. Wie bei Letzterem ist eine Änderung immer dann wesentlich, wenn Anlass für eine grundsätzliche Prüfung der Zulassungsfähigkeit besteht (vgl. im Einzelnen Kap. 5.5.1.6), darüber hinaus bei Deponien aber auch schon dann, wenn es um fachrechtliche Anforderungen etwa aus dem Bau-, Wasser- oder Naturschutzrecht geht.[872] Eine wesentliche Änderung liegt auch bei einem Betreiberwechsel vor.[873]

870 Zur Kritik an dieser Verfahrensbeschleunigung *Kluth/Smeddinck*, Umweltrecht, § 3 Rn. 134.

871 *Beckmann* in Landmann/Rohmer, UmweltR, KrWG § 35 Rn. 91.

872 *Fellenberg/Schiller* in Jarass/Petersen, KrWG, § 35 Rn. 92.

873 BVerwG, NVwZ 2012 S. 888.

Die materiell-rechtlichen Anforderungen für eine Planfeststellung oder -genehmigung ergeben sich aus § 36 Abs. 1 KrWG. Die Allgemeinwohlverträglichkeit nach Nr. 1 (keine Gefahren für die in § 15 Abs. 2 Satz 2 KrWG genannten Schutzgüter bzw. Vorsorge gegen Beeinträchtigungen, sparsamer und effizienter Energieeinsatz) weist Parallelen zu § 5 Abs. 1 Nr. 1, 2 und 4 BImSchG auf.[874] Über den Verweis auf die Schutzgüter in § 15 Abs. 2 Satz 2 Nr. 5 KrWG sind auch Ziele und Grundsätze der Raumordnung, Belange des Naturschutzes und der Landschaftspflege erfasst.[875] Konkretisiert wird die Allgemeinwohlverträglichkeit insbes. durch die technischen Anforderungen aus der Deponieverordnung (DepV).[876] Aus § 21 DepV ergeben sich insbes. auch Details für den Planfeststellungsbeschluss bzw. die -genehmigung. Die Zuverlässigkeit sowie die Sach- und Fachkunde der betreibenden Person (§ 36 Abs. 1 Nr. 2 und 3 KrWG) finden sich auch bei den Anzeigen nach §§ 18 und 53 KrWG und zeigen, dass die Planfeststellung einer Deponie nicht bloß eine anlagenbezogene, sondern zugleich eine Personalkonzession ist.[877] Bei der Zuverlässigkeit, die ähnlich wie bei den Anzeigen nach § 18 KrWG zu prüfen ist (s. bereits Kap. 6.5.2.2), ist bei Deponien mit Blick auf die technischen Anforderungen besonders die finanzielle Leistungsfähigkeit der betreibenden Person ausschlaggebend.[878] Für die Sach- und Fachkunde definiert § 4 DepV nähere Anforderungen. Eine weitere materiell-rechtliche Voraussetzung ist nach § 36 Abs. 1 Nr. 4 KrWG, dass keine nachteiligen Wirkungen auf die Rechte einer anderen Person zu erwarten sind, wobei diese keinen Hinderungsgrund darstellen, wenn sie durch Auflagen oder Bedingungen verhütet oder ausgeglichen werden können oder die betroffene Person den nachteiligen Wirkungen nicht widerspricht (§ 36 Abs. 2 Satz 1 KrWG). Schließlich stellt § 36 Abs. 1 Nr. 5 KrWG sicher, dass der Plan für die Deponie den für verbindlich erklärten Feststellungen eines Abfallwirtschaftsplans entspricht. Nach § 36 Abs. 3 KrWG soll zudem eine Sicherheit für die Rekultivierung und die Nachsorgephase verlangt werden (zur Ausgestaltung: § 18 Abs. 2 DepV), wobei diese Vorgabe aus unionsrechtlichen Gründen als zwingend gelesen werden muss,[879] so dass eine Ausnahme nur nach § 18 Abs. 4 DepV für Deponien der öffentlichen Hand in Betracht kommt.[880]

Im Übrigen gilt wie bei allen anderen Planfeststellungen oder -genehmigungen, dass der Erlass des positiven Beschlusses einer Planrechtfertigung und einer gerechten Abwägung bedarf.[881]

---

874 *Beckmann* in Landmann/Rohmer, UmweltR, KrWG § 36 Rn. 18.

875 Wegen des Fachplanungsprivilegs gelten §§ 29 ff. BauGB nicht; die jeweilige Stadt oder Gemeinde ist nach § 38 Satz 1 BauGB zu beteiligen. Zum Fachplanungsprivileg s. Kap. 2.2.1.2.

876 *Beckmann* in Landmann/Rohmer, UmweltR, KrWG § 36 Rn. 23.

877 *Beckmann* in Landmann/Rohmer, UmweltR, KrWG § 36 Rn. 28.

878 *Fellenberg/Schiller* in Jarass/Petersen, KrWG, § 36 Rn. 45.

879 *Fellenberg/Schiller* in Jarass/Petersen, KrWG, § 36 Rn. 99.

880 Auch insoweit kritisch: *Beckmann* in Landmann/Rohmer, UmweltR, KrWG § 36 Rn. 90.

881 *Beckmann* in Landmann/Rohmer, UmweltR, KrWG § 36 Rn. 61 ff.

6.5.2.4.3 Anforderungen an Deponien und Überwachung

Die DepV konkretisiert die Anforderungen an eine gemeinwohlverträgliche Errichtung (insbes. § 3 i. V. m. Anhang 1 zur DepV) bzw. den Betrieb von Deponien (§§ 5 bis 9, Anhang 5 zur DepV). Die DepV unterscheidet im Einzelnen zwischen folgenden Deponiephasen:

- die Errichtungsphase, bei der insbes. die Basisabdichtung gebaut wird (§ 3 DepV),
- die Ablagerungsphase, d. h. den Zeitraum von der Abnahme der für den Betrieb einer Deponie oder eines Deponieabschnittes erforderlichen Einrichtungen durch die zuständige Behörde bis zu dem Zeitpunkt, an dem die Ablagerung von Abfällen beendet wird (§ 2 Nr. 2 DepV),
- die Stilllegungsphase, d. h. den Zeitraum vom Ende der Ablagerungsphase der Deponie oder eines Deponieabschnittes bis zur endgültigen Stilllegung der Deponie oder eines Deponieabschnittes nach § 40 Abs. 3 KrWG (§ 2 Nr. 35 DepV),[882]
- die Nachsorgephase, d. h. den Zeitraum nach der endgültigen Stilllegung einer Deponie oder eines Deponieabschnittes bis zu dem Zeitpunkt, zu dem die zuständige Behörde nach § 40 Abs. 5 KrWG den Abschluss der Nachsorge der Deponie feststellt (§ 2 Nr. 30 DepV).

Zur Feststellung der Stilllegung bzw. des Abschlusses der Nachsorge s. Kap. 6.5.2.4.4.

An die Phasen knüpfen sich jeweils unterschiedliche Anforderungen nach der DepV. Pflichten zu Kontrollen und Messungen der Deponieemissionen (§ 12 Abs. 3 i. V. m. Anhang 5 DepV) oder Informations- und Dokumentationspflichten der betreibenden Person (§ 13 Abs. 3 i. V. m. Anhang 5 DepV) gelten dabei bis zum Abschluss der Nachsorgephase. Die betreiberseitige Informationspflicht, z. B. nach § 13 Abs. 5 Satz 1 DepV der zuständigen Behörde einen Jahresbericht vorzulegen, ist zugleich eine wichtige Grundlage für die behördliche Überwachung, die nach § 47 Abs. 7 Satz 1 KrWG durch die Behörde in Überwachungsplänen und Überwachungsprogrammen (§ 22a DepV) zu konkretisieren ist. Darin zu regeln sind etwa auch die Zeiträume, in denen Vor-Ort-Besichtigungen stattfinden müssen. Nach § 47 Abs. 7 Satz 3 KrWG gehören zur Überwachung insbesondere

- die Überwachung der Errichtung,
- die Überwachung der Emissionen,
- die Überprüfung interner Berichte, Folgedokumente sowie Messungen und Kontrollen,
- die Überprüfung der Eigenkontrolle,
- die Prüfung der angewandten Techniken und der Eignung des Umweltmanagements der Deponie.

---

882 Ablagerungs- und Stilllegungsphase wurden früher nach § 2 Nr. 5 DepV gemeinsam als „Betriebsphase" (in Abgrenzung zur Nachsorgephase) bezeichnet, vgl. nur *Beckmann/ Hagmann*, ZUR 2005 S. 9 (10). Die Unterscheidung ist in der DepV aber aufgegeben worden.

Unabhängig von der regelmäßigen, behördenseitigen Kontrolle sind nach § 35 Abs. 4 Satz 1 KrWG Änderungen der Lage, der Beschaffenheit und des Betriebs entsprechend § 15 Abs. 1 Satz 1 bis 4 und Abs. 2 BImSchG anzeigepflichtig (vgl. dazu Kap. 5.5.1.6). § 39 Abs. 1 Satz 1 KrWG ermächtigt die Behörde, auch für nicht planfestgestellte Deponien nachträglich Befristungen, Bedingungen oder Auflagen anzuordnen.

6.5.2.4.4 Stilllegung und Nachsorge von Deponien

Mit dem Ende der Ablagerungsphase und nach der endgültigen Stilllegung einer Deponie treten jeweils neue Anforderungen nach der DepV auf den Plan. Kernelement der Stilllegungsphase ist etwa die Herstellung eines Oberflächenabdichtungssystems (§ 10 DepV). Die Nachsorgephase dient dem Beginn der Rekultivierung und der Verhinderung oder Beseitigung von Beeinträchtigungen des Wohles der Allgemeinheit nach der Stilllegung (§ 11 Abs. 1 DepV). Typische Probleme von stillzulegenden oder stillgelegten Deponien oberhalb der DK 0 sind Sickerwasser- oder Gasaustritte.[883]

Während das Ende der Stilllegungsphase durch feststellenden Verwaltungsakt erfolgt (§ 40 Abs. 3 KrWG), beginnt diese Phase damit, dass eine beabsichtigte Stilllegung durch die betreibende Person unverzüglich nach § 40 Abs. 1 Satz 1 KrWG angezeigt wird. Einer Zustimmung durch die Behörde bedarf es nicht, zumal im Normalfall bereits der Planfeststellungs- bzw. -genehmigungsbeschluss die zu ergreifenden Maßnahmen geregelt hat (§ 21 Abs. 1 Nr. 11 DepV).[884] Ist dies nicht der Fall und sind auch sonst keine rechtlichen Vorgaben[885] einschlägig, hat die zuständige Behörde nun ggf. Vorgaben zur Rekultivierung und zur Nachsorge zu treffen (§ 40 Abs. 2 KrWG). Da sich das Deponiezulassungsrecht im Laufe der Jahrzehnte immer wieder geändert hat bzw. Deponien vor 1972 nach dem Bau- oder Wasserrecht genehmigt werden konnten, sind nicht alle heute noch in Betrieb befindlichen Deponien planfestgestellt.[886] Deshalb fehlt es älteren Deponien mitunter an solchen Vorfestlegungen, und § 40 Abs. 2 KrWG kommt gerade hier zum Tragen.

Nach § 10 Abs. 2 DepV geht der behördlichen Feststellung nach § 40 Abs. 3 KrWG ein Antrag der betreibenden Person voraus, aus dem sich der Abschluss aller zur Entlassung in die Nachsorgephase erforderlichen Maßnahmen ergibt, insbes. die Vollendung des Oberflächenabdichtungssystems.

Mit der Feststellung nach § 40 Abs. 3 KrWG beginnt die Nachsorgephase, deren Abschluss ebenfalls von der zuständigen Behörde auf Antrag festzustellen ist (§ 40 Abs. 5 KrWG). Die materiell-rechtlichen Voraussetzungen er-

883 *Beckmann/Hagmann*, ZUR 2005 S. 9.

884 *Beckmann* in Landmann/Rohmer, UmweltR, KrWG § 40 Rn. 22.

885 Die Vorgaben der DepV sind auch bei älteren Planfeststellungsbeschlüssen anwendbar und insoweit geeignet, Lücken zu füllen (*Beckmann* in Landmann/Rohmer, UmweltR, KrWG § 40 Rn. 43).

886 *Versmann* in Jarass/Petersen, KrWG, § 39 Rn. 1 ff.

geben sich aus § 11 Abs. 2 DepV. Kommt die zuständige Behörde unter Berücksichtigung der Prüfkriterien nach Anhang 5 Nr. 10 der DepV zu dem Schluss, dass aus dem Verhalten einer Deponie der Klasse 0, I, II oder III zukünftig keine Beeinträchtigungen des Wohles der Allgemeinheit zu erwarten sind, hat sie den Abschluss festzustellen – der „Kann"-Wortlaut in § 11 Abs. 2 DepV ist insoweit irreführend.[887] Wieviel Zeit vom Ende der Stilllegungsphase bis zur Feststellung des Abschlusses der Nachsorgephase vergeht, ist von den Umständen des Einzelfalls abhängig. Zwar geht § 18 Abs. 2 Satz 5 DepV für die Bemessung der Sicherheitsleistung von einem Zeitraum von zehn Jahren bei DK 0 und 30 Jahren bei den übrigen Deponieklassen aus; dies hindert die zuständige Behörde jedoch nicht daran, die Feststellung deutlich früher oder später zu treffen.[888]

6.5.2.5 Vollzug der Gewerbeabfallverordnung

Die GewAbfV gilt für die Bewirtschaftung (insbes. die Erfassung, die Vorbehandlung, die Vorbereitung zur Wiederverwendung, das Recycling und die sonstige Verwertung) von gewerblichen Siedlungsabfällen und von bestimmten Bau- und Abbruchabfällen. Die GewAbfV wird verdrängt, soweit speziellere Vorschriften den Umgang mit gewerblichen Abfällen regeln, z. B. das Verpackungsgesetz und die darin enthaltenen Rücknahme- und Rückgabepflichten (§ 1 Abs. 3 GewAbfV). Auch tritt die GewAbfV hinter dem BattG und ElektroG zurück (§ 1 Abs. 4 GewAbfV). Grundidee der GewAbfV ist es, neben Privathaushalten auch im gewerblichen Bereich eine Vorsortierung von Abfällen zu erreichen, die das spätere Recycling erleichtert.[889]

Ähnlich wie die öffentlich-rechtlichen Entsorgungsträger im Bereich der Privathaushalte müssen Erzeuger und Besitzer gewerblicher Siedlungsabfälle die in § 3 Abs. 1 GewAbfV genannten Abfallfraktionen getrennt sammeln und vorrangig der Vorbereitung zur Wiederverwendung oder dem Recycling zuführen. Für Bau- und Abbruchabfälle ergibt sich eine detaillierte Liste aus § 8 Abs. 1 GewAbfV. Gewerbliche Siedlungsabfälle, die nicht verwertet werden, sind wie bei Privathaushalten dem zuständigen öffentlich-rechtlichen Entsorgungsträger zu überlassen (§ 7 Abs. 1 GewAbfV i. V. m. § 17 Abs. 1 Satz 2 KrWG); hierfür sieht § 7 Abs. 2 GewAbfV einen Pflichtbehälter vor.[890] Die Erfüllung der Pflichten, auch die Darlegung für Ausnahmen von diesen Pflichten, sind nach § 3 Abs. 3 bzw. § 8 Abs. 3 GewAbfV durch die Erzeuger und Besitzer zu dokumentieren. Die Dokumentationen sind auf Verlangen der zuständigen Behörde vorzulegen.

887 *Versmann* in Jarass/Petersen, KrWG, § 40 Rn. 133.
888 *Beckmann/Hagmann*, ZUR 2005 S. 9 (10).
889 *Buhk/Loschwitz*, AbfallR 2021 S. 72.
890 Die Sinnhaftigkeit dieser Pflicht-Restmülltonne wird teilweise bis heute in Frage gestellt und war auch erfolglos Gegenstand einer Verfassungsbeschwerde (BVerfG, Beschl. vom 19.6.2007 – 1 BvR 1290/05 –).

In der behördlichen Überwachung (s. dazu auch Kap. 6.5.2.6) ist die GewAbfV deshalb anspruchsvoll, weil die Getrenntsammlungspflichten aufgrund wirtschaftlicher oder technischer Unmöglichkeit entfallen können (§ 3 Abs. 2 bzw. § 8 Abs. 2 GewAbfV) und an diese Stelle die Pflicht zur Zuführung der Gemische zu einer Vorbehandlungsanlage (§§ 4 Abs. 1, 8 Abs. 1 Nr. 1 GewAbfV) bzw. in den Fällen des § 8 Abs. 1 Nr. 2 GewAbfV zu einer Aufbereitungsanlage tritt. Auch von der Vorbehandlungspflicht gibt es wiederum Ausnahmen: Hier kann ebenfalls eine technische oder wirtschaftliche Unmöglichkeit in Betracht kommen, im Rahmen von § 4 Abs. 3 GewAbfV ferner eine erreichte Getrenntsammlungsquote von mindestens 90 Masseprozent im vorangegangenen Kalenderjahr (§ 4 Abs. 3 GewAbfV). Ebenfalls entfällt die Pflicht für Kleinmengen, die gemeinsam mit privaten Abfällen erfasst und über die vorgesehenen Entsorgungswege einer Verwertung oder einer Beseitigung zugeführt werden können (§ 5 GewAbfV). Wird der Betrieb nicht vor Ort regelmäßig kontrolliert (s. Kap. 6.5.2.6), muss sich die Abfallbehörde demnach auf die Angaben der Gewerbetreibenden verlassen, insbes. wenn Gemische aus Sicht des betroffenen Betriebs nicht der Vorbehandlungspflicht unterliegen sollen. Ein Vorschlag für eine effiziente Kontrollmöglichkeit mit möglichst überschaubarem Aufwand für die Abfallbehörden lautet deshalb, stichprobenartig die Anlieferungen gemischter Siedlungsabfälle (AVV 20 03 01) in Müllverbrennungsanlagen zu kontrollieren und davon ausgehend zu prüfen, ob sich der Erzeuger tatsächlich auf die fehlende Vorbehandlungspflicht berufen kann.[891]

6.5.2.6 Regelüberwachung gem. § 47 Abs. 2 KrWG

§ 47 KrWG regelt unterschiedliche, anlasslose[892] Überwachungsbefugnisse der Abfallbehörden (zur Marktüberwachung im Rahmen des § 47 Abs. 1 KrWG s. Kap. 6.5.2.7.3). Nach § 47 Abs. 2 KrWG überprüfen die Behörden in regelmäßigen Abständen und in angemessenem Umfang Erzeuger von gefährlichen Abfällen, Anlagen und Unternehmen, die Abfälle entsorgen, sowie Sammler, Beförderer, Händler und Makler von Abfällen. Die Überprüfung der Tätigkeiten der Sammler und Beförderer von Abfällen erstreckt sich auch auf den Ursprung, die Art, die Menge und den Bestimmungsort der gesammelten und beförderten Abfälle. Hierzu müssen die genannten Akteure der Abfallbehörde Auskunft über Betrieb, Anlagen, Einrichtungen und sonstige der Überwachung unterliegende Gegenstände erteilen (§ 47 Abs. 3 Satz 1 KrWG). Für Vor-Ort-Kontrollen ergibt sich aus § 47 Abs. 3 Satz 2, 3 KrWG ein Betretungsrecht.

Da § 47 KrWG keine Ermächtigungsgrundlage zum Eingriff in Rechte der Normunterworfenen, sondern eine Beschreibung der Aufgaben der Abfallüberwachung beinhaltet, berechtigt die Norm nur zum schlicht-hoheitlichen

891 *Buhk/Loschwitz*, AbfallR 2021 S. 72 (77 ff.).

892 *Griesbach* in BeckOK UmweltR, KrWG § 47 Rn. 5.

Tätigwerden,[893] d. h. mögliche Maßnahmen, die sich im Rahmen der Regelüberwachung als erforderlich herausstellen, müssen regelmäßig auf § 62 KrWG gestützt werden.

Im Gesetz wird nicht näher geregelt, wie eine Überprüfung „in regelmäßigen Abständen und in angemessenem Umfang" umzusetzen ist. Die konkrete Ausgestaltung der Regelüberwachung ist daher bislang hauptsächlich Sache der jeweiligen Abfallbehörde.

6.5.2.7 Überwachungsaufgaben im Bereich der Produkte

Wie in Kap. 6.4 dargestellt, unterscheidet das Kreislaufwirtschaftsrecht in „Abfälle" und „Produkte" und enthält unterschiedliche Vorgaben an die jeweilige Einordnung von Stoffen und Gegenständen. Den „allgemeinen Teil" der Regelungen im Bereich der Produkte bildet die in §§ 23 ff. KrWG vorgesehene Produktverantwortung, die die Erzeuger von Produkten in die Verantwortung nehmen, Erzeugnisse möglichst ressourceneffizient, mehrfach verwendbar, technisch langlebig und reparierbar herzustellen, möglichst verwertbare Abfälle oder sekundäre Rohstoffe (wie Rezyklate[894]) einzusetzen und Schadstoffe zu vermeiden. Die Produktverantwortung dient im Rahmen der Abfallhierarchie daher auch dazu, Abfall möglichst gar nicht erst entstehen zu lassen. Die Rücknahme der Erzeugnisse und der nach Gebrauch der Erzeugnisse entstandenen Abfälle sowie deren nachfolgende umweltverträgliche Verwertung oder Beseitigung ist aber ebenfalls Teil dieser Produktverantwortung.

Diese Pflichten werden jedoch – wie viele andere – erst durch spezifische Rechtsverordnungen der Bundesregierung (§ 23 Abs. 4 KrWG) wie die Einwegkunststoffverbots- sowie Einwegkunststoffkennzeichnungsverordnung (EWKVerbotsV und EWKKennzV) oder spezielle Gesetzen wie das Verpackungsgesetz, das Batteriegesetz, das Elektro- und Elektronikgerätegesetz oder das Einwegkunststofffondsgesetz näher normiert. Für die Produktverantwortung nach dem Kreislaufwirtschaftsrecht ist kennzeichnend, dass sie im Vergleich zu den Abfällen nur in ausgewählten Teilbereichen geregelt ist, in denen die Unteren Abfallbehörden wiederum nur punktuell zuständig sind und sich ihre Aufgaben zumeist auf Vor-Ort-Kontrollen beschränken. In der behördlichen Praxis wird dies teilweise als unbefriedigender Zusatzaufwand wahrgenommen, ohne Einfluss auf das „große Ganze" nehmen zu können. Dabei ist jedoch zu bedenken, dass etwa die Einwegkunststoff-Regulierung der EU zwar auf den ersten Blick bruchstückhaft wirken mag, die ausgewählten Produkte aber nach der Häufigkeit ihres Auftauchens an den

893 *Gieseke* in Jarass/Petersen, KrWG, § 47 Rn. 5.

894 Stoffe oder Gegenstände, die in einem Recyclingverfahren gewonnen wurden, zur Verwendung bei Einwegkunststoff z. B. § 30a VerpackG.

Stränden in der EU ausgesucht wurden.[895] Letztlich kann aber nur eine wirksame Kontrolle von Verboten am Ort des Inverkehrbringens dazu beitragen, solche Abfälle dauerhaft zu reduzieren.

6.5.2.7.1 Rücknahme- und Entsorgungspflichten

Die Heranziehung der Hersteller und Vertreiber von Produkten (Erzeugnissen) zur Rücknahme ergibt sich für Elektro- und Elektronikgeräte aus §§ 16, 17 ElektroG, bei Batterien aus § 5 BattG und für Verpackungen aus dem VerpackG. Hersteller von systembeteiligungspflichtigen Verpackungen (§ 3 Abs. 8 VerpackG) haben sich mit diesen Verpackungen zur Gewährleistung der flächendeckenden Rücknahme vor dem Inverkehrbringen an einem oder mehreren Systemen zu beteiligen (§ 7 Abs. 1 Satz 1 VerpackG). Diesen Systemen (§ 18 VerpackG) obliegt die Aufgabe, im Einzugsgebiet der beteiligten Hersteller eine vom gemischten Siedlungsabfall getrennte, flächendeckende Sammlung aller restentleerten Verpackungen bei den privaten Endverbrauchern im Hol- oder Bringsystem oder durch eine Kombination beider Varianten in ausreichender Weise und für den privaten Endverbraucher unentgeltlich sicherzustellen (§ 14 Abs. 1 VerpackG; zu den Pfandpflichten s. Kap. 6.5.2.7.2).

Zentrales Instrument, um die Einhaltung der Pflichten durch die Hersteller und Vertreiber zu überwachen, ist die jährlich bis zum 15. Mai zu hinterlegende Erklärung über sämtliche im vorangegangenen Kalenderjahr erstmals in Verkehr gebrachten Verkaufs- und Umverpackungen (§ 11 VerpackG). Dies geschieht bei der Stiftung Zentrale Stelle Verpackungsregister[896] (§ 24 VerpackG). Dort ist eine Registrierung (§ 9 VerpackG) erforderlich. Die Feststellung von Verstößen der Produktverantwortlichen im Rahmen der einzurichtenden Systeme (z. B. fehlende Registrierung oder Vollständigkeitserklärung) ermittelt die Zentrale Stelle, die verwaltungsmäßige Abwicklung – Abstellen der Verstöße durch Ordnungsverfügung nach § 62 KrWG i. V. m. § 2 Abs. 2 VerpackG, ggf. Bußgeldverfahren – obliegt der Unteren Abfallbehörde.

6.5.2.7.2 Reduzierung von Einwegkunststoffen

Diverse Regelungen im VerpackG und benachbarten Verordnungen verfolgen das Ziel, den Einsatz von Einwegkunststoffen zu reduzieren oder wenigstens die Möglichkeiten des Recyclings zu verbessern.

Dazu gehört die seit längerem etablierte Pflicht, für mit Getränken befüllte Einweggetränkeverpackungen bei den Endverbrauchern ein Pfand von min-

---

895 Erwägungsgrund 7 der Richtlinie (EU) 2019/904 des Europäischen Parlaments und des Rates vom 5.6.2019 über die Verringerung der Auswirkungen bestimmter Kunststoffprodukte auf die Umwelt, ABl. EU Nr. L 155 vom 12.6.2019, S. 1-19.

896 https://www.verpackungsregister.org/ (zuletzt abgerufen am 10.9.2023).

destens 0,25 Euro einschließlich Umsatzsteuer zu erheben (§ 31 Abs. 1 Satz 1, 2 VerpackG). Die Pflicht beschränkt sich dabei nicht auf Einwegkunststoffflaschen, sondern gilt auch für die Materialarten Glas, Metall, Papier/Pappe/Karton und Kunststoff einschließlich sämtlicher Verbundverpackungen aus diesen Hauptmaterialarten (§ 31 Abs. 2 Satz 3 VerpackG). In der Praxis sind Kunststoff- und Metallverpackungen (Dosen) jedoch die relevanteste Einweggetränkeverpackung, was insbes. daran liegt, dass typischerweise in Einwegglas angebotenen alkoholische Getränke wie Sekt, Wein oder weinähnliche Getränke nach § 31 Abs. 4 Nr. 7 lit. a bis e VerpackG aus dem Anwendungsbereich fallen, außer sie werden in Einwegkunststoffverpackungen oder Dosen angeboten. Gleiches gilt für Frucht- und Gemüsesäfte sowie Fruchtnektare und (ab 1.1.2024) für Milch und Milchmischgetränke mit einem Milchanteil von mindestens 50 % (§ 31 Abs. 4 Nr. 7 lit. f, h und i VerpackG). Generell ausgenommen sind etwa auch Getränkeverpackungen mit einem Füllvolumen von weniger als 0,1 oder mehr als drei Litern sowie Getränkekartonverpackungen (§ 31 Abs. 4 Nr. 2 bis 4 VerpackG). Restentleerte Einweggetränkeverpackungen müssen Letztvertreiber (z. B. Supermärkte) am Ort der tatsächlichen Übergabe oder in dessen unmittelbarer Nähe zu den geschäftsüblichen Öffnungszeiten unentgeltlich zurücknehmen und das Pfand erstatten (§ 31 Abs. 2 Satz 1 VerpackG) allerdings nur für diejenigen Materialarten, die im eigenen Sortiment geführt werden (§ 31 Abs. 2 Satz 3 VerpackG). Bei einer Verkaufsfläche von weniger als 200 Quadratmetern beschränkt sich die Rücknahmepflicht zusätzlich nur auf die jeweils geführten Marken. Zudem haben Letztvertreiber die Hinweispflichten aus § 32 VerpackG zu beachten.

Seit 1.1.2023 in Kraft ist die in § 33 Abs. 1 Satz 1 VerpackG vorgesehene Pflicht zum Angebot einer Mehrwegalternative für Lebensmittelverpackungen und Getränkebecher aus Einwegkunststoffen in der Gastronomie. Anbieten müssen dies Letztvertreiber (d. h. gem. § 3 Abs. 13 VerpackG diejenigen Vertreiber, die gewerbsmäßig Verpackungen an die Endverbraucher abgeben), die Einwegkunststofflebensmittelverpackungen und Einweggetränkebecher mit Ware befüllen.

Beispiele:
Restaurant, Imbiss, Kantine.

Die Verpackungen können dabei auch an einem anderen Ort befüllt worden sein, was auch Veranstaltungsstätten oder Supermärkte, die in Einwegkunststoffverpackungen Snacks und Getränke anbieten, prinzipiell den Anforderungen unterwirft.[897]

Eine Erleichterung gilt nach § 34 Abs. 1 Satz 1 VerpackG für Letztvertreiber (bezogen auf ihr gesamtes Unternehmen, nicht die einzelne Verkaufs-

897 Leitfaden zur Umsetzung der Mehrwegangebotspflicht nach §§ 33, 34 Verpackungsgesetz (VerpackG) der LAGA vom 22.2.2023, S. 9, https://www.laga-online.de/documents/laga-leitfaden-mw-pflicht-230222_1683189914.pdf (zuletzt abgerufen am 10.9.2023).

stätte[898]) mit insgesamt nicht mehr als fünf Beschäftigten, wenn deren Verkaufsfläche gleichzeitig 80 Quadratmeter nicht überschreitet. Sie können die Pflicht nach § 33 Abs. 1 Satz 1 VerpackG auch erfüllen, indem sie anbieten, die Waren in mitgebrachte Behältnisse der Endverbraucher abzufüllen.

Gegenstand der EWKVerbotsV ist das Verbot, bestimmte Einwegkunststoffprodukte in den Verkehr zu bringen.

Beispiele:
Einwegbesteck, -teller, -trinkhalme, Luftballonstäbe, Wattestäbchen (s. im Einzelnen § 3 EWKVerbotsV).

In der EWKKennzV wird u. a. geregelt, dass Einwegkunststoffgetränkebehälter ab 3.7.2024 nur noch in Verkehr gebracht werden dürfen, wenn die Verschlüsse oder Deckel während der vorgesehenen Verwendungsdauer am Behälter befestigt bleiben (§ 3 Abs. 1 EWKKennzV). Im Übrigen gelten für Getränkebecher und einige andere Produkte, wie z. B. Feuchttücher, Kennzeichnungspflichten (§ 4 EWKKennzV i. V. m. der Durchführungsverordnung (EU) 2020/2151), die auf den Plastikanteil des Produkts hinweisen (rotblaues Zeichen), damit dieses korrekt entsorgt wird.

6.5.2.7.3 Abfallrechtliche Marktüberwachung

Enthalten Produkte zu viele Schadstoffe, sind sie bei ihrer Benutzung gefährlich und schaden der Umwelt nach Ende ihrer Nutzungsdauer, indem sie die Entsorgung erschweren. Deshalb sollen die sog. „Harmonisierungsrechtsvorschriften" der EU[899] für Produktsicherheit, Verbraucher- und Umweltschutz sorgen.[900] Dazu gehören auch die Richtlinien der EU, die über das ElektroG, BattG, VerpackG sowie die Verordnungen zu Einwegkunststoffen (EWKVerbotsV und EWKKennzV) umgesetzt werden. So müssen etwa Elektro- und Elektronikgeräte bestimmte Grenzwerte für Schadstoffe einhalten, um in der EU in den Verkehr gebracht zu werden dürfen (insbes. Blei, Quecksilber, Cadmium, Chrom, bestimmte bromhaltige Flammschutzmittel oder Weichmacher). Dies dient nicht nur dem Schutz der menschlichen Gesundheit und der Umwelt, sondern soll vor allem auch die Recyclingfähigkeit verbessern.

Die EU-Marktüberwachungsverordnung (MÜ-VO)[901] bündelt alle Marktüberwachungsregeln für Produkte, die diesen Harmonisierungsrechtsvorschriften unterliegen. Das Konzept der MÜ-VO sieht eine proaktive Überwachung in den Mitgliedstaaten vor, um eventuelle Verstöße und damit potentielle Gefahren von nicht rechtskonformen Produkten frühzeitig erkennen zu können. Damit ein grenzüberschreitender Austausch der Marktüberwachungsaktivitäten in den Mitgliedstaaten stattfinden kann, stehen Aus-

898 LAGA-Leitfaden, S. 11.
899 Anhang I der Verordnung (EU) 2019/1020.
900 *Geiß/Felz*, NJW 2019 S. 2961 (2962).
901 Verordnung (EU) 2019/1020.

tauschsysteme wie ICSMS (Information and Communication System on Market Surveillance) oder – als Schnellwarnsystem für risikobehaftete Produkte – RAPEX (Rapid Exchange of Information System) zur Verfügung. In Deutschland wird die EU-MÜ-VO durch das Marktüberwachungsgesetz (MüG) ergänzt. Abhängig vom jeweiligen Produkt und den einzuhaltenden Vorschriften können dabei verschiedene Behörden als Marktüberwachungsbehörden auftreten.

Für die Abfallbehörden ergeben sich daher im Wesentlichen aus den eingangs genannten produktbezogenen Vorgaben im Kreislaufwirtschaftsrecht Anknüpfungspunkte für eine aktive Marktüberwachung.[902] In Deutschland ist in Niedersachsen, Nordrhein-Westfalen, Rheinland-Pfalz, Sachsen und Sachsen-Anhalt die abfallrechtliche Marktüberwachung ganz oder zumindest überwiegend den Unteren Abfallbehörden bzw. der kommunalen Ebene (Landkreise) zugewiesen, in Baden-Württemberg, Bayern und Mecklenburg-Vorpommern liegt zumindest die Überwachung der EWKVerbotsV und EWKKennzV (s. Kap. 6.5.2.7.2) in der Zuständigkeit der Unteren Abfall- bzw. Kreisverwaltungsbehörden.[903]

Beispiel:
Hersteller und Inverkehrbringer von Elektro- und Elektronikgeräten belegen über eine CE-Kennzeichnung (§ 7 ProdSG) die Konformität ihrer Produkte mit den einschlägigen Harmonisierungsrechtsvorschriften der EU. Eine Voraussetzung für die Kennzeichnung ist die EU-Konformitätserklärung (§ 11 ElektroStoffV). Die Einhaltung der Schadstoff-Grenzwerte wird über die RoHS-Konformitätsprüfung (RoHS = „Restriction of Certain Hazardous Substances“) nachgewiesen. Die Unterlagen sind im Einzelhandel vor Ort bereitzuhalten und der Abfallbehörde bei der Kontrolle vorzulegen (§ 8 Abs. 3 ElektroStoffV).

Als Teil von § 47 KrWG gehört die Marktüberwachung, soweit sich nicht aus anderen Rechtsgrundlagen (wie dem MüG) Handlungsbefugnisse ergeben, zunächst zum schlicht hoheitlichen Handeln, d. h. eventuelle Anordnungen zum Abstellen abfallrechtlicher Verstöße – im äußersten Fall ein Vertriebsverbot oder Produktrückruf – müssen auf § 62 KrWG gestützt werden.[904] Zu den Befugnissen der Behörden zur anlasslosen Überwachung gehört nach § 7 Abs. 2 MüG insbes., bei den Wirtschaftsakteuren Proben der betreffenden Produkte zu entnehmen, Muster verlangen und die für ihre Aufgabenerfüllung erforderlichen Unterlagen und Informationen anfordern zu können, welche unentgeltlich zur Verfügung zu stellen sind.

Allerdings wäre es nicht darstellbar, wenn jede Untere Abfallbehörde proaktiv für die schier unbegrenzte Menge an Produkten Kontrollen durchfüh-

902 Vgl. *Öttinger*, ZfPC 2022 S. 2.
903 Siehe im Einzelnen Anlage 1.1 zum Marktüberwachungskonzept der LAGA, Stand Mai 2022, https://www.laga-online.de/documents/31-anlage-kontaktstellen-und-mueb_1661347717.pdf (zuletzt abgerufen am 10.9.2023).
904 *Beckmann* in Landmann/Rohmer, UmweltR, KrWG § 47 Rn. 43.

ren müsste. Für eine kontinuierliche und zielgerichtete Marktüberwachung ist deshalb etwa in Nordrhein-Westfalen ein Untersuchungsprogramm festgelegt worden, bei dem jeder Unteren Abfallwirtschaftsbehörde jährlich ein bestimmtes Produkt aus einer bestimmten Kategorie von der Zentralen Stelle des Landes vorgegeben wird, um daraufhin eine Stichprobe im Einzelhandel einzuholen.[905]

6.5.2.8 Ordnungsbehördliche Maßnahmen (§ 62 KrWG)

Über die Generalklausel des § 62 KrWG ist es schließlich eine wichtige Aufgabe der Unteren Abfallbehörden, Anordnungen zur Durchführung des KrWG und der aufgrund des KrWG erlassenen Rechtsverordnungen zu treffen.

> ***Beispiele:***
> *Anordnungen zur Durchsetzung materiellen Rechts bei festgestellten Verstößen im Rahmen von § 47 Abs. 1, 3 und 4 KrWG;*[906] *Feststellung, ob ein Stoff oder Gegenstand dem Produkt- oder dem Abfallregime unterfällt.*[907]

Als Generalklausel tritt § 62 KrWG dabei hinter spezielleren Ermächtigungsgrundlagen im KrWG zurück.

> ***Beispiele:***
> *Anordnungen § 18 Abs. 5 und 6 KrWG (jedoch nicht, eine Anzeige nach § 18 KrWG überhaupt vorzunehmen*[908]*), im Deponiebereich § 36 Abs. 4 Satz 3 KrWG, Anordnungen nach § 53 Abs. 3 KrWG.*

Da § 62 KrWG nur für die Vorschriften des KrWG und der auf dem KrWG beruhenden Verordnungen gilt, sind Maßnahmen zur Durchführung anderer Gesetze nur möglich, wenn diese es explizit vorsehen.

> ***Beispiele:***
> *§ 2 Abs. 2 Satz 2 VerpackG, § 28 Abs. 2 Satz 1 BattG, § 2 Abs. 3 Satz 2 ElektroG.*

Ordnungsbehördliche Maßnahmen zur Durchsetzung des Landes- und kommunalen Satzungsrechts müssen über die jeweiligen Landesgesetze angeordnet werden.[909]

---

905 Erlass des Ministeriums für Klimaschutz, Umwelt, Landwirtschaft, Natur- und Verbraucherschutz des Landes Nordrhein-Westfalen vom 19.6.2017, https://www.umwelt.nrw.de/fileadmin/redaktion/PDFs/umwelt/abfall/abfallrechtliche_marktüberwachung.pdf (zuletzt abgerufen am 10.9.2023).

906 *Von Komorowski* in Jarass/Petersen, KrWG, § 62 Rn. 7.

907 VG Köln, Urt. vom 10.9.2009 – 13 K 2418/07 –.

908 *Beckmann* in Landmann/Rohmer, UmweltR, KrWG § 18 Rn. 64.

909 *Von Komorowski* in Jarass/Petersen, KrWG, § 62 Rn. 10.

Beispiele:
Art. 26 Abs. 1 BayAbfG, § 18 Abs. 1 LKrWG NRW.

Ein in der Praxis häufiger Anwendungsfall von § 62 KrWG sind ordnungsbehördliche Verfügungen, illegale Abfallablagerungen zu beenden. Diese können unterschiedlich ausgestaltet sein und etwa die Durchsetzung der Abfallüberlassungspflichten nach § 17 Abs. 1 KrWG i. V. m. der Abfallentsorgungssatzung des öffentlich-rechtlichen Entsorgungsträgers betreffen.[910] § 62 KrWG kommt außerdem bei Abfällen zur Beseitigung als Rechtsgrundlage in Betracht, um die in § 28 Abs. 1 Satz 1 KrWG vorgesehene Pflicht durchzusetzen, Abfälle zur Beseitigung nur in den dafür zugelassenen Anlagen oder Einrichtungen (Abfallbeseitigungsanlagen) zu behandeln, zu lagern oder abzulagern.[911]

Beispiel:
Beseitigung von Altfahrzeugen.[912]

Zur Rechtmäßigkeit der Anordnung gehört dabei die ausdrückliche Feststellung der Abfalleigenschaft, was auch die Prüfung beinhalten muss, dass an die Stelle der ursprünglichen Zweckbestimmung keine neue, nach der Verkehrsanschauung nachvollziehbare Zweckbestimmung getreten ist.[913] Im Übrigen gelten im Rahmen von § 62 KrWG die allgemeinen Grundsätze zum Vorliegen einer Gefahr, Störerauswahl und Ermessen.[914] Eine zusätzliche Regelung besteht in Bayern, wo Art. 27 Abs. 2 Satz 1 BayAbfG es der Behörde ermöglicht, zunächst die abfallbesitzende Person zu bestimmen und zur Entfernung aufzufordern, um anschließend[915] eine Verwertung bzw. Beseitigung auf § 62 KrWG zu stützen.

Ist neben dem Kreislaufwirtschaftsrecht auch das Baurecht (Bauleitplanungs- oder Bauordnungsrecht) tangiert, kommt es für die sachliche Zuständigkeit entweder der Abfall- oder der Bauaufsichtsbehörde auf die mit dem Einschreiten verfolgte Zweckbestimmung an: Soll ein baurechtswidriger Zustand beseitigt werden bzw. geht es um die Bekämpfung konkreter Gefahren unabhängig von der Abfalleigenschaft störender Sachen, spricht vieles für die sachliche Zuständigkeit der Bauaufsichtsbehörden; das KrWG steht insoweit nicht entgegen, auch wenn es als öffentlich-rechtliche Vorschrift einzuhalten ist.[916] Gleiches gilt, wenn ein Grundstück längerfristig als Lagerplatz für Abfälle zweckentfremdet wird, so dass ein bauordnungsrechtliches Einschreiten wegen einer illegalen Nutzungsänderung in Betracht kommt.[917]

910 Vgl. BVerwG, NVwZ 2008 S. 1119.
911 *Queitsch* in BeckOK UmweltR, KrWG § 62 Rn. 2e.
912 VG Aachen, Beschl. Vom 5.9.2019 – 6 L 713/19 –.
913 *Queitsch* in BeckOK UmweltR, KrWG § 62 Rn. 2a.
914 Vgl. *von Komorowski* in Jarass/Petersen, KrWG, § 62 Rn. 37 ff. zum Ermessen.
915 VG Bayreuth, Beschl. vom 11.11.2021 – B 9 S 21.1089 –.
916 Vgl. OVG NRW, NVwZ-RR 1995 S. 491.
917 OVG RhPf, NVwZ 1994 S. 511.

Ordnungsbehördliche Verfügungen der Abfallbehörden können jedoch ergänzend hinzutreten, um die Einhaltung spezifischen Kreislaufwirtschaftsrechts sicherzustellen, etwa die Nachweispflichten bei der Entsorgung gefährlicher Abfälle.[918]

6.6 Bezüge und Abgrenzung zum übrigen Umweltrecht

In praktischer Hinsicht sind insbes. die Schnittstellen des Abfallrechts mit dem Immissionsschutz von Bedeutung. Bei genehmigungsbedürftigen Anlagen ist die Vermeidung, Verwertung und Beseitigung von Abfällen eine unmittelbare immissionsschutzrechtliche Pflicht (§ 5 Abs. 1 Nr. 3 BImSchG, vgl. auch § 13 KrWG). Bei flüssigen Abfällen ist zudem zu bedenken, dass sie Emissionsquellen für leichtflüchtige Stoffe oder Gerüche sein können, weshalb ihre Lagerung in geschlossenen Behältern § 3 der 17. BImSchV unterliegt.[919]

Ab einem gewissen Volumen kann außerdem aus einer illegalen Abfallablagerung, der über das KrWG zu begegnen wäre, eine ungenehmigte BImSchG-Anlage werden, die über § 20 Abs. 2 BImSchG stillzulegen ist. So ist insbes. schon die vorübergehende Lagerung von Abfällen ab einer Gesamtlagerfläche von 1000 Quadratmetern oder einer Gesamtlagerkapazität ab 100 Tonnen (bei gefährlichen Abfällen ab 30 Tonnen) immissionsschutzrechtlich genehmigungsbedürftig (Anhang 1 der 4. BImSchV, Ziff. 8.12.1.2 und 8.12.3.2).

Auch zum Wasserrecht können sich Abgrenzungsfragen ergeben (zur Unterscheidung Abwasser und flüssiger Abfall s. bereits Kap. 6.4.1.4). Insbesondere können von festen wie flüssigen Abfällen konkrete Gefahren für die Gewässereigenschaften ausgehen. Im deutschen Recht hat das Wasserrecht bezogen auf das Umweltmedium Wasser Anwendungsvorrang vor dem Kreislaufwirtschaftsrecht.[920] Soweit das KrWG nicht ohnehin bereits nach § 2 Abs. 2 Nr. 9 KrWG verdrängt ist, weil Stoffe in ein Gewässer gelangen, ordnet die Wasserbehörde die notwendigen Maßnahmen an (§ 100 Abs. 1 Satz 2 WHG), wenn in Gewässernähe Abfälle lagern, die eine Gefahr für schädliche Gewässerveränderungen in sich tragen. Auch fällt die Beseitigung illegaler Abfälle aus Gewässern unter die Gewässerunterhaltungspflicht.[921] Bei ordnungsbehördlichen Maßnahmen gilt ansonsten, dass das Abfallrecht Vorrang hat, sofern Maßnahmen gerade aus Gründen der ordnungsgemäßen Entsorgung von Abfällen getroffen werden sollen, weil etwa der korrekte Entsorgungsweg im Vordergrund steht.[922]

918 Vgl. OVG RhPf, NVwZ 1994 S. 511 (513).
919 *Ohms* in Landmann/Rohmer, UmweltR, 17. BimSchV § 3 Rn. 13.
920 *Beckmann* in Landmann/Rohmer, UmweltR, KrWG § 2 Rn. 89.
921 *Queitsch*, PRAXIS-Beitrag K 5a NW, § 5 Rn. 134.
922 OVG RhPf, NVwZ 1994 S. 511 (513).

7. Bodenschutz

Der Boden bildet den belebten, obersten Teil der Erdkruste und besteht aus Festkörpern (z. B. Mineralien), gasförmigen Bestandteilen (Bodenluft) und wässrigen Bodenlösungen (Bodenwasser).[923] Böden sind elementarer Bestandteil im Kreislauf des Lebens, da sie organische Materie in Nährstoffe umwandeln können.[924] Pflanzen benötigen Nährstoffe wie Kalium, Stickstoff oder Phosphor, die sie über den Boden erhalten. Über 90 % aller Nahrungsmittel werden – direkt oder über den Umweg als Tierfutter – auf Böden erzeugt.[925] Böden dienen als Wasserreservoir und tauschen dieses mit Bächen und Flüssen aus. Bis zu einem gewissen Grad können Böden Schadstoffe filtern, neutralisieren und binden. Vor allem sind Böden, speziell in Mooren, ein riesiger Kohlenstoffspeicher und sorgen für Abkühlung durch Verdunstung.[926] Zudem sind sie ein Archiv der Natur- und Kulturgeschichte (§ 2 Abs. 2 Nr. 2 BBodSchG).

Jenseits ihrer Bedeutung für die Natur sind Böden auch unweigerlich der zentrale Entfaltungsort für menschliches Leben. Böden wurden bzw. werden als Rohstoffquelle, Siedlungs- und Erholungsfläche, für die land- und forstwirtschaftliche Nutzung sowie für sonstige wirtschaftliche und öffentliche Nutzungen, den Verkehr sowie die Ver- und Entsorgung genutzt (§ 2 Abs. 2 Nr. 3 BBodSchG). Diese Nutzungen beeinträchtigen die natürlichen Bodenfunktionen. Dies gilt bereits für jede Bodenversiegelung, die die Prozesse unterbricht, die Böden zu einem Lebensraum machen.[927] Durch die Entsorgung von Abfällen im Boden (zu Deponien s. bereits Kap. 6.5.2.4), aber auch durch Schadstoffeinträge infolge industrieller Nutzungen sind Böden an vielen Orten zusätzlich belastet.[928]

Da nachteilige Veränderungen des Bodens teilweise erst nach langer Zeit für den Menschen wahrzunehmen sind, wurde der konkrete Schutz der Böden in der Umweltgesetzgebung zunächst vernachlässigt.[929] Zwar tauchten in der Bundesrepublik Deutschland auch in den 1970er und 1980er schon Altlastenproblematiken auf, denen anfangs über die allgemeine Gefahrenabwehr begegnet wurde. Doch erst die Wiedervereinigung machte ab den

923 Vgl. § 2 Abs. 1 BBodSchG, der Grundwasser und Gewässerbetten aber aus der gesetzlichen Definition des Bodens herausnimmt.

924 *Ewer* in Landmann/Rohmer, UmweltR, BBodSchG Vorbem. § 1 Rn. 3.

925 Stellungnahme der Kommission Bodenschutz beim Umweltbundesamt, Januar 2013, S. 2, https://www.umweltbundesamt.de/sites/default/files/medien/378/publikationen/kbu-stellungnahme_januar_2013.pdf (zuletzt abgerufen am 10.9.2023).

926 https://www.umweltbundesamt.de/themen/boden-flaeche/kleine-bodenkunde/boden-funktionen (zuletzt abgerufen am 10.9.2023).

927 *Ewer* in Landmann/Rohmer, UmweltR, BBodSchG Vorbem. § 1 Rn. 16.

928 Vgl. *Koch/Hofmann/Reese*, Umweltrecht, § 8 Rn. 6 ff.

929 *Nies* in Landmann/Rohmer, UmweltR, BBodSchG § 1 Rn. 7, 9.

1990er Jahren eine systematischere Betrachtung in einem eigenen Gesetz erforderlich und führte zum Inkrafttreten des Gesetzes zum Schutz vor schädlichen Bodenveränderungen und zur Sanierung von Altlasten (Bundes-Bodenschutzgesetz, BBodSchG) am 1.3.1999.[930]

7.1 Schutzgut und Regelungsbereich

Im Unterschied etwa zum Wasser- und Naturschutzrecht, die auf den Schutz der ökologischen Funktionen von Gewässern und Landschaft abzielen, wird im Bodenschutzrecht nicht direkt der natürliche Zustand des Bodens geschützt. Vielmehr sollen *„nachhaltig [...] die Funktionen des Bodens"* gesichert oder wiederhergestellt werden (§ 1 Satz 1 BBodSchG). Schutzgut des Bodenschutzrechts ist damit nicht der Boden in seiner räumlichen, sondern seiner funktionalen Gestalt. Dazu gehören zwar auch die natürlichen Funktionen des Bodens (§ 2 Abs. 2 Nr. 1 BBodSchG) und seine Funktionen als Archiv der Natur- und Kulturgeschichte (§ 2 Abs. 2 Nr. 2 BBodSchG), daneben aber auch seine – die natürlichen Bodenfunktionen beeinträchtigenden[931] – Nutzungsfunktionen (§ 2 Abs. 2 Nr. 3 BBodSchG), insbes. als Siedlungsfläche.

Bei der Einführung des BBodSchG entschied sich der Gesetzgeber gegen ein kohärentes Gesamtsystem zum Schutz des Bodens und gab ihm stattdessen die Aufgabe, bestimmte Regelungslücken zu schließen,[932] weshalb nach § 3 Abs. 1 BBodSchG das Bodenschutzrecht nur anwendbar ist, wenn nicht andere Vorschriften Einwirkungen auf den Boden regeln, darunter insbesondere

- Vorschriften des Kreislaufwirtschaftsgesetzes über die Zulassung und den Betrieb von Abfallbeseitigungsanlagen zur Beseitigung von Abfällen sowie über die Stilllegung von Deponien (§ 3 Abs. 1 Nr. 2 BBodSchG),
- Vorschriften des Düngemittel- und Pflanzenschutzrechts (§ 3 Abs. 1 Nr. 4 BBodSchG),
- Vorschriften des Zweiten Kapitels des Bundeswaldgesetzes und der Forst- und Waldgesetze der Länder (§ 3 Abs. 1 Nr. 6 BBodSchG),
- Vorschriften über Bau, Änderung, Unterhaltung und Betrieb von Verkehrswegen oder Vorschriften, die den Verkehr regeln (§ 3 Abs. 1 Nr. 8 BBodSchG),
- Vorschriften des Bauplanungs- und Bauordnungsrechts (§ 3 Abs. 1 Nr. 9 BBodSchG) oder
- Vorschriften des Bundes-Immissionsschutzgesetzes und der aufgrund dieses Gesetzes erlassenen Rechtsverordnungen über die Errichtung und den Betrieb von Anlagen (§ 3 Abs. 1 Nr. 11 BBodSchG).

930 *Schlacke*, Umweltrecht, § 13 Rn. 1.
931 Zur Problematik *Nies* in Landmann/Rohmer, UmweltR, BBodSchG § 2 Rn. 15.
932 *Erbguth/Schubert* in BeckOK Umwelt, BBodSchG Vor § 3.

Insbesondere im Vergleich mit dem Wasser- und Naturschutzrecht fällt auf, dass das BBodSchG kein Umweltmedium in seiner natürlichen Ganzheit schützt, sondern über § 2 Abs. 2 BBodSchG nur die dem Boden gesetzlich zugewiesenen Funktionen. Bei Drucklegung war das BBodSchG daher auch Gegenstand einer größeren Reformdiskussion. Dabei könnten insbes. das Vorsorgeprinzip und der Erhalt der natürlichen Bodenfunktionen stärker in den Fokus rücken.[933] Dass besonders für einen bodenschonenden Umgang mit Flächen kein adäquates Handlungsinstrument im Bodenschutzrecht besteht, gilt als sein größtes Manko.[934] Trotz aller Unzulänglichkeiten, die das Bodenschutzrecht bis heute kennzeichnen, kann als wichtige Errungenschaft des Rechtsgebiets jedoch in jedem Fall die Regulierung der Sanierung bzw. der Sanierungsverantwortlichkeit von Altlasten gesehen werden.[935]

7.2 Vorschriften und europarechtlicher Hintergrund

7.2.1 Bundesrecht

- Bundes-Bodenschutzgesetz (BBodSchG)
- Bundes-Bodenschutz- und Altlastenverordnung (BBodSchV)
- Ersatzbaustoffverordnung (ErsatzbaustoffV)

7.2.2 Landesrecht

- Landes-Bodenschutz- und Altlastengesetz (LBodSchAG) Baden-Württemberg
- Bayerisches Bodenschutzgesetz (BayBodSchG)
- Berliner Gesetz zur Ausführung des Bundes-Bodenschutzgesetzes (Bln BodSchG)
- Brandenburgisches Abfall- und Bodenschutzgesetz (BbgAbfBodG)
- Bremisches Bodenschutzgesetz (BremBodSchG)
- Hamburgisches Bodenschutzgesetz (HmbBodSchG)
- Hessisches Altlasten- und Bodenschutzgesetz (HAltBodSchG)
- Landesbodenschutzgesetz Mecklenburg-Vorpommern (LBodSchG M-V)
- Niedersächsisches Bodenschutzgesetz (NBodSchG)
- Landesbodenschutzgesetz Nordrhein-Westfalen (LBodSchG NRW)
- Landesbodenschutzgesetz Rheinland-Pfalz (LBodSchG RP)
- Saarländisches Bodenschutzgesetz (SBodSchG)
- Sächsisches Kreislaufwirtschafts- und Bodenschutzgesetz (SächsKrWBodSchG)

---

933 Siehe das Eckpunktepapier für eine Novelle des nationalen Bodenschutzrechts des BMUV vom 1.3.2022, https://www.bmuv.de/fileadmin/Daten_BMU/Download_PDF/Bodenschutz/eckpunktepapier_novelle_bodenschutzrecht_bf.pdf (zuletzt abgerufen am 10.9.2023).

934 *Nies* in Landmann/Rohmer, UmweltR, BBodSchG § 1 Rn. 23.

935 *Kloepfer*, Umweltrecht, § 13 Rn. 125.

- Bodenschutz-Ausführungsgesetz Sachsen-Anhalt (BodSchAG LSA)
- Landesbodenschutz- und Altlastengesetz Schleswig-Holstein (LBodSchG SH)
- Thüringer Bodenschutzgesetz (ThürBodSchG)

7.2.3 Unionsrecht

Im Unterschied zu den anderen Umweltrechtsgebieten hat die EU bislang nicht von ihrer nach Art. 192 AEUV möglichen Regelungskompetenz im Bodenschutz Gebrauch gemacht, um vergleichbar den anderen Gebieten materiell-rechtliche Vorgaben für das Schutzniveau des Umweltmediums zu machen.[936] Die Umwelthaftungsrichtlinie, umgesetzt im USchadG, zielt zwar u. a. explizit auf den Schutz der Böden vor schädigenden Handlungen ab, ist aber in Deutschland wegen der weitergehenden Regelungen des BBodSchG praktisch bedeutungslos (s. Kap. 2.6.1).

7.3 Rolle der Kommunalverwaltung und Bedeutung für das Klima

Die Unteren Bodenschutzbehörden sind zentrale Akteure für die Überwachung schädlicher Bodenveränderungen und der Anordnung von Sanierungsmaßnahmen vor Ort (Art. 10 Abs. 2 BayBodSchG, § 13 Abs. 4 LBodSchG NRW). Sie führen auch das sog. „Altlastenkataster" und sind insoweit eine zentrale Stelle für die nötige Informationssammlung und -weitergabe im Rahmen von Bodeninformationssystemen (s. Kap. 7.5.4).

Böden haben – wie in der Einleitung dargestellt – eine große Bedeutung für zahlreiche natürliche Prozesse und dienen auch als CO_2-Speicher. Dies setzt allerdings voraus, Flächen frei von Versiegelung zu lassen bzw. bereits versiegelte Flächen zu entsiegeln. Einen wichtigen Beitrag zur Verringerung neuer Flächeninanspruchnahme kann dabei die Wiedernutzbarmachung von Flächen („Flächenrecycling") leisten. Müssen jedoch zunächst Altlasten saniert werden, wird der meist hohe finanzielle Aufwand zum limitierenden Faktor.[937] Sind Verursacher nicht feststellbar oder insolvent, kann dies letztlich dazu führen, dass Sanierungen gar nicht durchgeführt werden. Statt wertvolle Flächen wieder einer Nutzung zuzuführen, liegen diese brach, und stattdessen werden unbebaute Flächen neu versiegelt. Um in den Kommunen entsprechende Maßnahmen zu fördern, bestehen in den Bundesländern teilweise besondere Einrichtungen, die die finanzielle Belastung der Kom-

936 Zur nie verabschiedeten Bodenschutzrahmenrichtlinie s. *Schlacke*, Umweltrecht, § 13 Rn. 3.

937 *Kahl/Gärditz*, Umweltrecht, § 9 Rn. 2.

munen z. B. bei Ersatzvornahmen reduzieren sollen und darüber hinaus als Wissens- und Kompetenzzentrum fungieren:

- In Bayern unterstützt seit 1989 die Gesellschaft zur Altlastensanierung in Bayern mbH (GAB) die Landkreise und kreisfreien Städte bei der Untersuchung und Sanierung industriell-gewerblicher Altlasten, für die eine Kostendeckung durch Verpflichtete nicht erreichbar ist. Gesellschafter sind der Freistaat Bayern, der Bayerische Gemeindetag und der Bayerische Städtetag. Die Kommunen stellen bei der GAB einen Antrag auf Aufnahme der Maßnahmen in die „Liste der fachlich vordringlichsten Vorhaben" (FAG-Liste). Über die Aufnahme entscheidet das Bayerische Staatsministerium für Umwelt und Verbraucherschutz (StMUV).
- In Nordrhein-Westfalen erfüllt seit 1988 mit dem Verband für Flächenrecycling und Altlastensanierung (AAV, beibehalten von der früheren Bezeichnung Abfallentsorgungs- und Altlastensanierungsverband) eine Körperschaft öffentlichen Rechts vergleichbare Aufgaben. Kommunen und Land sind gesetzliche Pflichtmitglieder. Der AAV bietet verschiedene Förderinstrumente an, wobei für eine Sanierungsuntersuchung und -planung eine Anmeldung der Fläche für den Maßnahmenplan des AAV erforderlich ist (zu den Voraussetzungen im Einzelnen § 2 AAVG NRW).

7.4 Wichtige Begriffe

7.4.1 Altlasten und altlastverdächtige Flächen

Altlasten sind nach § 2 Abs. 5 BBodSchG Altablagerungen oder Altstandorte, auf denen schädliche Bodenveränderungen bestehen oder sonstige Gefahren für den Einzelnen oder die Allgemeinheit hervorgerufen werden. Neben schädlichen Bodenveränderungen (s. Kap. 7.4.2) stellen Altlasten eine eigenständige Gefahrenkategorie des Bodenschutzrechts dar.[938] Der Altlastenbegriff schließt nicht nur die Gefahren durch den Boden selbst, sondern auch aufgrund der abgelagerten Abfälle selbst ein.[939]

Handelt es sich um stillgelegte Abfallbeseitigungsanlagen sowie sonstige Grundstücke, auf denen Abfälle behandelt, gelagert oder abgelagert worden sind, spricht man von „Altablagerungen" (§ 2 Abs. 5 Nr. 1 BBodSchG).

> ***Beispiel:***
> *Eine frühere Hausmülldeponie.*

Grundstücke stillgelegter Anlagen und sonstige Grundstücke, auf denen mit umweltgefährdenden Stoffen umgegangen worden ist, sind Altstandorte (§ 2 Abs. 5 Nr. 2 BBodSchG). Anhaltspunkte für das Vorliegen einer Altlast be-

938 *Nies* in Landmann/Rohmer, UmweltR, BBodSchG § 2 Rn. 37.
939 *Erbguth/Schubert* in BeckOK, UmweltR, BBodSchG § 2 Rn. 23.

stehen bei einem Altstandort insbes., wenn auf den Grundstücken über einen längeren Zeitraum oder in erheblicher Menge mit Schadstoffen umgegangen wurde und die jeweilige Betriebs-, Bewirtschaftungs- oder Verfahrensweise oder Störungen des bestimmungsgemäßen Betriebs nicht unerhebliche Einträge solcher Stoffe in den Boden vermuten lassen (§ 10 Abs. 1 BBodSchV).

Beispiele:
Ehemalige chemische Reinigungen, ehemalige metallverarbeitende Betriebe, ehemalige Tankstellen.

Altlastverdächtige Flächen sind nach § 2 Abs. 6 BBodSchG Altablagerungen und Altstandorte, bei denen der Verdacht schädlicher Bodenveränderungen oder sonstiger Gefahren für den Einzelnen oder die Allgemeinheit besteht. Hier bestehen zwar Verdachtsmomente, die aber erst nach einer Untersuchung und Gefährdungsabschätzung die Einstufung als Altlast erlauben.[940]

7.4.2 Schädliche Bodenveränderungen und Verdachtsflächen

Liegen Beeinträchtigungen von Bodenfunktionen vor, die geeignet sind, Gefahren, erhebliche Nachteile oder erhebliche Belästigungen für den Einzelnen oder die Allgemeinheit herbeizuführen, handelt es sich um eine schädliche Bodenveränderung (§ 2 Abs. 3 BBodSchG), sofern bei Grundstücken ein solcher Verdacht besteht –

Beispiel:
In einem laufenden Betrieb sind umweltgefährdende Stoffe ausgetreten.

–, um Verdachtsflächen (§ 2 Abs. 4 BBodSchG). Das Begriffspaar „schädliche Bodenveränderungen" und „Verdachtsflächen" bildet somit die grundlegende Gefahrenkategorie des BBodSchG, sofern es sich nicht um Altlasten oder altlastverdächtige Flächen handelt (s. Kap. 7.4.1). Schädliche Bodenveränderungen sind der Anknüpfungspunkt der meisten bodenschutzrechtlichen Pflichten und behördlichen Befugnisse, so etwa §§ 4 Abs. 1, 7 Satz 1, 9 Abs. 1 oder 13 BBodSchG. Sie setzen nach der Definition das Zusammenwirken mehrerer Faktoren voraus:

Dazu gehört zunächst die Beeinträchtigung einer der Bodenfunktionen nach § 2 Abs. 2 BBodSchG. Diese stehen – wie in der Einleitung dargestellt – in einem Grundwiderspruch zueinander, soweit die natürlichen Bodenfunktionen (§ 2 Nr. 1 BBodSchG) etwa durch die Nutzungsfunktionen als Siedlungs- oder Verkehrsfläche (§ 2 Nr. 3 BBodSchG) aufgehoben werden. In vielen Fällen fällt dieser Widerspruch nicht ins Gewicht, weil das Bodenschutzrecht ohnehin hinter dem Bauplanungs-, Bauordnungs- und Straßenbaurecht zurücktritt (§ 3 Abs. 1 Nr. 8, 9 BBodSchG). Soweit dies nicht der Fall

940 BT-Drucks. 13/6701 S. 30.

ist, muss im Wege der Abwägung entschieden werden, welche der Bodenfunktionen den Vorrang erhalten soll.[941] Hinsichtlich der Beeinträchtigungen gilt ein weites Begriffsverständnis: Erfasst werden sowohl stoffliche Einträge (zur Bewertung s. Kap. 7.4.3) als auch Veränderungen der Bodenphysik, Flächenversiegelungen sowie – unter Vorsorgegesichtspunkten – auch der Beginn beeinträchtigender Maßnahmen, so dass diese noch nicht abgeschlossen sein müssen.[942]

Die Beeinträchtigung muss sodann kausal für die in § 2 Abs. 3 BBodSchG genannten Negativfolgen (Gefahren, erhebliche Nachteile oder erhebliche Belästigungen) sein. Der Begriff der Gefahr entspricht dem allgemeinen ordnungsrechtlichen Verständnis, dass bei ungehindertem Geschehensablauf der Eintritt eines Schadens an einem geschützten Rechtsgut hinreichend wahrscheinlich ist, während „Nachteil" die Beeinträchtigung von Interessen ohne Rechtsgutverletzung (z. B. Vermögenseinbuße) meint.[943] „Belästigungen" sind Beeinträchtigungen des körperlichen oder seelischen Wohlbefindens unterhalb einer Gesundheitsbeeinträchtigung (die eine Gefahr darstellen würde), wie etwa Geruchsemissionen.[944] Nachteile und Belästigungen müssen erheblich sein, d. h. eine gewisse Intensität aufweisen, wofür auf die Zumutbarkeitsschwelle im Immissionsschutzrecht abgestellt werden kann (s. Kap. 5.4.4).[945]

7.4.3 Vorsorge-, Prüf- und Maßnahmenwerte (nach BBodSchV)

Gestützt auf die Verordnungsermächtigung in § 8 Abs. 1 BBodSchG regelt die BBodSchV Details zur Untersuchung und Bewertung der Schadstoffbelastung von Verdachtsflächen, schädlichen Bodenveränderungen, altlastverdächtigen Flächen und Altlasten. Hierbei spielen Prüf- und Maßnahmenwerte eine Rolle, die der Bestimmung dienen, welches Risikopotential für die Umwelt durch Schadstoffe im Boden besteht.

Vorsorgewerte (§ 8 Abs. 2 BBodSchG, § 9 Abs. 1 Satz 1 Nr. 1 BBodSchV) grenzen den Bereich noch unbedenklicher Bodenbeschaffenheit von dem Bereich ab, in dem die Schadstoffdosis zwar noch keine schädliche Wirkung hat,[946] aus Vorsorgegründen aber der weitere Schadstoffeintrag begrenzt werden soll (z. B. im Rahmen einer industriellen Nutzung oder des Auftrags von Boden auf eine landwirtschaftliche Fläche). Vorsorgewerte bestehen für die häufigsten Schwermetalle (Blei, Cadmium, Chrom, Kupfer, Nickel, Quecksilber und Zink) und einige organische Schadstoffe und Schadstoffgruppen (PCB_6, Benz(a)pyren und PAK_{16}) für jeweils verschiedene Bodenar-

941 *Schlacke*, Umweltrecht, § 13 Rn. 13.

942 *Nies* in Landmann/Rohmer, UmweltR, BBodSchG § 2 Rn. 16.

943 BT-Drs. 13/6701 S. 29.

944 BT-Drs. 13/6701 S. 29.

945 *Erbguth/Schubert* in BeckOK, UmweltR, BBodSchG § 2 Rn. 19.

946 Vorsorgewerte können nicht für Gefahrenabwehrmaßnahmen herangezogen werden (*Dombert* in Landmann/Rohmer, UmweltR, BBodSchG § 8 Rn. 25).

ten wie Ton, Lehm oder Sand. Bei einer Unterschreitung der Vorsorgewerte ist für die hier definierten Stoffe ein Belastungsverdacht ausgeräumt.

Prüf- und Maßnahmenwerte (§ 8 Abs. 1 Satz 2 Nr. 1 und 2 BBodSchG) dienen der Bestimmung, ob eine schädliche Bodenveränderung besteht und ob daraus eine Gefährdung von Schutzgütern resultiert. Sie sind dabei im Unterschied zu den Vorsorgewerten nutzungs- und wirkungspfadspezifisch (für Näheres s. Kap. 7.4.4).

Werden Prüfwerte unterschritten, ist insoweit der Verdacht einer schädlichen Bodenveränderung oder Altlast ausgeräumt (§ 15 Abs. 2 BBodSchV). Werden Prüfwerte überschritten, ist weiter zu untersuchen, ob eine Gefährdung für Schutzgüter (u. a. menschliche Gesundheit, Grundwasser, Nutzpflanzen) resultiert und ob Umstände vorliegen, wegen derer bereits wegen der Prüfwertüberschreitung Maßnahmen zur Sicherung und Sanierung notwendig werden (§ 4 Abs. 2 Satz 3 BBodSchV). Eine Prüfwertüberschreitung bedeutet also nicht, dass unmittelbar eine Gefährdung besteht und Maßnahmen zu veranlassen sind.

Werden allerdings Maßnahmenwerte überschritten, werden normalerweise Maßnahmen zur Gefahrenabwehr notwendig, da dann die Gefährdung eines Schutzgutes ohne weitere Prüfungen unterstellt werden kann (§ 8 Abs. 1 Satz 2 Nr. 2 BBodSchG).[947]

7.4.4 Wirkungspfad

Die Prüf- und Maßnahmenwerte der BBodSchV differenzieren nach dem jeweiligen Weg, den ein Schadstoff von der Quelle bis zum Ort einer möglichen Wirkung auf ein Schutzgut (z. B. das Wasser, die menschliche Gesundheit) nehmen kann. Folgende Wirkungspfade (§ 2 Nr. 13 BBodSchV) sind Anhang I der BBodSchV vorgesehen:

- Boden – Nutzpflanze, bei dem zwischen den Nutzungen „Ackerbau/Nutzgarten" und „Grünland" zu unterscheiden ist,
- Boden – Mensch, bei dem nach den Nutzungen „Kinderspielflächen", „Wohngebiete", „Park- und Freizeitanlagen" sowie „Industrie- und Gewerbegrundstücke" unterschieden wird sowie
- Boden – Grundwasser, bei dem es nicht auf die Nutzung ankommt.

Der Wirkungspfad Boden – Mensch meint den direkten Kontakt des Menschen mit Schadstoffen durch Verschlucken, Hautkontakt oder Einatmen (oraler, dermaler oder inhalativer Aufnahmepfad).[948] Die Unterscheidung bei der Untersuchung nach Nutzungen hängt mit der Vorgabe des § 4 Abs. 4

947 *Dombert* in Landmann/Rohmer, UmweltR, BBodSchG § 8 Rn. 13.

948 LABO-Arbeitshilfe zur Expositionsabschätzung in der Detailuntersuchung Wirkungspfad Boden-Mensch und Wirkungspfad Boden-Nutzpflanze-Mensch, Stand 5.6.2020, S. 38, https://www.labo-deutschland.de/documents/Arbeitshilfe_zur_Expositionsabschaetzung__Text_+_Anhang_1__Checklisten.pdf (zuletzt abgerufen am 10.9.2023).

Satz 1 BBodSchG zusammen, die planungsrechtlich zulässige Nutzung des Grundstücks und das sich daraus ergebende Schutzbedürfnis zu beachten.[949]

Beispiel:
Auf einer Kinderspielfläche im Freien ist ein direkter Kontakt mit Bodenbestandteilen eher zu erwarten als in einem Gewerbegebiet.

7.5 Handlungsinstrumente

Das BBodSchG sieht auf den ersten Blick eine Vielzahl von Instrumenten zum Schutz des Bodens vor, z. B. Gefahrenabwehr- und Vorsorgepflichten (§§ 4, 7 BBodSchG), Gefährdungsabschätzungen und Untersuchungsanordnungen (§ 9 BBodSchG) oder das in § 21 Abs. 3 BBodSchG angelegte Instrument der Bodenschutzplanung[950] für Gebiete, in denen flächenhaft schädliche Bodenveränderungen auftreten oder zu erwarten sind.[951] Einschränkend ist jedoch zu bedenken, dass diese hinter diversen fachgesetzlichen Normen zurücktreten, wie sich aus § 3 Abs. 1 BBodSchG ergibt. Dies betrifft insbes. Vorschriften des Kreislaufwirtschaftsrechts, des Baurechts oder des Immissionsschutzrechts, soweit diese Einwirkungen auf den Boden regeln. In der Subsidiarität des Bodenschutzrechts liegt ein wichtiger Schlüssel zu dessen Verständnis: Es überlässt die Zulassung von Einwirkungen auf den Boden den übrigen Rechtsgebieten (vgl. zum Immissionsschutz insbes. auch § 3 Abs. 3 BBodSchG)[952] und hat seinen Kernbereich in der Gefahrenermittlung und der Sanierung von Altlasten und schädlichen Bodenveränderungen.

Das BBodSchG kennt insbes. kein eigenständiges Genehmigungsverfahren für Bodenveränderungen. Dies gilt namentlich auch für den Einbau von Ersatzbaustoffen außerhalb technischer Bauwerke –

Beispiel:
Landschaftsbau, Verfüllungen.

–, für den die BBodSchV seit 1.8.2023 die einzuhaltenden Parameter vorgibt. Entweder gilt hierbei aber, dass die Anforderungen nach § 8 Abs. 2 oder 3 BBodSchV eingehalten werden, so dass nach § 8 Abs. 4 BBodSchV keine

---

949 LABO-Arbeitshilfe, S. 2.

950 Zur Einstufung als Planungsinstrument *Ludwig* in Landmann/Rohmer, UmweltR, BBodSchG § 21 Rn. 33.

951 Dieses bedarf der Ausfüllung durch Landesrecht. Hiervon wurde in Bayern kein Gebrauch gemacht. In Nordrhein-Westfalen wurde das Modell der Bodenschutzgebiete gewählt (§ 12 LBodSchG NRW), das ebenso weitreichend in Baden-Württemberg (§ 7 LBodSchAG BW) umgesetzt wurde und dort vergleichbar den Natur- oder Wasserschutzgebieten als spezifischer Gebietstyp für den Schutz des Umweltmediums Boden ausgestaltet wurde.

952 Soweit andere Gesetze mit unbestimmten Rechtsbegriffen arbeiten, wie etwa dem „Wohl der Allgemeinheit" in § 3 Nr. 10 WHG oder § 15 Abs. 2 Satz 1 KrWG, können die Inhalte des Bodenschutzrechts jedoch die Auslegung dieser Begriffe füllen (*Kloepfer*, Umweltrecht, § 13 Rn. 175).

wasserrechtliche Erlaubnis erforderlich ist (Parallelvorschrift zu § 21 Abs. 1 ErsatzbaustoffV, s. Kap. 6.5.2.3.3), oder es verbleibt bei einer erlaubnispflichtigen Gewässerbenutzung.

7.5.1 Gefahrenabwehr- und Vorsorgepflichten

Um schädliche Bodenveränderungen gar nicht erst entstehen zu lassen, regelt § 4 Abs. 1 BBodSchG, dass jede Person, die auf den Boden einwirkt, sich so zu verhalten hat, dass schädliche Bodenveränderungen nicht hervorgerufen werden. Für den Umgang mit dem Boden finden sich daneben in § 7 BBodSchG i. V. m. der BBodSchV weitere Vorsorgepflichten. Die Funktion dieser Vorschriften liegt in der Regulierung von Handlungen, deren konkrete (ggf. langfristige) Auswirkungen auf den Boden unklar sind.[953] Darüber hinaus hat, wer Eigentum an einem oder die tatsächliche Gewalt über ein Grundstück innehat, Maßnahmen zur Abwehr der von dem Grundstück drohenden schädlichen Bodenveränderungen zu ergreifen (§ 4 Abs. 2 BBodSchG). Während für letztere Pflicht anerkannt ist, dass sie über die Generalklausel des § 10 Abs. 1 Satz 1 BBodSchG durch die Bodenschutzbehörden im Einzelfall durchgesetzt werden kann,[954] ist dies für § 4 Abs. 1 BBodSchG umstritten. Teilweise wird die Norm für zu unbestimmt gehalten, um konkrete Pflichten daraus ableiten zu können, was sich auch an der Sanktionslosigkeit in § 26 Abs. 1 Nr. 2 BBodSchG zeige.[955] Andere Stimmen halten die Pflicht durchaus für vollzugstauglich, um etwa bei einer drohenden schädlichen Bodenveränderung an einen Handlungsstörer herantreten zu können.[956] Dem kann gefolgt werden, da behördliche Eingriffsbefugnisse nicht notwendigerweise voraussetzen, dass die durchzusetzende Pflicht bußgeldbewehrt ist und der Wortlaut des § 10 Abs. 1 Satz 1 BBodSchG dies eindeutig zulässt (*„[z]ur Erfüllung der sich aus §§ 4 und 7 [...] ergebenden Pflichten kann die zuständige Behörde die notwendigen Maßnahmen treffen“*). Den Vollzug hemmt jedoch in der Praxis der eingeschränkte Anwendungsbereich, da über die in § 3 Abs. 1 BBodSchG genannten Vorschriften eine Bodenveränderung oftmals zulässig sein wird. Außerdem könnten über die mittlerweile erweiterten Vorsorgeanforderungen in § 4 BBodSchV (u. a. zur auch Bodenphysik) jetzt häufiger Anordnungen nach §§ 7 Satz 4, 10 Abs. 1 Satz 3 BBodSchG in Betracht kommen.

Die Vorsorgepflichten nach § 7 BBodSchG haben den Zweck, Bodeneinwirkungen zu vermeiden oder zu vermindern, soweit dies auch im Hinblick auf den Zweck der Nutzung des Grundstücks verhältnismäßig ist. Entsprechend der weiten Definition der schädlichen Bodenveränderungen (s. Kap. 7.4.2), denen vorgebeugt werden soll, kommen als Einwirkungen Ab-

953 *Martin*, ZUR 2021 S. 677 [678].

954 *Kahl/Gärditz*, Umweltrecht, § 9 Rn. 21.

955 *Vierhaus*, NJW 1998 S. 1262 (1264); *Kloepfer*, Umweltrecht, § 13 Rn. 222.

956 *Dombert* in Landmann/Rohmer, UmweltR, BBodSchG § 4 Rn. 5; *Kloepfer/Durner*, Umweltschutzrecht, § 13 Rn. 21.

grabungen, Versiegelungen, Verdichtungen oder Stoffeinträge in Betracht.[957] Der Kreis der Verpflichteten gem. § 7 Satz 1 BBodSchG entspricht dem des § 4 Abs. 2 BBodSchG (Eigentum, tatsächliche Gewalt), erfasst darüber hinaus aber auch diejenigen, die „Verrichtungen" auf dem Grundstück durchführen, die zu einer Veränderung der Bodenbeschaffenheit führen können. Behördliche Anordnungen zur Konkretisierung dieser Pflicht sind aber gem. §§ 7 Satz 4, 10 Abs. 1 Satz 3 BBodSchG nur möglich, soweit sich entsprechende Anforderungen aus einer Rechtsverordnung nach § 8 Abs. 2 BBodSchG, mithin der BBodSchV, ergeben. Bis August 2023 beschränkten sich §§ 9 bis 11 BBodSchV a. F. (§ 3 Abs. 1 Nr. 1 und 2 BBodSchV n. F.) auf chemische Veränderungen, weshalb die Vorsorgeanforderungen in erster Linie dem Schutz vor Schadstoffen dienten.[958] Der neue § 4 Abs. 3 BBodSchV gibt nun Pflichtigen auch auf, Vorkehrungen zu treffen, um die physikalischen Einwirkungen zu vermeiden oder wirksam zu vermindern, soweit dies auch im Hinblick auf den Zweck der Nutzung des Grundstücks verhältnismäßig ist.

> ***Beispiel:***
> *Die Bodenschutzbehörde gibt (mit entsprechender Begründung) für Baugenehmigungen eine Auflage vor, wonach bei hoher Bodenfeuchte bestimmte Fahrzeuge die Fläche nicht befahren werden dürfen.*

Gemäß § 4 Abs. 5 Satz 1 BBodSchV kann neuerdings auch bei Bodenveränderungen auf einer Fläche von mehr als 3000 Quadratmetern die Beauftragung einer bodenkundlichen Baubegleitung nach DIN 19639 verlangt werden; die Entscheidung trifft allerdings die jeweilige Zulassungsbehörde (z. B. Bauaufsicht) im Benehmen mit der Bodenschutzbehörde.

Die Pflicht, Bodeneinwirkungen zu vermeiden oder zu vermindern, trifft die verpflichtete Person nach § 7 Satz 3 BBodSchG außerdem nur, soweit dies auch im Hinblick auf den Zweck der Nutzung des Grundstücks verhältnismäßig ist. Dies begrenzt zulässige Anordnungen zur Vorsorge nicht nur auf solche Maßnahmen, die den gleichen Vorsorgeerfolg mit einer geringeren Belastung versprechen,[959] sondern lässt auch solche Verhaltensweisen zu, die mit dem Nutzungszweck typischerweise einhergehen, etwa bei einer Wohnnutzung die zusätzliche Versiegelung für eine Terrasse.

Noch schwächer ausgestaltet sind insofern die Vorsorgeanforderungen an die Land- und Fortwirtschaft (§ 7 Satz 5 BBodSchG), die für die landwirtschaftliche Bodennutzung unmittelbar in § 17 Abs. 1, 2 BBodSchG als gute fachliche Praxis definiert werden, während die Regelungen für die Forstwirtschaft dem Wald- und Forstrecht von Bund und Ländern zu entnehmen sind.[960] Im Bereich der Landwirtschaft entfalten diese Regelungen in der Praxis keine nennenswerte Steuerungswirkung, da sie zu abstrakt formuliert

957 *Nies* in Landmann/Rohmer, UmweltR, BBodSchG § 7 Rn. 19.
958 Zur alten Rechtslage *Ginzky* in BeckOK UmweltR, BBodSchG § 7 Rn. 14 ff.
959 *Nies* in Landmann/Rohmer, UmweltR, BBodSchG § 7 Rn. 21.
960 Zweites Kapitel des BWaldG, Art. 14 ff. BayWaldG, § 10 LFoG NRW.

sind und von der Durchsetzbarkeit durch die Bodenschutzbehörden ausgenommen sind.[961]

7.5.2 Gefahrenermittlungspflichten, Untersuchungsanordnungen

Liegen der Bodenschutzbehörde Anhaltspunkte vor, dass bei einer Fläche eine schädliche Bodenveränderung oder Altlast vorliegt, soll sie nach § 9 Abs. 1 Satz 1 BBodSchG zur Ermittlung des Sachverhalts die geeigneten Maßnahmen ergreifen. Insofern handelt es sich zunächst um eine Verschärfung des allgemeinen Untersuchungsgrundsatzes aus § 24 VwVfG, da die Bodenschutzbehörden insofern nur in atypischen Fällen von einer Untersuchung absehen dürfen.[962] Anhaltspunkte für schädliche Bodenveränderungen sind nach § 3 Abs. 1 Nr. 1 BBodSchV unter anderem gegeben, wenn die Vorsorgewerte nach Anlage 1 Tabelle 1 oder 2 zur BBodSchV überschritten werden. Da es solche allerdings nur für bestimmte Stoffe gibt, können Anhaltspunkte auch allgemeine oder konkrete Hinweise auf den erheblichen Eintrag von Schadstoffen unterhalb der Prüfwerte über eine längere Zeit, erhöhte Schadstoffgehalte in Pflanzen oder der Austritt schadstoffbelasteten Wassers oder Bodenerosionen auf der fraglichen Fläche sein (vgl. § 10 Abs. 2 Satz 2 BBodSchV). Wenn Untersuchungsergebnisse noch nicht vorliegen, können sich entsprechende Hinweise auch aus der bestehenden oder früheren Nutzung des Grundstücks ergeben.[963] Werden nicht lediglich Vorsorge-, sondern bereits Prüfwerte überschritten, kommt es nach § 9 Abs. 1 Satz 2 BBodSchG auf das Vorliegen weiterer Anhaltspunkte nicht mehr an, um die Gefahrermittlung vorzunehmen.[964]

Gemäß § 9 Abs. 1 Satz 3 BBodSchG sind in der Untersuchung und Bewertung insbes. Art und Konzentration der Schadstoffe, die Möglichkeit ihrer Ausbreitung in die Umwelt und ihrer Aufnahme durch Menschen, Tiere und Pflanzen sowie die Nutzung des Grundstücks nach § 4 Abs. 4 BBodSchG zu berücksichtigen. Eine geeignete Maßnahme zur Gefahrenermittlung ist in der Praxis zumeist eine orientierende Untersuchung (§ 12 BBodSchV), die mit einer anschließenden Detailuntersuchung (§ 13 BBodSchV) eine abschließende Gefährdungsabschätzung erlauben soll.

Besteht aufgrund konkreter Anhaltspunkte der hinreichende Verdacht einer schädlichen Bodenveränderung oder einer Altlast, kann die Bodenschutzbehörde die in § 4 Abs. 3, 5 und 6 BBodSchG genannten Personen dazu verpflichten, auf ihre Kosten die notwendigen Untersuchungen zur Gefährdungsabschätzung durchzuführen, wozu sie die Durchführung durch Sachverständige und Untersuchungsstellen nach § 18 BBodSchG verlangen kann (§ 9 Abs. 2 Satz 2 BBodSchG), was aus Sicht der Praxis – soweit ent-

961 *Ginzky* in BeckOK UmweltR, BBodSchG § 7 Rn. 21.
962 *Posser* in BeckOK UmweltR, BBodSchG § 9 Rn. 4.
963 *Ewer* in Landmann/Rohmer, UmweltR, BBodSchG § 9 Rn. 39.
964 *Ewer* in Landmann/Rohmer, UmweltR, BBodSchG § 9 Rn. 46.

sprechende Büros verfügbar sind – auch anzustreben ist.[965] Hinreichend ist ein Verdacht jedenfalls mit Überschreiten von Prüfwerten (§ 15 Abs. 2 BBodSchV); in Abhängigkeit von der potentiellen Schwere des Schadens und der Bedeutung gefährdeter Schutzgüter (insbes. der menschlichen Gesundheit) können aber auch schon weniger eindeutige Anhaltspunkte genügen.[966]

Der adressierte Personenkreis knüpft an die Sanierungsverantwortlichkeit an (s. dazu gleich Kap. 7.5.3.1), die besteht, wenn sich der Verdacht einer schädlichen Bodenveränderung oder Altlast bestätigt. Landesrechtlich können diese Personen im Übrigen auch bereits dazu verpflichtet sein, der Bodenschutzbehörde Anhaltspunkte für eine schädliche Bodenveränderung oder Altlast mitzuteilen (Art. 1 Satz 1 BayBodSchG, § 2 Abs. 1 LBodSchG NRW).

7.5.3 Sanierungspflichten und -anordnungen

Den Umgang mit festgestellten schädlichen Bodenveränderungen und Altlasten regeln insbes. § 4 Abs. 3 bis 6 BBodSchG und §§ 10, 13 BBodSchG.

7.5.3.1 Sanierungsverantwortlichkeit

Sind schädliche Bodenveränderungen oder Altlasten ermittelt worden, stellt sich vor einer behördlichen Anordnung zur Gefahrenabwehr die Frage, wen die Bodenschutzbehörden ermessensfehlerfrei in Anspruch nehmen dürfen. Grundsätzlich gelten auch im Bodenschutz die Auswahlkriterien des Polizei- und Ordnungsrechts (insbes. Verhaltens- und Zustandsverantwortlichkeit).[967]

Allerdings enthält § 4 Abs. 3 bis 6 BBodSchG zusätzliche Regelungen für die Pflicht, Boden und Altlasten sowie durch schädliche Bodenveränderungen oder Altlasten verursachte Verunreinigungen von Gewässern so zu sanieren, dass dauerhaft keine Gefahren, erheblichen Nachteile oder erheblichen Belästigungen für den Einzelnen oder die Allgemeinheit entstehen (Sanierungsverantwortlichkeit), mit folgenden Besonderheiten:

- Neben der verursachenden Person als Handlungsstörer, dem Grundstückseigentümer und dem Inhaber der tatsächlichen Gewalt als Zustandsstörer kommt gem. § 4 Abs. 3 Satz 1 BBodSchG explizit auch der Gesamtrechtsnachfolger der verursachenden Person in Betracht.
- § 4 Abs. 3 Satz 4 BBodSchG sieht eine sog. „Durchgriffsverantwortlichkeit" vor, wenn aus handels- oder gesellschaftsrechtlichem Rechtsgrund jemand für eine juristische Person einzustehen hat oder jemand zuvor das Eigentum hatte, es aber aufgegeben hat (Dereliktion).

965 *Posser* in BeckOK UmweltR, BBodSchG § 9 Rn. 25.
966 *Ewer* in Landmann/Rohmer, UmweltR, BBodSchG § 9 Rn. 55.
967 *Koch/Hofmann/Reese*, Umweltrecht, § 8 Rn. 74.

- Grundstückseigentümer bleiben in einer nachwirkenden Zustandshaftung, wenn sie das Grundstück nach dem 1.3.1999 übertragen haben und die schädliche Bodenveränderung oder Altlast hierbei kannten oder kennen mussten (§ 4 Abs. 6 Satz 1 BBodSchG).

Eine vorgegebene Reihenfolge bei der Inanspruchnahme gibt es dabei nicht, so dass die Auswahl der Adressaten dem behördlichen Auswahlermessen unterliegt.[968] Abzuwägende Ermessensgesichtspunkte können insoweit sein:[969]

- möglichst einfaches und endgültiges Erreichen des gewünschten Erfolgs (effektive Gefahrenabwehr),
- die Nähe der Adressaten zum Schadensort,
- Anteil der Adressaten an der Verursachung,
- persönliche und sachliche Leistungsfähigkeit,
- Grad von Nachteilen für die Adressaten.

Eine nicht gesetzlich vorgesehene Begrenzung der Zustandsverantwortlichkeit ergibt sich zudem aus der Grundsatzentscheidung des BVerfG, wonach die Haftung der Zustandsstörer auf Ebene der Kostentragung auf den Verkehrswert nach erfolgter Sanierung begrenzt ist, wenn die Gefahr, die von dem Grundstück ausgeht, aus Naturereignissen, der Allgemeinheit zuzurechnenden Ursachen oder von nicht nutzungsberechtigten Dritten hervorgerufen wurde. Gleiches gilt, wenn das zu sanierende Grundstück den wesentlichen Teil des Vermögens des Pflichtigen bildet und die Grundlage seiner privaten Lebensführung einschließlich seiner Familie darstellt, es sei denn, das Risiko wurde bei Kauf bewusst eingegangen oder fahrlässig außer Acht gelassen.[970]

7.5.3.2 Sanierungsanordnungen, -pläne und -verträge

§ 10 Abs. 1 Satz 1 BBodSchG bildet auch die Ermächtigungsgrundlage, gegenüber der verpflichteten Person (s. Kap. 7.5.3.1) die Sanierung anzuordnen. Mögliche Sanierungsmaßnahmen sind in § 2 Abs. 7 BBodSchG definiert:

- Maßnahmen zur Beseitigung oder Verminderung der Schadstoffe z. B. durch Auskofferung und Entsorgung des Erdreichs; Dekontamination bzw. Reinigung des Grundwassers z. B. durch Pump-and-Treat-Verfahren,[971]
- Maßnahmen, die eine Ausbreitung der Schadstoffe langfristig verhindern oder vermindern, ohne die Schadstoffe zu beseitigen (Sicherungsmaßnahmen), Bsp.: Abdichtung des kontaminierten Bereichs, um Gase und Sickerwasser aufzuhalten,[972]

---

968 *Giesberts/Hilf* in BeckOK UmweltR, BBodSchG § 4 Rn. 54.
969 *Dombert* in Landmann/Rohmer, UmweltR, BBodSchG § 4 Rn. 17.
970 BVerfGE 102, 1, 21.
971 *Schlacke*, Umweltrecht, § 13 Rn. 38.
972 *Schlacke*, Umweltrecht, § 13 Rn. 39.

- Maßnahmen zur Beseitigung oder Verminderung schädlicher Veränderungen der physikalischen, chemischen oder biologischen Beschaffenheit des Bodens, Bsp.: Vorbeugung gegen Erosion.[973]

Das Ziel der Sanierung, dauerhaft keine Gefahren, erheblichen Nachteile oder erheblichen Belästigungen für den Einzelnen oder die Allgemeinheit entstehen zu lassen, wird in § 4 Abs. 3 Satz 1 BBodSchG dabei bewusst recht allgemein gehalten, um den Bodenschutzbehörden eine gewisse Flexibilität für den Einzelfall zu belassen.[974] Insbesondere kann nicht jede Altlast tatsächlich mit vertretbarem Aufwand mit Blick auf den erwarteten Nutzen vollständig saniert werden oder muss es zwingend.

Beispiel:
Geht von einer Altablagerung keine Gefahr aus, verbleibt diese im Boden, es findet jedoch ggf. eine Überwachung der Fläche statt. Ändert sich die Nutzung der Fläche, kann dies zudem eine Neubewertung des Gefährdungspotentials notwendig machen.

Praktisches Ziel ist daher häufig eine „bodenschutzrechtliche Unbedenklichkeit"[975], die hinsichtlich der Sanierungsmaßnahmen und -ziele stark nach der künftigen Nutzung der Fläche ausgerichtet wird (§ 4 Abs. 4 BBodSchG, s. dazu auch Kap. 7.4.4). Insofern bieten sich häufig öffentlich-rechtliche Verträge anstelle behördlicher Sanierungsverfügungen an, um den Umfang der Sanierung abschließend und ohne langwierige gerichtliche Auseinandersetzungen zu regeln.[976]

Umgekehrt sind gerade bei Altlasten auch Fälle denkbar, die aufgrund von Art, Ausbreitung oder Menge der Schadstoffe in besonderem Maße schädliche Bodenveränderungen oder sonstige Gefahren für den Einzelnen oder die Allgemeinheit mit sich bringen. Erfordern diese ein systematisches Handlungskonzept, um verschiedene Maßnahmen zu koordinieren,[977] soll die Bodenschutzbehörde bei Altlasten gem. § 13 Abs. 1 BBodSchG eine Sanierungsuntersuchung und die Vorlage eines Sanierungsplanes anordnen.[978] Die Sanierungsuntersuchung[979] ermittelt die technischen und sonstigen erforderlichen rechtlichen, organisatorischen und finanziellen Maßnahmen in Abhängigkeit der Verhältnismäßigkeit zur Durchführung einer Sanierung (§ 16 BBodSchV). Im anschließenden Sanierungsplan sind die Ausführung der Sa-

---

973 *Erbguth/Schubert* in BeckOK, UmweltR, BBodSchG § 2 Rn. 35.

974 *Kahl/Gärditz*, Umweltrecht, § 9 Rn. 23.

975 *Koch/Hofmann/Reese*, Umweltrecht, § 8 Rn. 60.

976 *Schlemminger/Böhn*, NVwZ 2010 S. 354 (355).

977 *Dombert* in Landmann/Rohmer, UmweltR, BBodSchG § 13 Rn. 7.

978 Art. 5 Abs. 2 BayBodSchG erklärt § 13 BBodSchG für entsprechend anwendbar bei schädlichen Bodenveränderungen, von denen aufgrund von Art, Ausbreitung oder Menge der Schadstoffe in besonderem Maße Gefahren, erhebliche Nachteile oder erhebliche Belästigungen für den Einzelnen oder die Allgemeinheit ausgehen.

979 Zur Abgrenzung von der Gefährdungsabschätzung *Spieth* in BeckOK UmweltR, BBodSchG § 13 Rn. 17.

nierungsmaßnahme darzustellen sowie die notwendigen Überwachungsmaßnahmen (s. a. § 16 Abs. 4 BBodSchV). § 14 BBodSchG erlaubt es der Bodenschutzbehörde, unter den dort genannten Voraussetzungen den Plan selbst oder durch Sachverständige zu erstellen oder zu ergänzen.

Der Sanierungsplan ist entgegen seiner Begrifflichkeit nicht mit einer Umweltfachplanung (s. Kap. 2.4.3.1) gleichzusetzen, sondern mit einer Ingenieurbüroplanung, welche die vorgesehenen Sanierungsmaßnahmen aufeinander abstimmt und aufzeigt. Im Umkehrschluss aus § 13 Abs. 6 Satz 1 BBodSchG hat der einfache Sanierungsplan rechtlich gesehen zunächst keine eigenständige Wirkung.[980] Ist die Bodenschutzbehörde einverstanden, kann dieser jedoch zur Grundlage eines (öffentlich-rechtlichen) Sanierungsvertrags gem. § 13 Abs. 4 BBodSchG werden, der in der Praxis ein sehr häufig gewähltes und zumeist für alle Seiten vorteilhaftes Instrument im Rahmen des Kooperationsprinzips ist.[981] Daneben kann die Bodenschutzbehörde auch den Sanierungsplan nach § 13 Abs. 6 Satz 1 BBodSchG für verbindlich erklären, ihn insofern zum Teil eines Verwaltungsakts und damit außenverbindlich machen.[982] Der entscheidende Mehrwert liegt in der Konzentrationswirkung, die nach § 13 Abs. 6 Satz 2 BBodSchG auch wasserrechtliche Genehmigungen mitumfassen kann. Dies gilt jedoch nur unter den Bedingungen, dass keine UVP-Pflicht besteht und ein Einvernehmen mit der sonst zuständigen Behörde vorliegt, was diesen eine starke Stellung im Verfahren verleiht.[983]

Über § 15 Abs. 2 Satz 1 BBodSchG können den Sanierungspflichtigen von Altlasten Eigenkontrollmaßnahmen auferlegt werden, auch durch Sachverständige.

Beispiel:
Ein Grundwassermonitoring.

Gemäß § 15 Abs. 2 Satz 4 BBodSchG können solche Kontrollen auch nach einer durchgeführten Sanierung angeordnet werden.

Beispiel:
Beim Pump-and-Treat-Verfahren wird nur am Schadensherd angesetzt; Kontrollen dienen hier der Feststellung, ob dieser abklingt.[984]

Allerdings kann bei Erwerb eines erfolgreich sanierten Grundstücks von der erwerbenden Person aufgrund der fehlenden Sanierungsverantwortlichkeit keine Kontrollmaßnahme mehr verlangt werden, insofern liegt die Überwachung hier nur noch bei der Bodenschutzbehörde (§ 15 Abs. 1 BBodSchG).[985]

980 *Dombert* in Landmann/Rohmer, UmweltR, BBodSchG § 13 Rn. 16.
981 *Spieth* in BeckOK, UmweltR, BBodSchG § 13 Rn. 26 ff.
982 *Spieth* in BeckOK, UmweltR, BBodSchG § 13 Rn. 41.
983 *Dombert* in Landmann/Rohmer, UmweltR, BBodSchG § 13 Rn. 31.
984 *Müggenborg* in BeckOK UmweltR, BBodSchG § 15 Rn. 16.
985 *Müggenborg* in BeckOK UmweltR, BBodSchG § 15 Rn. 17.

7.5.4 Altlastenkataster und Informationsweitergabe

Gemäß § 11 BBodSchG wird nach Landesrecht die Erfassung von Altlasten geregelt (Art. 3 Abs. 1 BayBodSchG, § 8 Abs. 1 Satz 1 LBodSchG NRW). Die Erfassung erfolgt jeweils in landesweiten Datenbanken (Art. 3 Abs. 1 Satz 1 BayBodSchG, § 9 Abs. 1 Satz 1 LBodSchG NRW).

Verzeichnisse von Flächen, die entweder altlastverdächtig sind oder auf denen Altlasten bekannt sind, spielen eine wichtige Rolle in der Praxis, um bei Vorgängen auf dem Grundstück (insbes.: Baumaßnahmen) die nötigen Maßnahmen (s. Kap. 7.5.2 und 7.5.3) ergreifen zu können.

Bundesrechtlich bezieht sich diese Pflicht zunächst nur auf Altlasten und altlastverdächtige Flächen, weshalb die Verzeichnisse allgemein als „Altlastenkataster" bezeichnet werden.[986] Nach Landesrecht können darüber hinaus auch solche Flächen erfasst werden, auf denen schädliche Bodenveränderungen bestehen, von denen in besonderem Maße Gefahren, erhebliche Nachteile oder erhebliche Belästigungen ausgehen (§ 21 Abs. 2 BBodSchG). Hiervon haben sowohl Bayern (Art. 2 Satz 2 BayBodSchG) als auch Nordrhein-Westfalen (§ 5 Abs. 1 LBodSchG NRW) Gebrauch gemacht.

Details zur Erfassung von Flächen ergeben sich aus weiteren landesrechtlichen Vorschriften bzw. Arbeitshilfen.[987] Für die Erfassung einer Fläche ermittelt und wertet die Bodenschutzbehörde in der Regel alle umweltrelevanten Unterlagen aus, wie etwa Bauakten, Lagepläne, Luftbilder, Akten anderer Umweltbehörden (Wasser-, Abfall-, Immissionsschutz), vorhandene Gutachten usw.

Auskünfte zu Informationen über Grundstücke im Altlastenkataster werden in der Praxis immer stärker nachgefragt, allein schon um deren Wert abschätzen zu können. Ein Anspruch auf freien Zugang zu den Informationen im Altlastenkataster richtet sich gem. § 10 Abs. 3 LBodSchG NRW nach dem UIG NRW. In Bayern fehlt ein expliziter Verweis zwar, jedoch richtet sich auch hier der Informationszugang nach dem BayUIG (zu UIG-Anfragen im Einzelnen s. Kap. 2.5.1). Handelt es sich um eine Anfrage privater Eigentümer, sollte jedoch bedacht werden, dass die Interpretation von Belastungen durch Nicht-Fachkundige zu Verunsicherung führen kann und insofern die Bodenschutzbehörde nicht bloß eine Datenherausgabe, sondern weitere Erläuterungen vornehmen sollte.

---

986 *Dietlein* in BeckOK UmweltR, BBodSchG § 11 Rn. 1.

987 Etwa das Merkblatt Nr. 3.8/7 Historische Erkundung von Altlasten und schädlichen Bodenveränderungen des Bayerischen Landesamtes für Umwelt, Stand Januar 2016, https://www.lfu.bayern.de/wasser/merkblattsammlung/teil3_grundwasser_und_boden/doc/nr_387.pdf (zuletzt abgerufen am 10.9.2023) oder die Arbeitshilfe für Erhebungen über kontaminationsrelevante Flächen in Nordrhein-Westfalen, LANUV-Arbeitsblatt 21, 3. Aufl., https://www.lanuv.nrw.de/fileadmin/lanuvpubl/4_arbeitsblaetter/LANUV-Arbeitsblatt_21.pdf (zuletzt abgerufen am 10.9.2023).

7.6 Bezüge und Abgrenzung zum übrigen Umweltrecht

In § 3 Abs. 1 BBodSchG werden eine Reihe von Vorschriften genannt, die die Anwendbarkeit des BBodSchG ausschließen, soweit sie Einwirkungen auf den Boden (mit) regeln (s. im Einzelnen Kap. 7.1). Der Umgang mit schädlichen Bodenveränderungen oder Altlasten richtet sich damit vor allem bei der Genehmigung von Bauvorhaben, immissionsschutzrechtlich relevanten Anlagen oder Vorhaben im Wald nach dem jeweiligen Fachrecht. Dies schließt allerdings nicht aus, insbes. bei der Zulassung von Anlagen nach dem Immissionsschutzrecht für die Vorsorgepflichten nach § 5 Abs. 1 Nr. 2 BImSchG auf die Vorsorgewerte der BBodSchV abzustellen.[988]

Nicht im Katalog genannt werden das Wasser- und das Naturschutzrecht. Insoweit bleibt das BBodSchG zwar grundsätzlich parallel anwendbar.[989] Allerdings gilt auch hier, dass Vorgänge, die Einwirkungen auf den Boden mit sich bringen können, durch das andere Fachrecht genehmigt werden (für Gewässerbenutzungen über § 8 WHG bzw. für Eingriffe über § 17 Abs. 3 BNatSchG). Hinzu kommt, dass die Beeinträchtigungsschwelle in den beiden anderen Rechtsgebieten niedriger liegt als im Bodenschutzrecht. So genügt im Naturschutz nach § 14 Abs. 1 BNatSchG schon die Möglichkeit einer erheblichen Beeinträchtigung, wodurch auch Maßnahmen unterhalb der Schwelle für schädliche Bodenveränderungen als Eingriff zu werten sein können. Bezogen auf das Wasserrecht besteht insbes. in dem Schutz des Grundwassers eine identische Zielrichtung. An sich regelt das Bodenschutzrecht die Gefahrenabwehr durch schädliche Bodenveränderungen, allerdings sind die diesbezüglichen Handlungsbefugnisse eher nicht auf Sofortmaßnahmen ausgelegt. Das Wasserrecht wird daher in der Regel die speziellere Rechtsgrundlage zum Schutz von Gewässern sein, solange noch nicht eine konkrete Sanierungsmaßnahme einer schädlichen Bodenveränderung im Raum steht. Ein nach dem Bodenschutzrecht für verbindlich erklärter Sanierungsplan hat allerdings auch bezogen auf das Wasserrecht Konzentrationswirkung (§ 13 Abs. 6 Satz 2 BBodSchG).

988 *Jarass*, BImSchG, § 5 Rn. 71.

989 *Heß/Wulff* in Landmann/Rohmer, UmweltR, BNatSchG § 1 Rn. 39.

8. Klimaschutz und Klimaanpassung

Die Konzentration menschlich verursachter Treibhausgase in der Erdatmosphäre – insbes. die der CO_2-Emissionen – sorgt für ein verstärktes Zurückhalten der Wärmestrahlung unseres Planeten.[990] Dieser anthropogene Treibhauseffekt steht in seinem Tempo in keinem Verhältnis zu der von Natur aus gegebenen Erderwärmung.[991] Schon heute sind an vielen Orten die Auswirkungen dieses beschleunigten Klimawandels festzustellen, besonders die Veränderungen für viele Lebensräume, die sowohl durch zunehmende Trockenheit als auch zunehmende Überflutungen lebensfeindlicher werden. Der Klimawandel stellt damit auch den gesamten Umweltschutz vor neue Herausforderungen. In den Kap. 3 bis 7 wurde gezeigt, dass sämtliche Rechtsbereiche der „klassischen" Umweltverwaltung Verbindungen zu Fragen des Klimaschutzes und der Klimaanpassung aufweisen bzw. die geschützten Umweltrechtsgüter (insbes. der gesamte Naturhaushalt) nicht mehr nur allein durch die für sie vorgesehenen gesetzlichen Regelungen geschützt werden können, solange keine umfassenden Anstrengungen für mehr Klimaschutz erfolgen.

Klimaschutz, d. h. insbes. die Senkung des Ausstoßes von Treibhausgasen, stellt jedoch eine Querschnittsaufgabe dar, für die es zudem auf kommunaler Ebene keinen ordnungsrechtlichen Vollzugsauftrag gibt. Es handelte sich bis vor kurzem in den meisten Bundesländern auch noch nicht um eine kommunale Pflichtaufgabe. Dies ändert sich partiell mit der Einführung der kommunalen Wärmeplanung. Das Klimaschutzgesetz des Bundes verpflichtet ansonsten unmittelbar nur die Bundesregierung (§§ 3, 9 KSG), hat aber die Rolle eines Maßstäbegesetzes für die Frage, inwieweit alle staatlichen Maßnahmen der aus Art. 20a GG abgeleiteten Schutzverpflichtung in Bezug auf das Klima genügen.[992]

Im Bereich der Klimaanpassung bestehen bereits erhebliche Anknüpfungspunkte zur städtebaulichen Entwicklung. Hier wird es künftig stärker als bislang auf eine Verzahnung mit den ebenfalls bereits zur Verfügung stehenden Mitteln des Umweltrechts ankommen, was insbes. im kreisangehörigen Raum mit seinen geteilten Kompetenzen Herausforderungen mit sich bringt.

990 *Kloepfer*, Umweltrecht, § 17 Rn. 26.

991 BVerfGE 157, 30 = NJW 2021 S. 1723, Rn. 119.

992 *Calliess*, JuS 2023 S. 1 (6).

8.1 Schutzgut und Regelungsbereich

Wie auch das Umweltrecht an sich lässt sich das Klimaschutzrecht nicht mit absoluter Trennschärfe eingrenzen.[993] Klimaspezifische Gesetzgebung entstand aus der Notwendigkeit heraus, die treibhausgasbedingte Klimaerwärmung aufhalten zu müssen, für die der Mensch seit dem Beginn der Industrialisierung verantwortlich ist. Hauptgegenstand klimaschutzrechtlicher Bestimmungen ist daher die Reduzierung anthropogen freigesetzter Treibhausgase, vgl. auch die Begriffsbestimmungen in § 2 Nr. 1 und 2 KSG.

Da das Schutzgut „Klima" im Unterschied zu Natur, Gewässern, Immissionen, Abfall und Boden nicht regional eingegrenzt werden kann, ist es deutlich stärker von globalen Strategien abhängig. Aus diesem Grund funktionieren etablierte Mechanismen nationalen Umweltrechts hier nur eingeschränkt.[994]

Ausgangspunkt bildet die völkerrechtlich übernommene Verpflichtung, den Anstieg der globalen Durchschnittstemperatur auf deutlich unter 2 Grad Celsius und möglichst auf 1,5 Grad Celsius gegenüber dem vorindustriellen Niveau zu begrenzen, um die Auswirkungen des weltweiten Klimawandels so gering wie möglich zu halten (§ 1 Satz 3 KSG, zur völkerrechtlichen Grundlage s. ausführlich Kap. 2.1.1). Das KSG sieht dazu nationale Klimaschutzziele vor, die zulässige Jahresemissionsmengen und jährliche Minderungsziele erfordern (§ 4 KSG). Die bisher von § 8 KSG verlangten, sektorspezifischen Sofortprogramme bei festgestelltem Überschreiten der zulässigen Jahresemissionsmengen sollen zwar aufgegeben werden[995], im Kern gilt jedoch weiterhin, dass die in § 4 Abs. 1 Satz 1 KSG genannten Sektoren Energiewirtschaft, Industrie, Verkehr, Gebäude, Landwirtschaft und Abfallwirtschaft/Sonstiges ihre jeweils erforderlichen Beiträge für eine stufenweise Senkung der THG-Emissionen (§ 3 Abs. 1 KSG, 65 % bis 2030 und 88 % bis 2040 im Vergleich zu 1990) bis hin zur Klimaneutralität im Jahr 2045 (§ 3 Abs. 2 Satz 1 KSG) leisten müssen. Die Detailregelungen erfolgen dann in den jeweiligen Fachrechtsgebieten, etwa im Gebäudeenergiegesetz hinsichtlich zulässiger Heizungsarten. Aus diesem Handlungsbedarf resultiert etwa auch das Gesetz für die Wärmeplanung und zur Dekarbonisierung der Wärmenetze (Wärmeplanungsgesetz – WPG). Die Klimaschutzziele der Bundesländer gehen teilweise über die Zielsetzungen des KSG hinaus. Dies gilt insbes. für den Zeitpunkt des Erreichens der Klimaneutralität.

Da insbes. die Nutzung von Energie Treibhausgase verursacht, steht besonders das Energierecht in starker Verbindung zum Klimaschutz (vgl. auch die Ausgestaltung der Landesgesetze, Kap. 8.2.2). Zu den wichtigsten Gesetzen auf Bundesebene gehören daher neben dem Gebäudeenergiegesetz auch das Erneuerbare-Energien-Gesetz (EEG 2023), das Treibhausgas-Emissionshandelsgesetz (TEHG) und das Brennstoffemissionshandelsgesetz (BEHG).

---

993 *Koch*, NVwZ 2011 S. 641 (642).

994 Vgl. *Kloepfer*, Umweltrecht, § 17 Rn. 37.

995 Regierungsentwurf eines Zweiten Gesetzes zur Änderung des Bundes-Klimaschutzgesetzes, BT-Drs. 20/8290.

8.2 Vorschriften und europarechtlicher Hintergrund

8.2.1 Bundesrecht

- Bundes-Klimaschutzgesetz (KSG)
- Bundes-Klimaanpassungsgesetz (KAnG)
- Gesetz für die Wärmeplanung und zur Dekarbonisierung der Wärmenetze (Wärmeplanungsgesetz – WPG)

8.2.2 Landesrecht

- Klimaschutz- und Klimawandelanpassungsgesetz Baden-Württemberg
- (KlimaG BW)
- Bayerisches Klimaschutzgesetz (BayKlimaG)
- Berliner Klimaschutz- und Energiewendegesetz (EWG Bln)
- Bremisches Klimaschutz- und Energiegesetz (BremKEG)
- Hamburgisches Gesetz zum Schutz des Klimas (Hamburgisches Klimaschutzgesetz – HmbKliSchG)
- Hessisches Energiegesetz (HEG), Hessisches Gesetz zur Förderung des Klimaschutzes und zur Anpassung an die Folgen des Klimawandels (Hessisches Klimagesetz – HKlimaG)
- Niedersächsisches Gesetz zur Förderung des Klimaschutzes und zur Minderung der Folgen des Klimawandels (Niedersächsisches Klimagesetz – NKlimaG)
- Gesetz zur Neufassung des Klimaschutzgesetzes Nordrhein-Westfalen, Klimaanpassungsgesetz Nordrhein-Westfalen (KlAnG NRW)
- Landesgesetz zur Förderung des Klimaschutzes (Landesklimaschutzgesetz – LKSG) Rheinland-Pfalz
- Saarländisches Klimaschutzgesetzes (SKSG)
- Energiewende- und Klimaschutzgesetz Schleswig-Holstein (EWKG)
- Thüringer Klimagesetz (ThüKliG)

8.2.3 Unionsrecht

- Verordnung (EU) 2021/1119 des Europäischen Parlaments und des Rates vom 30.6.2021 zur Schaffung des Rahmens für die Verwirklichung der Klimaneutralität und zur Änderung der Verordnungen (EG) Nr. 401/2009 und (EU) 2018/1999
- Richtlinie 2012/27/EU des Europäischen Parlaments und des Rates vom 25.10.2012 zur Energieeffizienz, zur Änderung der Richtlinien 2009/125/EG und 2010/30/EU und zur Aufhebung der Richtlinien 2004/8/EG und 2006/32/EG (EED-Richtlinie)

8.3 Rolle der Kommunalverwaltung und Bedeutung für das Klima

Ein unbegrenztes Fortschreiten der Erderwärmung ist nicht mit dem in Art. 20a GG als Staatsziel verankerten Schutz der natürlichen Lebensgrundlagen vereinbar. Hieraus hat das BVerfG die staatliche Schutzpflicht der Bundesrepublik hinsichtlich des Erreichens der Klimaneutralität abgeleitet.[996] Gesetzliche Grundlage zur Sicherstellung dieser Schutzpflicht ist das KSG. Inhaltliche Vorgaben für bestimmte Klimaschutzmaßnahmen durch die Kommunen ergeben sich daraus nicht. Allerdings sind bei Planungen und Zulassungsentscheidungen (sofern ein Ermessen besteht), das KSG und die zu seiner Erfüllung festgelegten Ziele zu berücksichtigen (§ 13 Abs. 1 Satz 1 KSG).[997]

Inwieweit Kommunen aber ebenfalls Pflichten zu verbindlichen Klimaschutzmaßnahmen treffen, richtet sich nach Landesrecht.[998] Hier herrscht bislang zwar Freiwilligkeit vor (Bsp. Art. 5 Abs. 2 BayKlimaG; § 5 Abs. 2 Satz 1 Klimaschutzgesetz NRW). Praktisch alle Kommunen in Deutschland haben jedoch schon vor vielen Jahren erkannt, dass es auch auf sie ankommt, und haben dazu eigene Klimaschutzkonzepte erarbeitet. Sie können insbes. auch – etwa durch das Fördern klimafreundlicher Mobilitätsangebote – vor Ort einen konkreten Wandel einleiten. Der sog. „Fundamentaleinwand"[999], dass lokale Maßnahmen für sich genommen nur geringfügige Auswirkungen auf das weltweite Klima haben und daher den Klimawandel insgesamt nicht stoppen können, steht dem nicht entgegen. Vielmehr ist ein wirksamer Klimaschutz gerade auf das Zusammenwirken möglichst vieler lokaler Treibhausgasreduzierungen angewiesen.[1000] Das BVerfG hat diesem Einwand daher zu Recht bereits in seinem Klimabeschluss eine Absage erteilt.[1001]

8.4 Wichtige Begriffe

8.4.1 Erneuerbare Energien

Da insbes. der Energiebedarf über viele Jahrzehnte vorwiegend aus fossilen Quellen (z. B. Kohle, Gas, Öl) gedeckt wurde, die bei der Verbrennung zu CO_2 führen, liegt ein wesentlicher Schlüssel für die Reduzierung von Treibhausgasen in der Umstellung der Energieerzeugung.[1002]

---

996 BVerfGE 157, 30 = NJW 2021 S. 1723, Rn. 120.

997 *Attendorn*, NVwZ 2022 S. 1586 (1587); *Sauthoff*, KlimR 2022 S. 11 (14); *Verheyen/Heß/Peters/Schöneberger*, NVwZ 2023 S. 113 (114).

998 Noch gar kein Klimaschutzgesetz hatten bei Drucklegung Brandenburg, Mecklenburg-Vorpommern, Sachsen und Sachsen-Anhalt.

999 Zur Begriffserläuterung *Verheyen/Heß/Peters/Schöneberger*, NVwZ 2023 S. 113 (119).

1000 *Muffler*, KlimR 2023 S. 240 (242).

1001 BVerfGE 157, 30 = NJW 2021 S. 1723, Rn. 202 f.

1002 *Kloepfer*, Umweltrecht, § 18 Rn. 11.

Für die treibhausgasneutrale Energieproduktion wird allgemein der Begriff „erneuerbare Energien" verwendet, der auch Art. 2 Nr. 1 der RED II-Richtlinie (RL 2018/2001/EU) zugrunde liegt. Danach sind als erneuerbare, nichtfossilen Energiequellen Wind, Sonne (Solarthermie und Photovoltaik), geothermische Energie, Umgebungsenergie, Gezeiten-, Wellen- und sonstige Meeresenergie, Wasserkraft, und Energie aus Biomasse, Deponiegas, Klärgas und Biogas definiert. § 3 Nr. 21 EEG 2023 greift diese Definition weitgehend auf, ergänzt um den biologisch abbaubaren Anteil von Abfällen aus Haushalten und Industrie.

8.4.2 Klimaneutralität

Würden keine menschlichen Tätigkeiten mehr vorgenommen, die sich verstärkend auf den natürlichen Klimawandel auswirken, würde sich der Mensch gegenüber dem Klima völlig neutral verhalten. Mit dem Begriff der Klimaneutralität wird allerdings bislang eher die Neutralität von treibhausgasbedingten Klimaschädigungen gemeint,[1003] die bereits erreicht werden kann, wenn die anthropogenen Emissionen von Treibhausgasen sich im Gleichgewicht mit dem Abbau solcher Gase durch Senken befinden. § 3 Abs. 2 Satz 1 KSG zielt auf das Erreichen dieser Netto-Treibhausgasneutralität bis zum Jahr 2045. Ab 2050 „sollen" negative Treibhausgasemissionen erreicht werden.

8.4.3 Starkregen

Unter „Starkregen" werden hohe Niederschlagsmengen auf einer bestimmten Fläche innerhalb einer bestimmten Zeiteinheit verstanden. Der Deutsche Wetterdienst unterscheidet in drei Stufen, beginnend ab 15 bis 25 l/m² in einer Stunde (oder 20 bis 35 l/m² in sechs Stunden) bis mehr als 40 l/m² in einer Stunde (oder mehr als 60 l/m² in sechs Stunden).[1004] Gebräuchlicher in der Praxis sind sog. „Wiederkehrzeiten", etwa ein hundertjährliches Ereignis. Gemeint ist damit, dass ein Ereignis dieser Intensität auf statistischer Basis alle 100 Jahre zu erwarten wäre.[1005] In Siedlungsräumen können Starkregenereignisse zu massiven Überflutungen führen, wenn keine entsprechende Vorsorge getroffen wird. Im Unterschied zu Hochwasser, das als Überschwemmung durch übertretende Oberflächengewässer verstanden wird (s. Kap. 4.4.4) und eine entsprechende Gewässernähe voraussetzt, kann Starkregen an jedem beliebigen Ort auftreten.

1003 *Lamy/Ludwig*, KlimR 2022 S. 142.

1004 https://www.dwd.de/DE/service/lexikon/begriffe/S/Starkregen.html (zuletzt abgerufen am 10.9.2023).

1005 *Reese*, ZUR 2020 S. 40 (43).

8.4.4 Treibhausgase

Bund und Länder orientieren sich an der Definition des Kyoto-Protokolls.[1006] Treibhausgase in diesem Sinne sind Kohlendioxid (CO_2), Methan (CH_4), Distickstoffoxid (N_2O), Schwefelhexafluorid (SF_6), Stickstofftrifluorid (NF_3) sowie teilfluorierte Kohlenwasserstoffe (HFKW) und perfluorierte Kohlenwasserstoffe (PFKW) (§ 2 Nr. 2 KSG).

8.5 Handlungsinstrumente

8.5.1 Kommunale Wärmeplanung

Der Gebäude- ist neben dem Mobilitätssektor einer der entscheidenden Bereiche, in denen Deutschland seine Klimaziele bislang deutlich verfehlt hat. Grund sind vor allem die CO_2-Emissionen für die Wärmeerzeugung (Heizung und Warmwasser), die allein durch einen reduzierten Energiebedarf der Gebäude nicht vollständig reduziert werden können. Letzteres wird bereits seit langem durch die Vorschriften zur Gebäudedämmung in der EnEV forciert, die Erfolge stagnieren jedoch seit einigen Jahren.[1007] Vor allem eine Umstellung auf Wärmenetze könnte viele Gebäude auf einmal klimafreundlich mit Wärme versorgen.

> ***Beispiele:***
> *Geothermiekraftwerke, Industrieabwärme, Freiflächen-Solarthermie, Großwärmepumpen.*

2023 lag der Anteil erneuerbarer Energien bei der Wärmeerzeugung für Privathaushalte erst bei lediglich 18 %.[1008] Mit dem Gesetz für die Wärmeplanung und zur Dekarbonisierung der Wärmenetze soll deshalb das Ziel unterstützt werden, eine treibhausgasneutrale Wärmeversorgung bis spätestens zum Jahr 2045 zu leisten (§ 1 WPG).

8.5.1.1 Wärmeplanung

Zentraler Inhalt des WPG ist ein bundeseinheitlicher Rahmen für eine Wärmeplanung auf kommunaler Ebene. Landesrechtliche Vorbilder bestehen mit § 27 KSG BW in Baden-Württemberg, in Schleswig-Holstein mit § 7 EWKG, in Hessen § 13 HEG und in Niedersachsen mit §§ 20 f. NKlimaG.

Mit dem Ergebnis einer solchen Wärmeplanung – dem Wärmeplan – soll grundsätzlich für alle Grundstücke in den Städten und Gemeinden darge-

1006 *Knauff*, KlimR 2022 S. 47 (48).
1007 *Maaß*, ZUR 2020 S. 22 (23).
1008 BR-Drs. 388/23 S. 1.

stellt werden, wie jeweils eine treibhausgasneutrale Wärmeversorgung erreicht werden kann. Um nicht allein auf Einzellösungen zu setzen, stehen dabei insbes. Potentiale für neue Wärme- und Wasserstoffnetze im Vordergrund. Im Idealfall können in bestimmten Stadtteilen viele Häuser auf einmal versorgt werden, so dass ein Heizungstausch perspektivisch nur noch dort stattfinden müsste, wo solche Netze nicht in Frage kommen.

> ***Beispiel:***
> *Der Wärmeplan sieht für das Zieljahr in einem definierten Gebiet die Schaffung eines neuen Wärmenetzes vor und gibt im Übrigen für das Zieljahr als Versorgungsoption den Austausch von alten Heizungen gegen Anlagen zur Wärmeerzeugung aus erneuerbaren Energien (z. B. Wärmepumpen) an.*

Damit wird örtlichen Unterschieden Rechnung getragen: Manche Städte und Gemeinden verfügen bereits über Fernwärmenetze, die angepasst werden können, während andere Städte und Gemeinden – etwa aufgrund der Siedlungsstruktur – kein geeignetes Potential für die Schaffung solcher Netze aufweisen.[1009]

8.5.1.1.1 Rechtswirkungen von Wärmeplänen

Geprägt wird der Wärmeplan nach dem WPG jedoch von dem Grundsatz, dass aus ihm weder ein Anspruch auf das tatsächliche Vorhandensein einer bestimmten Wärmeversorgungsart im Zieljahr noch die Pflicht zur Nutzung einer solchen folgt. Der Wärmeplan hat keine rechtliche Außenwirkung und vermittelt keine einklagbaren Rechte oder Pflichten (§ 23 Abs. 4 WPG). In den meisten Ländern, in denen kommunale Wärmeplanungen bereits vorher vorgesehen waren, ist dies im Ergebnis ähnlich; nur § 7 Abs. 4 Satz 2 EWKG Schleswig-Holstein sieht auch die Option einer Satzung vor.

Wirklichkeit wird eine THG-neutrale Wärmeversorgung jedenfalls erst mit allen praktischen Schritten, die hierfür separat geplant oder genehmigt werden müssen. Dabei wäre es aber unzureichend, wenn die für die Umsetzung zuständigen Stellen vor Ort (wie die Städte und Gemeinden selbst) keinerlei Beachtenspflicht im Rahmen ihrer Entscheidungen unterlägen. Bei der Wärmeplanung handelt es sich so gesehen um eine Form umweltrelevanter Fachplanung, die Ähnlichkeiten mit der Programmierungsfunktion des Flächennutzungsplans[1010] aufweist: Künftige Entwicklungen sollen so gesteuert werden, dass diese einem ganzheitlichen Konzept folgen können, auch wenn eine unmittelbare Rechtsfolge vom Plan an sich nicht ausgeht.[1011] Während etwa aus dem Flächennutzungsplan ein neues Baugebiet per Bebauungsplan

---

1009 *Maaß*, ZUR 2020 S. 22 (25 f.).

1010 *Mitschang* in Battis/Krautzberger/Löhr, BauGB, § 5 Rn. 1.

1011 Vgl. auch die Formulierung in § 27 Abs. 2 Satz 4 KlimaG BW, die von „strategischer Planung" spricht.

entwickelt werden kann, soll die Wärmeplanung nach § 26 Abs. 1 WPG dazu dienen, ein Gebiet zum Neu- oder Ausbau von Wärmenetzen oder ein Wasserstoffnetzausbaugebiet nach § 71 Abs. 8 Satz 3 und § 71k Abs. 1 GEG ausweisen zu können. Insofern wird die Entscheidung nach dem jeweiligen Fachrecht unterstützt.

8.5.1.1.2 Betroffene Gebiete

Die finale Umsetzung der Wärmeplanung überlässt der Bundesgesetzgeber in vielen Bereichen den Ländern. Dies gilt insbes. für die Frage, wer planungsverantwortliche Stelle ist (§ 6 WPG) und damit, ob sich die Planungspflicht im kreisangehörigen Raum unmittelbar an die Städte und Gemeinden oder an die Kreise richtet. Entsprechende Wärmepläne sind gem. § 4 Abs. 2 Nr. 1 WPG in Gemeindegebieten mit mehr als 100000 Einwohnern bis zum Ablauf des 30.6.2026 zu erstellen. Die Gesetzesbegründung geht davon aus, dass in Städten dieser Größenordnung bereits eine Befassung mit dem Thema Wärmeplanung stattgefunden hat, sofern sie nicht ohnehin in Ländern mit bereits eingeführter Wärmeplanungspflicht liegen.[1012] Gemeindegebiete bis 100000 Einwohner müssen Wärmepläne erst bis zum 30.6.2028 erstellen. Die Länder haben dabei die Möglichkeit, für Gemeinden unter 10000 Einwohnern ein vereinfachtes Verfahren vorzusehen. Bei Inkrafttreten des WPG bereits bestehende Wärmepläne, für die nach Landesrecht eine Verpflichtung bestand, genießen Bestandsschutz (§ 5 Abs. 1 WPG). Sie müssen sich erst im Rahmen einer Fortschreibung an die Vorgaben des WPG halten (§ 25 WPG). Haben Kommunen Wärmeplanungen ohne eine verpflichtende Vorgabe erstellt, soll für sie der Bestandsschutz des § 5 Abs. 1 WPG gelten, wenn die den Wärmeplänen zugrunde liegende Planung mit den Anforderungen des WPG „im Wesentlichen" vergleichbar ist (§ 5 Abs. 2 Satz 1 WPG). Die Vergleichbarkeit wird unwiderleglich vermutet, wenn für die Wärmeplanung eine Förderung durch Bundes- oder Landesmittel erfolgt ist (§ 5 Abs. 2 Satz 2 WPG). Ansonsten führt die Gesetzesbegründung aus, dass zu den Anforderungen des WPG, die auch von einem solchen Wärmeplan eingehalten werden müssen, Folgendes gehört: eine Bestandsanalyse mit Ermittlung der bestehenden Wärmeverbräuche oder -bedarfe innerhalb des maßgeblichen Gebiets, die Untersuchung der vor Ort vorhandenen Potentiale für die Einbindung erneuerbarer Energien oder unvermeidbarer Abwärme sowie Aussagen darüber, in welchen Teilen des maßgeblichen Gebiets welche Art der Wärme- oder Energieversorgung zukünftig eine Rolle spielen soll. Zudem sollen Umsetzungsmaßnahmen untersucht worden sein.[1013]

1012 BR-Drs. 388/23 S. 94.
1013 BR-Drs. 388/23 S. 96.

8.5.1.1.3 Planverfahren

Der im WPG vorgesehene Ablauf der Wärmeplanung folgt im Großen und Ganzen den Vorbildern aus den genannten Bundesländern und umfasst nach § 13 Abs. 1 WPG

- eine Bestandsanalyse (§ 15 WPG),
- eine Potentialanalyse (§ 16 WPG),
- die Entwicklung und Beschreibung eines Zielszenarios (§ 17 WPG),
- die Einteilung des beplanten Gebiets in voraussichtliche Wärmeversorgungsgebiete gem. § 18 WPG sowie die Darstellung der Versorgungsoptionen nach § 19 WPG und
- die Entwicklung einer Umsetzungsstrategie mit konkreten Umsetzungsmaßnahmen, die innerhalb des beplanten Gebiets zur Erreichung des Zielszenarios beitragen sollen (§ 20 WPG).

Die Wärmeplanung nach dem WPG startet zudem mit einem Durchführungsbeschluss, den die Gesetzesbegründung – erneut eine Parallele zum Planungsrecht – als „Aufstellungsbeschluss" bezeichnet.[1014] Besondere formelle Anforderungen stellt das Gesetz an diesen zwar nicht. Bedeutung hat er aber als fristauslösendes Ereignis: Die Ergebnisse der Vorprüfung sollen „möglichst frühzeitig" nach dem Beschluss veröffentlicht werden (§ 13 Abs. 2 WPG). In der Praxis wird die tatsächliche Dauer nicht zuletzt von den beauftragten Planungsbüros abhängen.

8.5.1.1.3.1 Vorprüfung

Die Vorprüfung gem. § 14 WPG wird den oben genannten Schritten vorgeschaltet, um das beplante Gebiet daraufhin zu untersuchen, für welche Teilgebiete mit hoher Wahrscheinlichkeit eine Wärmeversorgung über ein Wärmenetz oder ein Wasserstoffnetz ausgeschlossen werden kann. Aus dem Gesetz ergibt sich dies zwar nicht eindeutig; allerdings dürfte es auch im Einzelfall denkbar sein, dass eine Stadt oder Gemeinde aufgrund ihrer Struktur und Größe flächendeckend nicht die nötigen Voraussetzungen für die Schaffung solcher Netze erfüllt. Die Ausschlussgründe für ein Wärme- oder Wasserstoffnetz ergeben sich aus § 14 Abs. 2 und 3 WPG. Der Ausschluss setzt bei Wärmenetzen voraus, dass in dem beplanten Gebiet oder Teilgebiet derzeit kein Wärme- oder Gasnetz anliegt und außerdem aufgrund der Siedlungsstruktur und des daraus resultierenden voraussichtlichen Wärmebedarfs davon auszugehen ist, dass eine künftige Versorgung des Gebiets oder Teilgebiets über ein Wärmenetz nicht wirtschaftlich sein wird (§ 14 Abs. 2 WPG). Um einen Anschluss an ein Wasserstoffnetz ausschließen zu können, genügt es nach § 14 Abs. 3 Nr. 1 WPG, dass kein Gasnetz anliegt. Gibt es zwar ein solches, kann aber ebenfalls ein Ausschluss erfolgen, wenn insbes.

1014 BR-Drs. 388/23 S. 106.

aufgrund der räumlichen Lage, der Abnehmerstruktur des Gebiets oder Teilgebiets und des voraussichtlichen Wärmebedarfs davon ausgegangen werden, dass die künftige Versorgung über ein Wasserstoffnetz nicht wirtschaftlich sein wird (§ 14 Abs. 3 Nr. 2 WPG).

Der Ausschluss bestimmter Gebiete soll den Untersuchungsaufwand der planungsverantwortlichen Stelle deutlich reduzieren.[1015] Damit die in diesen Fällen erforderlichen Einzelgebäudelösungen aufgezeigt werden können, ist trotz negativer Vorprüfung eine Potentialanalyse, für Teilgebiete mit erhöhtem Energieeinsparpotential (§ 18 Abs. 5 WPG) auch eine Bestandsanalyse durchzuführen (§ 14 Abs. 4 Satz 4 WPG). Der Ausschluss von den Vorgaben der Wärmeplanung gilt außerdem nur bis zu einer Fortschreibung des Wärmeplans. In diesem Fall ist erneut zu prüfen, ob die Ausschlussgründe noch vorliegen (§ 14 Abs. 5 WPG).

8.5.1.1.3.2 Bestandsanalyse

Im Rahmen der Bestandsanalyse sind von der planungsverantwortlichen Stelle die für die Wärmeplanung relevanten Informationen und erforderlichen Daten zur aktuellen Versorgung des beplanten Gebiets mit Wärme systematisch und qualifiziert zu erheben (§ 15 Abs. 2 WPG). Die Bestandsanalyse ermittelt den derzeitigen Wärmebedarf oder -verbrauch innerhalb des beplanten Gebiets einschließlich der hierfür eingesetzten Energieträger sowie die vorhandenen Wärmeerzeugungs- und für die Wärmeversorgung relevanten Energieinfrastrukturanlagen (§ 15 Abs. 1 WPG). Die Erhebung der Daten (z. B. der bisherigen Endenergieverbräuche von Gas und Wärme), die u. a. bei den Betreibern von Energieversorgungsnetzen, Wärmenetzbetreibern oder bevollmächtigten Bezirksschornsteinfegern vorliegen, ist in §§ 10 bis 12 WPG (einschließlich Auskunftspflichten) geregelt.

8.5.1.1.3.3 Potentialanalyse

Die Potentialanalyse dient dazu, quantitativ und räumlich differenziert die im beplanten Gebiet vorhandenen Potentiale zur Erzeugung von Wärme aus erneuerbaren Energien, zur Nutzung von unvermeidbarer Abwärme und zur zentralen Wärmespeicherung zu ermitteln (§ 16 Abs. 1 WPG). Dabei spielen sowohl die Einsparpotentiale (z. B. durch energetische Sanierungen) als auch die erschließbaren Potentiale zur Erzeugung und Nutzung erneuerbarer Energien im Gebiet eine Rolle. Vor allem wird sich in diesem Bereich die Fachdiskussion darüber entfalten, welche möglichen Wärmequellen im beplanten Gebiet theoretisch, technisch und wirtschaftlich realisierbar zur Verfügung stehen.[1016] Entsprechend soll in den Darstellungen der Potentialana-

---

1015 BR-Drs. 388/23 S. 108.

1016 Vgl. etwa zu § 27 KlimaG BW den Handlungsleitfaden Kommunale Wärmeplanung des Umweltministeriums Baden-Württemberg, Dezember 2021, S. 37, online abrufbar unter lyse vermerkt werden, welche Restriktionen für die Nutzung identifizierter Wärmeerzeugungspotentiale – etwa infolge räumlicher, technischer oder rechtlicher oder wirtschaftlicher Hindernisse – bestehen.[1017]

Bestands- und Potentialanalyse sind möglichst frühzeitig nach dem Durchführungsbeschluss und der Veröffentlichung der Ergebnisse der Vorprüfung (§ 14 WPG) zu veröffentlichen (§ 13 Abs. 3 WPG). Dies geschieht gemeinsam mit dem Entwurf für das Paket aus Zielszenario (§ 17 WPG), der Einteilung des beplanten Gebiets in voraussichtliche Wärmeversorgungsgebiete nach § 18 WPG und den Versorgungsoptionen für das Zieljahr nach § 19 WPG. Nach dieser öffentlichen Bekanntgabe startet die Öffentlichkeitsbeteiligung sowie die Beteiligung der in ihren Aufgabenbereichen berührten Behörden und Träger öffentlicher Belange und den in § 7 Abs. 2 und 3 WPG genannten Beteiligten. Diese erhalten ab der öffentlichen Bekanntgabe für mindestens einen Monat die Möglichkeit der Einsichtnahme. Anschließend verbleibt ein weiterer Monat für die Abgabe von Stellungnahmen (§ 13 Abs. 4 WPG).

8.5.1.1.3.4 Zielszenario

Aus der Bestands- und Potentialanalyse entwickelt die planungsverantwortliche Stelle ein Zielszenario (§ 17 Abs. 2 WPG). Das Zielszenario beschreibt, wie das Ziel einer auf erneuerbaren Energien oder Nutzung von unvermeidbarer Abwärme basierten Wärmeversorgung erreicht werden soll. Anlage 2 Nr. III enthält dabei sieben Indikatoren, die bezogen auf die Jahre 2030, 2035, 2040 und 2045 dargestellt werden müssen, darunter der jährliche Endenergieverbrauch der gesamten Wärmeversorgung in Kilowattstunden pro Jahr und die Anzahl der Gebäude mit Anschluss an ein Gasnetz. Inhaltlich muss das Zielszenario – wenig überraschend – den Zielen des WPG entsprechen, insbes. dem Endziel der treibhausgasneutralen Wärmeversorgung bis spätestens zum Jahr 2045 Rechnung tragen (§ 1 WPG). Als Teil des Zielszenarios ist – wie zum Teil schon im Landesrecht[1018] – die Einteilung des beplanten Gebiets in voraussichtliche Wärmeversorgungsgebiete nach § 18 WPG und der Darstellung der Versorgungsoptionen nach § 19 WPG zu sehen.

8.5.1.1.3.5 Einteilung in Wärmeversorgungsgebiete, Darstellung der Versorgungsoptionen

Ein Wärmeversorgungsgebiet hat nach § 18 WPG zum Ziel, diejenige Wärmeversorgungsart darzustellen, die sich in den Zieljahren 2030, 2035 und 2040 für

https://um.baden-wuerttemberg.de/fileadmin/redaktion/m-um/intern/Dateien/Dokumente/2_Presse_und_Service/Publikationen/Energie/Leitfaden-Kommunale-Waermeplanung-barrierefrei.pdf (zuletzt abgerufen am 10.9.2023).

1017 BR-Drs. 388/23 S. 110.

1018 Handlungsleitfaden Kommunale Wärmeplanung des Umweltministeriums Baden-Württemberg, Dezember 2021, S. 56 ff.

das jeweilige Teilgebiet besonders eignet. Zu berücksichtigen sind dabei geringe Wärmegestehungskosten, geringe Realisierungsrisiken, ein hohes Maß an Versorgungssicherheit und geringe kumulierte Treibhausgasemissionen. Wärmeversorgungsgebiete können ein Wärmenetzgebiet, ein Wasserstoffnetzgebiet oder ein Gebiet für die dezentrale Wärmeversorgung sein. Vorschläge der (potentiellen) Betreiber solcher Netze sollen berücksichtigt werden. Über § 19 Abs. 2 WPG soll aufgezeigt werden, wie gut sich Teilgebiete hierfür jeweils eignen.

8.5.1.1.3.6 Umsetzung

Im Gesetzgebungsverfahren diskussionswürdig war die Frage, inwiefern eine Umsetzungsstrategie bereits Teil der Wärmeplanung ist, die außer in Schleswig-Holstein (§ 7 Abs. 4 Nr. 4 EWKG) in den landesrechtlichen Wärmeplanungsgesetzen nicht angelegt ist.[1019] Insbesondere soll die planungsverantwortliche Stelle *„von ihr unmittelbar selbst zu realisierende Umsetzungsmaßnahmen"* entwickeln (§ 20 Abs. 1 WPG), obwohl diese ggf. nicht mit der betroffenen Stadt oder Gemeinde identisch sein muss. Da das WPG ansonsten einen lediglich vorbereitenden Ansatz verfolgt und etwa konkrete Ausbauentscheidungen weiteren Verfahren vorbehalten bleiben, dürfte auch die Umsetzungsstrategie im Ergebnis unverbindlichen Charakter haben. Mit § 20 WPG soll vor allem zum Ausdruck gebracht werden, dass es bei der Wärmeplanung nicht allein um eine Informationssammlung, sondern zumindest auch um eine klare Zielvorstellung geht.[1020]

8.5.1.2 Aus- und Umbau von Wärmenetzen

Bis 2030 soll bereits die Hälfte der leitungsgebundenen Wärme klimaneutral erzeugt werden (§ 2 Abs. 1 WPG). Ein weiterer wichtiger Baustein des WPG ist daher die schrittweise Umstellung von Wärmenetzen auf erneuerbare Energien. Nach Zwischenzielen (§ 29 WPG) müssen Wärmenetze bis 2045 vollständig mit Wärme aus erneuerbaren Energien gespeist werden (§ 31 Abs. 1 WPG). Die Betreiber solcher Netze, die diese Vorgabe noch nicht erfüllen, sind nach § 32 Abs. 1 WPG verpflichtet, einen Wärmenetzausbau- und -dekarbonisierungsfahrplan zu erstellen. Aufbauend auf der Wärmeplanung können gem. § 26 Abs. 1 WPG auch Gebiete zum Neu- oder Ausbau von Wärmenetzen oder ein Wasserstoffnetzausbaugebiet nach § 71 Abs. 8 Satz 3 und § 71k Abs. 1 GEG ausgewiesen werden. Hierfür besteht eine SUP-Pflicht (Nr. 2.14 der Anlage 5 zum UVPG).

Die Entscheidung nach § 26 WPG soll gem. § 27 Abs. 2 WPG ausdrücklich nicht dazu verpflichten, eine bestimmte Wärmeversorgungsart tatsächlich zu

1019 Kritik wurde insbes. von den kommunalen Spitzenverbänden geübt.
1020 Vgl. dazu *Maaß*, ZUR 2020 S. 22 (28).

nutzen oder eine bestimmte Wärmeversorgungsinfrastruktur zu errichten, auszubauen oder zu betreiben. Sie ist aber nach § 27 Abs. 3 WPG in der Bauleitplanung und bei anderen flächenbedeutsamen Planungen oder Maßnahmen von öffentlichen Stellen (Bsp.: Landschaftsplanung) in Abwägungs- und Ermessensentscheidungen zu berücksichtigen. Vergleichbar mit § 2 EEG 2023 liegen die Errichtung und der Betrieb von Wärmenetzen und Anlagen (einschließlich Nebenanlagen) zur Erzeugung von Wärme aus erneuerbaren Energien, die in ein Wärmenetz gespeist wird, im überragenden öffentlichen Interesse (§ 2 Abs. 3 WPG). Dies gilt nicht in Naturschutzgebieten, Nationalparken, nationalen Naturmonumenten oder einer Kern- oder Pflegezone von Biosphärenreservaten i. S. d. BNatSchG, so dass bei entsprechenden Baumaßnahmen und damit verbundenen Eingriffen in Natur und Landschaft – etwa in Landschaftsschutzgebieten – dem Ausbau dieser Anlagen Vorrang einzuräumen ist, wenn eine Ausnahme oder Befreiung und damit eine Abwägung mit den Naturschutzbelangen erforderlich wird.

8.5.2 Klimaanpassung

Es muss davon ausgegangen werden, dass sich die klimawandelbedingte Erderwärmung nicht rückgängig machen lässt, während die Folgen dieser Erwärmung in den nächsten Jahrzehnten erst noch drastischer werden[1021] – dies wohlgemerkt vor dem Hintergrund, dass Überflutungen infolge von Starkregen oder sommerliche Trockenheits- und Hitzeperioden bereits in den vergangenen Jahren als immer extremer wahrgenommen wurden.[1022] Ein unausweichlicher Baustein auch für die Klimaanpassung ist daher der Klimaschutz: Nur wenn der menschengemachte Klimawandel gestoppt wird, können auch seine Effekte hoffentlich noch begrenzt werden. Kommunale Klimaanpassungskonzepte sollen allerdings in erster Linie dazu beitragen, sich vor Ort systematisch auf die klimabedingten Veränderungen vorzubereiten.

> ***Beispiel:***
> *In vielen Kommunen werden Hitzeaktionspläne aufgestellt, um bei extremen Hitzeereignissen entsprechend reagieren zu können.*[1023]

1021 *Kloepfer*, Umweltrecht, § 17 Rn. 29.

1022 https://www.ardalpha.de/wissen/umwelt/klima/wetter-meteorologie-hitze-starkregen-extremwetter-klimawandel-100.html (zuletzt abgerufen am 10.9.2023).

1023 Vgl. den Hitzeaktionsplan für Menschen im Alter der Stadt Köln, https://www.stadt-koeln.de/artikel/67953/index.html (zuletzt abgerufen am 10.9.2023); s. a. die Toolbox „Hitzeaktionspläne in Kommunen - Unterstützung bei der Erstellung von Maßnahmen und Konzepten" der Bayerischen Staatsregierung, https://www.stmgp.bayern.de/vorsorge/umwelteinwirkungen/hitze-gesundheitsschutz-bei-hohen-temperaturen/ (zuletzt abgerufen am 10.9.2023).

Neben der Sensibilisierung der Öffentlichkeit sind auch konkrete Vorsorgemaßnahmen zur Klimaanpassung erforderlich, die mit der Nutzung von Grundstücken zusammenhängen (Grünflächen, Begrünung von Gebäuden, Versickerungsmöglichkeiten etc.). Soweit es die eigenen Flächen betrifft, können die Kommunen hier als Vorbild vorangehen.

Beispiel:
Baumpflanzungen im Straßenbereich, Begrünung von Schulhöfen, Wildblumenwiesen auf Gemeindeflächen.[1024]

Auf Privatgrund können Kommunen Förderprogramme anstoßen, um etwa Dächer und Fassaden zu begrünen.[1025]

Das zentrale verbindliche Rechtsinstrument der Städte und Gemeinden für die Klimaanpassung ist aber die Bauleitplanung. § 1 Abs. 5 Satz 1 BauGB gibt als Planungsauftrag eine nachhaltige städtebauliche Entwicklung vor. Dazu gehört auch, eine menschenwürdige Umwelt zu sichern, die natürlichen Lebensgrundlagen zu schützen sowie den Klimaschutz und die Klimaanpassung zu fördern (§ 1 Abs. 5 Satz 2 BauGB). Die Planungsaufträge aus § 1 Abs. 5 BauGB sind zwar im Zusammenhang mit den abwägungsrelevanten Belangen aus § 1 Abs. 6 BauGB zu sehen und sollen keinen planerischen Entscheidungen der Stadt oder Gemeinde vorgreifen.[1026] An einer klimagerechten Stadtentwicklung führt aber trotzdem kein Weg vorbei, weshalb die Instrumente der Bauleitplanung stärker als Werkzeug für Klimaschutz und Klimaanpassung genutzt werden müssen (statt sie als Belange lediglich in der Abwägung zu berücksichtigen).[1027]

Dies ist auch deshalb richtig, weil die Bauleitplanung als räumliche Gesamtplanung etwa auch die Belange der kommunalen Infrastruktur mit in den Blick nimmt, eine Schnittstelle zum Hochwasserrisikomanagement bildet und starken Einfluss auf die Abwasserbeseitigung hat.[1028]

Beispiel:
Die Notwendigkeit von mehr Retentionsraum bei Überflutungen oder der Bedarf an Wasserspeichern, um bei Trockenheit die örtliche Trink- und Löschwasserversorgung aufrechterhalten zu können.

Allein hieran zeigt sich, dass eine klimagerechte Stadtentwicklung stärker denn je auf eine Verzahnung mit den Zielen und Instrumenten des Umweltrechts angewiesen ist, die in Kap. 3 bis 7 vorgestellt wurden. Der Fokus liegt

1024 So etwa das Programm der Stadt Velbert, https://www.velbert.de/rathaus-politik/umwelt-und-klimaschutz/klimaanpassung/hitze-und-stadtgruen (zuletzt abgerufen am 10.9.2023).

1025 Beispiel: das Programm „GRÜN hoch 3", vgl. etwa für Köln https://www.stadt-koeln.de/artikel/67044/index.html (zuletzt abgerufen am 10.9.2023).

1026 *Söfker* in Ernst/Zinkahn/Bielenberg/Krautzberger, BauGB, § 1 Rn. 101.

1027 Vgl. *Mitschang*, ZfBR 2020 S. 613.

1028 *Albrecht*, ZUR 2020 S. 12 (13).

nachfolgend auf diesen, was jedoch nicht bedeutet, dass das Thema Klimaanpassung in der Bauleitplanung damit erschöpfend behandelt wäre.[1029]

8.5.2.1 Zusammenspiel mit der Landschaftsplanung

Neben der Grundaufgabe der Landschaftsplanung, Zielaussagen für die Entwicklung des Freiraums zu treffen, ergeben sich mit ihren konkreten Maßnahmen diverse Möglichkeiten, die Klimaanpassung zu unterstützen (s. Kap. 3.5.2.1). Vor allem kann bei einer entsprechenden Verzahnung darauf geachtet werden, außerhalb der besiedelten Bereiche Freiräume und Freiraumelemente zu schützen und Frisch- bzw. Kaltluftschneisen zu ermöglichen, die von der Flächennutzungsplanung in den Innenbereichen weitergeführt werden können.[1030]

> ***Beispiel:***
> *Durch Darstellungen für Grünflächen oder Parkanlagen (§ 5 Abs. 2 Nr. 5 BauGB), Flächen für die Landwirtschaft oder Wald (§ 5 Abs. 2 Nr. 9 BauGB), Flächen für Maßnahmen zum Schutz, zur Pflege und zur Entwicklung von Boden, Natur und Landschaft (§ 5 Abs. 2 Nr. 10 BauGB).*

8.5.2.2 Zusammenspiel mit der Wasserwirtschaft und dem Wasserbau

Auch der Schutz vor Überflutungen durch Hochwasser und Starkregen profitiert zunächst stark von Freiflächen, die als Darstellungen nach § 5 Abs. 2 Nr. 7 BauGB (Flächen, die im Interesse des Hochwasserschutzes und der Regelung des Wasserabflusses freizuhalten sind) im Flächennutzungsplan auftauchen. Zumindest für den Hochwasserschutz enthält das Wasserrecht in § 78 WHG grundlegende Vorbedingungen, um Flächen überhaupt überplanen zu können (s. im Einzelnen Kap. 4.4.4). Eine generelle Pflicht zur Überflutungsvorsorge besteht zwar (noch) nicht. Dennoch sollte der Gedanke, gefährdete Bereiche möglichst freizuhalten, auch auf Starkregenereignisse übertragen werden, wenn Flächen mit erhöhtem Risiko, etwa aus Starkregengefahrenkarten, bereits bekannt sind. Sofern es in der jeweiligen Kommune (noch) keine eigene Starkregengefahrenkarte gibt, kann auf die Karte des Bundesamtes für Kartographie und Geodäsie zurückgegriffen werden, die bis Ende des Jahres 2023 bundesweit zur Verfügung stehen soll.[1031]

Über § 5 Abs. 2 Nr. 7 BauGB darzustellen sind daneben auch die Flächen für die Gewässer selbst, wobei bei einer vorausschauenden Planung der nötige Platz für Renaturierungsmaßnahmen freigehalten wird. Planfestgestellte

---

1029 Siehe etwa zu Hitzeschutzvorkehrungen in der Bauleitplanung *Albrecht*, ZUR 2023 S. 273 (277).

1030 *Albrecht*, ZUR 2023 S. 273 (276).

1031 Vgl. für Nordrhein-Westfalen https://geoportal.de/Info/tk_04-starkregengefahrenhinweise-nrw (zuletzt abgerufen am 10.9.2023).

Vorhaben unterliegen ohnehin dem Fachplanungsprivileg (s. Kap. 2.2.1.2). Unabhängig davon hindert die wasserrechtliche Fachplanung die Städte und Gemeinden nicht daran, in Bebauungsplänen etwa weitere Hochwasserschutzanlagen festzusetzen (§ 9 Abs. 1 Nr. 16 lit. b BauGB).[1032] Auf Bebauungsplanebene können über § 9 Abs. 1 Nr. 16 lit. c BauGB schließlich auch Gebiete festgesetzt werden, in denen bei der Errichtung baulicher Anlagen bauliche oder technische Maßnahmen getroffen werden müssen, die der Vermeidung oder Verringerung von Hochwasserschäden einschließlich Schäden durch Starkregen dienen (z. B. Abschottung von Türen[1033]).

Eher selten wurden in der Vergangenheit die Störeffekte betrachtet, die bebaute Flächen generell auf den Wasserhaushalt haben. Versiegelte Flächen schränken die Möglichkeiten für die Verdunstung und das Versickern von Niederschlägen ein, sorgen aber auch für das unterirdisch fließende Wasser für ungünstigere Verhältnisse. Im Rahmen der Abwägung ist Städten und Gemeinden daher zu empfehlen, anlässlich der Bebauungsplanung eine Wasserhaushaltsbilanz zu erstellen, bei der ein Vergleich der mengenmäßigen und stofflichen Effekte auf den Wasserhaushalt durch das Baugebiet mit dem unbebauten Referenzzustand erfolgt.[1034] Folge kann auch hier sein, die Freiflächenplanung zu optimieren. Eine solche Bilanz hilft daher auch dabei, Folgen von Starkregen abzumildern und die Abflussfähigkeit zu erhöhen.[1035]

Der Hochwasser- und Starkregenschutz wird darüber hinaus stark durch die Siedlungsentwässerung beeinflusst. Besonders die Kanalnetze sind bei Überflutungen hydraulisch nicht immer leistungsfähig genug und verstärken den Rückstau von Abflüssen.[1036] Neben der ohnehin vorzunehmenden Verzahnung der eigenen Bauleitplanung mit dem städtischen bzw. gemeindlichen Abwasserbeseitigungskonzept kann auf die Zunahme plötzlicher Überflutungen aber auch mit dem Modell der „Schwammstadt"[1037] reagiert werden, das wesentlich durch die konsequentere Umsetzung des Grundsatzes aus § 55 Abs. 2 WHG geprägt wird, wonach Niederschlagswasser ortsnah versickern soll (§ 9 Abs. 1 Nr. 16 lit. d BauGB). Darüber hinaus können z. B. nicht nur reguläre Entwässerungsanlagen genutzt werden, sondern auch sonst anderweitig genutzte Flächen (wie Park- oder Spielplätze) kurzzeitig gezielt zur Aufnahme der Wassermassen dienen, welche zu Rückhalteanlagen geführt und in trockeneren Phasen zur Stabilisierung des gesamten Wasserhaushalts wieder abgegeben werden können.[1038]

1032 OVG LSA, Urt. vom 2.2.2016 – 2 K 7/14 –.

1033 *Albrecht*, ZUR 2023 S. 273 (278).

1034 Merkblatt DWA-M 102-4/BWK-M 3-4 – Regenwetterabflüsse: Wasserhaushaltsbilanz für die Bewirtschaftung des Niederschlagswassers.

1035 https://de.dwa.de/de/regelwerk-news-volltext/merkblatt-dwa-m-102-4-bwk-m-3-4-regenwetterabfluesse-wasserhaushaltsbilanz-fuer-die-bewirtschaftung-des-niederschlagswassers.html (zuletzt abgerufen am 10.9.2023).

1036 *Albrecht*, ZUR 2020 S. 12 (19).

1037 *Reese*, ZUR 2020 S. 40.

1038 *Albrecht*, ZUR 2020 S. 12 (19).

8.5.2.3 Zusammenspiel mit dem Immissionsschutz und dem vorsorgenden Bodenschutz

Dem Immissionsschutz dient die Festsetzungsmöglichkeit des § 9 Abs. 1 Nr. 24 BauGB, Flächen wegen eventueller Störfallrisiken freizuhalten. Städtebaulich bietet sich auch durch solche Flächen die Möglichkeit, an Kaltluftschneisen anzuschließen und zur Abkühlung der Siedlungen im Sommer beizutragen.[1039] Ähnliches gilt für Flächen, die zunächst aufgrund von Bodenverunreinigungen (insbes.: Altlasten) saniert werden müssten. Vermeintlich ohne Nutzbarkeit, kann die Stadt oder Gemeinde eine solche Fläche zumindest als „Klimafläche" in der Wahrnehmung positiv steigern. Aus Sicht des Bodenschutzes sind ansonsten vor allem Entsiegelungen sinnvolle Beiträge für den Klimaschutz wie auch für die Klimaanpassung.[1040]

8.6 Bezüge und Abgrenzung zum übrigen Umweltrecht

Die spezifischen Klimaschutz- und Klimaanpassungsgesetze decken jeweils Regelungsbereiche ab, die sich nicht mit denen der Umweltrechtsgebiete überschneiden (s. jeweils Kap. 3.3, 4.3, 5.3, 6.3 und 7.3). Auch hat das Klimaschutzrecht keinen direkten Anwendungsvorrang. Über § 13 Abs. 1 Satz 1 KSG wirken die Klimaschutzziele jedoch auch in die Rechtsgrundlagen der Umweltrechtsgebiete ein, soweit dort Ermessensvorschriften ein Berücksichtigen ermöglichen.

1039 *Albrecht*, ZUR 2023 S. 273 (277).
1040 *Eschenhagen/Schäfer*, KlimR 2022 S. 300 (304).

9. Praxis der Umweltverwaltung

9.1 Typische Problemfelder der Umweltverwaltung

Als Sonderordnungsbehörden beschäftigen sich Umweltbehörden mit dem Vollzug spezieller Teile des besonderen Verwaltungsrechts. In weiten Teilen gleichen Arbeitsweise und -maximen der übrigen Verwaltung. Einige Herausforderungen und Themen sind jedoch charakteristisch für die Umweltverwaltung. Dies beginnt damit, dass die Behörden häufig erst ein Verständnis für die Zusammenhänge in Natur und Umwelt schaffen müssen.

> ***Beispiel:***
> *Die Entsorgung von Rasenschnitt an Gewässern unterläuft oftmals das allgemeine Umweltbewusstsein; die Behörden müssen erklären, dass Rasenschnitt als unnatürlicher Dünger und schlimmstenfalls als Abflusshindernis wirken kann.*[1041]

9.1.1 Umgang mit Beschwerden

Die örtlich zuständigen Umweltbehörden sind die naheliegenden Stellen, um Missstände zu melden, denen von behördlicher Seite (in günstigen Fällen) zum Wohle der Umwelt und zur Zufriedenheit des Meldenden abgeholfen werden kann. Sie kommen aber auch in Betracht, um (in ungünstigen Fällen) Probleme „abzuladen", deren Nicht-Abhelfen (insbesondere, wenn die gesetzlichen Voraussetzungen nicht vorliegen) leider nicht immer mit Verständnis und teilweise auch nicht mit dem nötigen Respekt begegnet wird.

> ***Beispiel:***
> *Ein Bürger meldet herumliegenden Grünschnitt („Abfall") auf dem Nachbargrundstück, hat aber kein Verständnis dafür, dass bei der Behörde schwerwiegenderen Fällen der Vorzug gegeben wird, auch wenn den Bürger den Grünschnitt individuell als störend empfindet; eine Bürgerin fühlt sich subjektiv durch Lärm gestört, Messungen geben aber keine Hinweise auf Verstöße gegen immissionsschutzrechtliche Vorgaben, die Bürgerin fühlt sich „im Stich gelassen".*

Es sollte grundsätzlich – um als Verwaltung bürgerorientiert aufzutreten – zugunsten einer meldenden Person immer davon ausgegangen werden, dass neben einer persönlich empfundenen Störung auch eine echte und nachvoll-

1041 *Siebel*, LKT-Eildienst 2023 S. 99 (100).

ziehbare Sorge um die Umwelt besteht. Objektiv sollte die Umweltbehörde für mögliche Umweltbeeinträchtigungen stets sensibilisiert sein. Dennoch ist es auch Aufgabe der Behörde, zwischen subjektiven Wahrnehmungen und echtem Gefahrenpotential zu unterscheiden. Bei weniger gravierenden Fällen kann einer Beschwerde ohnehin nicht immer sofort nachgegangen werden oder ist die behördliche Zuständigkeit überhaupt nicht unmittelbar festzustellen, weshalb dann zunächst eine Eingangsbestätigung erfolgen sollte mit dem Hinweis, dass die Behörde die Sach- und Rechtslage prüfen und sich danach unaufgefordert wieder melden wird. Handelt es sich um Nachbarschaftsfälle, in denen aus Sicht der meldenden Person eine besondere Dringlichkeit bestehen soll, aber ein behördliches Einschreiten zumindest aktuell noch nicht opportun ist, kann auch der Hinweis auf den parallel bestehenden Zivilrechtsweg[1042] angebracht sein.

Richtet sich eine Eingabe gegen ein Handeln von Dritten, verlangen diese nicht selten die Namen der meldenden Person. Insofern stehen aber schutzwürdige Belange der ordnungsgemäßen behördlichen Aufgabenerfüllung und datenschutzrechtlich auch der meldenden Person entgegen.[1043]

Gerade weil die Ursache der Unzufriedenheit einzelner Personen nicht am behördlichen Verhalten, sondern in gesetzgeberischen Entscheidungen liegen kann –

Beispiel:
Der beschleunigte Bau von Windenergieanlagen.

–, müssen sich die Mitarbeiter der Umweltbehörden im Klaren darüber sein, dass sie demokratischen Mehrheitsentscheidungen zur Umsetzung verhelfen.

9.1.2 Sachverhalte ermitteln

Ob bei einer Gefahrermittlung oder der Erteilung einer Genehmigung – in der Umweltverwaltung kommt es in besonderem Maße auf die Ermittlung des jeweiligen Sachverhalts an. Die Dokumentation erfolgt typischerweise durch Vermerke, Protokolle, Bilder und Videos. Die Ermittlung des Sachverhalts ist gesetzliche Aufgabe der Behörde (§ 24 Abs. 1 Satz 1 VwVfG).

Kennzeichnend für viele umweltrelevante Sachverhalte ist der Bezug zu einem bestimmten Grundstück, auf dem ordnungsbehördliche Maßnahmen erforderlich werden. Zu den Ermittlungen im Vorfeld gehört deshalb zunächst die grundbuchliche Situation (wer ist jeweils als Eigentümer des Flurstücks eingetragen?). Hierfür stehen den Behörden i. d. R. gesonderte Abfragesysteme (z. B. in einem geschützten Bereich des Liegenschaftskatasters) zur Verfügung, die selbstverständlich nur dienstlich genutzt werden dürfen.

1042 *Saller* in Grziwotz/Lüke/Saller, Praxishandbuch Nachbarrecht, Rn. 85 f.
1043 *Schoch* in Schoch, IFG, § 3 Rn. 324.

Zu der Informationsermittlung rund um die betroffene Fläche gehören weiter Daten über Schutzgebietsausweisungen. Je nach Fallgestaltung zweckmäßig ist auch die Erfassung vorhandener Genehmigungen für die jeweilige Fläche, da sich hieraus zu berücksichtigende Einschränkungen für die eigenen Handlungsbefugnisse ergeben können.

> ***Beispiel:***
> *Auf einer Fläche, auf der eine illegale Anlage entfernt werden soll, ist eine Renaturierungsmaßnahme genehmigt, worauf bei der Entfernung Rücksicht genommen werden muss.*

Um die nötige Ermittlung auf Privatgrundstücken vornehmen zu können, sehen die verschiedenen Fachgesetze diverse Betretungsrechte vor:

- § 65 Abs. 3 BNatSchG i. V. m. Art. 54 Abs. 1 BayNatSchG bzw. § 73 LNatSchG NRW,
- § 52 Abs. 2 BImSchG,
- § 101 Abs. 1 Nr. 4 bis 6 WHG,
- §§ 19, 47 Abs. 3 Satz 2 und 3 KrWG,
- Art. 4 Abs. 1 BayBodSchG bzw. § 3 Abs. 2 LBodSchG NRW.

Die meisten der Vorschriften sehen auch unangekündigte Kontrollen und ein Betretungsrecht von Betriebsgrundstücken während der üblichen Geschäftszeiten vor, mit Einschränkungen auch außerhalb letzterer. Für § 52 Abs. 2 Satz 1 BImSchG gilt, dass unangekündigte Kontrollen regelmäßig auch verhältnismäßig sind und das Betretungsrecht auch die Befugnis einschließt, bei der Kontrolle von Anlagen zu fotografieren.[1044] Die Betretung und Untersuchung von Privatflächen im Rahmen von § 65 Abs. 3 BNatSchG ist gem. § 73 Satz 4 LNatSchG NRW rechtzeitig anzukündigen, wenn dadurch der Zweck der Betretung bzw. Untersuchung nicht gefährdet wird. Nach Art. 54 Abs. 1 Satz 4 BayNatSchG sollen Eigentümer und Besitzer der Grundstücke vor dem Betreten in geeigneter Weise benachrichtigt werden.

Gerade bei Umweltschäden ist es häufig schwierig, das tatsächliche Ausmaß einer Beeinträchtigung feststellen zu können. Wenn die Behörde dies nicht mit eigenen Mitteln leisten kann, können von ihr – im Rahmen des eigenen Haushalts – externe Gutachter beauftragt werden. Dabei ist darauf zu achten, den Prüfauftrag mit Blick auf die behördliche Zielsetzung korrekt zu formulieren.

Zur Sachverhaltsdarstellung in Bescheiden s. Kap. 9.1.3.3.1.

9.1.3 Bescheide schreiben

Zum Abfassen korrekter behördlicher Entscheidungen gibt es eine Vielzahl von Handreichungen und Hilfsmitteln. Besonders in diesem Bereich helfen

---

1044 BVerwG, Urt. vom 9.11.2022 – 7 C 1.22 –.

gute Kenntnisse des allgemeinen Verwaltungsrechts. Trotzdem entsprechen Bescheide in der alltäglichen Praxis keineswegs immer der Idealform bzw. weichen gelegentlich weit von dieser ab. Auch die Verknüpfung der Entscheidung zum Lebenssachverhalt erfolgt nicht immer klar genug. Eine der Ursachen dafür könnte darin liegen, dass die Details des Falls der Verwaltung häufig gedanklich klar vor Augen stehen und auch die Adressaten in der Regel hoffentlich wissen, warum die Behörde sie anschreibt. Sobald jedoch Dritte involviert sind, kann sich die Frage stellen, wie belastbar die verschriftlichte Entscheidung ist, mag sie fachlich noch so zutreffend sein.

Bei der Erstellung von Bescheiden hilft es generell, sich in die Rolle eines außenstehenden Dritten zu versetzen, kann dieser zutreffend erfassen, welchen Sachverhalt die Behörde ermittelt hat, und sind die rechtlichen Erwägungen plausibel und vollständig dargestellt? Ein Bescheid, der diese Aspekte hinreichend erfüllt, kann nicht nur von Kollegen besser verstanden werden (sollte z. B. jemand anderes den Fall später bearbeiten), sondern hilft vor allem auch im Falle einer richterlichen Überprüfung. Zwar entscheidet nicht ein schulbuchmäßiger Aufbau über Bestand vor Gericht, da dieses von Amts wegen den Fall und die Entscheidung auf die Vereinbarkeit mit Recht und Gesetz prüft. Eine klar erkennbare und logische Struktur unterstützt den Leser jedoch ungemein und ist im Übrigen auch für die Selbstkontrolle vor Abgang eines Bescheids hilfreich: Habe ich an alles gedacht – oder fehlt noch etwas Wichtiges?

9.1.3.1 Bescheidkopf

Die korrekte Gestaltung des Bescheidkopfs mag auf den ersten Blick banal anmuten, erst recht im Zeitalter der Digitalisierung und Dokumentvorlagen. Elemente, auf die es hier jedoch besonders ankommt, sind folgende:

- das Bescheiddatum, weil daraus ersichtlich wird, von welchem Sachverhaltsstand die Behörde ausgegangen ist,[1045]
- die korrekte Bekanntgabeanordnung (z. B. „gegen Postzustellungsurkunde"), die bei der Androhung von Zwangsmitteln zwingend vorgeschrieben ist,[1046]
- die korrekte Adressierung, die bei Fehlern nicht nur „ärgerlich" für alle Beteiligten ist,[1047] sondern auch einen Datenschutzverstoß darstellen kann.

9.1.3.2 Tenor

Der Tenor ist der regelnde Teil des Verwaltungsakts. Ausgegangen wird im Folgenden von einem belastenden Verwaltungsakt. Hierdurch wird für die pflichtige Person verbindlich festgelegt, was diese tun darf bzw. zu tun oder

1045 *Wübbenhorst*, JA 2022 S. 156 (158).
1046 Art. 36 Abs. 7 Satz Bay. VwZVG; § 63 Abs. 6 VwVG NRW.
1047 *Wübbenhorst*, JA 2022 S. 156 (158).

zu unterlassen hat. Es handelt sich deshalb hier um den wichtigsten Teil des Bescheids, bei dem Fehler gravierende Auswirkungen haben. Zum Tenor gehören

- der Hauptausspruch/die Hauptregelung,
- ggf. erforderliche Nebenbestimmungen,
- ggf. die Androhung von Zwangsmitteln,
- ggf. die Anordnung der sofortigen Vollziehbarkeit,
- die Kostengrundentscheidung (s. dazu Kap. 9.1.3.4).

Zur nach § 37 Abs. 1 VwVfG geforderten Bestimmtheit ist bei einem belastenden Verwaltungsakt erforderlich, dass die adressierte Person ohne weitere Ermittlungen erkennen kann, was von wem und wann verlangt wird.[1048] Ist die getroffene Anordnung nicht hinreichend bestimmt, macht dies den Verwaltungsakt schlimmstenfalls nichtig, aber wenigstens rechtswidrig,[1049] und bereitet darüber hinaus auch in der möglichen Vollstreckung Probleme. In der Praxis kann es sich deshalb empfehlen, bei der festzusetzenden Maßnahme gedanklich von der möglichen Ersatzvornahme auszugehen und sich die Frage zu stellen, wie z. B. der Auftrag an eine Fachfirma aussehen würde.

Im Umweltbereich stellt sich nicht selten das Problem, bestimmte und vollzugsfähige Verfügungen zu formulieren, wenn es um komplexere Vorgänge geht. Dem trägt die Rspr. zwar Rechnung, indem etwa für Wiederherstellungsanordnungen nach § 17 Abs. 8 Satz 2 BNatSchG keine authentische Rekonstruktion des verbotswidrig beseitigten Zustands, sondern lediglich ein in naturschutzrechtlicher Hinsicht möglichst vergleichbarer Zustand gefordert werden kann.[1050] Gleichwohl müssen Maßnahmen im Tenor immer noch so formuliert werden, dass eine Umsetzung durch die adressierte Person möglich ist. Nötigenfalls muss auf die Planung eines Fachbüros Bezug genommen werden.

Beispiel:
Bei einer Wiederherstellungsanordnung für eine verbotswidrig zerstörte Obstwiese die Anzahl und Sorten neu zu pflanzender Bäume, Einsaat bestimmter Grasmischungen, Vorgaben zur Entwicklungspflege.[1051]

9.1.3.2.1 Bestimmtheit

Darüber hinaus sind im Umweltschutz viele Vorgaben abhängig von den technischen Möglichkeiten und dem Stand der Technik. In diesem Bereich spielen Nebenbestimmungen eine große Rolle (s. im Einzelnen Kap. 9.2.1.1). Insbesondere bei immissionsschutzrechtlichen Genehmigungen (wie bei Windenergieanlagen) können sie mehrere Seiten füllen, während sich der

1048 *Tiedemann* in Bader/Ronellenfitsch, BeckOK VwVfG, § 37 Rn. 2.
1049 *Ottl*, NVwZ 2020 S. 1392 (1393).
1050 *Gellermann* in Landmann/Rohmer, UmweltR, BNatSchG § 17 Rn. 25.
1051 OVG LSA, Beschl. vom 21.4.2016 – 2 M 93/15 –.

Hauptausspruch („die Genehmigung wird erteilt") dazu vergleichsweise bescheiden ausnimmt. Die Alltäglichkeit aus Behördensicht kann aber auch dazu verleiten, die Bestimmtheit zu vernachlässigen. Dabei lassen sich gerade hier die Grundsätze an die Bestimmtheitsanforderungen im Tenor gut aufzeigen.

Beispiele:
„Luftverunreinigungen sind möglichst zu vermeiden" kann keine hinreichend bestimmte Auflage sein, weil die Verwendung des Wortes „möglichst" die Rechtsfolge relativiert und die Schwelle für eine potentielle Vollstreckung für die adressierte Person unklar ist.[1052]
„Die Einhaltung der genannten Lärmwerte durch bauliche Maßnahmen sicherzustellen" lässt offen, welche Baumaßnahmen dies genau sein sollen.[1053] *Ein Adressat wäre hier gezwungen, durch Auszuprobieren herauszufinden, wann das geforderte Ergebnis erreicht wird.*[1054]
„Es sind geeignete betriebliche bzw. technische Vorkehrungen gegen Eisabwurf zu treffen" zeigt im Falle einer Windenergieanlage, dass auch das Übernehmen von Formulierungen aus einer Verwaltungsvorschrift keine Gewähr für eine hinreichende Bestimmtheit bietet, jedenfalls dann nicht, wenn damit nicht auf einen allgemein anerkannten Stand der Technik oder ein technisches Regelwerk Bezug genommen werden kann.[1055]
„Sämtliche Geräte sind entsprechend dem Stand der Lärmschutztechnik aufzustellen, zu betreiben und zu warten" könnte bereits die Frage nach der spezifischen Einzelfallregelung aufwerfen. Wenn es sich nicht um die lediglich deklaratorische Wiedergabe der Betreiberpflichten aus § 5 Abs. 1 Nr. 2 BImSchG handelt, sollte statt eines Verweises auf technische Richtlinien – die insoweit zu Abgrenzungsfragen hinsichtlich der verlangten Maßnahmen führen können – besser mit konkreten Immissions- oder Emissionsrichtwerten gearbeitet werden.[1056]

Fristen, bis zu denen bestimmte Anordnungen umgesetzt sein sollen, sollten zur Eindeutigkeit mit einem konkreten Enddatum benannt werden (anstelle z. B. des gebräuchlichen „bis zwei Wochen nach Bestandskraft").[1057] In eilbedürftigen Fällen eine „unverzügliche" Umsetzung zu fordern, ist zwar wegen der gesetzlichen Definition in § 121 Abs. 1 BGB nicht grundsätzlich ausgeschlossen, könnte aber nach der Rspr. dann kritisch zu sehen sein, wenn zeitgleich bereits Zwangsmittel angedroht werden sollen.[1058] Jede eigenständige Regelung im Tenor sollte außerdem eine eigene Nummer haben, um

1052 *Ottl*, NVwZ 2020 S. 1392 (1393 f.).
1053 OVG NRW, Urt. vom 5.2.1996 – 10 A 944/91 –.
1054 *Ottl*, NVwZ 2020 S. 1392 (1394).
1055 OVG RhPf, Urt. vom 12.5.2011 – 1 A 11186/08 –.
1056 *Ottl*, NVwZ 2020 S. 1392 (1395).
1057 Vgl. *Michler* in Bader/Ronellenfitsch, BeckOK VwVfG, § 31 Rn. 10.
1058 VG Köln, Beschl. vom 8.9.2009 – 21 L 1107/09 –.

die Bezugnahme in der Begründung (s. Kap. 9.1.3.3) zu erleichtern.[1059] Auch müssen angedrohte Zwangsmittel präzise der tenorierten Entscheidung zugeordnet werden können, die letztlich vollstreckt werden sollen.

Beispiel:

1. *Ihnen wird aufgegeben, bis zum 12.4.2023 den nicht mehr fahrbereiten Pkw (roter Opel Astra C, ohne Betriebsmittel, zersplitterte Fensterscheiben) auf Ihrem Grundstück Hauptstr. 7 einer anerkannten Annahme- oder Rücknahmestelle oder einem anerkannten Demontagebetrieb für Altfahrzeuge zu überlassen.*
2. *Ein entsprechender Nachweis (z. B. Rechnung) über die Erfüllung der Anordnung zu 1. ist der Abfallbehörde vorzulegen.*
3. *Die sofortige Vollziehung der Anordnungen zu 1 und 2 wird angeordnet.*
4. *Für den Fall, dass Sie der Anordnung zu 1 nicht fristgerecht nachkommen, drohe ich Ihnen eine Ersatzvornahme mit voraussichtlichen Kosten in Höhe von 200 Euro an.*

9.1.3.2.2 Grüneinträge

Nicht direkt mit der Tenorierung von Genehmigungen hängt die Problematik der sog. „Grüneinträge" zusammen, die jedoch wegen des Zusammenspiels mit der Genehmigung hier erwähnt werden muss. Liegen einem Vorhaben – wie in der bau- und umweltbehördlichen Praxis häufig – konkrete Planungsunterlagen zugrunde, reicht im Bescheidtenor die Bezugnahme auf diese Unterlagen, um den Inhalt der Genehmigung festzustellen.

Beispiel:
„Die Antragsunterlagen vom … (in der Fassung vom …) sind Bestandteil dieser Genehmigung und bestimmen deren Inhalt und Umfang."

Gerade bei gebundenen Entscheidungen stellt sich die Schwierigkeit, dass die Behörde an den Inhalt der Antragsunterlagen gebunden ist und es Sache des Antragstellers wäre, diesen zu verändern, wenn mit dem bisherigen Stand noch nicht alle öffentlich-rechtlichen Vorschriften eingehalten werden.[1060] Anstelle der Änderung durch den Antragsteller oder der Antragsablehnung erfolgt dann eine mit Grünstift vorgenommene Korrektur der Pläne durch die Behörde – eine Praxis, die sich vor allem in Bauaufsichts- und Wasserbehörden etabliert hat.

1059 *Wübbenhorst*, JA 2022 S. 156 (159).

1060 *Hellhammer-Hawig/Grüner* in Schönenbroicher/Kamp/Henkel, BauO NRW, § 74 Rn. 20 f.

Beispiel:
Eine nach den Bauvorlagen ungeklärte Niederschlagswasserbeseitigung wird mit Grünvermerk „RW-Versickerung" genehmigungsfähig gemacht.

Insofern bieten Grüneinträge unstreitig eine Verfahrensbeschleunigung.[1061] Auch wenn sie bewährte Praxis sein mögen, begegnen ihnen jedoch bis heute rechtsdogmatische Zweifel.[1062] Gleichwohl werden sie von der Rechtsprechung grundsätzlich akzeptiert.[1063] Ob die fortschreitende Digitalisierung der Genehmigungsverfahren sie obsolet machen wird, bleibt abzuwarten.

Für die Genehmigung gilt, dass Grüneinträge – abhängig von ihrem Inhalt – als Bedingungen, Auflagen oder Hinweise (s. Kap. 9.2.1.3) einzustufen sein können.[1064] Eine zu beachtende Grenze ist die Genehmigung eines sog. „Aliuds" (lat. „das Andere"), bei dem die Identität zwischen beantragtem und genehmigten Vorhaben nicht mehr gegeben ist.[1065] Alternativ kommt auch eine Ergänzung fehlender Maßnahmen in den Antragsunterlagen, die zur Rechtskonformität erforderlich sind, eine Nebenbestimmung im eigentlichen Bescheidtenor in Betracht.

9.1.3.3 Begründung

Das Erfordernis einer Begründung zu einem (belastenden) Verwaltungsakt ergibt sich aus § 39 Abs. 1 VwVfG. Inhalt der Begründung sind gem. § 39 Abs. 1 Satz 2 VwVfG die wesentlichen tatsächlichen und rechtlichen Gründe, die die Behörde zu ihrer Entscheidung bewogen haben. Eine gesetzlich vorgeschriebene Struktur für den Aufbau solcher Begründungen existiert im Verwaltungsrecht generell nicht.[1066] So müssen rechtliche und tatsächliche Gründe nicht zwingend getrennt dargestellt werden, was aber sehr zu empfehlen ist.[1067] Auch im Umweltrecht gilt insoweit nichts anderes. Verlangt werden können aber neben der sprachlichen Verständlichkeit die inhaltliche Nachvollziehbarkeit.[1068] Empfehlenswert ist deshalb die Orientierung an dem durchaus etablierten Schema:

- Sachverhalt
- Rechtliche Gründe
  - Zuständigkeit
  - Tatbestandsvoraussetzungen der Ermächtigungsgrundlage
  - Ermessen und Verhältnismäßigkeit

1061 *Hellhammer-Hawig/Grüner* in Schönenbroicher/Kamp/Henkel, BauO NRW, § 74 Rn. 22.
1062 Vgl. VG Düsseldorf, Urt. vom 25.3.2014 – 17 K 5503/13 –.
1063 VGH BW, NVwZ-RR 1994 S. 133.
1064 *Schulz/Krampetz/Vornholt* in BeckOK BauordnungsR Hessen, HBO § 74 Rn. 97.
1065 *Hellhammer-Hawig/Grüner* in Schönenbroicher/Kamp/Henkel, BauO NRW, § 74 Rn. 23.
1066 *Stelkens* in Stelkens/Bonk/Sachs, VwVfG, § 39 Rn. 40.
1067 *Wübbenhorst*, JA 2022 S. 156 (157).
1068 *Stelkens* in Stelkens/Bonk/Sachs, VwVfG, § 39 Rn. 41.

Für die sprachliche Verständlichkeit gilt:

- Schachtelsätze vermeiden,
- an die Perspektive Dritter denken (können diese auch gewählte Fachbegriffe verstehen oder müssen sie erklärt werden?), aber trotzdem Umgangssprache vermeiden,
- sachlich bleiben, neutrale Formulierungen wählen.[1069]

9.1.3.3.1 Sachverhaltsdarstellung

Den Sachverhalt vollständig und logisch darzustellen, hilft nicht nur der adressierten Person sowie Dritten (Anwälten, Richtern), sondern auch dem Abgleich mit den rechtlichen Gründen in der Begründung (s. dazu Kap. 9.1.3.3.2).[1070] Der ideale Aufbau sollte die Rahmenbedingungen und unstreitigen Tatsachen voranstellen. Eine rechtliche Beurteilung von Tatsachen hat hier noch nicht zu erfolgen.

> ***Beispiel:***
> *Am 18.3.2023 fand eine Ortsbesichtigung auf Ihrem frei zugänglichen Grundstück in der Hauptstr. 7 statt. Anlass war die hier am 10.3.2023 eingegangene Beschwerde wegen spielender Kinder an einem defekten Pkw.*

Nach einer solchen Einleitung sollten die von Behördenseite getroffenen Feststellungen wiedergegeben werden.

> ***Beispiel:***
> *Die Mitarbeiter der Abfallbehörde stellten anlässlich der genannten Ortsbesichtigung fest, dass sich auf Ihrem Grundstück ein nicht mehr zugelassener und offensichtlich auch nicht mehr fahrbereiter Pkw (roter Opel Astra C, ohne Betriebsmittel, zersplitterte Fensterscheiben) befand.*

Den Abschluss sollten Hinweise zum Verfahren und streitigen Behauptungen bilden.

> ***Beispiel:***
> *Aufgrund meiner Anhörung vom 28.3.2023 gaben Sie an, Sie hätten vor, den Pkw demnächst an Ort und Stelle zu reparieren. Wenn „der Staat" den Pkw für Abfall halte, sei die Entsorgung dessen Aufgabe. Dies von Ihnen zu verlangen sei vollkommen unangemessen.*

1069 *Wübbenhorst*, JA 2022 S. 156 (159).
1070 *Wübbenhorst*, JA 2022 S. 156 (161).

Behauptungen der ordnungspflichtigen Person sollte die Behörde sich nicht zu eigen machen, wenn sie diesen in der rechtlichen Würdigung nicht folgt. Dies wird durch die Verwendung des Konjunktivs („hätten") verdeutlicht.

Zur vorgelagerten Sachverhaltsermittlung s. Kap. 9.1.2.

9.1.3.3.2 Rechtliche Gründe

Es empfiehlt sich, die Gliederung der rechtlichen Gründe nach dem Aufbau des Tenors auszurichten und eine eventuelle Nummerierung zu übernehmen.

> ***Beispiel:***
> *„Zu 1 (Beseitigungsanordnung)"*

Formelle Rechtmäßigkeitsgesichtspunkte können, müssen aber nicht zwingend erwähnt werden.[1071]

9.1.3.3.2.1 Genereller Aufbau und Ermessen

Die Begründung erfolgt ansonsten im Urteilsstil, d. h. zunächst wird das Ergebnis genannt, dann die Ermächtigungsgrundlage, dann deren Tatbestandsvoraussetzungen, unter die schließlich subsumiert wird. Soll lehrbuchmäßig verfahren werden, kann dies auch eine Unterteilung in Kleinschritte bedeuten:

> ***Beispiel:***
> *Die Anordnung, den nicht mehr fahrbereiten Pkw einer anerkannten Annahmestelle, einer anerkannten Rücknahmestelle oder einem anerkannten Demontagebetrieb zu überlassen, ist erforderlich und beruht auf § 62 KrWG.*
> *Danach kann die Untere Abfallbehörde im Einzelfall die erforderlichen Anordnungen zur Durchführung des Kreislaufwirtschaftsgesetzes (KrWG) und der aufgrund dieses Gesetzes erlassenen Rechtsverordnungen treffen.*
> *Die in der Anordnung genannte Pflicht ergibt sich aus § 4 Altfahrzeug-Verordnung (AltfahrzeugV), wenn sich jemand seines Fahrzeugs entledigen will.*
> *Bei Ihrem Pkw ist der Wille zur Entledigung zu bejahen.*
> *Der Wille zur Entledigung ist hinsichtlich solcher Stoffe oder Gegenstände anzunehmen, deren ursprüngliche Zweckbestimmung entfällt oder aufgegeben wird und wenn kein neuer Verwendungszweck unmittelbar an deren Stelle tritt (§ 3 Abs. 3 Satz 1 Nr. 2 KrWG).*

1071 *Wübbenhorst*, JA 2022 S. 156 (161).

Der Pkw ist nicht mehr betriebsbereit und hat somit seine ursprüngliche Zweckbestimmung verloren. Eine neue Zweckbestimmung ist nicht an diese Stelle getreten. Dabei ist Ihre Auffassung zwar zu berücksichtigen, jedoch nur in den Grenzen der Verkehrsanschauung (§ 3 Abs. 3 Satz 2 KrWG). Soweit Sie angegeben haben, Sie hätten vor, den Pkw demnächst an Ort und Stelle zu reparieren, hätten Sie hier mit einer Reparatur zeitnah beginnen müssen (OVG SH, Beschl. vom 29.1.2013 – 4 LA 56/12 –). Im vorgefundenen Zustand ist die Annahme nicht plausibel, dass Sie demnächst mit einer Reparatur anfangen, weil diese wirtschaftlich wohl nicht mehr in Betracht kommt.

Handelt es sich um keine gebundene Entscheidung, was bei den Ermächtigungsgrundlagen für umweltrechtliche Ordnungsverfügungen regelmäßig der Fall ist, hat die Behörde ihr Ermessen entsprechend dem Zweck der Ermächtigung auszuüben und die gesetzlichen Grenzen des Ermessens einzuhalten (§ 40 VwVfG). Davon zu trennen ist die Frage, ob die im Tenor angeordnete Handlung verhältnismäßig ist (s. Kap. 9.1.3.3.2.3), weil die Verhältnismäßigkeit auch bei gebundenen Entscheidungen gegeben sein muss. Auch eine ermessensfehlerfreie Entscheidung ist nicht zwingend verhältnismäßig; lediglich eine ermessensfehlerhafte Entscheidung wäre zugleich stets unverhältnismäßig.[1072]

Das Ermessen bezieht sich sowohl auf das Tätigwerden der Behörde an sich als auch auf die Wahl der ordnungspflichtigen Person und der angeordneten Mittel. Während die Ermessenserwägungen gem. § 114 Satz 2 VwGO auch noch im verwaltungsgerichtlichen Verfahren ergänzt werden können, werden gänzlich fehlende Ermessenserwägungen regelmäßig zur Aufhebung des Bescheids führen, wenn dieser beklagt wird.

Ermessenserwägungen können insbesondere sein:

- der Zweck der gesetzlichen Regelung,
- das Gemeinwohl,
- die persönlichen und wirtschaftlichen Verhältnisse der pflichtigen Person,
- schutzwürdige Belange Dritter,
- örtliche Verhältnisse.[1073]

Bei belastenden Verfügungen im Umweltbereich erfolgt häufig ein Eingriff in das über Art. 14 Abs. 1 GG geschützte Recht, mit dem Eigentum nach Belieben verfahren zu können (§ 903 Satz 1 BGB). Außerdem belasten diese die Pflichtigen in der Regel auch finanziell. Der Zweck der gesetzlichen Regelungen liegt im weitesten Sinne im Umweltschutz begründet. Je nach Rechtsgebiet lässt sich dies näher mit dem jeweiligen gesetzlichen Auftrag konkretisieren (z. B. § 1 Abs. 1 Nr. 2 BNatSchG, dauerhafte Sicherung der Leistungs- und Funktionsfähigkeit des Naturhaushalts). Im Falle einer Ordnungsverfügung muss dieses öffentliche Interesse das private überwiegen.

1072 *Engel*, VerwR 2023 S. 1 (11 f.).
1073 *Engel*, VerwR 2023 S. 1 (13).

Beispiel:
Im Rahmen des mir eingeräumten Ermessens habe ich berücksichtigt, dass Sie als Eigentümer Ihres Pkw kein Interesse an der angeordneten Maßnahme haben, die Sie zudem finanziell belastet. Sie ist aber erforderlich, um den Schutz von Mensch und Umwelt im Umgang mit Abfällen effektiv sicherzustellen. Unter Abwägung dieser Gesichtspunkte haben Ihre Interessen daher hinter dem öffentlichen Interesse einer rechtmäßigen Entsorgung zurückzustehen.

9.1.3.3.2.2 Begründung bei der Anordnung sofortiger Vollziehung

Die sofortige Vollziehung kann gem. § 80 Abs. 2 Satz 1 Nr. 4 VwGO in jedem Einzelfall in einem belastenden Bescheid angeordnet werden, um aus Gründen des öffentlichen Interesses oder des überwiegenden Interesses eines Beteiligten einen Bescheid vor seiner Unanfechtbarkeit vollzugsfähig zu machen. Wichtig ist hierbei eine gesonderte Begründung im Bescheid, da diese nicht nachgeholt werden kann.[1074] Die Begründung nach § 80 Abs. 3 Satz 1 VwGO darf nicht formelhaft erfolgen und grundsätzlich auch nicht auf Gründe gestützt werden, die bereits den Erlass der Verfügung an sich gerechtfertigt haben. Im öffentlichen Interesse liegt die Anordnung der sofortigen Vollziehung daher insbesondere, wenn gerade die zeitnahe Umsetzung der rechtmäßigen Verfügung – vor Ablauf der Rechtsbehelfsfrist – erforderlich ist.[1075] Um zu dokumentieren, dass es sich um eine Einzelfallentscheidung handelt, sollte dargelegt werden, welche Aspekte in dem konkreten Fall kein Zuwarten bis zum Ablauf der Rechtsbehelfsfrist bzw. zum (evtl. Jahre dauernden) Abschluss eines Hauptsacheverfahrens vor dem Verwaltungsgericht erlauben. Dass diese später entfallen können, ist dabei unschädlich.[1076] Ferner ist auch bei der Anordnung der sofortigen Vollziehung zu beachten, dass diese im Ermessen der Behörde liegt. Eine tiefgreifende Begründung ist insofern jedoch nicht erforderlich, da das Gericht im Falle eines Antrags auf Wiederherstellung der aufschiebenden Wirkung insoweit nicht die behördliche Entscheidung prüft, sondern ein eigenes Ermessen auszuüben hat.[1077]

Beispiel:
In Ausübung pflichtgemäßen Ermessens ist die Anordnung der sofortigen Vollziehung der Anordnungen zu 1 und 2 geboten. Ein Zuwarten bis zur Unanfechtbarkeit dieser Entscheidungen kann nicht erfolgen, da hier wegen der zersplitterten Scheiben und des ungesicherten Grundstücks auch eine Verletzungsgefahr für andere Personen (z. B. spielende Kinder) ausgeht.

1074 *Buchheister* in Wysk, VwGO, § 80 Rn. 26.
1075 *Hoppe* in Eyermann, VwGO, § 80 Rn. 44 f.
1076 *Buchheister* in Wysk, VwGO, § 80 Rn. 25.
1077 *Hoppe* in Eyermann, VwGO, § 80 Rn. 51.

9.1.3.3.2.3 Verhältnismäßigkeit

Aufgrund der grundrechtsbeschränkenden Wirkung von Eingriffen müssen belastende Verfügungen dem Grundsatz der Verhältnismäßigkeit genügen.[1078] Verhältnismäßig ist eine von der Behörde getroffene Anordnung nur, wenn sie einen legitimen Zweck verfolgt und die gewählte Maßnahme geeignet (d. h. der verfolgte Schutzzweck erreicht werden kann), erforderlich (d. h. keine mildere, gleich geeignete Maßnahme in Betracht kommt) und angemessen ist (d. h. der mit der Maßnahme verbundene Nachteil zu dem erstrebten Erfolg nicht erkennbar außer Verhältnis steht).[1079]

Handelt es sich um eine Ermessensentscheidung (s. Kap. 9.1.3.3.2.1), ist besonders Letzteres Schwerpunkt der Verhältnismäßigkeitsprüfung. Nicht selten ist die Durchsetzung von umweltrechtlichen Ge- oder Verboten mit höherem Kostenaufwand verbunden.

> ***Beispiel:***
> *Rückbau einer illegal errichten Anlage, Entsorgung von Abfällen, Wiederherstellung zerstörter Natur.*

Häufig ist es zwar durchaus möglich, die pflichtige Person von der umweltrechtlichen Notwendigkeit zu überzeugen, jedoch längst nicht immer davon, dass die erforderliche Maßnahme auch von der pflichtigen Person bezahlt werden muss. Im Rahmen der Verhältnismäßigkeit ist jedoch nur die persönliche und finanzielle Leistungsfähigkeit der pflichtigen Person zu betrachten.

> ***Beispiel:***
> *Die unter 1 getroffene Anordnung ist verhältnismäßig, insbes. auch angemessen, da Ihnen die Verpflichtung aus § 4 AltfahrzeugV auch im konkreten Fall zugemutet werden kann.*

9.1.3.4 Kostenentscheidung

Die Ordnungsverfügung zieht in aller Regel Kosten nach sich. Hierzu zählen die nach den einschlägigen Gebührenordnungen vorgesehenen Gebühren sowie ggf. Auslagen.

Die Höhe und die zahlungspflichtige Person festzustellen kann mit der eigentlichen Ordnungsverfügung verbunden werden. Ob stattdessen hierzu ein separater Bescheid ergeht, ist eine Zweckmäßigkeitsfrage. Ergeht ein nachgelagerter Gebührenbescheid, erschöpfen sich die Ausführungen in dem gebührenpflichtigen Bescheid am Ende des Tenors auf diese Feststellung.

1078 *Rux* in BeckOK GG, Art. 20 Rn. 189 f.

1079 Vgl. exemplarisch nur BVerfGE 80, 137 (159 ff.).

Beispiel:
Die Entscheidung ist gebührenpflichtig. Hierüber ergeht ein gesonderter Gebührenbescheid.

Sollen die Kosten nicht erst später, sondern mit dem gebührenpflichtigen Bescheid erhoben werden, setzt dies zusätzlich die Feststellung voraus, wer die Gebühren zu tragen hat (im Normalfall die ordnungspflichtige Person). Weiter muss die Ermittlung der Gebührenhöhe dargelegt werden. Handelt es sich um eine Rahmengebühr, ist darauf zu achten, dass die festgelegte Gebühr eine Ermessensentscheidung ist (d. h. auch insoweit sind Ermessenserwägungen anzustellen), wenn nicht die niedrigstmögliche Gebühr gewählt wird.

9.1.3.5 Rechtsbehelfsbelehrung

Die Rechtsbehelfsbelehrung klärt die adressierte Person über ihre Möglichkeiten auf, welcher Rechtsbehelf gegen die behördliche Entscheidung statthaft ist (insbes. die Klage nach § 42 Abs. 1 VwGO oder der Widerspruch nach §§ 68 ff. VwGO). Die Belehrung ist zwar kein zwingender Bestandteil des Bescheids und das Fehlen macht ihn nicht rechtswidrig. Allerdings läuft in diesen Fällen nicht die Rechtsbehelfsfrist von einem Monat (§§ 70 Abs. 1 Satz 1, 74 Abs. 1 Satz 2 VwGO), sondern die Ausschlussfrist von einem Jahr gem. § 58 Abs. 2 Satz 1 VwGO. Dieselbe Rechtsfolge tritt auch bei einer unrichtigen Rechtsbehelfsbelehrung ein. Auch (gutgemeinte) ergänzende Hinweise über die Mindestanforderungen hinaus, die dem Verständnis der adressierten Person helfen sollen, dürfen keine Fehler aufweisen oder geeignet sein, irreführend zu wirken.[1080] Aus praktischer Sicht kann hier nur empfohlen werden, die Belehrung auf die absoluten Minimalanforderungen zu reduzieren. Diese sind:

- Art des Rechtsbehelfs (z. B. Klage, Widerspruch),
- Name und Sitz der Verwaltungsbehörde oder des Gerichts, bei denen der Rechtsbehelf anzubringen ist, aber nicht zwingend Anschrift oder E-Mail-Adresse,[1081]
- Dauer der einzuhaltenden Frist, aber nicht zwingend Angaben zu Fristbeginn und Ende oder deren Berechnung.[1082]

1080 *Hoppe* in Eyermann, VwGO, § 58 Rn. 18.
1081 OVG RhPf, Beschl. vom 12.6.2019 – 8 A 11392/18.OVG –.
1082 BVerwG, Urt. vom 9.5.2019 – 4 C 2/18 –, – 4 C 3/18 –.

Wie das Alter der exemplarisch zitierten Rspr. zeigt, ist selbst bei den Mindestinhalten der Rechtsbehelfsbelehrung bis heute noch nicht alles ausgeurteilt. Daher sollte für den aktuell rechtskonformen Wortlaut das jeweilige Rechtsamt der Kommune befragt werden, das diesen normalerweise auch in der gesamten Verwaltung zentral zur Verfügung stellt.

9.2 Beteiligung der Umweltbehörden

Umweltbehörden sind Träger öffentlicher Belange und beteiligen sich – soweit erforderlich – gegenseitig bei den ihr nach den Fachgesetzen obliegenden Zulassungs- und Planungsverfahren. Für einige umweltrelevante Bereiche liegt die Zuständigkeit für Genehmigungs- und Planverfahren zudem außerhalb der Umweltbehörden, s. a. bereits Kap. 2.2 („Bezüge zu anderen Rechtsgebieten"). Eine wichtige Aufgabe aller Umweltbehörden liegt deshalb in der Prüfung ihres Fachrechts anlässlich einer Beteiligung durch eine andere Behörde, damit diese eine insgesamt rechtskonforme Entscheidung treffen kann.

Diese für den umweltbehördlichen Arbeitsalltag ebenfalls wichtige Aufgabe ist nach außen weniger präsent, da sie keine unmittelbare Dienstleistung für die Bürger ist. Neue Mitarbeiter gelangen dadurch oft erst mit dem Wechsel oder Einstieg in die Umweltbehörde in Berührung mit diesem Thema.

9.2.1 Einbindung von Umweltschutzbehörden in anderen Genehmigungsverfahren

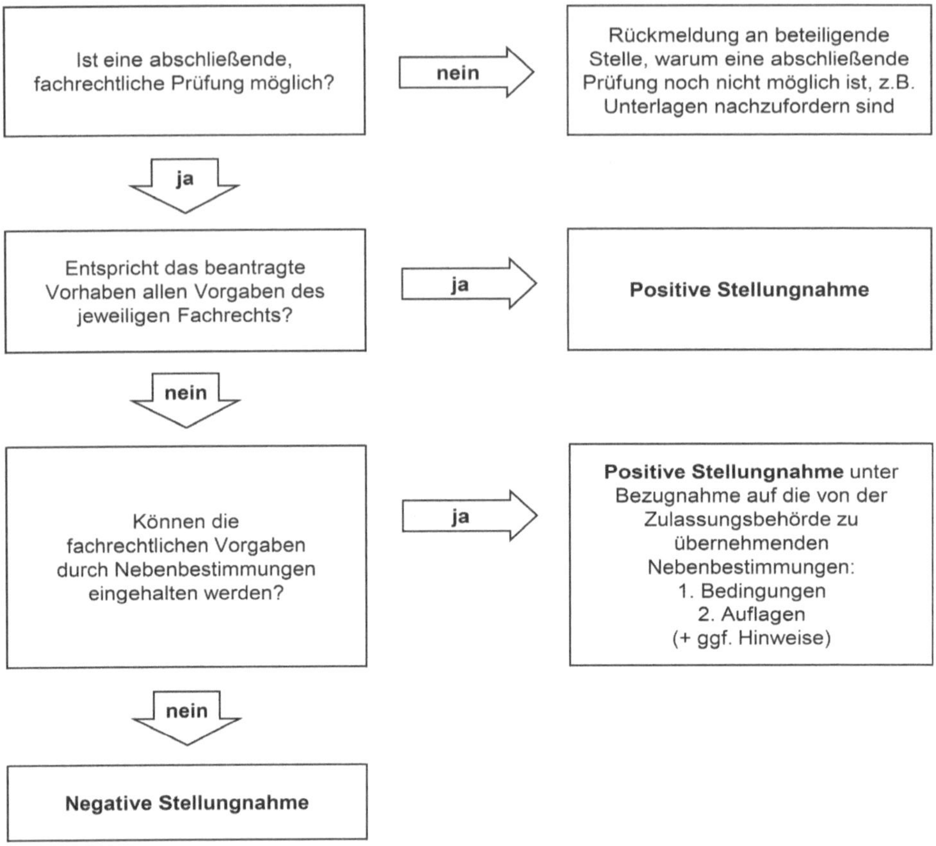

Abb. 12: Schema Beteiligung im Genehmigungsverfahren

Kommt es bei einer anderen Behörde zu einem Zulassungsverfahren für einen umweltrelevanten Vorgang (z. B. einem immissionsschutzrechtlichen Genehmigungsverfahren), geben die (übrigen) zu beteiligenden Behörden Stellungnahmen zu diesem Verfahren ab, um die Zulassungsbehörde bei der Prüfung zu unterstützen, ob „andere öffentlich-rechtliche Vorschriften" eingehalten werden (was in diesem Beispiel aus § 6 Abs. 1 Nr. 2 BImSchG folgt).

Kann die Umweltbehörde die Vereinbarkeit mit ihrem Fachrecht nur bei Einhaltung gewisser Voraussetzungen bestätigen, die sich nicht schon aus dem Antrag ergeben, müssen sie der Genehmigungsbehörde die entsprechenden Nebenbestimmungen benennen, ansonsten muss ein Antrag sogar abgelehnt werden.[1083]

1083 *Giesberts* in BeckOK UmweltR, BImSchG § 12 Rn. 10.

Verwaltungsakte können mit sog. „Nebenbestimmungen“ versehen werden (§ 36 VwVfG). Im Umweltbereich sind sie ein ständiges Instrument, um die Erteilung einer Genehmigung umweltrechtskonform auszugestalten.[1084] Sie können hier auch eine wichtige Rolle spielen, um aus Vorsorgegründen Optionen für die Zukunft zu schaffen, den Bescheid nötigenfalls einschränken zu können.[1085]

Beispiel:
Die immissionsschutzrechtliche Genehmigung beschränkt sich auf den Hauptausspruch, dass die Genehmigung (zum Bau und Betrieb) einer Anlage erteilt wird. Soll der Betrieb etwa einer laufenden Überwachung hinsichtlich bestimmter Immissionen unterliegen oder sind bestimmte Vorkehrungen zum Schutz von Natur und Landschaft vorzunehmen, muss dies durch Nebenbestimmungen angeordnet werden.

Über die Nebenbestimmungen und ihre Formulierung muss sich die Fachbehörde Gedanken machen, weshalb an dieser Stelle ein Überblick zu diesem Thema erfolgt.

9.2.1.1 Rechtsnatur von Nebenbestimmungen

Wie der Hauptausspruch sind Nebenbestimmungen nichts anderes als rechtliche Regelungen des Einzelfalls, die eine gestaltende Wirkung für die rechtliche Situation haben.[1086]

Beispiel:
Es darf gebaut werden mit der Auflage, eine bodenkundliche Baubegleitung nach DIN 19639 zu beauftragen.

Mitunter können die Inhalte von Nebenbestimmungen auch der Inhalt eines eigenständigen Verwaltungsakts sein.

Beispiel:
Die Auflage, in einem bestimmten Bereich keine wassergefährdenden Stoffe zu lagern, wäre bei nicht genehmigungsbedürftigen Vorhaben Gegenstand einer OV, wenn dies unterbunden werden muss.

Keine Nebenbestimmungen sind deshalb Hinweise, weil sie keine über die rechtlichen Vorschriften hinausgehende Regelung für den Einzelfall treffen, sondern in aller Regel lediglich auf das Vorhandensein der Vorschriften aufmerksam machen sollen.[1087]

1084 *Weiß* in NK-VwVfG, VwVfG § 36 Rn. 105.
1085 *Weiß* in NK-VwVfG, VwVfG § 36 Rn. 1.
1086 *Schröder* in Schoch/Schneider, VwVfG, § 36 Rn. 21.
1087 *Schröder* in Schoch/Schneider, VwVfG, § 36 Rn. 22.

Wichtig: Selbst wenn es für das Hauptverfahren (Bauen, Immissionsschutz) kein Ermessen gibt, stehen dennoch die Nebenbestimmungen im pflichtgemäßen Ermessen der Fachbehörde (sog. „gebundene Verwaltung mit Randermessen").[1088]

9.2.1.2 Zulässigkeit von Nebenbestimmungen

Ein Verwaltungsakt, auf den ein Anspruch besteht, darf mit einer Nebenbestimmung nur versehen werden, wenn sie durch Rechtsvorschrift zugelassen ist oder wenn sie sicherstellen soll, dass die gesetzlichen Voraussetzungen des Verwaltungsaktes erfüllt werden (§ 36 Abs. 1 VwVfG). Für viele Rechtsgebiete ist dies positiv geregelt (Bsp. § 12 Abs. 1 Satz 1 BImSchG, Art. 68 Abs. 4 BayBO, § 74 Abs. 3 Satz 1 BauO NRW, § 13 Abs. 1 WHG), wobei fachrechtlich teilweise nicht alle Nebenbestimmungen zulässig sind (Bsp.: § 8a Abs. 2 BImSchG). Im Übrigen ist nach der Rechtsprechung eine Nebenbestimmung als milderes Mittel gegenüber einer Antragsablehnung zu wählen.[1089] Damit wird im Zweifel immer eine Nebenbestimmung zu wählen sein, wenn über sie ein Vorhaben zulässig wird. Dies gilt allerdings nicht für das Ersetzen fehlender Antragsunterlagen.[1090]

9.2.1.3 Arten von Nebenbestimmungen

Es gibt die Befristung, die Bedingung, den Widerrufsvorbehalt, die Auflage und den Auflagenvorbehalt sowie (im Umweltrecht irrelevant) den Vorbehalt endgültiger Regelung. Vorgestellt werden soll hier nur die für die umweltbehördliche Praxis wesentlichen Nebenbestimmungen der Befristung, Bedingung und Auflage.

Mit einer Befristung (§ 36 Abs. 2 Nr. 1 VwVfG) gilt eine Genehmigung nur für einen bestimmten Zeitraum, d. h. nach dessen Ablauf tritt ihre Rechtswirkung außer Kraft. Ist der Zeitraum nicht datumsmäßig eingrenzbar, sondern von einem ungewissen Eintritt abhängig, handelt es sich um eine Bedingung.[1091]

Mit einer Bedingung (§ 36 Abs. 2 Nr. 2 VwVfG) werden die Rechtswirkungen des Hauptausspruchs (z. B. die mit der Genehmigung einhergehende Baufreigabe, s. o. 9.2.1) von einem zukünftigen Ereignis abhängig gemacht, dessen Eintritt bei Erteilung der Genehmigung ungewiss ist. Entweder sollen die Rechtswirkungen erst mit dem Eintritt des Ereignisses wirksam werden (aufschiebende Bedingung) oder mit seinem Eintritt wegfallen (auflösende Bedingung). Das Ereignis muss für die Außenwelt wahrnehmbar sein, Ereig-

---

1088 *Stelkens* in Stelkens/Bonk/Sachs, VwVfG, § 36 Rn. 117.

1089 *Stelkens* in Stelkens/Bonk/Sachs, VwVfG, § 36 Rn. 130.

1090 NdsOVG, NVwZ-RR 2008 S. 382.

1091 *Stelkens* in Stelkens/Bonk/Sachs, VwVfG, § 36 Rn. 71.

nisse können demnach sein:[1092] Handlungen, Erklärungen oder Geschehnisse, die erlebt, gehört oder gesehen werden können und somit in irgendeiner Weise dokumentierbar sind.

Wesentlich für die Bedingung ist außerdem: Sie ist nicht durch die Verwaltung erzwingbar, d. h. sie kann nicht vollstreckt werden.[1093] Ihre wesentliche Wirkung besteht darin, dass der Haupt-Verwaltungsakt noch nicht oder nicht mehr gilt (sog. „Suspensiveffekt") und die begünstigte Person darüber ein Interesse hat, sie zu erfüllen, weil sie ansonsten die Freigabewirkung der Genehmigung verliert.

Die Bedingung kommt vor allem in Betracht, wenn eine isolierte Vollstreckung den Zweck der Nebenbestimmung verfehlen würde –

> ***Beispiel:***
> *Sicherheitsleistung, die vor Baubeginn erbracht sein muss, als aufschiebende Bedingung.*[1094]

– oder eine Vollstreckung gar nicht in Betracht kommt.

> ***Beispiel:***
> *Mit der Beschränkung des Nutzerkreises bei einer Jagdhütte wird sichergestellt, dass nur eine privilegierte Außenbereichsnutzung stattfindet; mit einer Formulierung als auflösende Bedingung wird dies abgesichert.*[1095]

Eine Auflage ist auf ein Tun, Dulden oder Unterlassen der adressierten Person ausgerichtet, ohne dass hiervon die Wirksamkeit des Haupt-Verwaltungsakts abhängt. Eine Auflage ist deshalb vollstreckbar, d. h. die Behörde kann bei Nichteinhaltung über die üblichen Mittel des Verwaltungszwangs vorgehen.[1096] Anders als Bedingungen haben Auflagen keinen Suspensiveffekt, d. h. bei Nichteinhaltung bleibt die Genehmigung uneingeschränkt wirksam und es kann auch bei Verstoß der Auflage weiter von ihr Gebrauch gemacht werden. Dafür drohen der adressierten Person aber Zwangsgelder, Ersatzvornahmen etc.[1097] Auch kann eine Auflage mit der sofortigen Vollziehung versehen werden. Voraussetzung für eine Vollstreckung von Auflagen ist aber, dass von dem Haupt-Verwaltungsakt (der Genehmigung) Gebrauch gemacht wird.[1098] Baut jemand z. B. trotz Genehmigung nicht, können auch nicht die Auflagen für die Bauphase vollzogen werden. Auflagen können nur für Vorgänge in der Zukunft wirken. Soll der Haupt-Verwaltungsakt davon abhängig gemacht werden, dass die adressierte Person in der Vergangenheit

---

1092 *Schröder* in Schoch/Schneider, VwVfG, § 36 Rn. 53.
1093 *Weiß* in NK-VwVfG, VwVfG § 36 Rn. 62.
1094 *Stelkens* in Stelkens/Bonk/Sachs, VwVfG, § 36 Rn. 107.
1095 *Hüwelmeier* in BeckOK BauordnungsR NRW, BauO NRW 2018 § 74 Rn. 74.
1096 *Weiß* in NK-VwVfG, VwVfG § 36 Rn. 62.
1097 *Schröder* in Schoch/Schneider, VwVfG, § 36 Rn. 80.
1098 *Stelkens* in Stelkens/Bonk/Sachs, VwVfG, § 36 Rn. 83.

etwas getan/unterlassen hat, was noch nicht endgültig überprüft werden konnte, ist die Bedingung zu wählen.[1099]

Bei Bauvorhaben lässt sich Vieles über Auflagen steuern, insbes. auch die Bauausführung, da oftmals Dinge noch einmal rückgängig gemacht werden können. Dies gilt gerade auch für Vorgaben, die den laufenden Betrieb einer Anlage betreffen. Grundsatz für die Wahl der Nebenbestimmungen ist daher, dass es sich bei den meisten Vorgaben der Fachbehörde um Auflagen handeln wird.

Beispiel:
Schalldämmende Einhausung bestimmter Bauteile, um die TA Lärm einzuhalten, Abschaltung von Windenergieanlagen zu bestimmten Zeiten aus Artenschutzgründen, Einrichtung einer Grundwassermessstelle, Führen eines Betriebstagebuchs und Übersenden an die zuständige Behörde.

9.2.1.4 Anforderungen an Nebenbestimmungen

Nebenbestimmungen müssen ausreichend bestimmt und für die adressierte Person verständlich formuliert sein.[1100] Es darf nichts rechtlich oder tatsächlich Unmögliches verlangt werden.[1101] Gerade die inhaltliche Klarheit von Nebenbestimmungen ist nicht immer gegeben (zu Formulierungsfragen s. bereits Kap. 9.1.3.2.1).

Bei der Formulierung einer Bedingung ist besonders zu beachten, dass sie die Abhängigkeit der Wirksamkeit des Haupt-Verwaltungsakts vom Eintritt des jeweiligen Ereignisses klar erkennbar macht.

Beispiel:
„Die Genehmigung wird unter der Bedingung erteilt und damit erst wirksam/unwirksam, wenn ...".

Ansonsten könnte zweifelhaft sein, ob eine als „Bedingung" bezeichnete Nebenbestimmung auch inhaltlich eine solche ist.[1102] Es zählt nicht die Überschrift, sondern der Sinngehalt.

Bei der Formulierung einer Auflage kommt es darauf an, dass abgrenzbar ist, wo das verlangte Tun, Dulden oder Unterlassen anfängt bzw. endet.

Beispiel:
„Die Behörde ist über den Baubeginn zu informieren" lässt z. B. völlig offen, bis wann dies zu erledigen ist (auch noch nach Baubeendigung?),

---

1099 *Stelkens* in Stelkens/Bonk/Sachs, VwVfG, § 36 Rn. 83a.
1100 *Schröder* in Schoch/Schneider, VwVfG, § 36 Rn. 109.
1101 *Giesberts* in BeckOK UmweltR, BImSchG § 12 Rn. 12.
1102 *Schröder* in Schoch/Schneider, VwVfG, § 36 Rn. 59.

besser also: „Die Behörde ist spätestens einen Tag vorher schriftlich oder per E-Mail über den beabsichtigten Baubeginn zu informieren."

Speziell wenn bei einem Verstoß ein Zwangsmittel (z. B. eine Ersatzvornahme) in Betracht kommen soll –

Beispiel:
Auflage zu einem Gehölzschnitt, Abdichtung bestimmter Bereiche, Beseitigung eines Abflusshindernisses.

–, muss die Auflage so formuliert sein, dass das zu erzielende Ergebnis für die adressierte Person bestimmbar ist, um sicher zu sein, das Zwangsmittel abwenden zu können. Hierbei sind unbestimmte Rechtsbegriffe wie „ordnungsgemäßer Zustand", „zumutbar", „angemessen" oder „ortsüblich" zu vermeiden.[1103]

Wie für den Haupt-Verwaltungsakt gilt auch bei den Nebenbestimmungen, dass sie eine Rechtsgrundlage haben müssen (im eigenen Fachrecht zu finden), begründet werden müssen und ihre Anordnung ermessensfehlerfrei sein muss. Hierzu gehört auch die Verhältnismäßigkeit.[1104] Gerade im Umweltbereich ist zu berücksichtigen, dass Vorsorgemaßnahmen nur insoweit geschuldet sind, als sie (risiko-)adäquat und angemessen sind, nämlich der (finanzielle) Aufwand einerseits und die günstigen Wirkungen andererseits in einem angemessenen Verhältnis zueinander stehen.

Im behördlichen Tagesgeschäft fallen solche Überlegungen bei „Standard-Nebenbestimmungen" meist nicht allzu intensiv aus. Insbesondere wenn mit einer Anfechtung durch die adressierte Person zu rechnen ist, kann dies aber ggf. Probleme bereiten. Es empfiehlt sich, zumindest stets mit einer generellen Begründung zu arbeiten.

Beispiel:
„Im Rahmen des hinsichtlich der fachrechtlichen Anforderungen bestehenden Ermessens kann die Genehmigung unter den genannten Nebenbestimmungen erteilt werden. Sie dienen der Einhaltung der Anforderungen des Bodenschutzrechts und sind verhältnismäßig, also im konkreten Fall geeignet, erforderlich und angemessen für das Erreichen der gesetzlichen Ziele."

Bei kritischeren oder ungewöhnlichen Nebenbestimmungen (z. B. Abschaltauflagen aus Artenschutzgründen, massiven Auflagen für eine wasserbauliche Maßnahme) reicht dies aber natürlich nicht aus. Wird die Nebenbestimmung speziell für den Einzelfall neu formuliert, muss bei dieser Gelegenheit auch eine hinreichend ausführliche Begründung inkl. Ermessenserwägungen („Das mir eingeräumte Ermessen übe ich dahingehend aus ...") erfolgen.

1103 *Mann* in Landmann/Rohmer, UmweltR, BImSchG § 12 Rn. 164.
1104 *Giesberts* in BeckOK UmweltR, BImSchG § 12 Rn. 11.

Hinweise sind – wie in Kap. 9.2.1.1 erwähnt – keine Nebenbestimmungen und damit auch nicht begründungsbedürftig. Es kann aber Sinn machen, der anderen Behörde intern zu erklären, wofür die Hinweise wichtig sind, damit sie diese nicht etwa „kürzt", um den Bescheid übersichtlich zu halten.

9.2.2 Einbindung von Umweltschutzbehörden in andere (Fach-) Planungen

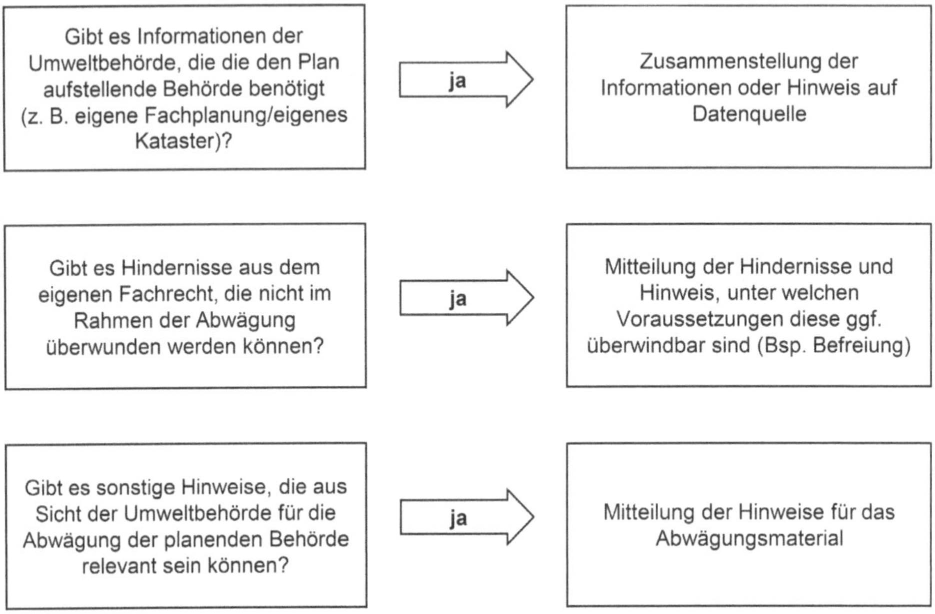

Abb. 13: Schema Beteiligung im Planungsverfahren[1105]

Die Umweltbehörden sind wichtige Träger öffentlicher Belange, wenn es um die Aufstellung von Fachplanungen und Bauleitplänen geht, allein schon deshalb, weil sie unterschiedliche Planverfahren der Behörden untereinander koordinieren.[1106]

Speziell die Bauleitplanung geschieht ausschließlich in städtischer bzw. gemeindlicher Hoheit als Flächennutzungs- oder Bebauungsplan (§§ 5 ff. BauGB bzw. §§ 8 ff. BauGB). Nicht mit der Rechtswirkung, aber hinsichtlich des Verfahrens vergleichbar sind die meisten Innen- und Außenbereichssatzungen. Üblicherweise erfolgt eine Beteiligung zu einem vorhandenen Planentwurf, für den die Stellungnahmefrist gem. § 4 Abs. 2 BauGB einen Mo-

---

1105 Angelehnt an das Formular für die Beteiligung der Träger öffentlicher Belange an der Bauleitplanung (§ 4 BauGB) des Bayerischen Staatsministeriums für Wohnen, Bau und Verkehr, https://www.stmb.bayern.de/buw/staedtebau/index.php (zuletzt abgerufen am 10.9.2023).

1106 *Battis* in Battis/Krautzberger/Löhr, BauGB, § 4 Rn. 2.

nat dauert. Zusätzlich kann es eine sog. „frühzeitige Beteiligung" nach § 4 Abs. 1 BauGB im Zeitraum nach dem sog. „Aufstellungsbeschluss" (§ 2 Abs. 1 BauGB) geben, in dem der Planentwurf erst noch erarbeitet wird. Hier dient die Beteiligung der Behörden dazu, frühzeitig Informationen zu erhalten, die für die Erarbeitung des Plans erheblich sein und ansonsten zu Planungsfehlern führen könnten.[1107]

Auch bei Fachplanungen ist die Beteiligung anderer Behörden vorgeschrieben. Im Unterschied zur Bauleitplanung ist eine Frist nicht konkret vorgegeben, sondern wird von der Anhörungsbehörde gesetzt, wobei sie drei Monate nicht überschreiten darf (§ 73 Abs. 3a VwVfG).

Die Umweltbehörde prüft den Planentwurf unter dem Blickwinkel ihrer fachrechtlichen Vorgaben und ergänzt ggf. fehlende Informationen. Außer Acht gelassen werden können dabei Details, die einer Einzelfallregelung zugänglich sind, wenn die spätere Planumsetzung erfolgt.

> ***Beispiel:***
> *Es genügt grds., wenn mit der Baugenehmigung Nebenbestimmungen getroffen werden, die den Umgang mit schadstoffbelastetem Boden regeln.*

Darüber hinaus macht es für die Umweltbehörden Sinn, sich mit dem Katalog möglicher Festsetzungen für einen Bebauungsplan auseinanderzusetzen, um dem Planungsträger konkrete Empfehlungen geben zu können.

> ***Beispiel:***
> *Die Festsetzung von Flächen oder Maßnahmen zum Schutz, zur Pflege und zur Entwicklung von Boden, Natur und Landschaft nach § 9 Abs. 1 Nr. 20 BauGB kann nicht nur bestimmte Vorhaben darstellen (z. B. eine Auenrenaturierung), sondern auch die konkreten Maßnahmen (etwa zur Sicherung und Entwicklung eines Biotops) bestimmen.*[1108]

Aber auch zu den meisten anderen Umweltrechtsgebieten finden sich in § 9 Abs. 1 BauGB konkrete Anknüpfungspunkte:

- Immissionsschutz: Nr. 23, 24,
- Naturschutz: Nr. 10, 20, 25,
- Wasser: Nr. 10, 14, 16 sowie § 44 Abs. 2 LWG NRW, wonach im Bebauungsplan festgesetzt werden kann, dass und in welcher Weise das Niederschlagswasser zu versickern ist,
- Bodenschutz: Nr. 10, 20.

Gebunden ist die planende Behörde an die Stellungnahmen der anderen Behörden grundsätzlich nicht.[1109]

1107 *Battis* in Battis/Krautzberger/Löhr, BauGB, § 4 Rn. 4.
1108 *Spannowsky* in BeckOK BauGB, BauGB § 9 Rn. 83 ff.
1109 Vgl. für das Bauleitplanungsrecht *Krautzberger* in Ernst/Zinkahn/Bielenberg/Krautzberger, BauGB, § 4 Rn. 47.

9.2.2.1 Bereitstellung von Informationen

Erforderlich – auch in der frühzeitigen Beteiligung – sind mindestens Hinweise, die typischerweise bei der Fachbehörde vorliegen, aber dem anderen Planungsträger nicht unbedingt bekannt sind. Auch wenn Fachdaten mitunter öffentlich zugänglich sind, fällt es Fachbehörden, die regelmäßig mit solchen Daten arbeiten, typischerweise leichter, diese abzurufen und als bedeutsam für die Planung einzustufen.

> ***Beispiele:***
> *UmweltAtlas und Geoportal Bayern, ELWAS-Web des Landes Nordrhein-Westfalen für gewässerbezogene Informationen, Flächeninformationen aus der Landschaftsinformationssammlung NRW (@LINFOS).*

Die Verbesserung der Informationsgrundlage dient im Übrigen auch dazu, die bei Planungen oft vorzunehmende Umweltprüfung nach § 2 Abs. 4 BauGB bzw. UVP/SUP (bei Fachplanungen) zu unterstützen.

> ***Beispiele:***
> *Eigene Fachplanungen, Informationen aus dem Altlastenkataster, schutzwürdige Böden, Kompensationsflächen, Naturdenkmäler, Hinweise zu Emissionen durch benachbarte Anlagen, Hinweise zu Gewässern und festgesetzten Überschwemmungsgebieten.*

Teilweise müssen die Informationen der Fachbehörde in der jeweils anderen Planung dargestellt werden. So sollen in Bauleitplänen Planungen und sonstige Nutzungsregelungen, die nach anderen gesetzlichen Vorschriften festgesetzt sind, sowie nach Landesrecht denkmalgeschützte Mehrheiten von baulichen Anlagen nach §§ 5 Abs. 4 Satz 1, 9 Abs. 6 BauGB nachrichtlich übernommen werden. In Betracht kommen im Einzelnen:

- Planfeststellungen nach dem Straßen-, Abfall- oder Wasserrecht,
- immissionsschutzrechtliche Genehmigungen für öffentlich zugängliche Abfallbeseitigungsanlagen,
- geschützte Teile von Natur und Landschaft sowie die Gebiete des Netzes „Natura 2000" nach den Naturschutzgesetzen,
- ausgewiesene Wasserschutzgebiete,
- festgesetzte Überschwemmungsgebiete.

Rechtswirksame fachplanerische Zweckbestimmungen oder sonstige Nutzungsregelungen sind der Bauleitplanung nur insoweit zugänglich, als sie der Zweckbestimmung der Fachplanung nicht widerspricht bzw. ihr nicht unausräumbare Hindernisse aus fachgesetzlichen Nutzungsregelungen entgegenstehen.

Darüber hinaus sollen im Bebauungsplan gekennzeichnet werden:

- Flächen, bei denen bauliche Sicherungsmaßnahmen gegen Naturgewalten erforderlich sind (§ 9 Abs. 5 Nr. 1 BauGB),
- Flächen, deren Böden erheblich mit umweltgefährdenden Stoffen belastet sind (§ 9 Abs. 5 Nr. 3 BauGB).

9.2.2.2 Vereinbarkeit mit dem eigenen Fachrecht

Unbedingt zu erwähnen sind fachgesetzliche Vorgaben, die nicht durch die Abwägung überwunden werden können. Diese sind zwar nicht sehr zahlreich. Erkennt die beteiligte Umweltbehörde aber, dass der andere Plan Gefahr läuft, gegen eine solche Vorgabe zu verstoßen, weist sie darauf hin.

- Im Naturschutz können dies neben einer negativen FFH-Verträglichkeitsprüfung und unerlaubten Beeinträchtigungen von gesetzlich geschützten Biotopen (§ 30 Abs. 2, 4 BNatSchG) vor allem Verstöße gegen die artenschutzrechtlichen Verbote des § 44 BNatSchG sein. Dies gilt allerdings nicht für den allgemeinen Artenschutz des § 39 BNatSchG, da eine Bauleitplanung städtebaulich erforderlich sein muss und damit einen vernünftigen Grund für die Beeinträchtigung dieser Arten darstellt.[1110] Dem Zugriff der Bauleitplanung entzogen sind dagegen geschützte Teile von Natur und Landschaft, wobei die jeweilige Schutzgebietsfestsetzung (z. B. bei Landschaftsschutzgebieten) Ausnahmen zulassen kann.[1111] Landschaftspläne haben die Funktion, u. a. Informationen zum Zustand von Natur und Landschaft und Ziele des Naturschutzes und der Landschaftspflege zu konkretisieren, was für die Bauleitplanung eine zu berücksichtigende Grundlage darstellt. Nur in Nordrhein-Westfalen, wo Landschaftspläne eigene Satzungen sind, können sich aus diesen der Flächennutzungsplanung entgegenstehende Darstellungen ergeben (zur Konfliktlösung s. Kap. 3.5.2.3).
- Im Gewässerschutz ist § 78 Abs. 1 WHG in Überschwemmungsgebieten eine abwägungsfeste Hürde für die Ausweisung neuer Baugebiete im Außenbereich.[1112] Nach wohl zutreffender Ansicht ist auch § 27 Abs. 1 WHG eine bei Planungen zwingend einzuhaltende Vorgabe (s. Kap. 4.4.7.3), die aber bei Plänen, die keinen Einfluss auf den Gewässerzustand nehmen, nicht relevant sein dürfte. Darüber hinaus sind Wasserschutzgebiete wie Schutzgebiete im Bereich von Natur und Landschaft zu behandeln und binden mit ihren Vorgaben die Bauleitplanung.[1113]

1110 *Hyckel*, ZfBR 2016 S. 335 (338).
1111 *Hyckel*, ZfBR 2016 S. 335 (340).
1112 *Schmitt* in BeckOK UmweltR, WHG § 78 Rn. 7.
1113 *Hyckel*, ZfBR 2016 S. 335 (344).

- Im Immissionsschutz binden Schutzgebiete nach § 49 BImSchG die Bauleitplanung. Lärmaktions- und Luftreinhaltepläne sind dagegen nur zu berücksichtigen, abgesehen von dem Sonderfall des § 1 Abs. 6 Nr. 7 lit. h BauGB, soweit der Luftreinhalteplan eingehalten werden muss, um EU-rechtlich festgelegte Immissionsgrenzwerte einzuhalten.[1114]

Besteht die Möglichkeit, ein gesetzliches Verbot zu überwinden (z. B. durch eine Befreiung oder Ausnahme von einer Schutzgebietsverordnung oder artenschutzrechtlichen Verboten), wird hierauf und auf die zu erfüllenden Voraussetzungen hingewiesen. Im Bereich der naturschutzrechtlichen Befreiung ist nach umstrittener, aber h. M. ein Hineinplanen in die Befreiungslage zulässig, d. h. ein Plan kann auch schon aufgestellt werden, obwohl eine notwendige Ausnahme oder Befreiung erst später dessen Vollzugsfähigkeit herstellt.[1115]

9.2.2.3 Hinweise für die Abwägung

Schließlich kann die Behörde Hinweise bzw. Empfehlungen geben, die sie im Rahmen der Abwägung für relevant hält. Das jeweilige Gewicht kann allerdings nur die planende Behörde selbst beimessen. Teilweise finden sich in planungsrelevanten Vorschriften jedoch verschärfte Begründungsanforderungen für umweltrelevante Teilbereiche, die durch die Fachbehörden eingefordert werden können und sollten.

Beispiele:
Die Bodenschutzklausel des § 1a Abs. 2 Satz 1 BauGB ist für die planende Stadt oder Gemeinde im Rahmen der Abwägung überwindbar, sie muss sich aber mit dem Optimierungsgebot (§ 1a Abs. 2 Satz 2 BauGB) auseinandersetzen.[1116] *Einen erhöhten Begründungsaufwand gebietet auch das Trennungsgebot aus § 50 Satz 1 BImSchG, und zwar nicht nur bei der Bauleitplanung, sondern auch anderen Fachplanungen.*[1117]

Zu den Hinweisen für die Abwägung können auch solche gehören, die auf fachrechtliche Vorgaben abzielen, die bei einer Zulassungsentscheidung zu berücksichtigen wären. Neben einschlägigen gesetzlichen Normen zählen dazu auch Verweise auf technische Standards etc.

1114 *Hyckel*, ZfBR 2016 S. 335 (345).
1115 *Albrecht* in BeckOK UmweltR, BNatSchG § 30 Rn. 33.
1116 *Hyckel*, ZfBR 2016 S. 335 (349).
1117 *Schoen* in Landmann/Rohmer, UmweltR, BImSchG § 50 Rn. 57, 64.

Stichwortverzeichnis

F

G

H

I

J

K

L

M

N

O

P

R

V

W

Z

Reis | Gottschling | Hillmann-Stadtfeld

Das Abfall- und Bodenschutzrecht in Rheinland-Pfalz

Kommentar, Stand 2023,
Loseblattausgabe,
1038 Seiten, 99 €
ISBN 978-3-86115-252-1,

Reffken | Elsner | Zeiler

Niedersächsisches Wassergesetz

Kommentar, Stand 2021,
Loseblattausgabe,
1006 Seiten, 99 €,
ISBN 978-3-88061-865-7

Queitsch | Koll-Sarfeld | Wallbaum

Wassergesetz für das Land Nordrhein-Westfalen

Kommentar, Stand 2022,
Loseblattausgabe,
1264 Seiten, 139 €,
ISBN 978-3-8293-0827-4

Henneke | Ritgen

Energierecht für Kommunen

Darstellung, 3. Auflage 2022,
Softcover, 246 Seiten, 49 €,
ISBN 978-3-8293-1336-0

Bitterwolf | Drescher | Thielmann (Hrsg.)

Handbuch Erschließung und Erschließungsbeitragsrecht

2021, Softcover,
720 Seiten, 79 €,
ISBN 978-3-8293-1390-2

Theißen | Pöhlker | Adrians

HOAI - Honorarordnung für Architekten und Ingenieure

Kommentar, 5. Auflage 2021,
Softcover, 468 Seiten, 79 €,
ISBN 978-3-8293-1655-2

www.ksv-medien.de